氏族とその起源

～中世氏族　一六〇〇氏～

金澤　明敏

歴史春秋社

前述

現在、日本では人々が生活する上で、人と人とを区別する手段として「姓」を用いているが、これは、日本ばかりでなく何処の国でも同じであり、「姓」のない国は殆ど見受けられない。そして、日本では、これを「苗字、名字」とも言うが、法律上は「氏」として扱われている。

そして、この「氏」に「名」が付けば「氏名」となり、つまり「名前」であり、フルネームという訳である。そして、これを色々な書類に使用する時に「名前の欄」に「氏名」と書いてあるのはこのためであり、我々は現在、この「氏名」によって人と人とを区別し生活している訳である。

それでは、この「姓」は歴史上どういう過程で誕生したのであろうか。

それは、現在日本の国で使用している「漢字」が、中国渡来のものであるように、この「姓」もまた中国が起源である。

元々、中国では、祖を一にする血縁一族の名が「姓」であり、その一族より分流した諸族に、その「族長」が与えたものが「氏」であったと言われている。

そして、日本では、古代の倭国《わこく》（後の日本）を支配した大王（後の天皇）やそれを取り巻く諸豪族の祖も、多くは渡来人であったと言われるように、この「姓氏の文化」もまた、それに倣《なら》ってのものである。

そして、始めは、これら豪族達が政治や社会的に、自らの家格や地位を誇示《こじ》するために、これを「姓《かばね》」として使用し、代々の世襲《せしゅう》としていたが、それには「臣《おみ》　連《むらじ》　造《みやつこ》　直《あたい》　君《きみ》　史《ふひと》　県主《あがたぬし》　村主《すぐり》」等、総じて数十種に及んだと言われている。

その後、大和朝廷の支配力が強化されるにつれ、これが「賞罰」の対象となり、朝廷より賜与《しよ》されたり剥奪《はくだつ》されたりするようになり、いつしか「臣　連」が最高位として扱われるようになった。

　そこで、天武十二（六八四）年、天武天皇は、これを「真人《まひと》　朝臣《あそん》　宿禰《すくね》　忌寸《いみき》　道師《みちのし》　臣　連　稲城《いなぎ》」の八種に整理統合し、皇室を中心とした「八種《やくさ》（八色）の姓」として制定したのである。

　そして、この八種に限定された中から、各豪族は「姓」として与奪《よだつ》されていくようになるが、実際に使用されたのは第四位の「忌寸《いみき》」までで、中でも忌寸は、主に「渡来人」に与えられたと言われている。

　しかし、これもまた時代と共に、これら豪族達の没落や藤原氏による専制的摂政《せっしょう》等により徐々に衰退し、代わって天皇の皇孫達の「臣籍降下《しんせきこうか》」時や、天皇を取り巻く貴族達へ下賜された所謂《いわゆる》「源《げん》　平《ぺい》　藤《とう》　橘《きつ》」等が正式な「姓」として用いられるようになるのである。

　元々、皇族の「臣籍降下」は、皇室財政の疲弊《ひへい》によるもので、皇家はこれを行う事によって皇族の数を減らし、朝廷運営の経費を軽減し、安定政権を維持していたのである。そして、これによって皇室を追われた皇孫達は、今までは、皇室によって生活の一切を賄ってもらっていた道筋を絶たれ、今度は改めて自らの「生活の糧《かて》」を編み出さなければならない。

　そこで取られたのが、色々な「官職」を得て地方へ降り、生活の糧を得る事であった。これには「皇孫」ばかりでなく「藤原　橘」といった「貴族臣民」もいるが、これにより「源平藤橘」と言われる皇孫やその周辺に端を発した貴族達の地方への大移動が始まるのである。

　特に未開の地、坂東《ばんどう》へは多くの者達が役人として流れたが、彼らは、その「顕職《けんしょく》」を武器とし、甘い汁を吸いながら豊かな生活を送り、その職の期が満ちても都へは戻らず土着し、先住民を駆逐《くちく》し、北へ北へと追いやりながら、未開の適地を選んではどんどん開拓し、子孫を繁栄させていくのである。

　そして、その子孫達は、先祖伝来の貴族としての「血筋」と「姓」を背景に勢力を張り、分裂に分裂を重ね、その地その地の「地名」を冠して、自らの「姓」とし「新姓」を生み繁栄していくのである。

そして、このような形で「坂東」に定着した氏族達が、今度は、更に奥の「陸奥国《むつのくに》」や「出羽国《でわのくに》」へ進出する要因となったのが「前九年の役」「後三年の役」「奥州征伐」の三大戦役である。

これらの戦役は、いずれも清和源氏の「源頼義《みなもとのよりよし》　義家《よしいえ》」親子、それに、その後裔の「源頼朝《みなもとのよりとも》」によって行われたが、それに、「駆武者《かりむしゃ》」として参陣した坂東の豪族達は、その戦功により、今度は、更にその奥の奥州各地に所領を与えられ進出する。そして、これらの諸豪族もまた坂東に倣って地名を冠し、姓氏とし「新姓」を生む事となるのである。

このような事から、現在我が国に存在する姓は、その八十五パーセント位は「地名」から来ていると言われているが、このような「新姓」の誕生も、殆どが中世末の「安土桃山時代」頃までで、それ以後は非常に少なく極一部に限られた。

それは、江戸（徳川）幕府の、平民に対する「姓称禁止令」によるもので、「新姓」を得たのは、新田開拓や年貢増強に尽力し、「苗字帯刀《みょうじたいとう》御免《ごめん》」となった極一部の庄屋くらいなものであった。

しかし、慶応三（一八六七）年徳川慶喜《よしのぶ》により「大政奉還」が行われ、徳川幕府に終止符が打たれ「明治新政府」となるや、政府は、明治三（一八七〇）年「姓称解禁《せいしょうかいきん》」を発布した。しかし、多くの国民は、これにより家格が上がった形となり、軍隊に取られたり、税金が上がったりするため、名乗る事を躊躇《ちゅうちょ》した。

そこで政府は、改めて明治八（一八七五）年、今度は「苗字必称令《みょうじひっしょうれい》」を公布し、全ての国民が強制的に「苗字」を名乗らされるようになった。そのため殆どの人は「先祖伝来の姓」を名乗ったが、中には出自《しゅつじ》も姓氏も分からず、困り果てた結果、役所の担当者に付けて貰ったり、屋号や職業を姓としたり、一集落全部

「同姓」にしたり、本家筋と分家筋を区別するために「字」を変えたりした者も出た。

その結果、日本の苗字の数は、研究者達の区分方法によっても異なるが、中国の「五千数百種」、朝鮮の「三百数十種」に対し、「十万余種」にも及ぶ程の数になったのである。

このように、日本の姓（苗字）は、奈良、京都の天皇やそれを取り巻く貴族達を起源とし、その貴族達の後裔が地方へ分流する事により、分裂に分裂を重ねながら数を増やし繁栄してきたものが主体となっている。

本書は、このような流れの中で、一部を除き、主に坂東に古くから君臨した諸豪族から分流し、先述の諸戦役に参陣し、その戦功により、「福島県内」に所領を得て定着した氏族の「佐藤氏（信夫）伊達氏　畠山氏（二本松）伊東氏（安積）田村氏　二階堂氏（岩瀬）長沼氏（岩瀬）結城氏（白川）石川氏　岩城氏　伊賀氏　大須賀氏　相馬氏　蘆名氏　河原田氏　山内氏」等を本貫とし、夫々の地方に於いて分流しながら、その地その地の地名を冠し「姓」とし独立した諸氏族、それに、特に、建武から南北朝期にかけて日本国内を二分し、国内の諸豪族が入り乱れて戦った時代に、他の都府県から「福島県内」に流入し、定着繁栄した諸氏族の「起源（発祥）」を、諸所の歴史書や系図、史跡等を見聞検討し考察作成したものである。

そのため江戸期の藩制が敷かれてからの「藩毎《はんごと》の移封《いほう》」により、多くの姓が出入りしたものや前述の明治初期の「苗字必称令」によって新たに誕生したものは割愛してあるが、それでも氏族の数があまりにも多く、出自やルーツについて詳細な内容にする事は不可能であり、ごく簡略的なものになってしまった。そこで、「福島県内に特化」し、「古代から中世末」にかけて県内に勃興した氏族及び他所より流入し定着した氏族の殆どを調査し網羅《もうら》してあり、その数「一六〇〇余氏」を掲載している。

目次

氏　泉田氏　井上氏　井残氏　薄井氏　薄氏　浦部氏　江端氏　遠藤氏　大串氏　大里氏　大塩氏　太田氏　大竹氏　大塚氏　大山氏　大谷地氏　大和田氏　岡部氏　小川氏　奥田氏　忍氏　小田氏　小高氏　小田垣氏　小貫氏　小野氏　尾股氏　小屋家氏　柏木氏　片見氏　勝野氏　河東田氏　上遠野氏　金山氏　上寺氏　亀井田氏　鴉山氏　川岡氏　川野氏　菅野氏　菊地氏　岸氏　北氏　清内氏　管野氏　久根氏　熊谷氏　双石氏　黒石氏　黒木氏　黒名氏　黒羽氏　小荒井氏　郷（江）氏　上野氏　小萱氏　小田川氏　後藤氏　小峯（小峰）氏　金剛氏　近藤氏　斉治氏　齋藤氏　櫻岡氏　佐々木氏　佐藤氏　塩澤氏　塩尻氏　塩田氏　志田氏　篠田氏　信夫氏　白石氏　白川（白河）氏　白坂氏　新城氏　菅生氏　鈴木氏　硯石氏　須田氏　須藤氏　関氏　曾井田氏　園部氏　平氏　高岡氏　高田氏　高徳氏　高橋氏　多賀谷氏　田川氏　瀧口氏　竹井氏　田島氏　田中氏　玉井氏　鴾山氏　津田氏　土倉氏　常松氏　角田氏　永妻氏　東条氏　百目木氏　徳長氏　栃本氏　戸塚氏　富田氏　富部氏　豊田氏　中木曽氏　野田氏　長野氏　滑川氏　成増氏　新小萱氏　西間木氏　新田氏　庭瀬氏　根本氏　野木氏　野瀬氏　野山氏　芳賀氏　秦氏　刎石氏　林氏　原氏　秡川氏　盤澤氏　人見氏　平山氏　深井氏　深谷氏　福貴作氏　福田氏　藤井氏　藤田氏　舟田氏　舟橋氏　邊見（辺見）氏　星氏　穂積氏　程原氏　益子氏　班目氏　松枝氏　三木氏　三澤氏　水草氏　水野氏　溝井氏　三森氏　深山氏　村上氏　本沼氏　八代氏　箭内氏　矢部氏　山川氏　山崎氏　山田氏　山本氏　横川氏　吉成氏　喜間氏　吉増氏　和田氏　渡辺氏　和知氏

本書では、『辞典』『大系』等の文献より多数の記述を参考・引用させていただいております。

その際、著者がその意味合いを解釈し、読みやすくするために必要に応じて中略・要約をして簡略的に掲載している箇所がございます。

氏族とその起源

～中世氏族一六〇〇氏～

『福　島　市』（五十音順）

『佐藤氏（サトウ）（信夫）』

中世から近世にかけての、福島市を中心とした信達地方の歴史と繁栄は、「佐藤氏（信夫）」と「伊達氏」を抜きにして語る事は出来ない。

このうち、佐藤氏（信夫）は、藤原北家秀郷《ひでさと》流で、その起源については二つの説がある。その一つは、秀郷六世の孫、藤原公清《きんきよ》が、秀郷の本拠地である下野国佐野庄（現　栃木県佐野市）に住し、その「佐」と、自らの姓である藤原の「藤」を合して「佐藤」と称したという説で、もう一つは、公清が左衛門尉であった事から、この官職名の「左」と藤原の「藤」を合して「佐藤」としたという説である（姓氏家系大辞典巻二　佐藤条）。

そして、この公清の孫「佐藤大夫清郷《さとうのだいぶきよさと》」は、源義家による「後三年の役」に参陣したが、義家は、この役を平定した後陸奥を去るに当たって、藤原清衡に「奥六郡と出羽国」の支配を一任し、清郷を清衡の臣下とし、奥州経営の参謀を託した。

これにより、この佐藤氏は、後に平泉に本拠を置き、奥羽州を席巻《せっけん》し威《い》を振《ふ》るう「藤原氏」の延べ四代（清衡　基衡　秀衡　泰衡）を支えた。また、公清の従兄弟公輔《きんすけ》の子師清《もろきよ》は出羽守に任ぜられたが、任期が満ちて後、陸奥信夫郡佐場野邑（現　福島市飯坂町平野）に居を定め、その孫師信《もろのぶ》は保延六（一一四〇）年、信夫の庄司に任ぜられ「信夫佐藤氏」の礎となった。そして、その後は「信夫庄司」として繁栄するが、その甥、「佐藤元（基）治」の代に至り、源頼朝による文治五（一一八九）年の「奥州征伐（文治の役）」に於いて、この佐藤一族は、主君藤原氏共に討滅された。そして当主元治はその後赦免され、辛うじて命脈を保つ事が出来た（吾妻鏡　文治五年九月二日条）。しかし、『日本城郭大系　巻三　伊達郡阿津賀志山防畳条』には、「大鳥城主の佐藤庄司基治も叔父川邊太郎高経、伊賀良目《いがらめ》七郎高経らの一族を率いて石那坂に陣地を構えて鎌倉軍を迎撃したが、常陸入道念西の子息、為宗、為重らが背後からこれを襲って、激闘の末、基治らは討ち取られて首級を阿津賀志山の経ヶ岡にさらされた」とある。そして、この二流が元となり、「佐藤姓」は、奥羽州を始め全国的に繁栄し、現在に至るも国内で十指に入る大姓となったのである。

『我妻氏』（アヅマ）

我妻氏は、伊達氏の家臣で、天文十一（一五四二）年の伊達稙宗、晴宗父子による「天文の乱」に於いては晴宗方に与し、天文二十二（一五五三）年の『晴宗公采地下賜録』には、湯野邑（現　福島市飯坂町湯野）の「はら屋敷」が我妻備中に与えられている（日本歴史地名大系　福島市・湯野村条）。そして、この氏は、白川結城氏の家臣の我妻氏の分流ではないかと考えられる（白河市・我妻氏の条参照）。

『鮎内氏』（アユウチ）

鮎内氏は、南北朝期の飯坂城の守将で、『日本城郭大系　巻三　伊達郡・城の倉城条』に、「南北朝の抗争期の城の倉城は、東北方に対峙する鮎内氏の飯坂城と連繋して機能したのであろう」とあるが、この氏の出自等の詳細は不明である。

『飯坂氏』（イイザカ）

飯坂氏は、伊達氏族で、その起源については三つの説がある。その一は、永禄年間（一五五八―七〇）、「飯坂城」に「右近将監宗康」が居城し、「飯坂右近将監宗康」を称したという説。その二は、中村朝宗（後伊達　常陸入道念西）の四男、四郎為家が、文治五年の源頼朝による「奥州征伐」に父朝宗等と共に参陣し、石那坂、阿津賀志山の戦いで功績を挙げ、その功により、飯坂の地を与えられ「飯坂城」を築き住し「飯坂氏」を称したという説（日本城郭大系　巻三　福島市・飯坂城条）。その三は、為家の曽孫政信が、飯坂町字古舘の「湯山城（現　飯坂警察署付近）」を居城とし、「飯坂氏」を称したのが始めであるという説（日本歴史地名大系　巻七　福島市・上飯坂村条）である。

『飯塚氏』（イイヅカ）

飯塚氏は、伊達氏の家臣で、飯塚邑（現　福島市飯坂町平野）より起こったが、伊達稙宗、晴宗父子による「天文の乱」に於いては、同族が稙宗方、晴宗方の双方に分かれて戦い、天文二十二年の『晴宗公采地下賜録』には、「湯野村のうち、シハた屋敷が飯塚又七に与えられ、飯塚藤四郎手作屋敷が『てんあミ』に与えられている（日本歴史地名大系　巻七　福島市・湯野村条）。また、『同　飯塚村条』には、『白石弥兵衛に信夫庄、飯塚方ふんいいつか』全部等を与えられている」とある。

『五十目（伊賀良目）氏』（イガラメ）

五十目氏は、信夫佐藤氏族で、「伊賀良目」とも称し、信夫庄司佐藤元治は、叔父高重に五十目邑（現福島市五十辺）を与えたが、高重は五十辺字館前の地に「五十目館」を築き住し、五十目（伊賀良目）七郎高重と称したのに始まる。そして高重は、その後に勃発した「奥州征伐」に於いては、主家佐藤元治と共に参戦し、石那坂の戦いに於いて激戦奮闘した（吾妻鏡　文治四年八月八日条）。

しかし、この五十目氏は、藤原氏没落後も、この「五十目館」に居館し、当地を統治し代を重ねたと言われている。そして、この氏は、応永二十三年から大永元年（一四一六―一五二一）にかけて、「尾形氏」に改姓したと言われている（日本城郭大系　巻三　福島市・五十目館条、日本歴史地名大系　巻七　福島市・五十辺村条）（但木氏の条参照）。

『今村氏』（イマムラ）

今村氏は、八島田邑（現　福島市八島田外）の領主で、『日本歴史地名大系　巻七　福島市条』に、「天文三（一五三四）年四月二十九日の『稙宗安堵状案（伊達家文書）』には『高成田弥太郎が今村治部少輔から購入した信夫庄八島田之郷之内、八郎内在家一宇、年貢一貫六百文の所』等を安堵されている」とある氏であるが、その他詳細は不明である。

『岩井氏』（イワイ）

岩井氏は、『日本城郭大系　巻三　福島市条』に、「福島市飯坂町平野字館の『古舘』は、岩井備中守の居館」とある氏であるが、その他この氏の出自等の詳細は不明である。

『岩城氏』（イワキ）

この岩城氏は、『日本城郭大系　巻三　福島市条』に、「福島市渡利字椿館の『椿館』は、岩城判官政氏、持地遠江守の居館」とあるものであるが、この氏は、岩城の岩城氏の分流で、当地は当時岩城領であったものと考えられる。また、『同　安達郡条』に、「安達郡本宮町舘越（現　本宮市舘ノ越）の『菅森館』は、明応年間（一四九二―一五〇一）岩城正兼の居館」ともある。

『**遠藤氏**』（エンドウ）

遠藤氏は、『姓氏家系大辞典　巻一　遠藤条22』に、「永禄天正の頃（一五五八―九二）遠藤駿河守あり、石那坂邑『朝日館』（現　福島市平石字朝日館）に拠る。伊達政宗に攻められて降り、其の臣となる」とあり。そして、『日本歴史地名大系　巻七　伊達郡上手渡村条』には、「天正十三（一五八五）年八月伊達政宗は、手渡などを遠藤宗信に与えている」とある。

そして、この氏を始め現在全国的に繁栄している「遠藤氏」の元々の出自は、藤原氏で、『姓氏家系大辞典　巻一　遠藤条』に、「遠江守たりし藤姓の意也。文覺上人遠藤盛遠を出して、その名早く著わる。盛遠は摂津渡辺党の人也云々」とあるが、この事はつまり、摂津源氏渡辺氏の家臣の藤原盛遠が遠江国の「介」となり、その遠江国の「遠」と藤原の「藤」を合して「遠藤」としたのが始まりで、その後全国的に拡散繁栄したものである。

『**大江氏**』（オオエ）

大江氏は、『日本城郭大系　巻三　達郡・懸田城条』に、「源義家の後裔高松近江守定隆が、南北朝期の正平年間（一三四六―七〇）北畠顕家《あきいえ》に仕え、建武二（一三三五）年四月、信夫郡高松城から霊山城の出城である懸田城に移って『懸田氏』を称したと『懸田史』にあるが、『伊達世臣家譜』では『大江姓』とある」

とある氏である。そして、『日本歴史地名大系　巻七　安達郡・上大江村（現　安達郡大玉村大山）条』には、「上、下大江村及び大江新田村が合併して大江村となった」という所があるが、この氏は当地の発祥か。しかし、歴史上有名な大江氏は、天穂日命《あめほのひのみこと》を出自とする大江音人《おとんど》の後裔で、鎌倉幕府を樹立した「源頼朝」の参謀として名を馳せた「大江広元」の流れである。そして、『姓氏家系大辞典　巻三　水谷《みずのや》条3』の『尊卑文脈』に「大江維光―広元　妹（伊賀仲教《なかのり》妻）―仲能《なかよし》―重教―仲雅―宗頼（田村条に詳か也）」次にまた「広元　妹―重清伊賀守　兵衛大夫　蔵　正五位下、号水谷、為広元猶子」とあり、この水谷氏は、田村郡に君臨した水谷氏であるので、これらに起因する者かとも考えられる。

『大田部氏』（オオタベ）

大田部氏は、安部氏流で、その起源も非常に古く、『姓氏家系大辞典　巻一　大田部条10』に、「岩代の大田部氏（安部氏流）、承和十五（八四八）年五月記に、「信夫郡擬主帳大田部月麻呂云々、姓を安部陸奥臣《むつのおみ》と賜ふと見ゆ」とあるが、つまり、これは信夫郡擬主帳の承和十五年五月の記述に、大田部月麻呂という人が「臣と言う姓《かばね》」を賜ったと書いてあるという事である。

『大塚氏』（オオツカ）

大塚氏は、伊達氏の家臣で、『日本歴史地名大系　巻七　福島市・丸子村及び上野寺村条』に、「伊達稙宗、晴宗父子による『天文の乱』に於いては晴宗方に与し、天文二十二（一五五二）年の『晴宗公采地下賜録』では、大塚将監に冨塚のうち『あらやしき』『あをき在家』『冨塚在家』『中家敷』『かミまりこ』『つか田』『なかたき』『経田』『北はらい』『寺屋敷』などが与えられている。なお、伊達氏の家臣に冨塚氏がいた（伊達世臣家譜）」とあり、また、『同　増田村条』に、この氏は、「当地の『増田館』は、当地を本拠とする伊達氏の家臣増田氏が居館したいわれ、大塚将監は、増田氏の事とする説もある（東湯野概史）」とある氏である。

『大波氏』（オオナミ）

大波氏は、『姓氏家系大辞典　巻一　大波条』に、「藤姓、信夫氏流、岩代国伊達郡大波邑より起こる」。『伊達世臣家譜略記』に「旧姓信夫、文明中（一四六九―八七）、大波伊賀守照成と云ふものあり。十一世持宗君の女を娶り、大膳成久を生む云々」とある。そして、『日本歴史地名大系　巻七　福島市・大波城跡条』には、「応永年間（一三九四―一四二八）、紀州の栗原持成が『奥州諸郡之守』として伊達郡大波邑（現福島市大波）に来邑《らいゆう》し、始め信夫氏或いは安積氏を称していたが、のち大波氏を称し『大波城』に居城したと言われている」ともある。

『尾形氏』（オガタ）

尾形氏は、信夫佐藤氏族で、現在では当地方に多く見られるが、元々は五十目（伊賀良目）氏で、その後、「五十目（伊賀良目）」から「尾形」に改姓した氏である（日本城郭大系　巻三　福島市・五十目館条）（五十目氏の条参照）。

『岡村氏』（オカムラ）

岡村氏は、伊達氏族で、『姓氏家系大辞典　巻一　岡村条8』に、「伊達氏流、岩代国伊達郡岡村より起こる、伊達氏十四代稙宗の子晴三郎を祖とす」とあるが、この岡村とは現在の伊達市の中心地である（日本歴史地名大系　巻七　伊達郡・岡村条）。

『岡本氏』（オカモト）

岡本氏は、『姓氏家系大辞典　巻一　岡本条10』に、「信夫郡岡本邑（現　福島市岡島）より起こる」とあるが、『日本城郭大系　巻三　福島市条』に、「福島市岡島字館の『岡本館』は、天正年間（一五七三―九二）岡本吉太夫の居館、土塁、空堀が残る」とある。そして、この氏は、北嶋氏の臣とも伊達氏の臣とも言われている。

『鬼庭氏』（オニワ）

鬼庭氏は、『姓氏家系大辞典　巻一　鬼庭条』に、「岩代国伊達郡鬼庭邑《おにわむら》（現　福島市飯坂町茂庭）より起こる。伊達氏の重臣にして、後荻庭と云ふ。伊達世臣家譜に『茂庭は旧鬼庭につくる。其の祖監物実良、初めて念西公に仕ふと云ふ云々』と」とあり。そして、この氏の出自は、『日本歴史地名大系　巻七　福島市・茂庭村条』に、「建久三（一一九二）年、斉藤実良が当地の菅沼に住む大蛇を退治して生贄《いけにえ》の娘を救い、村人に請われて、当地にとどまり、姓を茂庭（鬼庭とも）と称したと伝える。茂庭氏は、斉藤蔵人行元を祖とし、山城国八瀬（現　京都府京都市左京区）に住したが、のち移って、下総国佐倉（現　千葉県佐倉市）、更に下野国那須に住していたという（茂庭家譜　福島市史）。実良以後代々伊達氏家臣であったとされ云々」とある。

『片倉氏』（カタクラ）

片倉氏は、伊達氏の家臣となったのは、片倉小十郎景綱からで、小十郎は伊達政宗の側近として仕え、政宗が僅か十八歳で伊達の当主となって以来、二本松の畠山義継による父「輝宗謀殺事件」や豊臣秀吉の小田原遅参による「奥州仕置」等多くの「伊達家存亡の危機」に直面した時に、伊達成実と共に参謀としてそれを救った名将である。そして、『日本城郭大系　巻三　福島市・大森城条』にも「天正十二（一五八四）年、十七代政宗は、十八歳で家督を相続した。同十三年、父輝宗が安達郡高田原で二本松城主畠山義継に捕らえられて殺されると、同十四年、政宗は大森城を拠点に二本松城を攻略し、畠山氏を滅ぼした。この時、大森城主であった成実は、その軍功によって二本松三三郷を与えられ、二本松城に移った。同年成実に代わり、片倉小十郎景綱が大森城主となった。

天正十七（一五八九）年四月、政宗は相馬・蘆名氏を討つため、米沢城から大森城に入り、五月、相馬領新地・駒嶺を略取し、六月、磐梯山麓の摺上原で蘆名軍を大敗させた。この時、片倉小十郎景綱は伊達軍の二番手として三陣三〇〇〇騎を率いて参戦した」とある。

そして、この片倉氏発祥の地は、南相馬市原町区片倉ではないかと考えられるが、しかし、この景綱は出羽国長井の出であると言われている。

『加藤氏』（カトウ）

加藤氏は、『日本城郭大系　巻三　福島市条』に、「永禄年間（一五五八―七〇）福島市水原愛宕山の『愛宕館』は加藤金兵衛が居館。また福島市水原の『極楽寺館』は、天正年間（一五七三―九二）加藤民部の居館」とあるが、『日本歴史地名大系　巻七　福島市・上水原村条』にも同記がある。そして、この氏を始め現在全国各地に繁栄する「加藤氏」の出自は、藤原北家魚名流斉藤氏族で、斉藤氏の祖藤原叙用《のぶもち》の子吉信は、加賀介に任ぜられ、その曽孫正重は、その加賀の「加」と自らの本姓である藤原の「藤」を合して「加藤」としたもので、その後裔からは、「源平合戦」や「奥州征伐」等で活躍した加藤太光員《かとうたみつかず》、加藤《かとう》次景廉《じかげかど》等がいる（吾妻鏡　治承四年―文治五年条等）。

『金澤氏』（カナザワ）

金澤氏は、伊達氏族で、天文十一年に勃発した伊達稙宗、晴宗父子による「天文の乱」に於いては、一門の金澤宗朝は、稙宗方として活躍したが、稙宗方の敗北により、天文二十二年の『晴宗公采地下賜録』には、「いたて松はら（桑折町松原）の内、金澤左衛門分『たての在家一軒』が内馬場八郎右衛門に、西根松原の内『しんちやう院分はらの在家』が『てんあミ』に与えられている（日本歴史地名大系　巻七　伊達郡・松原村（現　伊達郡桑折町松原）条）。そして、この金澤氏の起こりは、伊達氏初代朝宗が築いたとされる「梁川城（但し、当城は、第三代義広が築いた『粟野大館』であるとも言われ、梁川町鶴が岡にある）」内には、金澤堀という所があり（日本城郭大系　巻三　伊達郡梁川城条）、この地を冠して、「金澤氏」を称したのではないかと考えられる。しかし、福島市松川町にも金沢の地名があるので此処の可能性もある。

『鎌田氏』（カマタ）

鎌田氏は、『日本城郭大系　巻三　福島市・鎌田城条』に、「弘長二（一二六二）年、大和から移封《いほう》となった宇野信治は、福島市鎌田字古舘に『鎌田城』を築き居城とし、鎌田氏を称し、その所領は三百貫とも五千貫とも伝えられ、恐らく鎌田庄を領有したと思われる（中略）、そして、慶長年間（一五九六―一六一五）

に卒去した鎌田大和守源親行、鎌田兵部尉源親名の名が伝わる点からみて、鎌田氏は、中世を通じて代々鎌田城に居城していたと思われる」とある。また、『日本歴史地名大系　巻七　福島市・鎌田村条』に、「当地を名字とする伊達氏家臣に鎌田氏がおり（伊達世臣家譜）、二二一年の晴宗公采地下賜録によると岡部郷に『かまた四郎兵へ』の領地があった」とある。

そして、宇野氏は、石川町の清和源氏石川氏の始祖石川（源）頼遠の兄源頼房の二男頼治が始祖で、その起こりは、大和国宇智郡宇野邑である（姓氏家系大辞典　巻一　宇野条４）。従って、宇野氏が鎌田に来た理由については、この石川氏との関連が窺《うかが》われる（石川郡・宇野氏の条参照）。

『川邊氏』（カワノベ・コウノベ）

川邊氏は、『姓氏家系大辞典　巻一　川邊条23』に、「秀郷流　藤原姓　佐藤氏流　岩代国信夫郡河邊邑より起る。東鑑《あずまかがみ》巻八、文治五年八月八日条に、『泰衡郎従信夫佐藤庄司（是継信、忠信等の父也）。叔父川辺太郎高綱（高経）伊賀良目七郎高重等を相具し云々』と見ゆ。磐城国刈田郡圓田村に花楯城あり、観蹟聞老志に『相伝ふ、佐藤庄司叔父河辺太郎高綱古城也』と」とある。そして、この高綱は、文治五年の「奥州征伐」に於ける阿津賀志山の戦いでは、頼朝軍を対手に激戦奮闘した（吾妻鏡　文治五年八月八日条）。そして、『日本歴史地名大系　巻七　福島市・郷野目村条』に、「この川辺太郎高経は名字をカウノベと読み、カウノベの地は当地にあるとする説がある（大日本地名辞書）」とある。

『清野氏』（キヨノ）

清野氏は、『日本城郭大系　巻三　福島市条』に、「福島市松川町土合館の『東館』は、清野備後守の居館」とあり。また、『日本歴史地名大系　巻七　福島市・八丁目城跡条』に、「時宗の子輝宗の頃には、当城に輝宗の家臣清野備前守の子遠江守がおり、西館と称し東方の土合山には備前守が隠居して東館（土合館）と称したと言われている（信達一統志、信達二郡村誌）」とあるが、この氏は、伊達氏族ではないかと考えられる。

『國井氏』（クニイ）

國井氏の出自は、清和源氏頼信流で、『姓氏家系大辞典　巻二　國井条1』に「清和源氏頼信流、常陸国那珂郡國井村より起る」とあるが、その流れには二つがあり、その一は、頼信の嫡子源頼義の五弟義政を祖とするもの。その二は『同　条2』に、「國井、那珂郡國井村より出づ、南酒出義茂の二子、弘義、泰義あり、弘義、國井孫次郎と称し、泰義は國井六郎二郎と称す」とあるもので、その発祥の地は何れも同じである。

そして、この國井氏は、『日本歴史地名大系　巻七　福島市・山田村条』に、「天文二十二年の『晴宗公采地下賜録』に、信夫庄山田の内國井二郎衛門分『やなきのまち千かり』が舟山藤三に与えられた」とある氏であるが、この國井氏は、何れの流れかは不明である。

『香坂氏』（コウサカ）

香坂氏は、『日本城郭大系　巻三　福島市条』に、「福島市笹木野字内城の『内城』は、建武年間（一三三四―一三三七）香坂弾正の居城」とあるが『姓氏家系大辞典　巻二　香坂条1』に「有道姓児玉党の香坂氏」、『同　条3』には、「春日氏流、甲斐の香坂氏、信濃佐久群香坂村発祥」、『同　条4』に、「織田流香坂氏」、

『同　条5』に、「上杉景勝家中の香坂氏」等が見られるが、中でも、甲斐の香坂氏は、「信濃香坂氏より出づ、香坂阿波守の死後、石和の名族春日大陽の子弾正、此の氏を冒すと云ふ」とあるが、この福島の香坂氏は、この族ではないかと考えられる。

『小森氏』（コモリ）

小森氏は、『日本城郭大系　巻三　福島市条』に、「福島市丸子字上六反田の『小森館』は、小森重右衛門の居館」とあるが、その起こりは、福島市松川町水原字小森と考えられる。

『齋木氏』（サイキ）

齋木氏は、『姓氏家系大辞典　巻二　齋木条2』に、「平姓　岩代発祥の名族にして、先祖は村山元頼と云ふ。後信夫郡齋木邑に住せしにより、家号とす」とある氏であるが、この氏は、武蔵七党の一の村山党（東京都東村山市発祥）の分流ではないかと考えられる。

『佐々木戸氏』（ササキド）

佐々木戸氏は、『日本歴史地名大系　巻七　福島市・佐々木野村条』に、「源義家の家臣で、伝承によれば、源義家は、家臣の佐々木戸某に笹木野邑（現　福島市笹木野）を支配させたが、建久年間（一一九〇—九九）に至り、その後裔の源左衛門尉が当地に『佐々木戸館』を築いたと言われている」とある氏である。

『佐羽野氏』（サバノ）

佐羽野氏は、信夫佐藤氏族で、『日本歴史地名大系　巻七　福島市・佐場野村条』に、「『佐藤家譜（福島市史）』によれば、信夫庄司佐藤基治の孫隆兼は、佐場野邑（現　福島市飯坂町平野）に住し、佐羽野二郎を称した事により起こったが、伊達稙宗は、天文十六（一五四七）年七月、下飯坂藤三郎（宗良）に勲功の賞として『医王寺通東佐葉野郷』の在家一宇を安堵した」とある。

『澤俣氏』（サワマタ）
澤俣氏は、『姓氏家系大辞典　巻二　澤俣条1』に、「秀郷流　藤原姓　岩代国信夫郡澤俣（又）邑より起こりしか。『尊卑文脈』に『秀郷六世孫淵名大夫兼行の子師種（澤俣余五将軍の敵人）』と註す」とある。また、『日本歴史地名大系　巻七　福島市・南沢又村条』に、「『今昔物語集　巻二一　五』に、藤原諸任あざな沢腭ノ四郎（藤原秀郷の孫）の名が見え藤原実方が陸奥守の頃、平維茂（余五将軍）と四郎が所領をめぐり争ったという」とある。そして、この「淵名氏」の出自は、『姓氏家系大辞典　巻三　淵名条1』に、「淵名庄（現　群馬県伊勢崎市境町渕名）に鎮守府将軍藤原頼行の子兼助、兼行兄弟が住し、兼助は淵名上野介、兼行は淵名大夫を称したのに始まる」とある。

『信夫氏』（シノブ）
信夫氏は、佐藤氏族で、『姓氏家系大辞典　巻二　信夫条』に、「信夫庄司佐藤氏一族の治重が、福島市佐倉下に『名倉城』を築き居城とし、信夫小治郎治重を称した事により起こった」とあるが、その後裔の信夫十郎盛衡は、福島市大森の「大森城」を居城としたと言われている（日本城郭大系　巻三　福島市・大森城条）。また、『同　福島市条』には、「福島市上鳥渡字山王の『朝日館』は、正治年間（一一九九―一二〇二)、信夫小太郎の居館。福島市上野寺字館の『隈ヶ城』は、文治年間(一一八五―九〇)信夫重郎の居館」とある。

『**下飯坂氏**』(シモイイザカ)

下飯坂氏は、伊達氏族で、『日本歴史地名大系　巻七　福島市・下飯坂村条』に、「応永二十三(一四一六)年の『上杉禅秀の乱』に於いて飯坂重房の次男豊房が、伊達持宗に属して戦功あり、信夫郡余目庄下飯坂、佐葉野、宮代等を与えられ(下飯坂家譜　福島市史)、当地に住し、下飯坂氏を名乗ったという」とある氏である。

『**杉目氏**』(スギノメ)

杉目氏は、藤原氏の後裔で、杉目太郎行信が平安末期に、現在の福島市杉妻町の「大仏城(杉目城、後の福島城)」に拠り、杉目氏を称した事により起こった。その後、この杉目城は伊達氏によって引き継がれ、室町期に入り、応永二十(一四一三)年四月、伊達松犬丸(後伊達氏第十一代持宗)が、掛田城主、懸田定勝と共に当城に立て籠《こ》もり、鎌倉公方足利持氏に反逆したが、二本松の畠山國詮や白川の結城満朝達に敗れ、松犬丸は一時会津に逃れた。しかし、その後当地に戻り、この大仏城を復興し、自らは「梁川城」を居城とし、この城は牧野相模が居城とした。そして、その後は、「天文の乱」に勝利し、桑折町の「西山城」から「米沢城」へ転じた第十五代晴宗が、永禄七(一五六四)年頃、家督を嫡子輝宗に譲り、この杉目城へ隠退し、余生を送り、天正五(一五七七)年に没した。そして、その後は六男直宗が相伝し、杉目直宗を称したという(日本城郭大系　巻三　福島市・福島城条)。

『李平氏』（スモモダイラ）

李平氏は、阿部氏族と考えられ、『日本歴史地名大系　巻七　福島市・李平村条』に、「正保二（一六四五）年及び慶安二（一六四九）年の知行帳に李平才三郎の名があり、当村の名主、検断役は、阿部薩摩のあと才三郎に引き継がれたとみられる」とある氏である。

『関氏』（セキ）

関氏は、伊達氏の家臣で、『日本歴史地名大系　巻七　福島市・下野寺村条』に、「天文十四年十月一日の伊達晴宗安堵状（関文書）によれば、信夫庄のうち竜成院分『下野寺之内䨥嶋在家壱間』などが、関帯刀に安堵されており、同在家跡の鶴島には環濠遺構が現存する」とある。また『同　伊達郡大綱木村条』にも「晴宗方に属した関帯刀が、河俣のうち大綱木の遠藤藤五良分を宛行われた」とある。

『瀬上氏』（セノウエ）

瀬上氏は、伊達氏族で、瀬上邑（現　福島市瀬上町）より起こったが、『日本歴史地名大系　巻七　福島市瀬上村条』には、「二十一年正月十七日の伊達晴宗充行状（長倉文書）では、伊達郷瀬上郷のうち冨塚新左衛門分、岡の前きり田四百かりなどが嶺刑部丞に与えられている。伊達氏の家臣瀬上氏は、当地を本拠としたとみられ同年の晴宗公采地下賜録にも瀬上中務大輔の名がみられる」とある。

『高松氏』（タカマツ）

高松氏は、源義家の後裔、懸田氏の前身で、『日本城郭大系　巻三　伊達郡懸田城条』に、「始め信夫郡の『高松城』に源義家の後裔の高松近江守定隆が居城していたが、南北時代の正平年間（一三四六―七〇）に北畠顕家に仕え、建武二（一三三五）年四月、南北朝争乱の転機により、高松城から伊達市霊山町の『懸田城』に移り、忠勤を尽くしたと『懸田史』にあるが、『伊達世臣家譜』では、大江姓である」とある。

『但木氏』（タダキ）

但木氏は、五十辺邑（現　福島市五十辺）の領主で、「奥州征伐」以前に佐藤元治の叔父伊賀良目七郎高重が領していた当地を受け、その後の領主となったものと考えられる。そして、『日本歴史地名大系　巻七　福島市・伊賀辺村条』に、「天文二十二年の『晴宗公采地下賜録』には、『堀内蔵人に、当地の内、但木藤十郎屋敷、同手作などが与えられ、又舟山藤三には、但木手作の内千刈及び畑等』が与えられており、伊達氏の『天文の乱』以前は、但木氏が当地の有力な氏族であった事が窺われる」とある。

『丹治氏』（タンジ）

福島の丹治氏は、殆どが社家を生業《なりわい》とし『姓氏家系大辞典　巻二　丹比条34』に、「信夫郡福島城（現　福島市舟場町）城北の稲荷大明神神主に丹治播磨。黒岩邑（現　福島市黒岩）八幡宮に丹治相模。田澤邑（現　福島市田沢）三島大明神に社人丹治相模。大森邑（現　福島市大森）八幡宮に丹治相模見ゆ」とあるが、『日本歴史地名大系　巻七　福島市・田沢村条』に、「『信達二郡村誌』は、天正十（一五八二）年の頃、丹治但馬、同丹後、同縫殿助が山間を開拓し、耕地としたとするが、天文七（一五三八）年の段銭古帳に『御はん所』のうちとして『田さハ』とみえ云々」とある。しかし、元々この丹治氏の出自は『姓氏家系大辞典　巻二　丹条1』に、「宣化天皇の曾孫彦武王（多治比古王）が臣籍降下し、『丹治姓』を賜ったのに始まり、その子広足がそれを相伝し、武蔵守となり、その五世の孫武信が東下し、これが元で氏族を繁栄させ『武蔵七党』の一の『丹党』となった」とある。そして、その後裔は、丹内、丹下等「丹」の字を用いる事を習わしとした。

『土湯氏』（ツチユ）
土湯氏は、福島市土湯温泉町より起こった氏族と考えられるが『日本城郭大系　巻三　伊達郡条』に、「伊達郡川俣町小神字鰻内の『鰻内館』は、土湯孫兵衛の居館」とある。そして、『日本歴史地名大系　巻七　福島市条』には、「現在の土湯温泉町は土湯村」とある。

『天童氏』（テンドウ）
天童氏は、『日本城郭大系　巻三　福島市条』に、「福島市上鳥渡字館の『桜館』は、建武年間（一三三四—三七）、天正年間（一五七三—九二）の館。天童備後が居館したという」とあるが、この氏の出自は、出羽山形の清和源氏足利氏流大崎氏族の最上氏が山形へ入部して後、分出された「天童氏」の族と考えられる。

『長井氏』（ナガイ）
長井氏は、伊達氏の家臣で、『日本歴史地名大系　巻七　福島市・湯野村（現　福島市飯坂町湯野）条』に、「伊達稙宗、晴宗父子による『天文の乱』に於いては、稙宗方に与し敗れ、天文二十二年の『晴宗公采地下賜録』には『湯野村のうち、長井三郎左衛門分が嶺刑部に与えられた』」とある。

『中野氏』（ナカノ）

中野氏は、伊達氏の重臣で、中野邑（現　福島市飯坂町中野）より起こったが、『日本城郭大系　巻三伊達郡条』に、「伊達郡桑折町万正寺の『常陸館』は、天文年間中野常陸宗時の居館」とある。そして、天文十一年の伊達稙宗、晴宗父子による「天文の乱」は、この中野宗時と桑折景長が、伊達氏十四代稙宗が、三男実元を越後の上杉氏第七代定実に養子として出すに当たり、秀臣百騎を随行させようとしたのを、本宗の弱体化を危惧し、稙宗の嫡子晴宗に進言し阻止しようとしたのに起因すると言われている。そして、宗時は、乱終息後、その功として「なかの」の内羽田馬助分「たか柳うへの屋敷等」を与えられ、中野外の棟役段銭諸公事を免除されている（晴宗公采地下賜録、日本歴史地名大系　巻七　福島市・中野村条）。

『中目氏』（ナカノメ）

中目氏は、『日本歴史地名大系　巻七　福島市・落合村条』に、「天文二十二年の晴宗公采地下賜録では、中目の名跡を継いだ中目兵衛に当地のうち『かうしふた』在家などが返還された」とある。また、『同伊達郡・懸田城跡条』に「天文の乱後、晴宗は懸田父子に対する処罰として当城を破却したとされる（中略）永禄九（一五六六）年六月、伊達輝宗は懸田三ヶ村及び要害を勲功の賞として中目日向守（長政）に与えている。要害は当城の事であろう」とあるが、この氏は会津の中目氏の一族ではないかと考えられる。

『中村氏』（ナカムラ）

中村氏は、伊達氏の家臣で、『日本歴史地名大系　巻七　福島市・五十辺村条』に、「天文二十二年正月十七日の伊達晴宗安堵状（伊達家文書）によれば、中村助右兵衛尉に当地のうち町在家手作などの諸役免除が認められている」。また、『同　八島田村条』に、「伊達晴宗は中村助右兵衛尉に『やしま田之郷にしみかしり壱間』などの諸役を免除した」とある。

『名倉氏』（ナグラ）

名倉氏は、伊達氏の家臣で、『姓氏家系大辞典　巻三　名倉条3』に、「信夫の名倉氏。岩代国信夫郡に名倉庄（現　福島市上名倉）があり、当地は、名倉兵衛尉義春の開発と伝えられ、名倉下邑の『亀城』は、義春の居城であったと言われている（郡村志）」とある氏である。

『二階堂氏』（ニカイドウ）

信夫の二階堂氏は、『奥州征伐』の功により、二階堂基行に源頼朝より信夫庄内鳥和田村が与えられたのが始まりで、『日本歴史地名大系　巻七　福島市・下鳥渡村条』に、「仁治元（一二四〇）年十月十四日の『二階堂基行行阿譲状（二階堂文書）』に、『信夫庄内鳥和田村加進と見え、いったん作成した譲状に付加えるかたちで、同地が、子の行氏に譲られている』」とある。

『根津氏』（ネヅ）

根津氏は、『日本城郭大系　巻三　福島市条』に、「福島市大笹生字館の『大笹生館』は、文治年間（一一八五－九〇）根津監物の居館」とある氏であるが、その出自等は不明である。

『支倉氏』（ハセクラ）

支倉氏は、伊達氏の家臣で、『日本歴史地名大系　巻七　福島市・山口村条』に、「鎌倉時代始めに山口邑（現　福島市山口）に給地を与えられたと伝わる」とあるので、この氏は、伊達朝宗（後常陸入道念西）が常陸より伊達へ下向する時に従って来た氏族ではないかと考えられる。そして、この後裔の「支倉常長」は、伊達政宗の家臣で、イスパニアからローマに渡り、通商貿易を求めた事で歴史上有名な人物である。

『浜田氏』（ハマダ）

浜田氏は、『日本歴史地名大系　巻七　福島市・上名倉村条』に、「天文二十二年の晴宗公采地下賜録では『信夫郡上名倉のうち金沢上総方から購入した富田在家年貢五百貫文の所が浜田彦猿丸に安堵されている』」とある。また、『同　伊達郡・桑折村条』に、「天文二十二年正月十七日の伊達晴宗充行状（伊達家文書）では、桑折播磨守（貞長か）に桑折郷の中目分、宍戸新左衛門屋敷手作、桑島三郎左衛門分一間、山崎分二反畠などが安堵されている。同年の晴宗公采地下賜録で浜田大和に安堵された『西山本町』は現市街地に当たると考えられ、当地は桑折西山城の城下町に組込まれていたとも推測される」とある。

『半澤氏』（ハンザワ）

この半澤氏は、田村の半澤氏族と考えられる。その出自は、武蔵七党の一の「丹党（丹治氏）」の分流が、武蔵国榛澤郡《はんざわ》（現　埼玉県深谷市榛沢）に住し、榛澤氏を称した事により起こった。そして、その後「榛澤、半澤」の双方を称し、全国的に繁栄したが、『姓氏家系大辞典　巻三　半澤条』に「前条氏（榛澤氏）に同じ。又奥州田村家臣に見ゆ」とある。そして、伊達稙宗、晴宗父子による「天文の乱」に於いては、晴宗方に与したものと考えられ『日本歴史地名大系　巻七　福島市・庭坂村、双子塚村条』に「天文二十二年の『晴宗公采地下賜録』では、半澤杢助が信夫庄庭坂内遠藤監物分『きりハらし（切枯）在家等』の外、富塚近江分の『ふたこつか、よこつか、しのつか、はりけつた等』が与えられている」とある（丹治氏の条参照）。

『菱沼氏』（ヒシヌマ）

菱沼氏は、伊達氏の家臣で、「天文の乱」に於いては、稙宗方に与したものと考えられ『日本歴史地名大系　巻七　福島市・湯野村条』に、「天文二十二年の『晴宗公采地下賜録』には、『湯野村の内の菱沼藤左衛門分小姓屋敷などが瀬上中務大輔に与えられた』」とある。そして、この氏の出自は、藤原北家秀郷流佐野氏族、下野国河内郡菱沼郷（現　栃木県河内郡上三川町菱沼）を起源とする菱沼氏の一族と考えられ、その本宗はその後越後に移っている。

『平田氏』（ヒラタ）

平田氏は、会津蘆名氏の重臣の平田氏の分流と言われ、伊達氏の家臣で、『日本城郭大系　巻三　福島市条』に、「飯坂町大館の『平田館』は、文治年間（一一八五―九〇）平田五郎の居館」とある。また、『日本歴史地名大系　巻七　伊達郡・森山村条』に「村内に館跡が二か所あり、一か所は、字辻西にあり、永正年中（一五〇四―二一）に築かれたと言い、天正末（一五九二）年に、会津蘆名氏の重臣平田氏の一族平田五郎が伊達氏の家臣となって住したという（森山村史）」とある。

『広瀬氏』（ヒロセ）

広瀬氏は、『日本歴史地名大系　巻七　福島市・塩野目村条』に、「天正二十二年正月十七日の晴宗公采地下賜録に、広瀬丹後に『ゆの村しほの目の内』が安堵されている」とあるが、この氏の出自等は不明である。

『舟山氏』（フナヤマ）

舟山氏は、伊達氏の家臣で、現在山形県南西地方に繁栄する舟山氏の祖と考えられるが、伊達稙宗、晴宗による「天文の乱」に於いては、晴宗方に与したものと考えられ、『日本歴史地名大系　巻七　福島市・五十辺村条』に「天文二十二年の『晴宗公采地下賜録』に『舟山藤三に但木手作の内千刈及び畑等』が与えられ、また、『同　山田村条』に『國井二郎衛門分〈やなきのまち千かり〉が舟山藤三に与えられている』」とあるが、この地は、五十目邑内（現　福島市五十辺）である。

『古内氏』（フルウチ）

古内氏の出自は、『姓氏家系大辞典　巻三　古内条3』に「藤原北家結城氏の一族が、下総国古内邑（現　茨城県古河市総和町上大野字古内か）に住し、古内氏を称した事により起こった」とある。その後、この古内氏は、結城氏領であった陸奥国名取郡を統治するためか、或いは、南北朝争乱の援軍のためかは不明であるが、陸奥国宮城郡国分（現　宮城県仙台市泉区古内）に来住し、その地を古内邑と名付けた。しかし、国分（現　宮城県仙台市国分町）の前の領主である平盛氏の弟近江某が、この古内家の継嗣となり、その曽孫重広は、伊達政宗の家臣となった（同　巻二　国分条1、5、6）。その後、この古内氏は、伊達氏の麾下《きか》となった事により、逆に伊達氏の重臣として繁栄し、福島市荒井字梅後の「古内館」及び安達郡岩代町西勝田字館山（現　二本松市）の「古内館」は古内主膳の居館、伊達郡川俣町小島字古内の「古内館」は古内備後守の居館とある（日本城郭大系　巻三　福島市・安達郡・伊達郡条）。この他この古内氏は、相馬地方にも多くの支族を繁栄させた。

『堀内氏』（ホリウチ）

この堀内氏は、南相馬市の堀内氏の一族と考えられる。『日本歴史地名大系　巻七　福島市・五十辺村条』に「伊達稙宗、晴宗父子による『天文の乱』に於いては、晴宗方に与し、天文二十二年正月十七日の『晴宗公采地下賜録』に『堀内蔵人に但木藤十郎屋敷、同手作等』が与えられた」とあるが、この地は福島市五十辺である。

『堀越氏』（ホリコシ）

堀越氏は、松川邑（現　福島市松川町）の「八丁目城」の城主で、「天文の乱」に於いて、城主の堀越能登守は稙宗方に与し、天文十二（一五四三）年八月には、稙宗が当城に入城し、翌十三年には、堀越氏と伊達晴宗との間で激戦が交わされたと言われている。そして、『日本歴史地名大系　巻七　福島市・八島田村条』に「天文二十二年の晴宗公采地下賜録では小高次郎左衛門に八島田のうち堀越能登分『かミ内在家』などが与えられている（福島市史）」とある。

『牧野氏』（マキノ）

牧野氏は、伊達氏の重臣で、その起こりは、田村市大越町牧野と考えられるが、『日本城郭大系　巻三　福島市条』に「福島市小倉寺字鹿島山の『小倉館』は、牧野紀伊守が居館」とあり、また、『同　伊達郡・桑折西山城条』には、「天文十一年の『天文の乱』に於いては『牧野宗興』は晴宗方に属した」とある。その結果、『日本歴史地名大系　巻七　福島市・曽根田村条』には、「天文二十二年の晴宗公采地下賜録では、当地の遠藤監物分全部及び富塚新左衛門分の一丁田、中屋敷、高橋作などが、守護不入の地として牧野相模に下賜されている。また『同　南沢又村条』には「信夫『さハまた』のうち遠藤将監分『にしはら』『大わた』『いちてう田』などが守護不入地として牧野相模に与えられている」とある。

『増田氏』（マスダ）

増田氏は、伊達氏の家臣で、『日本城郭大系　巻三　福島市条』に「飯坂町湯野字増田の『増田館』は天正年間（一五七三―九二）増田監物の居館」とある。そして、『日本歴史地名大系　巻七　福島市・増田村条』に「この氏は、名取郡増田村（現　宮城県名取市増田町）より起ったと言われ、この増田氏は、大塚将監であるという説もある」とあるので、この氏は、前述のように名取郡増田村より飯坂の湯野邑に来た事により当地が増田という地名となり、姓も「大塚」から祖地の名に因んで「増田」を称したのではないかと考えられる（大塚氏の条参照）。

『松川氏』（マツカワ）

松川氏は、伊達氏の家臣で、福島市松川町が発祥の地と考えられるが、『日本城郭大系　巻三　相馬市条』

に「相馬郡新地町古屋敷の『谷地小屋要害』には、松川七左衛門が拠った。伊達氏の支城の一つ」とある。しかし、出自等については不明である。

『嶺氏』（ミネ）

嶺氏は、伊達氏の家臣で、『日本歴史地名大系　巻七　福島市・湯野村条』に「伊達稙宗、晴宗父子による『天文の乱』に於いては晴宗方に与し、天文二十二年の『晴宗公采地下賜録』には『湯野村のうち、長井三郎左衛門分が嶺刑部に与えられた』」とあり。また、『同　福島市・小山荒井村条』には、「当地の『山しろ内在けたたミ田』などが峯七郎左衛門に与えられている」とある。また更に『同　方木田村条』に「信夫すかハた、少将ふんは、ゝの在家などが嶺刑部に与えられた」とあり、更に『同　福島市・瀬上村条』にも「『伊達郡瀬上郷』のうち富塚新左衛門分、岡の前きり田四百かりなどが、嶺刑部丞に与えられている」とある。

『宮代氏』（ミヤシロ）

宮代氏は、伊達氏の家臣で、宮代邑（現　福島市宮代）より起こったが、『日本歴史地名大系　巻七　伊達郡・平沢村（現　伊達郡桑折町平沢）条』に「伊達稙宗、晴宗による『天文の乱』に於いて宮代氏は、晴宗方に与し、天文二十二年の『晴宗公采地下賜録』によれば『宮代孫三郎は、平澤邑のうち上郡山又五郎より購入した地等』を安堵されている」とある。また『同　福島市・宮代村条』に『伊達家家臣宮代氏は、当地を本拠としたとみられる」とある。

『持地氏』（モチジ）

持地氏は、『日本城郭大系　巻三　福島市条』に「福島市字椿館の『椿館』は、岩城判官政氏、持地遠江守の居館」とあるが、この氏は岩城氏の分流で、当地は当時岩城領であったのではないかと考えられる。

『本内氏』（モトウチ）

本内氏は、伊達氏の家臣で、『日本歴史地名大系　巻七　福島市・本内村（現　福島市本内）条』に、「慶長五（一六〇〇）年冬の伊達政宗最上陣覚書（伊達家文書）に『本内』とみえ、古城があった事が知られる。なお、伊達氏の家臣として本内氏がいた（伊達正統世次考）」とあるが、『同　伊達郡・小幡村条』には「天文十二年十一月十三日、伊達稙宗は、小幡の地頭と推測される小幡八郎の所領を本内大炊助に与えた（伊達正統世次考）」とあり。そして、『同　二本松市・上成田村（現　二本松市成田）条』に「信夫郡本内村を本領とする本内九郎に、成田郷内一宇、田子在家一宇、屋津在家一宇、殿内在家一宇、佐年加宇在家が恩賞として与えられている」とある。

『茂庭氏』（モニワ）

茂庭氏は、伊達氏の家臣で、『日本歴史地名大系　巻七　福島市・茂庭村条』に、「建久三（一一九二）年、斉藤実良が当地の菅沼に住む大蛇を退治して生贄の娘を救い、村人に請われて、当地にとどまり、姓を茂庭（鬼庭とも）と称したと伝える。茂庭氏は、斉藤蔵人行元を祖とし、山城国八瀬（現　京都府京都市左京区）に住したが、のち移って、下総国佐倉（現　千葉県佐倉市）、更に下野国那須に住していたという（茂庭家譜　福島市史）。実良以後代々伊達氏家臣であったとされ云々」とある。

そして、この氏を始め、現在日本国内屈指の大族となっている「斉藤氏」の元々の起こりは、藤原北家利仁流で『姓氏家系大辞典　巻二　齋藤条』に、「藤原利仁の子叙用、斎宮頭《さいぐうのかみ》たりしにより、世に齋藤と呼ばれ、子孫大いに栄ゆ、実に利仁流藤原姓諸氏の宗族と云ふべきか。而《しこう》して加賀齋藤、弘岡齋藤、疋田齋藤、鏡齋藤、河合齋藤、長井齋藤、勢多齋藤、吉原齋藤等諸流あり」とあるが、これはつまり、藤原北家の始祖「藤原房前《ふささき》」の玄孫、藤原利仁の子叙用が「斎宮寮頭」に任ぜられた事により、その「斉」と「藤原」の「藤」を合して「斉藤」と称したものである。そして、その後、この斉藤氏一族は、全国に拡散繁栄し、全国的大族となったが、この「斉　斎　齊　齋」等を用いている。従ってこの斉藤氏も元々はこの系と考えられる。

『山岸氏』（ヤマギシ）

山岸氏は、伊達氏の家臣で、『日本歴史地名大系　巻七　伊達郡・藤田村条』に、「『伊達稙宗安堵状案（同文書）』によれば、永正十三（一五一六）年六月十八日、山岸大和守は、藤田中務所より購入した上平柳の成敗権などを安堵されている」とあり、また、『同　福島市・湯野村条』には、「伊達稙宗、晴宗父子による『天文の乱』に於いては、稙宗方に与し敗れ、天文二十二年の『晴宗公采地下賜録』に、『湯野村山岸五郎衛門分暮坪屋敷、山岸四郎衛門分つしま屋敷などが瀬上中務大輔に、また、山岸彦左衛門屋敷手作が舟山藤三に与えられている』」とあり、そして、「この山岸氏は、湯野村氏と共に当地を出自とする武士であろう」とある。

『湯澤氏』（ユザワ）

湯澤氏は、『日本城郭大系　巻三　福島市条』に「福島市南沢又字西原の『南沢又城』は、湯沢善兵衛の居城」とあり、また、『日本歴史地名大系　巻七　福島市・南沢又村条』には「中世城館跡として伊達成実の家臣湯沢善兵衛の居館とされる古館跡などのほか、館ノ内の地名が残る」とある。そして、この氏の起こりは、田村郡小野町湯沢ではないかと考えられる。

『湯村氏』（ユノムラ）

湯村氏は、伊達氏の家臣で、『日本歴史地名大系　巻七　福島市・湯野村（現　福島市飯坂町湯野）条』に「南北朝期、南朝方の伊達宗遠に従った家臣に『湯村兵庫助、同左近将監、同蔵人』がいたとされ、『晴宗公采地下賜録』に見える山岸氏と共に、当地を出自とする武士であろう」とある。また、『姓氏家系大辞典　巻三　湯村条』に「奥州の湯村氏、永正十二年伊達稙宗判書に『湯村助十郎知行、羽州上長井庄女島郷内云々と』」とある氏である。

『伊　達　市』

『伊達氏（ダテ）』

佐藤氏（信夫）が没落した後の信達地方の繁栄は、佐藤氏の次に領主となった伊達氏一族の隆盛によるものである。

その伊達氏は、藤原北家魚名流で、魚名の孫、山蔭の後裔光隆は、常陸国伊佐庄中村郷（現　茨城県筑西市中館）の「伊佐城」を居城とし、「中村」または「伊佐」を称していたが、その嫡子朝宗（後常陸入道念西）は、文治五（一一八九）年の源頼朝による「奥州征伐（文治の役）」に、嫡子為宗、次子宗村、三子資綱、四子為家等を引具して参陣し活躍した（吾妻鏡　文治五年八月八日条）。

そして、その功により、佐藤氏が「奥州征伐」の敗北により没落した後の遺領である陸奥国伊達郡（現福島市、伊達市、伊達郡）及び刈田郡（現　宮城県白石市、刈田郡）を与えられた。

これにより朝宗は、嫡子為宗を本領の伊佐に残し、次子宗村等を伴い、結城氏、蘆名氏等の他氏に先駆けて来奥し、伊達郡高子岡《たかこがおか》（現　伊達市保原町上保原）に「高子岡城」を築き居城とし、当時「亀岡」とも言われていたこの城内に、鎌倉の「鶴岡八幡宮」を勧請し、「亀岡八幡宮」として祀り、「伊達氏」を称し始祖となった。そして、朝宗は継嗣宗村に石川氏第六代基光の二女随子を正室として迎え（石川氏一千年史　第六代基光条）、その嫡子で第三代義広は、高子岡城より伊達市梁川町に「粟野大舘」を築き移り、これもまた石川氏第八代光貞の二女興子を正室とし（同　第八代光貞条）、奥州に先住していた「石川氏」と、これらの婚姻等により誼《よしみ》を通じながら定着繁栄していったのである。

また、朝宗は、女《むすめ》を源頼朝の女房としたが、その女は若松（後の貞暁）を産み「大進局」と称し、伊勢国に所領を与えられた（吾妻鏡　建久二年正月二十三日条）。

そして、『日本歴史地名大系　巻七　伊達郡山戸田村条』に、「大進局はのち尼となり当地に隠居したとされる」とある。

また、鎌倉末期の後醍醐天皇による「建武中興」に於いては、第七代行宗（行朝）は、白川の結城宗広、親朝親子、須賀川の二階堂行朝、顕行親子等と共に「式評定衆」に任ぜられた。

そして、南北朝期に入るや、伊達氏は、結城氏、二階堂氏等と共に南朝方の旗振りとして活躍し、建武四（延元二、一三三七）年には、義良親王を奉じた北畠顕家《あきいえ》を自領の「霊山城」に招き入れ、当地に於いて北朝方と激戦を繰り返したが、最後には「霊山城」は「宇津峰城」と共に落城し、第八代宗遠は、これを機に北朝方に転じ、今度は足利幕府に接近し力を増し、康暦二（天授六、一三八〇）年には長井氏（現　山形県米沢市）を攻め取り、翌康暦三年には、武石氏を討ち、宮城県中南部の大崎、刈田、柴田、伊具等を併呑した。

その後、第九代政宗は、稲村公方足利満貞と確執し会津へ敗退するが、十一代持宗に至り、失地を回復すると共に、更に奥州三十六郡を奪還し、奥州第一の覇者となった。そして更に、十四代稙宗は、奥州探題大崎氏に代わって大永二（一五二二）年、陸奥国の守護識に補任され、十年後の天文元（一五三二）年には本拠を桑折町の「西山城」に移し、同五年には「古川城」「岩手沢城」を攻陥し、大崎、葛西氏を従属させ、更に南奥に於いては、二階堂、石川の両氏と連合し、岩城、白川の両氏を討伐し、田村、岩城氏対二階堂、伊東氏との抗争を調停し、佐竹、石川、竹貫、二階堂各氏の友好に奔走した。

しかし、天文十一（一五四二）年に至り、この稙宗と嫡子晴宗との間には、世に言う「天文の乱」が起こる。この天文の乱は、伊達一族を始め奥州の諸将をも巻き込み、稙宗方、晴宗方双方に分かれての戦いとなり、中でも高子原の戦いでは、相馬顕胤《あきたね》は二百にも満たない軍勢で晴宗軍を撃破し、桑折西山城に籠《こも》る稙宗を救出し、同十四年頃、自領の「小高城」へ迎えるなど大いに活躍した。しかし、この戦いは晴宗方が勝利し、稙宗は心ならずも隠退する結果となった（奥相茶話記、日本歴史地名大系　巻七　伊達郡・高子村〔伊達市保原町上保原〕条）。

この結果晴宗は、これを機に本拠地を西山城から長井の「米沢城」へ移した。そして、その後は輝宗が相伝するが、この輝宗は、後に天下の名将と謳われた若干十八歳の嫡男「政宗」に家督を譲った。しかしその直後に、「二本松城」の畠山義継の陰謀《いんぼう》に嵌《はま》り、その義継と共に非業の最期を遂げる結果となった。そこで政宗は、その二本松の畠山を討ち、更に、その遺児「国王丸（後義綱）」が会津の「黒川城」へ走ったため、今度はその会津の蘆名盛重（佐竹義重の二男）を滅ぼし、石川、白川両氏を麾下《きか》として組み入れ、そして、その石川、白川両軍が援軍として共に戦っていた佐竹軍を追い、更に須賀川の二階堂、滑津の舟尾の両氏を討伐し、名実共に奥羽州の覇者となったのである。

しかし、政宗は、その後に起きた豊臣秀吉による小田原催促に於いては、天下の情勢を見誤り、成り上がり者の豊臣秀吉を見縊《みくび》り、再三の小田原参陣の催促にも拘らず、それを無視し、渋りながら遅参したため、その科により、それから僅か四か月後の天正十八（一五九〇）年八月、「奥羽仕置」により、往年の自領と一部を残し、手にしたばかりの多くの所領を没収され、更にその後、その自領も没収の上、没収されたばかりで暴徒化した残党が溢れる「大崎、葛西」の荒領を宛行われ、「米沢城」より「岩出山城」へと左遷される。

しかし、天下を狙う政宗にとって、この「岩出山城」は、あまりにも狭隘《きょうあい》で脆弱《ぜいじゃく》なため、後年になり、遥か沖合に松島湾を望み、眼下に広瀬川が蛇行する青葉山の地に新たに城を築き転ずる。そして、此処が、全国屈指の大藩で六十二万石を誇り、天下の名城と謳われた「青葉城」である。

そして、伊達氏は、この地に於いて明治まで続き、現在の北の都、仙台市の礎となるのである。

このように伊達氏は、福島県及び宮城県に於いて繁栄するが、殊に福島県内の在城時代には、多くの支族と家臣を分流させた。しかし、米沢から岩出山へ、そして、仙台へと移行した後は、伊東、田村、蘆名、二階堂、石川、白川、葛西、大崎等という多くの豪族の残臣を抱え込み大族となり、数多くの外姓が誕生するが、自らの支族による新姓の起こりは非常に少ない。

『粟野氏』（アワノ）

粟野氏は、伊達氏第二代宗村の二男で、第三代の義広は、初代朝宗が来奥後最初に築いた保原町の「高子岡城」より、伊達郡桑折の郷粟野邑（現　伊達市梁川町粟野）に「粟野大舘」を築き移り住み、粟野次郎蔵人大輔を称したのに始まると言われている。その後、この義広は出家して覚佛と改めた（伊達家譜、寛政重修諸家譜十二）。しかし、この粟野大舘は、初代朝宗の築城であるとも言われている。

また、この粟野の地名の由来には、「泡の地蔵」説、「粟作」説、伊達氏の祖先の領地「若狭粟野」説等がある（日本歴史地名大系　巻七　伊達郡・粟野村条）。

『飽海氏』（アワミ）

飽海氏は、『日本城郭大系　巻三　伊達郡条』に「伊達郡保原町富沢字舟木の『飽海館』は、天喜―康平年間（一〇五三―六五）飽海十郎の居館」とあるが、この氏は、出羽国飽海郡遊佐郷より起こった「遊佐氏」の一族と考えられる（遊佐氏の条参照）。

『飯淵氏』（イイブチ）

飯淵氏は、『日本歴史地名大系　巻七　伊達郡・大石村条』に「天文二十二年の晴宗公采地下賜録に、飯淵しほちは大石のうち守屋伊賀に売却した土地などを返されている」とあり、また、『同　飯田村（霊山町中川）条』に「天文七（一五三八）年の段銭古帳に伊達東根のうちとしてみえる『いいふち』は当地内に比定される」とある。そして、この地は現伊達市霊山町中川字上飯淵である。

『五十澤氏』（イサザワ）

五十澤氏は、伊達市梁川町五十沢より起こった氏族で、『日本歴史地名大系　巻七　伊達郡・五十沢村条』に「田手石見の太方（未亡人）が五十沢氏から購入した伊達郡西根『いさゝハのかう』のうち、かきの木内在家、同田畠屋敷などを安堵されている」とあり。そして、「この氏は、五十沢村（現　伊達市梁川町五十沢）の領主で、当地を発祥の地とする氏族である」とある。

『石田氏』（イシダ）

石田氏は、伊達氏族で、『姓氏家系大辞典　巻一　石田条5』に「伊達氏流、岩代国伊達郡石田村より起る。伊達世臣譜略記に『石田は蓋《けだ》し当家太祖朝宗君第四の男左衛門尉為家後か。其の先、世々石田邑に住む。今其の家に伝ふる所の文書に拠るに、文永弘安の間次郎入道明圓、尼性阿なる者あり、明圓、性河、蓋し夫婦にして石田家の祖也云々』」とある。また『日本歴史地名大系　巻七　伊達郡・石田村条』に「伊達朝宗の四男為家が当地に住し、石田を名乗ったといい（伊達世臣家譜）、石田文書考（霊山町史）によれば、弘安二（一二七九）年当時、石田次郎入道明円後家が存在した事が知られる」とある。また『同　伊達郡・箱崎村条』に「字大館に箱崎大館と呼ばれる中世の館跡があった（中略）『信達二郷村史』は伊達輝宗の家臣石田小太郎時成の居館と伝える」とある。

『泉澤氏』（イズミサワ）

泉澤氏は、伊達氏の家臣で、泉澤邑（現　伊達市保原町大泉）より起こった氏族と考えられるが、『日本歴史地名大系　巻七　伊達郡・泉沢村条』に「文明十五（一四八三）年、伊達氏十二代成宗の入京に随行した者に『いつミさハ方』が居り（伊達成実上洛日記写　同文書）、当地を本貫とする武士とも考えられる」とある。

『伊庭野氏』（イバノ）

伊庭野氏は、伊達氏の家臣で、文治五年の中村（伊佐）朝宗の伊達下向に伴い、伊佐庄より随行して来た氏族であると言われているが、その後裔の伊庭野広昌は、伊達実元の上杉氏入嗣時、その付家老として随行したと言われている。また、『姓氏家系大辞典　巻一　伊庭野条』に「大崎義隆家中記に此の氏あり、前条氏に同じ。」とありて、『同　伊場野条』に「陸前国志田郡伊場野より起る。封内記に伊場野邑古壘一、大崎家臣伊場野筑後居る処と。」とあるが、この氏は別氏と考えられる。

『**牛坂氏**』（ウシサカ）

牛坂氏は、『姓氏家系大辞典　巻一　牛坂条』に「岩代国信夫郡牛坂（現　霊山町中川）より起こる。平氏にして佐渡守某より出づと云ふ」とある。また、『日本歴史地名大系　巻七　福島市・平沢村条』に「天文二十二年の『晴宗公采地下賜録』では、牛坂左馬允に信夫庄平沢のうち黒沢屋敷、馬場屋敷、野たけ在家などが与えられている」とあり。また『同　伊達郡・牛坂村条』には「牛坂左馬允に『大いしうし坂』のうち牧野弾正分を除く全部等が与えられている」とある。そして、その牛坂佐渡は、「永正の役」後、伊達尚宗の家臣となった。

『**卯花氏**』（ウノハナ）

卯花氏は、伊達氏の家臣で、『日本歴史地名大系　巻七　伊達郡・新田村条』に「永正十六（一五一九）年十月九日の『伊達稙宗安堵状案（伊達家文書）』には、新田郷（現　伊達市梁川町新田）のうち、松木内一宇、あひた内の地などが卯花藤兵衛尉に安堵されている』」とある。

『**遠藤氏**』（エンドウ）

この遠藤氏は、『日本城郭大系　巻三　伊達郡条』に「伊達郡霊山町石田字小舘の『小舘』は、遠藤美濃守、藤原胤友の居館」とあるもので、この氏は、伊達氏族石田氏に関係する者ではないかと考えられる（遠藤氏の出自については福島市・遠藤氏の条参照）。

『大石氏』（オオイシ）

大石氏は、『姓氏家系大辞典　巻一　大石条10』に「清和源氏為義流、岩代国信夫郡大石より起こる。家伝に『為義の子義賢の裔、豊田某の後なり、先祖信夫郡大石に住し、家号とす』と云ふ。寛政系譜に見ゆ」とある。そして、『日本歴史地名大系　巻七　伊達郡・大石村条』に「天文二十二年の『晴宗公采地下賜録』によれば、牛坂左馬允が大石『うし坂』のうち牧野弾正分を除くなど、安久津孫次郎が大石のうち『きたあくつ』、『みなみあくつ』の各在家、『きたのひら屋しき』などを与えられ云々」とある。

そして、此処で言う義賢《よしかた》とは、木曽義仲《きそのよしなか》の父源義賢を指すもので、その義賢は、武州大蔵館（現　埼玉県比企郡嵐山町大蔵）に於いて甥の源　義平《みなもとのよしひら》（悪源太《あくげんた》）に夜襲され討たれている。しかし、その嫡子義仲は、その時は、まだ赤子であったが、幸いにして母子共に「齋藤別当実盛《さいとうべっとうさねもり》」に救われ、木曽の中原兼遠に預けられ、長じて「木曽義仲」を名乗った。そして、源頼朝に先立ち「平家討伐」を敢行し、一時は平家を京都より追放する事に成功したが、後頼朝軍に討たれ、その嫡子義高も人質として鎌倉に預けられていたが、頼朝に追われ鎌倉から逃れる途中、武州入間河畔に於いて、鎌倉からの追手によって討たれてしまった。従って、この大石氏は、その弟（義仲の二男）義基の後裔ではないかと考えられる。

そして、『同　条7』に「清和源氏義仲流、武蔵の大族なり。義仲―義宗―宗仲―宗詮―爲教―義任―為重以後十代続いている」とある。

『大枝（大条）氏』（オオエダ）

大枝（大条）氏は、伊達氏族で、伊達氏第八代宗遠の次子、孫三郎宗行が伊達市梁川町東大枝字館の「大枝城（袖ヶ崎城）」を居城とし、大枝氏を称した事により起こったが、『日本城郭大系　巻三　伊達郡・大枝城条』に「大枝氏は、大枝（伊達）孫三郎宗行を祖とするが、宗行は伊達氏が奥州の有力大名へと大きく発展する礎を築いた伊達宗遠の子で、大膳大夫政宗の弟にあたる。大枝氏の大枝郷在住は、宗行―宗景―宗澄―宗助―宗家―宗直の六代にわたった。しかし、天正十九（一五九一）年宗直は、伊達政宗が豊臣秀吉の『奥羽仕置』により、小田原遅参の科で、旧大崎、葛西領へ左遷されたため、新伊達領の志田郡大倉へ移り伊達氏に準じた。そして、その後も転封を重ね、宗綱の代に亘理郡坂本要害に移り明治まで続く」とある（角田市史2　通史編下　第三章　角田地方の邑主たち二　大条氏条）。

『大河原氏』（オオカワラ）
大河原氏は、伊達氏の家臣で、この氏は、田村か会津の大河原氏の分流ではないかと考えられるが、『日本歴史地名大系　巻七　伊達郡・新田村条』に「『伊達稙宗安堵状案（伊達家文書）永正十七（一五二〇）年四月二日条』に『佐藤孫右衛門は新田郷（現　伊達市梁川町新田）の内大河原与十郎から購入した藤橋のうち年貢七百五十文の地が安堵された』」とある。

『大立目氏』（オオダツメ）
大立目氏は、『日本城郭大系　巻三　伊達郡・大立目館条』に「『伊達世臣家譜』によれば、初め二階堂を称した伊達氏譜代の一族である。『伊達晴宗公采地下賜録』に見られる大立目氏は八流を数え、新三郎を除いて晴宗に従っており、その新領の大部分は下長井庄北部の荒砥、高玉、観進台、横越などにあって、伊達氏の長井侵攻に従って、室町時代の早い時期にでも本拠を下長井に移したと考えられている」とあるが、この氏は、伊達氏の重臣で、初め藤原南家二階堂氏族が、伊達市保原町大立目字北屋敷の「大立目館」

に居館し、大立目氏を称した事により起こったものと考えられる。そして、その後に伊達一族の誰かが継嗣として入ったものと考えられる。また、別流として『日本歴史地名大系　巻七　伊達郡・大立目村条』に「当地には伊達氏の被官大立目氏がいたとみられ、『大立目家譜』（保原町史）によれば『永禄二（一五五九）年紀州熊野に参詣、この時熊野本宮（現　和歌山県本宮町）別当が出した証判に『奥州伊達一族大立目下野守朝安当家累世一族臣なり』とあるという伊達氏族もいる』」とある。

『**大塚氏**』（オオツカ）

大塚氏は、大塚邑（現　伊達市保原町大泉）を領した氏族で、永禄八（一五六五）年六月、伊達晴宗は、中島十郎に「保原郷の内の大塚信濃守分、飯坂寺分、高成田左馬允分、同孫五郎分、寺島信濃文、中野大膳亮寺分など」を与えている（伊達晴宗充行状〔伊達家文書〕、日本歴史地名大系　巻七　伊達郡・保原郷条）。

『**岡野氏**』（オカノ）

岡野氏は、『姓氏家系大辞典　巻一　岡野条8』に「岩代の岡野氏、北畠家々臣に岡野平内左衛門常俊あり、伊達郡五十澤邑（現　伊達市梁川町五十沢）の『古舘』に拠る」とある。しかし、この岡野氏は、南北朝期に他所から北畠氏に従って来た氏族と考えられるが、岡野氏の発祥の地は、全国各地に見られ、一つに絞るのは難しい。

『**小高氏**』（オダカ）

この小高氏は、相馬の小高氏の分流と考えられるが、伊達稙宗、晴宗父子による「天文の乱」に於いては、相馬氏も稙宗方、晴宗方の双方に分かれて戦ったとみられ『日本歴史地名大系　巻七　伊達郡・大石村条』に「天文二十二年の『晴宗公采地下賜録』では、小高二郎左衛門が『大石せ成田』のうち寺畠在家等を与えられている」あり。また、『同　福島市・八島田村条』に「小高二郎左衛門は、八島田のうち堀越能登分『かミ内在家』などが与えられている」とある。また、相馬顕胤は、逆に伊達稙宗を西山城より救い出し、小高城へ招いている。

『小幡氏』（オバタ）

小幡氏は、伊達氏の家臣で、伊達郡小幡邑（現　伊達市保原町小幡町、柏町、西町、宮内町）より起こったが、『伊達正統世次考』に、天文七年の段銭古帳では、「伊達西根のうちとして『おは田』とみえ、段銭は二百五十文、同十二年十一月十三日、伊達稙宗は小幡の地頭と推測される小幡八郎の所領を本内大炊助に与えた」とある（日本歴史地名大系　巻七　伊達郡・小幡村条）。

『懸田氏』（カケタ）

懸田氏は、伊達氏の家臣で、清和源氏の源義家（八幡太郎）の後裔、高松近江守定隆が、正中二（一三二五）年より居城としていた杉目郷（現　福島市杉妻町）の「高松城（岡本館）より、建武二（一三三五）年四月、北畠顕家の命により、伊達市霊山町掛田の「懸田城（掛田城、茶臼館、桜館とも）」に移り住み、懸田氏を称した事により起こった（福島市・高松氏の条参照）。そして、応永七（一四〇〇）年には、懸田宗顕と藤井（上遠野）定政との間で一揆契約が結ばれている。しかし、懸田氏は、元来大江氏と伝えるともある（日本城郭大系　巻三　伊達郡・懸田城条、日本歴史地名大系　巻七　伊達郡・掛田村条、同懸田城跡条）。

『萱場氏』（カヤバ）

萱場氏は、『日本歴史地名大系　巻七　福島市・下名倉村条』に「永正十六（一五一九）年三月、萱場鶴増は福田所から購入した信夫庄『名倉さか内在家、二貫七百文』の地などを安堵された（同月二十四日　伊達稙宗安堵状案　同文書）」とある。また『同　伊達郡・二井田村条』に「二井田邑（現　伊達市保原町二井田）、永正十六年三月二十四日の『伊達稙宗安堵状案』（伊達家文書）によれば『福泉寺より買得した〈伊達東根新田之郷〉のうち梨木村一宇（年貢二百貫文）等が萱場鶴増に安堵されており、梨木村は現在の字梨子木に当たるとも言われる」とある。また、『同　伊達郡・柳田村（現　伊達市梁川町柳田）条』に「伊達東根『かや場』のうち（中略）『かや場』は当地の萱場に比定され云々」とある。

『菅野氏』（カンノ・スガノ）

菅野氏は、伊達氏の家臣で、『日本城郭大系　巻三　伊達郡条』に「伊達郡霊山町石田字大城の『大城』は、元弘年間（一三三一―三四）菅野剱員の居館」とある。そして、『姓氏家系大辞典二　菅野条9』に「伊達郡の名族にして、国見大明神神主菅野筑後、鹿島大明神（松原村）社人菅野大和、猿子《ましこ》大明神（桑折宿）、菅野因幡、神明宮（大枝村）菅野右近等（郡神名帳）にあり、同族なるべし」とある。そして、この菅野は、現在に於いても、「カンノ、スガノ」と訓読を違えながら南奥の諸所に繁栄している。しかし、この氏は、白川郡久田野の発祥という書もあるが、これは後年になり、「管野（クダノ）」を「菅野」に変姓したとも考えられ、『日本歴史地名大系　巻七　白河市・久田野村（現　白河市久田野）条』に「大村も北東、阿武隈川北岸の丘陵と同川の支流高橋川沿岸に位置する。集落の四方は水田に囲まれる。管野とも記された。康永二（一三四三）年と推定される十一月二十八日の結城親朝譲状案（仙台結城文書）には、白川庄の内として『管野』とみえ、親朝の子朝常に譲られている」とある（白河市・菅野氏の条参照）。

『熊坂氏』（クマサカ）

熊坂氏は、代々伊達郡高子邑（現　伊達市保原町上保原）に住した豪農で、『姓氏家系大辞典二　熊坂条４』に「岩代の熊坂氏、伊達郡高子邑の豪農に熊坂氏あり、世々高子城迹に住す。熊坂台州、父は卯右衛門、嗣も又卯右衛門と称し、累世富豪にして、能く貧民を賑《よ》恤《しんじゅつ》す。頼りて火を挙ぐる者数十百家、祭りて神と為す云々」とあるが、これはつまり、「伊達氏が去った後の高子城址」に代々住んでいた豪農の熊坂台州は、良く貧困者に金品を施し、これにより火を起こし食にありつける者多く、住民は、これに感謝し、神社に神として祀るに至ったという事である。そして、『日本歴史地名大系　巻七　福島市・土湯温泉条』に「享保三年に、福島藩主板倉重寛が湯治に来る為、湯元の安倍仁左衛門方に、御湯御殿が建築された（福島市史）。安永八（一七七九）年刊行の『魚籃先生春遊記』は保原の熊坂台州らが当温泉を訪れた際の紀行文である」とある。

また、これとは真逆の話であるが、大盗賊の統領で、源義経を平泉の藤原秀衡の元へ導いた金売吉次を、奥州に向かう途中の、白河市白坂に於いて襲い殺害したと言われている熊坂長範がいる。しかし別説で、この長範は、美濃国赤坂の宿で、奥州に向かう途中の金売吉次を襲い、逆に源義経に討たれたとも言われている。

『伊　達　市』

『小石田氏』（コイシダ）

小石田氏は、伊達氏族石田氏の分流で、『日本城郭大系　巻三　伊達郡条』に「伊達郡霊山町石田字冠城（現　伊達市霊山町石田）の『冠城』は、延元年間（一三三六―四〇）小石田孫七郎吉兼の居館」とあるが、この石田孫七郎が、小石田孫七郎を称した事により起こった。

『古関氏』（コセキ）

古関氏は、『日本歴史地名大系　巻七　伊達郡・富沢村条』に「富沢村（現　伊達市保原町富沢）字久前地の山頂に、永禄から天正の頃（一五五八―九二）、古関内蔵之進が居住した」とあるが、その他の詳細は不明である。ただ、近年になり、戦前、戦後を通じて作曲家として名を成した「古関裕而」は、この氏の末葉ではないかと考えられる。また、『同　小山荒井村条』に「安永年間（一七七二―八一）に福島富商古関三郎治が寄進した石造めがね橋（旧抜川橋）は、現在駒山の下の池中島に移築された」とある。

『湖東氏』（コトウ）

湖東氏は、南北朝期、南朝方の統領であった北畠顕家の家臣で、『姓氏家系大辞典　巻二　湖東条』に「岩代国伊達郡にあり、郡村史に『石田村（現　伊達市霊山町石田）一向宗康学寺。北畠顕家の臣湖東靫負《ゆげい》、霊山陥落の後、この地に土着し薙髪《ちはつ》して、湖東了玄と称した』」とある氏である。

『小梁川氏』（コヤナガワ）

小梁川氏は、伊達氏族で、伊達氏十一代持宗の三男盛宗が、梁川町小梁川の「小梁川館」に住し、小梁川氏を称した事により起こった（伊達家譜）が、第十三代直宗が、幼君だったため、長年にわたってこれを補佐し重責を果たし、その後の伊達氏の繁栄に貢献したと言われている。また、『日本城郭大系　巻三伊達郡条』に「伊達市月舘町月舘字殿上の『殿上館』は、慶長年間（一五九六—一六一五）、小梁川備中守宗重の居館」とあり、また、『同　石母田城条』に「『伊達正統世次考』によれば、天文十一（一五四二）年に伊達氏の内乱『天文の乱』において伊達稙宗は嫡男晴宗によって桑折西山城に幽閉《ゆうへい》されたが、小梁川宗明に救出され云々」とある。

『酒井氏』（サカイ）

酒井氏は、伊達氏の家臣で、『日本城郭大系　巻三　伊達郡・住吉館条』に、「梁川町東大井字住吉の『住吉館』は、梁川町の東大枝にある。現在の徳本寺の境内が館跡である。『信達二郡村誌』によれば、住吉溜池、中部字住吉に在り、徳本寺の境内を囲む。昔酒井大学と云ふ者住みたりし館跡の外堀なり。云々」とあり。また、『同　伊達郡条』に「霊山町山戸田字大条山の『酒井館』は、酒井木工助則の居館」とあるが、この氏は、岩城氏族の酒井氏の一族ではないかと考えられる。

『白根澤氏』（シラネザワ）

白根澤氏は、『姓氏家系大辞典二　白根澤条』に「岩代国伊達郡白根澤より起こる。源氏にして、白根澤重綱の後なり」とある氏で、『日本歴史地名大系　巻七　伊達郡・青木村条』に「青木氏は、常陸国黒沢から小手保青木邑に移って青木氏を称し、懸田俊宗に属し、天文の乱で懸田氏が滅亡した後元亀二（一五七一）年伊達実元に属したとされる（伊達世臣家譜）。白根沢氏も同族という」とある。そして、この白根沢とは、伊達市梁川町白根ではないかと考えられる。

『末永氏』（スエナガ）

末永氏は、伊達氏の家臣で、「天文の乱」に於いては、稙宗方に与し敗れたものと思われる。『日本歴史地名大系　巻七　伊達郡・舟生村条』に「天文二十二年の『晴宗公采地下賜録』では、「所領の舟生郷（現　伊達市梁川町舟生）のうちの末永駿河分等が飯野孫右衛門に与えられている」とある。しかし、この氏の出自等については不明である。

『瀬成田氏』（セナリタ）

瀬成田氏は、伊達氏の家臣で、瀬成田邑（現　伊達市霊山町中川）より起こったが、『日本歴史地名大系　巻七　伊達郡・瀬成田村条』に「『伊達世臣家譜』に伊達政宗の家臣瀬成田丹後は、鷹匠頭に任じられていた。天文二十二年の『晴宗公采地下賜録』に、小高二郎左衛門が「大石せ成田」のうち寺畠在家などを与えられている」とある。

『大条氏』（ダイジョウ）

大条氏は、『日本城郭大系　巻三　伊達郡条』に「伊達郡霊山町山戸田字大条山の『大条館』は正慶二（一三三三）年、大条内蔵人の居館」とある氏であるが、この氏は、「大枝（大条）氏」とは別氏か。

『高成田氏』（タカナリタ）

高成田氏は、伊達氏族で、『姓氏家系大辞典　巻二　高成田条』に「藤原姓にして岩代国伊達郡高成田村（現　伊達市保原町高成田）より起り、高成田大学助を祖とす」とあり。また、『日本歴史地名大系　巻

七　福島市・八島村条』に「天文三（一五三四）年四月二十九日の伊達稙宗安堵状案（伊達家文書）によれば、高成田蔵房に信夫庄『赤川之郷』のうち殿内年貢二貫文の所、寺内年貢二貫五百文之所、篠屋内などが安堵されている」とある。また、『同　伊達郡・高成田村条』に「伊達氏の家臣高成田氏は当地を本領としたと推測されている」とある。

『勅使河原氏』（テシガワラ）
勅使河原氏は、武蔵七党の一の「丹党」氏族、秩父氏の分流で、『姓氏家系大辞典　巻二　勅使河原条1』に「丹党の始祖彦武王十七代の孫秩父基房の子直時が、武蔵国児玉郡勅使河原邑（現　埼玉県児玉郡上里町勅使河原）に住した事により起こった」とあるが、『同　条6』に「『餘目旧記』に、其の後中一年過ぎ、上杉殿大将にて、応永九（一四〇二）年に廿八万騎にて下らる。伊達一族、ながらく入道本人たり。存旨ありて要害を引き、西根、長倉、あかだてを築き、かの所へ廿八万騎押しよせ、日々大将、勅使河原の兼定十三歳なり。せめそんじ、しのぶまで切り付けられ、一騎残らずうたれ、兼定を虜る」とあるが、これは、応永九年伊達政宗が反乱を起こし、鎌倉公方第三代足利満兼が、上杉氏憲に、その討伐を命じたが、氏憲は、伊達郡長倉邑の「赤館」に於いて政宗と交戦し敗れ、上杉氏に僅か十三歳で随行参陣した勅使河原直時の後裔の兼定が、伊達の捕虜になった時の記述である（長倉氏の条参照）。

『手渡氏』（テド）
手渡氏は、『日本城郭大系　巻三　伊達郡条』に「伊達郡月舘町下手渡の『舘山舘』は手渡八郎義為の居館」とある氏であるが、この氏は、伊達氏族と考えられる。

『寺島氏』（テラシマ）

寺島氏は、伊達氏の家臣で、『日本歴史地名大系　巻七　伊達郡・保原郷条』に「『伊達晴宗充行状（伊達家文書）』に『永禄八（一五六五）年六月、伊達晴宗は中島十郎に、保原郷の内、寺島信濃分等を与えている』」とあるが、『日本城郭大系　巻三　伊達郡条』に「伊達郡川俣町小神字道合内の『道合内館』は、寺島淡路守の居館」とある（大塚氏の条参照）。

『富澤氏』（トミザワ）

富澤氏は、伊達氏の家臣で、伊達市保原町富沢より起こったが、その祖は村岡氏で、『日本城郭大系　巻三　伊達郡条』に「伊達郡保原町富沢字下川原の『乃手保館』は、天正年間（一五七三―九二）富沢日向守の居館」とある。また、『日本歴史地名大系　巻七　伊達郡・富沢村条』に「天文二十二年の『晴宗公采地下賜録』によれば、富沢郷の富沢右馬頭知行分『りうしやうゐん』分すべてが宮崎下総に与えられている」とある（村岡氏の条参照）。

『長江氏』（ナガエ）

長江氏は、伊達氏の家臣で、『姓氏家系大辞典　巻三　長江条5』に「『伊達世次考』に、寛正年中（一四六〇―六七）、深谷保主長江某、来たりて我が麾下に属せんと請ふ。これ蓋し長江播磨守宗武の祖父の代か」と。また、成實記に「深谷月鑑は相馬長門の小舅に候」と。また、「小野邑櫻舘は鎌倉権五郎景政の所居と傳へ、又『此の地、平姓の石墳古碑多しとぞ』」とある。しかし、『日本城郭大系　巻三　福島市条』には「福島市上鳥渡字館の『桜館』は建武年間、天正年間の館、天童備後が居館したという」とある。

『**長倉氏**』（ナガクラ）

長倉氏は、伊達郡長倉邑（現　伊達市長岡）の発祥で、当地の「長岡館」を居館としたが、『日本城郭大系　巻三　伊達郡・長倉館条』に「『余目氏旧記』などによれば、応永七（一四〇〇）年に伊達大膳大夫政宗は、一族の長倉入道と謀って関東管領足利満兼に背き、桑折西山の赤館と長倉館に拠った。満兼は、新田の岩松氏を大将に大軍をもって長倉、赤館を攻めたが、大敗した」。また、「応永九年には、勅使河原兼定を大将とする大軍が再度赤館、長倉館に攻め寄せたが、一騎残らず討ち取られ、兼定はとらえられた。その後満兼は、上杉氏憲に命じ、大軍を率いて討伐し、政宗、長倉入道らは降伏した。『信達世臣家譜』によれば、長倉氏は本姓源氏で、伊達郡長倉邑に住み、在郷の地名である長倉を称した」とある。長倉入道が伊達一族の藤姓とすれば、伊達氏の内紛である天文の乱に於いて、長倉信濃、伊賀等多くは、稙宗党に付いたために失脚し、晴宗党の長倉彦兵衛が長倉の名跡と所領の安堵を受けた。

『**中嶋氏**』（ナカジマ）

中嶋氏は、伊達氏の家臣で、『日本城郭大系　巻三　伊達郡・保原城条』に「伊達氏初代朝宗の次男常陸次郎為重（宗村）が、文治の頃伊達市保原町保原の『保原城』を居城とし、当城は『中嶋館』とよばれ、南北朝期には中島右衛門宗常の居城と言われる。中島氏は本姓藤原氏を称し（伊達世臣家譜）、天文年間（一五三二―五五）の保原城主も中島伊勢宗忠で懸田俊宗の家臣であった」とある。

『**新田氏**』（ニッタ）

新田氏は、伊達氏の家臣であるが、この新田氏は清和源氏義家流で、南朝の忠臣の「新田義貞」を出した新田氏族と見られ、『日本歴史地名大系　巻七　伊達郡・新田村（現　伊達市梁川町新田村）条』に「由来には諸説あるが、『信達二郡村誌』は、新田一族の十六騎が来住した事によると伝える（中略）『伊達稙宗安堵状案（伊達家文書）』永正十七（一五二〇）年四月二日条に、『佐藤孫右衛門が新田郷のうち新田三河方より購入した大竈のうち年貢一貫文の地等を安堵されている』」とある。

『野田氏』（ノダ）

野田氏は、『日本歴史地名大系　巻七　伊達郡・所沢村（現　伊達市保原町所沢）条』に「字根小屋には野田氏の居館とされる、根小屋館があり」、『同　伊達郡・山崎村（現　伊達郡国見町山崎）条』には「『晴宗公采地下賜録』に『野田六郎分やまざきさいけ』が山崎彦七郎に安堵されている」とある氏であるが、この氏の起こりは福島市野田町と考えられる。しかし、その出自は不明である。ただ、『姓氏家系大辞典　巻三　武藤条27』に「慶長四（一五九九）年上杉景勝の家臣に野田丹右衛門の名あり」とあり、また『同　野田条』は「佐竹氏の家臣にも野田氏が存在した」とある。

『原田氏』（ハラダ）

原田氏は、伊達氏の家臣で、『姓氏家系大辞典　巻三　原田条44』に「伊達政宗家臣に原田左馬介あり、宗長城主なり。天正十七（一五八九）年、会津梁取城を攻め落とし、後慶徳氏に破らる。また、信夫郡矢ノ目村八幡宮は『古は原田甲斐守護神也』と。宗資の子宗輔は伊達騒動にて名高し云々」とあるが、これはＮＨＫの大河ドラマ「樅ノ木は残った」で著名な「原田甲斐」の事である。

『**菱沼氏**』（ヒシヌマ）

菱沼氏は、伊達氏の家臣で、『日本歴史地名大系　巻七　伊達郡・長倉村条』に「天文三（一五三四）年四月二十九日『伊達稙宗安堵状案（伊達家文書）』に、菱沼藤十郎が長倉方から買得した同郷のうち前川原の屋敷（年貢五〇〇文）、同東之畠三百五十文地、河原田二段（年貢七百五十文）（中略）を安堵された」とある（福島市・菱沼氏の条参照）。

『**船生**（舟生）**氏**』（フニュウ）

船生（舟生）生氏は、『姓氏家系大辞典　巻三　船生条1』に「岩代の船生氏、伊達郡舟生邑（現　伊達市梁川町舟生）より起る。『伊達世次考（稙宗記）』に『享禄元（一五二八）年判書を舟生右馬助が妻に賜ひて曰ふ、舟生伊豆守より買う所也。下長井庄白兎郷内戸隠在家を残らず、本状に任せ、永代相違あるべからず、仍りて後日のため証状、件《くだん》の如《ごと》し、大永八（一五二八）年十二月晦日《みそか》』と載せ（中略）十世政宗君の世、船生道蝸斉なる者あり、蓋し、其の後か。今其の家亡ぶと」とある。

『**宮下氏**』（ミヤシタ）

宮下氏は、『日本歴史地名大系　巻七　伊達郡・富沢村条』に「天文二十二年の『晴宗公采地下賜録』によれば、富沢郷の富沢右馬頭知行分『りうしやうゐん』分すべてが、宮下下総に与えられており」とあるが、この氏の起こりは、伊達市梁川町五十沢字宮下と考えられる。ただ、福島市にも宮下町があり、この地の可能性もある。

『村岡氏』（ムラオカ）

村岡氏は、伊達氏の家臣で、『日本歴史地名大系　巻七　伊達郡・富沢村条』に「『伊達正統世次考』に、天文二十二年の『晴宗公采地下賜録』によれば、富沢郷の富沢右馬頭知行分『りうしやうゐん』分すべてが、宮下上総に与えられており、また、『永正十六（一五一九）年二月、伊達晴宗は、村岡内匠之助に富澤郷（現　伊達市保原町富沢）のうち散在する田八反等を与えた。天正年間伊達政宗の家臣富澤日向守は、字館の古舘を居館としたとの伝えがある』」とある。そして、この氏の起こりは、伊達市保原町の村岡と考えられる。

『梁川氏』（ヤナガワ）

梁川氏は、伊達一族で、伊達稙宗は、天文元年「粟野大舘」より「西山城」に本拠を移したが、「天文の乱」の敗北により、天文二十二年、この城は、勝者で嫡男の晴宗により弟の宗清に与えられ、晴宗は、これにより本拠地を長井の「米沢城」へ移した。そして、宗清は梁川氏を称した（晴宗公采地下賜録、日本歴史地名大系　巻七　伊達郡・梁川城跡条）。

『山戸田氏』（ヤマトダ）

山戸田氏は、伊達氏の家臣で、伊達郡山戸田邑（現　伊達市霊山町山戸田）より起こったが、『日本城郭大系　巻三　伊達郡条』に「伊達郡霊山町山戸田字本館の『本館』は天喜年間（一〇五三―五八）山戸田八兵衛の居館」とある。そして、『日本歴史地名大系　巻七　伊達郡・山戸田村条』に「蒲生氏領の頃、給人は山戸田八兵衛と称するもので、もとは、伊達政宗の小姓であったが、のち蒲生氏郷に属し、政宗が氏郷に対し謀反を企てている事を知らせたという（蒲生氏郷記）」とある。

『八幡氏』（ヤワタ・ハチマン）

八幡氏は、伊達氏の本貫と言われ、岩代国伊達郡亀岡八幡より起こったが、この説は些か怪しいとも言われ、『姓氏家系大辞典　巻三　八幡条10』に「『伊達世次考』に、当家準一家班に八幡氏あり、その家伝に言ふ。先祖、我が元祖念西公より分る。此れ妄説也。或いはそれ支庶か。即ち未だ知るべからず焉。又伝え言ふ。此の家、世々公室の為、八幡宮に代参す。尚宗公の時に至りて、紀伊宗永、幼稚なり、故に小梁川氏、始めて代参と為る。宗永の子を宗景曰ひその孫裔、天和元（一六八一）年嗣絶え、家、終に亡ぶ矣」とある。

『伊達郡』

『青木氏』（アオキ）

青木氏は、安達郡青木邑（現　福島市飯野町青木）より起こったが、『姓氏家系大辞典　巻一　青木条17』に「岩代安達郡青木村千貫森城は、青木修理亮の拠れる処（信達郡村志）、『館基考』に天正十三（一五八五）年清顕より青木弾正に送る書状を収む」とあり、また、『日本歴史地名大系　巻七　伊達郡・青木村条』に「青木氏は常陸国黒沢から小手保青木邑に移って青木氏を称し、懸田俊宗に属し、『天文の乱』で懸田氏が滅亡した後、元亀二（一五七一）年伊達実元に属したとされる（伊達世臣家譜）」とある氏である。

『赤頭氏』（アカガシラ）

赤頭氏は、『日本城郭大系　巻三　伊達郡条』に「伊達郡国見町石母田字陣場の『陣場山』は赤頭太郎の居館」とあるが、この氏の出自やその他詳細は不明である。

『赤瀬氏』（アカセ）

赤瀬氏は、伊達氏族で、『日本城郭大系　巻三　伊達郡・古矢館条』に「古矢館（現　伊達郡桑折町南半田字台）に居城したのは伊達家の重臣桑折氏の一族で桑折景長の二男飯田紀伊守宗親とされている」とある。また、『同　伊達郡条』には「伊達郡桑折町北半田字赤瀬の『赤瀬館』は半田能登守・赤瀬太郎の居館」とある氏である。

『秋山氏』（アキヤマ）

秋山氏は、伊達郡川俣町秋山より起こったが、『日本歴史地名大系　巻七　伊達郡・元秋山村条』に「『羽田氏系図（羽田氏文書）』によれば、羽田氏一族の秋山五郎左衛門は、天文の乱後懸田俊宗に供奉《ぐぶ》して秋山邑に暫時住まいし、のち小高（現　南相馬市小高区）に移ったという。秋山氏は、当地を領有した地頭と見られる（川俣町史）」とある（羽田氏の条参照）。

『安久津氏』（アクツ）

安久津氏は、『日本城郭大系　巻三　伊達郡条』に「国見町小坂字北畠の『歌丸館』は歌丸帯刀の屋敷」とあるが、その分流と思われる歌丸又七某なる者の分流が、伊達郡『安久津城』に居城し、安久津氏を起こしたと言われている。また、『姓氏家系大辞典　巻一　阿久津条2』に「田村氏族、磐城の安久津より起こる。『仙道表鑑』に『田村月斉顕氏六男が安久津右京亮顕義なり』と見ゆ」とある。

そして、『日本歴史地名大系　巻七　伊達郡・大石村条』に「天文二十二年の『晴宗公采地下賜録』に、安久津孫二郎が大石のうち『きたあくつ』『みなミあくつ』の各在家、『きたのひら屋しき』などが安堵ないしは下賜され云々」とある。

『**安積氏**』（アサカ）

安積氏は、上郡山氏か下郡山氏の一族ではないかと考えられるが、伊達稙宗、晴宗父子による『天文の乱』に於いては、晴宗方に与し、天文二十二年の『晴宗公采地下賜録』には、「北半田邑（現　伊達郡桑折町北半田）の『はん田』『きた飯田』のうち水口の田や、畠中、山岸等の在家を、半田紀伊守、安積孫左衛門等に与えられた」とある。また、「小坂邑（現　伊達郡国見町小坂）は近世初頭まで、舞田（前田）と称したが、安積金四郎は舞田のうち『屋敷てさく』地を領し、字木八丁にある前田館跡は、安積金四郎が館跡であるとみられる」とある（日本歴史地名大系　巻七　安達郡北半田村条、同　小坂村条）。

『**蘆立氏**』（アシタテ）

蘆立氏は、『日本歴史地名大系　巻七　伊達郡・粟野村条』に「永正十六（一五一九）年三月二十四日の伊達稙宗安堵状案（伊達家文書）によれば、仁田方から購入した伊達東根『粟野の郷之内□後内』『上粟野郷の内や卄は内在家』などが、蘆立彦松に安堵されている」とあるが、この氏の出自等は不明である。

『**阿部氏**』（アベ）

阿部氏は、国見町貝田の内の領主で、『日本歴史地名大系　巻七　伊達郡・貝田村条』に「天文二十二年の『晴宗公采地下賜録』では阿部弥四郎が貝田うち『しつの在家』を安堵されている」とあるが、この他、この氏の詳細は不明である。

『**飯野氏**』（イイノ）

飯野氏は、伊達氏の家臣で、飯野邑（現　福島市飯野町飯野明治）より起こったが、『日本歴史地名大系　巻七　伊達郡・飯野村条』に「天文二十二年の『晴宗公采地下賜録』には伊達氏の家臣として、飯野孫衛門がみえる」とあり、そして、「天正十七年の磨上原《すりあげはら》の戦いでは、その裔飯野大膳が蘆名氏の臣澁川助衛門と一騎打ちをし、共にきずを負ったと言う（貞山公治家記録）」とあり、また『同　福島市・小山新井村条』には、「当地のほうち在家一間、同千かり田などが与えられている」とある。また『同　伊達郡・舟生村条』には「舟生郷のうち、中館分や遠藤監物、末永駿河、石田彌太郎、遠藤四郎衛門、金澤長門守、富塚下総等の所領が飯野孫右衛門に与えられている」とある。

『**石母田氏**』（イシモダ）

石母田氏は、伊達氏の家臣で、『日本城郭大系　巻三　伊達郡・石母田城条』に「『伊達世臣家譜』によれば、その出自は、清和源氏義光流武田氏族（甲斐源氏）で、伊達氏の家臣となり、伊達郡国見町石母田字館ノ内に住し、石母田氏を称した事により起こったが、当地の『石母田城』には鎌倉～天正期まで居城した」とある。また『日本歴史地名大系　巻七　伊達郡・石母田村条』にも「永正十三（一五一六）年四月二十三日の伊達稙宗安堵状案（伊達家文書）には、石母田左京亮の名が見られる」とある。

『**犬飼氏**』（イヌカイ）

犬飼氏は、伊達氏の家臣で、『日本歴史地名大系　巻七　伊達郡条』に「伊達氏は一族の石田、桑折、伊達崎（田手）、瀬上、半田、飯坂各氏や累代の臣の粟野、石母田、犬飼、内馬場、大立目、桐窪の諸家に郡内を支配させ、諸家は在郷名を姓とした」とある氏である。

『歌丸氏』（ウタマル）

歌丸氏は、『日本城郭大系　巻三　伊達郡条』に「国見町小坂字北畠の『歌丸館』は歌丸帯刀の屋敷」とあり、また、『日本歴史地名大系　巻七　伊達郡・大石村条』に「天正二十二年の晴宗公采地下賜録に、歌丸帯刀が大石のうち『ふるうちやしき』を下賜されている」とある。しかし、この氏の出自等は不明である（安久津氏の条参照）。

『内馬場氏』（ウチババ）

内馬場氏は、伊達氏累代の家臣で、その起こりは、南半田（現　伊達郡桑折町南半田）字内ノ馬場と考えられ、伊達稙宗、晴宗父子による『天文の乱』に於いては、内馬場氏は、晴宗方に与し、『日本歴史地名大系　巻七　伊達郡・松原村条』に「天文二十二年の『晴宗公采地下賜録』によれば、『いたて松はら（桑折町松原）の内金澤左衛門分たての在家一軒』が内馬場八郎衛門に与えられている」とあり。また、『同郡大久保村条』に「戦国期、当地（大久保邑〔現　福島市飯野町大久保〕）は伊達氏領として桜田氏や内馬場氏、青木氏に宛行われたのであろう」とある。

『内谷氏』（ウチヤ）

内谷氏は、伊達氏族と言われ、『日本城郭大系　巻三　伊達郡条』に「伊達郡国見町内谷字館の『内谷館』は、内谷氏の居館」とあり、また、『日本歴史地名大系　巻七　伊達郡・内谷村条』に「文和三（一三五二）年十一月四日の奥州管領吉良貞家施行状（秋田藩家蔵赤坂光康文書）に当地名を名字とした伊達内谷民部少輔が見える」とある氏である。

『大窪氏』（オオクボ）
大窪氏は、伊達氏の家臣で、『日本歴史地名大系　巻七　伊達郡・東大窪村（現　伊達郡国見町高城）条』に「当地には大窪氏が居住したとみられ『天文二十二年の晴宗公采地下賜録』に見える大窪亀千代、大窪平六は一族と見られる』」とある。

『大和田氏』（オオワダ）
大和田氏は、伊達稙宗、晴宗父子による「天文の乱」に於いては、晴宗方に与した氏族で、その出自は、白川の大和田氏ではないかと考えられるが、『日本歴史地名大系　巻七　伊達郡・鳥取村条』に「天文二十二年の『晴宗公采地下賜録』では、『大和田伊勢守に鳥取邑（現　伊達郡国見町鳥取）のうち『鳥取在家一軒』を与えられている。また、『同　山口村条』に山口のうち大波右衛門分『ははの在け一けん』が大和田伊勢守に与えられている」とある氏である。

『小島氏』（オジマ）
小島氏は、伊達氏の重臣懸田氏の一族で、伊達郡川俣町小島より起こったが、『日本城郭大系　巻三　伊達郡小島城条』に「当地の『小島城』を居城としていたが、当城には、伊達氏に属する懸田氏の家臣小島氏が居城し、伊達稙宗、晴宗父子による『天文の乱』を境とし、懸田氏を離れ伊達氏に属し、小嶋丹波、播磨父子は、天正十八（一五九〇）年豊臣秀吉により伊達領が没収されるまで居城した」とある。

『甲斐氏』（カイ）

甲斐氏は、その出自は不明であるが、『日本城郭大系　巻三　伊達郡城ノ倉城条』に「この城の出館『五安館』は、川俣町字館地内に所在し、平城の観があるが、往時は西光寺と地続きの台地先端に位置していた、（中略）居館者として伊達稙宗、甲斐兵衛、中島伊勢の名が伝えられている」とある氏である。しかし、この「甲斐」は姓ではなく「官職名」かも知れない。

『金松氏』（カネマツ）

金松氏は、『日本城郭大系　巻三　伊達郡条』に「伊達郡川俣町鶴沢字池上の『小屋館』は金松氏の居館」とある氏であるが、この氏の出自等は不明である。

『上郡山氏』（カミコオリヤマ）

上郡山氏は、伊達氏の家臣で、伊達郡上郡山郷（現　伊達郡桑折町上郡）より起こり、下郡山氏とは同族と考えられるが、『日本歴史地名大系　巻七　伊達郡・平沢村条』に「天文二十二年の『晴宗公采地下賜録』に『平澤邑（現　伊達郡桑折町平沢）の内、宮代孫五郎が上郡山又五郎から購入した地等』を安堵されている」とあり、また『同　大石村条』には「小島外記が、大石のうち上郡山大炊助分を与えられている」とある。

『神屋氏』（カミヤ）

神屋氏は、桜田玄蕃の家老で、『日本城郭大系　巻三　伊達郡条』に「伊達郡川俣町東福沢字小火野の『家老屋敷』は桜田玄蕃の家老神屋主膳の屋敷」とある氏である。

『川俣（川又）氏』（カワマタ）

川俣氏は、「川又」とも称し、伊達郡川俣町より起こったが、『日本城郭大系　巻三　伊達郡城ノ倉城条』に「川俣町飯坂字城ノ倉の『城ノ倉城（河俣城）』に拠り、後代の『禅秀の乱』『永享の乱』時の笹川公方を媒介とした幕府方諸将の中に、川俣飛騨入道の名が見られる。川俣を領有して城ノ倉城に居城した武将であろう」とある。

『桐窪氏』（キリクボ）

桐窪氏は、『姓氏家系大辞典　巻二　桐窪条2』に「岩代国伊達郡桐窪より起る。藤原姓にして、中務少輔某の後なり」とあり。また、『日本歴史地名大系　巻七　伊達郡・藤田村条』に「『桐窪家譜（伊達世臣家譜）』に、桐窪中務少輔は、藤田邑（現　伊達郡国見町藤田）を領していた」とある。また、『同　郡小坂村条』に「天正三（一五七五）年晴宗は桐窪彦太郎に軍の賞として、前田一千五〇〇刈を与えている（桐ヶ窪系図　桑折町史）」とある。そして、この氏の起こりは、国見町貝田字桐ケ窪である。

『桑島氏』（クワジマ）

桑島氏は、伊達氏の家臣で、桑折郷の内の領主であったが、『日本歴史地名大系　巻七　伊達郡・桑折村条』に「『くハし満』は当地（桑折郷）西方の桑島に当たると考えられ」とあるが、天文二十二年正月十七日の『伊達晴宗充行状（伊達家文書）』に「桑折播磨守に桑折郷の桑島三郎左衛門分一間を安堵している」とある（この氏の出自については、郡山市・中村氏の条参照）。

『桑折氏』（コオリ）

桑折氏は、伊達氏族で、『日本城郭大系　巻三　伊達郡・播磨館条』に「当館の館主である桑折氏は、伊達氏四代正依の庶兄伊達左衛門蔵人親長（心円）が、桑折郷（現　伊達郡桑折町）に住んで桑折氏を称したのに始まる」とある。その後、この分流は、相馬郡にも転じ、南相馬市鹿島区台田中の「田中城」には、建武年間（一三三四―三七）桑折久家が拠り、田中次郎郷胤と称した（同　相馬市条）。また、この桑折氏は、「天文の乱」に於いては、晴宗方として活躍し、『日本歴史地名大系　巻七　伊達郡・小幡村条』に「乱終結後の天文二十二年には伊達晴宗が伊達郡『西根の裏小幡の郷』など小幡八郎の所領を桑折播磨守（貞長か）に加恩として与えている」とある。

しかし、この氏の本宗は、第十七代政宗の庶長子秀宗の伊予国宇和島藩入封に於いて、その付家老として随行した（日本城郭大系　巻三　伊達郡・石母田城条）。

『国分氏』（コクブ・コクブン）

国分氏は、『日本城郭大系　巻三　伊達郡・金谷館条』に「伊達郡国見町西大枝字下金谷の『金谷館』の館主の国分左衛門尉景広（太郎左衛門）は、天文五（一五三六）年に奥州守護伊達稙宗の家老、評定衆の一人として、伊達家の分国法『塵芥集』の制定、公布に預り、伊達氏の内紛『天文の乱』に於いては、稙宗に加担したため、乱後、伊達晴宗によって、金谷館は没収され、西大枝源三に与えられたが、天正年間（一五七三―九二）には廃館となり云々」とある。

そして、この氏の出自は、藤原氏流伊藤氏族と言われ、その起こりは、信州国分庄（現　長野県上田市）で、その後常陸に移り、中村念西に従って、当地へ移ったと言われている（西大枝氏の条参照）。

また、国分氏は、別流として、桓武平氏千葉氏族がおり、千葉介常胤の五男胤通《たねみち》は、常胤より下総国国分郷（現　千葉県市川市国分町）を与えられ住し、国分氏を称した事により起こったが、更に常胤は「奥州征伐」の功として、源頼朝より与えられた奥州各地の内、胤通には、国分庄（現　宮城県仙台市東部より泉区に及ぶ地域）を与えた。それにより、国分氏はその地へ移住したが、その十六代の孫盛顕には継嗣がなかったため、伊達晴宗の五男盛重を継嗣として入れた事により伊達氏の身内人となった。しかし、盛重は、伊達宗家と反目し、常陸の佐竹氏を頼って走り、客分として迎えられた。そして、その後佐竹氏が徳川家康によって、秋田へと左遷されたため、これに従い彼の地にて生涯を閉じた。

『**極楽院氏**』（ゴクラクイン）

極楽院氏は、平澤邑（現　伊達郡桑折町平沢）の領主で、『日本歴史地名大系　巻七　伊達郡・平沢村条』に「天文三（一五三四）年十二月十三日の『伊達稙宗証状写（伊達家文書）』によれば、稙宗の子の清三郎（宗栄）を極楽院善栄の継嗣とし、清三郎知行の平澤村十二貫等を与えている」。また『同　岡村条』に「伊達清三郎（宗栄）知行分として『岡村五百貫文』とあり、清三郎が極楽院善栄の世継と定まったため当地などが極楽院に与えられている」とある。また、この氏の出自については『同　伊達郡・藤田村条』に「岡村家譜（同文書）は伊達氏の修験道場先達極楽院が当地に置かれていたことがあると伝え云々」とある。

『**後藤氏**』（ゴトウ）

後藤氏は、『日本歴史地名大系　巻七　伊達郡・貝田村（現　伊達郡国見町貝田）条』に「『伊達天正日記』のうち天正十七（一五八九）年四月十七日の野臥日記に『かいたの内きりが窪』とあり、在地の住人と見られる彦六、後藤九郎ゑもんの名が見られる」とある氏である。
そして、この氏を始め、現在全国各地に存在する後藤氏のそもそもの出自は、藤原北家魚名流斉藤氏族で、斉藤氏の始祖叙用《のぶもち》の曽孫公則の養子則経の子則明が、藤原氏の後裔であるという意味で、「後藤」を称したと言われている。
そして、『姓氏家系大辞典　巻二　後藤条1』に「利仁―叙用―吉信―伊伝―公則―則経―則明（後藤太）―政明―助明（後藤五郎）」とある。

『斎藤氏』（サイトウ）
斎藤氏は、西飯野邑（現　福島市飯野町明治）の「源三郎内館」を居館とした氏族で、天正年間（一五七三―九二）、その館主に斎藤雅樂亮の名が見られる。また、『日本城郭大系　巻三　伊達郡条』に「霊山町石田字上馬館の『馬館』は元弘年間（一三三一―三四）、斎藤大学・藤原和義の居館」とある。また、『角田市史　第三章　角田地方の邑主たち　齋藤条』に「斎藤氏は、豊後、永宅次男外記永門を祖としている。それ以前は信夫郡小手邑御代田（現　伊達市月舘町御代田）に住し、伊達家累世の臣と伝えている」とある。

『佐野氏』（サノ）
佐野氏は、中世の徳江邑（現　伊達郡国見町徳江）の領主で、『日本歴史地名大系　巻七　伊達郡・徳江村条』に「中世の徳江は久保田川以北の地で、これより南の善蔵川との間に挟まれた佐野台辺りは、佐野郷と言われていたとみられる。佐野は狭い野を指した地名とされ、同地はこれによくあてはまる（中略）領主は佐野藤左衛門等の佐野一族であったとみられ、居館は佐野台の東端阿武隈川を望む東原館であろう。

天文二十二年の『晴宗公采地下賜録』では、國井与一郎が佐野の内佐野藤左衛門屋敷手作を、守屋監物に上久保田四斗七升蒔、砂田一斗五升蒔の地を与えている」とある。

『**櫻田氏**』（サクラダ）

櫻田氏は、伊達氏の重臣で、福島市飯坂町桜田の起こりと考えられるが、『日本城郭大系　巻三　伊達郡・城ノ倉城及び河俣城条』に「応仁二（一四六八）年から翌文明元年にかけての伊達郡川俣町の『城ノ倉城』を巡る攻防では、伊達氏十二代成宗の先鋒として櫻田久綱（後宗綱）、久季（後宗親）父子が活躍し、須賀川二階堂氏の城代草野氏の家臣の川又父子や、須田、飯土用氏等と激戦の末打ち破り、その功により、伊達成宗より川俣四郡を与えられ、久綱は、伊達家の宿老に列せられ、この城ノ倉城を居城とし、代々に亘って住するが、天正十二（一五八四）年、その後裔の櫻田右衛門尉資親は、新たに東福沢に『河俣城』を築き移った」。そして、『日本歴史地名大系　巻七　福島市・上、下名倉村条』に「天文十三年十二月十八日の伊達晴宗安堵状写（伊達家文書）によれば、晴宗は『上名倉』の惣成敗権を櫻田玄蕃頭に与えている」とある。しかし、それから六年後の天正十八年伊達政宗は、豊臣秀吉による「奥州仕置」により、米沢より岩手沢へと移ったため、櫻田資親は、政宗に従い宮城県吉岡へ転じた。

『**宍戸氏**』（シシド）

宍戸氏は、伊達氏の家臣で、『日本歴史地名大系　巻七　伊達郡・桑折村条』に「桑折郷の内の領主であったが、天文二十二年の『伊達晴宗充行状（伊達家文書）』に、『桑折播磨守に桑折郷の中目方新左衛門屋敷手作を安堵している』」とある。ただ、この氏を始め、現在東国各地に散見される宍戸氏の出自は、宇都宮氏第二代宗綱の二男小田知家の四男家政を祖とし、常陸国宍戸郷（現　茨城県笠間市宍戸駅附近）が発祥の地である（浜田氏の条参照）。

『下郡山氏』（シモコオリヤマ）

下郡山氏は、『姓氏家系大辞典　巻二　下郡山条』に「岩代国安積郡下郡山より起こる。秀郷流結城氏の族にして、朝重を祖とす」とある。また、『日本城郭大系　巻三　伊達郡・下郡山館条』には「伊達郡桑折町下郡字館の内の下郡山館は、下郡山氏の居館で、『伊達世臣家譜』に、伊達家の御一族、召出の班に列し、本姓は藤原、始め小山氏または結城氏を称し、伊達郡下郡山郷に住して在郷の地名を姓とした」とある。

また、「伊達稙宗、晴宗父子による『天文の乱』に於いては、稙宗方に付いた下郡山石見、因幡、きうふ、三郎左衛門、丹後は、下長井庄椿郷や宇田、刈田にある所領を没収されて失脚したが、晴宗方に付いた、下郡山蔵人は所領を安堵された。そして、天正十八年の豊臣秀吉による『奥州仕置』によって、下郡山館は廃館となり、下郡山氏は伊達政宗に従って磐井郡東山相川邑へ移った」とある。

このように、この下郡山氏は、出自は藤原北家結城氏族である事には間違いないが、姓の起源については安積郡の下郡山なのか、伊達郡の下郡山なのか判然としない。ただ、『日本歴史地名大系　巻七　伊達郡・下郡村（現　伊達郡桑折町下郡）条』には「田手石見の太方（未亡人）が『下こをり山』方から購入した伊達東根筆甫郷（現　宮城県丸森町）のうちを安堵されており『下こおり山』は伊達氏の家臣下郡山氏の事と見られ、当地を本拠とする武士であった（中略）下郡山館は下郡山氏が拠ったとみられる云々」とある。

『白根澤氏』（シラネサワ）
白根澤氏は、安達郡青木邑（現　福島市飯野町青木字白根沢）の起こりで、『日本歴史地名大系　巻七　伊達郡・青木村条』に「青木氏の同族」と記され、その行動も同じである（青木氏の条参照）。

『神野氏』（ジンノ）
神野氏は、『日本城郭大系　巻三　伊達郡条』に「伊達郡川俣町秋山字越田の『石崎館』は神野与惣兵衛の居館」とあるもので、この氏は会津耶麻郡の神野氏の分流と考えられる。

『須田氏』（スダ）
この須田氏は、伊達氏の家臣で、岩瀬二階堂氏の家臣の須田氏の分流と考えられ、『日本歴史地名大系　巻七　伊達郡・月見館跡条』に「月舘村（現　伊達市月舘町月舘）の『月見館』を居館とした須田伯耆は、天正十二（一五八四）年十月八日、伊達氏第十六代輝宗の死に伴い『殉死』している。『政宗記』は、須田伯耆をもと大波家中と記す（伊達世臣家譜）」とある。

『関波氏』（セキナミ）
関波氏は、『日本歴史地名大系　巻七　伊達郡・白根村（現　伊達市梁川町白根）条』に「天文二十二年の『晴宗公采地下賜録』では『せきわみ源五郎が白根のうちすかふ内在け』を与えられ云々」とあるが、この「せきわみ」とは「関波」と書き、「関波村（現　伊達市梁川町大関）」を発祥の地とする氏族ではないかと考えられる。

『尊田氏』（ソンダ）

尊田氏は、『日本城郭大系　巻三　伊達郡条』に「伊達郡川俣町鶴沢字八羽内の八羽山館は、尊田氏の居館」とある氏である。但し、この氏の訓読は、「そんだ」か「たかだ」か不明であり、また出自等についても詳らかではない。

『高荒氏』（タカアラ）

高荒氏は、『日本城郭大系　巻三　伊達郡条』に「伊達郡飯野町字竹ノ花の『竹ノ花城』は、高荒二郎為義の居城」とある。しかし、その出自等については不明である。

『田手氏』（タテ）

田手氏は、伊達氏族で、『日本城郭大系　巻三　伊達崎城《だんざきじょう》条』に「伊達氏の始祖朝宗の六男実綱は、伊達郡伊達崎郷（現　伊達郡桑折町伊達崎）を与えられ、当地に城を築き『伊達崎城』とし、伊達崎氏を称していたが、宗家の伊達氏と混同し紛らわしいため、『田手』に改めた」とある。そして、『日本歴史地名大系　巻七　福島市・下名倉村条』に「永正十二（一五一五）年十月四日の伊達稙宗安堵状案（伊達家文書）に『信夫名倉の郷内柿木内』とみえ、田手侍者に安堵されている」とある。また、『同　伊達郡・飯田村条』に「同地のうち『かきの木内在家一宇』などが『田手いはミの太方』に安堵されている」とある。

『伊達崎氏』（ダンザキ）

伊達崎氏については、前条参照。

『塚之目（塚目）氏』（ツカノメ）

塚之目（塚目）氏は、信夫佐藤氏の家臣で、『日本歴史地名大系　巻七　伊達郡・塚野目村条』に「塚之目村誌は、塚野目城は佐藤庄司基治の家臣塚之目正則が拠ったとの説を記す。また、文治五（一一八五）年の奥州合戦に下向した中村念西（のちの中村朝宗）の孫に塚目二郎為時がおり、塚野目城を居城としていたとみられるが、為時の子家政は塚目太郎を称し、のち武蔵国に移住したとされる（駿河伊達氏系図　梁川町史）」とある。

『土井氏』（ドイ）

土井氏は、伊達氏の家臣で、伊達郡国見町光明寺字土井より起こった。『日本城郭大系　巻三　伊達郡条』に「当地の『土井館』は土井氏の居館」とある。ただ、その出自等については不明である。そして、詩人として有名な「土井晩翠《ばんすい》」はこの後裔と考えられる。

『徳江（得江）氏』（トクエ）

徳江（得江）氏は、伊達氏族で、伊達郡徳江邑（現　伊達郡国見町徳江）に住し、徳江または得江を称した事により起こったが、『日本歴史地名大系　巻七　伊達郡・徳江村条』に「建武二（一三三五）年九月六日の、『陸奥国宣（岡本元朝家文書）』によると、当地に住したとみられる伊達得江三郎蔵人頼景が『元弘の乱』の戦功により、岩崎郡徳宿肥前権守跡の所領を与えられている。天文二十二年の『伊達晴宗采地下賜録』では、徳江山城が徳江の内土屋田在家、徳江五郎兵衛屋敷手作等を与えられている」とある。

『富田氏』（トミタ）

富田氏は、『日本歴史地名大系　巻七　伊達郡・上保原村条』に「天文二十二年の『晴宗公采地下賜録』によれば『いたて上ほはらの内、ほうせん在家』等が富田主計に与えられており云々」とある氏であるが、その他詳細は不明である。

『富塚氏』（トミツカ）

富塚氏は、伊達氏の家臣で、『日本歴史地名大系　巻七　伊達郡・森山村条』に「薬師東の館跡は、伊達氏の宿老富塚氏が住した（富塚家譜　伊達世臣家譜）」。同氏の祖先は、出雲国の目代として富塚郷に住したので、富塚を名乗り、五代左衛門尉隆継は、文治年間（一一八五―九〇）常陸国に移住して、中村念西（後伊達朝宗）に仕え、のち念西に従って伊達郡に移った。十八代宗隆は伊達尚宗の代に宿老となった。二十一代仲綱は伊達稙宗に仕え稙宗、晴宗父子による『天文の乱』に際し稙宗方として戦死。所領は晴宗に没収されたという」とある。

『中津川氏』（ナカツガワ）

中津川氏は、『日本歴史地名大系　巻七　伊達郡・石母田村条』に「天文二十二年石母田郷には石母田氏のほかに中津川氏の所領もあった（蟻坂文書　晴宗公采地下賜録）」とある氏であるが、その他詳細は不明である。

『成田氏』（ナリタ）

成田氏は、伊達氏の家臣で、その起こりは、伊達郡桑折町成田と考えられる。『姓氏家系大辞典　巻三　成田条26』に「伊達遠江守の家臣に成田五郎七あり」とあるが、『日本歴史地名大系　巻七　伊達郡・成田村条』に「天文三（一五三四）年十二月十三日の伊達稙宗証状写（伊達家文書）に伊達清三郎知行として『成田村』のうち十八貫文とみえ、稙宗は子の清三郎（宗栄）を極楽院善栄の継嗣として、当地などを極楽院に与えた」とあるので、成田氏はこの氏の分流ではないかと考えられる。

『西大枝氏』（ニシオオエダ）

西大枝氏は、伊達氏の家臣で、『日本城郭大系　巻三　伊達郡条』に「国見町西大枝字古舘の『古舘』は西大枝氏の居館」とあるが、『同　金谷館条』に「字下金谷の『金谷館』を居館としていた伊達氏の家老国分左衛門尉景広は、伊達稙宗、晴宗父子による『天文の乱』に於いて稙宗に与し敗れ、晴宗より当館を没収され、この金谷館は、西大枝源三に与えられた」とある。

また、『姓氏家系大辞典　巻三　西大條条』に「岩代の豪族にして、藤原氏姓なりと。もと伊藤と云ふ。伊達郡西大條邑より起る。仲政を祖とし、其の子政義と云ふ」とある。そして、『日本歴史地名大系　巻七　伊達郡・西大枝村条』に「西大枝氏は、もとは伊藤氏を称し、伊達氏始祖中村念西（のちの伊達朝宗）に従って、常陸国より当地に移り、伊達氏譜代の家臣となった。当地中部金谷に伊達稙宗の重臣となった国分氏が住した。同氏は信州国分庄（現　長野県上田市）より起り、本姓は藤原である云々」とある。

『西大窪氏』（ニシオオクボ）

西大窪氏は、大窪氏の分流と見られ、『日本歴史地名大系　巻七　伊達郡・西大窪村条』に「『性山公治家記録』天正四（一五七五）年八月二日条に『西大窪氏の名が見られる』（中略）字館に西大窪館跡、字遠矢崎に遠矢崎城跡があるが、この二つの城主は西大窪氏と見られる」とある。

『野田氏』（ノダ）

野田氏は、『日本城郭大系　巻三　伊達郡・山崎城条』に「天文十一（一五四二）年伊達稙宗の父子間で争われた『天文の乱』に於いては、当城の城主山崎彦七は、同族の彦兵衛と共に晴宗に属して、所領の加恩に預かり、彦七は山崎郷にあった満福寺分や館の西にある『野田六郎』の前柳在家が下賜されている」とある氏であるが、その他詳細は不明である。

『羽田氏』（ハネダ）

羽田氏は、羽田邑（現　伊達郡川俣町羽田）より起こったが、この氏族は安積伊東氏族と考えられ、『羽田氏系図（羽田氏文書）』では、当地の地頭に羽田氏がいたとされるが、天文の乱で所領を没収されたと考えられている（川俣町史）とあり、また、『日本歴史地名大系　巻七　伊達郡・羽田村条』に「天文二十二年の『晴宗公采地下賜録』に『安積金七郎は父紀伊守が知行していた〈おての内はねだのこう〉を安堵されれ（中略）』『伊達天正日記のうち天正十七（一五八九）年四月二十一日の野臥日記』には羽田の伊藤七郎分として二十四家と七十六人の野伏が記載され、在家名はほぼ現在の小字名に継承されている」とある。

『浜田氏』（ハマダ）

浜田氏は、『日本歴史地名大系　巻七　桑折村条』に「天文二十二年正月十七日の伊達晴宗充行状（伊

達家文書）では、桑折播磨守（貞長か）に桑折郷の中目分、宍戸新左衛門屋敷手作、桑島三郎左衛門分一間、山崎分二反畠等が安堵されている。同年の晴宗公采地下賜録で浜田大和に安堵された『西山本町』は現本町の市街地にあたると考えられ、当地は桑折西山城の城下町に組み込まれていたとも推測される」とある。

『半田（飯田）氏』（ハンダ）

半田（飯田）氏は、伊達氏族で、伊達郡半田邑（現　伊達郡桑折町南半田、北半田）より起ったが、『日本城郭大系　巻三　伊達郡条』に「伊達郡桑折町北半田字赤瀬の『赤瀬館』は飯田能登守・赤瀬太郎の居館」とあり、また、『同　伊達郡古矢館条』には「室町後期、古矢館には、伊達氏の重臣桑折氏の一族で桑折景長の二男飯田紀伊守宗親が居館したとされる」とある。

『平田氏』（ヒラタ）

平田氏は、『日本城郭大系　巻三　伊達郡条』に「伊達郡国見町森山字辻西の森山西館は、永正―天正年間（一五〇四―九二）平田五郎の居館」とあり、また、『同　福島市条』に「福島市飯坂町平野字大舘の『平田館』は、文治年間（一一八五―九〇）、平田五郎の居館」とある。そして、『姓氏家系大辞典　巻三　平田条22』には「岩代国信夫郡平田邑より起る。その地の大舘は、文治年、湯の庄司佐藤元治の家人平田五郎のありし所なりと（郡村史）」とあるが、この氏は森山村史にある福島市の平田氏とは別氏か（福島市、平田氏の条参照）。

『福島氏』（フクシマ）

福島氏は、『日本歴史地名大系　巻七　伊達郡・細谷村（現　伊達市梁川町細谷）条』に「天文二十四年五月十四日の伊達晴宗のものと推定される安堵状案（伊達家文書）によれば、せんしやう分『ほそや』のうち、一町田（年貢二貫文）などが福島和泉に安堵されている」とある氏であるが、その他詳細は不明である。

『藤田氏』（フジタ）

藤田氏は、伊達一族と言われ、『姓氏家系大辞典　巻三　藤田条10』に「岩代の藤田氏、伊達郡藤田邑より起る。西の山に城址あり。古くより、藤田氏累代の居城にて、伊達家譜代の一家の臣なりしに、延宝六（一六七八）年、右兵衛宗景に至りて罪あり、子亡ぶ」とあり。また、『日本城郭大系　巻三　伊達郡藤田城条』には、「藤田氏は、元来藤田を本拠とした領主と思われ、伊達成宗の上洛には、大岐、中野、遠藤氏らと共に供奉《ぐぶ》した有力家臣で『伊達正統世次考』の天文十五（一五四六）年の条によれば、『藤田氏は伊達氏古来の一家也』と記され、また、『日本歴史地名大系　巻七　伊達郡・藤田城跡条』にも『戦国時代には、伊達一家の藤田氏が拠った（国見町史）』とあり、天文年間（一五三二―五五）の頃に一度断絶し、のち懸田俊宗の子晴親が藤田氏を称し再興した。しかし、懸田一族は伊達稙宗、晴宗父子による『天文の乱』に於いては、稙宗に与したため滅亡し、藤田晴親は叔母の相馬顕胤《あきたね》室を頼って落ちた」とある。

『南半田（南飯田）氏』（ミナミハンダ）

南半田（南飯田）氏は、『姓氏家系大辞典　巻三　半田条5』に「岩代国伊達郡半田邑より起る。又飯田に作る。伊達世次考に『天文中、南半田紀伊宗親なる者あり、実は桑折伊勢景長の次男なり』とある氏である。また、『日本城郭大系　巻三　伊達郡・古矢館条』には「南半田宇台の『古矢館』に、室町後期、伊達家の重臣桑折氏の一族で桑折景長の次男半田紀伊守宗親が居城したとされる」とある（半田（飯田）氏の条参照）。

『森氏』（モリ）

森氏は、伊達氏の家臣で、『日本歴史地名大系　巻七　伊達郡・松原村（現　伊達郡桑折町松原）条』に「天正四（一五七六）年三月、森越後守は伊達の内、松原七千刈等を宛がわれている」とあるが、その他詳細は不明である。

『守屋氏』（モリヤ）

守屋氏は、『日本歴史地名大系　巻七　伊達郡・泉田（現　伊達郡国見町泉田）条』に「泉田のうち『千かり』を」、また、『同　徳江村条』には「徳江の後神明のうしろ田五升まき」「徳江の後二貫地、平内二郎や敷そへて田畠五貫文の所などを守屋監物に与えられている（晴宗公采地下賜録）」とあるが、この氏は須賀川の守屋氏の分流と考えられる。

『安田氏』（ヤスダ）

安田氏は、伊達氏の重臣櫻田資親の家臣で、『日本城郭大系　巻三　伊達郡・城ノ倉城及び同河俣城条』に「櫻田久綱、久季父子が城ノ倉城を巡る須賀川二階堂氏との戦いで勝利し、その功により、川俣四郡を与えられ、城ノ倉城を居城として代々続くが、櫻田資親は、天正期に新たに川俣町東福沢に『河俣城』を築き移った。そして、この時の普請奉行は、安田勘左衛門が勤め天正十二（一五八四）年に完成させた」とある氏であるが、この氏の出自等については不明である。

『山崎氏』（ヤマザキ）

山崎氏は、伊達氏の家臣で、伊達郡山崎邑（現　伊達郡国見町山崎）より起こったが、『日本城郭大系　巻三　伊達郡・山崎城条』に「当地の『山崎城』には、山崎彦七が居城したが、主家伊達稙宗、晴宗父子による『天文の乱』に於いては、同族の彦兵衛と共に晴宗に与し、乱終結後恩賞に預かり、彦七は山崎郷にあった満福寺分や館の西にある野田六郎の前柳在家が下賜されている。そして、慶長十七（一六一四）年に伊達政宗の庶長子秀宗が江戸幕府より伊予国宇和島十万石を拝領し、元和元（一六一五）年に入部したが、政宗は家老として桑折景頼、山屋公頼、侍大将桜田玄蕃や山崎、原田氏等五十七騎衆と呼ばれる家臣を付けて従わせた。同年の『宇和島分限帳』に山崎治部少輔（千石）が見られる」とある。

『山屋氏』（ヤマヤ）

山屋氏は、伊達氏の家臣で、『日本城郭大系　巻三　伊達郡・山崎城条条』に「慶長十九（一六一四）年に伊達政宗の庶長子秀宗が江戸幕府より伊予国宇和島十万石を拝領し、元和元（一六一五）年に入部したが、政宗は家老として桑折景頼、山屋公頼、侍大将桜田玄蕃、山崎、原田氏等五十七騎衆とよばれる家臣を付けて従わせた」とあるが、この氏のその他の詳細については不明である。ただ『姓氏家系大辞典　巻三　山屋条1』に「陸奥武鑑、津軽藩用人に此の氏を載せ、又南部参考諸家系図に山屋勘右衛門勝興等見ゆ」

とある。

『横澤氏』（ヨコザワ）

横澤氏は、『姓氏家系大辞典　巻三　横澤条1』に「伊達郡横沢より起る。伊達氏に仕え蘆名氏を攻む、『新編会津風土記　安積郡小倉山館跡条』に、一に鶴島城と称ふ。伊藤氏代々の居城にて、天正の頃、薩摩守盛恒と云ふ者住せり。此の辺多く伊藤氏の所領なりしにや。伊藤氏の世系事蹟詳ならず云々」とあるが、その出自等については不明である。

『寄居氏』（ヨリイ）

寄居氏は、伊達郡川俣町小島字寄居より起こったが、『日本城郭大系　巻三　伊達郡条』に「伊達郡川俣町小島字寄居の『寄居館』は、寄居氏の居館」とあるが、この氏の出自等は不明である。

『二本松市』

『畠山氏（ハタケヤマ）（二本松）』

福島県中通り中北部に位置する二本松地方の繁栄は、長期に亘り「霞が城（二本松城）」を居城とした「二本松畠山氏」によって代表されるが、その畠山氏は、桓武平氏良文流秩父氏族で、秩父氏第五代重弘の子重能《しげよし》が、秩父盆地の入り口に位置する武蔵国男衾《おぶすま》郡畠山庄（現　埼玉県深谷市畠山）の庄司となり、畠山氏を称した事により起こった。そして、その子重忠は、源頼朝による平家討伐の旗揚げに於いては、始めは平家方として「石橋山や衣笠城の戦い」で頼朝軍を敵に回して戦ったが、その後、源氏方に転じ、「源平合戦」や「奥州征伐」に於いて活躍し、源頼朝に信任され、重んじられた（吾妻鏡　治承四年十月四日条外）。しかし、源政崩壊後は、重忠は稀代の名将であったところから、執権北条氏に疎んじられ、北条時政、義時父子の策謀に嵌《はま》り、重忠及び嫡子重保は共に討たれ、この平姓畠山氏は僅か三代にして断絶した。

しかし、その名跡を惜しんだ清和源氏の足利氏第二代義兼は、庶長子「義純」に、その重忠の未亡人（北条時政の娘で義兼の室の妹）を娶り、畠山氏を名乗らせ、時政より重忠の旧領を与えられ再興した。

その後、義兼の後裔の「足利尊氏」が「室町幕府」を樹立するに至って、畠山氏は身内人として厚遇され、義純の曽孫高国及び玄孫国氏は尊氏に仕えたが、尊氏が奥州の総大将として多賀城に赴任させていた石堂父子を京へ召喚し、新たに奥州管領を多賀城へ置く人事に当たり、「高師直」は「畠山国氏」を、「足利直義」は「吉良貞家」を推薦した。

そこで尊氏は仕方なく、その二人を多賀城へ下向させ、安達郡を二分し、東半分を貞家に、西半分を国氏に与えた。これにより吉良貞家は石堂氏の居城「四本松城《しおのまつ》」を、畠山国氏は安達氏の居城「殿池ヶ岡館」を本拠とするが、それに先立ち国氏は、この奥州下向に当たっては、父高国を伴い多賀城に入った。

しかし、その後、尊氏、直義の間に確執が起き、観応元（一三五〇）年には、足利尊氏、直義兄弟による、世に言う「観応《かんのう》の擾乱《じょうらん》」が勃発するが、この擾乱に於いて国氏は、吉良貞家との旧怨により敵対し尊氏に与し、翌二年直義に与する吉良貞家達により、父高国と共に多賀城に程近い「岩切城（現　宮城県仙台市宮城野区岩切）」に於いて追い詰められ自害して果てた。しかし、国氏の子「平石丸（後国詮）」は会津に逃れ、命脈が保たれた。そして、その後の「直義の死」により本領を回復し、国詮は殿池ヶ岡館へ入ったらしいと言われている（日本城郭大系　巻三　二本松市・二本松城条）。

そして、『松府来歴金華鈔』には、畠山国詮が最初に居城したのは、塩沢村の殿池ヶ岡であると記され、その子満泰は殿池ヶ岡は、平城で要害の地にあらず防衛上脆弱《ぜいじゃく》なため、南方の「霧山の白旗ヶ峰」に城を移したが、此処が今に残る「霞ヶ岡城（二本松城）」である。

そして、国詮は一時奥州探題に復帰するが、あまり芳しくなく、その後はこの二本松に於いて次の代へと継がれ、定着する。

そして、その後は、伊達氏、笹川公方、蘆名氏等と確執しながら代を重ね盛衰を繰り返すが、天正十三（一五八五）年、第十四代義継の代に至り、義継は往年の宿敵である伊達氏を討つべく策を講じ、輝宗誘拐を謀ったが失敗し、輝宗、義継共に憤死する結果となり、翌十四年「二本松城」は、親の仇を討つべく勇み立つ「伊達政宗」と国王丸（後義綱）を擁して城に立て籠《こ》もり戦い貫く、鹿子田和泉達との間で度々激闘が繰り返されたが、畠山の重臣箕輪玄蕃、遊佐丹波、氏家新兵衛、堀江越中達の寝返りによる内通により攻陥され、同年七月十六日相馬義胤による調停で降伏したが、国王丸は城に火を放ち会津へ走った（政宗記、日本歴史地名大系　巻七　二本松市・二本松城跡条）。

しかし、その会津蘆名氏も、三年後の天正十六年六月、佐竹、白川、石川氏等の援軍による総力戦にも拘らず政宗により攻陥され、その後は、白川、石川両氏の伊達氏への寝返り等も加わり、更に続いて、須賀川の二階堂氏、滑津の舟尾氏等も討滅され、義純以来十五代、約四百年に亘って連綿と継がれた「源姓畠山氏の本宗」は断絶するに至ったのである。

『安達（足立）氏』（アダチ）

安達（足立）氏は、『姓氏家系大辞典　巻一　安達条2』に「坂上田村麻呂《さかのうえのたむらまろ》の子『滋野』が安達郡に住し、『安達五郎』と称した事により起こったと言われ、その後、この後裔達は、二本松の『殿池ヶ岡館』を本拠として当地方に繁栄し、坂上党と呼ばれたと云われている」とある。

そして、『同　足立条7』に「坂上系図に『苅田麻呂—鷹養—氏勝（足立太郎）—瀧守』」とあり、また、『日本歴史地名大系　巻七　二本松市・永田村（現　二本松市永田外）条』に「安達藤九郎盛長は、旧姓小野田と言い、文治五（一一八九）年の源頼朝の奥州攻め後に安達郡を宛行われたと伝えるが定かではない」とある。

しかし、『吾妻鏡　文治五年七月十九日条』には、安達藤九郎盛長が奥州征伐に参陣した事が記されており、頼朝の有力御家人である藤九郎盛長の活躍は『同　治承四年八月条外』にも詳しいが、小野田より安達に変姓しているところを見れば、この安達郡との関わりがあった事は疑いのないところである。また、『日本城郭大系　巻三　福島市条』に「福島市鎌田字石ヶ森の夜盗館は安達八郎の居館」とある。

『**安西氏**』（アンザイ）
安西氏は、畠山氏の家臣で、『吾妻鏡　治承四年九月一日条』に、源頼朝の幼少の頃の側用人として、安房国の住人安西三郎景益の名が見られるが、『日本歴史地名大系　巻七　安達郡・上川崎村（現　二本松市安達町上川崎）条』に「『積達館基考（相生集）などに』、館主安西太郎衛門真行とみえる赤坂館跡が字赤坂にある。そして、安西真行の子孫越後介道高は、畠山義継に仕えたが、義継滅亡後は帰農した」とある。
そのためか安西、安斎の両氏は越後にも多く存在する。

『**安斎氏**』（アンザイ）
この安斎氏は、『日本歴史地名大系　巻七　上長折村（岩代町上長折）条』に「天正十（一五八二）年と推定される十月十七日の田村清顕領地判物（安斎文書）の『鰹木之内堀籠在家』と見え、安斎八郎左衛門に宛行われている。同十四年九月五日、伊達政宗は『かたうき壱貫三百文の所』を安斎三郎左衛門に与えられたとされるが（中略）『鰹木』『かたうき』はともに当地の字加藤木に比定され、堀籠は西勝田の堀米の事とされる。安斎八郎左衛門は西勝殿村太郎田に居住、のち帰農して子孫は代々西勝殿村の名主を勤めた」とある。

『**石川氏**』（イシカワ）
石川氏は、『日本歴史地名大系　巻七　二本松市・高越村（二本松市屋戸、高越松ヶ作外）条』に「天正十四（一五八六）年三月吉日の義泰充行状（松藩捜古）で『たかこしの村之内下山田之在家一宇不残』が石川佐渡守、同隼人正に与えられている。義泰は畠山氏の系統と思われ、宛先の石川氏は、当村の在地領主と思われる」とあるが、この氏は、石川氏より市内百目木に分封された石川盛光（後百目木氏）の流れではないかと考えられる。

『石橋氏』（イシバシ）

石橋氏は、『姓氏家系大辞典　巻一　石橋条4』に「清和源氏足利氏流、下野国河内郡に石橋村（現栃木県下野市石橋）あり、その地より起こりしならん。清和源氏系図に『斯波家氏―義利―吉田義博―和義（石橋左衛門佐）』、また、武衛系図に『家氏―広沢太郎義利（号石橋）』と見ゆ。分脈に『義利―吉田三郎義博―尾張三郎和義（本名氏義、左衛門佐、三川守、左近将監、法名心勝）―陸奥守棟義、弟宮内少輔義幸』とあるものこれなり」とある。また、『日本城郭大系　巻三　安達郡・四本松城条』に「この城は『後三年の役』で源義家の将として功のあった伴助兼が、東安達三十三郷を領して治暦元（一〇六五）年に、生国の摂津住吉四所明神と松苗四本を屋形に勧請《かんじょう》したのが四本松城の起こりとし、次いで文治五（一一九八）年に頼朝の奥州藤原征伐に際し、信夫の戦いで、伴武知の討死の跡を受けて田原秀行（信夫次郎秀行）が城主となり、二代秀友（成清）の時に、四本松城に移ったと伝えられている。その後、石塔義房《いしとうよしふさ》、頼房《よりふさ》父子が貞和二（正平元、一三四六）年まで在城したと言われている。次いで石橋棟義《むねよし》が四本松城を復興したという。この石橋氏が十五世紀に登場する塩松氏の始祖である。石橋氏は五代（棟義―満博―祐義―房義―義久）義衡（家博）の文明三（一四七一）年に本拠を上大田の住吉城に移したが、八代義久の時、四本松城に復帰している。しかし、この義久は、天正八（一五八〇）年に家臣の大内定綱に滅ぼされた」とある（塩松（四本松）氏の条参照）。

『宇都宮氏』（ウツノミヤ）

宇都宮氏の出自は、下野国造《しもつけのくにのみやつこ》の下毛野氏流説と藤原北家流説の二説があるが、藤原北家流説を取れば、『姓氏家系大辞典　巻一　宇都宮条』に「宇都宮氏は天下の大族にして、北は奥羽より、南は九州に蔓る。一族分脈の多き他にその類尠かるべし。その発祥の地は、下野国宇都宮にして粟田関白通兼の曽孫宗圓が宇都宮座主となりしに創まると云ふ。宇都宮に二荒山神社あり、宇都宮大明神と云ふ。宇都宮の名はこの宮から来る云々」とあり、北家の始祖房前《ふささき》十四世の孫「宗円」は、「前九年の役」に東下し、下野一宮である「宇都宮」に於いて、その賊徒を調伏した功により、「宇都宮」の「座主」となり、宇都宮氏を称した事により起こった。そして、第三代朝綱は、源頼朝による「奥州征伐」に参陣した（吾妻鏡　文治四年七月十九日条）。また、『日本城郭大系　巻三　安達郡・宮森城条』に「明徳元（元中七、一三九〇）年に岩代町四本松城にあった吉良満家に代わって入部した奥州探題宇都宮氏広は、慈現明神と共に四本松城をこの上館の地へ移した。南北動乱期の応永七（一四〇〇）年南朝方だった宇都宮氏は、北朝方斯波《しば》詮持《あきもち》・石橋宗義に敗れ云々」とある。

『大井田氏』（オオイダ）

大井田氏は、畠山氏族で、『日本歴史地名大系　巻七　安達郡・三島館跡条』に「二本松市上川崎字大将内の『大将内館（三島館）』に、畠山国詮の庶長子満国が住し、『川崎殿』と呼ばれた。以後持久―持勝―政兼―宗頼（本宮）と継ぐが、この本宮宗頼は、本家義氏の後を傍系の新城義国が相続した事に憤り、畠山直系の証拠を示すため、天文十二（一五四三）年、始祖畠山高國の祖廟《そびょう》を大将内に建立《こんりゅう》し高国寺と号した。また、宗頼は名を『大井田観音坊観佛』と改め、本宗の義国と一戦を交えたが、敗れて『川崎氏』

は滅亡したと言われている（松府来歴金華鈔、山口道斎物語）。しかし、『伊達正統世次考』では、同十五年本宮宗頼が、畠山義氏に敗れ、岩城へ逃れたと記しており、同年から同十七年にかけての伊達晴宗から「本宮城（本宮町）の城主本宮宗頼宛の書状が十六通ほど知られている」とある。

『大内氏』（オオウチ）

大内氏は、若狭小浜（現　福井県小浜市）を祖地とする氏族で、足利氏族斯波家氏の二男左近将監宗家を祖とする大崎氏に仕えたが、その後、同族の石橋氏の臣下となり、二本松市小浜に城を築き、祖地の名を冠し、この地を小浜とし、城を「小浜城」と称し、石橋氏四天王の一人となった。そして、永禄期（一五五八―七〇）に入るや、大内備前定綱は、同じく四天王の一人の百目木城主石川弾正と共に、やはり四天王の一人であった宮森城主の大河内備中を讒《ざん》し、滅亡に追い込み、続いて主家石橋義久をも滅ぼした。これにより定綱は、安達東方の殆どを掌中にし、更に天正期に入り、今度は、田村氏の配下として安積伊東氏を攻略し、田村氏よりこの地を与えられ、弟親継をして城代とした。そして、更に天正十一（一五八三）年蘆名氏に与し、二本松の畠山義継と共に、田村清顕に反逆、百目木城の石川弾正を攻め、一度は敗退したが、田村軍を含めた大軍に再び挑み勝利し、当地方の大族となり、安達郡東和町針道字若宮の「小手森館」を始め同町木幡字折越の「樵館」、北向の「北向館」、杉沢の「杉沢館」、同町戸沢の「築山館」、同町松館山の「松館」も大内備前守の居館であった（日本城郭大系　巻三　安達郡条）。そして、石川第十二代家光の正室は、この大内備前守多々良義業の女珉子《たまこ》であった（石川氏一千年史　第十二代家光条）。

『大河内氏』（オオコウチ）

大河内氏は、前条で述べたように、石橋氏四天王の一人であったが、宇都宮氏広の居城であった安達郡岩代町小浜の「上館」を、宇都宮氏が北朝方の斯波詮持、石橋棟義に敗れ去った後の文明三年に入城し修築、「宮森城」と称し居城とした。しかし、その城主となった大河内備中は、永禄年中同じく石橋氏四天王の大内備前定綱、石川弾正達の讒言《ざんげん》による策謀に嵌り自害して果てる結果となった（日本城郭大系　巻三宮森城条）。また、この他同族には、安達郡東和町太田字彌袛跡の「鍛治内館」に大河内弾正、安達郡大玉村玉ノ井字中道の「玉ノ井城」には、大河内日向守光盛が居城した（同　安達郡条）。

『大庭（大場）氏』（オオバ）

大庭（大場）氏は、二本松の畠山氏や四本松《しおのまつ》の石橋氏の重臣として名を連ねるが、中でも石橋義久の家臣大場美濃守は、義久が没した時、その嫡子が僅か二才だったため、それに乗じて田村氏に攻められ、重臣の大内備中守やその家臣の多くが田村氏へ靡《なび》く中、忠臣の心を変えず、その幼君を伴って、相馬へ走ったと言われている（姓氏家系大辞典　巻一　大庭条8）。

そして、この大庭氏を始め現在全国各地に繁栄している大庭氏の出自は、桓武平氏で、平高望の第五子良茂を祖とし、その良茂の玄孫鎌倉権五郎景政の曽孫（孫とも）景忠が、相模国高座郡大庭郷（現　神奈川県藤沢市大庭）に住し、大庭氏を称した事により起こった（同　条6）。そして、その大庭氏は、世に言う「坂東八平氏」の一つであったが、その八平氏とは、良文流の「千葉、上総、土肥、秩父、三浦」及び良茂流の「大庭、梶原、長尾」の諸氏である。そして、『吾妻鏡　治承四年八月二十日条』に、源頼朝の御家人として「大庭平太景義」の名が見られる。

『岡田氏』（オカダ）

岡田氏は、『日本歴史地名大系　巻七　二本松市永田村（現　二本松市永田外）条』に「天正十四（一五八六）年九月七日の二本松配分日記（伊達家文書）によれば、『おかた二郎ゑもん』に『なり田之内たかのす』が宛行われている」とある氏であるが、この氏の出自等については不明である。

『小国氏』（オグニ）

小国氏は、畠山氏の重臣で、名立たる豪の者であったと言われ、『姓氏家系大辞典　巻一　小国条6』に「安達の小国氏、二本松畠山氏の名臣也。奥羽旧事に『小国又四郎は杉田邑団子内の人也、云々と』。又『相生集』に『駄子内館、小国又四郎義操住す（道斉記、金花抄）』。又四郎は義継の名臣にて、二本松籠城の時単騎にて群れたる敵中に入り、政宗を追いて、片政返したまへと罵《ののし》りたる不敵もの也」とある。そして、杉田邑団子内とは現在の二本松市杉田駄子内である。

『川崎氏』（カワサキ）

川崎氏は、畠山氏の一族で、『日本歴史地名大系　巻七　安達郡・三島館跡条』に「二本松市上川崎字大将内の『大将内館（三島館）』に、畠山国詮の庶長子満国が住し、『川崎殿』と呼ばれた。以後持久─持勝─政兼─宗頼（本宮）と継ぐが、この本宮宗頼は、本家義氏の後を傍系の新城義国が相続した事に憤り、畠山直系の証拠を示すため、天文十二（一五四三）年、始祖畠山高國の祖廟を大将内に建立し高国寺と号した。また、宗頼は名を『大井田観音坊観佛』と改め、本宗の義国と一戦を交えたが、敗れて『川崎氏』は滅亡したと言われている（松府来歴金華鈔、山口道斎物語）。しかし、『伊達正統世次考』では、同十五年本宮宗頼が、畠山義氏に敗れ、岩城へ逃れたと記しており、同年から同十七年にかけての伊達晴宗から「本宮城（本宮町）の城主本宮宗頼宛の書状が十六通ほど知られている云々」とある。

『菊地氏』（キクチ）

この菊地氏は、『日本城郭大系　巻三　安達郡条』に「安達郡東和町田向の『田向館』は菊地顕綱の居館」とあり、また『日本歴史地名大系　巻七　安達郡・下大江村（現　安達郡大玉村大山）条』に「中世には現高屋敷に館主菊地外記の菊地館があったという（大玉村史）」とある。そして、『姓氏家系大辞典　巻二　菊池条28』に「安達田村の菊池氏、当地方の豪族にして、塩松菊地系図に『菊池掃部介《かもんのすけ》、後左京進、応永己卯《つちのとう》六（一三九九）年肥後より下り、陸奥安達郡塩松庄に住す。二代掃部介頼末、父に従ひて下向し、斯波持詮に属し、軍功あり、戸澤村を賜ふ。文安三年卒去。五代武乗、文明二（一四七〇）年石橋房義に属し、軍功ありて、戸澤、小手森二村を領す云々』」とある。

しかし、そもそも現在全国的に繁栄している菊池（地）氏の出自は、藤原北家で、北家の始祖「藤原《ふじわらの》房前《ふささき》」九世の孫、藤原道長の兄道隆の子伊周《これちか》の弟高家は、中納言兼太宰権師《だざいのごんし》となり、九州大宰府に住し、筑前、筑後、肥前、肥後等九州全土を治めたが、その後は、経輔―政則―則隆となり、この則隆が延久二（一〇七〇）年、肥後国菊池郡（現　熊本県菊池市）へ下向し、隈部《くまべ》（現　菊池市隈府）に「隈府城」を築き、菊池氏を称したのに始まる（姓氏家系大辞典　巻二　菊池条1～2）。そして、この菊池氏はその後全国各地に所領を得、繁栄していくのである。従って、この二本松の菊地氏も当然この氏族であるが、これは建武三（一三三六）年足利尊氏が京都の戦いで、新田義貞に敗れ、鎮西《ちんぜい》に逃れ、菊池武敏、阿蘇惟直と多々良浜で戦いこれを破り、九州地方の諸豪族を従え再び上洛する時に、この菊池一族もそれに参陣して来たが、その後、この祖先を頼って来奥し、足利一族の斯波氏や石橋氏に属したものと考えられる。

『椚山氏』（クヌギヤマ）

椚山氏は、畠山氏族で、『姓氏家系大辞典　巻二　椚山条』に「清和源氏畠山氏の族に此の氏あり。岩代国安達郡椚山邑より起る」とあるが、二本松城主畠山満泰の弟式部少輔氏泰が、安達郡椚山邑（現　二本松市上川崎字椚山）に「新城館」を築いて居城とし、椚山氏を称した事により起こったものである（新城氏の条参照）。また別流として、『同　条』に「磐城国田村郡椚山より起こり、田村家に属す。大膳大夫《だいぜんだいぶ》清《きよ》顕《あき》の家中に椚山祐右衛門利家あり。椚山館（七郷村椚山）に住す」という氏もある。

『木幡氏』（コハタ）

木幡氏は、後条の紺野氏の後裔で、石橋氏四天王の一の大内備前守定綱の配下で、二本松市木幡より起こったが、『姓氏家系大辞典　巻二　三平条』に「白岩村金連明神棟札に『天文十一年木幡山学頭法亮《のりすけ》并《ならび》に願主三平因幡守《いなばのかみ》氏次、同隼人佐《はやとのすけ》』」とある氏である（次条参照）。

『紺野氏』（コンノ）

紺野氏は、『姓氏家系大辞典　巻二　紺野条2』に「安達郡・戸澤邑（現　二本松市戸沢）羽黒権現、寛永二十年棟札に、大檀那紺野源内助六郎乗義、と見ゆ。木幡里正の祖也」とあるが、この氏の祖は「今氏」を祖とする「今野氏」の族と考えられる。

『西勝田氏』（サイカチダ）

西勝田氏は、安達郡西勝田邑（現　二本松市西勝田）より起こったが、『日本城郭大系　巻三　安達郡条』に「西勝田字田口前の『西勝田館』は、西勝田小左衛門の居館」とある。しかし、この氏の出自等については不明である。

『佐川氏』（サガワ）

佐川氏は、『日本歴史地名大系　巻七　二本松市舘野村（現　二本松市舘野）条』に「天正十四（一五八六）年九月七日の二本松配分日記（伊達家文書）に『玉井たての村』とみえ、『こいたハ』が『さ川弥内』に宛行われている。『こいたハ』は当地の字越田に比定される」とある氏であるが、佐川氏は、白河や会津、それに越後国等にもあり、この氏の起こりについては判然としない。しかし、往古、栃木県小山市に大谷郷という所があり、その隣地は『佐川野』という所であったので、結城氏の分流がこの地に住み「佐川氏」を称し、その分流が白川結城氏へ流れ、更に近隣へ流れたという事も考えられない事ではない。

『佐久間氏』（サクマ）

佐久間氏は、『日本城郭大系　巻三　安達郡条』に「安達郡東和町黒少内の『黒少内館』は佐久間氏の居館」とあるが、この氏の起こりは、福島市松川町下川崎字佐久間ではないかと思われる。しかし、そもそも現在東国各地に散見される佐久間氏の多くは、桓武平氏三浦氏族で、千葉県鋸南町下佐久間を発祥の地とするものが多いので、この氏もこの後裔の可能性が高い。

『澤上氏』（サワガミ）

澤上氏は、安達郡澤上邑（現　二本松市上太田字沢上）より起こったが、『日本城郭大系　巻三　安達郡条』に「安達郡岩代町上大田字沢上の『澤上館』は澤上但馬守の居館」とある。しかし、この氏の出自等は不明である。

『塩川氏』（シオカワ）

塩川氏は、『日本歴史地名大系　巻七　安達郡・油井村（現　二本松市油井）条』に「二本松城を攻め落とした伊達政宗は、天正十四（一五八六）年九月七日『ゆい』のうちから畠山氏旧臣塩川左馬助に『やち（谷地）二貫四〇〇文』、『二平内（二平地）三貫一八〇文』、『とつちろ内五〇〇文』の計六貫八〇文の地を与えている（二本松配分日記（伊達家文書））」とある氏である。

『塩松（四本松）氏』（シオノマツ）

塩松（四本松）氏は、清和源氏足利氏族石橋氏流で、石橋棟義が、二本松市太田本城山の「四本松城《しおのまつ》」に居城し、城名を冠して塩松または四本松氏を称した事により起こった。そして、この「四本松城」の起源は、『四本松伝記』によれば、「後三年の役」に於いて、源義家に従い、その将として軍功のあった伴助兼が、東安達三十三郷を与えられ、治暦元年、当地に城を築くにあたり、祖地である摂津国住吉（現　兵庫県神戸市東灘区住吉）の「四所明神」と「四本の松苗」をこの地に勧請し「四本松城」と名付けたのに始まるが、その後、文治五年の源頼朝による「奥州征伐」に於いて、その後裔の伴武知は、信夫阿津賀志山の戦いで討死にし、伴氏は断絶した。しかし、その後、信夫次郎秀行（田原）が城主となり、その子秀友の代に当城に入ったが、更に、貞和二年まで、石塔義房、頼房父子が居城した。そして、その後を石橋棟義が領し、「塩松（四本松）氏」を称したものである（日本城郭大系　巻三　安達郡四本松城条）。

『澁川氏』（シブカワ）

澁川氏は、安達郡澁川邑（現　二本松市渋川）を起源とする氏族で、『姓氏家系大辞典　巻二　澁川条15』に「安達郡澁川邑より起る。慶長三年文書に『澁川村の内二本柳にて町を立つ云々、澁川平左衛門殿』と」とある。また『日本城郭大系　巻三　伊達郡条』には「伊達郡保原町富沢の『保祚倉館』は、永禄年間（一五五八―七〇）、澁川二郎太夫頼鎮の居館」とある。また渋の語源は食物による食感の他に岩や土中より溶出される赤錆の意もあり、渋川・渋谷・渋沢等渋の字の付く所には大体その現象が見られる。

『白石氏』（シライシ）

白石氏は、伊達氏族で、『姓氏家系大辞典　巻二　白石条2』に「藤姓刈田氏族、陸前国刈田郡白石邑より起る。伊達世臣家譜に『白石氏。刈田左兵衛尉（幼字次郎）経元を祖と為す。経元は寛治中（一〇八七―九四）、鎮守府将軍源義家の麾下に属して、清原武衡兄弟を討ち、戦功あり焉。源公、これを賞して、奥州刈田、伊具の両群を賜ふ。是に於いて刈田白石城に住し因りて之を氏とす焉云々』」とあり。そして、「経元―元兼―元継―秀継―秀信―秀長―長政―長俊とあるが、この長俊に子が無く伊達政依の第二子彦五郎を嗣とした。そして、彦五郎は白石近江守宗弘と称し、その子宗嗣は伊達念海に従って、二本松の役に従った。その後裔の若狭守宗実は貞山公に従って功あり、天正十四（一五八六）年、安達塩松に於いて、三十三郷を賜ふ。是の時より移りて塩松城に住す云々」とある。また『日本歴史地名大系　巻七　伊達郡・

内谷村（現　伊達郡国見町内谷）条』に「『内谷道場分』が白石弥平兵衛に与えられている」とある。

『白髭氏』（シラヒゲ）

白髭氏は、清和源氏石川氏族で、その起こりは、二本松市太田字白髭ではないかと考えられる。それは、この頃、当地方は石川領だったものと考えられ、石川氏第十五代詮持の六弟光久は、元弘の頃（一三三一―三四）、石川氏より安達郡小牛杜を分封され、また第十八代義光の三弟盛光は、応永の頃（一三九四―一四二八）、同郡百目木邑（現　二本松市百目木）を分封されており、白髭村邑はこの隣地に当たるためである。そして、石川氏第十一代盛義の次弟光好及び第十九代持光の弟光徳は共に白髭家の継嗣となっている（石川氏一千年史　第十四代貞光条外）。

『杉田氏』（スギタ）

杉田氏は、畠山氏族鹿子田氏の分流で、岩代国安達郡杉田邑（現　二本松市杉田）より起こったが、当地の「杉田館」には、鹿子田政詮の子刑部大輔政満が致仕して杉田へ住み、その二男杉田豊後守、その子石見守の居館としている（相生集、日本歴史地名大系　巻七　二本松市・杉田館跡条）。

『瀧口氏』（タキグチ）

瀧口氏は、南杉田落合（現　二本松市落合）の「菅田館」の館主遊佐掃部が、瀧口六左衛門尉時頼を聟とした事により以後瀧口氏に変姓されたものである（日本歴史地名大系　巻七　二本松市杉田館跡条外）。

『團子森氏』（ダンゴモリ）

團子森氏は、二本松市坦子内より起こったが、『姓氏家系大辞典　巻二　団子森条』に「岩代安達郡の豪傑に団子森兵衛（久兵衛）あり、『駄子内館』に拠る」とあるが、その他詳細は不明である。

『秩父氏』（チチブ）

秩父氏は、『日本歴史地名大系　巻七　二本松市・栗ヶ柵館跡条』に「栗ヶ柵廃寺とは、現亀谷にある光現寺の旧跡で、光現寺の記録には天文年中（一五三二―一五五五）栗ヶ柵館主秩父入道道閑朝晴草創となっている。『松府来歴全華鈔』等によれば、道閑は、畠山高國の庶流が秩父姓を改め、高國に従い下向したものである。道閑の子孫はその後本姓の平に復した」とある。

そして、その秩父氏の出自は、桓武平氏良文流で、良文の孫将常は武蔵権守に任ぜられ、武蔵国秩父郡中村（現　埼玉県秩父市中村）に住し、秩父氏を称した事により始まるが、この氏は坂東八平氏の一である。

『寺坂氏』（テラサカ）

寺坂氏は、二本松市太田字寺坂より起こったが、『日本城郭大系　巻三　安達郡条』に「安達郡東和町新城の『新城館』は、寺坂山城守の居館」とある。しかし、その他詳細は不明である。

『百目木氏』（ドウメキ）

百目木氏は、清和源氏石川氏族で、石川氏第十八代義光の三弟盛光は、安達郡白目木邑（現　二本松市百目木）を分領され移り住み、百目木氏を称した事により起こった（石川氏一千年史　第十七代満朝条）。そして、その後裔の石川弾正は、石橋氏四天王の一人であったが、同じく四天王の一人であった大内備前定綱と謀り、同じ四天王の一人であった宮森城主の大河内備中を謀略により自害させ、更に、主家である「四本松城」の石橋義久を滅亡に追い込んだ。しかし、最後は、誼《よしみ》を通じていた筈の大内定綱によって廃され断絶した（日本城郭大系　巻三　安達郡四本松城、百目木城、宮森城条）。

『中村氏』（ナカムラ）

中村氏は、『姓氏家系大辞典　巻三　中村条63』に「四本松石橋氏の重臣にして、天正中（一五七三―九二）、四老の一に中村久純あり、又伊達郡万正寺村に伊達先祖中村常陸介宗村の館跡と云ふものあり」とある氏であるが、これは、伊達氏は、元々伊達郡へ下向する前は、常陸国伊佐庄中村（現　茨城県筑西市中館）に於いて「伊佐氏」または「中村氏」を称していたので、その伊達氏の後裔の誰かが「中村氏」に復姓したものと考えられる。また、前述の「中村常陸介宗村」とは、伊達氏第二代当主「伊達二郎藤原宗村」の事である。

『新城氏』（ニイキ・シンジョウ）

新城氏は、畠山氏族で、『姓氏家系大辞典　巻三　新城条4』に「清和源氏畠山氏族、岩代国安達郡新城より起る。二本松畠山氏の一族にして『相生集』に『二本松城主畠山満泰の弟式部少輔氏泰が、安達郡椚山邑（現　二本松市上川崎字椚山）に『新城館』を築き居館とし、椚山氏を称したが、この館を『新城館』と言ったところから、新城氏泰とも称し、新城氏発祥の地となった。しかし、この後裔は『シンジョウ』とも称したと言われている。そして、その後、泰時―氏重―盛継―直継―信常まで六代ここに住した」とある。また、これとは全く関係ないが『日本歴史地名大系　巻七　安達郡・椚山村（現　安達郡大玉村大山）

条』に「上大江村、下大江村、大江新田村の北方苗松山のほとりを流れる杉田川沿いに位置し、北は箕輪村（現　二本松市）。『相生集』は村名の由来を『山々に椚の木多かりしらん』と記す。中世の椚山館跡がある。畠山家臣弾正《だんじょう》少弼《しょうひつ》入道信常の居館であったが云々」とある所もある。

『二本松氏』（ニホンマツ）

二本松氏は、二本松城主畠山氏が、二本松の地名を冠し、「畠山」と「二本松」を併称した事により起こったが、『姓氏家系大辞典　巻三　二本松条』に「清和源氏畠山氏の族にして、岩代国安積郡（安達郡）二本松邑より起る。奥州の大族にして、二本松系図に云々」とあり、そして、二本松を称したのは、二本松城（霞ヶ城）に居城した畠山国詮に始まり、第十一代義継まで続き、義継は二本松右京亮義継とも称した。

『野辺氏』（ノベ）

野辺氏は、畠山氏の家臣増川伊予守の嫡男である（増川氏の条の『日本歴史地名大系　巻七　安達郡・油井村条』参照）。

『初森氏』（ハツモリ）

初森氏は、『姓氏家系大辞典　巻三　初森条』に「岩代国安達郡初森邑より起る。天正十二年九月、田村清顕、同月斉及び梅雪顕元を遣わし、兵二千を率いて、四本松定綱を撃たしむ。千石畠（或いは十石畠）に逆へ戦ふ。清顕、砦を初森に構へ、四本松に備えしめ、初森式部少輔をして、これを監せしむ。定綱、急に襲ひて式部を擒へ去る。清顕、復た砦を稲澤内滑津に修む。定綱、復た淹撃す（永慶軍記、野史）と。」とある。

『針道氏』（ハリミチ）

針道氏は、二本松市針道より起こったが、『日本城郭大系　巻三　安達郡条』に「針道字北作の『針道館』は、大内備前の臣針道源太の居館」とある。しかし、源太という名からして、この氏は清和源氏畠山氏族、同石橋氏族、または清和源氏石川氏族百目木氏の一族ではないかと考えられる。

『伴氏』（バン）

伴氏は、摂津国住吉（現　兵庫県神戸市東灘区住吉）より起こった氏族であるが、源義家による「後三年の役」に伴助兼が随行し、その功により、安達東部三十三郷を与えられた。そして、二本松市太田本城山に城を構えるに当たり、その屋形に、祖地の摂津国住吉より「住吉四所明神」と「四本の松苗」を勧請し、「四本松城」と称したが、その後、助兼の後裔伴武知は、文治五年の源頼朝による「奥州征伐」に参陣し、阿津賀志山の戦いで討死し断絶した。そしてその後は、田原（信夫）次郎秀行が居城としたと言われている（日本城郭大系　巻三　安達郡・四本松城条）。

『平石氏』（ヒライシ）

平石氏は、四本松の菊池武則の後裔で、『姓氏家系大辞典　巻三　平石条2』に「奥州菊地氏族、岩代国安達郡平石邑より起る。同地高田館には、平石甲斐武頼住す。石橋久義の旗下なりしに大内が非義に組せざるも、天正十三年八月、小手森と共に落城す。此の人は四本松に住せし菊地武則が孫なり（相生集）と云ふ」とある氏である。

『堀江氏』（ホリエ）

堀江氏は、畠山氏の重臣で、『日本歴史地名大系　巻七　二本松市・二本松城跡条』に「畠山氏第十一代義継による伊達輝宗謀殺事件に端を発した畠山氏対伊達氏の二本松城での戦いで、伊達氏に降り内通した重臣の中に、堀江越中の名が見られる」が、この氏は石川の堀江氏の分流ではないかとも思われる。

『増川氏』（マスカワ）

増川氏は、畠山氏の家臣で、『日本歴史地名大系　巻七　安達郡・油井村条』に「油井邑（現　二本松市油井、竹田、根崎）字谷地の『谷地館』に、畠山氏の家臣で加藤治部左衛門尉盛秀の後裔増川伊予守が拠ったが、その嫡男野邊主水は、天正十四年一月一日、澁川合戦の折、鹿子田右衛門尉に属し、伊達方志賀大炊左衛門の子息大井田観音坊を討ったが、その後志賀大炊左衛門に討たれたという（積達古館、積達館基考）」とあるが、これは、大井田観音坊が二本松の畠山氏の本宗の継嗣問題で反目し、戦った時の事と思われる。そして、その結果観音坊は敗れ、岩城へ逃れたとも言われるので、大井田観音坊は、その後岩城氏の重臣志賀大炊左衛門の養子となったものと思われる（大井田氏の条参照）。

『箕輪氏』（ミノワ）

箕輪氏は、畠山氏の重臣で、『姓氏家系大辞典　巻三　箕輪条7』に岩代の箕輪氏「安達郡箕輪邑（現二本松市箕輪）より起る。畠山氏の重臣にして、観応二（正平六年）年二月、畠山国氏の将箕輪左衛門貞氏（貞義）、国氏の遺子大石丸を伴ひて會津に遁《かく》る。修理大夫国詮、之れ也。伝説には『箕輪大夫、山神の力を合わせられ、安達殿帰城』と。その後、古館辨に『義継の臣箕輪玄蕃、箕輪館に住す』と見ゆ。天正中玄蕃は貞氏の子孫なるべし雖。此に居れるに非ず。二本松の城郭に玄蕃の宅址あり（相生集）」とある。また『日本歴史地名大系　巻七　二本松市・箕輪村条』に「箕輪村は、みのハ玄蕃をん所、みのわの村一宇」とある。

『宮森氏』（ミヤモリ）

宮森氏は、『姓氏家系大辞典　巻三　宮森条1』に「岩代国安達郡宮森邑より起る。奥州菊池氏の族にして、宮森吉道を祖とす」とあるが、この氏は、宇都宮氏広が斯波詮持、石橋棟義に敗れ去った後の四本松城を修築し、「宮森城」と称した大河内修理の一族と考えられる。

『安田氏』（ヤスダ）

安田氏は、『日本歴史地名大系　巻七　二本松村市・原瀬村（現　二本松市原セ日照田外）条』に「天正十四（一五八六）年九月七日の『二本松配分日記（伊達家文書）』によると『やす田清太郎』に『中みうハ地下地』および『たかたいし上地下地』が宛行われている」とある氏であるが、その他出自等は不明である。

『山名氏』（ヤマナ）

山名氏は『姓氏家系大辞典　巻三　山名条31』に「岩代国塩松城主に山名義久あり」とあるが、この塩松城は、伴氏が築き、その後、信夫（田原）氏が入り、更に、南北朝の争乱期には、足利氏族の石塔氏、石橋氏と続いて入ったので（伴氏、石橋氏、塩松（四本松）氏の条参照）、この山名氏もこの頃に入ったものと考えられる。

そして、この山名氏の起こりは、『同　条1』に「新田氏初代義重の長子義範が、上野国多胡郡山名郷（現群馬県高崎市山名町）に住し、山名氏を称した事により起こった」とあるが、その後裔で「室町幕府」の重鎮であった「山名持豊（宗全）」は「応仁の乱」を惹起した張本人である。

『遊佐氏』（ユサ）

遊佐氏は、『姓氏家系大辞典　巻三　遊佐条1』に「秀郷流藤原姓、羽前国飽海郡遊佐郷（現　山形県飽海郡遊佐町）より起る。南北朝前期の遊佐勘解由左衛門尉は、畠山国氏の執事となり、伊豆守護代等を勤めた」とある。そして、その後は、畠山氏の被官として全国に拡散するが、『日本城郭大系　巻三　二本松市条』に「二本松市本町の『栗ヶ柵』は、川崎村を領した遊佐内蔵介の居城」とある。また、『日本歴史地名大系　巻七　二本松市・菅田館跡条』に「『積達古館弁』『積達館基考』では『当館は遊佐筑後守、その子信濃守、その子遊佐左馬、その子掃部までがこの館に居住』」とある。そして、『同　安達郡・澁川村及び田子屋館跡条』に「田子屋館は、澁川館の事で、『積達館基考』などによれば、遊佐丹波守、同下総守父子が住した館で、のち遊佐佐藤右衛門、嫡子新右衛門が住したという」とあり。また、「本宮城主鹿子田氏の家臣であった氏家新兵衛、遊佐丹波は、鹿子田氏が、本宗輔弼《ほひつ》のため二本松へ移った後の城代を務めた」とある。しかし、遊佐遠江守重定の二男下総守重勝は、兄丹波守と共に、伊達政宗の二本松攻撃に際し内応し、三百石を以て伊達家の家臣となった（角田市史2　通史編　第三章　角田地方の邑主たち遊佐氏条）。

『渡辺氏』（ワタナベ）

渡辺氏は、『日本城郭大系　巻三　安達郡条』に「安達郡岩代町上長折字正部田（現　二本松市上長折）の『正部田館』は、渡辺治左衛門の居館」とあるが、この氏は、岩城の渡辺氏の分流ではないかと考えられる。

『本宮市』

『荒井氏』（アライ）

荒井氏は、国分氏の分流で、本宮市荒井より起こったが、『日本城郭大系　巻三　安達郡条』に「安達郡本宮町荒井字羽山の『三本松館』は、荒井新兵衛の居館」とある。また、『日本歴史地名大系　巻七　安達郡・荒井村条』にも、「三本松館は、畠山氏の家臣荒井新兵衛の居館」とある。そして、この後裔と思われる「三本松氏」は、現在、田村郡や石川郡平田村に多く存在する（伊達郡・国分氏及び西大枝氏の条参照）。

『氏家氏』（ウジイエ）

氏家氏は、本宮城の城主であった鹿子田氏の家臣で、『日本歴史地名大系　巻七　安達郡・本宮城跡条』に「天正年間（一五七三―九二）鹿子田氏が、本宗輔弼《ほひつ》のため、二本松へ移った時に城代として、氏家新兵衛、遊佐丹波を置いた」とある。しかし、その後の伊達政宗との戦いに於いては、本宗を見限り、『同二本松市・二本松城跡条』には「天正十四年三月には、畠山氏重臣箕輪玄蕃、遊佐丹波、氏家新兵衛、堀江越中らが内通したため云々」とあり、そして、『同　伊達郡・元秋山村条』に「天正十四年三月十日の伊達政宗知行宛行状（福島市史）によると、氏家新兵衛は、秋山のうち、こなかいし、かミこいた、いし崎、まくら田うきめんを与えられている」とある。
そして、この氏を始め、現在全国各地に散見される氏家氏の出自は、下野国氏家郷（現　栃木県さくら市氏家）を起源とする芳賀氏族である。

『小田切氏』（オダギリ）
小田切氏は、二本松畠山氏の家臣で、『日本歴史地名大系　巻七　安達郡・本宮村条』に「天正十四（一五八六）年九月七日の、二本松配分日記（伊達家文書）によると、堀江与三兵衛、国分杢助、小田切大学介など本宮衆十六名に対し、政宗は恩賞として本宮などで知行を与えている」とある。また『同　安達郡・高木村（現　本宮市高木）条』には「字大学の小屋ノ山館跡は、小田切大学の居館と伝える」とある。

『小沼氏』（オヌマ）
小沼氏は、田村氏の家臣で、『日本歴史地名大系　巻七　安達郡・本宮宿条』に「本宮宿南町（現　本宮市南町）は、慶長六（一六〇一）年と推定される上杉景勝の臣直江兼続の石栗将監宛書状（小沼家文書）に、小沼伊賀守貞長（もと清顕臣）に本宮の荒地二百五十石を与えるとあり、以後貞長を中心に町つくりがすすめられた」とある。そして、この氏は南会津の小沼氏の分流ではないかと考えられる。

『小幡氏』（オバタ）
小幡氏は、『日本城郭大系　巻三　安達郡条』に「安達郡本宮町高木字田中の『田中館』は、天正年間、小幡河内守の居館」とあるが、この氏の起こりは、本宮市小幡と考えられる。但し、出自等は不明である。

『鹿子田氏』（カノコダ）

鹿子田氏は、畠山氏族で、『姓氏家系大辞典　巻一　鹿子田条』に「安積、安達地方の豪族にして、清和源氏足利氏の族、二本松畠山氏の一門なり。畠山系図に、畠山上野介泰国の子河内守時国の玄孫、奥州畠山氏第四代左京太夫満泰の庶兄満詮が、安達郡本宮邑大黒山（現　本宮市舘ノ越）に『鹿子田館（本宮館）』を築き居館とし、鹿子田氏を称したのに始まる云々」とある。また、この氏は、「本宮氏」も称し、『日本城郭大系　巻三　郡山市条』に「郡山市逢瀬町多田野字本宮前の『本宮館』は、只野十郎、鹿子田和泉守の居館」とある。そして、二本松城落城時の伊達政宗との戦いに於いて鹿子田和泉義綱は、多くの重臣達が伊達方に降り通じる中、一貫して国王丸を擁して、本城に止まり伊達氏と激闘を繰り返し戦い貫いたと言われている。

『菊田氏』（キクタ）

菊田氏は、『日本城郭大系　巻三　安達郡条』に「安達郡本宮町竹花の『名郷館』は、菊田蔵人の居館」とあるが、この氏の起こりは、郡山市喜久田ではないかと考えられる。しかし、岩城の菊田氏の分流の可能性もある。

『木目田氏』（コノメダ・キメタ）

木目田氏は、『日本城郭大系　巻三　安達郡条』に「安達郡本宮町青田字古舘の『古舘』は、天正年間（一五七三―九二）、木目田惣右衛門の居館」とあるが、この氏は、田村氏族の木目澤氏の一族ではないかと考えられ、その起こりは、郡山市中田町木目沢辺りではないかと考えられる（郡山市・木目澤氏の条参照）。

『塩田氏』（シオタ）

塩田氏は、県内数ヶ所に発祥の地が見られるが、この塩田氏は、『日本城郭大系　巻三　安達郡条』に「本宮町塩田入の『塩田館』は文明年間（一四六九―八七）、塩田越後守の居館」とあるもので、この氏は当地より起こった氏族と考えられる。しかし、その出自等は不明である。

『瀬戸川氏』（セトガワ）

瀬戸川氏は、『日本城郭大系　巻三　瀬戸川館条』に「本宮町仁井田字枡形の『瀬戸川城』を居城とし、二本松の畠山氏と強い関係にあったと考えられる」とあるが、畠山義継による伊達輝宗誘拐事件後の、畠山連合軍対伊達軍による「人取り橋の戦い」に於いては、当城は重要な激戦場であったと言われている。そして、この氏の起こりは、当館より本宮市青田字瀬戸田にかけての地ではないかと考えられる。

『太郎丸氏』（タロウマル）

太郎丸氏は、本宮市太郎丸の起こりで、『日本城郭大系　巻三　安達郡条』に「本宮町太郎丸の『太郎丸掃部館《かもんたて》』は、室町時代、太郎丸掃部、堀井越中守の居館」とあるが、その他出自等については不明である。

『津田氏』（ツダ）

津田氏は、『日本城郭大系　巻三　安達郡条』に「安達郡本宮町岩根字館ノ影の『鶴根館』は、天正年間（一五七三―九二）、津田顕兼の居館」とあるが、この氏の出自等は不明である。しかし、白河市大信中新城の「本城館」の館主であった津田和泉守は、天正十七年の伊達氏対二階堂氏の須賀川城を巡っての戦いに於いて戦功のあった「小針氏」が当地を与えられ、当城に入るに当たって、伊達氏に従いこの地を去ったと言われているので、この津田氏の可能性もある。

『仁井田（新田）氏』（ニイタ）
仁井田（新田）氏は、『姓氏家系大辞典　巻三　仁井田条1』に「岩代国安積郡（安達郡）仁井田邑より起る。高倉国分氏の庶流にして、『仁井田右衛門四郎』は、国分氏の庶流、荒木木工允の弟なり（館基考）」とあり。また、『日本歴史地名大系　巻七　安達郡・仁井田村条』に「中世の城館跡に、字宮下の『仁井田館（小坂館とも言い蘆名氏の麾下新田右衛門四郎の居館）』と字枡形の『瀬戸川館（天正の頃、瀬戸川氏の居館）』がある」とあるが、これはつまり、郡山市日和田町高倉に住した国分氏の庶流で、安積郡（後　安達郡）仁井田邑（現　本宮市仁井田）より起こったが、本宮市仁井田字小坂の「小坂館」には、国分氏の庶流で「三本松館」の荒木木工允の弟の仁井田右衛門四郎が居住し、新田氏も併称したという事である。

『野中氏』（ノナカ）
野中氏は、『日本城郭大系　巻三　安達郡条』に「安達郡本宮町万世の『田中館』は、野中新助の居館」とあるが、この氏の出自等は不明である。

『本宮氏』（モトミヤ）
本宮氏は、『姓氏家系大辞典　巻三　本宮条1』に「岩代国安達郡本宮邑より起る。ホングウ也。畠山修理大夫国詮の次男上総介満国を祖とす」とあるが、この氏は、畠山氏族で、畠山上野介泰国の子河内守時國の玄孫、奥州畠山氏第四代左京大夫満泰の諸兄満詮が、安達郡本宮邑大黒山（現　本宮市舘ノ越）に「鹿子田館（本宮館）」を築き居館とし、鹿子田氏を称したが、この氏は「本宮氏」も併称した。また、満詮の諸兄満国の四代の孫宗頼も本宮氏を称したが、『日本歴史地名大系　巻七　安達郡・本宮村条』に「伊達氏による『天文の乱』で伊達晴宗に属していた本宮城の本宮宗頼は、伊達稙宗方の畠山義氏に敗れ磐城に落ちている（伊達正統世次考）」とある。

『安　達　郡』

『遠藤氏』（エンドウ）

この遠藤氏は、『姓氏家系大辞典　巻一　遠藤条21』に「安達の遠藤氏、大内備前の家老に遠藤因幡、同将監あり、その裔、弓矢の細工を業とす。糠澤村（現　本宮市糠沢）の矢師、弓師この後也と（積達館基考）」とある氏である（遠藤氏の出自については、福島市・遠藤氏の条参照）。

『太田氏』（オオタ）

太田氏は、二本松畠山氏の家臣で、『姓氏家系大辞典　巻一　太田条64』に「安達の太田氏、岩代安達郡の豪族にして、二本松配下の将也。『相生集』に、二本松より玉井城に太田主膳、同采女といへる大剛のものを籠らると。天正年中の事なり」とある。そして、この玉井城とは、天文年間（一五三二―五五）に大河内日向守光盛の居城であった大玉村の「玉ノ井城」である。

『三瓶（三平）氏』（サンペイ）

三瓶（三平）氏は、三坪にも通じ、大内氏、蘆名氏、田村氏、石川氏、須田氏の家臣としても名を連ね、二瓶氏と並んで岩城、岩代地方に繁栄した豪族である。しかし、その出自については判然としない。そして、『姓氏家系大辞典　巻二　三平条』には「岩代の豪族にして、白岩村（現　本宮市白岩）金連明神棟札に『天文十一年壬《みずのえとら》寅林鐘廿九日木幡山学頭法亮《のりすけ》、幷《ならび》に願主三平因幡守氏次、同隼人佐《はやとのすけ》』と載せ、裏に『永禄三年卯月十日、大旦那大内備前守、願主三瓶讃岐守再興』と見ゆ。三平氏は何人なるを知らず。いずれ大内氏の配下とみえたり（相生集）と」とある氏である。

『鈴木氏』（スズキ）

鈴木氏は、『日本歴史地名大系　巻七　安達郡・下大江村（現　安達郡大玉村大山）条』に「中世には諸田に、館主鈴木勘解由の諸田館があったという（大玉村史）」とある氏であるが、その他詳細は不明である。

『玉井氏』（タマノイ）

玉井氏は、『姓氏家系大辞典　巻二　玉井氏条5』に「岩代の玉井氏、安達郡玉井より起る。此の地に玉井城あり、太田、大河内等の条参照」とあり。そして、安達郡玉井邑（現　安達郡大玉村玉井）の『玉井城』に、二本松畠山氏の家臣、太田主膳、同采女が居城し、玉井氏を称した事により起こったものと考えられる。また、別流として、『日本歴史地名大系　巻七　安達郡・玉井村条』に「中世には、玉井館があり、大河内（玉井）日向守が居城していた（積達館基考）が、天文十六（一五四七）年二月、二本松畠山義氏は、田村隆顕、石橋尚義と共に安積郡を攻め、玉井氏は没落した。天正十六（一五八八）年三月、伊達勢の攻撃を受け『玉井日向守為始、三百余人討取候』とあるように館は滅び、伊達氏の支配となった」とある。

『深田氏』（フカダ）

深田氏は、『姓氏家系大辞典　巻三　深田条7』に「奥州の深田氏、安達郡和田城は、深田美作の抱へなりと（弓矢巻、相生集）」とある氏であるが、その出自等については不明である。

『松澤氏』（マツザワ）

松澤氏は伊達氏の家臣で、その起こりは、伊達郡松澤邑（現　伊達郡川俣町鶴沢）ではないかと考えられる。そして、『日本歴史地名大系　巻七　伊達郡・松沢村条』に「村名は『信達一統志』によると、多くの松が茂り、沢の熟地を開発して一邑をなした事に由来するという」とある。そして、『同　鶴田村条』に「明治九年鶴田村と松沢村が合併し、鶴沢村となる」とある。ただ、安達郡白沢村にも松沢という所がある。また、『姓氏家系大辞典　巻三　松澤条1』に「桓武平氏千葉氏族、下総国香取郡松澤庄より起こる。千葉氏族系図に『国分五郎胤通―次郎常通―小次郎常朝―朝胤（号松澤）』と載せたり」とあるが、この氏族の可能性は薄い。また、会津の大沼郡にも松澤氏あり。

『郡山市』

『伊東氏（イトウ）（安積）』

旧安積郡である郡山地方の繁栄の礎《いしずえ》を築いたのは「安積伊東氏」である。

その安積伊東氏は、藤原南家工藤氏族で、南家の始祖藤原武智麻呂《ふじわらのむちまろ》八世の孫、為憲は、遠江権守、木工介に任ぜられ、木工の「工」と藤原の「藤」を合して「工藤」と称したが（姓氏家系大辞典　巻二　工藤条1）、その後裔の維職《これもと》が、伊豆国の押領使《おうりょうし》に任ぜられ東下し、伊豆国伊東（現　静岡県伊東市）に住し伊東氏を称し、伊東氏の始祖となった（同　伊東条）。そして、その五世の孫工藤左衛門尉祐経《すけつね》は、文治五（一一八九）年の源頼朝による「奥州征伐」に参陣し（吾妻鏡　文治五年七月十九日条）、その功により、陸奥国安積郡及び田村郡鬼生田邑（現　郡山市西田町鬼生田）、それに安達郡の一部等を与えられたが、この工藤祐経こそ、曽我五郎、十郎により、「富士の裾野の仇討ち」で討たれた人物である（吾妻鏡　建久四年五月二十八日条）。

そして、その祐経の二男、六郎左衛門祐長が、父祐経より安積の地を与えられ建保―嘉禎の頃（一二一三―三八）に下向し（日本歴史地名大系　巻七　郡山市条）、片平邑（現　郡山市片平町）に「片平城」を築き居城とし、安積六郎左衛門祐長を称し、安積伊東氏の始祖となった。その後、この伊東氏は、安積郡、安達郡を中心に、東は田村郡から南は同族である須賀川の二階堂氏までをも併呑し、勢力を拡大、支族を繁栄させた。そして、姓も「伊東」「伊藤」の二姓を併用しながら、最盛時は支城だけでも二十数ヶ所を有し、今に残る、熱海町、伊豆島等の地名もこれに起因すると言われている。

このように、一時は県央の大部分を制した伊東氏も、その後徐々に勢力が衰え、永享十一（一四三九）年、安積備前守に至り、伊達政宗の家臣となり終焉を迎えた。

『青木氏』（アオキ）

青木氏は、結城氏、二階堂氏、伊達氏等の家臣としてもその名が見られ、発祥地も県内数ヶ所に存在するが、この青木氏は、郡山市田村町栃山神字川曲の「朝日館」を居館とした青木平左衛門である（日本城郭大系　巻三　郡山市条）。

『赤津氏』（アカツ）

赤津氏は、『姓氏家系大辞典　巻一　赤津条』に「岩代国安積郡赤津村（現　郡山市湖南町赤津）より起る。『新編会津風土記赤津村条』に『此村もと常夏川東西に散在し、東に赤津治部左衛門、西に栗森備中とて、二人の地頭ありて、各東西に分かれて住せしが、赤津後に栗村を討ちて其の地を押領し、己が名字を以て村名とせしとぞ』と見ゆ。猶ほ信濃にも赤津氏あり」とあるので、この氏は、この信濃の赤津氏の分流か。

『赤沼氏』（アカヌマ）

赤沼氏は、田村氏族で、『姓氏家系大辞典　巻一　赤沼条』に「磐城国田村郡赤沼（現　郡山市中田町赤沼）より起りしなるべし」とあり。また、『日本城郭大系　巻三　郡山市条』に「郡山市中田町赤沼字西平の『西平寺館（赤沼城）』は、赤沼弾正の居城」とある。そして、『奥州永慶軍記、赤館合戦事（棚倉町史）』にも、小瀬越中守義行、舟尾山城守昭直が籠城する「滑津城（現　西白河郡中島村）」を攻める中に「赤沼氏」の名が見られる。また、別に小野町小野にも赤沼の地名あり。

『阿久津氏』（アクツ）

阿久津氏は、阿久津邑（現　郡山市阿久津町）より起こった田村氏の一族と思われるが、田村氏一族を中心とした十三名が笹川公方の下に結集した、応永十一（一四〇四）年頃のものと推定される『国人一揆傘連判断簡』に「阿久津沙彌覚祐」の名が見られる（日本歴史地名大系　巻七　郡山市・阿久津村条）。

そして、現在全国的に散見される「阿久津」の地名の起こりは、「圷《あくつ》」が元で、地勢低くじめじめとした物なりの悪い場所を指し、反語は、「塙《はなわ》（花輪）」である。

『上石氏』（アゲイシ）

上石氏は、『姓氏家系大辞典　巻一　上石条』に「磐城田村郡にあり。田村家の庶流なりと」とあるので、この氏は郡山市中田町上石より起こった、田村氏族と考えられる。

『安子島氏』（アコガシマ）

安子島氏は、『姓氏家系大辞典　巻一　安子島条』に「岩代国安積郡安子島より起る。藤原南家工藤祐経の後なり。即ち、相生集に『安子島治部大輔祐高は工藤祐経が嫡子、伊藤大和守祐時が後胤、父右衛門大夫迄は二本松義国に随身の身なりしが、義国卒去、子息義継、平石邑にて討死ののちは会津義広の下知を重んじ、無二の黒川方にて、安積、安達の輩残らず政宗に下りしといへ共、祐高は義を金石に比して安子島の城に楯籠《たてこも》ると古館辨に見ゆ。又安子島刑部大輔』とあり。笹川殿応永十一（一四〇四）年の連署に阿子島藤原祐義見ゆ」とある。

『安積氏』（アサカ）

安積氏は、安積伊東氏の事で、工藤祐経の二男、二郎左衛門祐長は父祐経より安積郡を与えられ片平邑に下向し、片平の地に「片平城」を築き居城としたが、その時に、安積六郎左衛門尉祐長を称した事により起こった（姓氏家系大辞典　巻一　安積条4）。また、『吾妻鏡　嘉禎三年四月二十二日条』にも、「安積六郎左衛門（祐長）」の名が見られる（伊東氏の条参照）。

『麻野氏』（アザノ）

麻野氏は、安積伊東氏族で、『日本歴史地名大系　巻七　郡山市・安佐野村条』に「安佐野村（現　郡山市湖南町中野字安佐野）に、伊東一族の伊東丹波守、同藤次郎の館があったが、この伊東藤次郎は、横澤城主の弟で、天文年中（一五三二—一五五）当地に分家し、麻野丹波守祐政と称した（伊東氏系譜）」とある氏である。

『穴澤氏』（アナザワ）

穴澤氏は、田村氏族で、『姓氏家系大辞典　巻一　穴澤条1』に「坂上支族、磐城国田村郡の穴澤より起る。此の地の大族田村氏の一族にして、白河文書親房より結城に送る書中に『田村庄司一族穴澤左衛門五郎成季任官の事云々』と見ゆ」とあり。そして、『日本城郭大系　巻三　郡山市条』に「郡山市西田町三丁目字馬場の『穴沢館』は、南北朝時代、穴沢左衛門尉成季の居館」とあり。また、「西田町三丁目字平館の『平館』も、穴沢左衛門尉成季の居館」とある。また、この氏は会津蘆名氏の家臣としても繁栄し、耶麻郡檜原邑を本拠として威を振るい、多くの支族を輩出している。

『阿部氏』（アベ）

阿部氏の起源は古く、安倍、阿倍、安部等にも通ずるが、『姓氏家系大辞典　巻一　阿倍条』に「この氏にも数流あれど、最も有名なるは大彦命裔のアベ氏にして、大和国葛下郡阿倍より発祥せしが如し云々」とある。そして、このうち東北地方では「前九年の役」で討たれた安倍頼良（後頼時）、貞任一族が有名であるが、その出自は、『同　安倍条6』に「孝元天皇の第一皇子で、四道将軍の一人として知られる大彦命を遠祖とする説と、神武東征伝説に見られる長随彦の兄で、東北に島流しされた『安日の後裔』とする伝承があるが、実態は北上川流域の奥六郡に住む蝦夷《えぞ》の有力豪族の子孫と考えられる」とあり。また、「安部氏は、清和源氏満快流で信濃国諏訪郡の発祥である」とある。この他近世では、武州忍藩より白河藩へ移封《いほう》となり、白河藩、棚倉藩と都合四十四年間に亘って統治した阿部氏がいる。しかし、此処で取り上げる阿部氏は、『日本城郭大系　巻三　郡山市条』に「郡山市熱海町高玉字仲当の『仲当館』は、天正年間（一五七三―九二）、阿部氏の居館」とある阿部氏であり、『姓氏家系大辞典　巻一　阿部条』にも「安積郡駒屋に阿部氏あり」とあるが、これは、郡山市三穂田町駒屋である。

『安斎氏』（アンザイ）

安斎氏は、伊東氏の家臣で、『日本歴史地名大系　巻七　郡山市・駒屋村（現　郡山市三穂田町駒屋）条』に「駒屋邑には、伊東三郎右衛門の家臣、安斎美濃守の居館跡、広安寺、八幡、伊豆権現、諏訪明神などがある」とある氏であるが、この氏の出自等は不明である。

『安藤氏』（アンドウ）

安藤氏は、『日本城郭大系　巻三　郡山市条』に「郡山市逢瀬町原前の『轟館《とどろきたて》』は、安藤権太夫の居館」とある氏である。

しかし、現在全国に亘って繁栄している安藤氏の出自は、『姓氏家系大辞典　巻一　安藤条』に「安倍氏にして藤姓を冒せしに始るならん。又安東氏と通じ用ひたるもの頗《すこぶ》る多し」とあり。そして、『同　一安東条』に「陸奥国津軽郡安東より起ると云ふ。始め前九年の役後、安倍貞任の子高星、逃れて此の地に来り、子孫安東を称号とすると云ひ、或は貞任の先祖既に此の地にありて安東と云ひしものあり、よりて高星此の地に逃れるとも云ふ。即ち安倍伝記に『長随彦の兄安日は神武天皇の時追放せられ、津軽に住し、外浜安東浦を領す。斉明天皇御宇に蝦夷乱る、阿倍臣比羅夫《あべのおみのひらふ》を将軍として差向けらる。此の時安日が末葉に安東と云ふもの云々。又安東太郎頼良後に頼時と改む』と。其の他奥州阿倍氏の祖を安東となすもの多し。云々」とある。このように安藤氏の出自については諸説があるが、一般的に考えられているものは、安藤氏は安倍氏で、前条で述べた安倍氏の後裔の「安倍仲麻呂《あべのなかまろ》」の後裔である「安倍朝任《あべのともとう》」が、鳥羽上皇より、藤原の姓を賜り、自らの姓である安倍の「安」と藤原の「藤」を合して、安藤としたのが始まりであると言われている。そして、これが元となり、その後、安倍氏や藤原氏の隆盛により、全国的に繁栄したものである。

『池野氏』（イケノ）

池野氏は、桓武平氏で、『日本歴史地名大系　巻七　郡山市・大槻村条』に「平清盛の弟頼盛の子保頼（保家とも）は、奥州安積郡へ下向し大槻邑城の内の『大槻館』に拠り、当地を支配したが、以後その一流の池野氏が当地を領していた。しかし、その後鎌倉期に入り安積伊東氏の祖祐長一流の祐高が当地を領し、大槻氏を称したと言われている（仙道田村荘史）」とある。しかし、『日本城郭大系　巻三　郡山市・大槻館条』には、「『大槻浮沈録』によると、平忠盛の孫の保盛が『池の大臣』と呼ばれ、この地に館を築き、この地を治めたとある。また、その後、『四代城主当高の代に嗣子がなく、片平の伊東祐高が五代館主を継ぎ、大槻（大豆生）三郎祐高と名乗り、十五代まで大槻伊東家は続いた』」とある（大槻氏の条参照）。

『石井氏』（イシイ）

石井氏は、『日本城郭大系　巻三　郡山市条』に「郡山市田村町谷田川の『石井館』は、石井帯刀の居館」とあるが、この氏は白川結城氏の家臣の石井氏の分流ではないかと考えられる。

『今泉氏』（イマイズミ）

今泉氏は、田村氏の家臣で、その起こりは、安積郡今泉邑（現　須賀川市今泉）と考えられるが、『日本歴史地名大系　巻七　郡山市・高倉村条』に「高倉邑（現　郡山市中田町高倉）の『高倉館』に、戦国期、田村氏の家臣の高倉和泉守、次いで田村清顕の宿老今泉山城守が居住したと伝え云々」とある。

『牛縊氏』（ウシクビリ）

牛縊氏は、『日本歴史地名大系　巻七　郡山市・牛縊本郷村条』に「牛縊本郷邑（現　郡山市中田町牛縊本郷）に戦国期『牛縊館』があったが、当館の館主は、牛縊五郎右衛門であった。また、これとは別に、『同条』に「天正十八年の豊臣秀吉の『奥州仕置』により、領地を没収された田村宗顕が一時当地に隠れ住み、牛縊氏を名乗ったが、のち、陸奥白石城主片倉景綱に引き取られて移住したという」という氏もいる。

『宇津志氏』（ウツシ）

宇津志氏は、田村氏族で、『姓氏家系大辞典　巻一　宇津志条』に「磐城国田村郡（安積郡）宇津志邑より起る。坂上田村氏の族にして、仙道表鑑に『田村月斎顕氏の二男宮内少輔顕貞は、上宇津志の一城主となる』とあり」とある氏である。

『遠藤氏』（エンドウ）

この遠藤氏は、田村氏の家臣で、『姓氏家系大辞典　巻一　遠藤条20』に「田村の遠藤氏、岩代田村郡手代木舘（高瀬邑手代木〔現　郡山市田村町手代木〕）は、田村氏の臣遠藤遠江守の居館なりと。田村清顕家中に遠藤遠江守（手代木）なるもの見ゆ」とある氏である（遠藤氏の出自については福島市・遠藤氏の条参照）。

『大平氏』（オオダイラ）

大平氏は、田村氏族で、郡山市大平町より起こったが、当主の大平新吾入道常伴《つねとも》は、天正十七（一五八九）年、佐竹義久軍と戦って戦死した。これは伊達輝宗が畠山義継の陰謀に嵌《はま》って、非業の最期を遂げたのを発端として、伊達、田村軍対佐竹、蘆名、二階堂、白川、石川の連合軍により、二本松城、会津黒川城、須賀川城、滑津城等に於いて交わされた戦役の事である。そして、当地の大祥院の先達職は「蒲倉相模守・大平相模守」で、この大祥院は、前述の戦いで佐竹軍が当地の「大平城」を攻めた時、当城を田村月斎の孫信栄が守っていたが、落城により紀州熊野に行き修行の後当地に戻り、大祥院を再興したと言われている（日本歴史地名大系　巻七　郡山市・大平村条）。

『太田部氏』（オオタベ）

太田部氏は、信夫の太田部氏族と考えられ、『姓氏家系大辞典　巻一　太田部条11』に「延暦十六（七九七）年正月記に『安積郡人太田部山前、姓《かばね》を大伴安積連《おおとものあさかのむらじ》と賜ふ、と見ゆ』」とある氏で、非常に古い氏族である。

『大槻（大豆生）**氏』**（オオツキ）

大槻氏は、「大豆生」とも称し、安積郡大槻邑（現　郡山市大槻町）より起こったが、『日本城郭大系　巻三　郡山市・大槻館条』に「郡山市大槻町字城の内の『大槻館』は、『大槻浮沈録』によると、平忠盛（清盛の父）の孫の保盛（清盛の四弟頼盛の二男）が『池の大臣』と呼ばれ、この地に館を築き、この地方を治めたとある。また、その後、四代当主当高の代に継嗣がなく、片平の伊東祐高が五代館主を継ぎ、大槻（大豆生）三郎祐高と名乗り、十五代まで大槻伊東家は続いた」とある。

『大原氏』（オオハラ）

大原氏は、『日本城郭大系　巻三　郡山市条』に「郡山市三穂田町富岡字八幡東の『八幡舘』は、大原紀伊守の居館」とあるが、その出自等については不明である。しかし、南相馬市及び南会津郡にも大原氏が存在するので、これらの族の可能性もある。

『鬼生田氏』（オニウダ）

鬼生田氏は、田村氏族で、『姓氏家系大辞典　巻一　鬼生田条』に「磐城国田村郡鬼生田邑（現　郡山市西田町鬼生田）より起る。田村大膳大夫《だいぜんだいぶ》清顕《きよあき》公《こう》家中《かちゅう》、鬼生田弾正顕常（鬼生田）あり。鬼生田館（逢隈鬼生田）に住す。田村氏の重臣にして、その後は『顕常―某（伊達氏に事ふ）―顕重（伊達秀宗に属し。伊予国宇和島に住す）云々』となり」とあるが、つまり、この氏は、後年主家田村氏と共に伊達氏に属し、その後裔の顕重は、伊達政宗の庶長子秀宗が、徳川家康より伊予宇和島十万石を与えられ、分家した時に随行した。また、『日本歴史地名大系　巻七　郡山市条』に「応永十一年と推定される、国人一揆傘連判断簡（秋田藩家蔵、白川文書）によると鬼生田山城守秀遠をはじめとした十一名田村氏一族らが、一揆契約を結んでいる」とある。また、この鬼生田邑は、安積伊東氏が、源頼朝より「奥州征伐」の功として与えられた地でもある。

『小原田氏』（オハラダ）

小原田氏は、『姓氏家系大辞典　巻一　小原田条』に「岩代国安積伊東氏の族にあり、安積郡小原田邑（現郡山市小原田）より起る。相生集に『小原田の西館は、伊東隠岐の住みし地なりと』」とある。そして、この氏は、小荒田氏の後裔と言われている。また、『日本歴史地名大系　巻七　郡山市・小原田村条』に「戦国期には、小荒田に西館、名倉に名倉館、早水に早水館があり、それぞれ安積伊東氏一族の小原田、名倉、早水の三氏が拠った。小原田氏は二階堂氏滅亡後に没落したという（安積郡誌抄）」とある。

『折笠氏』（オリカサ）

折笠氏は、『日本城郭大系　巻三　郡山市条』に「郡山市安積町日出山の『篠原館』は折笠縫の居館」とあるが、『姓氏家系大辞典　巻一　折笠条』には「岩代田村郡に此の地名あり、田村氏の庶流なりと云ふ、田村家臣に見ゆ」とある。しかし、田村地方には折笠の地名は確認出来ず、田村氏の家臣としても確認出来ないところを見れば、折笠氏の起こりは、常陸国多賀郡折笠邑（現　茨城県日立市折笠町）と考えられ、遠祖は、この地を領した藤原北家秀郷流那珂支族、桓武平氏大掾《だいじょう》氏族、清和源氏義光流佐竹氏族の何れかではないかと考えられる。そして、この地の地名の由来について、『日本歴史地名大系　巻八　日立市・折笠村条』に「『石神組地理志』に、古老の伝に、源義家奥州陣の時、諸軍此所に迎拝し、皆笠を脱し所故名付たりと云」とある。

『片平氏』（カタヒラ）

片平氏は、塩松城主の大内氏族で、安積伊東氏初代伊東祐長の後裔、伊東大和守に継嗣がなかったため、塩松城主大内備前守定綱の弟助右衛門を養子としたが、この助右衛門が「片平助右衛門定綱」を称した事により起こったと言われている（日本歴史地名大系　巻七　郡山市・片平村条外）。しかし、これは、田村氏が安積伊東氏と戦い勝利した時に、大内氏が田村氏に与し奮戦し、勝利に導いているので、その功により、田村氏よりこの地を与えられ、大内定綱は伊東氏を廃し、自らの弟を城代としたものと言われている（二本松市・大内氏の条参照）。しかし、『角田市史2　通史編下　第三章　角田地方の邑主たち　片平氏条』には「片平氏は、伊東下野守祐氏の次男、片平和泉守綱成を祖とする」とあるが、この氏は大内氏が入る以前の片平氏であると思われる。

『**蒲倉氏**』（カバノクラ）

蒲倉氏は、田村氏族で、郡山市蒲倉より起こったが、『日本城郭大系　巻三　郡山市条』に「郡山市蒲倉町字蒲倉の『茅野館』は蒲倉相模守の居館」とある氏である（大平氏の条参照）。

『**川田氏**』（カワダ）

川田氏は、伊東氏族で、『姓氏家系大辞典　巻一　川田条』に「岩代国安積郡川田邑（現　郡山市三穂田町川田）より起る。安積伊東氏の族にして、応永十一（一四〇四）年『奥州諸大名連署起請文』に、川田左衛門尉祐義を載せたり」とある。また、『日本城郭大系　巻三　郡山市条』に「郡山市三穂田町川田字館の『川田館』は大永年間（一五二一―二八）、高伝之進の居館」とあり、また、『同　岩瀬郡条』には「岩瀬郡岩瀬村今泉字旧館（現　須賀川市今泉）の『川田館』は、室町時代、川田氏の居館」とある。

『**川曲氏**』（カワマガリ）

川曲氏は、田村氏族と考えられ、田村郡川曲邑（現　郡山市田村町川曲）の発祥で、『姓氏家系大辞典　巻二　田村氏出自平姓説条25』に「川曲季隆の名が見られる」とある。また、『同　巻一　川曲条2』に「岩代の川曲氏、田村郡の川曲邑より起る。応永十一年の『奥州諸大名連署起請文』に川曲宮内大輔季隆を載せたり」とある。

『**木村氏**』（キムラ）

木村氏は、田村氏族で、『姓氏家系大辞典　巻二　木村条14』に「岩代田村郡木村（現　郡山市西田町木村）より起る。田村大膳大夫清顕公家中に、木村越中守（木村）ありて木村館（逢隈村木村）に拠る云々」とあり。また、『日本城郭大系　巻三　郡山市条』にも「郡山市西田町木村字古舘下の『木村館』は木村越中守の居館」とある。

『**窪田（久保田）氏**』（クボタ）

窪田（久保田）氏は、伊東氏族で、『姓氏家系大辞典　巻二　窪田条14』に「岩代国安積郡窪田村（現郡山市富久山町久保田）より起る。又久保田に作る。安積伊東氏族の一に窪田氏あり、応永十一年連署者に窪田修理亮祐守見ゆ」とあり。そして、『日本城郭大系　巻三　郡山市条』に「郡山市片平町字菱池の『中村館』は久保田備前守の居館」とある。

『**熊田氏**』（クマダ）

この熊田氏は、伊東氏族で、『姓氏家系大辞典　巻二　熊田条5』に「藤原南家伊東氏流、岩代国安積伊東の族にして、川田邑に居れり。伊東系図に『片平左衛門は、川田城主熊田河内守祐行の養子にして、川田に移り住み、後熊田河内守と称す』」とあり。しかし、『日本城郭大系　巻三　郡山市条』には「郡山市三穂田町川田の『川田館』は、大永年間（一五二一―一二八）高伝之進の居館」とある。また、「郡山市逢瀬町河内字屋敷の『河内屋敷館』は熊田和泉守の居館」とある。

しかし、この熊田氏を始め、白河、石川地方に繁栄した熊田氏の元々の起こりは、下野国那須郡熊田郷（現　栃木県那須烏山市熊田）と言われ、『日本城郭大系　巻四　那須郡・熊田館（現　那須烏山市熊田字御城）条』に「この館の歴史は比較的古く、貞応年間（一二二二―一二四）に那須光資の次男光保がこの地を与えられて館を築いたと言われている。以後、熊田氏累代の拠点となったが、天正十八（一五九〇）年に那須資晴改易に伴って廃せられた」とある。また、『姓氏家系大辞典　巻二　熊田条3』には「『那須記』に『熊田源兵衛高貞』の名が見られる」とあるが、その後、この熊田氏は、白河、安積、田村、石川等の家臣へと分流した。そして、この氏族は、この「高貞」という名からすれば、この氏の祖は、恐らく代々「高」の字を用いる事を慣わしとした「芳賀氏」ではないかと考えられる。そして、宇都宮氏第八代定綱の庶長子「貞高」は、芳賀氏第十四代高名の継嗣となり、第十五代当主となり、宇都宮氏第三代朝綱の二男頼資《よりすけ》は那須氏第四代資之の嗣子となり第五代当主となっている等、これらの氏族は非常に繋がりが深かった（白河市・芳賀氏の条参照）。

『栗林氏』（クリバヤシ）

栗林氏は、『日本城郭大系　巻三　郡山市条』に「郡山市湖南町赤津羽山の『羽山館』は長保年間（九九九―一〇〇四）、栗林備中守の居館」とあるが、この氏は、伊東氏や蘆名氏が来奥する遥か前の領主であり、太田部氏か坂上田村氏それとも会津の「堂家氏一族」の流れをくむ氏族かもしれない。

『黒木氏』（クロキ）
黒木氏は、芳賀氏族で、田村郡黒木邑（現　郡山市中田町黒木）より起こったが、『姓氏家系大辞典　巻三　芳賀条7』に「田村清顕公家臣、黒木村館主、黒木信濃守の名が見られる」とある。また、『日本城郭大系　巻三　郡山市条』にも「黒木字大坂の『黒木館』は天正年間（一五七三―九二）、黒木信濃守の居館」とある。更に、『日本歴史地名大系　巻七　郡山市・黒木村条』にも「黒木館の館主の黒木信濃守は三春田村氏の与力衆であった」とある。

『小荒田氏』（コアラダ）
小荒田氏は、『姓氏家系大辞典　巻二　小荒田条』に「岩代国安積郡小荒田邑（現　郡山市小原田）より起る。安積伊東氏の族かと云ふ。『成実日記』に、小荒田隠岐と云ふ人見ゆ。小荒田は後年『小原田氏』を称す」とある。

『小泉氏』（コイズミ）
小泉氏は、田村氏族で、『姓氏家系大辞典　巻二　小泉条21』に「田村郡の小泉邑（現　郡山市富久山町南、北小泉）より起ったが、当地の『小泉館（小泉村小泉）』に拠る小泉山城守は、田村大膳大夫清顕の家中にして、又小泉兵衛が拠った」とあり。また、『日本城郭大系　巻三　田村郡条』に「田村郡船引町堀越字小館の『小館』は永禄年間（一五五八―七〇）、小泉藤兵衛の居館」とある。

『高氏』（コウ・タカ）

高氏は、『日本城郭大系　巻三　郡山市条』に「郡山市三穂田町川田の『川田館』は、大永年間（一五二一―二八）、高伝之進の居館」とあるが、この氏の出自等は不明である。ただ、千葉氏一族が源頼朝による「奥州征伐」に参陣し、その功により、頼朝より与えられた行方郡で相馬惣領が領有していた邑は、小高、耳谷《みみがや》、盤崎《はんがさき》（飯崎）、堤谷、鳩原、「高」、目々澤等十ヶ村と言われているから、この「高邑」を発祥とする氏族かも知れない。また、南北朝期に「足利氏の執事」として活躍した「高師直《こうのもろなお》」は有名である。

『郡山氏』（コオリヤマ）

郡山氏は、伊東氏族で、『姓氏家系大辞典　巻二　郡山条2』に「岩代国安積郡郡山邑より起る。天正の頃、郡山太郎左衛門尉あり、子孫仙台藩に仕ふ。伊達政宗家中に郡山民部とある、これ也。この家は片平安積家の支流かと云ふ。伊東摂津守が、逢瀬川南岸の台地上に有ったとされる『郡山城（稲荷館、茶臼館）』を居城とし、その子太郎左衛門尉が、郡山氏を称した事により起こった」とあり。そして、『日本歴史地名大系　巻七　郡山市・郡山村条』に「『伊達天正日記』に、天正十六年六月から七月にかけて、伊達軍と佐竹、蘆名、二階堂らの連合軍が当地で戦った『郡山合戦』に於いては、郡山城主、郡山太郎右衛門朝祐（頼祐）は、伊達方として奮戦した」とある。

『国分氏』（コクブ・コクブン）

国分氏は、『日本城郭大系　巻三　郡山市条』に「郡山市日和田町梅沢の『梅沢館』は、国分内匠の居館」とあるが、この氏は、伊達郡の国分氏の分流と考えられる。

『国保氏』（コクボ）

国保氏は、『日本城郭大系　巻三　郡山市条』に「郡山市安積町日出山の『中野館』は、日出山豊後守・国保久左衛門の居館」とあるが、この氏は、前条の国分氏の分流か。

『木目澤氏』（コノメザワ）

木目澤氏は、田村氏族で、『姓氏家系大辞典　巻二　木目澤条』に「岩代国田村郡木目澤邑（現　郡山市中田町木目沢）より起る。田村氏の族にして、田村氏第二十三代義顕の弟、田村月斎顕氏（頼顕とも）の七男善五郎顕継が、郡山市中田町木目沢字表の『明神館』に拠り、木目澤氏を称した」とある。また、『日本城郭大系　巻三　郡山市条』には「中田町木目沢字表の『表館』は、木目沢式部の居館」ともある。そして、当地には、田村一族が配された田村四十八館の一の「木目澤館」も存在した。

『相楽氏』（サガラ）

相楽氏は、遠江国相楽庄（現　静岡県牧之原市相良）より起こったが、二階堂氏が相楽庄を領した時に家臣となり、その二階堂氏が岩瀬郡へ下向する時に随行して来たと言われている。そして、『日本城郭大系　巻三　郡山市条』に「郡山市大槻町山下の『堂山館』は、明応―永禄年間（一四九二―一五七〇）相楽三河守包頼《かねより》の居館」とある。また、この他石川氏族中畠氏の家臣となった相楽氏もいるが、包頼の三男孫右衛門包純《かねずみ》は、天正十七年の伊達氏対二階堂氏の戦いにより廃墟となった須賀川城下を整備再興し、中畠氏が翌天正十八年の豊臣秀吉による「奥州仕置」により没落した後、その中畠氏の遺児次左衛門晴倶《はるとも》を引き取り、継嗣として養育した。晴倶は、相楽次左衛門を称し、問屋業を勤め郷士に列した（日本歴史地名大

系　巻七　須賀川市本町条）。

『佐久間氏』（サクマ）

この佐久間氏は、『日本城郭大系　巻三　郡山市条』に「郡山市田村町田母神の『伝城』は佐久間氏の居城」とある氏であるが、そもそも東国各地に繁栄する佐久間氏の多くは、桓武平氏三浦氏を出自とする氏族であるので、この氏もその流れかもしれない。

『櫻澤氏』（サクラザワ）

櫻澤氏は、早水氏の前姓で、『姓氏家系大辞典　巻二　櫻澤条3』に「岩代の櫻澤氏、安積郡早水の豪族也。早水条を見よ」とのみあるが、櫻澤氏の発祥の地は国内に二ヶ所あり。その一は、『同　条1』に「小野姓横山党、武蔵発祥の豪族にして、小野系図に『藤田右衛門尉能国―左衛門尉能兼―三郎左衛門尉氏兼―宗氏（櫻澤、左衛門四郎）―宗員（彦三郎）云々』」とある。その二は、『同　条2』に「諏訪神社『信濃国高井郡櫻澤邑より起ると云ふ』」とある（早水氏の条参照）。

『笹川氏』（ササガワ）

笹川氏は、足利氏族で、『日本歴史地名大系　巻七　笹川村・笹川御所跡条』に「明徳元（一三九〇）年関東公方足利氏満の弟満秀、次いで氏満息満隆が当地に下向駐在したと言う。満隆が応永五（一三九八）年鎌倉に帰り、翌六年氏満に代わり関東公方となった満兼の弟満直が当地に下向した。同年稲村（現　須賀川市）に下向した稲村公方の満貞と共に奥州地方を支配した（福島県史）。しかし、関東公方が永享十（一四三八）年幕府に背いた『永享の乱』では、稲村公方は鎌倉方、満直は幕府方として戦った。しかし、同十二年畠山満泰、同持重、石橋左近将監、蘆名盛信、田村利政、伊東祐義、石川持光らに攻められ、陥落したという（積達館基考）」とある。

『下枝氏』（シモエダ）

下枝氏は、橋本氏族で、田村郡下枝邑（現　郡山市中田町下枝）より起こったが、『日本城郭大系　巻三　郡山市条』に「中田町下枝字館の野『御館』は、橋本刑部少輔真綱の居館」とある。そして、『日本歴史地名大系　巻七　郡山市・下枝村条』に「伊達稙宗、晴宗父子の『天文の乱』に際し、稙宗方であった田村隆顕が、晴宗方の下枝治部大輔を討ち、天文十四（一五四五）年十一月十六日、下枝氏の跡地の『下枝之村之内大窪などの地を御代田彦太郎に与えている」とある。また『同　下枝城跡条』に「御館山（五二四米）嶺に築かれ、戦国期の館でいわゆる田村四八館の一。交通の要害地であったので田村氏一族中の重臣橋本刑部少輔顕徳が居住していた。当館（上館）のほかに下枝脇館もあった」とある。そして、「応永十一（一四〇四）年七月日《ママ》の仙道諸家一揆傘連判（有造館本結城古文書写）に『下枝沙彌性善』と見える」とある。

『下方氏』（シモカタ）

下方氏は、『日本城郭大系　巻三　郡山市条』に「郡山市中田町木目沢字岡ノ内の『岩入館』は下方主膳の居館」とあるが、この氏の出自等は不明である。

『正直氏』（ショウジキ）

正直氏は、『姓氏家系大辞典　巻二　正直条』に「岩代国田村郡正直邑（現　郡山市田村町正直）より起る。此の氏は、源義家の臣の土佐守高秀、天喜康平中（一〇五三—六五）、義家に従ひ陸奥国に降り、後石川郡板橋館に居り、『板橋』を氏とせり。高光に至り田村氏に事へ、田村郡正直に居り、正直を氏とすと云ふ。正直館（守山町正直）は其の居館にして田村氏の臣、正直土佐守高光の居なりしが、天正年中、田村氏の没落と共に滅亡す。この郡に今もあり」とある。

『白石氏』（シライシ）

白石氏は、田村氏の家臣で、『姓氏家系大辞典　巻二　白石条10』に「田村郡の白石（岩）邑（現　郡山市白岩町）より起る。白石館（同所）は、『白石（岩）大越紀伊守』臣白石蔵人住す」とある。

『須田氏』（スダ）

須田氏は、『姓氏家系大辞典　巻二　須田条6、8』に岩代国安積郡の豪族にして富岡（現　郡山市三穂田町富岡）に拠る。『積達館基考』に、「笹川名倉城主須田氏は、岩瀬二階堂家の臣下にして、佐々木源氏なり。古証文に拠るに、備前守、その子佐渡守（盛秀）、其の子三郎兵衛なるべし。佐渡守は天文の末の比にあたり、富岡を根拠として、此処をも抱えし也」と。そして、この一族は、その後岩瀬郡浜田邑の「和田城」や、石川領の石川郡泉邑龍崎の「小貫城」へも進出し、三代を経て石川昭光の臣下となり、昭光と共に没落した。

また、その略系には、「須田美濃守秀信—四男紀伊守秀幹—紀伊守義時—作左衛門、弟松五郎西白河郡五ヶ村船田善左衛門の養子となる」と。

而《しこう》して家老に「小林但馬守（子孫農）、上野大内蔵（子孫医）、橋本右馬允（子孫農）、木村内記（子孫不知）等あり、又和田城主須田秀位の二男須田秀泰は分家して、一ノ関、田中、日照田、雨田、小山田半村を領し、『一ノ関館』に居し、大森田村の『雨田館』には須田内蔵之丞が、『蛇石館』には、永禄、元亀年中の頃（一五五八―七三）須田豊後が居した」とある。

『高倉氏』（タカクラ）

高倉氏の流れには二流あり、その一は『姓氏家系大辞典　巻二　高倉条14』に「岩代国田村郡高倉邑（現　郡山市中田町高倉）より起る。応永十一（一四〇四）年『奥州諸大名連署起請文』に『高倉近江守顕定とあるは、此の流れにして、その裔、田村大膳大夫清顕公家中に高倉和泉守見ゆ』」とあり、また、その二は『同　15』に「室町時代、二本松畠山一族の畠山近江守が、岩代国安積郡高倉邑（現　郡山市日和田町高倉）の『松峰城』に拠り高倉氏を称した事により起こる」とある。

『高玉氏』（タカタマ）

高玉氏は、『姓氏家系大辞典　巻二　高玉条1』に「清和源氏足利氏族、岩代国安達郡高田邑（現　郡山市熱海町高玉）より起る。畠山氏の一派にして、祖を弾正少弼《だんじょうしょうひつ》家重《いえしげ》（持清の弟）と云ひ、夫より『政実―政直―村継―家継―常頼』なり。相生集に『高玉畠山の祖は、弾正少弼政重にて云々』」とあり。この常頼は、『高玉城』を居城とし、高玉太郎左衛門常頼と称した。また、『日本歴史地名大系　巻七　郡山市・横川村（現　郡山市熱海町玉川）条』に「集落の西端の丘上に高玉太郎左衛門の居館と伝える横川館跡がある」とある。

『高田間氏』（タカタマ）

この高田間氏は、前条の高玉氏の分流で、『姓氏家系大辞典　巻二　高田間条』に「高玉邑に高田間太郎右衛門なる者あり、実は二本松右京亮吉次の弟にして、高田間の家督を襲《つ》ぐ。蘆名家記に『天正十七年六月二十一日、伊達政宗、二本松を立って本宮に出陣す。爰《ここ》に高田間太郎右衛門は、政宗に降参せず、阿子ヶ島の地頭へ、使者を以て申送りけるも、阿子ヶ島は返答にも及ばずして、早や政宗へ降参す、二十四日、政宗公も會津責の門出なればとて、御馬を出されけるが、其の勢一万余騎にて、高田間の小城なるを、十重に引っ包み易め六十余人みな死す』」とある。

『只野（多田野）氏』（タダノ）

只野（多田野）氏は、『姓氏家系大辞典　巻二　只野条1』に「桓武平氏、鎌倉氏族、岩代国安積郡只野邑（現　郡山市逢瀬町多田野）より起る。又多田野ともあり。鎌倉権五郎景政十代の孫多田野大炊頭景連《ただのおおいのかみかげつら》の後裔なりと云ふ云々」とある。そして、『日本城郭大系　巻三　郡山市・多田野本郷館条』に「当地の『多田野本郷館（只野館）には、景政十代の孫多田野大炊頭景連が拠ったとも、また、只野十郎（彌平衛）が『本宮館』より移り住んだとも言われている』」とある。

『東塚氏』（タバツカ）

東塚氏は、安積伊東氏の家臣で、『日本城郭大系　巻三　郡山市・小倉城条』に「湖南町中野の『小倉城』は、文暦二（一二三五）年に、『東塚丹波守実恒』によって、中地村の中地川のほとりの小高い丘に築城された事に始まる。その後、応永二（一三二〇）年に『中地彦三郎』の居城となった。代々伊東氏の居城であり云々」とあるが、この氏は、伊東氏族ではないかと考えられる。

『田母神氏』（タモカミ）

田母神氏は、『姓氏家系大辞典　巻二　田母神条1』に「田村氏族、磐城国田村郡田母神邑（現　郡山市田村町田母神）より起る。持顕の次男刑部少輔重顕の後也」とある。そして、その後は重時となる。

『月山氏』（ツキヤマ）

月山氏は、田村氏族で、田村郡川曲邑（現　郡山市田村町川曲）より起こったが、『日本城郭大系　巻三郡山市条』に「郡山市田村町栃山上字川曲の『下館』は、月山四郎（田村四郎）の居館」とある。

『土棚氏』（ツチタナ）

土棚氏の出自は、桓武平氏と言われ、『姓氏家系大辞典　巻二　土棚条』に「磐城国田村郡土棚邑（現　郡山市西田町土棚）より起る。桓武平氏なり」とあるが、それ以外の事は不明である。

『手代木氏』（テシロギ）

手代木氏は、田村氏の家臣の遠藤氏の一族で、『姓氏家系大辞典　巻二　手代木条1』に「藤原姓、磐城国田村郡手代木邑（現　郡山市田村町手代木）より起る。代々当地の館を居館としていたが、天正期の遠藤遠江守に至り、田村氏の没落により伊達政宗に属した。しかし、天正十七年の伊達対蘆名氏の磨上原《すりあげはら》の戦いに於いては、蘆名氏に属し敗れ、日橋川十六橋辺りに於いて一族郎党皆自刃して果てたと言われている。そして、一部辛うじて残った者達は、喜多方辺りに住し、故郷を忘れぬために『手代木氏』を称したと言われている」とある。

『富岡氏』（トミオカ）

富岡氏は、『日本歴史地名大系　巻七　郡山市・富岡村（現　郡山市三穂田町富岡）条』に「天正十（一五四二）年五月二十日の田村義顕、隆顕連署証文（伊達家文書）に当地の領主と見られる『富岡八郎』が見える」とある氏であるが、この氏の出自等は不明である。

『富田氏』（トミタ）

富田氏は、『姓氏家系大辞典　巻二　富田条31』に「藤原南家、伊東氏族、岩代国安積郡富田邑より起り、富田館に拠る。安積伊東氏の族にして、伊東大和守祐盛が享保三（一七一八）年秋、安積郡富田邑（現　郡山市富田町）に移り住み、富田氏を称した」とある。そして、『日本歴史地名大系　巻七　郡山市・富田村条』に「富田町字向館に中世、安積伊東氏流の富田氏の居館（富田館、南館、本郷館ともいう）があった。応永十一（一四〇四）年頃のものと推定される『国人一揆傘連判断簡』に富田藤原祐昌と見られる」とある。

『富永氏』（トミナガ）

富永氏は、白川結城氏の家臣で、天正十三年正月の『白河義親家頼礼式帳（白河市史　巻上）条』に「富永与十郎」の名が見られるが、この氏の起こりは、郡山市田村町田母神字富永と思われ、田母神氏族ではないかと考えられる。

『**戸椥木氏**』（トヤギ）

戸椥木氏は、『日本城郭大系　巻三　郡山市条』に「郡山市三穂田町山口字膳部の『膳部館《かしわべたて》』は、戸椥木丹後守の居館」とあり。また、『同　条』に「同所の『片岸館』も、永禄年間（一五五八―七〇）、戸椥木丹後守の居館」とあるが、この氏の出自等については不明である。

『**中地氏**』（ナカチ）

中地氏は、安積伊東氏の家臣で、この氏は伊東氏族と考えられ、『日本城郭大系　巻三　郡山市・小倉城条』に「湖南町中野の『小倉城』は、文暦二（一二三五）年に、東塚丹後守実恒によって中地村の中地川のほとりに築城され、その後、元応二（一三二〇）年、東塚氏の後を受けて『中地彦三郎』が城主となり、代々伊東氏の居城で、応永十一（一四〇四）年には中地沙彌性久が居城した。やがて会津蘆名氏の支配下に入り、応仁二（一四六八）年に長沼から新国信濃守が城主として入り、後子孫により八十年余り続くが、永禄四（一五六一）年、再び伊東氏に戻った」とある（東塚氏の条参照）。

『**中塚氏**』（ナカツカ）

中塚氏は、田村氏の家臣で、『姓氏家系大辞典　巻三　中塚条1』に「奥州の中塚氏、磐城国田村の豪族にして、郡内清水館（守山村細田〈現　郡山市田村町守山字細田〉）に田村氏の臣中塚右衛門大夫清信が居館なりしが、天正十七年六月、嫡子細田殿之助春友と共に、二階堂氏の為に落城す」とある氏である。

『中津川氏』（ナカツガワ）

中津川氏は、田村氏族で、『姓氏家系大辞典　巻三　中津川条3』に「磐城国田村郡中津川邑（現　郡山市中田町中津川）より起る。田村氏の一族にして、応永十一年の当地方大名連署起請文に、中津川三河守季清を挙ぐ。而して仙道表鑑に『田村清顕の弟小次郎親隆は中津川の名跡をつぐ』と。その後、田村大膳大夫清顕公家中に中津川兵衛あり、中津川館（御館村中津川）に拠り、又中津川右衛門大夫等見ゆ」とある。また、『同　巻二　田村氏出自平姓説条25』に「中津川季清の名が見られる」とある。

『中村氏』（ナカムラ）

中村氏は、伊達氏の家臣で、『角田市史2　通史編下　角田地方の邑主たち桑島氏条』に「新田家庶流、安積郡中村館（現　郡山市片平町字菱池）に住し、中村伯耆を称し晴宗に仕えた。しかし、嫡子彦四郎の時、枝野村の沼に馬を入れ溺死させ、禄を没収されたが、その子讃岐は天正十二（一五八四）年、無禄にて政宗の戦に参陣、功を挙げ、その子元久は慶長十三（一六〇八）年伊達家より切米銀九五匁四人扶持をもって再任官となって姓を『桑島』に改めた」とある氏である。

『中山氏』（ナカヤマ）

中山氏は、郡山市熱海町中山より起こったが、『姓氏家系大辞典　巻三　中山条31』に「安達郡に中山の地あり、三坂元弘三年十二月文書に中山弥次郎入道あり」とある氏であるが、この氏の出自等は不明である。

『名倉氏』（ナグラ）
名倉氏は、安積伊東氏族で、『姓氏家系大辞典　巻三　名倉条2』に「藤原南家、伊東氏族、岩代国安積郡名倉邑より起る。応永十一年の連署に名倉祐清を載せ、又名倉館は名倉五郎左衛門尉の居所と傳ふ」とある。そして、『日本歴史地名大系　巻七　郡山市・横塚村及び小原田村条』に「安積郡名倉邑（中世の小荒田、名倉、早水は近世の小原田村に比定される）に住した名倉祐清は、当地の『名倉館』を居館とし、横塚村（現　郡山市内横塚）を領した」とある。

『成山氏』（ナリヤマ）
成山氏は、郡山市成山町より起こった安積伊東氏族と考えられ、『日本城郭大系　巻三　郡山市条』に「郡山市湖南町赤津字小枝町の『成山城』は、成山某の居城」とある氏であるが、その他詳細は不明である。

『新田氏』（ニイダ）
新田氏は、田村氏族で、『姓氏家系大辞典　巻三　新田条21』に「田村氏族、磐城国田村郡新田（丹伊田邑（現　郡山市西田町丹伊田）より起る。田村顕氏（月斎）の三男民部顕輝この地の城主たり。『新田館』は、田村家支族新田美作守の居館など傳ふ」とある。また、『日本城郭大系　巻三　郡山市条』に「郡山市西田町丹伊田字館の『黒鹿毛館』は、新田土佐守顕成の居館」とある。

『丹伊田氏』（ニイダ）
丹伊田氏は、前条の丹伊田邑を発祥とする氏族であるが、この氏は前条とは別の支族で、『姓氏家系大

辞典　巻三　丹伊田条』に「磐城国田村郡丹伊田邑より起る。藤原南家伊東氏の族と云ふ」とある。そして、この氏は「政保二（一六四五）年秋田氏が三春（現　田村郡三春町）へ入封した時に『新田』から『丹伊田』に改めたという（田村郡郷土史）」とある。

『馬場氏』（ババ）

馬場氏は、『姓氏家系大辞典　巻三　馬場条23』に「田村の馬場氏、磐城国田村郡の小川館（高瀬村小川（現　郡山市田村町小川））は、田村家臣馬場和泉守の居城にして、また金澤館（守山町金沢）は、田村家臣馬場左馬助住す（芳賀系図）と。共に田村大膳大夫清顕の家中也」とある。また、『同　条24』に「岩代の馬場氏、安積郡日和田館（現　郡山市西田町三町目字馬場）は、馬場丹波住すと云ひ、一に伊東左衛門居ると、又岩瀬郡にも此の氏あり」とある。

『早水氏』（ハヤミズ）

早水氏は、伊東氏族で、『日本歴史地名大系　巻七　郡山市・小原田村（現　郡山市小原田一—五丁目外）条』に「早水邑（現　郡山市小原田に比定）より起ったが、当地の『早水館』の館主に、応永十一（一四〇四）年頃のものと推定される石川一族を中心とした国人一揆傘連判断簡（秋田藩家蔵　白川文書）に『早水藤原祐藤』の名が見られ（中略）、安積、伊東一族の小原田、名倉、早水の三氏が拠った」とある。また、『姓氏家系大辞典　巻三　早水条2』に「櫻澤氏族、岩代国安積郡早水邑より起り、早水館に拠る。相生集に『早水館は早水弾正、本姓櫻澤』など云ふ。櫻澤条を見よ」とある（櫻澤氏の条参照）。

『檜澤氏』（ヒザワ・ヒノキザワ）

檜澤氏は、郡山市熱海町桧沢より起こったが、『日本城郭大系　巻三　郡山市条』に「郡山市熱海町竹ノ内字桧沢の『檜澤館』は、檜澤氏の居館」とあるが、出自等は不明である。

『日出山氏』（ヒデノヤマ）

日出山氏は、安積郡日出山（現　郡山市安積町日出山）より起こったが、『日本城郭大系　巻三　郡山市条』に「当地の『中野館』は、日出山豊後守・国保久左衛門の居館」とある氏であるが、詳細は不明である（国保氏の条参照）。

『福原氏』（フクハラ）

福原氏は、伊東氏族で、安積郡福原邑（現　郡山市富久山町福原）より起こったが、『日本城郭大系　巻三　郡山市条』に「郡山市宮山町福原字古館の『大鏑館』は、天正年間（一五七三―九二）、福原左内の居館」とある。しかし、この氏は、その後、田村氏の家臣に転じたものと考えられ、『姓氏家系大辞典　巻三　福原条4』に「藤原南家伊東氏族、岩代国安積郡福原邑より起る。田村勢の内に福原内匠介景定《たくみのすけかげさだ》といふ者あり。按ずるに、天正十八年頃、福原には田村の幕下伊藤左衛門といふ者住せり（道斉記）云々」とある。

『細田氏』（ホソダ）

細田氏は、田村氏の家臣で、『姓氏家系大辞典　巻三　細田条6』に「奥州の細田氏、田村大膳大夫清顕公家中に、細田右衛門太夫清信あり。而して、田村郡清水館（守山村細田（現　郡山市田村町守山字細田））

は田村氏の臣、中塚右衛門太夫清信の居館なりしが、天正十七年六月、嫡子細田縫殿之助春友と共に、二階堂氏の為に落城すとぞ」とある氏である。

『**御代田氏**』（ミヨダ）

御代田氏は、『姓氏家系大辞典　巻三　御代田条1』に「奥州安積郡（田村郡）御代田邑（現　郡山市田村町御代田）より起る。応永の頃（一三九四―一四二八）、御代田平季秀など云ふ人あり、同十一年の奥州大名連署に見ゆ。又文亀、享禄の頃、御代田館主三河守あり」。また『同　条2』に「田村氏族、前項氏は、一に田村氏の族と云ひ、御代田城（現　郡山市田村町御代田）は坂上田村麿の築城、その裔御代田氏住し、天正年間（一五七三―九二）、二階堂氏の属城となり、二階堂氏の臣須田備前守居住せしが、二階堂氏没落と共に、廃滅すと云ふ云々」とある。そして、『同　巻二　田村氏出自平姓説条25』には「御代田平季秀の名が見られる」とある。

『**村上氏**』（ムラカミ）

村上氏は、田村氏の家臣で、『姓氏家系大辞典　巻三　村上条30』に「磐城の村上氏、田村郡村上館（逢瀬村大田（現　郡山市西田町大田））は、村上氏の居所にして、村上刑部助は、田村大膳大夫清顕に仕ふ。又安達郡戸澤村羽黒権現社慶長五年棟札に兵部大輔見ゆ」とあるが、この他村上氏は、結城氏、岩城氏等にも家臣が居り、また、相馬地方にも繁栄しているが、そもそも村上氏の本貫は、清和天皇の曽孫、源満《みなもとのみつ》快《よし》を祖とする信濃（村上）源氏と満快の長兄満仲の三男頼信の二男頼清を祖とする村上氏がある。そして、それが時代と共に全国に繁栄し拡散していったものである。ただ、福島県内に繁栄した村上氏は、西暦一五〇〇年代に、信濃国の「松本城（現　長野県松本市）」と「葛尾城（現　長野県埴科郡坂城町）」に関わりのある松本親家の子松本勘解由介は、頼清を祖とする葛尾城の村上義清に反逆し追われ、奥州に逃れ、陸奥国標葉《しねは》郡《ぐん》谷津田（現　双葉郡浪江町谷津田）に辿り着き、相馬顕胤《あきたね》に臣従し、落合邑（現　双葉郡葛尾村落合）の西方山地を与えられ、この地を、信濃国の祖地に因んで「葛尾村」と名付けたと言われている。これにより、その後裔達は、遠祖所縁《ゆかり》の「松本」や「村上」を称し、これが基となり、これらの姓が繁栄したのではないかと考えられる。

『**柳沼氏**』（ヤギヌマ）

柳沼氏は、藤原氏族で、『姓氏家系大辞典　巻三　柳沼条』に「中臣《なかとみの》（藤原）鎌足《かまたり》の後胤、峰麿《みねまろ》が大和国柳沼郷に住し、柳沼氏を称した事により起こったが、坂上田村麻呂《さかのうえのたむらまろ》の『蝦夷征伐』に随行し、平定後、田村郡大善寺邑（現　郡山市田村町大善寺）に住し、その後、田村氏の家臣として代々に亘って仕えた。そして、天正十八（一五九〇）年、田村氏の没落により帰農した」とあり。また、『日本城郭大系　巻三　須賀川市条』に「須賀川市堤の『柳沼館』は、室町時代、柳沼正賢の居館」とあるが、この氏が同族か否かは不明である。

『**安田氏**』（ヤスダ）

安田氏は、『日本城郭大系　巻三　郡山市条』に「郡山市三穂田町駒屋字館ノ後の『駒屋館』は安田美濃守の居館」とあるが、その出自等は不明である。

『安原氏』（ヤスハラ）

安原氏は、『日本歴史地名大系　巻七　郡山市・横川村条』に「天正十九（一五九一）年正月晦日《みそか》の田村宗顕書状（安原文書）によれば、『横川六貫文の所務在家』を安原下野守に安堵している」とあるが、この氏は郡山市安原町の起こりと考えられる。

『八田河氏』（ヤタガワ）

八田河氏は、『日本歴史地名大系　巻七　郡山市・谷田川村（現　郡山市田村町谷田川）条』に「応永十一（一四〇四）年頃と推定される田村一族らを中心とした国人一揆連判断簡（秋田藩家蔵　白川文書）に、『八田河参河七郎秀高』とある」とある氏であるが、この氏は田村氏族と考えられる。

『矢田部氏』（ヤタベ）

矢田部氏は、『姓氏家系大辞典　巻三　矢田部条』に「矢田部は御名代部《みなしろべ》（古代、天皇・皇后・皇子等の名を伝えるために、その名または居所の名を冠しておいた皇室の私有民の部署）の一つで、仁徳皇后八田若郎女の御名を負ったもので、古事記仁徳段に『八田若郎女の御名代として、八田部を定む也』と見ゆ」とある。そして、『同　条12』に「奥州、貞観十二（八七〇）年記に『安積郡（岩代）人、矢田部今継あり、阿倍《あべ》陸奥臣《むつのおみ》を賜ふ』」とあり、非常に古い氏族である。

『八津（谷津）氏』（ヤツ）

八津（谷津）氏は、安積郡八山田邑《やつやまだむら》（現　郡山市富久山町八山田）より起こった。『日本城郭大系　巻三郡山市条』に「郡山市富久山町八山田字鹿島館の『鹿島館』は、八津治部の居館」とある。その他詳細は不明である。

『柳澤氏』（ヤナギサワ）

柳澤氏は、『日本城郭大系　巻三　郡山市条』に「郡山市田村町栃山神字川曲の『城内館』は柳澤但馬守の居館」とある氏であるが、その出自等は不明である。ただ、甲斐源氏武田氏の分流で、江戸幕府第五代将軍徳川綱吉の側用人として幕閣を意の儘に動かし、欲しい儘にした「柳澤吉保」は有名である。

『山本氏』（ヤマモト）

山本氏は、『日本歴史地名大系　巻七　郡山市・郡山村条』に「戦国期、当地に有力商人山本伊勢守がおり、天正十六年には伊達政宗より奥筋通行が免許されている（同年七月二十日　伊達政宗過書　鹿野文書）。同十八年蒲生氏郷領となった際、浅野長吉（長政）が山本伊勢守の諸役を免除するよう氏郷に仲介している（同年十月二十日　浅野長吉書状　松藩捜古）。なお山本家は寛文四（一六六四）年、日和田村に問屋として、今泉家とともに当地の本陣・問屋・肝煎として活躍した」とある氏である。

『横澤氏』（ヨコザワ）

横澤氏は、伊東氏族で、安積郡横澤邑（現　郡山市湖南町横沢）より起こったが、『日本城郭大系　巻三　郡山市・横沢館』条に「横沢館は郡山市湖南町の猪苗代湖畔に位置し、工藤祐経の次男安積伊東祐長の孫祐行が西安積郡及び北会津郡の一部の三十六郷合わせて六千二百余石を領有し、名を横沢次郎金吾と改めて現在の湖南町字館の地に築城した事に始まる」とある氏である。

『横田氏』（ヨコタ）

横田氏は、田村氏の家臣で、『姓氏家系大辞典　巻三　横田条7』に「桓武平氏三浦氏族、田村大膳大夫清顕の家臣に横田平内左衛門盛尊ありて、下枝脇館（田村郡御館邑（現　郡山市中田町下枝））に拠る。蘆名盛実の男綱実、安積郡横田城に居りて氏とす。その五世の孫盛兼に至り、田村氏に仕ふ。その孫盛尊也」とある。

『吉田氏』（ヨシダ）

吉田氏は、『日本城郭大系　巻三　郡山市条』に「郡山市中田町木目沢字五斗蒔田の『向館』は吉田和泉守の居館」とあるが、この氏の起こりは安積町吉田ではないかと考えられる。

『田村市』

『田村氏（タムラ）』

福島県央の阿武隈山系に位置する田村地方の繁栄の礎《いしずえ》となったのは田村氏である。

その田村氏は、福島県内で最も早く定着した豪族で、その遠祖は、中国の後漢の皇帝孝霊と言われ、その後裔で渡来人とされる坂上田村麻呂《さかのうえのたむらまろ》は、平安初期の武将で、征夷大将軍となり、「蝦夷征伐《えぞせいばつ》」に於いて「蝦夷の長《おさ》」である「阿弖流為《あてるい》」を捕らえて平定し、大功を挙げ、正三位大納言《しょうさんみだいなごん》となった。その田村麻呂が蝦夷を平定し帰京するに当たり、子を宿した妾を残して行った。そして、その妾は、延暦八（七八九）年その子を産んだが、これが田村麻呂の子とされる「浄野《きよの》」である。そして、この浄野が田村郡に住し、その曽孫「古哲」が初めて「田村氏」を称し始祖となった（姓氏家系大辞典　巻二　田村条22）。

その後、この田村氏は、福島県央の田村郡を本拠として君臨し、近隣の伊達氏、岩城氏、石川氏、二階堂氏、蘆名氏、結城氏等と時には敵対し、時には和し、時には与しながら代を重ねるが、第二十四代隆顕に至ると、伊達氏第十四代稙宗の女を室とした事により、以後伊達氏との絆が太くなり、二十六代宗顕まで続き、多くの支族を輩出する。しかし、天正十八（一五九〇）年に至り、田村氏は、石川氏、白川氏、葛西氏、大崎氏等、奥州の多くの氏族と同じように、豊臣秀吉による小田原催促に対し伊達政宗に気兼ねし、小田原へ参向しなかったため、その所領は、小田原不参の科による「奥羽仕置」により、没収の上取り潰しとなり、改めて伊達政宗に与えられ伊達領となった。
これにより、宗顕は政宗の家臣となったが、その次の代には、早くも伊達氏から養子を入れる結果となった。これにより、この草深い奥州の地に於いて最も早く定着し、古哲が田村を称して以後二十六代宗顕まで、およそ八百年もの長きに亘って君臨した名族田村氏も完全に没落し、断絶するに至ったのである。

『青山氏』（アオヤマ）
青山氏は、『日本城郭大系　巻三　田村郡条』に「常葉町関本字上野の『関本城』は『関本氏・青山氏』の居城」とあるが、この氏の出自等については不明である。

『赤松氏』（アカマツ）
赤松氏は、『姓氏家系大辞典　巻一　赤松条14』に「磐城国田村郡に赤松顕則あり、明徳年間（一三九〇―一四二八）田村市常葉町の『朝日館』に赤松顕則拠る」とあるが、この氏は、「顕」の字を用いているところを見れば、田村氏族ではないかと考えられる。

『安久津氏』（アクツ）
安久津氏は、田村氏族で、『姓氏家系大辞典　巻一　阿久津条2』に「田村氏流磐城の安久津より起こる。仙道表鑑に、田村月斉顕氏の六男が安久津右京亮顕義なりと見ゆ云々」とある。また、『同　安久津条』に「前条氏に同じ。磐城国田村郡の安久津氏は、田村氏より出づる事上に云へり。其の外、歌丸又七某より出づと云ふ者あり、奥州伊達郡安久津城より起る」とある。

『阿久戸氏』（アクト）

阿久戸氏は、『日本歴史地名大系　巻七　田村郡・古道村（現　田村市都路町古道）条』に「字重郎内前大亀神社の由来所によれば、戸屋地区の阿久戸字悪久戸前の地名は、豊臣家の旧臣阿久戸長七が大坂の陣後亡命した事に由来すると云ふ」とある氏である。

『上石氏』（アゲイシ）

上石氏は、田村氏族で、『姓氏家系大辞典　巻一　上石条』に「磐城国田村郡にあり、田村氏の庶流なりと」とあるが、『日本歴史地名大系　巻七　郡山市・上石村条』に「永禄十一（一五六八）年七月吉日の熊野山新宮年貢帳（青山文書）に『三段二百文あけいし』と見え、天正十四（一五八六）年十月十三日の熊野山新宮年貢帳（同文書）にも『三段二百文上石とある』」とある氏である。

『浅川氏』（アサガワ）

浅川氏は、田村氏族で、『姓氏家系大辞典　巻一　浅川条5』に「田村氏族、坂上氏の後裔にして田村氏より出づ、仙道表鑑に、田村月斉顕氏の五男は、浅川右馬助顕純なりと」とある氏である。

『葦澤氏』（アシザワ）

葦澤氏は、田村市船引町葦沢より起こったが、『日本歴史地名大系　巻七　田村郡・蘆沢村条』に「当地の蘆沢治部少輔は天正二（一五七四）年石川昭光と結んだが、田村清顕の攻撃を受け、甥の吉尚を人質に出して降参したという。しかし、景尚は清顕によって討たれたと言われている。そして、『船引町史』は、これは永正二（一五〇五）年の誤りと見て、田村義顕の代の事としている」とある。しかし、伊達左京大夫晴宗の四男小二郎（後の石川昭光）が石川氏の養子として石川晴光の下へ来たのは永禄六（一五六三）年十月であり、年も十五歳であったので、永正二年にはまだ生まれておらず符合しない。

『荒井氏』（アライ）

荒井氏は、田村氏の家臣で、『姓氏家系大辞典　巻一　荒井条3』に「田村の荒井氏、田村大膳大夫《だいぜんだいぶ》清《きよ》顕《あき》公家中《こうかちゅう》書に、荒井伝五兵衛、猶ほ此の外にも荒井氏あり」とあるが、この氏は会津の荒井氏と同族の本宮市の荒井氏の分流ではないかと考えられる。そして、『奥州永慶軍記、赤館合戦事（棚倉町史）』には、小瀬越中守義行と舟尾山城守昭直の籠城する『滑津城』を攻める者の中に「新井氏」の名が見られるが、この荒井氏は、この氏の事ではないかと考えられる。

『荒和田氏』（アラワダ）

荒和田氏は、田村氏族で、元の姓は橋本氏で、田村氏が没落した時に帰農し、後荒和田氏に変姓したもので、『姓氏家系大辞典　巻一　荒和田条』に「磐城国田村郡荒和田（現　田村市船引町荒和田）より起る。この地の『田子森館』は、田村氏の長館にして天正十八年没落の際、その族橋本時顕民間に降り里正（庄屋・村長）となる。その後裔は荒和田氏と云ふ」とある。

『石澤氏』（イシザワ）

石澤氏は、田村氏の家臣で田村氏族と見られるが、その起こりは船引町石沢と考えられ、『奥州永慶軍記、赤館合戦事（棚倉町史）に、小瀬越中守義行及び城主舟尾山城守昭直の籠城する「滑津城」を攻める者の中に「石澤、百目木、稲ヶ瀬、新井、赤沼、船引」の名が見られる。そして、『姓氏家系大辞典　巻一石澤条1』には「磐城国田村郡石澤より起る。顕常を祖とすると」とある。また、『日本歴史地名大系　巻七　田村郡・常葉村条』に「常葉城に天正十六（一五八八）年から同十七年の間は諸書不同で、常盤伊賀重清と石沢修理顕常が居城したと思われるが、云々」とある。

『稲ヶ瀬氏』（イナガセ）
稲ヶ瀬氏は、田村氏の家臣で、その発祥の地が見当たらず判然としないが、往古田村郡内に稲ヶ瀬という地名があったものと思われ、『奥州永慶軍記、赤館合戦事（棚倉町史）』には「滑津城」を攻める者の中に「稲ヶ瀬氏」の名が見られる。

『岩井澤氏』（イワイサワ）
岩井澤氏は、岩井澤邑（現　田村市都路町岩井沢）より起こったが、『日本歴史地名大系　巻七　田村郡・岩井沢村条』に「字下田に岩井澤城跡があり、城主は赤石澤美濃と言われるが、一説には、大槻地区吉田家の始祖、岩井澤美濃守良定とする。良定は相馬氏に仕え、その次男与七郎定元は、天正十七（一五八九）年、『常盤城（現　田村市常葉町）』攻めに討ち死にしたという。そして、『奥相茶話記』によれば、相馬氏の旧臣赤石澤美濃は、常盤城主石澤修理亮に仕えて岩井澤城を守護し、天正十七年の常盤城攻めに際し、相馬義胤を岩井澤城に宿陣させ攻撃を容易にしたという」とある。

『大倉氏』（オオクラ）

大倉氏は、田村氏族で、『姓氏家系大辞典　巻一　大倉条3』に「坂上姓田村氏流、岩代国田村郡大倉邑（現　田村市船引町大倉）より起る。『田村家譜』に『義顕―憲顕（孫左衛門）―顕俊（大倉彦七郎）と見ゆ』」とある氏である。

『大越氏』（オオコシ）

大越氏は、田村氏の一族で、『姓氏家系大辞典　巻一　大越条』に「岩代国田村郡（安積郡）大越邑（現　田村市大越町）より起る。坂上姓田村氏の一族にして、古く大越次郎あり、『のノ字の館』に拠る。佐藤元治と同時の人と伝へらる（郡村志）。後世田村家重臣に大越紀伊守あり。上大越邑鳴神城に拠る。而《しこう》して、紀伊守長子右近は右近館に、次子左近は追館に、家臣萩野弾正は弾正館に拠り、又大越玄蕃は広瀬大越館に拠りしなど伝ふ。紀伊守、玄蕃共に田村清顕家中記に見ゆ、この氏は田村氏の家臣の中で小野氏に次ぐ第二の大名と言われ云々」とある。そして、『日本城郭大系　巻三　田村郡条』にも「田村郡大越町上大越の『鳴神城』及び『下大越字洞入の〈向館〉は大越紀伊守の居館』、田村郡滝根町広瀬字広畑の『全城』は永禄二（一五五九）年大越紀伊守信貫の居城、田村郡船引町永谷字永作の『右近館』は大越右近の居館、田村郡船引町椚山字追館の『追館』は大越左近の居館」とある。更に、この大越氏は、伊達氏、石川氏、結城氏等へも支族を輩出し繁栄している。そして、『日本歴史地名大系　巻七　田村郡小野保（小野六郷と称し、飯豊、八津作、田原井（田原屋）、羽出庭（現　田村郡小野町域）、広瀬、菅谷（現　滝根町域）の六ヶ郷に比定されている）条』に「正長二（一四二九）年と思われる正月二十九日の前伊豆守常次奉書案（角田石川文書）によれば、石川駿河孫三郎（持光）は紛失状、惣安堵状、関所分を与えられた御判三通を提出して、当保は本領であると訴えている」とあるので、当地は、当期以前は石川領であったものと考えられる。よって大越氏は、この頃に石川氏に帰属したのではないかと考えられる。

『大川原（大河原）氏』（オオカワラ）
大川原（大河原）氏は、田村氏の一族で、『姓氏家系大辞典　巻一　大川原条』に「岩代国田村郡には大川原と云ふも、大河原と云ふもあり、その内には田村氏の一族なりもあると云ふ」とある。そして、『日本歴史地名大系　巻七　郡山市・大槻村条』に「蘆名盛氏は大槻氏重臣相楽、大川原両氏が田村氏に内通したので謀殺し、大槻氏領も削減している（浮沈録）」とある。

『太田氏』（オオタ）
太田氏は、田村氏の家臣で、『日本城郭大系　巻三　田村郡条』に「田村市船引町字館の『春山館』は、天正年間（一五七三―九二）、太田信濃守の居館」とある。しかし、その出自等は不明である。ただ、太田氏は、石川氏、結城氏、佐竹氏等にも家臣が存在した。

『大竹氏』（オオタケ）
大竹氏は、藤原北家秀郷流小山氏族で、会津田島の「鴫山城」を居城とした長沼氏の家臣である。そして、『姓氏家系大辞典　巻一　大竹条5』に「清和源氏会津の豪族なり。新編風土記、会津高野組高野村条に、『館跡、大竹備前某住せし所なり。備前は田島の城主長沼氏の譜代の臣にて、天正の頃盛秀に従って戦功あり云々（中略）田村郡にも此の氏あり、よりて此の氏は田村郡大竹より起こりしものと考えられる』」とある。

『**大元氏**』（オオモト）

大元氏は、『姓氏家系大辞典　巻一　大元条』に「奥州田村家の一族なりと云ふ」とあるが、それ以外は不明である。

『**大和田氏**』（オオワダ）

大和田氏は、田村氏の分流で、『姓氏家系大辞典　巻一　大和田条8』に「田村氏流、又田村郡に此の氏あり、田村氏より分かると云ふ」とある。しかし、白河市にこの地名あり、田村氏がこの地辺りまで支配した事があったか否かは不明である。

『**荻氏**』（オギ）

荻氏は、坂上田村氏族で、『姓氏家系大辞典　巻一　荻条2』に「坂上田村氏流、磐城国田村郡の名族なり、老人物語に、石澤の城代は田村の一族荻儀大夫云々」とあり、そして、その石澤とは現在の田村市船引町石沢である。

『**奥山氏**』（オクヤマ）

奥山氏は、田村氏の家臣で、『日本城郭大系　巻三　伊達郡城ノ倉城条』に「櫻田久綱、久季父子が川俣町の城ノ倉城を攻めた時の援軍に『奥山大蔵大輔』」の名が見られるが、この氏は石川氏の重臣、蓬田氏の事と考えられる。しかし、元々東国全般に亘って散見される奥山氏の出自には二流あり、その一は、『姓氏家系大辞典　巻一　奥山条1』に「桓武平氏維茂流で、桓武平氏の始祖、高望王《たかもちおう》（後平高望）の玄孫維茂は、鎮守府将軍となり、世に『余五将軍』と言われ、この氏からは、奥山氏、城氏、鬼氏等が輩出されたが、このうち奥山氏は、平維茂の子茂家が、越後国蒲原郡奥山庄を領し、奥山三郎を称したのに始まり、その後特に甲信地方に繁栄した」とある。その二は、『同　条2』に「桓武平氏三浦氏族佐久間氏流で、それは、佐久間氏の始祖家村十六世の孫盛昭が奥山氏を称したのに始まる」とある。その三は、『同　条4』に「藤原姓、目目澤氏流、藤原氏にして、もと目目澤を称せしが、兼清の時奥山を称すとなり、奥山岩城にありと云ふ」とあるので、この氏は相馬目目澤氏の後裔と考えられる。

『小澤氏』（オザワ）

小澤氏は、田村氏族で、田村郡小澤邑（現　田村市船引町船引小沢）より起こったが、『姓氏家系大辞典　巻一　小澤条14』に「田村郡（田村庄）小澤（船引）より起る。南朝方に小澤伊賀守あり、小澤の平伊賀守とも見ゆ、平姓なり氏ならん」とある。そして、『日本歴史地名大系　巻七　田村郡船引村条』に「応永十一（一四〇四）年頃と推定される田村一族を中心とした国人一揆傘連判断簡（秋田藩家蔵　白川文書）に『小澤但馬守秀遠』と見える云々」とある。しかし、この氏は岩城平の伊賀氏は藤原氏なので、田村氏平姓説の中の氏族と思われる。

『貝原氏』（カイハラ）

貝原氏は、田村氏の家臣で、『姓氏家系大辞典　巻一　貝原条』に「常陸信太郡（稲敷郡）に貝原塚あり、而して、奥州田村家臣に此の氏あり、又田村郡（岩代）には今も此の氏存す」とあるが、これは現在の龍ケ崎市貝原塚町である。しかし、田村郡内には、貝山、貝作、貝屋等の地名があるので、この地方の発祥と考えられる。

『樫村氏』（カシムラ）

樫村氏は、田村氏の家臣で、岩城や会津にも見られるが、『姓氏家系大辞典　巻一　樫村条』に「奥州田村氏の家臣に此の氏あり、其の他、磐城、岩代に多し、恐らく次の氏と関係あらん」とあり、『同　次条の樫村条』に「常陸国久慈郡加志村より起る。藤原南家二階堂家の族にして名族」とある氏である。

『門澤氏』（カドサワ）

門澤氏は、田村氏の家臣で、田村市船引町門沢より起こったが、『日本城郭大系　巻三　田村郡条』に「船引町門沢字俊田の『双六山城』は、門澤満定の居城」とあり、また、「大越町栗出字館の『栗出館』は、永禄年間（一五五八—七〇）、門澤左馬助の居館」とある。

『鹿山氏』（カヤマ）

鹿山氏は、鎌倉の執権北条氏族で、鹿山邑（現　田村市常葉町鹿山）より起こったが、『日本歴史地名大系　巻七　田村郡・鹿山村条』に「字宮前に鹿山城跡があり、『奥相茶話記』によれば、北条時行から八代の後裔にあたる鹿山兵部季秀の居城で云々」とあるが、時行は北条執権第十四代高時の嫡子であった。

『雁股田氏』（カリマンダ）

雁股田氏は、『日本歴史地名大系　巻七　田村郡・雁股田村（現　田村郡小野町雁股田）条』に「赤沼の無量寺阿弥陀堂本尊台座銘に、天正十一（一五八三）年十一月の年記と、仏師『雁股田高雲坊』が見える」とある氏である。

『鹿俣（神、股・又）氏』（カノマタ）

鹿俣（神、股・又）氏は、田村市船引町北鹿又より起こったが、『日本歴史地名大系　巻七　田村郡・北鹿又村条』に「中世は田村庄のうち。応永十一年頃と推定される田村一族を中心とした国人一揆傘連判断簡（秋田藩家蔵　白川文書）に『鹿俣沙彌清光』と見える」とあり、また、『日本城郭人系　巻三　田村郡条』に「田村郡滝根町字町の『八幡館』は応永年間（一三九四―一四二八）神俣太郎左衛門の居館」とある。そして、『姓氏家系大辞典　巻一　神俣条』に「岩代国安積郡（田村郡）神俣村より起る。坂戸氏の族なり、郡内八幡館には『永禄年間、神俣太郎左衛門以来子孫住す』と。田村大膳大夫清顕公家中に神俣太郎左衛門（神俣）見ゆ」とある。そして、『日本歴史地名大系　巻七　田村郡・神俣村条』に「当地は、鹿俣、鹿股、神又とも書く。田村庄への南の入口にあたり、神俣城（鹿股城）が置かれた。同城は天正十七（一五八五）年四月二十一日、仙道侵出をはかる岩城常隆勢に攻められ落城し、城主鹿股久四郎以下は田村に退いた（伊達治家記録）」とある。

『椚山氏』（クヌギヤマ）

椚山氏は、田村氏の家臣で、田村郡椚山邑（現　田村市船引町椚山）より起こったが、『日本城郭大系

巻三　田村郡条』に「船引町椚山字関場の『椚山館』は、『椚山利家の居館』」とある。そして、『日本歴史地名大系　巻七　田村郡・椚山村条』に「船引村椚山地区は、享禄二（一五二九）年頃、長谷川、吉田、佐藤、村上、新田、安司、鈴木、遠藤の八氏が開発、のち吉田氏が椚山姓を名乗り『椚山館』に拠ったという（椚山家文書）」とある氏である。

『熊谷氏』（クマガイ）

熊谷氏は、田村氏の家臣で、『日本城郭大系　巻三　田村郡条』に「田村市広瀬町字追城池の『家用内城』は、長享元（一四八七）年、熊谷伊賀守直盛の居城」とある。しかし、この氏を始め全国に拡散繁栄した熊谷氏の元々の出自は、桓武平氏維将《これまさ》流で、鎌倉幕府執権北条氏の初代、北条時政の従兄弟に当たる北条直貞が、武蔵国熊谷郷（現　埼玉県熊谷市）に住し、熊谷氏を称したのに始まる。直貞の二男が、「源平合戦一の谷の戦い」に於いて、「平敦盛《たいらのあつもり》」を落涙を以て討ち果たし、後世の美談とされた「熊谷次郎直実《くまがいのじろうなおざね》」である。以後、この熊谷氏は全国各地に所領を得、拡散するが、その本貫は三河宇利へ転じた。従って、この氏も「直盛」を称しているところを見れば、当然この裔孫と考えられる。

『熊澤氏』（クマザワ）

熊澤氏は、『日本歴史地名大系　巻七　田村郡・岩井沢村（現　田村市都路町岩井沢）条』に「田村氏を頼って下向した南朝の後裔熊野宮信雅親王は、文明十一（一四七九）年、標葉氏を頼って大高倉（現　双葉郡浪江町）に移り、長享元（一四八七）年五十人山北麓の野川村（現　双葉郡葛尾村）の『高野城』に再遷《さいせん》し、明応元（一四九二）年の標葉氏滅亡後、熊澤現覚と改め、当村内大槻地区（現　双葉郡葛尾村岩井沢字大槻）

の吉田一族に庇護されたという（都路村史）」とある氏である。

『栗出氏』（クリデ）

栗出氏は、田村氏族で、大越町栗出より起こったが、田村氏の家臣に栗出久太郎の名が見られ、『日本城郭大系　巻三　田村郡条』に「田村郡大越町栗出字館の『栗出館』は、永禄年間（一五五八―七〇）、門澤左馬之助の居館」とあるので、栗出氏は、この門澤氏族と考えられる（門澤氏の条参照）。

『小泉氏』（コイズミ）

小泉氏は、田村氏の家臣で、『姓氏家系大辞典　巻二　小泉条21』に「岩代の小泉氏、田村郡の小泉邑より起り、小泉館（小泉村小泉（現　郡山市富久山町））に拠る。小泉山城守は田村大膳大夫清顕の家中にして、また、小館には、田村臣小泉藤兵衛住す。一に堀越館ともあり」と。また、『日本城郭大系　巻三　田村郡条』に「船引町堀越字小館の『小館』は永禄年間（一五五八―七〇）、小泉藤兵衛の居館」とある。

『御所脇氏』（ゴショワキ）

御所脇氏は、『姓氏家系大辞典　巻二　御所脇条』に「奥州田村家の臣にあり」とあるが、この字から察するに、この氏は、田村氏の惣領の住む「本城」の脇に住した事により起こったものと思われる。しかし、その地を特定する事は出来ない。ただ、御所の脇に住むからには、その一族中でも近親の者と考えられる。

『小檜山氏』（コビヤマ）

小檜山氏は、『日本城郭大系　巻三　郡山市条』に「郡山市湖南町三代御前山には、小檜山縫殿之助が拠った」とあり、また、『同　耶麻郡条』に「耶麻郡猪苗代町下館の『下館城』は、小檜山次郎衛門の居城」とあるが、これらの小檜山氏の起こりは、田村市常葉町小檜山と考えられる。しかし、『姓氏家系大辞典　巻二　小檜山条』の「『新編風土記』には、この氏は桓武平氏三浦氏族で、読みも『コヒノキヤマ』」とある（耶麻郡・小檜山氏の条参照）。

『近藤氏』（コンドウ）

近藤氏は、田村氏の家臣で、『日本城郭大系　巻三　田村郡条』に「田村郡船引町丈字石森・館の『石森館』は、近藤右衛門の居館」とある氏であるが、現在全国各地に拡散繁栄する「近藤氏」の元々の出自は、藤原北家秀郷流で、『姓氏家系大辞典　巻二　近藤条1』に「秀郷流、藤原姓、尊卑文脈に『秀郷（鎮守府将軍）―千常（同上）―文脩《ふみのぶ》（同上）―文行（左衛門尉、母利仁の女。左藤、後藤、近藤、武藤等の祖）―脩行《のぶゆき》（近藤太、近江掾《おうみのじょう》、松・近江国に住む。よりて近藤と号す。また近江掾たるにより近藤と号す）』」とある。

従って、秀郷の裔孫脩行は、近江国の判官となり、近江国の「近」と藤原の「藤」を合して「近藤」としたが、『同　巻三　水谷条2、4、7』に「その後裔の景頼の子近藤太能成《よしなり》の長子能直が、文治五年の源頼朝による「奥州征伐」に参陣し（近藤七国平の名は『吾妻鏡　治承四年八月条外』に度々出てくる）、その功により、田村庄（現　田村郡）の地頭職に任ぜられた。間もなく豊前守兼鎮守府将軍となり、その任に就くため、弟仲教《なかのり》がその所領を与えられ、加賀守となり田村氏を称し、その子仲能《なかよし》は左近衛蔵人、刑部大輔、大工権頭、右馬権助、伊賀、能登等の守を歴任し、鎌倉亀ケ谷に住し、亀谷《かめがやつ》氏を称し鎌倉評定衆となった。

そして、その子重輔は、右衛門尉、周防、淡路守を経て従五位下に叙し、検非違使《けびいし》となり、近江国犬上郡水谷郷《みずのやごう》を領し、「水谷氏《みずのやし》」を称した。しかし、その曽孫貞有は、足利尊氏、直義兄弟による「観応《かんのう》の擾乱《じょうらん》」に於いて、直義に与し敗れ、尊氏により所領を失した。そのため、その子広有、秀詮《ひであき》親子は、白河の小峯氏を頼り客分となり、小峯政常に従い斯波家兼と戦ったり、笹川満貞を援けたりするが、その子伊勢守氏俊は、下総本宗の結城氏を頼り、その後は、結城氏四天王の一人となり、守護代を務めたりしながら活躍し、後には伊佐郡を領し、五万石の大名となり、現在の茨城県筑西市（旧下館市）の礎となるのである（姓氏家系大辞典　巻三　水谷氏条2、4、7）。従って、水谷氏は近藤氏の後裔と考えられる。

『三本木氏』（サンボンギ）

三本木氏は、田村氏の家臣で、『姓氏家系大辞典　巻二　三本木条3』に「奥州の三本木氏、岩代の豪族にして、三本木十郎は、田村大膳大夫清顕の旗下に属す、当地方今も多しと云ふ」とあるが、この氏の発祥の地は不明である。しかし、田村領内に「三本木」という地名があった可能性もある。

『白石氏』（シライシ）

白石氏は、田村氏族大越氏の家臣で、『姓氏家系大辞典　巻二　白石条10』に「田村郡の白石邑（現田村市大越町上大越字白石）より起る。白石館（当所）は、大越紀伊守臣白石蔵人住す」とある。また、『日本歴史地名大系　巻七　田村郡・大越町条』に「中世には栗出は小野保のうち、その他は田村庄のうちと推定されている。応永十一（一四〇四）年頃には田村氏一族と見られる大越宮内少輔季広、白石伊豆守季春が居住していたと推定される」とある。また、『同　古道村条』に「大久保地区の白石家系図（都路村史）

によれば、祖白石六助は関田城（現　いわき市）を逃れて、小阿久戸に移住したという」とある。

『真城氏』（シンジョウ）

真城氏は、田村市常葉町西向字真城より起こったが、『日本城郭大系　巻三　田村郡条』に「常葉町西向字新城の『西向城』は真城氏の居城」とある。そして、『日本歴史地名大系　巻七　田村郡・西向村条』に「字米粉原地内に西向城跡があり、郭、土塁、腰郭などの遺構がみられ、城主真城少輔宗吉は永禄元（一五五八）年没落したという（常葉町史）」とある。

『新館氏』（シンタテ）

新館氏は、田村郡新館邑（現　田村市船引町新館）より起こったが、『日本城郭大系　巻三　田村郡条』に「船引町新館字上の『新館』は、天正年間（一五七三―九二）、新館山城守の居館」とある。また、『姓氏家系大辞典　巻三　新館条』にも「磐城国田村郡新館、当地方の豪族新館肥前守の起りし地也。新館氏は後田村氏に属す」とある。

『須藤氏』（スドウ）

須藤氏は、田村氏の家臣で、『日本城郭大系　巻三　田村郡条』に「田村市滝根町菅谷字江川の『須藤館』は、文明年間（一四六九―八七）須藤兼貞の居館」とあるが、須藤氏は、石川氏や結城氏の家臣にも存在する。

そして、現在全国的に亘って繁栄する「須藤氏」のそもそもの出自は、藤原北家で、「一本系図」では、藤原北家の始祖房前《ふささき》八世の孫師尹《もろただ》を祖とし、「那須系図」では、その次兄師輔《もろすけ》を祖としている。

このうち「那須系図」によれば、藤原師輔の孫が有名な藤原道長で、その孫道家は、上野介、下野守で、藤原秀郷の五世の孫で相模守である公光《きんみつ》の婿となり、上洛の時、美濃国席田郡司、大和介首部輔信の所に逗留し、当家に継嗣がなかったため、道家は、我が子資清をその養子とした。

これにより、資清は当家の姓「首部」と自らの姓「藤原」を合して「守藤」と称したが、その後上洛し、「主馬首」に任ぜられ、姓を「首藤」と改め、代々相州山内（現　神奈川県鎌倉市山ノ内）を領する首藤氏の始祖となった。その道家には、資家、資清の二子があり、弟資清が実家を継ぎ首藤家とし、兄資家は、讃岐国神田に住していたが、「那須権守」に任ぜられ、天治二（一一二五）年、下野国那須郡に下向し、現在の栃木県那須郡那珂川町小川に城を築き、前住地に因んで「神田城」と名付け、姓を「須藤」としたが、これは「那須」の「須」と自らの本姓「藤原」の「藤」を合したものと考えられる。そして、自らの名も「貞信」と改めた。しかし、その六世資房以後は、当地の地名を冠し、「那須」に変姓し、「那須氏」を称した（姓氏家系大辞典　巻二　守藤、首藤条1、2、3等）。

『関本氏』（セキモト）

関本氏は、田村氏の家臣で、田村市常葉町関本より起こったが、『日本城郭大系　巻三　田村郡条』に「常葉町関本字上野の『関本城』は、関本氏・青山氏の居城」とある。そして、『日本歴史地名大系　巻七　田村郡・関本村条』に「字上野の関本城跡は、城主は南北朝時代、関本太郎右衛門、天正年間（一五七三—九二）、青山忠興とする説と、関本但馬守、関本太郎左衛門、白石大膳などとする説がある（常葉町史）」とある。

『平氏』（タイラ）

平氏は、田村氏の家臣で、その起こりは、船引町石森字平、または三春町平の何れかではないかと考えられるが、『姓氏家系大辞典　巻二　田村条25』に「『門澤村史』に『岩城次郎平忠清の子六郎建季は、源頼朝に仕へ、門澤に在住し、後は本城へ移る』と云ひ、田村庄司の歴代に季字を蹈《ふ》める人多し。是も注意すべし」とあるが、このように、田村氏の出自には、坂上田村麻呂の他に「藤姓説」「平姓説」があるので、この氏は、このうちの平姓説に所縁《ゆかり》のある者かと考えられる。

『千葉氏』（チバ）

千葉氏は、田村氏の家臣で、『姓氏家系大辞典　巻二　千葉条15』に「田村郡霧館（中妻村西方）は、田村家臣千葉紀伊守の居館なりと」とあるが、現在東国を中心に各地に多く見られる千葉氏の出自は、桓武平氏良文流で、平良文の孫忠常は、上総介となり千葉に住していたが、長元元（一〇二八）年に謀反し、世に言う「平忠常の乱」を惹起する。しかし、この乱は朝命により「源頼信」によって平定され、忠常は、罪人として京へ送られる途中病没するが、その後、その長子常将は許され、忠常の遺領の安堵を受け、地名の千葉を冠し「千葉氏」を称し始祖となった。そして、この千葉氏は、常将の玄孫常胤の代に至り、源頼朝による「奥州征伐」に所謂《いわゆる》「千葉六党」と言われる千葉胤正《たねまさ》、相馬師常《もろつね》、武石胤盛《たねもり》、大須賀胤信《たねのぶ》、国分胤通《たねみち》、東胤頼《たねより》の六子を率いて参陣し、その功により、陸奥国の東海道筋に多くの所領を与えられた。そして、これが元となり、一族が大繁栄を遂げるのである。従って、この田村氏の家臣の千葉氏も同族である事は明らかである。

『土田氏』（ツチダ）

土田氏は、田村氏の家臣で、『姓氏家系大辞典　巻二　土田条7』に「田村家臣に存す。又信夫郡、伊達郡の神名帳に『熱田大明神、岡村、社人土田尾張、牛頭天王、長倉村、社人同』」とある氏である。

『遠宮氏』（トオミヤ）

遠宮氏は、『姓氏家系大辞典　巻二　遠宮条』に「田村家家臣にあり」とある氏であるが、この氏の出自等については不明である。

『遠山澤氏』（トオヤマザワ）

遠山澤氏は、田村郡遠山沢村（現　田村市船引町遠山沢）より起こったが、『日本歴史地名大系　巻七田村郡・遠山沢村条』に「天保十（一八三九）年当村遠山沢弥一郎が三春藩領内の漆木の世話役を申付けられ、牧野（現　大越町）、門沢、堀越など諸村を持場に漆運上金漆仕立などの世話役を勤めた（三春町史）」とある氏である。しかし、この氏の出自等については不明である。

『時田氏』（トキタ）

時田氏は、『姓氏家系大辞典　巻二　時田条4』に「磐城の時田氏、田村郡の時田邑（現　田村市大越町上大越字時田）より起る。時田城は大越紀伊守の臣時田次郎の居館なりとぞ」とあるが、『日本城郭大系巻三　田村郡条』にも「田村市大越町上大越字時田の『時田館』は、天正年間（一五七三―九二）時田次郎の居館」とある。

『常葉氏』（トキワ）

常葉氏は、田村氏の家臣で、田村市常葉町常葉より起こったが、『日本城郭大系　巻三　田村郡条』に「田村郡常葉町常葉字館の『常盤城』は熊谷氏、天正年間（一五七三—九二）は、常葉氏の居城。別称常葉城」とある。また、滝根町神俣字弥五郎内の『愛宕城』は、応永年間（一三九四—一四二八）、常葉甲斐守貞之の居城」とある。そして、この常葉氏の出自は『日本歴史地名大系　巻七　田村郡・常葉村条』に「常盤城主は文永十一（一二七四）年、常葉城に移った熊谷直友系で、明徳三（一三九二）年子松神社を再建したと伝える赤松円心系ではないと思われる。前掲明徳六年の棟札には本願主熊谷聖人と大旦那常葉小輔が別記され、これによって常盤城主は熊谷家譜（常葉町史）に記す熊谷直盛一族の常盤氏と考えられる」とある（熊谷氏の条参照）。尚「赤松円心」は本名を「赤松則村」と言い、播磨国の守護で、南北朝の初期、北朝の足利尊氏に属し、新田義貞と戦う等活躍した人物である。

『富塚氏』（トミヅカ）

富塚氏は、田村氏の家臣で、『日本城郭大系　巻三　田村郡条』に「船引町文殊字竹ノ内の『館の森館』は富塚備前守秋統の居館」とあり、また、「文殊字南の『館の山』は、文亀年間（一五〇一—〇四）富塚備前守秋統の居館」とあるが、『日本歴史地名大系　巻七　田村郡・粠田《つくもだ》村条』に「当地の曹洞宗万福寺は、天正年間、粠田館主富塚備前守の開基と伝え、境内には富塚備前守の墓と言われる五輪塔がある」とある。

『永谷氏』（ナガヤ）

永谷氏は、田村郡七郷邑（現　田村市船引町永谷）より起こったが、『姓氏家系大辞典　巻三　永谷《ながたに》条4』

に「箕輪氏族、磐城国田村郡の豪族にして、日輪館（七郷村永谷〔現　田村市船引町永谷字館ノ下〕）は、田村家臣永谷豊前守頼治の居城也。この永谷氏は本姓箕輪後三輪を称す。天正十八年、季治に至り、田村没落により帰農すと云ふ。又永谷豊前守治則の三男、三輪玄蕃治徳は、平館（日前）に拠ると伝へらる。又田村大膳大夫清顕公家臣に永谷豊前守治季（永谷）見ゆ」とある。

『二瓶氏』（ニヘイ）

二瓶氏は、田村氏の家臣で、『日本城郭大系　巻三　田村郡条』に「田村郡滝根町広瀬字蟹内の『峻城』は、文応年間（一二六〇―六一）、二瓶左内の居城」とあり。また、『日本歴史地名大系　巻七　安達郡・上大江村（現　安達郡大玉村大山）条』に「字後川に中世の後川館跡があり、畠山義継の臣二瓶源三の居館であったと言われ云々」とある。そして、二瓶氏は、会津地方を始め白河、石川、それに県北地方にも多く見られ、その祖先を見れば、何れも社家に関わる者が多く、それらの事を考え合わせれば、この氏は、安達郡油井村（現　二本松市油井）に存在した二平内（二平地）または、須賀川市小倉字仁平内を発祥とする氏族または会津の二瓶氏を出自とする氏族ではないかと考えられる（二本松市・塩川氏及び会津若松市・二平〔仁平、仁瓶、二瓶〕氏の条参照）。

『長谷川氏』（ハセガワ）

長谷川氏は、『姓氏家系大辞典　巻三　長谷川条21』に「岩磐の長谷川氏田村家臣に存し、又新編会津風土記、河沼郡黒沢村条に『舘迹・長谷川主殿某と云ふ者住せし』と云ひ、又青津（生江）氏四家老の一に見ゆ。又安積郡福良村鬼渡神社の神職に長谷川日向あり、『其の先を造酒丞某と云ひ、延宝中始めて神職となり、四世にして今の日向家長に至る』と見ゆ。又会津若松に存し、又岩瀬郡の名族に見ゆ。又大沼郡小谷村旧家に長谷川雄右衛門あり。『此の村の肝煎なり。先祖は長谷川五郎国義とて、大和国長谷に住す。後河内守と改め、荘園多く領せしが、九代の孫越中守某・牢人として会津に来りしより、此の村の長となれり』と見ゆ」とある。

『濱津氏』（ハマツ）

濱津氏は、田村氏の家臣で、『姓氏家系大辞典　巻三　濱津条』に「奥州田村家臣に見え、今も多し」とあるが、この氏の出自等は不明である。

『早川氏』（ハヤカワ）

早川氏は、『姓氏家系大辞典　巻三　早川条8』に「磐城の早川氏、田村郡の名族なり。郡内早稲川館は、山根邑早稲川（現　田村市常葉町早稲川）に在りて、田村家臣早川修理住す」とあるが、『日本歴史地名大系　巻七　田村郡早稲川村条』には「庄屋は寛永三年常葉村新町の石井主殿《とのも》が任命され、その年早川右馬之助に交替、以後寛政年間（一七八九―一八〇一）まで、早川家が世襲」とあるので、この氏は、江戸時代に入ってから早稲川から早川に改姓したのではないかと考えられる（早稲川氏の条参照）。

『春山氏』（ハルヤマ）

春山氏は、『姓氏家系大辞典　巻三　春山条』に「奥州田村藩の名族たり」とのみあるが、『日本城郭大系　巻三　田村郡条』に「田村郡船引町字館の春山館は、天正年間（一五七三―九二）、太田信濃守の居館」とあるので、この氏は、太田氏を出自とする当地発祥の氏族と考えられる。

『半澤氏』（ハンザワ）

半澤氏は、『姓氏家系大辞典　巻三　榛澤《はんざわ》条及び同1』に「その出自は、宣化天皇の曽孫彦武王（多治比古王）を祖とする武蔵七党の一の『丹党』で、その分流が武蔵国榛澤郡（現　埼玉県深谷市榛沢）に住し『榛澤氏』を称した事により起こった」とあるが、その後『榛澤、半澤』の双方を称し全国的に繁栄した。そして、『同　半澤条』に「前条氏に同じ。又奥州田村家臣に見ゆ」とある。そして、源頼朝による「奥州征伐」に於いては、榛澤成清が活躍している（吾妻鏡　文治五年八月九日条）。

『平野氏』（ヒラノ）

平野氏は、『姓氏家系大辞典　巻三　平野条25』に「田村家臣あり」とのみ記され、また、会津大桃村館跡は、平野筑後守某・居住せりと云ふ」とあるが、この氏は、この会津に繁栄した平野氏の分流の可能性もある。

『舟引氏』（フネヒキ）

舟引氏は、田村氏の家臣で、田村郡舟引邑（現　田村市船引町）より起こったが、『奥州永家軍記、赤館合戦の事（棚倉町史）』に「滑津城」を攻める者の中に舟引氏の名が見られる。

『堀越氏』（ホリコシ）

堀越氏は、田村氏の家臣で、船引町堀越より起こったが、『日本城郭大系　巻三　田村郡条』に「田村市船引町堀越字館の『堀越館』は、応永年間（一三九四―一四二八）、堀越尾張守の居館」とあり、また、『姓

氏家系大辞典　巻三　堀越条4』に「岩磐の堀越氏、会津風土記に堀越能登守宗範を載せ、又『田村大膳大夫清顕公中に堀越尾張守あり、堀越館（七郷村堀越〔現　田村市船引町堀越字館〕）に拠る』」とある。また、『日本歴史地名大系　巻七　田村郡・堀越村（現　田村市船引町堀越）条』に「上堀越助八郎に対し名代（名跡の所領）を安堵している」とある。

『本多氏』（ホンダ）

本多氏は、『姓氏家系大辞典　巻三　本多条21』に「奥州の本多氏、田村氏の家臣に本多、本田両氏あり」とのみ記されている氏である。しかし、現在全国的に繁栄し、江戸初期に徳川家康の参謀として活躍した本多正信一族は、藤原北家で、関白兼通の男顕忠を祖とする（田村郡・本田氏の条参照）。

『眞壁氏』（マカベ）

田村の眞壁氏は、『姓氏家系大辞典　巻三　眞壁条3』に「岩磐の眞壁氏。田村氏の家臣に見え、又岩瀬郡等に存す」とあるが、元々眞壁氏の出自は、桓武平氏大掾《だいじょう》氏族で、大掾氏は、桓武平氏の始祖高望王の曽孫平 維幹《たいらのこれもと》が、代々世襲してきた「常陸大掾」という「官職名」の「大掾」を姓としたもので、その後、この大掾氏は、常陸国内を中心に繁栄し、最盛時は、「鹿島六頭、行方四頭、吉田は三頭なり、小栗、眞壁、東条は各一頭なり（大掾伝記）」と言われる程の大族となり威を振るった。そして、これらは源頼朝による「奥州征伐」にも参陣し、『吾妻鏡　文治五年八月十二日条』には、「多気太郎（義幹）、鹿島六郎（頼幹）、眞壁太郎（長幹）」等の名が見られる。しかし、その後は、この眞壁氏は、後代にやって来た清和源氏佐竹氏に脅かされ、衰微の一途を辿り、一族が次々と没落し、最後に残った眞壁氏（茨城県桜川市真壁町の起源）も佐竹氏に取り込まれ、最終的には佐竹氏に準じ、秋田へと運命を共にした。従って、この田村の眞壁氏も同族と考えられる。しかし、『日本城郭大系　巻三　双葉郡・眞壁城条』には、「双葉郡富岡町下郡山字真壁には『真壁城』があり、当地は『楢葉氏』の本拠地であった」とあるので、この楢葉氏の没落時に、この分流が田村氏の家臣になった可能性もある。

『牧野氏』（マキノ）
牧野氏は、伊達氏の重臣で、『姓氏家系大辞典　巻三　牧野条3』に「奥州の牧野氏、伊達郡霊山寺の明応九（一五〇〇）年の棟札に『伊達総領尚宗並に家臣牧野安芸守頼仲、同子息弾正右衛門尉宗仲』と載せ、また、牧野弾正忠久仲は伊達晴宗の時、守護代たりし事、諸書に見ゆ。然《しか》るに、その後輝宗の代、久仲、中野常陸介宗時と共に叛して、元亀元年五月、出羽長井庄小松城に拠りしが、敗れて亡ぶ云々とあり」とあるが、この氏の起こりは、田村市大越町牧野ではないかと考えられる。

『松原氏』（マツバラ）
松原氏は、『姓氏家系大辞典　巻三　松原条19』に「奥州田村家臣に見える」とのみ記されているが、この氏は、伊達氏の家臣であった「金澤氏」が「天文の乱」に於いて、稙宗方に与し敗れ所領の「松原の地」を召し上げられているので、後に、田村氏に転じ姓も旧領に因んで松原としたのではないかとも考えられる。

『水谷氏』（ミズノヤ）
水谷氏は、藤原北家秀郷流近藤氏族で、近藤氏は、秀郷の後裔脩行が田村氏を称した。

その後裔重輔は、右衛門尉、周防、淡路守を経て従五位下に叙し、検非違使となり、近江国犬上郡水谷郷を領し、「水谷氏」を称した（姓氏家系大辞典　巻三　水谷条2、4、7）。従って、この氏は、岩城の水野谷氏とは全くの別族である（近藤氏の条参照）。

『箕輪（三輪）氏』（ミノワ）

箕輪（三輪）氏は、永谷氏の本姓と言われ、船引町永谷の「日輪館」の館主永谷豊前守頼治の本姓で、その後裔の永谷豊前守治則の三男は、三輪玄蕃治徳を称し「平館」に拠ったと言われている（永谷氏の条参照）。

『八代氏』（ヤシロ）

八代氏は、田村氏の家臣で、『姓氏家系大辞典　巻三　八代条4』に「奥州田村家臣に八代氏あり」とのみ記されているが、この氏は、白川庄屋代郷（現　白河市表郷）を起源とする白川結城氏の家臣の八代氏の同族ではないかと考えられる。

『箭内氏』（ヤナイ）

この箭内氏は、白川結城氏の家臣の箭内氏の分流と考えられるが、『日本歴史地名大系　巻七　田村郡・蘆沢村条』に「船引町葦沢字本郷の丘陵上にある『蘆澤館』の館主で、麓にある箭内土佐守の祈願所天台宗不動院には、土佐守の位牌がある」とあり。また、『日本城郭大系　巻三　田村郡条』には「船引町門鹿字樋ノ口の『向館』は、箭内左京進の居館」とある。

『矢部氏』（ヤベ）

矢部氏は、田村氏族で、『姓氏家系大辞典　巻三　矢部条11』に「磐城国田村郡の名族にして、矢部大夫政房あり、タムラ、ミヨク、ヨシナリ等の条を見よ」とあり、その『同　吉成条1』の「吉成系図」に、「田村氏第二十三代義顕の曽孫に、矢部大夫政房の名が見られ、この氏は、後吉成氏を称した」とある（吉成氏の条参照）。

『山口氏』（ヤマグチ）

山口氏は、『日本歴史地名大系　巻七　田村郡・古道村条』に「古道村（現　田村市都路町古道）下山口地区の字杉内に山口監物が拠ったと伝える館跡がある（都路村史）」とある氏族であるが、その他詳細は不明である。

『山本氏』（ヤマモト）

山本氏は、『姓氏家系大辞典　巻三　山本条46』に「田村氏の家臣に見える」とのみ記されているが、その出自等は不明である。しかし、『日本歴史地名大系　巻七　郡山市・日和田村条』に「文政三（一八二〇）年の日和田宿の問屋役は天正年中（一五七三―九二）、郡山居住の豪商山本伊勢守の息四郎兵衛が当地に移り代々勤めた」とある。ただ、山本氏は白河や会津にも存在する。

『吉成氏』（ヨシナリ）

吉成氏は、田村氏族で、『姓氏家系大辞典　巻三　吉成条1』に「坂上姓、奥州田村郡の豪族にして、吉成系図に『田村義顕―行顕（孫史郎御代田城主）―輔守（大和守孫七郎）―政房（矢部太夫、吉成氏を称す）』」

とある氏である。

『力丸氏』（リキマル）

力丸氏は、『姓氏家系大辞典　巻三　力丸条1』に「上野国勢多郡（群馬郡）力丸邑より起りし那波氏族か」とあるが、『同　条2』に「奥州田村家臣等にこの氏見ゆ」とある。そして、力丸邑は、現在の群馬県前橋市力丸町である。

『早稲川氏』（ワセガワ）

早稲川氏は、『姓氏家系大辞典　巻三　早稲川条』に「奥州、田村大膳大夫清顕公家中に早稲川修理見ゆ。早稲川邑に住す」とある。また、『日本歴史地名大系　巻七　田村郡・早稲川村条』に「田村系図（三春町史）に『田村月斉頼顕の三男として早稲川右馬助が記され、田母神旧記（田母神文書）に北方要害として』『早稲川右馬助』が見える」とある。そして、この氏は後、早川氏と改姓したものと考えられる（早川氏の条参照）。

『渡辺氏』（ワタナベ）

渡辺氏は、『日本城郭大系　巻三　田村郡条』に「田村郡大越町国ヶ坪の『国ヶ坪館』は渡辺賀城左衛門の居館」とある氏であるが、『角田市史2　通史編　第三章　角田地方の邑主たち　渡辺氏条』に「渡辺氏は、田村氏の家臣であった権之丞重成を祖としている。重成（『貞山公治家記録』は重孝）は、慶長年間（一五九六―一六一五）、政宗に召抱えられ、小人組に属していた」とある。そして、この氏は岩城の渡辺氏の分流ではないかと考えられる。

『田村郡』

『曾田氏』（アイダ）

曾田氏は、田村氏の家臣で、『日本城郭大系　巻三　田村郡条』に「小野町谷津作字館の『谷津作館』は、曾田宗孝の居館」とあり。また、『白河郷土叢書　巻下　白河関物譚　巻之下条』の「『岩城常隆小野新町を攻る事』の項に、小野仁井《ママ》町の領主、田村右馬頭顕通の家臣として「會田遠江小野平次」の名が見られるが、この氏の出自については不明である。ただ、『姓氏家系大辞典　巻一　曾田条5』に「磐城国田村郡、岩代国岩瀬郡等に多く、猶《な》ほ丸にカタバミを家紋とするものあり」とある。

『赤石澤氏』（アカイシサワ）

赤石澤氏は、『姓氏家系大辞典　巻一　赤石澤条』に「岩代国田村郡山中郷赤石澤より起る」とあるが、この地は現在の三春町山中または郡山市田村町山中の何れかではないかと考えられる。また、『日本歴史地名大系　巻七　田村郡・岩井沢村（現　田村市都路町岩井沢）条』に「字下田に岩井沢城跡があり（中略）慶安二（一六四九）年の三春領古城絵図（三春町史）には『城主赤石沢美濃、根廻り四百五十間、高九間』とし、本丸は『木立百五十間、十二間』北麓に在家が記される云々」とある。また、この氏は相馬氏の旧臣とも言われている（田村市・岩井澤氏の条参照）。

『小野氏』（オノ）

小野氏は、『姓氏家系大辞典　巻一　小野条14』に「田村氏流、岩代国田村郡小野郷（現　小野新町附近）より起る。田村氏の族小野右馬頭こゝに居りて岩城、相馬の二氏と抗す云々」とある。また、『日本歴史地名大系　巻七　田村郡・小野町条』に「永正の頃（一五〇四—二一）に三春田村義顕が、小野城を築城し、三男顕基（顕定、法名梅雪斎）を配して、小野地方を支配の拠点にしたという（仙道田村荘史）」とあるので、この氏が祖か。また、『日本城郭大系　巻三　二本松市条』に「二本松市永田字御堂内の『御堂内館』は、小野藤九郎盛長の居館」とあるが、これは、安達藤九郎盛長の事か。

『小山氏』（オヤマ・コヤマ）

小山氏は、御祭邑（現　田村郡三春町御祭）より起こったが、『日本歴史地名大系　巻七　田村郡・御祭村条』に「御祭村は元小山村と称し」とあり、また、『日本城郭大系　巻三　田村郡条』に「当地の御祭館は小山左馬助の居館」とある氏であるが、その他詳細は不明である。

『貝山氏』（カイヤマ）

貝山氏は、田村氏の家臣で、『日本歴史地名大系　巻七　田村郡・貝山村条』に「貝山氏は『伊達世臣家譜（貝山家譜）』によれば、河内信全を祖とし、天正年中（一五七三—九二）、貞信が田村常盤郷貝山邑（現　田村郡三春町貝山）の『貝山城』に住し、慶長三（一五九八）年の四代信広に至り、伊達政宗に従い岩出山（現　宮城県大崎市岩出山町）へ移ったという」とある。また、『日本城郭大系　巻三　田村郡条』には「三春町貝山字堀ノ内の『貝山館』は、貝山藤仁衛の居館」ともある。そして、この氏の祖は、安積伊東氏族

「河内氏」の族ではないかと考えられる（会津若松市・河内氏の条参照）。

『影山氏』（カゲヤマ）

影山氏は、田村氏の家臣で、『姓氏家系大辞典　巻一　蔭山条8』に「奥州影山氏、岩代の田村郡に此の氏あり。同郡中森館（巌江村舞木）は田村家家臣影山左近の居館なり（芳賀系図）と」とある。そして、田村郡巌江邑舞木は、現在の三春町上、下舞木より郡山市舞木町に及ぶ地域である。

『柏原氏』（カシワバラ）

柏原氏は、田村氏の家臣で、『日本城郭大系　巻三　田村郡条』に「三春町狐田字狐田の『狐田館』は柏原左近将監の居館」とあるが、この柏原氏の発祥地については、田村氏船引町芦沢字柏原または大越町下大越字柏原の何れかではないかと考えられる。

『草野氏』（クサノ）

草野氏は、田村氏の家臣で、『日本城郭大系　巻三　田村郡条』に「小野町塩庭字夫内の『小塩館』は、草野美濃介の居館」とあるが、草野氏は、二階堂氏の家臣にもおり、『日本歴史地名大系　巻七　伊達郡・城ノ倉城跡条』に「『櫻田家発端略書（桜田家文書）』によると、須賀川二階堂氏が川俣を領し、草野氏が居城していた」とある。そして、その起こりは、相馬郡飯舘村草野と考えられる。

『國井氏』（クニイ）

この國井氏は、小野保名主の國井氏で、『日本歴史地名大系　巻七　田村郡・小野保条』に「応永三（一三九六）年、当保名主國井若狭守、田原谷弾正忠らが北条一族を擁して合戦に及んだため、翌四年五月二十二日関東公方足利氏満は、岩城右京大夫（奥州管領斯波大崎詮持か）にその攻撃を命じている（足利氏満軍勢催促状写　相馬文書）」とある。しかし、國井氏のそもそもの出自は、清和源氏頼信流義政氏族と同流佐竹氏族があり、この氏は、何れの流れかは不明である（福島市・國井氏の条参照）。

『熊耳氏』（クマガミ）

熊耳氏は、田村氏の家臣で、『姓氏家系大辞典　巻二　熊耳条』に「岩代国田村郡（安積郡）熊耳邑（現田村郡三春町熊耳）より起り、此の邑熊耳舘に拠る。天正年間、熊耳太郎左衛門あり、田村大膳大夫清顕《だいぜんだいぶきよあき》の家中なり云々」とある。また、『日本城郭大系　巻三　田村郡条』に「三春町熊耳字館の『熊耳』は熊耳太郎左衛門の居館」とある。そして、『日本歴史地名大系　巻七　田村郡・熊耳村条』にも「熊耳文治郎、熊耳文十郎、熊耳太郎左衛門等の名が見られる」とある。

『郡司氏』（グンジ）

郡司氏は、田村氏族で、『日本城郭大系　巻三　田村郡条』に「田村郡小野町小野新町字槻木内の『槻木内館』は、郡司主膳の居館」とあり、また小野町飯豊の『飯豊館』は、郡司掃部の居館であったが、この郡司姓は、「田村郡司の官職名」を「姓」としたものである。そして、その「郡司」とは、国司の下にあって郡を治め、一般に地方豪族の有力者より任命し、「大領、少領、主政、主張」の四等官から成っている。

『木幡氏』（コハタ）

木幡氏は、相馬氏の旧臣で、『日本歴史地名大系　巻七　田村郡・過足村条』に「相馬顕胤《あきたね》の女小宰相殿が天文十八（一五四九）年、田村清顕に嫁した時に随行し、のち過足邑《よぎあし》（現　田村郡三春町過足字館）の『過足館』を居館としていたが、江戸期に入り当地に於いて代々庄屋を務めた」とある氏である（過足氏の条及び南相馬市・木幡氏の条参照）。

『斎藤氏』（サイトウ）

斎藤氏は、田村氏の家臣で、『日本城郭大系　巻三　田村郡条』に「三春町斉藤の『斎藤館』は天正年間（一五七三―九二）、斎藤大膳の居館」とあるが、この地は、斎藤氏が住んだ事により付いた地名と考えられる。それは、この斎藤氏を始め、現在全国的に繁栄している斎藤氏も元を正せば全て同族と考えられるからである（斎藤氏の出自については、福島市・茂庭氏の条参照）。

『実澤氏』（サネザワ）

実澤氏は、実澤邑（現　田村郡三春町実沢）より起こったが、『日本歴史地名大系　巻七　田村郡・実沢村条』に「実沢集落南方の開宝山に『実澤館』跡があり、古館神社が鎮座。慶安二（一六四九）年の三春領古絵図（三春町史）には、『城主実澤山城云々』とある」とある氏であるが、その他の詳細は不明である。

『庄司氏』（ショウジ）

庄司氏は、三春町庄司より起こったが、『姓氏家系大辞典　巻二　田村氏条25平姓説の条』に「『白河文書』に庄司宗季一族、穴澤成季（准后親房より結城親朝に与へられし書中）あり。田村縁起に『舟引館主田村季明』あり、応永十一年起請文に田村庄の人々『御代田平季秀、中津川季清、川曲季隆』などあり」とあるが、これは地名も姓も「田村庄司」の「庄司」に起因するものと考えられる。そして、その庄司とは、荘園の領主の代わりに、その荘園を管理した職名で、郡司で庄司を兼ねるものを「大庄司」と言った。

『菅村氏』（スガムラ）
菅村氏は、『姓氏家系大辞典　巻二　菅村条』に「岩代国田村郡の名族なり」とのみ記されているが、この氏の出自等は不明である。

『先崎氏』（センザキ）
先崎氏は、田村氏の家臣で、『姓氏家系大辞典　巻二　先崎《さきざき》条』に「奥州田村大膳大夫清顕公家臣に、先崎嘉左衛門あり、田村郡大倉館（小野新町（現　田村市小野町小野新町字大倉））主なり」とある。しかし、『日本城郭大系　巻三　田村郡条』には「小野新町字大倉の『大倉館』は、矢崎嘉右衛門の居館」と記されている。しかし、これは単なる誤記と考えられる。また、『日本歴史地名大系　巻七　田村郡・赤沼村（現田村郡小野町小野赤沼）条』に「村内の浄土宗無量寺の本尊台座に、天正十一年十一月製作、漆師先崎但馬守の後補銘がある」とある。この他、他所には「先崎」と書いて「マズザキ」という氏も存在する。

『田原谷氏』（タワライ）
田原谷氏は、田原井邑（現　田村郡小野町南田原井、夏井）より起こったが、『日本歴史地名大系　巻七田村郡・田原井村条』に「当地は中世、田原谷、田原屋と称した。応永四（一三九七）年五月二十二日の『足利氏満軍勢催促状写（相馬文書）』に、田原谷弾正忠の名が見え、同三年に当地の土豪田原谷氏が、北条一族を擁して足利氏に反し合戦に及んだため、岩城左京大夫に攻撃を命じている」とある。

『**長作氏**』（チョウサク）
長作氏は、田村氏族で、『姓氏家系大辞典　巻二　長作条』に「奥州田村家臣に見ゆ。田村大膳大夫清顕公家中に、長作将監ありて、将監館（中郷村根本）に拠る」とあるが、此処は三春町根本か。また、この訓読も「チョウサク」で良いのか「ナガサク」と読むのかも不明である。また、この氏は根本氏の分流ではないかと考えられる。

『**富澤氏**』（トミザワ）
富澤氏は、田村氏の家臣で、田村郡富澤邑（現　田村郡三春町富沢）より起こったが、『日本歴史地名大系　巻七　田村郡・富沢村条』に「当地の『富澤館』の館主に、富澤玄蕃、富澤伊賀等の名が見られ、『奥陽仙道表鑑』に『天正二年田村清顕の富澤城攻撃によって富澤伊賀守隆冬が降参した』と見え、『伊達治家記録』同十六年四月二十九日条に『富澤伊賀顕継は、玄蕃顕景子にして、田村富澤城に住し、伊達政宗の麾下として働きがあった』ことが記されている」とある。

『**中道氏**』（ナカミチ）
中道氏は、田村氏の家臣で、『日本城郭大系　巻三　田村郡条』に「小野町皮籠石《かわごいし》の『皮籠石館』は中道景安の居館」とあるが、この中道氏の詳細については不明である。

『七草木氏』（ナナクサギ）

七草木氏は、田村氏の家臣で、『姓氏家系大辞典　巻三　七草木条』に「磐城国田村郡七草木邑（現田村郡三春町七草木）より起る。相馬元弘三（一三三三）年六月文書に『七草木村地頭藤原氏』と」とあるが、『日本城郭大系　巻三　田村郡条』にも「当地の『七草木館』は七草木新助の居館」とある。また、『日本歴史地名大系　巻七　田村郡・七草木村条』に「寛平二（八九〇）年、竹良某が七種《ななくさ》及び摺粉木《すりこぎ》を献上し、宇多天皇より七草木の姓を賜り、その子孫七草木新助が田村清顕に仕え、築館山に拠った事に由来するという説がある（三春町史）」とある。

『成田氏』（ナリタ）

成田氏は、田村氏の家臣で、成田邑（現　田村郡三春町南、北成田）より起こったが、『日本歴史地名大系　巻七　田村郡・南成田村条』に「永禄、天正（一五五八―九六）の頃の記録、田村氏宿老外連名（片倉文書）に成田左兵佐とみえ、田母神氏旧記（田母神文書）に成田佐右衛門がみえる」とある氏である。

『西牧氏』（ニシマキ）

西牧氏は、田村大膳大夫清顕の家臣で、『姓氏家系大辞典　巻三　西牧条2』に「田村郡飯豊邑小野山神（現　田村郡小野町小野山神）に拠る。西牧文九郎、此の地にありて田村大膳大夫清顕公に属す」とあるが、『日本城郭大系　巻三　田村郡条』には「小野町飯豊字館ノ越の『鴨ヶ館』も、西牧氏の居館」とある。

『沼澤氏』（ヌマザワ）
沼澤氏は、田村氏の家臣で、田村郡沼澤邑（現　田村郡三春町沼沢）より起こったが、『日本城郭大系巻三　田村郡条』に「三春町沼沢の『沼澤館』は沼澤孫兵衛の居館」とある。そして、『日本歴史地名大系　巻七　田村郡・斉藤村条』に「沼澤館の館主沼澤孫兵衛は、観応三（一三五二）年五月十五日に斎藤村の地頭識を与えられた。國魂新兵衛尉（足利尊氏御教書（國魂文書））との関係が考えられる」とあるが、これは「観応の擾乱」によるものか（斎藤氏の条参照）。

『根本氏』（ネモト）
根本氏は、根本邑（現　田村郡三春町根本）より起こったが、『日本歴史地名大系　巻七　田村郡・根本村条』に「康暦二（一三八〇）年六月十日の浄意譲状（青山文書）ならびに応永二十四（一四一七）年五月一日の浄祐譲状（同文書）に『ねもと殿』と見え、本村を本貫とする根本氏が居住しているが、三春城主田村隆顕の弟阿久津城（現　郡山市阿久津町）城主田村重顕系で、江戸時代に庄屋を勤めた根本氏との関係は不明（中略）庄屋根本氏は田村重顕の子孫で、代々当村庄屋を世襲、その一族滝村、常葉村、久保村（現田村市常葉町）の庄屋となる（常葉町史　熊耳先生文集正扁）」とある。また、「郡山市阿久津町の阿久津城主田村重顕の後裔、根本初左衛門は、田村郡栃本邑（現　郡山市田村町栃本）の『柴塚城』の城主であった」とある。

『橋本氏』（ハシモト）
橋本氏は、田村氏族と言われ、『姓氏家系大辞典　巻三　橋本条21』に「奥州田村郡（磐城）橋本邑（下枝）より起る。田村持顕の孫、重顕の男広顕、橋本氏を称す。子孫代々荒和田の田子森館に拠る云々」と。また、『同　条25平姓説条』に「義顕は橋本氏にして、坂上田村氏にあらずと、是れは義顕の従弟、宗輪寺住持の言に因る者にして、田村月斉の通称、橋本庄三郎と言う者に合考せらる（月斉は義顕の弟、諱《いみな》は顕頼）」とある。

『平澤氏』（ヒラサワ）

平澤氏は、田村氏の家臣で、田村郡平澤邑（現　田村郡三春町平沢）より起こったが、『日本城郭大系　巻三　田村郡条』に「三春町平沢の『平澤館』は平澤氏の居館」とある（次条参照）。

『本田氏』（ホンダ）

本田氏は、『日本歴史地名大系　巻七　田村郡・平沢村条』に「寺社明細幷《ならびに》縮図（三春町歴史民俗資料館蔵）によれば、蘆名氏の家臣本田義計が永正年中（一五〇四―二一）田村氏に属して平澤村を領したとする。また、『本田家系図（平澤文書）』によれば、本田義隆が田村隆顕に仕えて、平澤村を与えられ、その子重義、義雄、義知と共に天正十三年の小浜攻めに加わり、長男重義の子重直は平澤村肝煎となり次男義雄の系が伊達政宗に仕えて平澤氏を称したという」とある。また、『同　安積郡・杉沢村条』に「天正十（一五八二）年十月日《ママ》の田村清顕安堵状（松藩捜古）に『菅之沢在家西さく』と見え、安斎次郎左衛門を味方にするために奔走した本田平左衛門は四貫文の地を清顕から安堵されているが、この菅之沢は当地の事である」とある。

『三春氏』（ミハル）

三春氏は、田村氏族と言われ、『姓氏家系大辞典　巻三　三春条1』に「磐城国田村郡三春邑（現　田村郡三春町）より起る」とあるが、『日本城郭大系　巻三　伊達郡・城ノ倉城条』に「田村、三春氏」の名が見られ（中略）草野氏は、田村三春氏の加勢を得て、正月十八日『城ノ倉城』を攻めた」とある。

『宗像氏』（ムナカタ）

宗像氏は、田村氏の家臣で、『日本城郭大系　巻三　田村郡条』に「田村郡夏井字寺谷津作の『小塩館』は、宗像右近利沢の居館」とあり、また、『同　条』に「夏井字古館の『田原谷樋口城』は、宝徳―天正年間（一四四九―一五九一）、宗像左馬助の居城」とある。また、『日本歴史地名大系　巻七　田村郡・古道村（現　田村市都路町古道）条』には「合子《ごうし》地区には合子落という古名があり、宗像家系図（都路村史）によれば、天正十八年、祖、宗像和泉守信利が『駒板城（現　郡山市）』を捨てて字荻田に落延びたことに由来するという」とあるが、この氏の出自等は不明である。しかし、この氏は、太古より名刹として名の知られた筑紫の「宗像神社」の社家に関わる者が、その宗像神社の伝播と共に、全国各地へ拡散しているので、これらに関わりのある者ではないかと考えられる（大沼郡・宗像氏の条参照）。

『山田氏』（ヤマダ）

山田氏は、三春町山田の起こりと考えられる。『姓氏家系大辞典　巻三　山田条70』に「磐城岩代田村家臣に見え」とのみ記される氏族であるが、この氏の出自、その他詳細については不明である。

『過足氏』（ヨギアシ）

過足氏は、田村氏の家臣で、田村郡過足邑（現 田村郡三春町過足）より起こったが、『日本城郭大系巻三 田村郡条』に「三春町過足字館の『過足館』は、永禄年間（一五五八―七〇）過足右近の居館」とある。そして、この氏は、相馬より相馬顕胤の女「小宰相殿」が田村清顕に嫁した時に随行して来た「木幡氏」が当地を領し「過足館」を築き住しているので、この後裔が地名を冠し「過足氏」を併称したものと考えられる（木幡氏の条参照）。

『須賀川市』

『二階堂氏（ニカイドウ）（岩瀬）』

須賀川市を中心とした岩瀬地方の繁栄は、「岩瀬二階堂氏」と西部地区の「岩瀬長沼氏」の発展によるものである。

このうち、須賀川市に本拠を置いて、この地方の繁栄の礎《いしずえ》を築いたのは岩瀬二階堂氏である。

その二階堂氏は『姓氏家系大辞典　巻三　二階堂条1、11』等に「相模国鎌倉郡二階堂（鎌倉の内）より起る。鎌倉以来の大族にして、工藤氏より分る」とあり、また、「二階堂氏は、藤原南家工藤氏族で、藤原南家の始祖、藤原武智麻呂《ふじわらのむちまろ》十六世の孫、工藤山城守行政（白尾三郎）は、鎌倉幕府の御家人で、源頼朝が鎌倉幕府を樹立するに当たっては、大江広元、三善康信と共に幕府の文官として『政所執事《まんどころしつじ》』に就任し、幕閣として重きを為した」とある。

そして、源頼朝は、文治五（一一八九）年の「奥州征伐」の折、平泉の豪華絢爛《ごうかけんらん》たる黄金文化に驚愕《きょうがく》し、中でもずば抜けて輝く、大長寿院の二階大堂に目を奪われ、帰府後、直ちにそれを模して、鎌倉に永福寺（別名二階堂）を建立し、この地を二階堂と称したが、行政は、その二階堂の地に住み、二階堂氏を称し始祖となった。そして、その後、この二階堂氏は全国各地に所領を得、支族を輩出するが、行政は、その奥州征伐に参陣し、その功により、陸奥国岩瀬郡を与えられ、鎌倉末期の第七代行朝の代に至り、須賀川に下向し、岩瀬二階堂氏の始祖となるのである。

その後、この二階堂氏は、「建武中興」に於いては、建武二（一三三四）年正月、奥州府に於いて、結城宗広、親朝父子、伊達行朝等と共に、二階堂行朝、顕行父子が揃って「式評定衆」に任命された。その後、南北朝期に入るや、一時は南朝方として活躍したが、その後北朝方に転じ、北朝方の石川氏等と連繋しながら、陸奥国に於ける北朝方の有力氏族として活躍した。そして、その後について『日本歴史地名大系巻七　須賀川市・須賀川城跡条』に「野川本『藤葉栄衰記』には、応永六（一三九九）年、関東公方足利満兼が奥州支配のため遣わした弟満貞、満直の笹川、稲村両御所に従った二階堂治部大輔が築城、文安年間（一四四四―四九）、二階堂為氏が下向し、治部大輔を攻め破り城主となり、以降直接当地一帯を支配したとする」とある。そして、笹川公方、稲村公方来奥後は、この二階堂氏は稲村公方を、同族安積伊東氏は笹川公方を夫々支えた。

そして、室町期の第十二代行続の世に至り、須賀川城を築くと共に益々隆盛を極め、応永十一（一四〇四）年七月に結ばれた、安積、田村、岩瀬の領主二十人による『仙道一揆契約の連判状』に於いては、傘形のため確認には至っていないが、筆頭人であったであろうと言われ、次に笹川公方を支える同族の伊東満祐に続き、これら工藤一族だけで、二十人中十一人を占めている。

このように、一時は隣国の石川氏、田村氏、白川氏をも脅かす等隆盛を極め、飛ぶ鳥を落とす程の勢いであった二階堂氏も、その後は、特に田村氏との抗争が激しくなり、徐々に衰退していくが、そのようなところへ会津蘆名氏に攻められ敗北し、長子盛隆を「臣従証人」として差し出すまでに衰退した。そして、一時は、この蘆名氏をバックに田村氏と戦い勝利するが、蘆名氏の継嗣断絶により、その盛隆が、蘆名氏の継嗣となるに及んで展望が開けた。しかし、この盛隆も蘆名氏の家臣、大場三左衛門により弑《しい》され（日

本城郭大系　巻三　須賀川市・須賀川城条）、この二階堂家は再び危機状態に陥った。
そして、その後は、畠山義継による伊達輝宗誘拐事件に端を発し、伊達の若き当主「政宗」により、その二本松の畠山氏に続き会津の蘆名氏が討滅され、更に政宗の伯母（後室大乗院）と家老須田美濃守盛秀を中心に必死に防戦する「須賀川城」も、西部衆と東部衆に二分され、西部衆の伊達方への寝返りにより、ついに落城した。そして行朝が鎌倉末期に須賀川に下向して以来十三代、二百五十有余年に亘って繁栄した二階堂氏も、没落の憂き目に遭うのである。

『長沼氏（ナガヌマ）（岩瀬）』

岩瀬長沼氏は、岩瀬郡西部域の旧長沼町を中心に蟠踞した氏族である。

その長沼氏の出自は、藤原北家秀郷流小山氏族で、『姓氏家系大辞典　巻三　長沼条6～11』に「秀郷流、藤原姓、小山氏族、下野国芳賀郡長沼邑より起る」とあるが、小山氏初代政光には、朝政、宗政、朝光の三子があった。この三子は、源頼朝による「野木宮合戦」や「源平合戦」に於いて功あり（吾妻鏡　養和元年閏二月二十八日条）、長子朝政は、小山氏の家督を相続したが、次子宗政は、下野国長沼庄（現　栃木県真岡市長沼）を与えられ移り住み、長沼氏を称し始祖となり、三子朝光は、下総国結城郡（現　茨城県結城市及び結城郡）を与えられ移り住み、結城氏を称し、結城氏の始祖となった。

そして、この三兄弟は、源頼朝による「奥州征伐」にも参陣し、阿津賀志山の合戦等に於いて激戦奮闘し大功を挙げ、長子朝政は、陸奥国菊田庄（現　いわき市南地区）の地頭識を、次子宗政は、同国岩瀬郡及び長江庄（南山）（現　南会津郡大川流域）を、三子朝光は、同国白川郡（現　白河市及び西白河郡）及び岩瀬郡の一部、それに同国名取郡（現　宮城県名取市）を夫々与えられた。

そして長沼宗政は、これを嫡子時宗に相伝したが、時宗の孫宗秀は、このうち南山の一部を庶子宗実に与えた。宗実は、その後この地へ移り、田島の地に住するが、残る所領は本宗が世襲した。また、時宗の長子宗員は、本宗の近地である皆川庄（現　栃木県栃木市皆川）をも領有したため、この地に移り住み皆川氏を称したが、その後、六代の孫宗常は、執権北条高時に背いて領地を没収され断絶した。しかし、長沼氏を相伝した宗員の弟宗泰の流れは、その後、秀行―宗秀（但し、『日本城郭大系　巻三　岩瀬郡・長沼南古館条』では、宗秀を初代宗政の三代目の孫と言っている）と続き、この長沼淡路守宗秀が正和三（一三一四）年、岩瀬郡へ転じ、岩瀬長沼氏の始祖となった（下野国誌）。

そして、長沼に「南古館」を築き居館とし、更にその後「北古館」に移ったと言われている（日本城郭大系　巻三　岩瀬郡・長沼南古館及び北古館条）。そして、この岩瀬長沼氏は、その後、五代に亘って当地を統治したが、この地は、蘆名氏、伊東氏、二階堂氏、結城氏等の境界に当たり、支配者による攻防の戦いが続くため、その激戦地に嫌気がさした六代宗秀は、この長沼城を引き払い再び下野国に戻り皆川に住し、皆川氏を再興させ、更に八代続き後嗣なく改易となるのである。

『明石田氏』（アカシダ）

明石田氏は、二階堂氏の家臣で、『姓氏家系大辞典　巻一　明石田条』に「奥州岩瀬郡の姓なり」とのみ記されているが、『日本城郭大系　巻三　須賀川市条』には「須賀川市仁井田字毘沙門の『明石田館』は、鎌倉時代の創建で二階堂氏の家臣『明石田左馬助』の居館」とある氏族である。しかし、その出自等は不明である。

『赤目氏』（アカメ）

赤目氏は、蘆名氏の家臣で、『日本歴史地名大系　巻七　岩瀬郡・勢至堂村条』に「蘆名盛氏は、三代邑（現　郡山市湖南町三代）から長沼へ至る山路は難路で横死者も出たため、赤目越中、同四郎兵衛父子に命じ勢至堂峠を開かせ、天文十四（一五四五）年勢至堂村を設置したと言われている（勢至堂村由緒書（福島県史））」とある氏である。

『安藤氏』（アンドウ）

この安藤氏は、二階堂氏の重臣須田氏の家臣と言われ、『日本城郭大系　巻三　須賀川市条』に「須賀川市西川の『牛袋館』は、安藤帯刀の居館」とあり。また、『同　岩瀬郡条』には「長沼町桙衝字岡ノ内の『岡之内館』は、天正年間（一五七三―九二）、安藤蔵人の居館」とある氏である（安藤氏の出自については、郡山市・安藤氏の条参照）。

『泉田氏』（イズミダ）

泉田氏は、二階堂氏の重臣で、『姓氏家系大辞典　巻一　泉田条4』に「岩瀬の泉田氏、相州兵乱記、持氏、満貞御最後の条に、泉田掃部助と見ゆる泉田氏は、岩代国岩瀬郡泉田より起こる。その後裔現存す」とあるが、『日本城郭大系　巻三　須賀川市条』には「須賀川市泉田字館内の『泉田館』は、天正年間（一五七三―九二）、二階堂氏家臣、泉田将監の居館」とある。

『稲村氏』（イナムラ）

稲村氏には二流あり、その一は、稲村公方で有名な足利氏を出自とする稲村満貞で、『日本歴史地名大系　巻七　須賀川市・稲村条』に「応永六（一三九九）年春、関東公方足利満兼は、陸奥、出羽両国の押さえとして、当地に弟満貞（稲村御所）を配置した（鎌倉大草紙）。しかし、満貞は、永享の乱で持氏に加担し、永享十一（一四三九）年鎌倉永安寺で馬廻り衆の二階堂伊勢入道、同民部少輔らと自害し、稲村御所は滅亡した」とある氏である。その二は、「同十一年七月の仙道諸家一揆傘形連判（有造館本結城古文書写）は、稲村御所擁立に関わるものと推定されるが、二階堂一族と見られる『稲村刑部少輔行嗣』が署名している」とある氏である。

『今泉氏』（イマイズミ）

今泉氏は、須賀川市今泉より起こったが、『日本城郭大系　巻三　岩瀬郡条』に「岩瀬村今泉字館山の『白岩館』は、今泉伊豆守の居館」とある。そして、この今泉氏は、安積伊東氏族と考えられる。

『入江氏』（イリエ）

入江氏は、二階堂氏と同じく、藤原南家工藤氏族で、『姓氏家系大辞典　巻一　入江条5』に「藤原南家工藤氏流、駿河国有度郡（安倍郡）入江庄より起る（中略）『尊卑文脈』に常陸介継幾―木工助為憲（工藤始）―時理―駿河守時信（或説時理舎弟云々）―維清（入江馬允、号馬大夫）―清定（入江権守）―家清（大田権守）云々」とある。そして、二階堂氏が鎌倉より須賀川へ下向する時に随行して来たと言われている。また、その後裔と思われる「入江新六郎」は、明治初期、石川郡小高村八ヶ村の戸長を務める傍ら「報徳社」を創立し若者の教育に当たったが、その後、その塾生と家族を引き連れ、滑津原（現　西白河郡中島村原地区）に入植し、当地の開拓に尽力した（中島村史）。

『岩瀬氏』（イワセ）

岩瀬氏の流れには二流あり、その一は、『日本城郭大系　巻三　須賀川市、須賀川城条及び守谷館条』に「岩瀬国《いわせのくにのみやつこ》造系で、鎌倉後期頃まで左大臣源有仁の荘園としてこの地を領有していたと推測される『岩瀬郡司政光』の後裔が岩瀬氏を称したもので、その後、この氏は、二階堂氏の来奥により、下宿一郷のみの領有となり、それまで上人壇廃寺跡付近にあった郡司屋敷を引き払い、先祖を祀った岩瀬国造社の社内に『下宿御所館』を築き屋敷を移し、姓も『吉田』に改めたとみられる（吉田家国造系図　―岩瀬村今泉）」とある。その二は、その後に領有した二階堂支族が岩瀬氏を称したものである。そして、その後裔は東部衆として活躍した（同　条）。

『岩淵氏』（イワブチ）

岩淵氏は、岩瀬郡岩淵邑（現　須賀川市岩渕）より起こったが、『姓氏家系大辞典　巻一　岩淵条４』に「岩代の岩淵氏、岩瀬郡岩淵邑より起る。永享十一（一四三九）年二月、鎌倉持氏、満貞最後の際、岩淵修理亮あり、此の地より稲村殿に従えし士なり。相州兵乱記等に見ゆ。その後、岩淵紀伊守あり、白川結城文書に見ゆ」とあり。また、『日本歴史地名大系　巻七　須賀川市、岩淵村条』に「台地突端の館山に岩淵館跡がある。はじめ二階堂家臣岩淵氏が居城。天正十七（一五八九）年には館主の常松縫殿助が二階堂氏に殉じて江持河原で討死にしたという（岩瀬郡誌）」とある。そして、鎌倉持氏とは、鎌倉公方足利持氏の事である。

『内田氏』（ウチダ）

内田氏は、二階堂氏の家臣であるが、この氏は、相楽氏の分流で、『姓氏家系大辞典　巻一　内田条3』に「遠江相良氏流、しかるに寛政系譜遠江内田郷より起り、相良氏流と云ふもの六家を載す。始祖常頼云々」とある氏である。

『内山氏』（ウチヤマ）

内山氏は、『日本城郭大系　巻三　岩瀬郡条』に「須賀川市長沼町小中の『小中館』は、天正年間（一五七三―九二）、内山元経の居館」とあるが、『日本歴史地名大系　巻七　岩瀬郡・上小中村（長沼町小中（現須賀川市小中））条』に「戦国期蘆名氏家臣内山伊勢守元経、為元父子が小中館に拠った。子孫は天正末以降代々庄屋を勤めたという」とある。しかし、この氏の出自等は不明である。ただ、浅川町里白石に内山の地名がある。

『江藤氏』（エトウ）

江藤氏は、『日本城郭大系　巻三　須賀川市・市野関館条』に「須賀川市市野関字館山の『市野関館』は、館主は戦国時代に岩瀬郡東部を実質的に支配していた二階堂氏の家臣須田一族の須田秀泰の居館である。秀泰の家臣に『江藤万力』という人物がおり、その名を取って『万力館』とよばれることもある」とある。そして、この氏の起こりは『姓氏家系大辞典　巻一　江藤条1』に「桓武平氏千葉氏流、肥前の名族千葉氏の一族にして、その系図に『千葉常胤―常宗（源四郎）―常行（左衛門尉）―行氏（六郎実は岩部主水盛氏六男）―公常（中務丞）―常正（兵部三郎、岩部と称す）―胤晴（六左衛門尉、建武元年千葉大隅守胤貞と共に九州に至り、肥前国小城に住す。江藤氏祖）云々』」とあるので、この氏族と考えられる。

『江持氏』（エモチ）

江持氏は、二階堂氏の家臣で、『姓氏家系大辞典　巻一　江持条』に「磐城国石川郡江持邑より起る。文安年間（一四四四―四九）和田城主秀信の五男源蔵近江守秀顕、江持、堤両村を領し分家し、秀顕、其の子秀次を堤に分つと云ふ」とあり。また、『日本城郭大系　巻三　須賀川市条』に「須賀川市江持の熊野館は、室町時代、二階堂氏の家臣江持近江守の居館」とある。

『遠藤氏』（エンドウ）

この遠藤氏は、須賀川二階堂氏の家臣で、『日本城郭大系　巻三　須賀川市条』に「須賀川市小倉字仁平内の『蛇頭館』は、南北朝―室町時代、『刑部内館』以前の遠藤氏の館」とあり、そして、その刑部内館は、『同　刑部内館条』に「須賀川市小倉字刑部内・館の刑部内館は、二階堂氏の家臣遠藤蔵之助の館とされている」とあるが、その後は山寺城に移ったものと考えられ、『同　山寺城条』に「須賀川市西川字坂の上の『山寺城』は須賀川城家老遠藤雅楽介綱元が築城し、以来、遠藤家代々が居城とした。遠藤氏は伊達政宗の須賀川城攻めに当たっては、一族を挙げて須賀川城に籠城して、伊達方と戦った。なかでも、遠藤壱岐は、八幡崎口で、『雷神のような働き』をしたと、伊達政宗が勇戦ぶりをほめ、『殺すには惜しい』と田村月斉、橋本刑部に命じて生け捕らせ『壱岐は稀世の逸物なり』と称賛して、伊達家に仕えるよう勧めたので、壱岐もその意を受けて伊達家の家臣となった」とある。そして、この遠藤一族は、二階堂氏滅亡時の伊達政宗による須賀川城総攻撃に当たっては、保土原氏を筆頭に、岩瀬西部衆の多くが伊達方へ靡《なび》く中、須田一族、塩田一族と共に、これら岩瀬東部衆は「須賀川城」に籠城し、城を枕に運命を共にしたと言われている。

『大里氏』（オオサト）

大里氏は、二階堂氏の家臣で、『白河郷土叢書　巻下　白河関物譚　巻之下条』の「政宗須賀川を責むる事」の項に、「下野矢田野安房守、大里城主」とあり。そして、「中畑上野助居城を落し給ふ事」の項には「須賀川旗下大里安房守」とあるが、この氏は、天栄村大里が発祥の地と考えられる。

『大原氏』（オオハラ）

大原氏は、二階堂氏の家臣で、『須賀川市史』に、「小山田『大原内匠助』」の名が見られるが、この氏の出自は南会津の大原氏ではないかと考えられる。

『大森氏』（オオモリ）

大森氏は、石川氏の重臣であるが、その起こりは、須賀川市狸森字大森田で、中世、当地は石川領であった（石川氏一千年史　第十八代義光条）。

『荻野氏』（オギノ）

荻野氏は、二階堂氏族で、佐竹氏の家臣と言われ、『姓氏家系大辞典　巻一　荻野条13』に「藤原南家二階堂氏流、『新編常陸国誌』に『荻野奥州二階堂氏の族なり。戸村本佐竹譜に佐竹義盛、家督をつぐ時、荻野治部大輔、近習の宿老、岩瀬二階堂の一族なりとあり』」とある。

『小倉氏』（オグラ）

小倉氏は、二階堂氏の家臣で、須賀川市小倉より起こったが、『日本城郭大系　巻三　須賀川市・刑部内館条』によると「二階堂氏の家臣遠藤氏は、始め『蛇頭館』に在城していたが、その後、天文、天正年間（一五三二―九二）、田村氏の動きが激しくなり、これに対応するため『小倉、塩田氏』の勢力が結集して、刑部内にこの館を築いたものと思われる」とある氏である（遠藤氏の条参照）。

『越久氏』（オッキュウ）

越久氏は、須賀川市越久字館の「越久館」を越久内蔵助が居館とした事により起こったと言われるが、『日本城郭大系　巻三　須賀川市・越久館条』に「この館は、戦国時代、『狸森城』の城主矢部下野と同族と思われる『矢部豊前』が城主であった」とあるので、この氏の事と思われる。

『樫村氏』（カシムラ）

樫村氏は、二階堂氏族で、『姓氏家系大辞典　巻一　樫村条』に「奥州田村家臣に此の氏あり、その他磐城、岩代に多し。恐らく次の氏と関係あらん」とあり。そして、『同　加志村条』に「常陸国久慈郡加志村より起る。藤原南家二階堂氏の族にして、名族なり。久慈郡加志村より出づ」とあり。そして、この氏が須賀川へ転じたのは、須賀川二階堂氏と常陸二階堂氏とは婚姻関係があるので（姓氏家系大辞典　巻三二階堂条8）、その関係によるものと考えられる。そして、須賀川市市野関字館山の「市野関館」の館主須田秀泰の家臣に、樫村相模の名が見られる。

『**北澤氏**』（キタザワ）
北澤氏は、二階堂氏族で、『姓氏家系大辞典　巻二　北澤条2』に「藤原姓二階堂流、岩代国岩瀬郡北澤邑より起る。二階堂氏の族にして、又濱尾氏とも云ふ。嘉吉の頃（一四四一―四四）、北澤民部あり、須賀川代官として勢力を奮ふ」とある。従って、この北澤氏は、浜尾氏の事であり、濱尾氏が鎌倉より来奥し北澤邑に住した時に称した姓である（濱尾氏の条参照）。

『**木之崎氏**』（キノサキ）
木之崎氏は、須賀川市木之崎が発祥の地で、『日本城郭大系　巻三　岩瀬郡・木之崎館条』に「長沼町木之崎の『木之崎館』は、木之崎筑後の居館」とあるが、その出自等は不明である。

『**吉良氏**』（キラ）
吉良氏は、『日本城郭大系　巻三　須賀川市条』に「須賀川市稲字新城館の『新城館』は、南北時代、二階堂氏、吉良貞家等が在城した」とあるが、吉良氏は足利氏の近親で、北朝方の有力武将のため、これは須賀川二階堂氏の導きにより当館に拠り、宇都峰城の戦い等に利用したものと考えられる。

『黒月氏』（クロツキ）

黒月氏は、二階堂氏の家臣で、『須賀川市史』に小山田「黒月与衛門」の名が見られるが、この氏の出自等については不明である。

『相楽氏』（サガラ）

相楽氏の出自は、遠江国の相楽氏と言われ、二階堂氏が遠江国相楽庄（現　静岡県牧之原市相良）を領した時期に家臣となり、二階堂氏が岩瀬郡へ下向するのに伴いそれに随行したと言われている。そして、天正十七年の伊達政宗対二階堂氏の戦いに於いて、須賀川城やその城下は戦禍により廃墟と化したが、その分流の安積郡大槻邑（現　郡山市大槻町）の館主相楽三河守の三男孫右衛門包純《かねずみ》は、その地を再興し本町とした（白河風土記〔日本歴史地名大系　巻七　須賀川市本町条〕）。その後この相楽氏は、中畠氏の遺児「次左衛門晴倶《はるとも》」を養育し、継嗣に迎え、その後七郎兵衛定供、七郎衛門定次と続き、その後裔は郷士に列した（郡山市、西白河郡・相楽氏の条参照）。

『佐久間氏』（サクマ）

佐久間氏は、県内でも数流あるが、この佐久間氏は、二階堂氏の家臣で、『姓氏家系大辞典　巻二　佐久間条7』に「磐城の佐久間氏、石川郡の名族にして、『日照田館』は、二階堂家臣佐久間大学の居館なり」とあるが、『日本城郭大系　巻三　須賀川市条』には「須賀川市日照田字館の『日照田館』は天正年間（一五七三―九二）二階堂氏の家臣日照田大学の居館」とある。また、『姓氏家系大辞典　巻三　日照田条』には「磐城国石川郡日照田邑より起る。須田源次郎家の子に日照田大学あり。又二階堂家の家臣佐久間大学は日照田館に拠る」とあるが、これは、日照田館の館主である佐久間氏の元に、須田源次郎の子が養子に入り、始め佐久間大学を称したが、その後この地名を冠し「日照田大学」に改めたものと考えられる。この他『石川郡誌』には、「同小倉字刑部内の『松が館』も佐久間主殿之助《とのものすけ》の居館」とある。

『笹山氏』（ササヤマ）

笹山氏は、『日本城郭大系　巻三　岩瀬郡条』に「岩瀬郡岩瀬村守屋字笹山の『笹山古城』は笹山権之助の居城」とあるが、この氏の出自等の詳細は不明である。

『塩田氏』（シオタ）

塩田氏は、石川氏族で、『姓氏家系大辞典　巻二　塩田条18』に「磐城の塩田氏、石川郡の塩田邑（現須賀川市塩田）より起る。結城戦場物語に塩田の輿三等見ゆ」とあり。そして、『日本城郭大系　巻三石川郡条』に「湯郷渡字銭神の『銭神館』は、『銭神伊勢守』の居館」とある。しかし、これは須賀川市塩田の直近の小倉字銭神を領していた塩田氏の分流が湯郷渡に移り住み、銭神氏を称したものと考えられる。また、この他塩田氏は、二階堂氏の家臣としても多くの名が見られ、天正十七年の伊達氏との戦いに於いては、「東部衆」として活躍しており、『日本城郭大系　巻三　須賀川市、細桙城条』には「『須賀川市史』によれば、塩田字細久保の『細桙城』は、二階堂氏の家臣塩田氏の居城とされる」とある。

『柴田氏』（シバタ）

柴田氏は、『日本城郭大系　巻三　岩瀬郡条』に「長沼町志茂字新館の『志茂新館』は天正年間（一五七三―九二）、柴田外記の居館」とあるが、この氏の出自等については不明である。

『須賀川氏』（スカガワ）

須賀川氏は、二階堂氏が須賀川に住した事により、二階堂と須賀川の双方を称したもので、『姓氏家系大辞典　巻二　須賀川条』に「藤原南家二階堂氏の称号にして、岩代国岩瀬郡須賀川邑より起る。当地方の大族にして、応永十一年の『奥州大名連署起請文』に『須賀川刑部少輔行副』、室町長禄中内書案に『二階堂須賀河藤壽』等見ゆ」とある。

『須田氏』（スダ）

須田氏は、二階堂氏の重臣で、『日本城郭大系　巻三　須賀川市・須賀川城条』に「永禄九（一四〇二）年七月、須賀川城主二階堂盛義が卒去し、その後、二階堂家の仕切りは、子の蘆名盛隆が行ったが、同十二年盛隆は寵臣大場三左衛門に殺害され、これからは後室が城を守り、家老須田美濃盛秀が実質的な城代を務めた（中略）須賀川城の支配に入った有力豪族は、西部衆の方は濱尾・守谷・保土原・安積の各氏、東部衆は須田・矢田野・塩田・矢部・岩瀬・前田川の各氏で云々」とあり、また、『同　中宿古館条』には「館主の須田源蔵は二階堂家筆頭家老須田秀信の五男」とあり、また、『同　須賀川市条』に「須賀川市和田字大仏の『和田館』は、室町時代、岩瀬郡東部を実質的に支配していた二階堂氏の重臣須田美濃守の居館」とある。そして、『姓氏家系大辞典　巻二　須田条6、8』には「『積達館基考』に『笹川名倉城主須田氏は、岩瀬二階堂氏の臣下にして、佐々木源氏なり』」とあるので、この氏の出自は、宇田天皇四代の孫鎮守府将軍源成頼を祖とする近江源氏である。

『簾田氏』（スダ）

簾田氏は、須田氏の一族と言われ、須賀川市田中字簾田より起こったが、『日本城郭大系　巻三　須賀川市条』に「須賀川市田中字簾田の『蛇石館』は、永禄―元亀年間（一五五八―七三）、簾田豊後守の居館」とあり、また、『同　蛭館条』に「『須賀川市史』によれば、須賀川市小作田字蛭館の『蛭館』の館主は、室町時代の簾田次郎と推定され、簾田氏は戦国時代に岩瀬郡東部を実質的に支配していた二階堂氏の家臣須田氏の一族と思われる」とある（郡山市・須田氏の条参照）。

『田中氏』（タナカ）

田中氏は、二階堂氏の家臣で、須賀川市田中より起こったが、『日本城郭大系　巻三　須賀川市条』に「須賀川市田中字東館の『東館』は、天正年間、二階堂氏家臣田中兵庫の居館」とある氏である。しかし、出自等の詳細は不明である。

『塚原氏』（ツカハラ）

塚原氏は、二階堂氏の家臣で、『日本歴史地名大系　巻七　岩瀬郡・桙衝村条』に「桙衝村（現　須賀川市桙衝）の館に戦国期、二階堂氏の家臣塚原伊予が拠ったと言われる（白河風土記）」とあるが、この氏の出自等については不明である。

『常松氏』（ツネマツ）

常松氏の遠祖は平氏と言われ、『日本城郭大系　巻三　須賀川市、常松館条』に「常松氏は、須賀川二階堂氏が岩瀬郡を領有した二階堂遠江守盛重の時に、二階堂氏の家臣となり、『前田川平館』に住し、のち、『岩淵館（常松館）』主となった。伊達政宗が須賀川城を攻めた天正十七（一五八九）年十月には、岩瀬西部衆保土原江南斉と共に伊達方に付き、須賀川城を攻めた」とある。また、『姓氏家系大辞典　巻二　常松条』に「岩代国岩瀬郡の名族にして、平姓なりと。又長享将軍江州動座着到に、常松坊（御承侍）見ゆ」と。また、『同　常松条』に「肥前淀姫社承元三（一二〇九）年文書に『基肄郡恒松』見ゆ」と。そして、白河市船田の「船田館」にも、室町期に常松入道が居館した（いわき市・彌冨氏の条参照）。

『円谷氏』（ツブラヤ・ツムラヤ）

円谷氏は、石川氏の家臣であるが、二階堂氏の家臣にもその名が見られ、『須賀川市史』に、下宿「円谷与三郎、同左馬允」とある。しかし、これは、石川氏第十六代満持に円谷氏から側室が入り、五男光稙を産み、その光稙は、二階堂出羽守の嗣子となり、名を行省と改めている（石川氏一千年史　第十六代満持条）ので、この時に石川氏の家臣の円谷氏の分流が光稙に随行し、二階堂氏の家臣になったのではないかと考えられる。

また、この円谷氏の起こりは、『角川日本地名大辞典　巻七』に、往古、石川郡塩田邑（現　須賀川市塩田）に「円ヶ谷」という小字があった事が載っており、此処が発祥の地ではないかと考えられる。そして、この円谷という字の訓読は、正しくは「つぶらや」であるのは当然であるが、地元の福島県に於いては全て「つむらや」である。しかし、これは一種の転訛であり然程問題ではない。この他鮫川村には「円井」という姓が数軒存在するが、これは、中世鎌倉の頃は、「谷」を「い」とも訓読していたので、この円谷も、この頃は「つぶらい」と言っていたのかも知れない。例えば「熊谷」を「くまがい」と言うようにである。

そして、石川郡玉川村山新田の「川平館」の館主は円谷外記であった。

『滑川氏』(ナメガワ)

滑川氏は、二階堂氏の家臣で、『日本歴史地名大系　巻七　須賀川市・滑川村条』に「板滑が多かった岩瀬川(滑川の古名)の合流点に由来するとか(岩瀬風土記)、中世二階堂氏が本拠の鎌倉の地名を移したとか言われる(元和老人物語)。『奥陽仙道表鑑』に永禄元(一五五八)年二階堂氏の家臣滑川修理が『柏木館(滑川館)』を築き居住、天正十一(一五八三)年、田村友顕が二階堂氏を攻めて当地まで押し寄せたが、柏木方の防戦で敗れた」とある。そして、この氏の出自は、千葉氏の分流で白川結城氏の家臣であった柏木氏の分流ではないかと考えられる。しかし、『日本城郭大系　巻三　須賀川市・滑川館条』には「鎌倉時代で館主は浜尾氏」とある。

『新国氏』(ニイクニ)

新国氏は、会津の蘆名氏が岩瀬郡へ進出した時に、会津より「長沼城」へ配された氏族であるが、『日本城郭大系　巻三　岩瀬郡・長沼城条』に「『塔寺八幡長帳』によれば、天文十六(一五四七)年八月、蘆名盛高が岩瀬郡に侵入して二階堂盛義と激突したが、これは長沼をめぐる戦闘と見られる。その後『異本塔寺長帳』は、永禄八(一五六五)年に『会津軍兵仙道長沼城代須田氏攻ル。能防、故無利帰ル』と記すが、当時、長沼城をめぐって蘆名盛氏と戦っていた二階堂盛義は、翌九年盛氏に降り、長沼割譲を約した。蘆名盛氏はただちに長沼城主として新国貞通を中地から移住させた。以後、長沼城は蘆名氏の支配下に置かれ、蘆名氏の会津防衛及び仙道攻略の基地となった」とある。その後、蘆名氏は湖南町中野地方にも支配が及び、応仁二（一四六八）年、当地の「小倉城」へ「新国信濃守」が長沼より入城し、田村氏の進攻に備えた。

『服部氏』（ハットリ）

服部氏は、『姓氏家系大辞典　巻三　服部条』に「職業部の一にして、機織を職とせし品部也。神服部・殿服部・呉服部・長幡部等の種類あり」とあるが、つまり服部氏は、往古「機織《はたお》り」等、主に「衣、食、住」のうちの「衣」に関するものを生業《なりわい》とした部族で、「ハトリベ（機織部）」が起源である。そして、この氏族は、その後、全国的に拡散していくが、中でも有名なのが、伊賀上野を本拠地とし「忍者」を生業とした服部一族である。そして、『姓氏家系大辞典　巻三　服部条20』「奥州服部氏の項に『磐城国標葉《しねは》郡、岩代会津郡等に羽鳥の地名あり、この部民のありし地か。而《しこう》して田村家臣に服部氏あり、又岩瀬郡の名族に存し、又『新編会津風土記』に『耶麻郡猪苗代進功靈社。社司服部安休尚由が社なり、安休は始め春庵とて、林道春が弟子にて、後正之に仕へ、侍臣となる。元和五年没す』」とある。そして、『日本城郭大系　巻三　須賀川市条』に「須賀川市和田の『根岸館』は、室町時代、服部蔵人の居館」とある。

『濱尾氏』（ハマオ）

濱尾氏は、二階堂氏族で、『日本城郭大系　巻三　須賀川市条』に「須賀川市浜尾字蔀柄《しとみえ》の『蔀柄館《しとみえたて》』は、鎌倉時代、二階堂氏の家臣、浜尾三河守の居館とあり。また、須賀川市仁井田字陣の内の『片岸館』も、二階堂氏の家臣浜尾氏の居館」とある。そして、『姓氏家系大辞典　巻三　濱尾条1～2』に「岩代国濱尾邑（現　須賀川市浜尾）より起こったが、元々この浜尾の地名の起こりは、藤原南家二階堂氏族の二階堂種泰の後裔続泰が、相模国鎌倉郡濱尾に住し、濱尾氏を称した事により起こったもので、その濱尾氏が二階堂為氏に従って来奥し、当地に構えた館を鎌倉の旧居の名を取り『濱尾御殿』と称した事によるという（藤葉栄衰記）。そして、この濱尾氏は、元々は「北澤氏」であったと言われている（北澤氏の条参照）。

『坂東氏』（バンドウ）
坂東氏は、『日本城郭大系　巻三　岩瀬郡条』に「岩瀬郡岩瀬村守谷字愛宕山の『愛宕山古城』は、鎌倉時代に坂東左馬頭が築城」とあり、また、岩瀬村字西畑の『西畑古城』は、「鎌倉時代、坂東左馬頭家臣の居城」とあるが、この氏の出自等は不明である。

『日照田氏』（ヒデリダ）
日照田氏は、二階堂氏の家臣で、『姓氏家系大辞典　巻三　日照田条』に「磐城国石川郡日照田邑より起る。須田源次郎家の子に日照田大学あり。二階堂の家臣の佐久間大学は、日照田館に拠る」とある。そして、『日本城郭大系　巻三　須賀川市条』に「日照田字館の『日照田館』は、天正年間（一五七三―九二）日照田大学の居館」とある（佐久間氏の条参照）。

『古川氏』（フルカワ）
古川氏は、『日本城郭大系　巻三　須賀川市条』に「須賀川市松塚の『小屋館』は、室町時代、古川式部大輔の居館」とあるが、この氏の出自等は不明である。

『堀田氏』（ホリタ・ホッタ）

堀田氏は、田村氏の家臣ではないかと思われるが、『姓氏家系大辞典　巻三　堀田条12』に「磐城の堀田氏、石川郡の豪族にして、西館（塩田村）は、大治二（一一二七）年、堀田右近大夫光幸、之を築き、天正十七（一五八九）年に至りて落城すとぞ」とある。そして、この氏の起こりは、田村市常葉町堀田ではないかと考えられる。

『保土原氏』（ホドハラ）

保土原氏は、二階堂氏族で、二階堂氏初代工藤行政の二男行村の子行義を祖とし、岩瀬郡保土原邑（現須賀川市保土原）より起こったが、『日本城郭大系　巻三　須賀川市条』に「保土原字館の内の『保土原館』は、天正年間、二階堂氏重臣保土原江南斉の居館、伊達政宗の須賀川攻めの際、保土原氏は伊達方に付いた」とあり。また、『姓氏家系大辞典　巻三　保土原条』に「保土原系図に、その祖を満種―直種―盛種―貞長（小作田の役戦死）―行有」とある。

『前田川氏』（マエダガワ）

前田川氏は、二階堂氏の家臣で、須賀川市前田川より起こったが、『日本城郭大系　巻三　須賀川市条』に「前田川深田前山の『上代館』は、二階堂氏の家臣前田川氏の居館」とあり。また、『同　条』に「須賀川市前田川字前山・岡ノ内の『前田川館』も前田川氏の居館」とある。

『三島木氏』（ミシマキ）

三島木氏は、二階堂氏の家臣で、『須賀川市史』に、古館の須田源蔵家臣「三島木右膳、同治郎太良」の名が見られるが、この氏の出自等は不明である。しかし、田村か白河の西牧（西間木）氏の分流の可能性もある。

『村越氏』（ムラコシ）

村越氏は、二階堂氏の重臣須田氏の家臣で、『日本城郭大系　巻三　須賀川市条』に「須賀川市田中字館の内の『平館』は、天正年間、二階堂氏家臣村越雅樂尉《うたのじょう》の居館」とある。また、『姓氏家系大辞典　巻三　村越条2』にも「清和源氏石川氏族、家譜に『義時流、石川左兵衛尉親康の裔にして、初め石川。兵庫頭顕光に至り、徳川家康に仕え村越と改む』と云ふ。家紋丸に鳩酸草、笹龍膽《ささりんどう》。されど此れより前、奥州石川郡平館は、阿武隈川岸に住し、天正年中、須田の老臣村越雅樂尉此に居住すと見ゆれば、その族にあらんか云々」とある。

『娶川氏』（メトリガワ）

娶川氏は、二階堂氏族で、『姓氏家系大辞典　巻三　娶川条』に「中興系図に『娶川、藤姓』と載せたり。奥州の豪族須賀川二階堂氏の重臣にして、今泉城代に娶川左衛門あり」とある氏である。

『守屋（守谷）**氏』**（モリヤ）

守屋（守谷）氏は、二階堂氏族で、須賀川市守屋より起こったが、『日本城郭大系　巻三　須賀川市・

守谷城（現　須賀川市守屋舘）条』に「本宗の二階堂氏第六代行続は、応永年間（一三九四―一四二八）『須賀川城』を築き、初代行朝の来奥以来在城していた『びわくび館』を引き払い移り、その後に、二階堂一族の守屋祐国が入り『守谷館』と称し居館とした。そして、天正十七（一五八九）年十月の伊達政宗の須賀川城攻めに於いて、守谷筑後俊重は政宗に内応し、城内に火をつけ伊達勢を雨呼り口から引き入れたため須賀川城は落城した」とある。

『柳沼氏』（ヤギヌマ）

柳沼氏は、須賀川市堤字柳沼を起源とすると言われ、『日本城郭大系　巻三　須賀川市条』に「須賀川市堤の『柳沼館』は、室町時代、柳沼正賢の居館」とある。しかし、この氏は元々田村氏の家臣の柳沼氏の分流ではないかと思われ、柳沼の地名も、この氏が住んだ事により起こったものではないかと考えられる。

『矢田野氏』（ヤダノ）

矢田野氏は、二階堂氏族で、『姓氏家系大辞典　巻三　矢田野条1』に「藤原南家、岩代国岩瀬郡矢田野邑より起る。二階堂氏の族にして、二階堂行続の三男盛秀（矢田野三郎）より出づと云ひ、白河風土記に『矢田野城は二階堂の一族同姓阿波守の居墟』と見ゆ。阿波守は矢田野善六郎と云ひ矢田野伊豆守の弟也」とある。そして、『日本城郭大系　巻三　岩瀬郡条』に「岩瀬郡長沼町矢田野の『矢田野城』は長禄年間（一四五六―六〇）、矢田野盛秀が創建」とある。

『矢部氏』（ヤベ）

矢部氏は、二階堂氏の重臣で、この氏は、田村氏族矢部氏の分流と考えられるが、相模国三浦郡矢部郷（現　神奈川県横須賀市大矢部）を発祥とする三浦氏族の矢部氏の分流とも考えられ、『日本城郭大系　巻三　須賀川市・木舟城条』に「『矢部氏系図』によれば、矢部貞清は文安元（一四四四）年、二階堂為氏に従って須賀川入りした。そして、矢部氏は、四代清通の時に狸森城主となり、三千石を領したと言われるが、この狸森城こそ木舟城である」とある。そして、『同　岩瀬郡・高久田館条』に「箭部紀伊守は、鏡石町高久田字前田の『高久田館』を居館とした」とあるが、この氏は、この矢部氏の後裔と考えられる。また、『日本歴史地名大系　巻七　岩瀬郡・高久田村条』には「箭部（矢田部）氏は、村の北端にあった鹿島館（高久田館）に居住したと伝える」とある。

『横田氏』（ヨコタ）

横田氏は、二階堂氏の重臣で、須賀川市横田より起こった。『日本城郭大系　巻三　岩瀬郡条』に「岩瀬郡長沼町横田の『横田館』は、文安―天正年間（一四四四―一五九二）、横田左京の居館」とある。そして、当地は、田村、蘆名、結城にとっても境界を共にする最も重要な垂涎《すいぜん》の的《まと》であり、代々支配者を巡る攻防の戦いが続いたと言われ、『姓氏家系大辞典　巻三　横田条8』に「岩代岩瀬郡横田の豪族に横田治部少輔あり、伊達氏に降る。成実記に見ゆ」とある。

『吉成氏』（ヨシナリ）

吉成氏は、二階堂氏の家臣で、『日本城郭大系　巻三　須賀川市条』に「須賀川市雨田字後中山の『中山城』は、室町時代、二階堂氏の家臣、吉成氏の居城」とあるが、この氏は、田村氏族の矢部氏の分流と考えられる（田村市・矢部氏、吉成氏の条参照）。

『渡辺氏』（ワタナベ）

この渡辺氏は、二階堂氏の家臣で、『日本城郭大系　巻三　須賀川市条』に「須賀川市大桑原字竹の花の『竹の花館』は、二階堂氏の家臣、渡辺氏の居館」とあるが、この氏は、岩城、結城、蘆名の何れかの家臣である渡辺氏の分流と考えられる。

『岩　瀬　郡』

『青池氏』（アオイケ）
青池氏は、『姓氏家系大辞典　巻一　青池《アオチ》条』に「福島県岩瀬郡内に青池氏あり」とあり。そして、『同アヲイケ条』に「肥前大村氏の一族なり、博多日記裏書、彼杵庄の庄官に大村青池小三郎入道、嘉暦三年なる者見ゆ」とある。肥前国は現在の佐賀県及び長崎県の一部である。

『浅賀氏』（アサカ）
この浅賀氏は、安積氏の事で、『姓氏家系大辞典　巻一　浅賀条』に「岩代国の名族にして、安積氏の一族なるべし。『白河風土記』に『飯豊、戦国時代の領主は、浅賀五郎左衛門より四代、同但馬守守氏、其子但馬守守直まで六代を伝へ、天正十七年郡主二階堂家と共に亡ぶ』と見ゆ」とあり、そして、『日本歴史地名大系　巻七　岩瀬郡・天栄村及び飯豊村条』に「飯豊は、中世は『飯土用』と書き、白河庄北方に属し、大里のうち田中外の諸村と共に、地頭結城盛広の所領であった。しかし、この飯土用は大信村飯土用と見る説もある。そして、天栄村飯豊の北東山頂に戦国期、二階堂氏家臣浅賀五郎左衛門が拠った館跡がある」とある。

『飯豊氏』（イイトヨ）
飯豊氏は、前条の浅賀氏の分流と考えられ、『姓氏家系大辞典　巻一　飯豊条2』に「岩瀬の飯豊氏、岩瀬郡飯豊より起る。飯土用氏に同じ。今に現存す」とある氏である。

『飯土用氏』（イイトヨ）
飯土用氏は、『姓氏家系大辞典　巻一　飯土用条』に「岩代国岩瀬郡飯豊より起る。この地延宝頃まで飯土用と記せりとぞ（白河風土記）。此の氏は飯土用庄司の後にして此の地草分けの者なりしが、後那須氏の男子を養ひ、須藤と改むと也」とある。そして、『日本城郭大系　巻三　伊達郡・城ノ倉城条』に、伊達郡川俣町飯坂の「城ノ倉城」を巡る伊達軍櫻田氏と二階堂軍草野氏との戦いの中に、二階堂軍として、須田氏、飯土用氏の名が見られる。

『海村氏』（ウミムラ）
海村氏は、『姓氏家系大辞典　巻一　海村条』に「岩代国岩瀬郡にあり、紋は蔓。信州海野、望月氏の落武者と云ふ」とある。そして、この海野、望月氏は、「大坂冬、夏の陣」で大活躍をし、後世にその名を遺した「真田幸村」を出した真田氏とは同族で、信濃国小県郡の、清和源氏流「滋野氏」を祖とする。

『大久保氏』（オオクボ）
大久保氏は、二階堂氏族で、須賀川市大久保より起こったが、『日本歴史地名大系　巻七　岩瀬郡・大久保村条』に「大久保字宿の『大久保城』には、戦国期二階堂輝行の四男大久保兵部大夫資近が居城した

（岩瀬郡誌）」とある。

『小川氏』（オガワ）

小川氏は、岩瀬郡天栄村字小川より起こったが、『日本城郭大系　巻三　岩瀬郡条』に「天栄村小川字館ノ越の『小川館』は、小川内蔵助の居館」とある。また、『日本歴史地名大系　巻七　岩瀬郡・小川村（現岩瀬郡天栄村小川）条』に「東端に戦国期小川蔵之助の拠ったと伝える城跡があり、本丸、二の丸の地名が残る」とあるが、この氏は、結城氏の家臣と考えられる。

『鏡沼氏』（カガミヌマ）

鏡沼氏は、二階堂氏の家臣の濱尾氏族で、鏡沼邑（現　岩瀬郡鏡石町鏡田かげ沼町）より起こったが、『日本歴史地名大系　巻七　岩瀬郡・鏡沼村条』に「当地の西光寺は二階堂氏の家臣鏡沼藤内の菩提のため永禄年中（一五五八―七〇）に建立したという」とある。

『鹿島氏』（カシマ）

鹿島氏は、二階堂氏の重臣箭部紀伊守の家臣で、『日本城郭大系　巻三　岩瀬郡・高久田館条』に「鏡石町高久田字前田の『高久田館（鹿島館）』は、箭部紀伊守を城主としているが、配下の鹿島八郎、須田大蔵、高久田義兼らがこの館に居住した事も考えられる」とある。そして、当館は、別名『鹿島館』とも言い、この隣地は鹿島であるところから、この鹿島氏の起こりは、この地であると考えられる。

『**桑名氏**』（クワナ）

桑名氏は、二階堂氏の家臣で、『日本歴史地名大系　巻七　岩瀬郡・下大里村（現　岩瀬郡天栄村大里）条』に「桑名屋敷は、二階堂家臣桑名因幡の屋敷跡に由来する」とあるが、この氏の出自やその他詳細については不明である。しかし、この氏は桑名の蛤で有名な三重県桑名市を発祥とする氏族の可能性もある。

『**須藤氏**』（スドウ）

須藤氏は、『姓氏家系大辞典　巻二　須藤条18』に「岩瀬郡飯豊邑の名族に須藤氏あり、飯土用庄司の裔なり」とある。そして、『同　飯土用条』に「此の氏は飯土用庄司の後にして、此の地草分けのものなりしが、後那須氏の男子を養ひ、須藤と改む也」とあるが、この氏も、他の須藤氏と同じであるが、須藤氏は殆ど那須氏の前姓の須藤氏である（飯土用氏の条及び田村市・須藤氏の条参照）。

『**瀬和氏**』（セワ）

瀬和氏は、『姓氏家系大辞典　巻二　瀬和条』に「岩代国岩瀬郡の名族なり」とのみ記されているが、その他この氏の詳細は不明である。

『**高久田氏**』（タカクダ）

高久田氏は、二階堂氏の重臣箭部紀伊守の家臣で、岩瀬郡鏡石町高久田より起こったが、『日本城郭大系　巻三　岩瀬郡・高久田館条』に「高久田字前田の『高久田館（鹿島館）』は、箭部紀伊守を城主としているが、配下の鹿島八郎、須田大蔵、高久田義兼等が居住した事も考えられる」とある氏である（鹿島氏の条参照）。

『成田氏』（ナリタ）

成田氏は、石川氏族で、石川氏第四代光義の三男光治が、石川郡成田邑（現　岩瀬郡鏡石町成田）を与えられ移り住み、成田氏を称し始祖となったが、その後光治は、石川宗家の命により、「源平合戦」に参陣し、その功により、美濃国市橋の地（現　岐阜県岐阜市市橋）を与えられ移り住み、多くの氏族を輩出し、現在美濃地方に存する石川氏の多くは、この子孫であると言われている（石川氏一千年史　第四代光義条）。

『深内氏』（フコウ）

深内氏は、岩瀬郡鏡石町深内より起こったが、『日本城郭大系　巻三　岩瀬郡条』に「鏡石町深内の『江泉館』は、深内藤内の居館」とある。しかし、この氏の出自等は不明である。

『守屋氏』（モリヤ）

この守屋氏は、『日本歴史地名大系　巻七　岩瀬郡・町守屋村（現　須賀川市守屋（旧　岩瀬村守屋））条』に「応永十一（一四〇四）年頃と推定される、国人一揆傘連判断簡（秋田藩家蔵　白川文書）に、石川伊東一族とともにみえる『守屋藤原裕国』は二階堂一族と見られる。天正十七（一五八九）年十一月二十二日の伊達政宗充行状写（伊達家文書）によれば、守屋俊重に本領である『守や』十七貫文ほかを安堵している」とあるが、この守屋氏は須賀川市内の守屋氏族とは祖を一にするも別系と考えられる。

『箭部氏』（ヤベ）

箭部氏は、二階堂氏の家臣で、『日本城郭大系　巻三　岩瀬郡・高久田館条』に「岩瀬郡鏡石町高久田字前田の『高久田館（鹿島館）』は、二階堂氏の重臣箭部紀伊守を城主としているが、配下の鹿島八郎、須田大蔵、高久田義兼らが居住した事も考えられる」とある。そして、この氏は、二階堂氏の重臣の矢部氏の変姓ではないかと考えられる（須賀川市・矢部氏の条参照）。

『白　河　市』

『結城氏（ユウキ）（白川）』

福島県南地方の白河市を中心とした西白河郡から東白川郡にかけての繁栄の礎《いしずえ》を築いたのは「白川結城氏」である。

その結城氏は、藤原北家秀郷流小山氏族で、小山氏の始祖「政光」は、秀郷流の直系とする太田氏を継ぎ、下野国都賀郡太田（現　栃木県栃木市太田字府城）に住していたが、下野大掾《しもつけだいじょう》となり、同国小山郷（現　栃木県小山市）に「小山城（祇園城）」を築き移り住み、小山氏を称し始祖となった。その後、この小山政光は、秀郷流の直系として、下野権大介《しもつけごんのおおすけ》、押領使《おうりょうし》、御厨別当識《みくりやべっとうしき》を相伝し、一族の長《おさ》として擢《ぬき》んでた権力を持ち君臨し、坂東に於ける藤原氏繁栄の基盤を構築した。

政光の妻は、八田武者所宗頼の娘の「寒川尼」で、源頼朝の乳母の一人であったが、頼朝が平家討伐の旗挙げをし、「石橋山の合戦」に於いて平家方に惨敗し、安房国へ逃れ、再起を図るに当たっては、夫政光が大番役として在京中にも拘らず、長子朝政、次子宗政、三子朝光等一族に対し頼朝に与するよう促《うなが》し、自らは三子朝光を引き具し、隅田宿（現　東京都隅田河畔）に参上し、頼朝に、朝光を側近として奉公させたいと懇願《こんがん》した。そこで頼朝は、この子を召して自ら元服をさせ、自らの烏帽子を与え、「烏帽子親《えぼしおや》」となり、朝光は、頼朝の「烏帽子子《えぼしご》」となり諱字《きじ》を与えられ、宗朝、後「朝光」を実名とし、近侍衆として仕える事となった（吾妻鏡　治承四年十月二日条）。

その後、この三兄弟は、「野木宮合戦」や「源平合戦」を経て、鎌倉幕府が樹立されるや、長子朝政は家督を相続したが、次子宗政は、その功により、下野国長沼庄（現　栃木県真岡市長沼）を与えられ、長沼氏を称し、三子朝光は、下野国結城郡（現　茨城県結城市及び結城郡）を与えられ、結城氏を称した（吾妻鏡　治承四年九月二十八日条等）。また、寒川尼は、女ながらにして寒川郡及び網戸郷《あじとごう》を賜った（同　文治三年十二月小一日条）。

そして更に、この三兄弟は、その後に勃発した文治五（一一八九）年の源頼朝による「奥州征伐（文治の役）」にも参陣し、阿津賀志山の戦い等に於いて大活躍し、その功により、長子朝政は、陸奥国菊田庄（現いわき市南半）の地頭識に任ぜられ、次子宗政は、同国岩瀬郡及び長江庄（南山）（現　南会津郡大川流域）を与えられ、三子朝光は、同国白川郡（現　白河市及び西白河郡）及び岩瀬郡の一部、それに同国名取郡（現宮城県名取市）を与えられた（姓氏家系大辞典　巻三　結城条6等）。そして、『日本歴史地名大系　巻七西白河郡条』に「それ以前の白川庄は『吾妻鏡　文治四年三月十七日条』に『陸奥国白河領、元信頼卿知行後、小松内府領事』と見え、平重盛であったが没官され頼朝の支配下に入った」とある。その後、この朝光は、頼朝に信任され、側近として御家人中に重きを為し、所領は、結城領一〇八郷、下妻三十三郷、富尾七郷、長沼十二郷、山川十三郷、それに相模国大場庄十二郷、及び肥後小島庄の一部という広大なものであった。しかし、朝光がこのように厚遇されたのは、朝光は、頼朝の「隠し子」であったためという説もある。

そして、『姓氏家系大辞典　巻三　結城条2』頼朝落胤説に「結城系図に『頼朝―朝光（母八田右衛門尉宗綱女、称寒河尼）』と載せ。又小山結城系図に『朝光、頼朝御子也』と見え、又秀郷流小山系図に『朝光、結城七郎、上野守、称名日阿弥陀。頼朝御子也。建長五（一二五三）年癸丑《みずのとうし》二月二十四日、御年八十八』と。又中山本結城系図に『朝光、母八田宗圓の娘。仁安二（一一六七）年誕生。頼朝二十歳、母二十二歳朝光を生む、嫡子たりと雖《いえども》云々（中略）』」とあるが、これでは、寒川尼は宇都宮氏の始祖宗円または二代宗綱の娘という事になる。しかし、宇都宮氏は、初代宗円から三代朝綱まで八田氏を称したとも言われているので必ずしもこの説が間違っているとは言い切れないが、ただ、宗円は「前九年の役」頃の人物なので、年代的に無理がある。

そして、これらの地は、その後、結城本宗を中心に一族によって管理されていたが、朝光の孫「祐広」は、このうちの白川郡を与えられ、十三世紀中期に下向し（日本歴史地名大系　巻七　白河市・搦目城跡条）、正応二（一二八九）年、白川郡搦目山に「白川城（搦目城）」を築き居城とし、白川結城氏の始祖となったのである。

その後、この白川結城氏は、「建武中興」に於いては、陸奥守兼鎮守府将軍の北畠顕家《あきいえ》より、第二代宗広、親朝親子が揃って「式評定衆」に任命され、更に勅裁《ちょくさい》により、下総宗家をも従える「結城惣領」を認められた。そして、同じ式評定衆となった伊達行朝、二階堂行朝、顕行親子等と共に活躍するが、その後の「南北朝期」にあっては、特に「結城宗広」は、南朝方の旗振りとして先頭に立ち、後醍醐天皇をして、「道忠（宗広の号）は公家の御宝」との言葉を賜る程の活躍をした。

しかし、その後、戦況が変わり、延元元（建武三、一三三六）年、楠木正成が「湊川の戦」に於いて戦死したのに続き、北畠顕家が二年後の同三年五月和泉国石浦にて戦死し、更に新田義貞も同年、越前国藤島に於いて戦死し、その上「結城宗広」までもが同年伊勢国安濃津（現　三重県津市）に於いて客死するに及んで、奥州南朝方の豪族が次々と北朝へ降る中、嫡子親朝も絶える事が出来ず、興国四（康永二、一三四三）年、「わが死後も南朝に徹せよ」との父宗広の遺言を無視し、遂に北朝方へ降った。そして、間もなく家督を顕朝に譲り隠退し、自らは小峯の地（現　白河市郭内）に館を構え「小峯氏」を称し、小峯氏の始祖となるが、この小峯の姓は所領と共に、後年、次子朝常に相伝されるのである。

その後、この結城氏は、戦国期にあっては、隣国石川氏、二階堂氏、田村氏等と抗争を繰り返し益々勢力を持ち、一時は南奥は基より、宇都宮、那須、佐竹氏までをも指導するほどになった。

しかし、第八代政朝の晩年に至り、同族小峯氏との間に確執が起き、小峯直常は顕朝を擁護し、政朝と戦うべく岩城常隆に援軍を請うたが、これが思わぬ「蟻の一穴」となり、代々に亘って築き上げられた盤石の堤も崩壊の一途を辿るのである。そして、磐城地方に有した所領は、その代償として岩城氏に取り上げられ、石川や佐竹領内に有した多くの所領も次々と失い勢力を弱めていくのである。

そして、更に天正三（一五七五）年、第十二代義顕が僅か七歳だったのに目を付けた小峯義親は、正月初野の鷹狩始めの行事の留守を狙い、義顕を追い落とし本宗乗っ取りを謀ったが、それを機に、今度は常陸の佐竹氏が南奥進出に転じ、白河領の所々に於ける激戦の末、最後は、白川領は佐竹氏によって完全に席巻され佐竹領となるのである。

そして、この佐竹領となった旧白川領は、天正十三（一五八五）年の二本松の畠山義継による伊達輝宗謀殺事件に端を発し、その畠山を始め、会津の蘆名、須賀川の二階堂、滑津の舟尾の諸氏は、輝宗の嫡男で伊達の当主である若き「政宗」によって次々と攻陥され、同十八年白川領も一時この「伊達政宗」によって奪われ伊達領となった。しかし、それもまた僅か四ヶ月にして、今度は豊臣秀吉により、「小田原遅参の科」で没収され、蒲生氏郷に与えられたのである。

この結果義親は、自国を追われ、頼るべき当てもなく諸国を流浪していたが、慶長七年六月に至り、伊達政宗を頼り家臣となり、三百石を知行し仙台にて没した。これにより、結城祐広が正応二年、白川搦目山に城を築き、以後十三代義親に至る三百有余年に亘って繁栄した南奥の覇者結城氏も、終焉を迎える事となるのである。

『青木氏』（アオキ）

青木氏は、結城氏の家臣で、『白河市史　巻上　天正十三（一五八五）年正月の白河義親家頼礼式帳条』に、「青木筑前守」の名が見られる。また、『白河古事考　巻四　阿武隈川の戦記条』にも、その名が見られるが、この氏は伊達郡青木邑より起こった青木氏の一族ではないかと考えられる（伊達郡、郡山市、西白河郡・青木氏の条参照）。

『青沼氏』（アオヌマ）

青沼氏は、結城氏の家臣で、『白河市史　巻上　天正十三年正月の白河義親家頼礼式帳条』に、「青沼右馬之丞」の名が見られるが、その出自等は不明である。しかし、『姓氏家系大辞典　巻一　青沼条』に「清和源氏逸見氏の一族で、甲斐国青沼より起った氏族で、陸前並に津軽地方の名族となれるものあり」とあるので、この氏との関係も考えられる。

『青柳氏』（アオヤギ）

青柳氏は、結城氏の家臣で、『白河市史　巻上　天正十三年正月の白河義親家頼礼式帳条』に、「青柳和泉守」の名が見られるが、その出自等については不明である。ただ、常陸佐竹氏の家臣にも青柳氏がおり、この氏との関係も窺われる。

『足立氏』（アダチ）

足立氏は、結城氏の家臣で、『白河市史　巻上　天正十三年正月の白河義親家頼礼式帳条』に「足立対馬守」の名が見られるが、この氏の出自は田村氏族の安達（足立）氏の分流と考えられる（二本松市・安達〔足立〕氏の条参照）。

『我妻氏』（アヅマ）

我妻氏は、場所により、吾妻、上妻、揚妻と書いたり、訓読も「アガツマ」と読んだりもするが、この氏は、白川結城氏の家臣にも存し、常陸から南奥にかけて繁栄しており、『姓氏家系大辞典　巻一　吾妻条』に「上野国に吾妻郡あり、和名抄、阿加豆末と訓ず、相模国餘移郡（中郡）及び上総国望陀郡（君津郡）に吾妻神社あり、共に『アガツマハヤ』の故事によりて弟橘姫を祭ると云ふ。①に此の氏は此等の地名を負ひしなり」とあり。また『同　条3』に「秀郷流藤原氏族、下河辺系図に『秀郷―千常―文脩《ふみのぶ》―兼光―兼助（吾妻二郎）―兼成（吾妻権守）とあり、結城系図等皆同じ。其の子光忠・淵名修理助と称す。吾妻郡岩櫃城《いわびつじょう》は吾妻氏の拠りし地にして建久以来居たりしが、其の滅ぶるに及び下河辺行家代りて吾妻氏を冒す云々』」とある。また『同　条6』に「磐城の吾妻氏、吾妻山など云ふ地方より起こりしか田村郡にあり」とある。しかし、この氏は、下総の結城本宗や白川結城氏の重臣として、代々に亘って活躍した多賀谷氏が、武蔵国埼玉郡多賀谷郷（現　埼玉県加須市田ケ谷）に起こり、常陸国下妻（現　茨城県下妻市）へ移り、代々「多賀谷城」に居城しているので、その一族が「上妻氏」を称し、後に「吾妻氏」や「我妻氏」に転化したとも考えられる。ただ、この下妻の地には、この氏の前に、桓武平氏伊佐氏流、同族大掾氏流、藤原秀郷流小山氏族等が住しており、『同　巻二　下妻氏条1』には「桓武平氏伊佐氏流が住し」、『同　条2』には「同流大掾氏族が住し」とあり、更に『同　条3』には「秀郷流藤原姓小山氏流、前項の後をうけて、下妻の地を領し此の氏を称す（中略）尊卑文脈に『秀郷九世孫小山左衛門尉長朝（朝長）—長政（下妻修理権亮）—政泰・弟景政・弟長光（下妻入道）及び長政の弟長村（下妻出羽守四郎）』と見え」とあるので、これらの氏族の可能性もある。また近地の茨城県つくば市桜には「吾妻」という地名が存在する（多賀谷氏、有賀氏の条参照）。

『荒生氏』（アラオ）

荒生氏は、結城氏の家臣で、『白河市史　巻上　天正十三年正月の白河義親家頼礼式帳条』に「荒生掃部右衛門」の名が見られるが、この氏の出自等は不明である。

『有賀（有我）氏』（アリガ）

有賀（有我）氏は、結城氏の家臣であったと言われているが、この氏は、結城氏の重臣であった多賀谷氏の前姓と考えられ、『姓氏家系大辞典　巻一　有賀条』に「武蔵の有賀氏は、野与党にして、桓武平氏なりと称し、而《しこう》して有賀平太頼基の子光基は多賀谷氏の祖となる。崎西庄《きさいのしょう》小塙系図に見えたりと。頼基は野与基永の孫なり。此の有賀氏は武蔵より磐城地方に現存す。その他、奥州には信濃甲斐より移れる有賀氏あり」とある。そして、この有賀氏は、野与党（武蔵七党の一）の方と考えられ、多賀谷氏初代光基の父が有賀氏初代頼基なので、この多賀谷氏との関係が窺われ、茨城県水戸市内原町には、有賀の地名と共に「有賀神社」が存在するが、有賀氏は当地の発祥の可能性が高い。そして、白川結城氏の家臣となった後は、旧有賀と新姓多賀谷の双方を名乗り、分流していったものと考えられる。また、『日本歴史地名大系　巻七　西白河郡大竹村（現　白河市東上野出島）条』に「安政二（一八五五）年当村と下野出島村との間に村境争いが起きたとき、双方の村役人が各条項を取決め、証人に上野出島村庄屋関根永作、釜子村庄屋有賀猶太郎、小貫村（現　石川郡浅川町）庄屋吉田達之助、栃本組大庄屋根本八左衛門、宮村組大庄屋市川覚左衛門がなって和解、示談が成立している。（神宮寺文書　東村史）」とある。また、信濃の有賀氏は、訓読は「アルガ」であり、その発祥は諏訪湖の直近の諏訪郡有賀邑で、出自は諏訪明神の神職である。そして、『同　釜子村（現　白河市東釜子）条』に「元禄六年から有賀家が下釜子の庄屋に、鈴木家が上釜子の大庄屋となる」とある。

『**飯村氏**』（イイムラ）

飯村氏は、結城氏族で、その起こりは白川庄飯村であるが、『白河市史　通史編　巻一　中世　第一章第二節』に「飯村は現在の白河市飯沢かとする説がある」とある。そして、『白河市史　巻上　天正十三年正月の白河義親家頼礼式帳条』に「飯村薩摩守」の名が見られる。

『**石塚氏**』（イシヅカ）

石塚氏は、『白河古事考　巻四　阿武隈川の戦記条』に「河東田側には和泉崎右馬頭、先陣に駆付、大畠大学、中畠上野介、石塚、野崎、野木、青木、渡部等を始め、山王森に控えたり」とある氏であるが、この氏は、佐竹氏の家臣の石塚氏が、白川結城氏へ転じたものと考えられる。しかし、『白河郷土叢書

下巻　白河関物譚　巻之下条』の「中畑上野助居城を落し給ふ事」の項に「中畑上野助が伊達政宗により居城の三城目城を追われ、相馬の知り合いを頼って落ち延びる途上、三春行合村に於いて、野武士に襲われ落命したが、家臣の『石塚掃部《かもん》』は、その首を取って帰り、三城目に塚を築いて弔った」とあるので、この氏の事と考えられる（西白河郡・中畠〔中畑〕氏の条参照）。

『石原氏』（イシハラ）
石原氏は、結城氏の家臣で、『白河市史　巻上　天正十三年正月の白河義親家頼礼式帳条』に「石原豊後守」の名が見られるが、この氏の起こりは、白河市東下野出島字石原ではないかと考えられる。

『泉田氏』（イズミダ）
泉田氏は、結城氏の家臣で、『白河市史　巻上　天正十三年正月の白河義親家頼礼式帳条』に「泉田彦右衛門」の名が見られるが、その起こりは、白河市泉田で、この氏は、新小萱氏の分流ではないかと考えられる。また、『白河古事考　巻四　寛文七年未八月四日の御本名之覚条』にも「大田川村、泉田長兵衛」の名が見られる。

『井上氏』（イノウエ）
井上氏は、結城氏の家臣で、『日本城郭大系　巻三　西白河郡条』に「天正年間（一五七三—九二）、大信村隈戸字上小屋の『大山館』は、井上紀伊守の居館」とあるが、天文十八（一五四九）年の『奥州永慶軍記、赤館合戦の事（棚倉町史）条』にも井上氏の名が見られる。

『井残氏』（イノコシ）

井残氏は、結城氏の家臣で、『白河市史　巻五　永享十二年の結城氏朝上洛時の白川熊野御参詣之御供人数条』に「井残将《ママ》監」の名が見られるが、この氏は、「猪越氏」の事と考えられる。そして、この後裔と思われる猪越氏は、現在白坂地方に存在する。

『薄井氏』（ウスイ）

薄井氏は、結城氏の家臣で、『白河市史　巻上　天正十三年正月の白河義親家頼礼式帳条』に「薄井平右衛門」の名が見られ、また、『日本歴史地名大系　巻八　常陸太田市・大森村（現　茨城県常陸太田市大森町）条』に「『新編常陸国誌』に『大森館跡、長四十間、横二十間、薄井玄蕃是ニ居ル、佐竹氏秋田ニ移ルニ従ヒ館廃ス』」とある。しかし、この姓は、現在、栃木県北部から福島県南中部にかけて繁栄し可成りの数に上っている。そして、『姓氏家系大辞典　巻一　薄井条』に「下総、羽後にこの地名ありて信濃、備前、岩代等にこの氏あり、臼井、碓井《うすい》と通ずべし、又下野武茂《むも》氏の長臣に薄井備中守あり、前述下野碓井氏と同旗か」とある。そして、『同　碓井条3』に「下野の碓井氏、『下野国誌。宇都宮朝業《ともなり》条』に『碓井太郎業秀《なりひで》、当家に来たり家臣となる』云々、又『若目田系譜』に『左大臣橘諸兄《たちばなのもろえ》公の後裔碓井荒太郎貞光末孫左衛門太郎業秀、宇都宮朝業の聟となり、塩谷領内若目田郷三十町を知行す』と見ゆ」とあるが、これはつまり、天智天皇の第四皇女である「元明天皇」が、「命婦《みょうぶ》」として最も信頼のおける女官長の「縣犬飼《あがたいぬかいの》美千代《みちよ》」に対し、当時都に於いて芳香を放つ霊木として崇《あが》められていた「橘《たちばな》」を、姓として与えたのが「橘姓」の起源であるが、この橘の姓を「美努王」との間に儲けた「諸兄王」が「臣籍降下」して相伝し、「橘諸兄」となったが、この後裔の碓井荒太郎貞光の末孫左衛門太郎業秀が、宇都宮氏第四代成綱の四男宇都宮〔塩谷〕朝業の聟となり、下野国塩谷郡若目田郷三十町を領し、下野国、碓井氏の始祖となった。

そして、この「碓井」が「薄井」に転化し、その後、栃木県北部から福島県南中部にかけて繁栄していったものと考えられる。

『薄氏』（ウスイ・ススキ）

薄氏は、結城氏の家臣で、『白河市史　巻上　天正十三年正月の白河義親家頼礼式帳条』に「薄小太郎」の名が見られ、この氏は、薄井氏の分流ではないかと考えられるが、別に常陸大掾氏流眞壁氏の家臣で、真壁政幹《まかべまさもと》の代官を務めた者に「薄景教《すすきかげのり》」がおり、この氏は、「武蔵七党」の一つ「丹党」の分流と言われ『姓氏家系大辞典　巻一　薄条1』に「丹治姓丹党。武蔵国の豪族にして、秩父郡薄邑より起る。丹党系図に『武平（二大夫、又曰武峰、天慶年中、故ありて、武州に流され、秩父郡、加美郡、一井、加世等押領す。後免され上洛）—（薄）長房（薄二）—能房《よしふさ》（四二）—能行』また、能房の弟『織原丹五泰房—能直（薄小二）—能国（薄弥二）その子、小二郎行貞・四郎時國、五郎有能、行貞の子彦次郎宗行、弥二郎行有』と見えたり」とある。しかし、これらの氏族の、訓読も「ウスイ」か「ススキ」か判然としない。そして、古殿町松川には「薄木」という小字があり、当地の発祥の可能性もある。

『浦部氏』（ウラベ）

浦部氏は、結城氏の家臣で、『白河市史　巻上　天正十三年正月の白河義親家頼礼式帳条』に「浦部新右衛門」の名が見られるが、この氏の出自等については不明である。

『江端氏』（エバタ）

江端氏は、結城氏の家臣で、『白河市史　巻上　天正十三年正月の白河義親家頼式帳条』に「江端新左衛門」の名が見られるが、この氏の出自等については不明である。ただ、『日本歴史地名大系　巻七　いわき市・江畑村（現　いわき市江畑町）条』に「中世は菊田郡に属した」とあるので、中世この地を領した下野国小山氏族藤井氏（後上遠野氏）の分流がこの地に住し、江畑氏を称し、その後白川結城氏の家臣に転じ「江端氏」を称したという事も考えられる。

『遠藤氏』（エンドウ）

この遠藤氏は、結城氏の家臣で、『白河市史　巻上　天正十三年正月の白河義親家頼礼式帳条』に「遠藤将監、同肥後守、同備中守、同新右衛門、同左近」等の名が見られるが、この他遠藤氏は、県内の殆どの豪族の家臣にその名を見る事が出来、現在に於いてもこの姓は県内各地にあり、可成りの数に上っている（この氏の出自については福島市・遠藤氏の条参照）。

『大串氏』（オオグシ）

大串氏は、結城氏の家臣で、『白河市史　巻上　天正十三年正月の白河義親家頼礼式帳条』に「大串左馬之丞、同治部少輔」の名が見られるが、この氏は、常陸国那珂郡大串邑より起こった佐竹氏の家臣の大串氏の分流と考えられる。この他大串氏には武蔵七党の一の横山党の分流で、武蔵国横見郡大串邑（現　埼玉県比企郡吉見町大串）を起源とし、「源平合戦」に於いて活躍した大串次郎重保（重親）がいる。

『**大里氏**』（オオサト）
大里氏は、結城氏の家臣で、『白河市史　巻上　天正十三年正月の白河義親家頼礼式帳条』に「大里刑部大夫」の名が見られるが、この氏は、天栄村大里より起こったものと考えられる（須賀川市・大里氏の条参照）。

『**大塩氏**』（オオシオ）
大塩氏は、結城氏の家臣で、『白河市史　巻上　天正十三年正月の白河義親家頼礼式帳条』に「大塩太郎兵衛」の名が見られるが、この氏の起こりは東白川郡鮫川村赤坂西野字大塩と考えられ、石川氏族赤坂氏の分流ではないかと思われる。しかし、岩代国耶麻郡大塩邑より起こった五十嵐氏流大塩氏（姓氏家系大辞典　巻一　大塩条4）もいるので、この分流の可能性もある。

『**太田氏**』（オオタ）
太田氏は、結城氏族で、『姓氏家系大辞典　巻一　太田条62』に「結城系図に『朝光（結城七郎）―朝広（上野介）―祐広（奥州白河居住）―宗広（結城上野入道）―親朝、弟親光（号太田大夫判官、九郎左衛門、宮の御方となる）』」とあるので、この親光が、太田氏を称した事により起こったものである。

『**大竹氏**』（オオタケ）
大竹氏は、『白河市史　巻上　天正十三年正月の白河義親家頼礼式帳条』に「大竹加賀守」の名が見られるが、その起こりは、白河市東上野出島字大竹、東白川郡鮫川村赤坂東野字大竹、石川郡古殿町山上字大竹の何れかではないかと考えられる。

『大塚氏』（オオツカ）

大塚氏は、常陸の佐竹氏の一族で、佐竹氏第十代貞義の三男師義が、常陸国手綱大塚邑（現　茨城県北茨城市磯原町大塚）を領し、大塚氏を称した事により起こったが、『姓氏家系大辞典　巻一　大塚条19』に「清和源氏佐竹氏流、磐城国白川郡の豪族にして、羽黒館に拠る。関物語に『永正二年、佐竹氏族、大塚氏、佐竹に背き、結城家に属して当城に居る』」とあり。そして、『白河古事考　巻四　阿武隈川の戦記条』に「天正七（一五七五）年五月十五日の白川義親と佐竹義重による白川領争奪戦に於いては、白川軍中にあって、大塚為久、長男富左衛門、二男小八郎親子達が、嘗《かつ》ての主家佐竹軍を対手に激戦を繰り返し活躍している」。そして、『日本歴史地名大系　巻七　東白川郡・塙村条』に「この氏は、塙の『羽黒館』を居館とした」とあり。また、『同　羽黒館跡条』には「中世の山城で羽黒城ともいう（中略）。築城者、築城時期とも不明だが、天喜二（一〇五四）年源義家が築城し、一〇年余常陸大掾平国香が領していたとの伝説がある（棚倉往古由来記）」とある。しかし、源義家は一〇三九年―一一〇六年の者であり、平国香は、九三五年に、「天慶の乱」で甥の平将門に討たれているので年代的に符合しない。

『大山氏』（オオヤマ）

大山氏は、結城氏の家臣で、『白河市史　巻上　天正十三年正月の白河義親家頼礼式帳条』に「大山左近」の名が見られるが、その起こりは、白河市小田川字大山ではないかと考えられる。しかし、佐竹氏の分流に『日本歴史地名大系　巻八　東茨城郡・大山村条』に「佐竹氏第十一代義篤の四男義孝が、大山の地（常陸国那珂西郡大山邑（現　茨城県東茨城郡城里町桂字阿波山）」に封ぜられ、大山氏を称し（中略）のち因幡守を号した」という氏がいるので、この大山氏の分流の可能性もある。

『大谷地氏』（オオヤジ）
大谷地氏は、『姓氏家系大辞典　巻一　大谷地条』に「磐城国白川郡大谷地邑より起る」とのみ記されている氏であるが、その大谷地とは現在の白河市豊地字大谷地と考えられる。そして、この氏は、刎石氏族ではないかと考えられる（刎石氏の条参照）。

『大和田氏』（オオワダ）
大和田氏は、結城氏、石川氏、伊達氏、田村氏等と多くの家臣に見られるが、その起こりは、白河市大和田で、『姓氏家系大辞典　巻一　大和田条6』に「磐城の大和田氏、白川郡大和田邑より起る。白石氏の館跡あり、同郡浅川攻めの武将に大和田左近、白石式部等とありて戦死す」とある。

『岡部氏』（オカベ）
岡部氏は、結城氏の家臣で、『白河市史　巻上　天正十三年正月の白河義親家頼礼式帳条』に「岡部刑部左衛門、同与一左衛門、同藤六」等の名が見られるが、『日本歴史地名大系　巻七　西白河郡・富沢郷条』にも「天文二十（一五五一）年三月日の結城晴綱等二人連署判物（奥州文書）によれば、向之内岡部太郎左衛門跡、幷《ならび》に富沢之内永田文八あとが忍《おし》太郎左衛門に与えられている」とある。また、『姓氏家系大辞典　巻一　岡部条19』に「磐城の岡部氏、白川郡山上村の旧家に岡部氏あり、古文書蔵す」とあるので、この族かと思われる。しかし、現在、東国全般に見られる岡部氏の多くは、武蔵七党の一の猪股党の分流で、「源平合戦、一の谷の戦い」で、平忠教を討取り名を馳せた「岡部六弥太忠澄《おかべのろくやたただずみ》」を出した岡部氏で、『同条1』に「武蔵国榛澤《はんざわ》郡岡部より起る。小野氏系図に『猪股時範―忠兼―忠綱（岡部六太夫）―行忠（岡部六郎）―忠澄（六郎、野六、即六弥太の事也。一の谷合戦、平忠教朝臣を討取る）云々』」とある。そして、この地は、現在の埼玉県深谷市岡、普済寺、岡部に及ぶ地であり、岡部氏は当地を起源とするが、白河の岡部氏も元々はこの分流ではないかと考えられる。

『小川氏』（オガワ）
小川氏は、結城氏の家臣で、『白河市史　巻上　天正十三年正月の白河義親家頼礼式帳条』に「小川大蔵之丞、小川掃部之助」の名が見られるが、この氏は、岩瀬郡の小川氏族と考えられる（岩瀬郡・小川氏の条参照）。

『奥田氏』（オクダ）
奥田氏は、『白河市史　巻上　天正十三年正月の白河義親家頼礼式帳条』に「奥田大学祐」の名が見られるが、この氏の出自等については不明である。

『忍氏』（オシ）
忍氏は、結城氏の家臣で、『白河古事考　巻四　阿武隈川の戦記』に「忍右京」の名が見られるが、この氏は武州の忍氏族と考えられ、その出自は『姓氏家系大辞典　巻一　忍条1』に「武蔵の忍氏、埼玉郡より幡羅郡に亘りて忍庄あり、後世忍城ありて、天下に名を挙ぐ。忍氏此の地より起りし氏にて東鑑《あずまかがみ》巻十に、忍三郎、忍五郎を載せ、又四十に忍入道、四十八に忍小太郎など見えたり」とある。

『小田氏』（オダ・コダ）

小田氏は、結城氏族で、『姓氏家系大辞典　巻一　小田条12』に「磐城国白川郡小田郷より起こりしか。一本結城系図に、朝廣の子盛廣（摂津守、小田）とあるより出づ、他の諸系図には盛廣（道栄）を、朝廣の孫、廣綱の子とす」とあるが、その小田郷とは、現在の小田川辺りではないかと思われる。そして、朝廣の子盛廣とは、朝廣の孫の盛廣の事と考えられる（白河市・小田川氏の条参照）。

『小高氏』（オダカ）

小高氏は、結城氏の家臣で、『白河市史　巻上　天正十三年正月の白河義親家頼礼式帳条』に「小高外記、小高杢之助」の名が見られる。この氏は、石川氏第九代光長の四男光助が、石川郡玉川郡小高を領し、小高氏を起こし、後代になり、結城氏の圧力に屈し、一時、その麾下《きか》として組み入れられたと言われているので、この分流と考えられる（塩澤氏の条及び石川郡・小高氏の条参照）。

『小田垣氏』（オダガキ）

小田垣氏は、結城氏の家臣で、『白河市史　巻上　天正十三年正月の白河義親家頼式帳条』に「小田垣源左衛門」の名が見られるが、この氏は、南会津の小田垣氏の分流ではないかと考えられる。

『小貫氏』（オヌキ）

小貫氏は、結城氏の家臣で、『白河市史　巻上　天正十三年正月の白河義親家頼礼式帳条』に「小貫左馬之助」の名が見られるが、この氏は、石川一族で石川郡浅川町小貫より起こった小貫氏の分流と考えられる（石川郡・小貫氏の条参照）。

『小野氏』（オノ）

小野氏は、結城氏の家臣で、『白河市史　巻上　天正十三年正月の白河義親家頼礼式帳条』に「小野靫負《ゆげい》」の名が見られるが、その起こりは、石川郡浅川町里白石字小野久保又は白河市東野出島の旧小野田村か或いは田村の小野氏族ではないかと考えられる。しかし、『姓氏家系大辞典　巻一　小野条14、18』に「常陸国那珂郡小野邑発祥の佐竹氏第十四代義憲（初義久）―義俊（伊與守）、弟義森（小野左衛門佐）と載せ」とある氏もあるので、この氏の分流の可能性もある。

『尾股氏』（オマタ）

尾股氏は、『白河郷土叢書　巻下　白河関物譚　巻之下条』の「白河勢棚倉赤館佐竹勢を夜討の事」の項に、結城七郎義親の家臣として、「尾股氏」の名が見られ、また、「同　常陸勢大熊川にて溺死の事」の項にも「尾股肥後」の名が見られるが、この氏の出自等については不明である。

『小屋家氏』（オヤケ）

小屋家氏は、結城氏の家臣で、『白河市史　巻五　永享十二年の結城氏朝上洛時の白川熊野御参詣の御供人数条』に「小屋家出雲守」の名が見られるが、この氏は、『姓氏家系大辞典　巻一　小宅条3』に「下野国芳賀郡小宅邑より起る。清党（清原氏の事）の一にして、芳賀系図に『芳賀左兵衛尉重俊（永仁六年）―高眞（三河守、五郎、同群小宅を領す。小宅、幷《ならび》に八幡社司東宮氏の祖なり）―高置（小宅蔵人云々）』」とあるが、小屋家氏はこの分流と考えられ、結城氏への帰属は、那須資朝《すけとも》の子である氏朝が白川結城氏第五代満朝の継嗣として白河へ赴いた時に、その付家老として、芳賀氏に従ってきたものと考えられる。そして、それを機に「小宅」を「小屋家」に変姓したのではないかと考えられる。しかし、結城氏本宗の所領であったと思われる栃木県小山市にも「小宅」の地名が存在するので、この地を起源とする小宅氏の分流が、結城本宗より白川結城氏へ流れたという事も考えられる。

『柏木氏』（カシワギ）

柏木氏は、結城氏の家臣で、その出自は、桓武平氏千葉氏族で、『姓氏家系大辞典　巻一　柏木条2』に「桓武平氏千葉氏流、千葉系図に『千葉介胤政―胤業（柏木八郎、結城大膳大夫《だいぜんだいぶ》の聟、次男を養子に遣はし、結城家督相続）』と見ゆ」とあるが、これは、白川結城氏の本宗ではなく庶流と考えられる。そして、この氏の起こりは、千葉県印旛郡酒々井町柏木と考えられる。

『片見氏』（カタミ）

片見氏は、白川結城氏の一族で、結城氏第二代宗広の次弟祐義が、白河市東片見の地を与えられ、前片見字久保に「片見館」を築き移り住み、片見氏を称したのに始まる（白河市史　巻五　第一章　第二節）。そして、『姓氏家系大辞典　巻一　片見条2』に「秀郷流藤原姓結城氏流、磐城国白川郡片見邑より起る」

とある。

『**勝野氏**』(カツノ)

勝野氏は、結城氏の家臣で、『白河市史　巻上　天正十三年正月の白河義親家頼礼式帳条』に「勝野彦右衛門」の名が見られるが、その出自等については不明である。しかし、『姓氏家系大辞典　巻一　勝野条2』に「桓武平氏仁科氏の族なりと云ふ」とあるので、この氏は、桓武平氏岩城氏の分流で、岩城系図に「鎮守府将軍貞盛━維茂(餘五将軍)、弟兼忠(上総介)━高衡(信濃守)━兼衡━盛兼(信濃守)━郡隆━中方━盛遠(仁科)」とあるものの後裔か或いは会津の仁科太郎光盛の後裔ではないかと考えられる。

『**河東田氏**』(カトウダ)

河東田氏は、結城氏の重臣で、『姓氏家系大辞典　巻一　河東田条』に「菅生清重が、河東田邑(現白河市表郷河東田)の「天王館」に拠り、河東田上総守清重を称したのに始まる」とある。そして、『日本歴史地名大系　巻七　西白河郡・河東田村条』に「天正七(一五七九)年五月十五日の結城義親対佐竹義重の攻防戦に於いては、『三森館』の三森安芸守と河東田上総守は呼応して奮戦したが、佐竹勢に攻め落とされた」とある。また、『日本城郭大系　巻三　西白河郡条』に「泉崎村関和久字愛宕町には河東田上総介家治の『河東田館』があった」とある(菅生氏の条参照)。

『**上遠野氏**』(カトオノ)

上遠野氏は、結城氏の家臣で、『白河市史　巻上　天正十三年正月の白河義親家頼礼式帳条』に「上遠野宮内少輔、上遠野若狭守」の名が見られるが、『日本歴史地名大系　巻七　東白川郡・板橋村（現　東白川郡棚倉町板橋）条』に「中世に田村氏が築き、のち結城白川氏に属した上遠野美濃守盛秀が拠った中丸館跡がある」とある。そして、この氏は岩城の上遠野氏族で、下野の小山氏族の分流藤井氏を祖とする。また、この氏は、石川郡玉川村にも多くの子孫を輩出しているが、これは、『日本歴史地名大系　巻七　石川郡・上蓬田村（現　石川郡平田村上蓬田）条』に「現在、蓬田館跡の麓の国道沿いを上槍畟、下槍畟と呼ぶが、これは館の防備のために青竹で槍畟（矢来）を組んだ事に由来すると伝える。明応五（一四九六）年と推定される八月四日の石川一家同状案（八槻文書）では傘連判に蓬田宗種が名を連ねている。永禄七（一五六四）年から同十二年の間のものと推定される正月七日の岩城親隆書状（上遠野文書）に『柳昨六日被得大利、小野、蓬田之衆数百人被打取候の様体』とあるが、これは、岩城氏の老臣上遠野常陸介との合戦に敗れたものである」とあるので、この頃に定着したのではないかと考えられる。そして、田村市常葉町早稲川にも上遠野の小字が残る（いわき市・上遠野氏の条参照）。

『**金山氏**』（カネヤマ）

金山氏は、結城氏族で、『白河市史　通史編　巻一　中世条』に「結城氏の始祖朝光の孫（白川結城氏第二代宗広の叔父時広との説もある）が、白川郡金山（現　白河市表郷金山）に住んだとされ、時祐の名は金山五郎左衛門であったという」とある氏である。

『**上寺氏**』（カミデラ）

上寺氏は、結城氏の家臣で、天正七年五月十五日の『白河古事考　巻四　阿武隈川の戦記条』に「上寺氏」の名が見られるが、この氏の出自等については不明である。ただ、『姓氏家系人辞典　巻一　上寺条』に「三浦系図に『多田良三郎重春—悪禅師重範（越後国住人、上寺）—重基（小次郎、仟越後奥山庄）—義光（二郎）』」とあるので、この氏の分流の可能性もある。

『亀井田氏』（カメイダ）

亀井田氏は、結城氏の家臣で、『白河古事考　巻四　寛文七年未八月四日の御本名之覚条』に「小田川村、亀井田喜左衛門」の名が見られるが、この氏の出自等については不明である。

『鴉山氏』（カラスヤマ）

鴉山氏は、結城氏の家臣で、『白河市史　巻上　天正十三年正月の白河義親家頼礼式帳条』に「鴉山刑部之丞」の名が見られるが、その起こりは、西白河郡泉崎村「烏峠山」か、或いは、下野の「烏山」ではないかと考えられる。また、『日本歴史地名大系　巻七　東白川郡・伊香村（現　東白川郡塙町伊香）条』に「永禄九（一五六六）年六月吉日の蘆名盛氏、同盛興連署証状（八槻文書）に『伊香の中、鴉山平六郎恩之地、と見え、佐竹に奪われた南郷（現　東白川郡南部）奪回の時には、伊香内の地を与えることを約束して、八槻（現　東白川郡棚倉町）の近津明神別当に戦勝祈念を命じている』」とある。

『川岡氏』（カワオカ）

川岡氏は、結城氏の家臣で、『白河市史　巻上　天正十三年正月の白河義親家頼礼式帳条』に「川岡太郎左衛門」の名が見られるが、その出自等は不明である。ただ、浅川町には川音氏が現存する。

『川野氏』(カワノ)

川野氏は、『白河郷土叢書　巻下　白河関物譚　巻之下条』の「常陸勢大熊川にて溺死の事」の項に、白川結城義親の家臣として「川野氏」の名が見られるが、この氏の出自等については不明である。しかし、旧結城領内には現在でも「河野氏」が散見される。

『菅野氏』(カンノ・スガノ)

菅野氏は、結城氏の家臣で、白川郡久田野邑より起こったと言われているが、これは、元々は「管野氏《くだの》」だったものが後に菅野氏《かんの》に変化したものと考えられる。そして、『日本歴史地名大系　巻七　白河市・久田野村(現　白河市久田野)条』に「大村の北東、阿武隈川北岸の丘陵と同川の支流高橋川沿岸に位置する。集落の四方は水田に囲まれる。管野とも記された。康永二(一三四三)年と推定される十一月二十八日の結城親朝譲状案(仙台結城文書)には、白川庄の内として『管野』とみえ、親朝の子朝常に譲られている」とあるので、この氏は結城一族で、この朝常の後裔と考えられる。そして、その後、伊達氏等にも分流し、福島、山形、宮城等へと繁栄していったものと考えられる。

『菊地氏』(キクチ)

この菊地氏は、結城氏の家臣で、天正十八(一五九〇)年の『奥州永慶軍記、赤館合戦事(棚倉町史)』に「拾七騎討死する中に菊地氏の名が見られる」が、この氏は、二本松の菊地氏の分流と考えられる(二本松市・菊地氏の条参照)。

『**岸氏**』（キシ）
岸氏は、結城氏の家臣で、『白河市史　巻上　天正十三年正月の白河義親家頼礼式帳条』に「岸伊勢守」の名が見られるが、この氏の出自等については不明である。しかし、『姓氏家系大辞典　巻二　岸条7』に「越後の岸氏、頚城郡の豪族にして、上杉氏に属す。大所城（大所村）は、上杉家臣岸豊後守の居城なりしと云ふ」とあるので、この氏族の可能性もある。

『**北氏**』（キタ）
北氏は、結城氏族で、所領が高野郡（現　東白川郡）山ノ井邑で、山ノ井邑は東館邑の「北」にあった関係で、「北」または「山井」を称していたが、その所領を佐竹氏に奪われた後は、白川に移り住み、北のみを称したと言われている。そして、『白河郷土叢書　巻上　文明十三年三月二十三日の鹿島神社一万句発句次第』に「山井左馬助政弼」の名が見られ、また、『白河市史　巻上　天正十三年正月の白河義親家頼礼式帳条』に、「北讃岐守、山井右馬之介」等の名が見られる（東白川郡・山井氏の条参照）。

『**清内氏**』（キヨウチ）
清内氏は、結城氏の家臣で、『白河市史　巻五　永享十二年の結城氏朝上洛時の白川熊野御参詣之御供人数条』に「清内左衛門尉」の名が見られるが、この氏の出自等については不明である。ただ、『姓氏家系大辞典　巻二　清内条初項』に「凡河内（オオシコウチ・オオコウチ）氏の族にして、天津日子根命の裔と云ふ」とあるので、国内有数の古姓であるが、この氏は岩城の国造系か。

『菅野氏』（クダノ）
菅野氏は、結城氏族で、白河市久田野を発祥の地とし、福島県内や山形県内に繁栄する「菅野氏」の前姓氏と考えられる（菅野氏の条参照）。

『久根氏』（クネ）
久根氏は、結城氏の家臣で、『日本城郭大系　巻三　西白河郡条』に「東村下野出島字稲荷山の『坂本館』は、建治年間（一二七五―七八）、久根丹後守の居館」とあるが、この氏は、この年代からして、下総の結城氏より随行して来た氏族ではないかと考えられる。

『熊谷氏』（クマガイ）
白河の熊谷氏は、『白河郷土叢書　巻下　白河関物譚　巻之下条』の「佐竹石川勢與白川勢一戦之事」の項に、白川結城氏の家臣として「熊谷六郎」の名が見られるが、この氏も、現在全国各地に見られる熊谷氏と同じ出自と考えられる（田村市・熊谷氏の条参照）。

『双石氏』（クラベイシ）
双石氏は、結城氏の家臣「佐藤大隅守忠隆」が、高野郡より白河市双石に移り住み、双石氏を称した事により起こった。そして、『日本城郭大系　巻三　西白河郡条』に「白河市双石の『薬師ヶ館』は、佐藤大隅守の居館、別称双石館」とある。

『黒石氏』（クロイシ）
黒石氏は、結城氏の家臣で、『白河市史　巻上　天正十三年正月の白河義親家頼礼式帳条』に「黒石新九郎」の名が見られるが、この氏の出自等については不明である。しかし、『姓氏家系大辞典　巻二　黒石条1』に「陸中の黒石氏、江差郡の黒石邑より起る。貞和（一三四五―五〇）の頃、黒石越後守あり」とあるので、この氏の流れの可能性もある。

『黒木氏』（クロキ）
黒木氏は、結城氏の家臣で、『白河市史　巻五　永享十二年の結城氏朝上洛時の白川熊野御参詣の御供人数条』に「黒木五郎」の名が見られ、また、『白河市史　巻上　天正十三年正月の白河義親家頼礼式帳条』に「黒木備中守」の名が見られるが、この氏は、結城氏族で相馬郡黒木邑に移り住み黒木氏を称した氏の後裔と考えられる。しかし、この氏は芳賀氏族で、郡山市中田町黒木より起こった黒木氏の分流の可能性もある（相馬市・黒木氏の条参照）。

『黒名氏』（クロナ）
黒名氏は、結城氏の家臣で、『白河市史　巻上　天正十三年正月の白河義親家頼礼式帳条』に「黒名新九郎」の名が見られるが、この氏の出自等については不明である。

『黒羽氏』（クロバネ）
黒羽氏は、結城氏の家臣で、天正十八年の『奥州永慶軍記、赤館合戦事（棚倉町史）』に「黒羽近江守」

の名が見られるが、この氏は、下野国那須郡黒羽邑（現　栃木県大田原市前田）の「黒羽城」を居城とした那須一族と考えられるが、その他詳細は不明である。

『小荒井氏』（コアライ）

小荒井氏は、結城氏の家臣で、『白河市史　巻上　天正十三年正月の白河義親家頼礼式帳条』に「小荒井肥前守」の名が見られるが、この氏は、会津の加納氏の分流の小荒井氏の同族と考えられる。そして、『姓氏家系大辞典　巻二　小荒井条』に「岩代国耶麻郡小荒井邑より起る。桓武平氏三浦氏の族にして、佐原盛連の五男『盛時―頼清―頼時』の後なり」とある。

『郷（江）氏』（ゴウ）

郷（江）氏は、白河結城氏歴代の重臣で、「郷、江」の双方を用いるが、その出自は、天穂日命《あめほのひのみこと》の後裔の野見宿禰《のみのすくね》を祖とするが、その後裔の諸士《もろひと》は、桓武天皇より「大枝」の姓を賜り、その義孫音人《おとんど》が「大枝」を「大江」に改め、大江氏の始祖となった。そして、その分流が「江《ごう》氏」を名乗り、更に「郷氏」に転じたと言われている。

そして、『白河古事考』に「その後裔の江判官遠成は、時の宰相平清盛に反逆し、嫡子左衛門尉家成が討ち死にしたが、次子は東国へ下向し、頼朝の家臣となった」とある。そして、「奥州征伐」には、江右近次郎（大江久家）が参陣した（吾妻鏡　文治五年七月十九日条）。

そして、その後裔が結城氏に帰属し、後白川結城氏に属したものである。従って、鎌倉幕府の政所別当《まんどころべっとう》であった「大江広元」とは、祖を一にするも無関係である。

その広元は、平安後期の漢学者で歌人の権中納言、大江匡房《おおえのまさふさ》の曽孫として生まれたが、『姓氏家系大辞典　巻一　大江条6』に「匡房の曽孫広元は、初め中原広季の養子になりしが、後本姓に復す。頼朝幕府を開くの際、招かれて公文所の別当となり、画策する処頗《すこぶ》る多し。頼朝が諸国に守護を置き、荘園郷保《しょうえんごうほ》に地頭を置きて、終に幕府なる者が天下の権を奪うに至りし、その発案は広元より出でしにて云々」とある。

また、この白川結城氏の家老の郷氏には、結城氏第十二代義顕が、後見人の小峯義親に「白川城」乗っ取りを企てられ、あわや誅《ちゅう》されそうになった時、身命を賭して助け出し、「田島城」から「会津柳津虚空蔵別当《あいづやないづこくぞうべっとう》」の下へ逃避行させた、家老の郷石見守・同土佐守がいる。そして、その後裔は現在、白河市双石や石川町新屋敷に於いて繁栄している。

『上野氏』（コウズケ・ウエノ）

上野氏は、『姓氏家系大辞典　巻一　上野《うえの》条18』に「秀郷流藤原姓結城氏流、結城氏の祖朝光・上野介と称し、その子朝広・上野介又は上野七郎と称す。これにより後結城氏の族中、上野介、或は上野を称号とするもの多し。何れも此の受領より来りしなるが故にカウズケと訓ずべし。云々」とある。そして、『白河郷土叢書　巻下　白河関物譚　巻之下条』の「白川結城義親鶴生岩屋へ落る事」の項には「上野氏」の名が見られる。

『小萱氏』（コガヤ）

小萱氏は、結城氏族で、結城本宗第三代広綱の子盛広の兄、或いは弟「重広」が、白川庄小萱邑（現白河市萱根字新小萱附近）に住し、小萱民部を称した事により起こった（白河市史　通史編　巻一　中世条）。

『小田川氏』（コタガワ）

小田川氏は、結城氏族で、『姓氏家系大辞典　巻二　小田川条』に「白川郡小田川邑（現　白河市小田川）より起る。秀郷流藤原姓結城氏の族にして、『結城系図』に『朝廣の子泰親（小田川太郎左衛門尉、〔為二階堂民部八郎入道子〕）』とある後也。小田川太郎左衛門、二階堂式部大輔養子とあり」とある。

『後藤氏』（ゴトウ）

この後藤氏は、結城氏の家臣で、『応永三（一三七〇）年十二月三日の『三所熊野御檀那名簿（八槻文書）』に「後藤次郎」の名が見られるが、この氏に関するその他の詳細は不明である。しかし、この氏も、現在全国各地に繁栄する藤原北家系の後藤氏と同じく斉藤則明（後藤太）を祖とするものと考えられる（伊達郡・後藤氏の条参照）。

『小峯（小峰）氏』（コミネ）

小峯氏は、「小峰」とも称するが、白川結城氏第三代親朝は、南朝方の旗振りであった父宗広と共に呼応しながら戦ってきた楠木正成や総大将の北畠顕家、それに新田義貞も越前国藤島に於いて戦死し、更に、我が父「宗広」までもが伊勢国安濃津に於いて客死するに及んで、戦況は劣勢となり、嘗《かつ》ては南朝方として共に戦ってきた奥州の諸将が、次々と北朝方へ降ったため、父宗広の「我が死後も南朝方に徹せよ」との遺言を無視し、興国四年、遂に絶える事が出来ず北朝方へ降った。そして、それを機に親朝は、家督を嫡子顕朝に譲り、自らは小峯の地（現　白河市郭内）に館を構え退隠し、その地に因んで、改めて「小峯氏」を称した。

そして、この小峯の姓は、後年、所領と共に次子朝常に相伝された（日本城郭大系　巻三　白河市小峰城条）。しかし、これにより、往年の結城氏が二家に分裂した形となり、後代になって本宗結城氏と、この小峯氏との勢力が拮抗するようになり、二家の間に確執が起き、結城一族が瓦解する発端となるのである（結城氏の条参照）。

『金剛氏』（コンゴウ）

金剛氏は、結城氏の家臣で、『白河市史　巻上　天正十三年正月の白河義親家頼礼式帳条』に「金剛伝次」の名が見られるが、この氏の出自等については不明である。ただ、『吾妻鏡　文治五年八月八日条』に阿津賀志山の戦いに於いて、源頼朝軍の畠山次郎重忠、小山（結城）七郎朝光等を相手に、藤原泰衡軍の「金剛別当秀綱」等が防戦した事が記されているので、平泉方が敗れた後に、この一族の誰かが、その勇猛さを認められ、結城氏の家臣として帰属したという事も考えられる（西白河郡家田氏の条参照）。

『近藤氏』（コンドウ）

この近藤氏は、『白河郷士叢書　巻下　白河関物譚　巻之下条』の「佐竹石川勢與白川勢一戦之事」の項に「河東田が家の子に、近藤九郎と云ふ者八尺餘の棒を振りて石川方先陣に追へける。近内帯刀が勢へ割て入り云々」とある氏である（出自については、田村市・近藤氏の条参照）。

『斉治氏』（サイジ）

斉治氏は、結城氏の家臣で、『白河市史　巻上　天正十三年正月の白河義親家頼礼式帳条』に「斉治新蔵人」の名が見られるが、この氏の出自や行動等については不明である。

『齋藤氏』（サイトウ）

齋藤氏は、『白河郷士叢書　巻上　白河関物譚　巻之下条』の「常陸勢大熊川にて溺死の事」の項に、白川結城氏の家臣として「齋藤右内」の名が見られるが、齋藤氏は全国各地に繁栄する大族で、福島県内でも各地に見られ、この氏が、結城氏に帰属した経緯については不明である（斉藤氏の出自については、福島市・茂庭氏の条参照）。

『櫻岡氏』（サクラオカ）

櫻岡氏は、結城氏の家臣で、『白河市史　巻五　永享十二（一四四〇）年の結城氏朝上洛時の白川熊野御参詣の御供人数条』に「櫻岡民部丞、同主殿助」の名が見られ、また、『白河市史　巻上　天正十三年正月の白河義親家頼礼式帳条』に「櫻岡壱岐守」の名が見られるが、この氏は、白河市大字《だい》桜岡または同表郷八幡字桜岡を発祥の地とする結城氏の分流ではないかと考えられる。

『佐々木氏』（ササキ）

佐々木氏は、『白河郷士叢書　巻下　白河関物譚　巻之下条』の「両家和睦の事」の項に、白川結城義親の家臣として「佐々木氏」の名が見られるが、佐々木氏は、近江源氏で、鎌倉以来の豪族で、現在東北を中心に全国的に見られ、この佐々木氏は、何時頃何処から来て白川結城氏に帰属したかは不明である（佐々木氏の出自については、石川郡・佐々木氏の条参照）。

『**佐藤氏**』（サトウ）
この佐藤氏は、白川結城氏の家臣で、『日本城郭大系　巻三　白河市条』に「白河市双石の『薬師ヶ館（双石館）』は、佐藤大隅守の居館」とあるが、『白河古事考　巻四　阿武隈川の戦記条』にも、佐藤大隅守の名が見られる。そして、この氏は、後「双石氏」に改めている。

『**塩澤氏**』（シオザワ）
塩澤氏は、結城氏の家臣であるが、この氏は、石川一族大寺氏族の塩澤氏の分流と考えられる。そして、この氏の結城氏への帰属は、結城氏の隆盛により、石川一族蒲田氏が、文安六（一四四九）年結城氏第七代直朝によって破却され、更に、文明十六（一四八四）年には、赤坂、大寺、小高の各氏も第八代政朝の圧力により、石川氏より離反し、白川氏を称し家紋まで変じさせられているので、この時に主家の大寺氏と共に帰属したのではないかと考えられる。そして、『姓氏家系大辞典　巻二　塩澤条4』に「清和源氏石川氏流、寛喜三（一二三一）年都々古和気縁起に『家老塩澤讃岐守光茂』見ゆ。石川有光の族にて大寺氏の家臣なりと云ふ」とある（石川郡・塩澤氏の条参照）。

『**塩尻氏**』（シオジリ）
塩尻氏は、結城氏の家臣で、『白河市史　巻上　天正十三年正月の白河義親家頼礼式帳条』に「塩尻和泉守」の名が見られるが、その出自等については不明である。しかし、この氏は、前述の塩澤氏か後述の塩田氏に関係するものかもしれない。そして、『姓氏家系大辞典　巻二　塩尻条』に「尾張、信濃等にこの地名あり、而して、東鑑巻二十五に塩尻弥三郎と云ふ人見ゆ」とある。

『塩田氏』（シオタ）

塩田氏は、結城氏の家臣で、『姓氏家系大辞典　巻二　塩田条18』に「石川郡塩田邑より起る。結城戦場物語に『塩田の與三等見ゆ』」とあるが、これは、石川一族が石川郡塩田邑（現　須賀川市塩田）に住し、塩田氏を称した事により起こったもので、その後、二階堂氏や結城氏の家臣としても分流したものと考えられる。ただ、後代に須賀川の二階堂氏からもこの地へ分流し塩田氏を起こした氏が存在した可能性もある（石川町・塩田氏の条参照）。

『志田氏』（シダ）

志田氏は、『白河市史　巻上　天正十三年正月の白河義親家頼礼式帳条』に「志田與五右衛門」の名が見られるが、この氏の出自等については不明である。しかし、『姓氏家系大辞典　巻二　志田条5』に「磐城の志田氏、老人物語に『白川衆志田玄蕃抔、歴々衆三十五騎』と」とある。

『篠田氏』（シノダ）

篠田氏は、結城氏の家臣で、『白河市史　巻上　天正十三年正月の白河義親家頼礼式帳条』に「篠田若狭守、同與右衛門」の名が見られるが、この氏の出自等については不明である。ただ、『姓氏家系大辞典　巻二　篠田条1』に「藤原南家大宮司族、尾張国海部郡篠田邑より起る。尊卑文脈に『大宮司季範（星野）範信―左衛門大夫範清―出羽守季茂―能茂（篠田と号す、長門守）』」とあるので、白川結城氏の始祖祐広は、熱田大宮司の女を娶っているので、これに関わりを持った氏族が、この婚姻時に帰属したのではないかと考えられる。

『**信夫氏**』（シノブ）

信夫氏は、『白河郷土叢書　巻下　白河関物譚　巻之下条』の「両家和睦の事」の項に、白川結城義親の家臣として「信夫氏」の名が見られるが、この氏は福島の信夫氏の分かれと考えられる（福島市・信夫氏の条参照）。

『**白石氏**』（シライシ）

白石氏は、結城氏の家臣で、『日本城郭大系　巻三　白河市、小屋が上館条』に「館主として、白石出雲守や永禄年間（一五五八―七〇）には、白石刑部大輔の名が知られているが、詳細は不明である（白河古事考、白河風土記、西白河郡誌）」とある氏である。

『**白川（白河）氏**』（シラカワ）

白川（白河）氏は、『姓氏家系大辞典　巻二　白河条6、7』『同　巻三　結城条5』に「結城氏及び小峯氏が、本領地の『白川』を冠し併用していたものである」とあるが、結城の姓を捨て、正式に白河氏を称したのは、常陸の佐竹義重が白川領全域を席巻し、第十三代義親に対し強談判の末、義親の継嗣として、二男を第十四代「白川義広」として入れた時からではないかと考えられる。

『**白坂氏**』（シラサカ）

白坂氏は、結城氏の家臣で、『姓氏家系大辞典　巻二　白坂条2』に「白川郡白坂邑より起る。白河結城氏の配下の将にして、応安三（建徳元、一三七〇）年の白河文書に白坂近江守見ゆ」とある。そして、『白

河市史　巻五　永享十二（一四四〇）年の結城氏朝上洛時の白川熊野御参詣の御供人数条』にも「白坂甲斐守」の名が見られる。

『新城氏』（シンジョウ）

新城氏は、結城氏の家臣で、白河市大信中新城より起こったが、『日本城郭大系　巻三　西白河郡条』に「大信村中新城字内屋敷の『新城』は、新城備後守の居館」とある。そして、『姓氏家系大辞典　巻二　新城条5』に「磐城国白河郡新城邑より起る。永禄三年、新城備後守は須田源次郎と共に結城家を離れて、二階堂氏に属す。晴綱、これを攻めしが反って敗られるとぞ」とある。

『菅生氏』（スゴウ）

菅生氏は、結城氏の重臣で、『姓氏家系大辞典　巻二　菅生条7』に「秀郷流　藤原姓　磐城国白河郡菅生邑より起り、菅生館に拠ると云ふ。秀郷流藤原姓白川結城氏の一門に菅生傳右衛門あり。次項氏に同じかるべし。又天文十七年十一月十四日文書に『菅生右衛門尉衡誉』あり。結城系図参照」とあり。そして、『同　8』に「同上小山氏族、陸前国柴田郡菅生邑より起り、小山高朝の後なりと云ふ」とある。また、『日本城郭大系　巻三　白河市条』に「白河市八竜神蛇石の『菅生館』は、菅生備後守、能登守、掃部右衛門の居館」とあり、また、『白河古事考』に、「搦目古墟の『菅生館』には、菅生伝右衛門が居城したとあり、更に、富田村（現　東白川郡鮫川村富田）の『菅生館』は、菅生伯耆守の居城で、赤坂郷の赤坂尾張守の分家と伝わる」とある。また、棚倉町には「小菅生」の地名が残る。そこで、これらの事を考え合わせれば、菅生氏は石川一族赤坂氏の分流で、高野郡富田邑（菅生邑とも言う）（現　東白川郡鮫川村富田）に住し菅生氏を称した者が、結城氏の圧力により、赤坂氏が結城氏の麾下となり併呑統治された時に、赤坂氏に従い、結城氏に帰属しその後を結城一族の者が継ぎ、結城氏一族とされたのではないかと考えられる。

『鈴木氏』（スズキ）

鈴木氏は、結城氏の重臣で、『白河古事考』に伊香村「油館」の館主に、鈴木大蔵の名が見られるが、泉崎城の城主「邊見主膳正」の家老にも「鈴木若狭」の名が見られる。

しかし、元々鈴木氏は、日本一、二の大族で、現在全国に二百万以上あると言われ、その故事来歴も古く、長いものを有している。そして、この「鈴木」の語源は、刈り取った稲を高く積み上げる時に使う棒の事で、つまり稲の穂が「鈴なりになった木」の事であると言われている。

そして、その出自は、饒速日命《にぎはやひのみこと》五世の孫、千《ち》翁命《おきなのみこと》の後裔で、熊野神に稲穂を捧げて「穂積」の姓を賜り、後熊野三党の「宇井、鈴木、榎本」に分かれ、中でも鈴木氏は、その一つとして最も勢力を持ち繁栄した。

そして、その繁栄の根源は、中世から近世全般にかけて、全国的に伝播し熱狂的に布教された熊野権現信仰によるものである。これにより、全国各地に熊野神社が建立され、「熊野講」が結成され、それに伴って神職の鈴木氏が次々と分封され、そして、その地その地の指導的立場となり、またその地の領主の家臣にも転じたりしたためである。その後、この熊野本宗の鈴木氏は、熊野権現九十九王子社の別格である「五体王子」の一つ、藤白の地に転ずるが、全国各地に於いて「稲穂丸」を家紋とする鈴木氏の殆どは、この末裔であると言われている（西白河郡・和泉崎氏、中畠氏、人見氏の条参照）。

『硯石氏』（スズリイシ）
硯石氏は、結城氏の家臣で、『日本城郭大系　巻三　白河市条』に「白河市表郷番沢字硯石の『硯石城』は、天正年間、穂積大学の居城」とあるが、この氏は、後硯石大学と称した（白河古事考）。また、『白河市史　巻上　天正十三年正月の白河義親家頼礼式帳条』に「硯石勘解由」の名が見られる。

『須田氏』（スダ）
須田氏は、須賀川二階堂氏の重臣で、その出自は、近江源氏佐々木氏族であるが、この須田氏は、結城氏の家臣で、『姓氏家系大辞典　巻二　須田条8』に「須田作左衛門の弟松五郎が旧五箇村の船田善左衛門の養子となった」とある。そして、『日本歴史地名大系　巻七　西白河郡・大和久村（現　西白河郡矢吹町堰の上等）条』に「永禄三（一五六〇）年、新城備後守、須田源次郎が二階堂氏方となったのを怒った白川晴綱が、白石刑部を先陣として二階堂氏を攻め云々」とある。

『須藤氏』（スドウ）
この須藤氏は、『白河古事考　巻四　阿武隈川の戦記条』に「須藤重清」の名が見られるが、元々須藤氏は、那須氏の前姓で、それが後世になって、近隣の諸氏族に分流していったものであるので、この氏も同様と考えられる（岩瀬郡及び石川郡・須藤氏の条参照）。

『関氏』（セキ）
関氏は、下総結城氏本宗の、第二代朝廣の子朝泰（白川結城氏初代祐廣の兄）は、白川郡関邑（現　白河市旗宿）を与えられ当地に移り住み、白河市旗宿字西山の「小屋山館」に拠り、関左衛門尉朝泰を称した事により起こった（白河市史　通史編　巻一中世）。また、『日本城郭大系　巻三　白河市・小屋山館条』に「小屋山館の館主についての定説はないが、文献などによれば、関備前守説、結城（小山）朝光説、源義経説等がある」とある。

『**曾井田氏**』（ソイダ）

曾井田氏は、結城氏の家臣で、『白河市史　巻上　御本名之覚条』に「小田川村、曾井田喜左衛門」の名が見られるが、この氏は、添田氏の後裔が「添田」を「曾井田」に変姓したものと考えられる。

『**園部氏**』（ソノベ）

園部氏は、結城氏の家臣で、『白河古事考　巻四　寛文七年未八月四日の御本名之覚条』に「飯土用村、園部與兵衛」の名が見られるが、この氏の出自等については不明である。

『**平氏**』（タイラ）

平氏は、結城氏の家臣で、『白河市史　巻上　天正十三年正月の白河義親家頼礼式帳条』に「平若狭守」の名が見られるが、この氏の出自は、桓武平氏岩城氏族と考えられ、『仁科岩城系図』に「岩城忠隆六世孫隆時の五男忠久（平四郎）」とあるので、この分流が、結城氏が岩城領の一部を領有した時に、帰属したものと考えられる。しかし、田村氏にも「平」を名乗った「平姓田村氏」が存在したので、この分流の可能性もある。

『高岡氏』（タカオカ）

高岡氏は、結城氏の重臣で、『日本城郭大系　巻四　久慈郡・獅子城条』に「結城氏は、常陸の佐竹氏が徐々に勢力を強めて来たため、文明年間（一四六九―八七）、領界に当たる依上保の各地へ家臣を配したが、このうち『高岡氏』は上岡へ配された」とある。

『高田氏』（タカダ）

高田氏は、結城氏の家臣で、『白河市史　巻上　天正十三年正月の白河義親家頼礼式帳条』に「高田河内守」の名が見られるが、『姓氏家系大辞典　巻二　高田条35』に「奥州の高田氏、明応八（一四九九）年、薄衣《ママ》美濃入道の書状に『高田壱岐守』、白河古事考に『高田玄蕃』、葛西記に『高田壱岐守（天正）』、田村家配下の将等に多く、岩代、陸前、陸中にこの地名存す」とある。しかし、この氏の起こりは、白河市双石字高田ではないかと考えられる。

『高徳氏』（タカノリ）

高徳氏は、結城氏の家臣で、『白河古事考』の「飯土用村（現　白河市大信豊地字飯土用）の館主に『高徳清丸』」の名が見られるが、この氏の出自等については不明である。

『高橋氏』（タカハシ）

高橋氏は、結城氏の家臣で、『姓氏家系大辞典　巻二　高橋条54』に「磐城の高橋氏、結城戦場物語に高橋氏（結城方）見ゆ。又関物語に高橋安芸守、等多し」とあり。天正七年の『白河古事考　巻四　阿武隈川の戦記条』に「高橋与四郎」の名が見られるが、この氏の起こりは、白河市小田川字高橋または久田野辺りを貫流する高橋川流域か。或いは、苅宿字高橋の何れかではないかと考えられる。しかし、『姓氏家系大辞典　巻二　高橋条46』に「下総の高橋氏、和名抄、結城郡に高橋郷を収む。高橋神社ありて、その祖磐鹿六雁命を祀ると云ふ」とあるので、この氏の分流の可能性もある。

『多賀谷氏』（タガヤ）

多賀谷氏は、結城氏の重臣で、その出自は、『姓氏家系大辞典　巻二　多賀谷条1』に「桓武平氏野与党、武蔵埼玉郡多賀谷邑より起る。武蔵七党系図に『野与基永―道智法華房頼意―平太頼基―光基（多賀谷）』」とあるが、つまり、この氏は、武蔵七党の一の「野与党」の分流で、武蔵国埼玉郡多賀谷郷（現　埼玉県加須市田ケ谷）を発祥とし、武蔵七党の一、野与党の野与胤宗の玄孫頼基の子光基を始祖とし、南北朝期初頭、結城氏第八代直光が武蔵国足立、埼玉郡に所領を得た折に家臣となり、その後、多賀谷政朝に継嗣なきにより結城満広の子光義を婿とした。そして、この光義が下総結城に戻り、その子氏家が結城領下妻（現　茨城県下妻市）に「多賀谷城」を築き下総多賀谷氏の始祖となり、結城氏の四天王の一として活躍した。その後、この分流が白川結城氏の家臣にも転じ、重臣として活躍したが、『日本歴史地名大系　巻七　西白河郡・大和久村（現　西白河郡矢吹町堰の上外）条』に「阿弥陀湯の西側の丘陵上に大和久館がある（中略）。結城白川氏の重臣多賀谷左兵衛尉が居城し、永禄三（一五六〇）年、新城備後守・須田源次郎が二階堂方となったのを怒った白川晴綱が白石刑部を先陣として二階堂氏を攻めた際、結城方の最前線となったと考えられる云々」とある。そして、この多賀谷氏の祖は、有賀氏であると言われている（有賀氏の条参照）。

『田川氏』（タガワ）
田川氏は、結城氏の分流で、『石川氏一千年史　第二十代宗光条』によれば「宗光の三女は、結城一門、田川領主小峯民部大輔藤原顕広の室となる。顕広幾許もなく石川氏に帰し、大田和邑を与えられ、一族に準ず」とある。従って、田川氏は結城一門であり、結城氏第八代政朝の家臣に田川常陸介立朝、十三代義親の家臣に田川民部大輔等の名が見られるが、その起こりは、田川領で、現在の白河市小田川から泉崎村太田川にかけての地と言われている。ただ、東白川郡矢祭町にも田川の地名がある（箭内氏の条参照）。

『瀧口氏』（タキグチ）
瀧口氏は、『白河郷土叢書　巻下　白河関物譚　巻之下条』の「白川勢棚倉赤館佐竹勢を夜討之事」の項に、結城七郎義親の家臣として「瀧口氏」の名が見られるが、瀧口氏は二本松にもあり、何れも、この氏の出自等については不明である。

『竹井氏』（タケイ）
竹井氏は、『白河郷土叢書　巻下　白河関物譚　巻之下条』の「佐竹石川勢與白川勢一戦之事」の項に「『竹井九藏清秀』板橋村居住」とある氏であるが、この氏の出自等については不明である。

『田島氏』（タジマ）
田島氏は、結城氏族で、『白河市史　通史編　巻一　中世条』に「結城氏初代祐広の三男広尭が、領内田島邑（現　白河市田島）を与えられ、巡り窪の『龍害館』に拠り、田島氏を称する事により起こり『双石郷、船田郷、板橋郷と田島、借宿』を領したものと考えられる」とある。そして、天正三年正月の、小峯義親による本宗の「白川城」乗っ取り事件に於いて、第十二代義顕を郷石見守、同土佐守、柏木隼人、忍右京進等が救い出し、それを匿い、会津柳津虚空蔵別当の下へ逃避させたのが、田島信濃守の居城の「田島城」であった。そして、『白河郷土叢書　巻下　白河関物譚　巻之下条』の「結城義親同義顕を追出す事」の項に、「田島信濃守兼て義顕の身寄たる故云々」とある。

『田中氏』（タナカ）
田中氏は、結城氏の家臣で、『白河市史　巻上　天正十三年正月の白河義親家頼礼式帳条』に「田中内蔵人」の名が見られるが、その起こりは、白河市萱根字上、下田中、または久田野字田中ではないかと考えられる。別に『白河市史』に「下総結城第三代広綱の三男盛広が、大信富沢に住し、白川庄真角（現白河市大信増見）、田中（現　岩瀬郡天栄村大里）等十三ヶ村を支配したと言われる」とあるので、この盛広の分流が、この田中に住し田中氏を称したという事も考えられる。

『玉井氏』（タマノイ）
玉井氏は、結城氏の家臣で、『白河市史　巻五　永享十二年の結城氏朝上洛時の白川熊野御参詣の御供人数条』に「玉井式部丞」の名が見られるが、この氏は、太田氏族で安達郡玉井邑より起こった二本松畠山氏の家臣の、玉井氏の分流が結城氏の家臣として帰属したものと考えられる（安達郡・玉井氏の条参照）。

『鴇山氏』（ツキヤマ）
鴇山氏は、結城氏の家臣で、『白河市史　巻五　永享十二年の結城氏朝上洛時の白川熊野御参詣の御供人数条』に「鴇山帯刀左衛門尉」の名が見られるが、この氏の出自等については不明である。

『津田氏』（ツダ）
津田氏は、白河市大信中新城の「本城館」の館主で、二階堂氏の家臣（西部衆）と考えられるが、『大信村史』に「松崎村『袴館』の館主、小針氏が、天正十七年の伊達氏対佐竹氏の『須賀川城』を巡っての戦いに於いて、伊達氏に属し活躍しその功により、政宗よりこの地を与えられたため、館主の津田和泉守は、政宗に従ってこの地を去った」とあるが、この氏の出自等については不明である。しかし、『姓氏家系大辞典　巻二　津田条13』に「藤原姓出羽発祥の名族にして旧称湯目《ゆめ》なり。重久―重康―景康、皆伊達氏の家臣也。殊に豊後重康の子豊後景康は政宗に仕ふ。云々」とあるので、この族とも考えられる。

『土倉氏』（ツチクラ）
土倉氏は、『白河郷土叢書　巻下　白河関物譚　巻之下条』の「白川結城義親鶴生岩屋へ落る事」の項に、白川結城氏の家臣として、「土倉氏」の名が見られるが、この氏の出自等については不明である。

『常松氏』（ツネマツ）
常松氏の祖は平氏と言われ、『日本城郭大系　巻三　白河市条』に「白河市船田の『船田館』は、室町時代、常松入道の居館」とあり。また、『日本歴史地名大系　巻七　白河市・舟田村条』に「当地の北側の山頂、舟館に空堀を残す中世の山城跡がある。『白河古事考』には『舟田村ノ城跡、広サ二丁四方斗リ空堀アリ、結城の族下常松関入道卜云者居ス』と記される」とあり。また、『日本城郭大系　巻三　須賀川市・常松館条』に「須賀川市岩淵字小仲井の『常松館』も、室町時代、常松縫殿の居館で、館主の常松氏は、須賀川二階堂氏が岩瀬郡を領有した二階堂遠江守盛重の時に二階堂氏の家臣となり、前田川平館に住し、のち岩淵館主となった。伊達政宗が須賀川城を攻めた天正十七年十月には岩瀬西部衆保土原江南斉と共に政宗方に付き、須賀川城を攻めた。その後、本貫は伊達氏と共に仙台へ、又地元に於いて帰農した子孫は、代々鏡田組の大庄屋を務めた」とある。しかし、この氏の出自等については不明である。ただ、九州大分宇佐八幡宮の神職であった「恒松氏」が、京都の石清水八幡宮を経て、岩城の飯野八幡宮へ流れたという線も窺われるところから、この氏の分流が二階堂氏に帰属したという事も考えられる（いわき市・彌冨氏の条及び須賀川市・常松氏の条参照）。

『**角田氏**』（ツノダ・カクタ）

角田氏は、結城氏の家臣で、『応安三年の二所熊野御檀那名簿（八槻文書）』に、「角田五郎兵衛尉、角田将監入道」の名が見られる。また、『白河古事考』に「堤邑の『薬師館』に角田伊賀守が居館した」とあるが、これは、棚倉町堤と考えられる。しかし、矢吹町にも堤の地名がある。ただ、この角田氏の出自等については不明である。会津河沼郡の角田氏と関係あるか。

『**妻氏**』（ツマ）

妻氏は、結城氏の家臣で、『白河市史　巻上　天正十三年正月の白河義親家頼札式帳条』に「妻亦斉」

の名が見られるが、この氏の出自等については不明である。しかし、この氏は、吾（我）妻、中妻、下妻氏等の支族が「妻」を称した可能性もある。

『**東条氏**』（トウジョウ）

東条氏は、結城氏の家臣で、『応安三年の二所熊野御檀那名簿（八槻文書）』に「東条右京助」の名が見られるが、その出自は、桓武平氏国香流大掾氏族で、桓武天皇の玄孫平国香が初めて常陸大掾に任ぜられ、それをその長子貞盛、更に、その次弟繁盛の子維幹《これもと》が世襲補任され、維幹は、その官職名の「大掾」を自らの姓とした。そして、この「大掾氏」は、その後、常陸国内に於いて大繁栄し、最盛時は「鹿島六頭、行方四頭、吉田は三頭なり、小栗、眞壁、東条は各一頭なり（大掾伝記）」と言われ、常陸国内に都合十三の頭目を持つ程の豪族となった。このように東条氏は、この大掾一族の頭目の一つであったが、その分流が白川結城氏の家臣として帰属したものと考えられる。そして、『棚倉社古証文』に「明応五（一四九六）年、東条筑前入道常安、同右京進基宗が、五斗蒔の田寄進せるものあり、五斗蒔は、今も村内にその字が残る。此の東条氏は、西三角の旧主たりしが如く、大邸址ありて、大門、堀内、馬場等の名、村内に残る（棚倉記私考）」とある。そして、『姓氏家系大辞典　巻二　東条条3』に「桓武平氏大掾氏族、常陸国信太郡（現稲敷郡）東条より起る。大掾系図に『多気太郎直幹の子忠幹（東条五郎）』と見え、大掾伝記に『惣領致幹の子直幹、其の子良幹、舎弟忠幹、東条五郎、東条の先祖なり』とあり」とある。

『**百目木氏**』（ドウメキ）

百目木氏は、結城氏の家臣で、『姓氏家系大辞典　巻二　百目木条』に「磐城国白河郡の豪族にして、百目木（現　白河市舟田字百目木）より起り、同所に拠る」とある。また、『日本歴史地名大系　巻七　白河市・舟田村条』に「『白河風土記』は、村より申《さる》の方十三丁百目木と云処にあり、結城家の臣百目木掃部助と云者の館跡と云（中略）今に空堀跡あり、又幕張の桧と云古株在しと記す」とある。

『**徳長氏**』（トクナガ）

徳長氏は、大塔宮《おおとうのみや》（護良親王《もりながしんのう》）の遠縁と言われ、白河市大信中新城字内屋敷の「新城」を居城としていた中新城備後守の後継者であったと言われるが、永禄年間（一五五八―七〇）、この城は、伊達氏対佐竹氏の須賀川城を巡っての戦いに功のあった「小針氏」に与えられたため、徳長氏は、石川町本宮に転じたと言われている氏である（中島村史　第三篇　第六章　九　小針条）。

『**栃本氏**』（トチモト）

栃本氏は、結城氏の重臣で、白河市東栃本字前栃本の「小屋館（高野館）」に結城宗広の四弟広政（二弟は片見祐義、三弟は田島広尭）が居館したとも、栃本右衛門が居館したとも言われ、『白河市史　巻上　天正十三年正月の白河義親家頼礼式帳条』に「栃本右衛門大夫」の名が見られ、天正期の結城対石川氏の交戦に於いては、栃本氏は、石川方に付き奮闘した。しかし、その後の豊臣秀吉の小田原不参による「奥州仕置」で、白川氏、石川氏等、中南奥の多くが領地没収取り潰しとなる中、栃本氏は、姓を栃本から「根本」に変え帰農した（日本歴史地名大系　巻七　西白河郡・栃本村〔現　白河市東栃本〕条）。そして、江戸期に入り根本氏は大庄屋を務め、寛正十（一七九二）年の「浅川騒動」に於いては、根本八右衛門家が打毀しに遭っている。

『戸塚氏』（トツカ）

戸塚氏は、結城氏の家臣で、天正十八年の『奥州永慶軍記、赤館合戦事（棚倉町史）』に「戸塚氏」の名が見られるが、この氏の起こりは、矢祭町戸塚と考えられる。しかし、その出自等については不明である。ただ、当地は「東館城」の直近であり、当城の初めの城主は、白川結城氏の家臣、班目十郎広基、能登守父子であったので（日本歴史地名大系　巻七　東館城跡条）、この氏の分流か、その後の城主、東（佐竹）義久の分流と考えられる。

『富田氏』（トミタ）

富田氏は、結城氏の家臣で、その後佐竹氏に属したらしく『姓氏家系大辞典　巻二　富田条30』に「白川の富田氏、磐城国白川郡白川村富田邑より起る。天正の頃、富田若狭守ありて佐竹氏に属す」とある氏であるが、この白川村富田邑とは何を意味するものか不明である。従って、この氏の出自等については不明である。郡山に「富田氏」あり。また、岩城に「富田氏《とだ》」がある。

『富部氏』（トベ・トミベ）

富部氏は、結城氏の家臣で、『応安三年の二所熊野御檀那名簿（八槻文書）』に「江因幡入道《ごういなばにゅうどう》の身内として、『富部右衛門三郎』」の名が見られるが、その他詳細は不明である。

『豊田氏』（トヨタ）

豊田氏は、結城氏の家臣で、前条の「八槻文書」に「豊田若狭守」の名が見られるが、この氏の起こりは、塙町東河内《ごうど》字豊田と考えられる。しかし、その出自等については不明である。

『**中木曽氏**』（ナカギソ・ナギソ）
中木曽氏は、結城氏の家臣で、前条の「八槻文書」に「中木曽中務丞」の名が見られるが、その出自等については不明である。

『**永田氏**』（ナガタ）
永田氏は、『日本歴史地名大系　巻七　西白河郡・富沢郷条』に「天文二十（一五五一）年三月日の結城晴綱等二人連署判物（奥州文書）によれば、『向之内岡部太郎右衛門跡、幷《ならび》に富沢之内永田文八あと』が忍太郎左衛門に与えられている」とある氏であるが、その他詳細は不明である。

『**長野氏**』（ナガノ）
長野氏は、結城氏の家臣で、前条の「八槻文書」に「江因幡入道の身内として、『長野兵衛四郎』」の名が見られるが、この氏は、相馬の長野氏の分流か。何れにしても詳細は不明である。

『**滑川氏**』（ナメガワ）
滑川氏は、結城氏の家臣で、天正十八年の『奥州永慶軍記、赤館合戦事（棚倉町史）』に「滑川氏」の名が見られるが、この氏は須賀川市滑川の「柏木館（滑川館）」を居館とした浜尾氏は、後滑川氏を称したものと考えられるところから、その分流ではないかと推測される。しかし、佐竹氏の家臣にも滑川氏がおり、この流れか、或いは柏木氏の流れかも知れない。

『成増氏』（ナリマス）

成増氏は、結城氏の家臣で、『白河市史　巻上　天正十三年正月の白河義親家頼礼式帳条』に「□《成》増左近」の名が見られるが、この氏の出自等については不明である。ただ、東京都板橋区に成増の地名がある。

『新小萱氏』（ニコガヤ）

新小萱氏は、結城氏族で、『日本城郭大系　巻三　白河市条』に「白河市小田川字萱根の『向山館』は、結城一族の『新《しん》小《こ》萱《がや》雅《う》樂《た》頭《のかみ》篤《あつ》綱《つな》』の居館」とある。そして、『日本歴史地名大系　巻七　白河市・新小萱村条』に「文明十三年三月十三日の鹿島神社の神前で催された結城白川氏の連歌の会に新小萱刑部大輔（道秀）の名があり（一日一万句発句の次第〈伊勢結城文書〉）、また天文十六（一五四四）年閏十一月十一日銘の最勝寺銅鐘（龍蔵寺蔵）にも『新小萱雅樂頭篤綱』とあり、戦国期当地は、結城白川氏の麾下新小萱氏が本領としたと推定される。『白河風土記』は村の南東に新小萱氏の館跡があると記す」とある。

『西間木氏』（ニシマキ）

西間木氏は、結城氏の家臣で、『白河市史　巻上　天正十三年正月の白河義親家頼礼式帳条』に「西間木筑前守」の名が見られるが、「西間木」は「西牧」の転化と考えられ、その出自は、田村郡飯豊村小野山神の「西牧館」に拠った、西牧文九郎の分流ではないかと考えられる。

『新田氏』（ニッタ）

新田氏は、所により、ニッタ、ニイダ、シンデン等と言い、氏族としても流れが変わるが、結城氏の家臣の新田氏は、応安二年の『二所熊野御檀那名簿（八槻文書）』に江因幡入道御内《みうち》「新田孫六入道」の名が見られるが、この氏は、白河市双石字新田より起こった氏族ではないかと考えられる。ただ、岩城氏、田村氏、伊達氏等の家臣にも新田氏がおり、これらの支族の分流が、白河へ流れたという事も考えられなくもない。

『庭瀬氏』（ニワセ）

庭瀬氏は、結城氏の家臣で、『白河市史　巻上　天正十三年正月の白河義親家頼礼式帳条』に「庭瀬掃部」の名が見られるが、その出自等については不明である。ただ、『姓氏家系大辞典　巻三　庭妹条』に「和名抄、備中国賀夜郡に庭瀬郷を収め、爾比世と註し、高山寺本に爾波世と訓ず。後世は、庭瀬と記す」とある氏が存在する。

『根本氏』（ネモト）

根本氏は、結城氏の家臣で、『白河市史　巻上　天正十三年正月の白河義親家頼礼式帳条』に「根本土佐守」の名が見られるが、白川領内では、白川領が蒲生領になった天正十八年に白河市東栃本の領主の「栃本氏」が「根本氏」に変姓している。しかし、この氏は年代的に浅いため別氏であり、結城氏の家臣の根本氏は、石川氏の家臣の根本氏または、藤原秀郷流小野崎氏族で、常陸国信太郡（現　茨城県稲敷郡）根本村を発祥とする、小野崎通静の二男盛通が根本太郎三郎を名乗ったので（姓氏家系大辞典　巻三　根本条1）、この分流か。それとも岩城氏族で、いわき市前川町下桶売の「高部館」を発祥とする根本権頭秀治の分流が、白川結城氏の家臣として帰属したかの何れかではないかと考えられる。

『野木氏』（ノギ）

野木氏は、結城氏の家臣で、天正七年の『白河古事考　巻四　阿武隈川の戦記条』に、河東田側の属兵として、和泉崎右馬頭、中畠上野介等と共に「野木氏」の名が見られ、また、『白河郷土叢書　巻下　白河関物譚　巻之下条』の「白川結城義親鶴生岩屋へ落る事」の項に「野木與四郎」の名が見られるが、元々野木氏は、『姓氏家系大辞典　巻三　益田条6』に「秀郷流、藤原姓、小山氏族、尊卑文脈に『秀郷八世孫下河辺庄司行義—左衛門尉政義（益田、或は政茂）—三郎兵衛尉行幹—和泉守行助—下野守顕助』と載せ」とあり、また『同　野木条4』に「秀郷流、藤原姓、益田氏族、下野国寒川郡野木邑より起りしなるべし。尊卑文脈に『秀郷九世孫、益田左衛門尉政義（野木）—時員（乃登守）—二郎行時—乃登守時光—乃登守貞光—四郎左衛門尉朝行』」とある。そして、政義の名は、『吾妻鏡　養和元年閏二月二十三日条』やその他にも度々見られる。そして、野木氏は、江戸期に滑津邑（現　西白河郡中島村滑津）に於いて「大庄屋」を世襲した「野木家」の伝承によれば、永享から明応の頃（一四二九—一五〇一）に、幕命により、当地へ下向したと言われている。そこで、この説により時代背景を考証すれば、世は正に戦国時代に突入する発端となる「禅秀の乱」、「永享の乱」、「応仁の乱」と、歴史上に名高い大乱が続き、中でも「永享の乱」は、鎌倉公方足利持氏が将軍職を望んで、室町幕府第六代足利義教《よしのり》に反逆し、それを諫めた関東管領上杉憲実と対立し、東国の諸将を巻き込み、双方に分かれて戦った騒乱で、幕府方、鎌倉公方方共に、関東、奥羽州の諸将に対し、味方に付けるべく、盛んに「御内書（御教書）」を送り、幕命を下し、或いは「約状」により、好餌を以て甘誘した時期である。そして、『日本歴史地名大系　巻九　栃木県下都賀郡・野木神社（野木町野木）条』に「永享十二（一四四〇）年、結城合戦で神官野木常友が討死にし社領が没収されたが長禄三（一四五九）年に再興された」とある。

そこで、滑津の野木氏は、この幕命に従い、古河公方方に与し抗争する、下総結城氏や石川氏に対する白川結城氏の援軍として、その最前線に当たる「滑津の地」に遣わされたものと考えられる。また、野木氏は、滑津の他、矢吹地区や岩城地方にも繁栄しているが、これらは、この滑津の野木氏が拡散したものか、或いは、この時期に下野の野木より夫々の地へ配されたものかは不明である。

『野瀬氏』（ノセ）

野瀬氏は、結城氏の家臣で、『日本城郭大系　巻四　久慈郡・獅子城条』に「結城氏は文明年間（一四六九―八七）、常陸の佐竹氏の勢力が強まって来たため防御上、依上保の町付に深谷・上岡に高岡・中郷に三森・上野宮に野瀬・大子に芳賀の諸氏を配した」とあるが、この野瀬氏の出自等については不明である。

『野山氏』（ノヤマ）

野山氏は、結城氏の家臣で、『白河市史　巻上　天正十三年正月の白河義親家頼礼式帳条』に「野山六郎兵衛」の名が見られるが、この氏の出自等については不明である。

『芳賀氏』（ハガ）

芳賀氏は、宇都宮氏と比肩し、代々に亘って姻戚関係を持ち、継嗣を遣り取りする程の豪族であったが、その起源は、『姓氏家系大辞典　巻三　芳賀条1～3』に「下野国芳賀郡大内庄京泉（現　栃木県真岡市京泉）で、紀氏、或いは清原氏を祖とし、天武天皇の皇子一品舎人親王《いっぽんとねりしんのう》九代の後裔、瀧口蔵人清原高澄の子、高重は、花山院の勅勘《ちょっかん》を蒙《こうむ》り、下野国へ配流となり定着し、地名を冠し芳賀氏を称したのに始まる」とある。そして、その後、この芳賀氏は、宇都宮氏と共に北関東に於いて繁栄し、『吾妻鏡　文治五年八月十日条』にも、宇都宮左衛門尉朝綱の郎従「紀《き》権守《ごんかみ》波《は》賀《が》次郎《じろう》大夫《だいぶ》」の名が見られる。そして、第十一代高俊の弟重広は、那須氏第五代頼資《よりすけ》（宇都宮第三代朝綱の二男）の家臣となり、その子重行は、那須郡簑沢郷（現　栃木県那須郡那須町簑沢）に住したが、その後裔は、陸奥国田村郡高瀬村下行合（現　郡山市田村町下行合）に移り住んだと言われている。そして、この那須氏の家臣の芳賀氏の分流が、白川結城氏第五代満朝の養子として、那須資朝の子氏朝が白川へ来国する時に、その付家老として随行し、結城氏の家臣になったと言われている。そして、その後は、結城氏の重臣として重きを為していたが、文明年間（一四六九―八七）に入り、常陸の佐竹氏の勢力が強まってきたため防御上、依上保の町付けに「深谷氏」、上岡に「高岡氏」、中郷に「三森氏」、上野宮に「野瀬氏」、大子（現　茨城県久慈郡大子町）に「芳賀氏」を配した（日本城郭大系　巻四　久慈郡・獅子城条）。そして、この「大子城」は、芳賀河内守重高の居城であった。そして、『日本歴史地名大系　巻八　久慈郡・大子城跡条』に「芳賀河内守始テ築ク、世々白河氏に属ス、中世岩城氏ノ為ニ幷セラレ、嗣絶エ、今山下ニ鎧淵《よろいぶち》ト称スル池アリ、城陥ルノ時、芳賀氏身ヲ投ズル所ナリ云々」とある。

『秦氏』（ハタ）

秦氏は、所により「畠、畑、羽田、羽太」等とも称するが、この秦氏は、結城氏の家臣で、『白河市史』

他諸書に、その名を見る事が出来る。
元々秦氏は帰化人で、その起源は、中国の「秦《しん》の始皇帝《しこうてい》」を祖とすると言われ、往古「秦国」が滅亡した後にその支族が日本に渡来したと言われている（姓氏家系大辞典　巻三　秦条1等）。しかし、あまりにも深遠な歴史の上に立っての話であり、その後、連綿と代を重ね、変姓しながら、全国各地に拡散し今に至る大族のため、その出自等を求めるのは非常に難しい。
そして、この結城氏の家臣の秦氏には、羽田次郎兵衛尉、秦左衛門尉、同蔵人、畠意斉、羽太某等の名が見られ、西郷村には「羽太《はぶと》」の地名も残っている。

『刎石氏』（ハネイシ）
刎石氏は、結城氏の重臣で、白河市大谷地より起こったが、『日本城郭大系　巻三　白河市条』に「白河市大谷地の『刎石館』は刎石駿河守の居館」とあるが、この氏は、佐竹氏や蘆名氏の家臣としても分流している。そして、『日本歴史地名大系　巻七　白河市・大谷地村（現　白河市豊地字弥次郎窪）条』に「村の北方に刎石坂があり、高さ四尺、長さ九尺、幅五尺余りの『はね石』と呼ばれる石があって、付近には刎石駿河守の館跡があったという」とある。

『林氏』（ハヤシ）
林氏は、結城氏の家臣で、『白河市史　巻上　天正十三年正月の白河義親家頼礼式帳条』に「林左衛門尉」の名が見られるが、その出自等については不明である。しかし、林氏は、岩城氏族や常陸大掾氏族にも存するので（姓氏家系大辞典　巻三　林条67、69）、これらの分流の可能性もある。

『原氏』（ハラ）

原氏は、結城氏族で、『姓氏家系大辞典　巻三　原条39』に「秀郷流、藤原姓、結城氏族、下総国結城郡原邑より起る。結城系図に『中務大輔満広の子光義（原三郎、結城戦場に於いて討死）、弟朝助（駿河守、同上討死）と見ゆ。光義は多賀谷政朝の養嗣となる。子孫多賀谷条を見よ』」とある。しかし、白河市表郷にも「原」という小字があり、当地より起こった可能性もある。そして、『白河郷土叢書　巻上　文明十三年三月二十三日の鹿島神社一万句発句次第条』の「座頭二十人の中に、『原兵部少輔政広』」の名が見られ、また、『白河市史　巻上　天正十三年正月の白河義親家頼礼式帳条』の中にも「原下野守」の名が見られる。しかし、これとは別に、それより約百年後の天正十八年の『奥州永慶軍記、赤館合戦事（棚倉町史）』には、佐竹（東）義久一門として、「東館」に居城した「原兵部小輔」の名が見られる。

『秡川氏』（ハラエガワ）

秡川氏は、『白河郷土叢書　巻下　白河関物譚　巻之下条』の「常陸勢大熊川にて溺死の事」の項に、「白河結城義親の家臣として、『抜川主税及び秡川主税』」の名が見られ、これは何れかどちらかの誤字と思われるが、これが「抜川《ぬきがわ》」か「祓川《はらえがわ》」かはっきりしない。もし抜川であれば、水を抜くための川であるし、祓川であれば、神仏を拝する時に禊《みそぎ》をする川の事であるので全く意味が変わってくる。何れにしても、この氏の発祥の地や出自等については全く不明である。ただ、伊達市の古関氏の条に「抜川橋」の記述が見られる。

『盤澤氏』（バンザワ）

盤澤氏は、結城氏の家臣で、その起こりは、白河市表郷盤沢であるが、『姓氏家系大辞典　巻三　盤澤条』に「磐城国白河郡盤澤邑より起る。白河文書、応安三（一三七〇）年の熊野先達檀那交名に、盤澤梅之助など見ゆ」とある。しかし、「八槻文書」には「盤澤橘之助」とある。

『人見氏』（ヒトミ）

人見氏は、結城氏の家臣であるが、結城氏の家臣と言っても、佐竹氏第二十代義重は、白川結城氏が分流の小峯氏と抗争を繰り返し弱体化した隙に、「白川城」を陥落させ、結城氏を滅ぼし、白川領を乗っ取り自領とし、二男を白川城主「白川義広」として滑津城主「舟尾山城守昭直」警護の下、入城させた時に、家臣の人見主膳正をその家臣として入れ、「泉崎城」に配したものと考えられる（邊見氏の条参照）。

そして、その人見氏の出自は、小野篁《おののたかむら》七世の孫孝泰が、武蔵守に任ぜられ東下し、武蔵国横山庄（現　東京都八王子附近）に住し、武蔵七党の一つ「横山党」を起こしたが、その孫時範は、同国児玉郡猪股邑（現　埼玉県児玉郡美里町猪俣）を領し、これも武蔵七党の一つ「猪股党」となった。そして、その分流が同国人見邑（現　埼玉県深谷市人見）を領し、人見氏を称したのに始まる（姓氏家系大辞典　巻三　人見条2）。そして、小野系図に「猪股野五郎時範―野三貫首忠兼―忠基―河勾政基―政経（人見六郎）とあるが、この氏が佐竹氏に帰属したのは、佐竹氏第十三代義盛の継嗣となった上杉義憲（後、義仁―義人と改名）の祖父で、山内上杉氏第四代となった憲方の三兄憲英が廳鼻和城《こばなわじょう》（現　埼玉県深谷市国済寺）を築き住し、この人見氏を麾下としたため、後代になり、義憲が佐竹氏の継嗣として赴く時にその分流が随行したか、或いは、犬懸《いぬかけ》上杉氏憲（禅秀）が惹起した「禅秀の乱」を、佐竹氏の継嗣となった「佐竹義人」が平定しているので、この時に帰属したかの何れかではないかと考えられる。そして、この泉崎城主となった人見主膳正は、入城と共に「人見」から「邊見」に改姓したと言われている。しかし、白川城主となった「白川義広」は、その時は、まだ僅か九歳の子供であったため、この広大な白川領を統治出来ず、この泉崎を始め新城、中畠、松崎等白川郡、石川郡を合わせて二十二ヶ村は「滑津城主、舟尾山城守昭直」によって統治された（邊見氏、西白河郡・泉崎氏、中畠氏の条参照）。

『平山氏』（ヒラヤマ）

平山氏は、結城氏族で、『白河郷土叢書　巻上　文明十三年三月二十三日の鹿島神社一万句発句次第条』の中の「座頭二十人の中に『平山右馬之助直家』」の名が見られ、白川結城氏の重臣の中でも可成りの力を持っていたものと思われるが、その出自は、『姓氏家系大辞典　巻三　平山条五』に「秀郷流、藤原姓、結城氏族、結城系図に『朝廣の子信朝、平山民部丞』とあり。また『平山民部、厚木元祖』など載せ、家譜に『朝光五男は武州平山に移り、平山民部大輔信朝と名乗る』」とある。そして、この武州平山とは、「源平合戦」で名を馳せた武蔵七党の一つ、西党（日奉氏《ひまつり》）の「平山武者所季重」が居城とした東京都日野市平山の辺りかと考えられる。そして、この結城氏の家臣の平山氏は、結城氏没落後は矢吹地方に土着した。

『深井氏』（フカイ）

深井氏は、結城氏の家臣で、応安三年の『二所熊野御檀那名簿（八槻文書）』に、「深井殿」の名が見られるが、この氏は「深谷氏」の変姓ではないかと考えられる。その理由は、鎌倉期の頃は、「谷」を「い」とも音読していた事による。しかし、『姓氏家系大辞典　巻三　深井条1』に「藤原南家熱田大宮司の一族にして、中興系図に『深井、藤南家苗裔』とあり」とあるので、この白川結城氏初代祐広も、正室を大宮司家より娶っているので、この時に深井氏が随行者の一人として来たという事も考えられる。

『深谷氏』（フカヤ）

深谷氏は、結城氏の重臣で、白河市大信深谷より起こったが、棚倉町流の「寺山城」は深谷伊豆守治行の居館であった。そして、文明年間（一四六九―八二）には、常陸の佐竹氏の勢力が強まってきたため、防御上大子町の町付の「獅子城（深谷城）」に配された（日本城郭大系　巻四　久慈郡獅子城条）。そして、その後裔の深谷氏は、江戸期には代々に亘って仁井田村（現　白河市東深仁井田）の庄屋を務めた（日本歴史地名大系　巻七　西白河郡・深仁井田村条）。それにより、仁井田村が深谷仁井田となり、現在の「深仁井田」という地名が誕生したものと考えられる。

『福貴作氏』（フキザク）

福貴作氏は、結城氏の家臣で、天正十八年の『奥州永慶軍記、赤館合戦事（棚倉町史）』に「福貴作氏」の名が見られるが、この氏の起こりは、白河市大和田字福貴作又は浅川町福貴作の何れかではないかと考えられる。

『福田氏』（フクダ）

福田氏は、結城氏の家臣で、その起こりは、石川町山形字福田ではないかと考えられるが、石川氏初代頼遠の側室が福田氏の出であった関係で、その長子仲重と五子有宜以来代々福田を併称していたので（石川氏一千年史　初代頼遠条）、この分流が結城氏に転じたという事も考えられる。

『**藤井氏**』（フジイ）

藤井氏は、結城氏の家臣で、『白河市史　巻上　天正十三年正月の白河義親公家頼式帳条』に「藤井蔵人」の名が見られるが、この氏は、清和源氏佐竹氏族藤井氏の分流と考えられ、その起こりは、佐竹氏第十一代義篤の五男義実が、常陸国那珂郡藤井郷（現　茨城県水戸市藤井町）に住し、藤井氏を称したのに始まる。しかし、結城氏の祖である小山氏族にも藤井氏がおり、『日本城郭大系　巻四　下都賀郡・藤井城条』に「当城は、小山長村の次男時朝が十三世紀後半に、この地に分出して築城したと言われている」とあり、また、『姓氏家系大辞典　巻三　藤井条22』には「秀郷流系図（結城）に『朝政―朝長―時朝（時村）―定宗（下野守）―政秀（藤井）と見ゆ』」とあり。そして、その起こりは、「下野国都賀郡藤井邑（現　栃木県下都賀郡壬生町藤井）」とあり。この氏は、「奥州征伐」の功によって、小山氏の所領となった陸奥国菊田庄（現　いわき市南半）に転じ、応永七年に藤井貞政は懸田宗顕と一揆を結んでおり、その後「上遠野氏」を称しているので、この氏族が結城氏に流れたという事も考えられる（いわき市・上遠野氏、藤井氏の条参照）。

『**藤田氏**』（フジタ）

藤田氏は、石川氏第二代有光の庶長子の「藤田光祐」が知られているが、この藤田氏は、伊達郡藤田邑（現　伊達郡国見町藤田）より起こった氏族と考えられ、当地に住した結城義綱が大永四（一五二四）年、白河市東千田字孫八に移り住み、当地の「千田館」を居館とし、藤田氏を称したと言われている。そして、『日本歴史地名大系　巻七　西白河郡・千田村条』に「字孫八に南北朝期、結城義綱が居住したという千田館跡がある。義綱は、一説では、大永四年伊達郡藤田村（現　伊達郡国見町）から移り住んだとも言われ、一族は藤田姓を称している（東村史）。千田の地名は、当地で死亡した源頼朝の家臣千田太郎平常頼にちなむという（同書）」とある。

『舟田氏』（フナダ）

舟田氏は、結城氏の重臣で、『白河市史　巻五　永享十二年の結城氏朝上洛時の白川熊野御参詣の御供人数条』の中に「舟田兵庫助」の名があり。また、『白河郷土叢書　巻上　文明十二年三月二十三日鹿島神社一日一万句発句次第条』の座頭二十名の中にも「舟田美作守」の名が見られ、その他にも度々舟田氏の名が見られるが、この氏は結城氏族と考えられ、白河市舟田が発祥の地で、代々当地の「船田館」を居館とした。

『舟橋氏』（フナハシ）

舟橋氏は、結城氏の家臣で、『白河市史　巻上　天正十三年正月の白河義親家頼礼式帳条』に「舟橋助左衛門」の名が見られるが、この氏の出自等については不明である。

『邊見（辺見）氏』（ヘンミ）

邊見（辺見）氏は、結城氏の家臣と言っても、この氏は、元々は常陸の佐竹氏の家臣の「人見氏」と言われ、佐竹氏が白川結城氏と小峯氏との抗争中、それに乗じて白川領を席巻し、城主義親を捕らえ、強談判の末、自らの二男を「滑津城主、舟尾山城守昭直」警護の下、天正十一年、白川城主として押し込み「白川義広」を名乗らせ自領化したが、その時、白川領の各支城へ佐竹氏の家臣達を入れ、「舟尾昭直」指導の下、代官させたものと思われるが、このうち「泉崎城」へは「人見主膳正」を入れ、人見氏は、これを機に「人見氏」から「邊（辺）見氏」に変姓し「邊見主膳正」を称したものと考えられる。その後、この泉崎城は、白川義広が、会津黒川の蘆名氏より、亡き城主「蘆名盛隆」の娘婿として迎え継嗣としたい旨所望され、天正十五年三月会津へ赴いたが、その翌年、奇しくも「中畠上野介晴辰《はるとき》」によって攻陥され、主膳正は捕らえられ、村の南端へ幽閉《ゆうへい》され断絶した。それにより、この「泉崎城」には、晴辰の二男の「中畠右馬守（頭）晴光」が居城した（西白河郡・泉崎氏、中畠氏の条参照）。

『星氏』（ホシ）

星氏は、結城氏の家臣で、『白河市史　巻上　天正十三年正月の白河義親家頼礼式帳条』に「星源六郎」の名があり、また、『白河古事考　巻四　阿武隈川の戦記』にもその名が見られるが、この氏の出自は、会津地方の星氏と同じく「熊野の御師《おし》」または「伊勢の御師《おんし》」ではないかと考えられる（南会津郡・星氏の条参照）。しかし、「野木宮合戦」時の結城氏初代七郎朝光の郎党に「保志泰三郎」の名が見られる（吾妻鏡　養和元年閏二月二十三日条）ところから、この氏の後裔の可能性もある。

『穂積氏』（ホヅミ）

穂積氏は、保住とも称し、結城氏の重臣で、『日本城郭大系　巻三　西白河郡条』に「白河市表郷盤沢字硯石の『硯石城』は、天正年間（一五七二―九二）、穂積大学の居城」とあるが、この氏は、地名を冠し「硯石大学」とも称した。また、この氏の起こりについて、『白河古事考』に「藤原家政が穂積の姓を名乗り、後に穂積左近介家真（家直）が地頭識として、白河に移ったという」とある。そして、この穂積姓の起源は、「饒速日命」を祖とする熊野権現である（鈴木氏の条参照）。しかし、『白河郷土叢書　巻下　白河関物譚巻之下条』に「『白河勢棚倉赤館佐竹勢を夜討の事』の項に、『保住氏の先祖は、農見大臣重隆より継ぎ来たって誠に有名成り』」とある。

『程原氏』（ホドハラ）
程原氏は、結城氏の家臣で、応安三年の『二所熊野御檀那名簿（八槻文書）』に「程原四郎」の名が見られるが、この氏は、須賀川の二階堂氏族で、須賀川市保土原より起こった「保土原氏」の分流と考えられる。

『益子氏』（マシコ）
益子氏は、結城氏の家臣で、『白河市史　巻上　天正十三年正月の白河義親家頼礼式帳条』に「益子甚左衛門」の名が見られるが、この氏は、下野国芳賀郡益子邑（現　栃木県芳賀郡益子町）より起こった紀氏を祖とする益子氏と考えられ、『日本歴史地名大系　巻七　芳賀郡・益子村（益子町益子）条』に「益子氏は、『下野国誌』所載益子系図によれば、『益子氏は、大納言紀古佐美を祖とし、常陸国信田郡司紀貞頼の嫡孫正隆を初代として益子に拠り、紀姓益子氏となったもので云々』」とある。そして、その分流が「芳賀氏」や「小宅（小屋家）氏」等と共に、結城氏に帰属したのではないかと考えられる（芳賀氏、小屋家氏の条参照）。

『班目氏』（マダラメ）
班目氏は、『姓氏家系大辞典　巻三　班目条3』に「奥州の橘姓、磐城国白河郡の豪族にして、応安三年熊野先達檀那交名に、班目信濃入道殿内房、女子宇田殿黒木殿女姓」等見え、また『白河風土記』に「斑宗寺は村の北に在り、梅宮山と号し、応永中、州安和尚開基、班目信濃守橘則常の建立にて、班目氏の館址も此に存せり」と。また岩城郡泉村庄屋、班目由緒に「源頼朝公の御子、結城家へ養子となり参らるる時、鎌倉より付き添えらるる四天王の随一、班目越後守が末葉、増見村の城主班目信濃守、後鶴生の館に卒す」とある。しかし、此処で言う「源頼朝の御子」とは、結城氏初代朝光を指していると思われるが、朝光が頼朝の子であったという確証はなく、一般的に一説としてはあるが、疑問視されている。しかし、班目氏が朝光の家臣として、鎌倉より下総の結城本宗に来て、その後白川結城氏へ分流したという事は、疑いのないところである。そして、この氏の起こりは、『姓氏家系大辞典　巻二　田中氏条38』に「相模の田中氏、班目に文明の堤あり」とあり、「班目の地名」が出てくるので、当地の発祥と考えられる。

そして、『日本城郭大系　巻三　西白河郡条』に「鶴生村（西郷村鶴生字高助）の『高助館』は、班目信濃守則常の居館」とある。また『日本歴史地名大系　巻七　東白川郡・山下村（現　東白川郡矢祭町山下）条』に「字柴立に中世の山城跡である物見ヶ岳館跡があり『白河古事考』には班目十郎広基が居城したとある」とある。

『松枝氏』（マツエダ）

松枝氏は、結城氏の家臣で、『白河市史　巻上　天正十三年正月の白河義親家頼礼式帳条』に「松枝甚左ヱ門」の名が見られるが、この氏の出自等については不明である。ただ、『姓氏家系大辞典　巻三　松枝《まつがえ》条1』に「秀郷流、藤原姓、佐野伊賀守常之の男『伊豆守常久―元国（松枝與八郎）なりと（田原族譜）』」とある氏がいる。

『三木氏』（ミキ）

三木氏は、結城氏の家臣で、『白河市史　巻上　天正十三年正月の白河義親家頼礼式帳条』に「三木弥十郎、同甚四郎」の名が見られるが、その出自等については不明である。

『三澤氏』（ミサワ）

三澤氏は、結城氏の家臣で、『白河市史　巻上　天正十三年正月の白河義親家頼礼式帳条』に「三澤丹波守」の名が見られるが、この氏の出自等については不明である。ただ、『姓氏家系大辞典　巻三　三澤条9』に「安藤氏族、東鑑、文治五年八月十日条に三澤安藤四郎ありて、『兵略あり』と見ゆ。磐城国刈田郡三澤郷（現　宮城県白石市三沢か）より起こりしか」という氏族もいる。

『水草氏』（ミズクサ）

水草氏は、『白河郷土叢書　巻下　白河関物譚　巻之下条』の「佐竹石川勢與白川勢一戦之事」の項に「白川結城義親の家臣として『水草越後守』田島村居住」とあるが、この氏の出自等については不明である。

『水野氏』（ミズノ）

水野氏は、白川郡下野出島邑（現　白河市東下野出島）の「水野館」を居館とした水野景行がいるが、『日本歴史地名大系　巻七　西白河郡・下野出島村条』に「『白河関物譚』には、当城に於いて白川結城義親と石川昭光が度々合戦し、石川方として水野勘解由左衛門が武功を挙げた事が記されている」とあり、また、『姓氏家系大辞典　巻三　水野条17』に「磐城、岩代の水野氏、竹貫参州重光の子を水野中務《なかつかさ》大輔尚忠と云ふ。蓋《けだ》し水野勘解由光忠といへる家人の名跡を継ぎし歟。古文書に水野大学、同但馬と云ふも見え、水野の子孫は今も大久田村（古殿町）にのこる云々」とある。

『溝井氏』（ミゾイ）

この溝井氏は、『白河古事考　巻四　寛文七年未八月四日の御本名之覚条』に「大田川村、溝井宗右エ門、同庄右エ門」とある氏であるが、この氏は、石川の溝井氏族と考えられる。

『三森氏』（ミモリ）

三森氏は、結城氏の重臣で、白河市表郷三森より起こったが、『白河市史　巻上　天正十三年正月の白河義親家頼礼式帳条』に「三森安芸守」の名が見られる。また『日本城郭大系　巻三　西白河郡条』に「白河市表郷三森の『三森館』は、天正年間（一五七三―九二）、三森安芸守の居館」とあり、また、『同　巻四　久慈郡・獅子城条』に「結城氏は、文明年間（一四六九―八七）、常陸の佐竹氏の勢力が強まってきたため、防御上、依上保の中郷へ三森氏を配した」とある。

『深山氏』（ミヤマ）

深山氏は、『白河郷土叢書　巻下　白河関物譚　巻之下条』の「白河勢棚倉赤館佐竹勢を夜討の事」の項に、白川結城義親の家臣として「深山氏」の名が見られるが、この氏の出自等については不明である。

『村上氏』（ムラカミ）

村上氏は、結城氏の家臣で、『白河郷土叢書　巻下　天正十三年正月の白河義親家頼礼式帳条』に「村上和泉守」の名が見られ、また『石川氏一千年史　第十八代義光条』に「三男持光公、母堂村上氏、白川結城氏の老臣村上内記の女なり云々」とあるが、その出自は、田村氏の家臣の村上氏の分流ではないかと考えられる（郡山市・村上氏の条参照）。

『**本沼氏**』（モトヌマ）
本沼氏は、結城氏の重臣で、『姓氏家系大辞典　巻三　本沼条』に「磐城国白河郡本沼邑より起る。結城家重臣にして、天正の頃、本沼下野守あり」とある。また、『日本歴史地名大系　巻七　白河市・本沼村条』に「『白河古事考』には『同村民家ノ地、半ヨリ北ハ空堀ヲ回ラシ居ル、館迹ト伝、誰氏ノ居ト云ウコト不詳、天正ノ頃、結城ノ旗下ニ本沼下野守アリ、此人ノ館迹ナラン』と記される」とあるが、この氏は結城氏族ではないかと考えられる。

『**八代氏**』（ヤシロ）
八代氏は、『白河郷土叢書　巻下　白河関物譚　巻之下条』の「佐竹石川勢與白川勢一戦之事」の項に「白川結城義親の家臣として『八代丹波守』下野出島居住」とあるが、この氏の起こりは、白川庄屋代郷（現表郷社）で、「屋代（社）を八代」に転化させたものと言われている。

『**箭内氏**』（ヤナイ）
箭内氏は、『白河郷土叢書　巻下　白河関物譚　巻之下条』の「水野勘解由左衛門精兵之事」の項に「白川結城氏の家臣として『箭内内蔵之助』」の名が見られるが、高村左文朗著『白河結城家とその家臣達』によれば、「箭内氏は、源義房の二男義勝が、摂津国箭内郷を領し、始祖となり、その十代の孫内蔵介勝道が、結城氏第十三代義親の家臣となり、田川氏没落後は、踏瀬村の庄屋として存続した」という。また、同じく結城氏家臣の「家内氏」も同族と思われるが、石川氏の家臣の「矢内氏」とは出自も異なり別氏である（石川郡・矢内氏の条参照）。

『矢部氏』（ヤベ）

矢部氏は、結城氏の家臣で、『白河市史　巻上　天正十三年正月の白河義親家頼礼式帳条』に「矢部淡路守、同清六郎」の名が見られるが、この氏は、二階堂氏の重臣の矢部氏の分流と考えられる（田村市、須賀川市・矢部氏の条参照）。

『山川氏』（ヤマカワ）

山川氏は、結城氏の一族で、結城氏本宗領の山川邑（現　茨城県結城市上山川及び山川新宿）より起こったが、結城氏初代朝光は、源頼朝より「奥州征伐」の功として、白川郡及び岩瀬郡の一部、それに名取郡を与えられたが、朝光はこの内の皮籠邑（現　白河市白坂字皮籠）を四男重光に与えた。これにより皮籠の地は、山川領であった（日本歴史地名大系　巻七　白河市・皮籠村条）。

『山崎氏』（ヤマザキ）

山崎氏は、結城氏の家臣で、『白河市史　巻上　天正十三年正月の白河義親家頼礼式帳条』に「山崎伊勢守」の名が見られるが、その起こりは、白河市大字《だい》山崎又は泉崎村山崎の何れかではないかと考えられる。

『山田氏』（ヤマダ）

山田氏は、結城氏の家臣で、『白河市史　巻五　永享十二年の結城氏朝上洛時の白川熊野御参詣の御供人数条』に「山田筑後入道」の名が見られるが、その起こりは、白河市小田川字山田または同市田島字山田向、或いは同外山田の何れかではないかと考えられる。

『山本氏』（ヤマモト）

山本氏は、結城氏の家臣で、『白河市史　巻五　永享十二年の結城氏朝上洛時の白川熊野御参詣の御供人数条』に「山本小三郎」、『白河市史　巻上　天正十三年正月の白河義親家頼礼式帳条』に「山本刑部大夫」の名が見られるが、この氏は、佐竹一族で、初代義業の二男義定を祖とする山本氏の分流ではないかと考えられる。しかし、棚倉町の山本不動尊の地には、北山本、中山本、下山本の地名があり、当地より起こった氏族の可能性もある。

『横川氏』（ヨコカワ）

横川氏は、結城氏の家臣で、『姓氏家系大辞典　巻三　横川条5』に「奥州白河郡横川邑（現　白河市小田川字横川）より起るものあり。横川豊前守、息左馬丞四郎、横川左馬允等、文書に見ゆ」とある。また、『白河市史　巻上　天正十三年正月の白河義親家頼礼式帳条』に「横川摂津守」の名が見られるが、この氏は、結城氏族ではないかと考えられる。

『吉成氏』（ヨシナリ）

吉成氏は、田村氏族で、『姓氏家系大辞典　巻三　吉成条1』に「奥州田村郡の豪族にして、吉成系図に『田村義顕―行顕（孫四郎御代田城主）―補守大和守孫七郎―政房（矢部大夫、吉成氏を称す）―清信―圓眞と見ゆ」と。そして、『同　2』に「常陸、久慈郡壗の十二所社天正の棟札に吉成石見守ありて」、『新編国誌』に「吉成同棟札に、吉成讃岐、同石見、同織部あり、もと白河の臣なるべし、後佐竹に仕ふ」とある。

『喜間氏』（ヨシマ）

喜間氏は、結城氏の家臣で、『白河市史　巻上　天正十三年正月の白河義親家頼礼式帳条』に「喜間雲斉」の名が見られるが、この氏は、岩城氏族の好間氏の分流と考えられ、喜間は好間の転化ではないかと考えられる。

『吉増氏』（ヨシマス）

吉増氏は、結城氏の家臣で、『白河市史　巻上　天正十三年正月の白河義親家頼礼式帳条』に「吉増左近」の名が見られるが、この氏の出自等については不明である。しかし、この氏は、前条の喜間氏の変姓の可能性もある。

『和田氏』（ワダ）

白河の和田氏は、『白河郷土叢書　巻下　白河関物譚　巻之下条』の「佐竹石川勢與白川勢一戦之事」の項に「白川結城義親の家臣として『和田平九郎』踏瀬村居住」とあるが、この氏は、桓武平氏三浦氏族の和田氏の流れではないかと考えられる（南会津郡・和田氏の条参照）。

『渡辺氏』（ワタナベ）

渡辺氏は、その家により「渡邊、渡邉、渡部」等とも称するが、この渡辺氏は、結城氏の重臣である。そして、この氏は、下総結城氏本宗第二代朝広が、陸奥国白川庄へ下向する時は、結城氏の執権職であったが、その「渡辺駿河守」が随行し、「借宿村館」に拠ったのが始まりと言われている。しかし、朝広は、本宗の第二代当主であり、本宗を棄て、態々《わざわざ》、飛び領である白河へ来るとは考えられず、これは、祐広の間違いであろうと思われる。また、渡邉氏は『白河古事考　巻四　阿武隈川の戦記条』にも、その名を見る事が出来る。そして、この渡辺氏の後裔の中には、佐竹氏の臣下となり「渡瀬氏」を称した者もいる（東白川郡・渡瀬氏の条参照）。

そして、この氏を始め現在、全国的に繁栄し大族となっている「渡辺氏」のそもそもの出自は、嵯峨源氏で、嵯峨天皇の皇子「融《とおる》」が「臣籍降下」し、源姓を賜り「源融《みなもとのとおる》」を称し、その後、昇《のぼる》—仕《つとう》—宛《あつる》と続くが、この宛は、武蔵国箕田《みた》（現　埼玉県鴻巣市箕田）に住し、「箕田源氏」を称した。そして、その子「綱《つな》」は、養母の生誕地である摂津国西成郡渡辺（現　大阪府大阪市東区渡辺）に住し、「渡邊綱《わたなべのつな》」を称した事により起こった（姓氏家系大辞典　巻三　渡邊条1）。

『和知氏』（ワチ）

和知氏は、結城氏族で、『姓氏家系大辞典　巻三　和知条6』に「秀郷流、藤原姓、結城氏族、磐城国白川郡の豪族にして、白河結城系図に『朝綱―朝眞（和知安左衛門）、弟朝治（和知七郎右衛門）と載せ、これより前、証古文書永正十五年に『和知新ひやうへとの』、又増見の福正寺は永正中の邑主和知駿河守一慶の位牌あり（古事考）」とある。そして、『白河古事考』に「『増見村館』は、和知駿河守の居館であった」とあるが、『日本歴史地名大系　巻七　西白河郡条』には「真角城」とある。また、この氏は、常に結城氏の重臣として仕え、建武二（一三三五）年には、宗広は、後醍醐天皇より与えられた「中畠、松崎」の地を和知直秀に与えている（石川氏一千年史　第十三代時光条）。

『西白河郡』

『青木氏』（アオキ）

青木氏は、石川氏の家臣で、その後、中畠氏の傘下に入ったものと考えられ、『日本歴史地名大系　巻七　西白河郡・大畑村条』に「石川氏没落後、天正十八（一五九〇）年頃まで、中畑の観音山館領主の中畠氏の傘下にあり、その幕下の青木筑前守がこの地に居たと伝える」とある。しかし、石川氏の没落は天正十八年八月であり、また、中畠氏も同時に没落している。その時は、領主の中畠晴辰《はるとき》の主城は三城目城であり、観音山城は支城的存在で、晴辰の弟晴時が城代を務めていた筈であり、この点が釈然としない。

『家田氏』（イエダ・ヤダ）

家田氏は、結城氏の重臣で、『日本城郭大系　巻三　西白河郡条』に「泉崎関和久字上町の『上町館』は、家田刑部正の居館」とあるが、『白河市史　巻上　天正十三年正月の白河義親家頼礼式帳条』にも「家田兵部之丞、同十郎」の名が見られ、この氏は、「矢田氏」の分流で読みも「イエダ」ではなく「ヤダ」ではないかと考えられる。しかし、『姓氏家系大辞典　巻一　家田《いえだ》条1』に「紀氏族、石清水祠官系図に『善清寺祐清―寶清（号家田）』、また寶清の兄『金剛住清―蔵清―住承―宮清（号家田）長清（号家田）など見ゆ』」とあるが、もしこの流れとすれば、白河市の金剛氏もこの流れの可能性もある。また『同　条2』に「荒木田氏族、荒木田二門系図に『荒木田貞並六世元親（二男家田）』」とある。

『泉川氏』（イズミカワ）

泉川氏は、結城氏の家臣で、『白河市史　巻上　天正十三年正月の白河義親家頼礼式帳条』に「泉川大学之助」の名が見られるが、『日本城郭大系　巻三　西白河郡条』には「矢吹町三城目字古館の『古館』は、泉川大学之介の居館」とある。そして、この泉川氏の起こりは、白河市小田川を源とし、泉崎村泉崎から中畑、滑津を貫流し、代畑、松崎間に於いて阿武隈川に合流する「泉川」を冠したものと考えられる。

『和泉崎氏』（イズミザキ）

和泉崎氏は、結城氏の重臣で、天正七（一五七九）年の『白河古事考　巻四　阿武隈川の戦記条』に「和泉崎右馬頭」の名が見られるが、この氏は、泉崎村泉崎の「泉崎館」を居館とし、その地名を冠し和泉崎氏を称したもので、館主の和泉崎右馬頭は、この時中畠上野介晴辰、その弟大畠大学等と共に戦っており、また和泉崎は旧中畠領であった事などを考え合わせれば、中畠氏族だったものと考えられる。そして、この和泉崎右馬頭は、前述の戦記に於いて、中畠上野介、大畠大学などと共に白川結城氏の家臣として激奮戦したが、結城氏は佐竹氏に敗れた。その結果結城氏は「白川城」を明け渡す事となるが、それと共に白川領内の各支城も明け渡す事となり、この「泉崎城」も、佐竹氏の重臣で「滑津城」城主の「舟尾山城守昭直」指導の下、佐竹氏の家臣「人見主膳正」が入城し、主膳正は入城と共に名を「邊見主膳正」と改めたものと考えられる。そして、西白河郡、東白川郡、石川郡の三郡に亘る二十一ヶ村が舟尾山城守昭直の領する「滑津領」となるのである。しかし、天正十七（一五八九）年に至り、この泉崎城は、中畠上野介晴辰により乗っ取られ、晴辰は、これを二男の中畠右馬頭晴光に与えるのである。しかし、それも束の間、翌十八年四月、今度は、この白河を始め石川、会津等南奥の殆どが「伊達政宗」の領するところとなるが、更に、それから僅か四か月後の天正十八年八月、今度は「豊臣秀吉」の「奥羽仕置」により「蒲生氏郷」に与えられ、これを機に南奥の殆どの武士達は帰農し、農民となるのである（中畠氏、白河市・邊見氏、人見氏の条参照）。

『**伊藤氏**』（イトウ）

この伊藤氏は、『日本城郭大系　巻三　西白河郡・三城目城条』に「三城目城は、矢吹町三城目の本城館にある。阿武隈川の氾濫原に開けた三城目は古来から栄え、一帯には大きな古墳も多いが、この平地の西に広がる丘陵地帯のほぼ独立した丘に城跡がある。始め小松越前が城を築き、その後、伊藤氏が入った。伊藤氏は、代々その名のりに『祐』を用いるところから安積伊東氏の一族と考えられている（白河古事考）（中略）。永禄年間（一五五八―七〇）に伊藤氏の弱体に付け込んだ隣国の中畑城主中畑晴辰が一族郎党を引き連れて三城目城に押し込み、まだ幼少の伊藤祐勝に強談判のうえ、城を押領し、居城を中畑から三城目に移し、祐勝には村内に屋敷を与え、居住を許したという。その後、この伊藤氏がそのまま土着し、江戸時代を通じて三城目村の庄屋を務めた」とある。

『**大澤氏**』（オオサワ）

大澤氏は、結城氏の家臣で、『姓氏家系大辞典　巻一　大澤条5』に「白川の大澤氏、関阿久の守将に大澤権之助、その子三郎あり、天正の頃、佐竹氏に属す」とある。つまりこれは、関和久城の守将であった大澤権之助、三郎親子は、最後は佐竹氏の家臣に転じたという事である。

『大畠氏』（オオバタケ）

大畠氏は、結城氏の家臣で、矢吹町大畑より起こったが、この氏は、中畠氏の分流で中畠石川氏第四代上野介晴常が、二男晴時に対し領内で本宗の近地である大畠邑を分封し、大畠大学を称させたものと考えられる。そして、天正七年の『白河古事考　巻四　阿武隈川の戦記条』に「佐竹軍と戦う結城氏の家臣の中に、大畠大学、中畠上野介、和泉崎右馬頭」等の名が見られるが、『白河郷土叢書　巻下　白河関物譚巻之下』の「中畑上野助居城を落し給ふ事」の項には、この大畠大学は中畠上野介の弟とある。そして、『日本歴史地名大系　巻七　西白河郡・大畑村条』には「戦国期と思われる五月二十五日の長泉寺他連署覚書写（浅川文書）によると『浅川ニテ申傳之趣』として、石川氏の一族浅川大和守の知行地に『浅川町、滝輪村、大畑村』等が見られ、その大畑村には『住吉、上の前、前久保、大畑、沢尻』の小字がある。村内に『西袴館』があり大畠氏が居館し、石川氏に属していたと思われる」とある。

『押田氏』（オシダ）

押田氏は、結城氏の家臣で、『白河古事考　巻四　寛文七年未八月四日の御本名之覚条』に「大田川村、押田太郎左エ門」の名が見られるが、この氏は、「忍氏」の分流ではないかと考えられる。

『小田倉氏』（オダクラ）

小田倉氏は、白川郡小田倉邑（現　西白河郡西郷村小田倉）より起こったが、『姓氏家系大辞典　巻一小田倉条』に「磐城国西白河郡小田倉邑より起る。建武二（一三三五）年注文に『小高倉に作る。藤原姓なりと云ふ』」とあるから、この氏は、結城一族の誰かが小田倉に住して、「小田倉氏」を称したものと考えられる。

『蕪木氏』（カブラギ）

蕪木氏は、「鏑木」にも通じ、『姓氏家系大辞典　巻一　鏑木条1』に「桓武平氏千葉氏族、下総国匝瑳郡《そうさぐん》（現　千葉県香取郡）鏑木邑（現　千葉県旭市鏑木または佐倉市鏑木）より起る。千葉氏の族にして、千葉系図に『常胤―胤正《たねまさ》―胤時（千葉八郎家号白井）―胤定（千葉九郎家号鳴矢木）（中略）鳴矢木は田所本には鏑木に作る』」とある。また、『同　条5』に「雑載、又東国太平記に『関ヶ原戦の際、奥州白河郡中畠の浪人蕪木某が上杉氏に随ひて白河表に働きし事』見ゆ、岩城、岩代に此の氏存す」とある。そして、石川町双里には「蕪木館」があったが、この氏は、石川氏の家臣であった。そして、その後、中畠氏の家臣となり、更に中畠氏の没落により、会津の「上杉景勝」の麾下《きか》として「徳川軍」の北上に備えるべく参陣したものと考えられる。

『木田氏』（キタ）

木田氏は、結城氏の家臣で、『白河古事考　巻四　寛文七年未八月四日の御本名之覚条』に「大田川村、木田七左エ門。同中畑新田村、木田長作」の名が見られるが、この氏は白河の「北氏族」と考えられる（白河市・北氏の条参照）。

『木ノ内氏』（キノウチ）

木ノ内氏は、結城氏の重臣で、泉崎村関和久字木ノ内より起こったが、『日本城郭大系　巻三　西白河郡条』に「泉崎村関和久字木ノ内山の『木ノ内山館』は、『木ノ内若狭守』の居館」とあるが、この氏は結城一族と考えられる。

『國井氏』（クニイ）

國井氏は、『姓氏家系大辞典　巻二　國井条1』に「清和源氏頼信流、常陸国那珂郡國井邑より起る（中略）。尊卑文脈に『頼信―義政（常磐五郎、号國井）―政清（荒源大夫、従五位下同太郎）―政広（同又太郎、國井源八、住常陸国）―政景（國井八郎）』」とあるが、これは、「前九年の役」を平定した陸奥守兼鎮守府将軍の源頼義の五弟「源義政」が、それに参陣し、その功により、常陸国那珂郡國井邑（現　茨城県水戸市上国井町、下国井町）を与えられ住し、國井氏を称した事により起こった。

そして、この國井氏の分流は、その後、石川氏に帰属し、更にその分流は、石川氏一族で石川郡松崎邑（現　西白河郡中島村松崎）を領した「松崎氏」に仕えたものと考えられるが、その後、この松崎村は、結城氏族和知氏を経て大寺氏麾下の小針氏の所領となったため、今度はその小針氏に仕えた。しかし、天正末期になり、この小針氏が新城邑（現　白河市大信上、中、下新城）を領し転じたため、更にその小針氏に随行し現在に至るが、この末裔は現在に於いても当地に多くの子孫を繁栄させている。

『窪木氏』（クボキ）

窪木氏は、結城氏の家臣で、『白河古事考　巻四　寛文七年未八月四日の御本名之覚条』に「大田川村、窪木太郎兵衛」の名が見られるが、この氏の出自等については不明である。

『隈井氏』（クマイ）

隈井氏は、石川氏第十五代詮持の弟、九郎光幹が石川郡中畠邑（現　西白河郡矢吹町中畑）を与えられ来《らい》邑《ゆう》し、邑内国神の地に「国神城」を築き住した。その後、代々の居城としていたが、第五代晴辰は、近くの隈井観音堂が祀られている標高三百十六米の独立峰の「観音山」に城を築き「観音山城」と称し移り住み、姓も「中畠氏」に改めた。そして、この城は別名「隈井城」とも称したため晴辰（弟の晴時とも言われる）は「隈井氏」と称した事もあったので、この氏の誕生となった（日本歴史地名大系　巻七　西白河郡・中畠村条）。

『熊田氏』（クマダ）

この熊田氏は、結城氏の重臣で、泉崎村関和久字上町の「伊賀館」を本拠とした豪族で、『日本城郭大系　巻三　西白河郡・伊賀館条』に「城主としては、結城氏の老臣熊田伊賀忠氏、熊田惣左衛門光行らの名があげられている。子孫の若狭介兼氏は佐竹氏との戦いに功があったと言われるが、『白河風土記』には、天正年間（一五七三―九二）に若狭介兼氏は白川城没落の時、浪人となり、関和久に住した」とある。そして、この氏は、『姓氏家系大辞典　巻二　熊田条3』に「下野の熊田氏、那須熊田郷（現　栃木県那須烏山市熊田）より起る。那須記に熊田源兵衛高貞等載せたり」とあり。そして、その後、この熊田氏は、白川、岩瀬、安積、石川、田村等へも分流し繁栄したが、この「高貞」という名からすれば、この熊田氏の遠祖は、芳賀氏ではないかと考えられ、白川結城氏への帰属の経緯は、芳賀氏と同じく、那須氏より白川結城氏へ入り聟した氏朝の随行が考えられる（郡山市・熊田氏、白河市・芳賀氏の条参照）。

『小磯氏』（コイソ）

小磯氏は、現在白河地方に散見される氏族で、この氏には二つの流れが考えられ、その一は、秀郷流結城氏族で、『姓氏家系大辞典　巻二　小磯条4』に「秀郷流、藤原姓、網戸氏流で、秀郷流系図、結城系図に『網戸阿波守朝村の子時廣（小磯と号す）』」とある氏で、この氏が白川結城氏に流れ、拡散していったのではないかと考えられる。また、その二は、佐竹氏の家臣で、『同　条3』に「常陸の小磯氏『新編国志』に『小磯』。『戸村本佐竹譜』に『近習士の内にあり、相州に大磯小磯あり、その起る處詳ならずと載す』とあり、この氏は、相模国淘綾郡小磯邑（現　神奈川県中郡大磯町）を発祥とする氏族で、佐竹氏第二十代義重が強力な北進策により南奥に侵行し、白川領を席巻し、重臣の舟尾山城守昭直を棚倉町の『赤館』より、中島村の『滑津城』へ移した時に、石塚、大畠、大山、岡田、折笠、小磯、小室、椎名、高村、田崎、長倉、藤井、古内氏等」の同臣諸氏と共に舟尾氏に随行して定住し、拡散していったものと考えられる。

『小林氏』（コバヤシ）

小林氏は、泉崎城の城主邊見氏の家老で、『白河郷土叢書　巻上（白河古事考　巻五　古墟の部）条』に「泉崎の墟に『邊見主膳正』が住した」とあり、また、『日本歴史地名大系　巻七　西白河郡・泉崎村条』に「村の東方、現在の泉崎駅前に館跡があり、天正年間、邊見主膳正が居住したが、現在はわずかに堀跡が残っているのみである。天正十六年、中畑村の観音山城主、中畑晴辰に攻め落され、主膳正は捕らえられて村の南外れに幽閉《ゆうへい》された。その地を殿入（外ノ入）という。その家老小林筑後は富窪（現　西白河郡泉崎村）に、野崎筑前は根岸に、三村土佐は杌内《むくろうち》に、鈴木若狭は中ノ内に分散して居住させられ、それぞれの子孫は農夫となり、村の開発に当たった（白河風土記）」とある（白河市・人見氏、邊見氏の条参照）。そして、この氏は、佐竹氏の家臣の小林氏の分流で、常陸より人見氏に随行して来た氏族ではないかと考えられる。そして、『姓氏家系大辞典　巻二　小林条19』に「常陸の小林氏、『新編国志』に『小林。新治群小林村より出づ（今の真壁郡）』」とある。

『小針氏』（コバリ）

小針氏は、永禄期以後の松崎邑（現　西白河郡中島村松崎）の領主で、『白河風土記　巻十四』の松崎村の沿革に「往古道喜ト云ヘル者居住シテ村ト名ヅクル程ノ地ニモアラザリシガ永禄ノ始メニ小針五郎左衛門ト云フ浪人勢州ヨリ来リ南須釜村ニ曲木道久（石川肥前守光衡筒鎌神社ノ縁起ニ家老曲木但馬守正次ト云フ者ニ見ユレバ此道久ハソノ子孫ニテ民間ニ遁ルル者ナルベシ筒鎌神社ノ縁起ニハ此曲木ヲ曲山但馬守トアリ何レガ是ナルヤ）ト云フ者ニ随身シケルガ当村さわめきト云フ所ヲ貫キテ田所ヲ開発シケル其時石川郡六十六郷ノ部ニ入リテ大寺氏ノ持地トナリ（此大寺氏ハ石川安芸守源太有光嫡男遠江守ヲ大寺殿ト云フ事南須釜村神職関根市正由来書ニ見エタリ）小針ガ子若狭ト云フ者ノ給地ニナリケルトナリ」とある。

そして、小針氏は、石川大寺氏の麾下として、松崎邑の「袴館」を居館としたが、その後は結城氏の家臣となり、中畠上野介晴辰の勢力を背景に、天正十七年十月の、伊達政宗による二階堂氏の「須賀川城」攻撃に於いては、石川昭光、白川義親等と従軍した中畠晴辰に随行し、新城、長沼方面に転戦活躍し、その功により、新城の地を知行し、國井、鈴木、宮本氏等を伴って移住した。

その後、この小針氏は、江戸期に入り当地に於いて帰農し、当地方の有力者として、各地の庄屋等を務めるが、このような出自と沿革を持つ小針氏は、現在、福島県から茨城県にかけて繁栄し、五百有余戸を数える大族となっている。

また、これとは別に『日本歴史地名大系　巻七　西白河郡・須乗村条』に「丸の内に物見館があり、白川義親の異母弟に当たる滑津村小針館主小針山城守小四郎頼廣が館主を兼ねたという。天正十六年頼廣が没し、子の小針右京政頼が相続したが、同十八年廃城となったと伝える」とある。

『小松氏』（コマツ）

小松氏は、『日本城郭大系　巻三　西白河郡・三城目城条』に「三城目城は、矢吹町三城目の本城館にある。阿武隈川の氾濫原に開けた三城目は古来から栄え、一帯には大きな古墳も多いが、この平地の西に広がる丘陵地帯のほぼ独立した丘に城跡がある。始め小松越前が城を築き、その後、伊藤氏が入った。伊藤氏は、代々その名のりに『祐』を用いるところから安積伊東氏の一族と考えられている（白河古事考）」とある。そして、この小松氏の起こりは、白河市表郷小松と考えられる。それは、この地は元々藤原信頼の所領であったが、「平治の乱」の敗北により、信頼が失脚後は平清盛が領有し、清盛はこの地を嫡子重盛に与えた。そして、重盛が「小松殿又は小松内府」と呼ばれていた関係で、重盛に関わりのあった女性が来奥し、庵を結んだ「東坊庵」があった所が、それに因んで小松邑となった（日本歴史地名大系　巻七　西白河郡・小松村条）。しかし、この地は、更に「源平合戦」の勝利により源氏の所領となり、これを今度は、源頼朝が「奥州征伐」の功として結城朝光に与えた。これにより、結城本宗はこの地を朝光の孫時祐（時広との説もある）に与えたので、小松氏はこの分流ではないかと考えられる。

『小室氏』(コムロ)

小室氏は、佐竹氏の家臣で、舟尾氏が棚倉町の「赤館」より、中島村の「滑津城」へ入城する時に随行して来た氏族と考えられる。その後、この氏は当地に土着し繁栄しているが、『姓氏家系大辞典　巻二小室条5』に「常陸の小室氏『新編国誌』に、『小室、久慈郡より起る。〈永慶軍記〉に、天正中、佐竹の士、小室右衛門、同治右衛門あり』と。今この氏存す」とある。そして、その起こりは、現在の茨城県常陸太田市大字西染町字小室と考えられるが、滑津城址の小室氏の墓所には「源氏名入りの墓碑」が存在するところを見れば、この氏は恐らく佐竹氏の分流と見て間違いないものと考えられる。

『齋藤氏』(サイトウ)

この齋藤氏は、結城氏の家臣で、『白河古事考　巻四　寛文七年未八月四日の御本名之覚条』に「大田川村、齋藤與五右エ門、同齋藤四郎左エ門、同齋藤徳右エ門」等の名が見られるが、斉藤氏は、国内屈指の大族で、現在全国的に繁栄しており、この氏も当然その中の一族であると考えられる。しかし、この氏が結城氏に帰属した経緯については全く不明である(斉藤氏の出自については福島市・茂庭氏の条参照)。

『相楽氏』(サガラ)

相楽氏は、中畠氏の家臣で、『姓氏家系大辞典　巻二　相楽条4』に「秀郷流、藤原姓、結城氏流、数馬系図に『中畠上野晴辰―大学助晴時―大学晴倶《はるとも》(号相楽次左衛門)―定共(相楽七郎兵衛)―定次(七郎衛門)』と見ゆ」とあり、石川氏の分流とも白川結城氏の分流とも言われるが、それは、相楽氏が中畠氏の遺児晴倶を養子とした理由によるもので、中畠氏は石川氏を本貫とし、白川結城氏から継嗣を入れた事による。そして、天正十七年十月、須賀川二階堂氏が伊達政宗によって攻め滅ぼされ、その城下が廃墟と化した時、相楽氏が再興し、そこへ中畠氏が没落した時、晴時の遺児晴俱（次左衛門）を養子として迎えたが、その後、定共（七郎兵衛）、定次（七郎衛門）と続き、代を継ぎ現在に至っている。しかし、元々、この相楽氏の出自は、遠江の相楽氏の一族と言われ、二階堂氏が遠江国相楽庄を領した時期に家臣となり、二階堂氏の岩瀬下向に伴ってそれに随行したと言われている。そして、その末裔は、中畠氏終焉の地である矢吹町三城目にも現存する。また、『白河古事考　巻四　寛文七年未八月四日の御本名之覚条』には「大田川村、相楽多兵エ」の名が見られるが、この氏は、結城氏の家臣と考えられる（中畠氏、須賀川市・相楽氏の条参照）。

『三城目氏』（サンジョウメ）

三城目氏は、『姓氏家系大辞典　巻二　三城目条』に「白川郡三城目邑より起る。伊東氏の族なり」とあるが、これは、矢吹町三城目の事で、伊東氏の族とは、当地の「三城目城（タカナシ館）を居城とした伊藤氏」を指しており、これを見る限りでは、この伊藤氏は、「三城目氏」も名乗っていたか、或いは、この分流が三城目氏を名乗ったものと考えられる。そして、『日本城郭大系　巻三　西白河郡三城目城条』には「二階堂氏の三城目支配も天文二十一年に終わり、再び石川氏の手に帰した（角田上館文書）時に、石川氏から金内大膳、三城目関場太郎左衛門が出仕した（楓軒文書）」とある。また、中島村二子塚にも三城目という小字があるが、これは「御霊神社」を、この三城目から二子塚へ勧請した時に付けた地名ではないかと考えられる。

『**椎名氏**』（シイナ）

椎名氏は、佐竹氏の家臣と考えられ、この氏も小室氏や高根氏等の同臣諸氏と共に「赤館」より「滑津城」へ入城し、その後、定着したものと考えられる。そして、その起こりは『姓氏家系大辞典　巻二　椎名条1』に「桓武平氏千葉氏流、下総国千葉郡に椎名邑あれど、此の氏は匝瑳党《そうさとう》なれば、海上郡椎名内より起りしかと云ふ、但し千葉郡にも椎名邑あり、匝瑳地方より移りて椎名の地名を起こしたるかと論ぜらる。此の氏の事は、千葉系図に『常兼―下総介常垂―胤光（椎名五郎）と、常胤の弟也』」とある。そして、この氏はその後、上総、下総、常陸等に於いて繁栄し、現在可成りの数に上っている。また、南北朝期に、北朝方として畠山氏と行動を共にし、越中松倉城（現　富山県魚津市）の争奪戦に於いて活躍した椎名孫八入道なる人物がおり、元中期（一三八四―九二）には、越中国の守護識である畠山氏の重臣として名を連ね、弘治の頃（一五五五―五八）には、新川群の守護代にまでなっている人物もいる。

『**高根氏**』（タカネ）

高根氏は、佐竹氏の家臣で、『姓氏家系大辞典　巻二　高根条2』に「秀郷流、藤原姓、田原藤太裔と云ふ」とあるが、この氏は、常陸国那珂郡高根邑（現　茨城県東茨城郡城里町桂字高根）より起こったものと考えられる。そして、佐竹氏第二十代義重が、強力な南奥進出を企て、白川領の支城を次々と落とし、終には白川領の全てを席巻し、領界の抑えとして重臣の「舟尾山城守昭直」を赤館（現　東白川郡棚倉町）より「滑津城（現　西白河郡中島村）」へ移したが、その時に石塚、大畠、大山、岡田、折笠、小磯、小室、椎名、高村、田崎、長倉、藤井、古内氏等の同臣諸氏と共に舟尾氏に随行し入城したものと考えられる。そして、これらの支族は、現在に於いても福島県南地方各地に繁栄し、多くの子孫を輩出しているが、この高根氏もその一人であり、その後、この後裔の「高根孫左衛門正利」は、丹羽長重の家臣となり、長重が「棚倉城」を築城するに当たり、若干二十歳で普請奉行を命ぜられ、この大役を果たしている。そして、『同　条3』に「雑載、二本松丹羽藩重臣に、此の氏あり、岩城地方に多しとぞ」とある。

『高村氏』（タカムラ）

高村氏は、渡来人で、高宮漢人《たかみやのあやひと》の後裔と言われ、始め高村村主《たかむらのすぐり》と称していたが、その後、春原連《はるはらのぬらじ》姓を賜り、更に忌寸《いみき》を与えられ、また更に宿禰《すくね》姓を与えられ「高村宿禰《たかむらのすくね》」を称した。そして、このような経歴を持つ高村氏は、その後、全国に拡散するが、東国では、武蔵、常陸、陸奥等に存在する。そして、これらのうち、この高村氏は、常陸の高村氏の分流と考えられ、『姓氏家系大辞典　巻二　高村条5』に「常陸国久慈郡下小川村の名族（家紋透鷹の羽）」とのみ記されているが、この下小川村とは現在の常陸大宮市から大子町にかけての地であり、当地に於いて代を重ね佐竹氏の家臣となり高根氏と同じように、佐竹氏の命により、舟尾氏に随行し「赤館」より「滑津城」へ入場したものと考えられる（高根氏の条参照）。

『館岡氏』（タテオカ）

館岡氏は、『日本城郭大系　巻三　西白河郡条』に「西郷村米字米村の『入道山館』に館岡入道の居館」とあるが、この氏は『姓氏家系大辞典　巻二　館岡条2』に「桓武平氏岩城氏族、磐城国相馬郡大曲村の名族にして、大曲氏の後、大曲村館岡より起る」とあるが、この氏の分流と考えられる。

『長倉氏』（ナガクラ）

長倉氏は、佐竹氏の分流で、『姓氏家系大辞典　巻三　長倉条4』に「常陸国那珂郡長倉邑（現　茨城県常陸大宮市長倉）より起る。佐竹系図に『佐竹行義の子義綱（長倉三郎）とあるより起る』」とある。そして、天正七年の『白河古事考　巻四　阿武隈川の戦記条』に「長倉近江」の名が見られるが、この氏もまた高根氏達と同じように、佐竹義重の命により、舟尾氏等と共に「滑津城」へ定着した後、各地へ拡散していったものと考えられる。しかし、『白河市史　巻一　通史編一　二章』に「白川郡長倉で宗広の一族結城盛広が乱を起こすと、親房、顕家父子は宗広の挙動を心配し、顕家は八月九日盛広の所領を奪って結城氏の惣領である宗広に預け（白河市史　巻五　中世五〇）、盛広に加担しないようにした。この時、顕家から盛広攻めの命令を受けた伊達行朝らは、八月一三日その拠点長倉を攻めると（白河市史　巻五　中世一三九）云々」とあるので、この地の起こりかも知れない（高根氏の条参照）。

『中畠（中畑）氏』（ナカハタ）

中畠氏は、後代になり「中畑」とも称したが、『日本歴史地名大系　巻七　西白河郡・中畑村条』に「中畑氏は、清和源氏石川氏族で、石川氏第十五代詮持の九弟石川九郎光幹は、興国年間（一三四〇―四六）、石川郡中畠邑を与えられ、中畠邑国神（現　西白河郡矢吹町国神）に『国神城』を築き居城とし、中畠、三城目、大畠、堤、松崎、明岡、中野目、神田、須乗、成田、細谷、森宿、行方野、矢吹、松倉、泉崎の十六ヶ村を支配した（相楽文書）」とある。その後、国神城には、光幹《みつもと》―頼母光冬《たのもみつふゆ》―孫四郎胤光《たねみつ》―上野介晴常（白川結城氏第十一代晴綱の庶長子で、母は中畠の石川氏より晴綱に嫁した側室）―晴辰《はるとき》（上野介）まで居城したが、この晴辰は、その後、戦国時代の乱世に対応するため、近くの隈井観音堂が祀られている独立峰の観音山（海抜三百十六米）に城を築き移り住み、姓を「中畠氏」に改め、国神城を廃城とした。

そして、永禄年間（一五五八―七〇）に入ると晴辰は、東北方五キロ程に位置する隣国の「三城目城（タカナシ館）」の弱体に付け込み、幼少の城主伊藤祐勝を追い落とし略奪し、天正十一（一五八三）年に移り、この観音山城には弟の晴時を配し代官させ両城を統治した。そして、更に『日本歴史地名大系　巻七　西白河郡・泉崎村条』に「五年後の同十六年、今度は、南西方四キロ程に位置する『泉崎城』攻略を企図し、城主の邊見（佐竹氏の旧臣で旧姓人見氏）主膳正に対し、自らの二男（右馬頭）をその継嗣に約させ、その事を主膳正の兄に伝えたが、これが逆鱗《げきりん》に触れ、この話は破綻した。そこで晴辰は、ここぞとばかりに、急に軍勢を催し、泉崎城に攻め入り城主主膳正を捕らえ村の南端に幽閉《ゆうへい》し、その地を殿入（現　外ノ入）と称したが、その家老達も又村内各地（小林筑後は富窪〈現　西白河郡泉崎村〉へ、野崎筑前は根岸へ、三村土佐は枉内へ、鈴木若狭は中ノ内へ）へ分散して住せられ」とあり、そして、右馬頭を城主とした。しかし、同十八年八月、今度はその晴辰が豊臣秀吉による「奥羽仕置」により、この白川を始め石川、安積、会津等の多くが「蒲生氏郷」の所領となったため、反逆し追われ、旧縁を頼って相馬へ落ち延びる途中、行合の渡し（現　郡山市田村町行合の行合橋付近）に於いて夜盗に惨殺されたという（日本城郭大系　巻三　西白河郡・三城目城、観音山城、国神城条）。一方観音山城の弟晴時は、その後、この中畠を含む石川・白川・岩瀬・田村・安積等多くの領土が豊臣秀吉の寵臣「蒲生氏郷」に、「会津百二十万石」として与えられたため、その家臣となり、大崎（現　宮城県大崎市）攻めに参戦したが討死し、その子晴倶は、須賀川の相楽氏に養育され「相楽氏」を称し、本貫の中畠氏は断絶した。そして、『白河郷土叢書　巻下　白河関物譚巻之下』の「中畑上野助居城を落し給ふ事」の項には、「天正十八年八月、政宗大里を攻玉《せめたも》ふよしを聞き中畑上野介兎角此邊《とかくこのへん》にても如何《いかが》なりと思ひて様有る体《てい》にもてなし取るものも取りあへず、相馬の方に心ざし有る者を尋ね落つるべきとて早々支度して落ちたりける。此弟《このおとうと》に大畑大学と云ふもの白川より會津へ加勢に遣《つか》はさる。武勇成る者故深入して討死す。其妻幷《ならび》に五才に成ける男子を捨て落ち行きける其男子後に大國五左右衛と云ふ者取り立つて大久保村と云へける處《ところ》へ送りける。中畑上野介駄荷三十四五駄附並べ中村さして落ちける處《ところ》に、三春行合村と云ふ處を通りけるに野武士共此由《このよし》を聞き我寶《われたから》を取べし。落人《おちうど》他の咎《とが》有まじとて大勢彼道《かのみち》に出て其財寶不残《そのざいほうのこらず》是《これ》渡すべし何方《いづかた》より通る共押へ申すと云へける故、上野介左様候《さようそうら》はゞ二三駄も残し可申餘《もうすべく》は通し給ふべしと申しける。然《しか》れども田夫野人の野武士共耳にも更に聞入れず、打て懸《かか》りけるを見て石塚掃部《かもん》、雑兵《ぞうひょう》共と戦へしが多勢に無勢故不叶《かなわず》、終に中畑上野介親子行合村にて討死す哀れなりける次第なり、其首を石塚取て帰り三城目へ持ち来たつて塚に築へて弔ひける」とある。

しかし、泉崎の中畠氏の方はそのまま続き、更に晴辰が相馬へ落ちる時、泉崎の「中畑右馬頭晴光」の弟と思われる七歳と五歳の男子を、その泉崎の右馬頭の下に落とし匿《かくま》わせたが、これもまた、長じて「中畑掃《(ママ)》門輔昆光《つぐみつ》」「中畑平七郎秀光」を称し、その後三家に分かれ、以後氏神として種神稲荷神社や、菩提寺として大泉山昌建寺を建立し、酒、醬油製造業等を営み、また、一時期庄屋等を務めながら現在に至っている（中畑家文書）。そして、同書に「中畑右馬頭晴光」の家臣と思われる者に「中畑景晴、石塚祐廣、野崎朝廣、本柳親廣、志尾廣綱、三村朝行、太志朝景」右七驛の名が見られる（人見氏の条参照）。

『奈目津氏』（ナメツ）

奈目津氏は、後条の滑津氏の前姓で、「滑津従五位下石見守光房」は、主家石川氏より「奈目津の邑」を与えられ、始め「奈目津五郎」と称したが、その後、滑津氏に変姓したものである（石川氏一千年史　第二代有光条）。そして、『日本歴史地名大系　巻七　西白河郡・滑津村及び松崎村条』に「阿武隈川西岸の地が、結城領となる以前は、石川有光の五男光房が、滑津、松崎等を支配し、奈日津五郎光房と称し、領民から『西側様』『にしがわ』と呼ばれたと伝える。松崎の北の矢吹町明神の原との境にある台地に松崎氏が袴館を築き領内の防備とした。のち石川（大寺）光晴が継いだ」とある。

『滑津氏』（ナメツ）

滑津氏は、石川氏の一族で、『石川氏一千年史　第一代頼遠』及び『同　第二代有光条』によれば、「源頼遠《よりとお》、有光父子は、従兄弟で陸奥守兼鎮守府将軍の源頼義、義家父子による『前九年の役』に随行し、頼遠は戦半ばにして戦没したが、有光は、役平定後、頼義、義家等と共に朝廷に赴き官符の後、『蝦夷の監視』のため奥州仙道の地に止まるよう命ぜられた。それにより、有光は、康平六（一〇六三）年冬十月、一族郎党を引き具し、白川郡藤田郷に来奥し、当地に『藤田城』を築き居城とし、白川郡を割き、祖地である河内国石川庄に因んで、石川郡とし、姓も『石川氏』を称した。そして、その後、有光の五男泉小五郎は、奈目津の邑（現　西白河郡中島村滑津）を与えられ、奈目津五郎と称し、一族に列した」とある。

これにより小五郎は、奈目津へ来邑し、阿武隈川へ支流の泉川を注ぐ断崖の丘陵上に城を築き「滑津城」と称し、名を「滑津光房」と改めた。そして、光房は嘉保二（一〇九五）年、三兄で石川氏第三代の元光に伴われ、長兄大寺光祐、次兄矢吹光孚《みつたね》と共に上洛し、元光は従四位上大膳大夫《だいぜんだいぶ》、光祐は従五位下遠江守、光孚は従五位下下野守、そして光房は従五位下石見守に任ぜられた（同　第三代元光条）。その後、この滑津氏は「光順―林方―光孝―元右―光伸―光悦―頼各―頼主―光章」と十代、三百数十年間に亘って続くが、この滑津の地は、白川結城氏と石川氏との境界に当たるところから、建武、南北朝期頃からは、白川結城氏の圧力により、その麾下となったり、また、石川氏に復したりの状態が繰り返されたものと考えられる。そして、文安元（一四四四）年に至り、この滑津氏は、白川結城氏第九代直朝による指導の下と考えられるが廃され、代わって岩城氏流岩崎《いわがさき》氏族舟尾山城守（常陸介）昌忠が、新たに城を築き入城し「南目津城」と称したが、これにより滑津氏は没落した。そして、滑津城址には現在も、紀年銘の判読出来るものに文永九（一二七二）年の板碑、建治二（一二七六）年の板碑、同四年の阿弥陀線刻磨崖仏、元亨元（一三二一）年の曼荼羅板碑、建武元（一三三四）年の板碑、同二年の代畑地蔵（汗かき地蔵）、永徳二（一三八二）年の板碑等がある（中島村史）とある。

『野崎氏』（ノザキ）

野崎氏は、泉崎城主邊見氏（旧佐竹氏の家臣の人見氏と考えられている）の家老で、『白河郷土叢書　巻上（白河古事考　巻五　古墟の部）』に「泉崎村泉崎字館の『泉崎館』の館主、邊見主膳正の家老として、野崎筑前が、泉崎村根岸に住した」とあるが、この氏は、常陸の佐竹より人見氏（当時名）に従ってきた氏族と考えられる。また、『同　巻四　阿武隈川の戦記』にも「野崎氏」の名が見られるが、この氏は、結城氏の家臣で、前述氏とは別氏と考えられる（小林氏、邊見氏、人見氏の条参照）。

『羽太氏』（ハブト）

羽太氏は、結城氏の重臣で、『日本城郭大系　巻三　西白河郡条』に「西郷村羽太の『南館』は、南大膳の居館」とあるが、この大膳は、始め羽太氏を称し、その後「南氏」を称したものと考えられる。しかし、この氏は、元々は「秦《はた》氏」ではないかと考えられる。

『人見氏』（ヒトミ）

人見氏は、『姓氏家系大辞典　巻三　人見条9』に「磐城の人見氏、『棚倉往古由来記』に、人見主膳正を載せたり。佐竹家臣也。『古事考』に『泉崎村の城は方九十間、俗説に結城の臣邊見（又人見とも云ふ）主膳正居住す。天正十六年、中畠上野介は、二男右馬頭を家督に約し、主膳正の兄、下野国烏山の城主何某へ告げ知らせしに、他族より家督を迎ふること然《しか》るべからずとて、許容せざりければ、中畠上野介、これを聞いて大いに怒り、急に軍勢を催し、泉崎を乗取りける。されども一度子の為に父と定めたれば、主膳正を助け、別所に閉じ籠め置きたり。今其処を殿之入と云ひて小字となる云々と。按ずるに下野烏山は那須家累世の居城にして、中頃他家に奪わるることを聞かず、佐竹の臣にも人見主膳と云ふ人あり。此人若くは泉崎の主膳と兄弟か、知り難し。那須の地を攻め取り、烏山近くまで領せし故、人見を其の近辺に置きてありしを、誤りて烏山の城主と云ひ伝ふるにや未詳』と」とある。そして、このためか、現在に於いても那須地方には多くの「人見氏」が存在する。このように、佐竹氏の家臣であった人見主膳正または一族が、佐竹義重が結城領を席巻、併呑し、自らの二男「喝食丸」を城主として入れ「白川義広」を称させた時に、その家臣として「泉崎城」に配し、「人見」を「邊見」に変姓したものと考えられる（中畠氏、白河市・人見氏、邊見氏の条参照）。

『舟尾氏』（フナオ）

舟尾氏は、岩城氏族岩崎《いわがさき》氏の分流で、『姓氏家系大辞典　巻三　舟尾条1』に「桓武平氏岩城氏族、磐城国磐城郡船尾邑（現　いわき市常磐下船尾町）より起る」とあるが、岩崎氏の始祖隆久六世の孫隆時は、上舟尾邑に住し、「上舟尾氏」を称し、その四男隆勝が「舟尾氏」を称し、その子隆重は、隣の水野谷邑に住し「水野谷氏」を称した。
その後、白川結城氏が、建武期の第二代宗広の代となり、宗広は、後醍醐天皇や北畠顕家《あきいえ》に信頼され、絶大な権力を持ち、岩城、石川、田村、岩瀬、常陸等にも所領を与えられ、勢力を誇示する中、第九代直朝の代に至り、岩崎氏の内訌を調停した事により、その麾下となったと考えられる舟尾氏は、直朝の指示により、文安元年三月、舟尾山城守（常陸介）昌忠が、滑津氏の居城である「滑津城」を破却し、新たに城を築き入城し「南面津城」と称した。以後この舟尾氏は、地域柄石川氏、佐竹氏と領主を変転しながら約百五十年間続き、所領も白川郡の上野出島、下野出島、滑津、川東田、二子塚、小田川、太田川、泉崎、松倉、踏瀬、新城、石川郡の沢井、赤羽、新屋敷、中野目、明岡、松崎、神田、中畑の他、隠居料として川上、川下（塙町）、千石（仙石）の都合二万余石を領する（白河古事考）立派な領主であったが、天正十八年に至り、この滑津城は、伊達政宗によって攻陥され、城主の舟尾山城守昭直は、常陸の佐竹氏の元へ走った。しかし、慶長七（一六〇二）年主家佐竹氏が、徳川家康によって秋田へ転封させられたため、この舟尾氏の後裔も秋田へ移り佐竹氏に殉じた。

『古内氏』（フルウチ）

この古内氏は、佐竹氏の分流で、『姓氏家系大辞典　巻三　古内条1』に「清和源氏佐竹氏族、常陸国茨城郡古内邑より起る」とあるが、これは、佐竹氏第十七代義舜の五男一渓（桂）が、茨城県東茨城郡城里町常北字下古内に住し、古内氏を称したのに始まる。そして、この氏は主家佐竹義重の命により、舟尾氏等と共に「滑津城」へ入城したものと考えられる。しかし、滑津に定着した古内氏には、別流として、藤原北家結城氏族があり、この氏は『同　条3』に「総州古内邑（現　茨城県古河市上大野字古内と考えられる）より起り。陸前国宮城郡古内邑（現　宮城県仙台市泉区古内）に居ると云ふ。」とあるが、この氏は更に、南北朝期に至り白川結城氏の要請により、北朝方石川氏との領界に位置する滑津の地へ配されたと考えられる（福島市・古内氏の条参照）。

『降矢氏』（フルヤ）
降矢氏は、鎌倉権五郎景政の後裔で、『姓氏家系大辞典　巻三　降矢条1』に「桓武平氏鎌倉氏族、甲斐の名族にして鎌倉景政の男景経の子景縄（降矢三郎）を祖とすると云ひ、後古屋とも称するとぞ。又降矢一元あり」とあるが、矢吹町三城目にも降矢氏がおり、三城目には、景政の父村岡五郎忠通を祀る「御霊神社」や景政の廟所である「南台山東光院景政寺」もあり、「後三年の役」後の鎌倉権五郎景政の本拠地は、鎌倉より寧《むし》ろ、この三城目と竹貫であったので、景政の孫景縄は、当地より甲斐国に移り住み降矢氏を起こし、その後裔が祖地である三城目に再来したのではないかと考えられる。

『堀ノ内氏』（ホリノウチ）
堀ノ内氏は、『日本城郭大系　巻三　西白河郡条』に「西白河郡表郷村堀ノ内（現　白河市表郷堀之内）の『堀ノ内館（榾山館）』は、堀ノ内氏の居館」とあるが、この氏は、当地より起こった氏族と考えられる。ただ、この氏の出自等については不明である。

『松崎氏』（マツザキ）
松崎氏は、資料も乏しくその動きについては判然としないが、この氏は石川氏族で、石川郡松崎邑（現西白河郡中島村松崎）より起こった氏族である。そして、國井、鈴木、宮本氏等を家臣とし、当地の「袴館」を居館としたが、初めの頃は石川氏の命により、松崎、中畠の両村を代官していたものと考えられる。しかし、その後、大寺氏より継嗣を入れ大寺一族となった時もあった。そして約二百年に亘って続くが建武二年に至り、北畠顕家によりこの地は結城宗広に与えられ、更に、宗広より同族で重臣の和知直秀に与えられ、松崎氏は断絶した（石川氏一千年史　第十四代貞光条）。

『馬舟氏』（マブネ）

馬舟氏は、「真舟」とも称し、結城氏の重臣で、西郷村から白河市にかけての真船（舟）が発祥の地である。そして、『白河市史　巻五　永享十二年の結城氏朝上洛時の白川熊野御参詣の御供人数条』に「馬舟大炊助」の名が見られ、また、『白河市史　巻上　天正十三年正月の白河義親公御礼式帳条』には「馬舟越前守、同六郎衛門」の名が見られる。

『水野谷氏』（ミズノヤ）

水野谷氏は、「水谷」とも称し、桓武平氏岩城氏族岩崎《いわがさき》氏の分流の舟尾氏の一族で、岩崎郡水谷邑《いわがさきぐんみずのやむら》（現いわき市常磐水野谷町）より起こったが、『姓氏家系大辞典　巻三　水谷条9』に「桓武平氏岩城氏族、磐城国石城郡水谷邑より起る。磐城系図に『中山隆眞の弟舟尾隆勝の後』とし、仁科岩城系図に『隆勝（舟尾六郎─隆重（水谷《みずのや》孫三郎））─隆秀、弟義隆（水谷孫三郎）』と見ゆ」とある。そして、舟尾氏が白川結城氏第九代直朝の指導の下「滑津城」へ入城した時に、それに従って来邑したものと考えられる。そして、その後は、舟尾氏が領有した夫々の地に代官として封じられ、それらの地で繁栄するが、滑津城が伊達政宗によって陥落され、舟尾氏は主家佐竹氏と共に常陸へ引いたが、水野谷氏は、それには同行せずその儘残り、間もなくやってくる豊臣秀吉の小田原不参による領地没収取り潰しにより、同臣諸氏と共に帰農したものと考えられる。そして、その後は村の指導的立場となり、江戸期に於いては「庄屋」を世襲した（舟尾氏の条参照）。

『**南氏**』（ミナミ）

南氏は、結城氏の重臣で、『日本城郭大系　巻三　西白河郡条』に「西郷村羽太の『南館』は『南大膳の居館』とあるが、南姓の起こりは、この南館を冠したものと考えられる。しかし、常陸佐竹氏第十七代義舜の四男義隣を始祖とする南氏もおり、この分流が結城氏の家臣として転じた可能性もある。

『**三村氏**』（ミムラ）

三村氏は、結城氏の家臣の邊見氏の重臣で、『白河郷土叢書　巻上（白河古事考　巻五　古墟の部）』に「泉崎村泉崎字館の『泉崎館』の館主、邊見主膳正の家老の一人であったが、天正十六（一五八八）年、この館が中畠邑観音山城の城主『中畠上野介晴辰』によって陥落された時に、『三村土佐』は村内の枉内に住まわされ、その後、農民に転じた」とある。そこで、この氏は、常陸の佐竹氏の家臣で、邊見氏（旧姓人見）に従って来た氏族ではないかと考えられる。そして、『姓氏家系大辞典　巻三　三村条』に「常陸の三村氏。日光二荒山（新宮）の化灯爐の銘文に『正応五年 壬 辰《みずのえたつ》三月一日願主鹿沼権三郎入道道教阿、清原氏女敬白、大工常陸国三村六郎守季《もりすえ》』と。この三村氏は筑波郡の北條（現　茨城県つくば市北条）にて、小田氏在城の地に隣り、頗《すこぶ》る繁華の邑たりき云々」とあり。この氏の分流の可能性が考えられる（白河市・人見氏、邊見氏及び当郡・人見氏、小林氏の条参照)。

『諸根氏』(モロネ)

諸根氏は、中畠氏の家臣で、『矢吹町史』の中畠家乗馬衆の中に「諸根主殿」の名が見られるが、中畠氏終焉の地である矢吹町三城目には、現在に於いても、その子孫が存在する。そして、この氏は、岩城氏族ではないかと考えられる(いわき市・諸根氏の条参照)。

『安良氏』(ヤスヨシ)

安良氏は、結城氏の家臣で、『日本城郭大系　巻三　西白河郡条』に「西郷村長坂の小館山館(長坂館)は、安良勘解由の居館」とあるが、この氏の出自等については不明である。また、この読みについても「ヤスヨシ」で良いか否かも不明である。

『箭内氏』(ヤナイ)

箭内氏は、結城氏の家臣で、『白河古事考　巻四　寛文七年未八月四日の御本名之覚条』に「踏瀬村、箭内五郎兵衛」の名が見られるが、この氏は、高村左文郎著『白河結城家とその家臣達』によれば、箭内氏は、「源義房の二男義勝が摂津国箭内郷を領し、箭内氏の始祖となり、その十代の孫内蔵介勝光が、結城氏第十三代義親の家臣となり、田川氏没落後は、踏瀬村の庄屋として存続した」という。また、同じく結城氏家臣の「家内氏」も同族と思われるが、石川氏の家臣の「矢内氏」とは、出自も年代も異なるため、別族と思われる(石川町・矢内氏の条参照)。

『矢吹氏』（ヤブキ）

矢吹氏は、石川氏の一族で、屋葺、矢葺、屋吹等とも称したが、『石川氏一千年史　第二代有光条』に「石川氏第二代有光の四男光孚は、福田源之允と称し、平景経の嗣子となる。矢吹に住す。一族に列す。下野守基時と称す」とあるが、平景経は、鎌倉権五郎景政の子と考えられるところから、光孚は、この景経の嗣子となり景政の所領であった矢吹に住み、矢吹氏を称し始祖となったものと考えられる。そして、この矢吹氏は、その後、一時蘆名氏の家臣として仕えた事もあり、また、庶系達は、大寺氏や結城氏に仕えたりするが、その後、本宗は一貫して石川氏の身内人として仕え、石川氏を支えた。しかし、第二十一代光定に至り、石川氏が豊臣秀吉により領地没収取り潰しとなり、伊達政宗の家臣となったため、これに準じ、伊達領角田へと行動を共にした。また、『日本歴史地名大系　巻七　石川郡・北須釜村（現　石川郡玉川村北須釜）条』に「栗木内館跡は、矢吹内膳の居館といわれ（白河風土記）、（中略）字竹ノ花に真言宗智山派東光寺がある。縁起によれば、大寺城主大寺光長の娘寿美は、北須釜村の矢葺内膳光則の室となったが云々」とある。そして、光定の弟重信は須釜村の「栗木内館」を居館とした。また、その弟光頼は、既に豊臣秀吉によって取り潰された「石川城」の城代となるが、石川城は、石川氏の重臣溝井六郎によって火を掛けられ、焼失したため、石川城滅亡後は「中村館」（現　石川郡玉川村中字向）を居館とした。そして、その次の高久は、田村郡の庄屋となった（姓氏家系大辞典　巻三　矢吹条1）。そして、この矢吹氏は、現在に於いても福島県南部から茨城県にかけて繁栄し可成りの数に上っている。

『屋葺川氏』（ヤブキガワ）

屋葺川氏は、南北朝期、石川氏が北朝方に与し、石川氏十三代時光は、嫡子義光を足利尊氏の援軍として出陣させたが、その時、その副将格として随行したのが屋葺川頼通で、頼通は石川氏の総大将義光が摂津国「湊川の戦」を経て、建武三年六月比叡山西坂本地蔵堂前に於いて討ち死にしたためその亡骸《なきがら》を葬《ほうむ》り、その遺髪を納めて帰陣し、矢吹氏の第八代を継承した（石川氏一千年史　十四代貞光条）。

『山寺氏』（ヤマデラ）
山寺氏は、結城氏の家臣で、『白河市史　巻上　天正十三年正月の白河義親家頼礼式帳条』に「山寺越後守」の名が見られるが、この氏の起こりは、泉崎村北平山字山寺ではないかと考えられる。しかし、須賀川市山寺の可能性もある（須賀川市・遠藤氏の条参照）。

『吉田氏』（ヨシダ）
この吉田氏は、結城氏の家臣で、『白河古事考　巻四　寛文七年未八月四日の御本名之覚条』に「北平山村（現　西白河郡泉崎村北平山）、吉田次右エ門」の名が見られるが、吉田氏は全国的に繁栄する大族であり、この氏が結城氏に帰属した経緯について見出すのは非常に難しい。しかし、この氏は、「常陸大掾氏族」または「石川氏族」の吉田氏の分流ではないかと考えられる（田村市・真壁氏及び石川郡・吉田氏の条参照）。

『嫁塚氏』（ヨメツカ）
嫁塚氏は、結城氏の家臣で、『日本城郭大系　巻三　西白河郡条』に「西郷村羽太字狸屋敷の『嫁塚館』は、『嫁塚隼人』の居館」とあるが、この氏の出自等については不明である。

#『東白川郡』

##『赤坂氏』（アカサカ）

赤坂氏は、石川氏の一族で、『石川氏一千年史　第二代有光条』に「石川氏第二代有光の六男光度は、泉六郎と称し、赤坂の邑を与へ、赤坂六郎と称す。一族に列す」とある。そして、鮫川村赤坂中野字新宿に「赤坂館」を築き住したが、『日本歴史地名大系　巻七　東白川郡・鮫川村条』に「貞治四（一三六五）年には、石川蒲田兼光の嫡子左近蔵人義光の養子となった甥の賀尾房が赤坂氏を名乗り、赤坂中野の赤坂館に拠って当村一帯を領した」とある。しかし、この地は、後代になってやってきた白川結城氏との領界に位置するため徐々に圧迫を受け、明徳三（元中九、一三九二）年には、結城満朝と赤坂鶴壽丸との間で一揆契約がなされた。そして、文安六（一四四九）年には、隣地の蒲田氏が結城直朝によって攻め滅ぼされ、文明十六（一四八四）年に至り、遂にこの赤坂氏も、近隣の大寺氏、小高氏と共に結城政朝に攻められ服属した。そして、その後は、『日本城郭大系　巻三　東白川郡条』に「鮫川村中野字新宿の『赤坂城』は、天文年間（一五三二―五五）、赤坂尾張守常道の居城」とあり、また、「同村渡瀬字下の『堀之内館』は、天文年間、赤坂下総守の居館」とある。そして、その後について『日本歴史地名大系　巻七　鮫川村条』に「永禄年間に入り、今度は常陸の佐竹氏が強力な北進策を企て、高野郡（現　東白川郡）に攻め入り、赤坂下総守は、それを支えることが出来ず、同三（一五六〇）年遂にその佐竹氏に服属した。そして、最終的には、白川氏、石川氏の何れにも属さず、その儘佐竹氏の家臣として、佐竹氏と共に秋田へと運命を共にした」とある。

『赤館氏』（アカダテ）

赤館氏は、結城氏族で、『日本城郭大系　巻三　東白川郡・赤館条』に「棚倉町上台鹿子山の『赤館』に、文明年中（一四六九―八七）、結城氏の一族が拠り、赤館源七郎と称したのが始まりと言われている（白河古事考）」とある。また、『日本歴史地名大系　巻七　石川郡・沢井村（現　石川郡石川町沢井）条』に「永禄十（一五六七）年十一月十五日には、その後裔と思われる赤館左衛門尉に蘆名盛氏が『沢井之地』を安堵した（蘆名盛氏起請文　沢井文書）」とある。

『秋山氏』（アキヤマ）

秋山氏は、佐竹氏の家臣で、茨城県高萩市秋山より起こったが、『日本城郭大系　巻三　東白川郡条』に「矢祭町関岡字天神沢の『石館』は、秋山七郎の居館。別称秋山城」とあるが、これは佐竹氏が白川結城領であった当地を攻め取り、自領化してからの事と考えられる。

『伊賀氏』（イガ）

この伊賀氏は、岩城の伊賀氏とは別氏で、『日本歴史地名大系　巻七　東白川郡・伊野上村（棚倉町棚倉条』に「都々古別《つつこわけ》神社の別当高松家に、建武年中（一三三四―三七）、伊賀国より下向した伊賀隆定の嫡男左門が養子に入り、高松良聖を称し、先達職を継承、隆定も馬場左衛門亮と改め軍事を担当、次男定澄が赤館城主となり、伊賀次郎を称し、周囲に領地を拡大した」とある氏である（高松氏の条参照）。

『石井氏』（イシイ）

石井氏は、結城氏の重臣で、「石井」と「石射」があり、これは字の転化によるものと考えられるが、その起こりは、矢祭町から塙町にかけての「石井」の地名を冠したものと考えられる。そして、『日本城郭大系　巻三　白河市条』に「白河市借宿字新地山の『新地山館』は、天正年間（一五七三―九二）石井丹波の居館」とある。また、この石井姓発祥の地である高野郡には「草」の字の付く地名が多いが、これは昔「焼き畑」が行われた所に付けられたものと言われている（日本歴史地名大系　巻七　東白川郡・鮫川村条）。

『今宮氏』（イマミヤ）

今宮氏は、佐竹氏族で、『姓氏家系大辞典　巻一　今宮条』に「清和源氏佐竹氏流にして、常陸国久慈郡今宮より起る」とあり。また、天正十八年の『奥州永慶軍記、赤館合戦事（棚倉町史）』に寺山城の守将に「今宮摂津守」の名が見られるが、この氏は、佐竹氏第十七代義舜の二男永義が今宮氏を称した事により起こった。

『臼庭（薄葉）氏』（ウスバ）

臼庭（薄葉）氏は、『姓氏家系大辞典　巻一　臼庭条』に「常陸の豪族にして、又薄葉ともあり、『新編国誌』に『臼庭、又薄葉、多賀郡臼庭より出づ。佐竹譜に、多賀庄奉公人五人の中にあり。臼庭加賀守は窓夢院一宗長圓と称す。夢窓國師年譜に出たる比佐居士はこの人也。長圓寺を開基す』と見ゆ」とあり。また、『同　薄葉条』に「前条氏に同じ。磐城白川八槻宮天文八年の経函職に塗師薄葉新六なる者見ゆ」とある。また、『日本城郭大系　巻四　那須郡・備中郭館《びっちゅうくるわたて》（現　栃木県那須郡那須町伊王野字花園）条』に「薄葉備中守築城、年代は不詳であるが、その形態より室町時代と見られ、伊王野氏の重臣薄葉備中守の築城であると言う。その後、江戸初期伊王野氏の改易の際、当館も廃せられた」とある。そして、白河市女石の隣地に薄葉の地名があり、栃木県大田原市にも薄葉の地名があり。また、『日本城郭大系　巻四　北茨城市条』に「北茨城市華川町車下宿の『車城』は、臼庭加賀守の居城、南北朝時代の築城」とある（いわき市・比佐氏の条参照）。

『江田氏』（エダ）

江田氏は、『姓氏家系大辞典　巻一　江田条10』に「磐城の江田氏、戦国の頃、江田八右衛門あり、白川郡石井の城主なりき（棚倉往古由来記）」とあり。また、『日本城郭大系　巻三　東白川郡条』に「矢祭町中石井字館谷の『狐館』は、江田八右衛門の居館」とある。しかし、現在全国的に散見される江田氏の出自は、清和源氏新田氏族で、新田氏初代義重の四男得（徳）川義季の二男世良田頼氏の三男満氏が、後代に新田義貞の居館となり「江田館」の名で有名な、上野国新田庄江田（現　群馬県太田市新田上江田町）に住し、江田三郎満氏と称した事により起こった。そして、現在全国に存在する「江田氏」は、この新田義貞が南朝方の主将として国内各地を転戦して歩いた時に、この江田氏一族が随行した事により拡散したものと考えられる。従って、この江田氏もこの後裔の可能性が大きい。

『大澤氏』（オオサワ）

大澤氏は、石川氏の家臣で、『石川氏一千年史　第十四代貞光条』に「石川氏対広橋氏の戦いに於いて大澤氏が傷ついた」との記述があるが、この氏の起こりは、東白川郡鮫川村西山字大沢ではないかと考えられる。しかし、佐竹氏第十九代義昭の二男義尚も常陸国久慈郡大澤村に住し、大澤氏を起こしているので（姓氏家系大辞典　巻一　大澤条4）、この氏の分流の可能性もある。

『岡田氏』（オカダ）

岡田氏は、石川氏の家臣で、『石川町史　巻三　資料編一』に石川昭光が豊臣秀吉による領地没収取り潰しにより、石川を退転するに当たり、それに随行する者の中に「岡田新太夫」の名が見られるが、この氏の起こりは、鮫川村赤坂西野字岡田ではないかと考えられる。しかし、清和源氏佐竹氏第二代昌義の五男親義も常陸国久慈郡岡田郷に住し、岡田氏を起こしているので（姓氏家系大辞典　巻一　岡田条10）、この氏の分流の可能性もある。

『鹿子氏』（カゴ・カノコ）

鹿子氏は、白川結城氏族で、佐竹氏第二十代義重は、南奥進出を謀り、結城領である高野郡（現　東白川郡）の諸城を次々と落とし、続いて棚倉町の「赤館」に対し、盛んに攻撃を加えたが、この赤館の城代は、文明年間（一四六九―八七）は白川結城氏族の赤館源七郎であったと言われている。その後、永禄九（一五六六）年、蘆名盛氏が城代として置いた、上遠野美濃守（棚倉の仲丸館主）の守る赤館は、蘆名盛氏、結城晴綱の連合軍に阻まれ、陥落させる事が出来ず、その後も十年近くに亘って一進一退を繰り返すが、天正二（一五七四）年十一月に至り、浅川城主の浅川次郎左衛門の内通により、遂に赤館を落とす。城代として渋井内膳を入れたが、この時の赤館城代は「鹿子三河守」であったと言われている。そして、この鹿子三河守は「赤館源七郎」の後の名であると言われている（日本城郭大系　巻三　東白川郡・赤館城条等〔白河古事考〕）。そして、この鹿子の姓は、赤館のある「鹿子山」の地名を冠したものと考えられる（赤館氏の条参照）。

『金澤氏』（カナザワ）

金澤氏は、石川氏の家臣で、この氏は金沢の地名を冠した事により起こったものと考えられる。そして現在全国各地に見られる「金沢の地名」の起源には二流があり、その一は、砂金の産出する「黄金沢」で、その二は、鉄鉱石や砂鉄より溶出される酸化鉄により赤く染まった「赤金沢」が元で、金沢という地名の付く所には必ず、この何れかの現象が見られる。そして、この地名を冠して付けられた支族が「金澤氏」である。

従って、石川氏の家臣であった金澤氏の起こりは、奈良朝期より黄金の産出地として知られ、「遣唐使」の資金源の一端を担ったと言われている（日本歴史地名大系　巻八　久慈郡依上保〔現　茨城県久慈郡大子町〕条）、「八溝山」の東麓の、棚倉町金沢《かなざわ》内から矢祭町金沢《かねざわ》を経て茨城県大子町金沢にかけての地と考えられる。

そして、この地を、石川氏が来奥後に領有し、その後は、執権北条氏領となり石川氏が代官し、その後に結城領となったものと考えられる。そして、石川氏は、石川に定着するやこの黄金に着目し、早速、一族繁栄の根源となる資金を確保するため、この地へ一族を送り込み、産金に注力したものと考えられる。

また、矢祭町金沢の北東部の火石山の地には、中世佐竹氏の時代にも金山が開発されたが中断し、江戸期の宝暦九（一七五九）年に再び採掘が開始された。そして、この石川氏の分流と考えられる金澤氏は、石川一族の居館である大寺、矢吹、滑津、赤坂、竹貫、赤羽、沢井、成田等へと分封され、現在福島県南部から茨城県にかけて多くの子孫を繁栄させている。また、この金澤氏からは、石川氏第九代光長に側室を入れ、その後裔の「金澤主水長師」は、第二十四代晴光の死に臨んで、それを追慕し、同臣六名と共に殉死している（石川氏一千年史　第二十四代晴光条）。

『鹿子畑氏』（カノコハタ・カゴハタ）

鹿子畑氏は、白川結城氏族で、前々条の鹿子氏の事と考えられ、「赤館」の守将であったが、後に佐竹氏に属した氏族である。そして、『姓氏家系大辞典　巻一　鹿子畑条』に「下野国那須郡に鹿子畑邑あり。関係あるか。磐城白川郡の豪族にして佐竹氏に属す『新編常陸国志補』に『天正二年三月、佐竹氏、陸奥の地、入野、釜子、野出島三所を分ちて、親附の者、鹿子畑玄蕃助等四人に与ふ（佐竹証文抄）』と。鹿子畑は一に鹿子ともあり。『白河古事考』に『永禄中、赤館の守将に鹿子三河守なる人見え、一に鹿子畑梅香斉に作る』とぞ。又鹿子山の地名も残れりと云ふ」とある。そして、この鹿子畑氏の起こりは、鹿子氏の条でも述べた通り、赤館の地名である「鹿子山」から出たものと考えられる。

『鎌倉氏』（カマクラ）

鎌倉氏は、桓武平氏で、相模国の「村岡五郎忠通は、源義家による『後三年の役』に、嫡子鎌倉権五郎景政を伴い副将として参陣し、忠通は、寛治三（一〇八九）年戦半ばにして戦死を遂げたが、それに代わって戦った景政は、その功により、奥州五郡、常州二郡を賜った（白河風土記）。それにより景政は、竹貫（現石川郡古殿町）に城を築き居城とした。そして、父忠通がその軍功として、時の堀河天皇より鎌倉長尾郷に贈られた『御霊宮』を矢吹町三城目に勧請したが、景政も又康治二（一一四三）年、六十八歳で没し、死後当地に葬られた。また、当所の景政寺は、南台山東光院と号し、始め永福寺と称したが、鎌倉権五郎景政の廟があるところから、明治二年今の寺号に改めた」とある（日本歴史地名大系　巻七　西白河郡・景政寺条）。

『川原田氏』（カワラダ）

川原田氏は、結城氏の重臣で、『白河市史　巻上　天正十三年正月の白河義親家頼礼式帳条』に「川原田下総守」の名が見られるが、その起こりは、東白川郡棚倉町仁公儀字川原田ではないかと考えられる。しかし、『姓氏家系大辞典　巻一　河原田条3』に「秀郷流、藤原姓、結城氏流、下総国河原田郷より起る。『結城系図等』に『結城七郎朝光—網戸十郎朝村—朝綱（河原田次郎）—宣朝（出羽守）』」とあり。つまり、結城本宗の始祖、朝光の五男朝村が領内網戸郷《あじとごう》を領し、網戸氏を称し、その子朝綱が同郷河原田（現栃木県小山市下河原田）に住し、河原田氏を称したと言われているので、この分流が白川結城氏に帰属したか、或いは、小山氏族の河原田近江守盛光が、文治五年の「奥州征伐」に参陣し、その功により、会津伊南郷の地を与えられ下向し、奥会津地方に支族を繁栄させているので、この分流が帰属したかの何れかではないかとも考えられる（南会津郡・河原田氏の条参照）。

『日下部（草壁）氏』（クサカベ）

日下部（草壁）氏は、『姓氏家系大辞典　巻二　21』に「白川郡八槻宮経函銘に『番匠草壁右衛門四郎（天

文八年)』見ゆ。当地方日下部氏の裔なるべし」とある氏である。そして、全国各地に散見される日下部氏のそもそもの起源は、『姓氏家系大辞典　巻二　日下部条初頭』に「仁徳天皇の皇子大日下王の為に設けたる御名代部《みなしろべ》より発達し、後に天下の大姓となれり。又草香部とも、草壁とも記す」とある。

『車氏』(クルマ)

車氏は、岩城氏族で、『姓氏家系大辞典　巻二　車条1』に「藤原南家二階堂氏流、多賀郡車邑より起り、又砥石氏と云ふ。永和中、砥石忠員あり。其の子を通忠と云ふ。後岩城氏に亡ぼさる」とある。そして『同条2』に「桓武平氏岩城氏流、前条氏を襲ぎたるにて、岩城氏の族、好間隆景、砥石城主となり、子孫車氏を称す」とあるが、岩城氏第十二代常隆は、娘婿に当たる佐竹氏第十七代義舜が、同族の山入氏によって本城の「太田城」を乗っ取られたため、義舜より援軍の要請を受け出陣し、多賀郡車邑(現　茨城県北茨城市華川町車)の「車城」を攻陥し、常隆はその車城へ弟の好間隆景をして城代とした。これにより隆景は、「車氏」を称した。そして、岩城氏は、その後、更に勢力を増し、石川氏族の「竹貫氏」をも麾下《きか》とした。そして、その頃と考えられるが、その後裔と思われる者を高野郡にも進出させ、『日本城郭大系　巻三　東白川郡条』に「鮫川村赤坂西野字中の『車館』は、慶長年間(一五九六—一六一五)、車丹波守猛虎の居館」とある。この氏は、その後、佐竹氏の麾下に転じたものと思われ、『日本歴史地名大系　巻七　東白川郡・赤坂西野村(現　東白川郡鮫川村赤坂西野)条』に「車館は慶長初(一五九六)年頃、佐竹氏家臣の車丹波守猛虎が居館したと伝える」とある。

『近藤氏』(コンドウ)

近藤氏は、佐竹氏の家臣で、『奥州永慶軍記、赤館合戦事（棚倉町史）』に「山頬城」を守備する者に近藤兎毛、同対馬守、同豊後守の名が見られるが、この氏も、現在全国各地に拡散繁栄する近藤氏の同族と考えられる（近藤氏の出自については、田村市・近藤氏の条参照）。

『関岡氏』（セキオカ）

関岡氏は、結城氏の家臣で、天正十八年の『奥州永慶軍記、赤館合戦事（棚倉町史）』に「関岡氏」の名が見られるが、この氏は、矢祭町関岡が発祥の地と考えられる。しかし、この氏の出自等については不明である。

『高野氏』（タカノ・コウヤ）

高野氏は、高野郡の郡名を冠したもので『姓氏家系大辞典　巻二　高野条14』に「白川の高野氏、陸奥国白川郡高野郷より起る。『棚倉往古由来記』に『高野郡金井城主高野八郎兼貞は、一万三千石を領す。文明三（一四七一）年、白川関城主関三左衛門信房に攻め寄せられ、三十余合責め戦ふ。其の後、佐竹の麾下となり、金井城破却、跡に八竜神を勧請す』」とある。しかし、矢祭町には「高野《こうや》」という地名があるので、この地から起こった可能性もある。

『高松氏』（タカマツ）

高松氏は、中世末まで都々古別神社のあった現在の棚倉城址を馬場と言っていたが、江戸初期に徳川幕府が奥州の抑えとして「棚倉城」を築城するに当たり、馬場の地名と共にそれより北西に移され、馬場都々古別神社と称した。そして、その別当であったのが「高松家」である（日本歴史地名大系　巻七　東白川郡・伊野上村（棚倉町棚倉）条）。

『瀧平氏』（タキダイラ）

瀧平氏は、『姓氏家系大辞典　巻二　瀧平条』に「白川郡瀧平邑（現　東白川郡鮫川村赤坂中野字滝平）より起ったが、当地の『瀧平城』は、瀧平左馬助の居城であった」とある。

『田崎氏』（タサキ）

田崎氏は、佐竹氏の重臣で、『姓氏家系大辞典　巻二　田崎条4』に「常陸の田崎氏、『新編国誌』に『田崎。那珂郡田崎村より出たり。佐竹の世臣田崎式部少輔を祖とす。其の子新三郎、其の子遠江守は天正中の人なり。佐竹義宣に仕えて、奥州東館の城代となる。その嫡子相模守、二子兵庫助と云ふ。父と共に佐竹氏に仕ふ。後徒りて羽州に赴く、子孫あり』」とある。つまり、佐竹氏の重臣として、矢祭町「東館」の城代まで務めた田崎氏も、最後は佐竹氏に準じて秋田へ下向したという事である。そして、田崎邑とは現在の茨城県那珂市田崎である。また、天正十八年の『奥州永慶軍記、赤館合戦事（棚倉町史）』にも「田崎相模守」の名が見られる。

『田代氏』（タシロ）

田代氏は、結城氏の重臣で、『白河郷土叢書　巻上　文明十三年三月二十三日の鹿島神社一万句発句次第条』に「田代下総守親満」の名が見られるが、この氏の起こりは、塙町田代と考えられる。しかし、田代氏は、佐竹氏の家臣にもおり、この分流の可能性もある。

『豊田氏』（トヨタ）

豊田氏は、『応安三年十二月三日の二所熊野御檀那名簿（八槻文書）』に「豊田若狭守」の名が見られるが、その起こりは、塙町東河内《ひがしごうど》字豊田と考えられる。しかし、この氏の出自等については不明である。

『中野氏』（ナカノ）

中野氏は、前条の「八槻文書」に、「中野左京助」の名が見られるが、この氏の起こりは、塙町常世中野と考えられる。しかし、この氏の出自等については不明である。

『中野西氏』（ナカノニシ）

中野西氏は、『姓氏家系大辞典　巻三　中野西条』に「磐城国八槻《やつき》都々古別《つつこわけ》神社の宮代官に此の氏あり」とある氏であるが、この姓からすれば、その起こりは、塙町常世中野の西方辺りと考えられる。そして、この氏は、前条氏の一族ではないかと考えられる。

『中村氏』（ナカムラ）

中村氏は、前条の「八槻文書」に「中村長門守、同左衛門尉、同六郎左衛門尉」等の名が見られ、『日本歴史地名大系　巻七　東白川郡・関岡村条』に「矢祭町関岡の『関岡館』には中村大学正則が居館した（白河古事考）」とあるが、この氏は、結城氏族で宇多郡（後相馬郡仲村郷〔現　相馬市中村〕）に住した中村氏または佐竹氏の家臣の中村氏の分流ではないかと考えられる。しかし、下総国結城郡中村に起こり、後白川結城氏に属したとの説もある（相馬市・中村氏の条参照）。

『秦氏』（ハタ）

この秦氏は、『日本歴史地名大系　巻七　東白川郡・塙村条』に「江戸期に塙村（現　東白川郡塙町塙）で庄屋を世襲した氏で、応永三（一三九六）年十二月十三日明尊壇那名簿（八槻大善院文書）に見られる秦右衛門の末裔と見られる」とある（白河市・秦氏の条参照）。

『馬場氏』（ババ）

馬場氏は、『姓氏家系大辞典　巻三　馬場条22』に「白川の馬場氏、奥州白川棚倉の都々古和気《つつこわけ》神社は、一に馬場近津宮と云ひ、その別当を馬場別当と云ふ。弘治四年十二月晴綱の判官に見ゆ。白河古事考に『馬場近津宮は、面川大隅、神主にて、不動院、別当たり』と。」とある。また『日本歴史地名大系　巻七　東白川郡・伊野上村（棚倉町棚倉）条』に「馬場都々古別神社の別当であった高松家の家系明細録（棚倉町史）によれば、建武年中伊賀国から下ったという伊賀隆定の嫡男左門が高松家の養子となり、高松良聖を名乗り先達職を継承。隆定も馬場左衛門亮と改め軍事を担当、次男定澄が赤館城主となり伊賀次郎と称し、周辺に領地を拡大した」とある。そして、この他、佐竹氏の家臣にも馬場和泉守（宇留野源兵衛）の名が見られるが、この氏は、常陸の馬場大掾氏族と考えられる（高松氏、伊賀氏の条参照）。

『原氏』（ハラ）

原氏は、佐竹氏の家臣で、『奥州永慶軍記、赤館合戦事（棚倉町史）』に「矢祭町の『東館』に佐竹氏の重臣原兵部少輔が拠った」とある。そして、『姓氏家系大辞典　巻三　原条41』にも「奥州の原氏、天正の頃、白川郡東館に原兵部少輔あり、佐竹氏に属す」とある。しかし、結城氏族にも原氏があり『同39』に「秀郷流、藤原姓、結城氏族、下総国結城郡原邑より起る。結城系図に『中務大輔満広の子光義（原三郎、結城戦場に於いて討死）、弟朝助（駿河守、同上討死）と見ゆ。光義は多賀谷政朝の養嗣となる』」とある（白河市・原氏の条参照）。

『**東氏**』（ヒガシ）
東氏は、『奥州永慶軍記、赤館合戦事（棚倉町史）』に「矢祭町の『東館』に、佐竹一族の『東義久』が拠った」とあるが、この東氏は、東館を冠したものではなく、佐竹氏第十六代義治の五男政義が始めて東氏を称した事により起こったものである。そして、「東館」の起源は、『日本歴史地名大系　巻七　東白川郡・東館村及び東館跡条』に「もと日荷館村といったが、久慈川西岸にあった石館（秋山館）に対して東館と称したとされる」とある。

『**古市氏**』（フルイチ）
古市氏は、結城氏の家臣の秦氏族で、『姓氏家系大辞典　巻三　古市条12』に「磐城国白川郡塙村（現東白川郡塙町）名主古市久左衛門は、秦治右衛門の子孫なりと」とある。

『八槻氏』（ヤツキ）

八槻氏は、『姓氏家系大辞典　巻三　八槻条』に「磐城国白川郡八槻邑（現　東白川郡棚倉町八槻）の『八槻近津神社』の神主兼別当が八槻氏を称したのが始まりである」とある。そして、この八槻氏の祖は、高野氏であると言われているが、当家の別当八槻家に伝わる「八槻家文書」は非常に貴重な古文書として扱われている。

『山下氏』（ヤマシタ）

山下氏は、佐竹氏の重臣で、『姓氏家系大辞典　巻三　山下条14』に「白川郡山下城主に、山下左衛門尉あり、佐竹氏に属す。又岩瀬郡にも存す」とあるが、天正十三（一五八五）年正月の白川氏対佐竹氏の戦いに於いて「山下城」を守備したのが、城主の「山下左兵衛尉」である（奥州永慶軍記　赤館合戦事〔棚倉町史〕）。そして、この山下城は、矢祭町山下に存在した。

『山井氏』（ヤマノイ）

山井氏は、「山ノ井又は北」とも称した結城氏族で、『白河郷土叢書　巻上　文明十三（一四八一）年三月二十三日の鹿島神社一日一万句発句次第条』に「山井左馬助政弼、北讃岐守、山井右馬之介」等の名が見られ、また、『白河市史　巻上　天正十三年正月の白河義親公御礼式帳条』に「山井右馬之介」等の名が見られる。山井氏は、白川結城氏第三代親朝（後小峯）の三男朝胤が讃岐守に任ぜられ、高野郡（現東白川郡）山ノ井邑に住し、北または山井（山ノ井）を称していたが、一時断絶し、その後、結城氏第五代満朝の三男憲朝が継承し再興した。しかし、この地が佐竹氏によって収奪されたため、この山ノ井を退き

「北」のみを称するようになったと言われている。そして、この山ノ井邑は、東館邑の「北」で、久慈川の東岸の平地と段丘に立地しているところである。

『湯本氏』（ユモト）

湯本氏は、結城氏の家臣で、『白河古事考』に「塙町中塚の『中塚館』に湯本因幡守が居館し、同町伊香の『油館』には湯本内匠之介が居館した」とあるが、その起こりは判然としない。しかし、この氏は、この町内に存在する干泥の湯、塩の湯、谷川の湯等に因んでの姓かとも考えられる。

『渡瀬氏』（ワタラセ）

渡瀬氏は、結城氏の重臣であった渡部駿河守朝義の後裔、渡部周防守常頼が、佐竹氏第二十代義重の家臣に転じ、高野郡渡瀬邑（現　東白川郡鮫川村渡瀬）に拠り、渡瀬氏を称したのに始まる。そして、当地は『日本歴史地名大系　巻七　東白川郡・渡瀬村条』に「当地の鮫池は鮫が遡上してすみついたと伝え、鮫川村名の起こりとされる」とある。

『石　川　郡』

『石川氏（イシカワ）』

福島県南東部に位置する石川地方の繁栄は、清和源氏石川氏が「前九年の役」の後に来奥し、領内各地へ一族を配し定着した事による。

その石川氏は、清和源氏頼親流で、清和源氏の中で最も早く東国に下向し定着した氏族で、五世紀もの長きに亘って南奥に君臨した名族である。そして、その起こりは、『石川氏一千年史　第一代頼遠条等』によれば、永正六（一〇五一）年安倍頼良により陸奥国に於いて勃発した「前九年の役」に、朝廷より陸奥守兼鎮守府将軍に任ぜられ、その安倍一族討伐の「総大将」を命ぜられた「源頼義」に、従兄弟《いとこ》の源頼《より》遠《とお》、有光父子が随行し、平定後、頼義は、頼遠が戦半ばにして戦没したため、その子「有光」に、朝議による勅許《ちょっきょ》の下、奥州仙道の地（現　福島県中通り中南部）を与え、陸奥の監視を請うたという。そこで有光はこれを受け、康平六（一〇六三）年十月、一族子弟を従え来奥し、藤田の地（現　石川郡石川町中野）に「藤田城」を築き居城とし、祖地である「河内国石川庄」に因んで、「白川郡」を割き「石川郡」とし、姓も「源《みなもと》氏」より「石川氏」に変姓して、父頼遠を初代とし、自らを二代とした。

しかし、この地は水利に恵まれず、幾許もなく石川町八幡山に「三芦城《みよしじょう》」を築き移るが、此処が、以後豊臣秀吉により小田原不参の科で、領地没収取り潰しとなる天正十八（一五九〇）年八月まで、二十五代、五百有余年に亘って石川地方を統治した石川氏の本拠地となるのである。
その後、この石川一族は、石川郡を中心に西白河郡、東白川郡、岩瀬郡、田村郡、安達郡等へも支族を輩出し、近隣の白川結城氏、須賀川二階堂氏、田村氏、伊達氏、岩城氏、佐竹氏等と、時には戦い、時には与し、時には政略的婚姻によって交誼を結び、栄枯盛衰を繰り返しながら繁栄する。しかし、最終的には、豊臣秀吉の再三に亘る「小田原参戦催促」にも拘らず、主家「伊達政宗」の顔色を窺いこれを無視したため、小田原落城後の秀吉による「奥羽仕置」により、白川、葛西、大崎氏等と共に領地没収取り潰しとなる。これにより、当主の石川氏第二十五代昭光は、五世紀余りに亘って培われ育まれた石川を追われ、艱難辛苦の逃避行の末、甥の伊達政宗を頼り家臣となり、後には伊達領角田（現　宮城県角田市）に於いて、一万一千三百八十余石（二十九ヶ村）を封ぜられ、伊達家一門の筆頭となり、更に、十七代続き四十一代にて現在に至るのである。

『赤羽氏』（アカバネ）
赤羽氏は、石川一族で、『石川氏一千年史　第三代元光条』に「四男政光、福田五郎と称し、石川二郎左衛門と改め、赤羽庄を与えられ一族に列す。従五位下近江守に任ぜらる」とあるが、これは、赤羽庄（現石川郡石川町赤羽）を与えられた政光は、滑津城より阿武隈川を挟んだ対岸の西方の馬舟沢に「一夜館」を築き居城とし、赤羽氏を称したのに始まる。しかし、この赤羽の地は、石川氏より約二百年後にやってきた強敵「白川結城氏」との境界に位置するため、南北朝期以後は、長年に亘って争奪戦が繰り返され、徐々に衰微し、最後は没落してしまった。そのためこの氏の沿革については全く不明である（『日本城郭大系巻三　石川郡・一夜館条』）。

『浅川氏』（アサガワ）

浅川氏は、石川一族で、石川郡浅川町より起こったが、元々この浅川の地は、古くは鹿田郷と言い、康平年間（一〇五八―六五）に浅川という地名に変わった所である。そして、甲斐源氏武田氏族の浅利義成は、文治五（一一八九）年の源頼朝による「奥州征伐」に嫡子知義を伴い一族と共に参陣し（吾妻鏡　文治五年七月十九日条）、その功により、義成は、出羽国比内を、また、長男の太郎知義は陸奥国白川郡浅川郷（現石川郡浅川町）を与えられた。これにより知義は浅川へ下向し、この地の独立峰の青葉山に「青葉城（浅川城）」を築き居城とした（日本城郭大系　巻三　石川郡浅川城条）。

そして、貞永の頃（一二三二）、この浅利家を、石川氏第七代広季の二男泉又三郎が継ぎ「浅川氏」を称し、石川氏の身内人となった。しかし、これは、石川氏がこの地を自領化するため無理に継嗣を入れたものと考えられる。そして、戦国期の頃には、石川氏の一族浅川大和守の知行地に、中畠氏領の大畠村（住吉、上の前、前久保、大畑、沢尻）までも領する程であった（日本歴史地名大系　巻七　西白河郡・大畑村〔現　西白河郡矢吹町大畑外〕条）。そして、この後裔と思われる浅川氏は、現在同町内三城目地区に於いて繁栄している。

しかし、この浅川の地は、白川結城氏や石川氏、それに常陸の佐竹氏と境界を共にする地に当たるため、度々激戦地となり、領主も石川から結城へ、そして佐竹へと変転するが、元々は石川一族であったため、最終的には石川氏に属し、石川氏が佐竹氏より伊達政宗の麾下《きか》に転じた天正十七（一五八九）年十一月四日より遅れる事約二ヶ月の同年十二月二十七日、遂にこの浅川氏も石川氏に準じ政宗の麾下となった。そして、石川氏が政宗より志田郡松山城を賜った時に石川氏の家臣に復し、その後、伊達領角田の地（現宮城県角田市）へ転じ此処が終焉の地となるのである（石川町史、石川氏一千年史　第七代広季条等）。

『浅利氏』（アサリ）

浅利氏は、『姓氏家系大辞典　巻一　浅利条』に「八代郡浅利より起る。尊卑文脈に『逸見冠者清光―義成（浅利與一）―知義（太郎）』」とあるが、前条のように、石川泉又三郎が浅利家を継ぎ浅川氏に変姓するまでは、独立領主として続いた氏族である（石川氏一千年史　第七代広季条等）。

『芦田氏』（アシダ）

芦田氏は、『石川町史　巻三　資料編一在々館主条』に「大柿、芦田氏居」とある氏であるが、この氏の出自等については不明である。

『芦館氏』（アシダテ）

芦館氏は、石川氏の家臣で、『角田家中記（石川町史）』に「芦館七弥」の名が見られるが、この芦館という姓は、石川氏の本城である「三芦城」から出たものか、或いは、領内に「芦館」という館があったものかは不明である。ただ、この氏は、前条氏に関わる氏族かも知れない。

『小豆畑氏』（アズハタ）

小豆畑氏は、石川氏の重臣で、その起こりは、『石川町史　巻三　資料編一付二（陸奥国石川風土記）』に「河内上泉の城主福田安芸守源有光は、『前九年の役』を平定した源頼義将軍より、石川之庄六十余郷を賜り、当地に城地を求めるに当たり、一人の畑打男に山の案内をさせたが、この男は後『小豆畑』の姓を賜った」とある。そして、石川昭光の代の『石川家譜』に「小豆畑彦右衛門（山形）」の名が見られる。ただ、常陸国に小豆畑邑（現　茨城県北茨城市華川町小豆畑）がある。

『阿部氏』（アベ）

この阿部氏は、石川氏の家臣で、『石川町史　巻三　資料編一』に石川氏第二十五代昭光が豊臣秀吉の「奥州仕置」により、領地没収取り潰しにより、石川を退転するに当たり、それに随行する者の中に「阿部甚兵衛」の名が見られるが、この氏は、昭光が石川氏の養子として伊達より入嗣した時に随行して来た氏族ではないかと考えられる。

『泉（和泉）氏』（イズミ）

泉氏は、「和泉」とも称するが、石川氏が「前九年の役」に参陣し、その功により、奥州山（仙）道の地を与えられ、藤田に城を築き居城とし、此処を本拠地としたが、この石川町中野から玉川村川辺にかけての地は、その当時「泉又は和泉郷」と言われたところから、石川氏は、代々その地名を冠し「泉又は和泉」を姓として併称した事により起こったものである。また、石川町外槙字梁瀬の「梁瀬館」は、石川有光の孫「和泉太郎光則」の居館であったと言われている（姓氏家系大辞典　巻一　泉条7）（日本城郭大系巻三　石川郡条）。

『板橋氏』（イタバシ）

板橋氏は、源義家（八幡太郎）の家臣の土佐守高秀が、天喜、康平年中（一〇五三―六五）、義家に従い陸奥国へ下向し、その後、石川郡板橋の館に住し、板橋氏を称していたが、板橋土佐守高光の代に至り田村氏の家臣となり、田村郡正直邑（現　郡山市田村町守山字正直）の「正直館」を居館とし、正直土佐守高光を称したと言われている。そして、板橋に残ったその分流と思われる板橋氏は、石川町板橋字沢古屋の「沢古屋館」を居館としていたが、その後、同所の「三沢城」に転じ、更に応永十四（一四〇七）年、板橋満好は、三沢城より川尻氏の居城であり、川尻氏が石川領内小平に所領替えとなった後の玉川村川辺字館の「雲霧城（保源城）」へ転じ（日本城郭大系　巻三　石川郡・雲霧城条）、川辺八幡宮の神官をも務めた。また、『日本歴史地名大系　巻七　石川郡・川辺村（現　石川郡玉川村川辺）条』に「雲霧城（保源城）は、康平六（一〇六三）年、有光が築城、承暦元（一〇七七）年三蘆城（現　石川郡石川町）を築いて移り、家督を子基光に譲ってからは、雲霧城に隠居したと伝える（川尻大寺系図〔鏡石町史〕）。室町戦国期には、石川一族の川尻氏や板橋氏の居城となっている」とある。そして、石川氏の重臣として長きに亘って石川氏に仕え、この間石川氏第十一代盛義の六男光行が継嗣として入り、石川氏の一族重臣として重きを為したが、最終的には、石川氏に準じ伊達領角田の地へ転じた（石川氏一千年史　第十一代盛義条等）。そして、『角田市史　巻二　通史編下　石川氏の家中条』には「板橋氏は源義家五男右兵衛義時の三男を祖とする」とある（郡山市・正直氏の条参照）。

『伊藤氏』（イトウ）

伊藤氏は、石川氏の家臣で、『石川町史　巻三　資料編一』に、石川氏第二十五代昭光が、豊臣秀吉の「奥州仕置」により領地没収取り潰しとなり石川を退転するに当たり、それに随行する者の中に「伊藤宗太」の名が見られるが、この氏の出自は安積伊東氏ではないかと考えられる。

『井上氏』（イノウエ）

井上氏は、石川氏の家臣で、『石川町史　巻三　資料編一』に石川昭光が豊臣秀吉による領地没収取り潰しにより、伊達政宗の家臣となり、伊達領角田の地を与えられた時の名簿に「尋来輩」として、上遠野喜八、高橋定右衛門、根本浦之進、中畑幸左衛門、成田茂右衛門、山田文左衛門、藤田丈太左衛門、木田九太夫、三森祝内等と共に「井上傳三郎」の名が見られるが、井上氏の発祥地は全国各地に見られ、一つに絞るのは難しい。しかし、この氏は、石川氏と同族の清和源氏で、源頼義の三男頼季を祖とする信濃国高井郡井上邑発祥の井上氏ではないかと考えられる。

『今泉氏』（イマイズミ）

今泉氏は、石川氏の家臣で、石川昭光が石川氏第二十四代晴光の継嗣として来石するに当たり、その随臣として来た伊達氏の旧臣で、『角田市史　巻二　通史編下　石川氏の家中条』に「永禄六（一五六三）年、昭光附人、『今泉左膳良泉』」の名が見られる。

『上野氏』（ウエノ）

上野氏は、須賀川二階堂氏の家臣須田氏が、二階堂氏を離れ石川氏に帰属した、小貫城主須田氏の家老に「上野大内蔵」という者がいたが、天正十八年石川氏の没落後は、医者になったと言われている（姓氏家系大辞典　巻一　上野条20）。

『宇野氏』（ウノ）

宇野氏は、石川氏の家臣で、石川氏初代頼遠の兄頼房の二男頼治が、大和国宇智郡宇野邑に住し、宇野氏を称した事により起こった（姓氏家系大辞典　巻一　宇野条4）。その後、この宇野氏は、石川氏とは同族という事も手伝って、石川氏より継嗣が入ったり、女《むすめ》を嫁したりしながら蜜月の間柄が続いた（石川氏第三代元光、八代光貞、十代元盛条）。それにより、この分流が石川氏に帰属したものと考えられる。

『遠藤氏』（エンドウ）

この遠藤氏は、石川氏の家臣で、『石川町史　巻三　資料編一　付二（陸奥国石川風土記）条』に「遠藤五郎太郎」と見え、また『同　石川三芦城主略記』に石川昭光が豊臣秀吉による領地没収取り潰しにより、石川を退転するに当たり、その随行者の中に「遠藤長右衛門」の名が見られるが、この氏は、『角田市史　巻二　通史編下　石川氏の家中条』に昭光が石川氏の養子として来石する随行者の中に「遠藤彦八郎元長」の名が見られるので、その仁または子息と見られる。

『大泉氏』（オオイズミ）

大泉氏は、石川氏の家臣で、『石川町史　巻三　資料編一』に、石川昭光が、石川を退転するのに伴い、昭光に随行する者の中に「大泉与一左衛門」の名が見られ、また、『石川町史（角田家中記）』にも「大泉右門」の名が見られるが、その出自等については不明である。しかし、桓武平氏大掾《だいじょう》氏族に大泉氏がいる（姓氏家系大辞典　巻一　大泉条4）。

『大蔵氏』（オオクラ）
大蔵氏は、『姓氏家系大辞典　巻一　大蔵条28』に「石川郡曲木邑（現　石川郡石川町曲木）の『大蔵（大倉）館』に、曲木氏の家臣が住し、大蔵氏を称した事により起こる」とある氏である。

『大嶋氏』（オオシマ）
大嶋氏は、石川一族で、『姓氏家系大辞典　巻一　大嶋条26』に「磐城国石川郡の大族、石河氏の族なり。八槻大膳院文書に『大島別当、同刑部山臥殺害せらるるの条云々』とある」とある。また、『吾妻鏡　元亭三年三月十日条』に「元亭三年十月二十七日の鎌倉幕府執権北条第十四代高時が父貞時に対する十三年忌供養に際し、金澤貞顕以下百八十二人の御家人が砂金百八十二両、太刀百四腰、銭四千四百五十貫文、馬九十四頭」を献上しているが、その中には県内の二階堂行朝、長沼宗秀、結城宗広、結城親朝等の豪族と並んで、「石河々尻六郎、石河大寺孫太郎、石河次鎌（須釜）彦太郎、石河牧木工助又太郎、石河高貫弥五郎、石河沢井六郎入道、石河大嶋六郎、石河沢井小六郎」等の庶流が北条氏の御内人として名を連ねている（円覚寺文書、福島県史、角田市史）。

『太田氏』（オオタ）
太田氏は、石川氏の家臣で、その起こりは、『石川氏一千年史　第九代光長条』によれば、石川氏の初代頼遠の次兄源頼房の玄孫太田頼遠の女環子《たまこ》を、石川氏第九代光長が、正室として迎えているので、その時に同族の分流が随行して来たものと考えられる。

『**大竹氏**』（オオタケ）

この大竹氏は、応安年中（一三六八―七五）より「沢井城」に住した吉田氏の家臣で『石川町史　巻三資料編一　在々館主　沢井城条』に「応安年中より吉田重左衛門居住、天正八年滑津を合わせ五千石なり、大竹紋重郎、坂本丹後、白髭右京等随身なり」とある氏である。

『**大舘氏**』（オオダテ）

大舘氏は、石川氏族で、『石川氏一千年史　第十四代貞光条』に「石川氏第十三代時光の嫡子義光の次男光春、泉三郎と称す。後大舘氏を継ぎ、左京亮と改む」とあるが、この氏は、岩城一族の大舘氏の分流ではないかと考えられる（いわき市・大舘氏の条参照）。

『**大田和（大田輪）氏**』（オオタワ）

大田和（大田輪）氏は、結城一族で、『石川氏一千年史　第二十代宗光条』に「三女、母は中田氏。結城一門田川領主小峯民部大輔藤原顕広の室となる。幾《いくばく》もなく顕広、石川氏に帰し、大田和邑を与えられ、一族に準ず」とあるが、これはつまり、石川氏第二十代宗光の三女を娶った顕広は間もなく、石川氏の麾下となり、浅川町大田輪を与えられ、一族に準じ「大田和氏」を称したという事である。

『**大槻氏**』（オオツキ）

大槻氏は、『石川系図』によれば、石川氏第二代有光の代に、玉川村岩法寺領内に大槻という邑《むら》があり、此処に有光の五男祐有が住し、大槻氏を称した事により起こったとされる。また、『日本城郭大系　巻三石川郡・大槻城条』には、有光の庶長子光祐は、須釜邑の「大寺城」に住み、中野、大槻、南須釜等八ヶ村を領有し、その子二郎祐有に大槻村を与えて「大槻館」に住まわせ、子孫は大槻氏を名乗ったとある。しかし、『石川氏一千年史』に祐有の名は見られない。但し、有光の八男で川辺八幡宮の神職吉田兼親の養子となった「有祐」は存在する。

『大寺氏』（オオデラ）

大寺氏は、石川一族で、石川氏第二代有光は、奥州下向後初めて築いた「藤田城」が水利の便に恵まれなかったため、幾許もなく石川町八幡山に再び「三芦城」を築き移ったが、それに当たり有光は、庶長子光祐に、この藤田城を与えた。その後、有光は、更に直近の大寺郷（玉川村南須釜の東福寺に因んで、中世には玉川村のほぼ全域と石川町西端の中野、塩沢にまたがる地域を称した〈石川氏一千年史　有光条〉）の須釜鳴山にも「藤田鳴山城（後大寺城）」を築き、これをその長子光家に与えた。そして光家はその後、自領の川尻郷（竹貫、鎌田から石川町矢沢、坂路に及ぶ地域を称した〈石川氏一千年史　有光条〉）に因んで「川尻氏」を称した。一方光祐は、地名を冠し「藤田氏」を称していたが、光家の次子で孫の光治を継嗣とし、光治は、鳴山の地の地名を冠し「大寺氏」を称し始祖となった。そして、『日本歴史地名大系　巻七　大寺城跡条』に「吾妻鏡　元亨三（一三二三）年三月十日条に、『北条貞時十三年忌供養記（円覚寺文書）』にも『馬一疋鹿毛、石河大寺孫太郎とあり』」とある。そして、大寺氏は南北朝期には、始め南朝方に属し、後北朝方に転じたとされ（須釜村史）、康永二（一三四三）年九月日の結城親朝注進状案（伊勢結城文書）には、「同年南朝方から北朝方に寝返った親朝の配下として石河大寺孫三郎祐光の名が見える」とある。

その後、この大寺氏は、石川氏の重臣の中でも独立支族的色合いを濃くしつつ、二十代清光まで続くが、最終的には、清光が本宗石川氏との領界争い等により石川氏に反目し、天正末期の伊達氏対須賀川二階堂氏の戦いに於いては、二階堂氏に属し、伊達政宗によって討滅され、清光は旧縁を頼り岩城氏へ走り「小川の地」に隠棲し、この地に於いて終焉を迎えた（日本城郭大系　巻三　石川郡・大寺城条等、石川氏一千年史　有光条等）。

『**大野氏**』（オオノ）

大野氏は、石川一族大寺氏の重臣で、『日本城郭大系　巻三　石川郡条』に「玉川村山新田字川平の『川平館』は、弘治年間（一五五五―五八）、大寺氏の家臣大野筑前らの居館」とあり、また、「同村南須釜字千五沢の『千五沢館』は、弘治年間、大寺氏の家臣大野修理大夫の居館」とあるが、この氏は、岩城氏の家臣で、いわき市好間町大野又は四倉町玉山字大野を発祥の地とする大野氏の分流ではないかと考えられる。しかし、佐竹氏の家臣にも大野氏がおり、この氏族の可能性もある。また、山新田の「川平館」の館主は「円谷外記」であったともいう（日本歴史地名大系　巻七　石川郡・山小屋村（現　石川郡玉川村山小屋）条）。

『**大和田氏**』（オオワダ）

大和田氏は、石川氏の家臣で、『石川町史　巻三　資料編一』に石川昭光が豊臣秀吉による領地没収取り潰しにより、石川を退転するに当たり、それに随行する者の中に「大和田五兵衛」の名が見られるが、この氏は、結城氏の家臣の大和田氏族と考えられる。

『岡崎氏』（オカザキ）

岡崎氏は、石川氏の家臣であるが、この氏は、相模の岡崎氏の分流ではないかと考えられる。そして、その出自は、桓武平氏で、坂東八平氏の一つである三浦氏の第三代義継の四男義実は、源頼朝による平家討伐の旗挙げに於ける「石橋山の合戦」や「源平合戦」に於いて活躍した（吾妻鏡　治承四年八月二十日の条等）。その岡崎氏は、相模国大住郡岡崎邑（現　神奈川県平塚市岡崎）より起こったが、岡崎義実は、その後に起きた「奥州征伐」に於いても、主家の第五代で甥の三浦義宗や、次兄の津久井義行、三兄の蘆名爲清、甥の佐原義連《よしつら》等と共に参陣し活躍した（吾妻鏡　文治五年七、八月条）。そして、岡崎氏はその後、主家の三浦氏等と共に東国に於いて繁栄したため、現在関東や東北地方に存在する岡崎氏の多くは、この子孫であると言われている。従って、この石川氏の家臣の岡崎氏も、この相模の岡崎氏の分流の可能性が大きい。

『岡部氏』（オカベ）

岡部氏は、『石川町史　巻三　資料編一　在々館主条』に「田口釣之館《タカノキ》」に拠った竹貫参河守重光、中務尚忠父子の宿老として、岡部氏の名が見られる。そして、『姓氏家系大辞典　巻一　岡部条19』に「磐城の岡部氏、石川郡山上村の旧家に岡部氏在り、古文書蔵す」とあるが、この氏は、武蔵七党の猪股党の分流で、鎌倉初期の「岡部六弥太忠澄《おかべのろくやたただずみ》」の名で知られる、岡部氏族ではないかと考えられる。

『小川氏』（オガワ）

小川氏は、『石川氏一千年史　第五代義季条』に「四男光信。泉七郎と称す。後、小川家の嗣となり左衛門尉重忠と称す」とあるが、この氏は、岩城氏族で岩城郡小川邑（現　いわき市小川町）より起こった小川氏族ではないかと考えられる（いわき市・小川氏の条参照）。

『奥山氏』（オクヤマ）

奥山氏は、石川氏の家臣の蓬田氏が、奥山郷（蓬田邑）の地名を冠し「奥山氏」も併称したのが、その起こりではないかと言われており、『姓氏家系大辞典　巻一　奥山条5』に「石川の奥山氏、磐城国石川郡蓬田村に蓬田館あり。蓬田秀光、その子下野法光、その子光利の居城なり。元和の老人物語に拠れば『蓬田城主奥山下野居住、代々武功の家にて無比類の働き有し』とあれば、奥山姓なるにや考ふべし」とあり、この氏族の事と考えられる。そして、『角川日本地名大辞典　巻七』に「永禄十三（元亀元　一五七〇）年、田村清顕は、当時『奥山郷』と言われた蓬田邑を蓬田隠岐守に安堵している」とある。

『小田氏』（オダ）

小田氏は、『石川氏一千年史　第十八代義光条』に「石川氏第十八代義光に、小田氏より側室を入れ、七男光国、母堂小田氏。福田八郎と称す。八男光具、母堂小田氏。泉五郎八郎と称す」とあるが、この氏は、白川結城氏族小田氏の分流ではないかと考えられる。ただ、宇都宮氏族で常陸国筑波山麓（現　茨城県つくば市小田）の「小田城」を居城とした小田氏は大族であり、この氏の流れの可能性もある（白河市・小田氏の条参照）。

『小平氏』（オダイラ）

小平氏は、石川氏族で、『石川氏一千年史　第十四代貞光条』に「石川氏第十三代時光の嫡子義光の三男光俊。母は大久保氏。福田八郎太郎と称し、後七郎三郎と改む。小平の邑（現　石川郡平田村小平）を与え一族に列す」とある。そして、『日本城郭大系　巻三　石川郡条』に「平田村小平字小平の『小平館』は、石川氏の家臣小平氏の居館」とあり。また、「同村駒形字小館の『駒形館』も小平氏の居館」とある。そして、『日本歴史地名大系　巻七　石川郡・小平村（平田村小平）条』に「建武二（一三三五）年の足利尊氏の挙兵と共に北朝方に属し、度々の働きに対し、翌三年七月二十八日には、小平七郎三郎（光俊）に対して、度々の軍忠と父親の京都での戦死に対する恩賞として、会津蜷河庄野沢村（現　耶麻郡西会津町）半分が預けおかれており（沙弥某預け状　合編白河、石川文書）、小平氏は前年の足利尊氏の挙兵とともに北朝方に属していたことが知られる」とある。

『小高氏』（オダカ）

小高氏は、石川氏族で、『石川氏一千年史　第九代光長条』に「四男光助。泉三郎と称す。弘安三（一二八〇）年一族に列す。小高邑（現　石川郡玉川村小高）を食み、丹波守に任ず」とある。そして、当地の「高御城」に拠り、小高氏を称した事により起こった。しかし、この代は、一時須賀川二階堂氏や白川結城氏に属し、その後、再び石川氏に復したものと考えられ、『日本歴史地名大系　巻七　石川郡・小高村（現　石川郡玉川村小高）条』に「応永五（一三九八）年四月二日と思われる石川道悦申状案（白河古事考）によると、二階堂三河守一族の小高貞光は道悦の所領石川庄金波村を押領している。小高氏は、始め石川氏の一族で、当地を本貫としていたと考えられるが、熊野先達職についての文明十六（一四八四）年九月三日の乗々院御房御教書（八槻文書）に、『奥州石川一家之内、赤坂、大寺、小高両三人の事、近年成白川の一姓、既改氏被替家之文等』と記される云々」とある。そして、その後天正十八年まで続き、以後石川氏に準じ角田へ転じた。

『小貫氏』（オヌキ）

小貫氏は、『姓氏家系大辞典　巻一　小貫条5』に「結城氏流、磐城国白河郡小貫村より起る。結城戦場物語、結城方に此の氏見ゆ。岩代岩瀬郡にもこの氏あり」とある。しかし、「秋田藩家蔵　白川文書」に応永十一年頃の稲村、篠川両公方指導による石川一族主体の一揆契約に、小高領「源藤光」の名が見られるところを見れば、小貫氏は、石川氏族で、石川郡小貫邑（現　石川郡浅川町小貫）を発祥の地とする氏族ではないかと考えられる。

『小野氏』（オノ）

小野氏は、石川氏の家臣で、『石川町史（角田家中記）』に、「小野左門」の名が見られ、また、『石川町史巻三　資料編一　在々館主条』に「田口釣之館」に拠った竹貫参河守重光、中務尚忠父子の宿老として、小野氏の名が見られるが、その起こりは、領内浅川町里白石に小野久保という小字があり、此処の可能性がある。しかし、田村の小野氏の分流や佐竹氏第十四代義人の五男義高を祖とする小野氏の可能性もある。

『面川氏』（オモカワ）

面川氏は、石川一族で、『石川氏一千年史　第十四代貞光条』に「四男光時。母は光春と同じ。泉信介と云ひ、後一族に列し、面川源太郎と改め、面川氏の祖也」とあるが、この面川とは現在の平田村中倉字川面ではないかと言われている。そして、『日本歴史地名大系　巻七　石川郡・永田村（現　石川郡平田村永田）条』に「中世城館跡は四ヶ所が知られているが、石川三芦城（楓軒文書纂）に『永田、面川氏居住』とあるのを信頼すれば、応永十一（一四〇四）年頃と推定される国人一揆傘連判断簡（秋田藩家蔵　白川文書）に見える『面川掃部助光高』と、明応五（一四九六）年と推定される八月四日の石川一家同心状案（八槻文書）の傘連判に名を連ねる面河宗信は当地の館主となろう」とある。

『織内氏』（オリウチ）

織内氏は、石川氏の家臣で、『石川町史（角田家中記）』に「織内源兵衛」の名が見られるが、この氏は、岩城の織内氏の分流ではないかと考えられる（いわき市・織内氏の条参照）。

『加藤氏』（カトウ）

加藤氏は、石川氏の家臣で、『石川氏一千年史　第四代光義条』に「三女。母は二女に同じ加藤氏の女。『小鹿島公義』の室となる。四女。母二女と同じ。佐竹別当秀義（佐竹氏第五代）の室となる」とある。

しかし、現在、全国各地に繁栄している加藤氏の出自は、藤原北家魚名流斉藤氏族で、斉藤氏の始祖叙《のぶ》用《もち》の子吉信は、加賀介に任ぜられ、その曽孫正重が、加賀国の「加」と藤原の「藤」を合して「加藤」とした事により起こったが（姓氏家系大辞典　巻一　加藤条1）、その子景通は、鎮守府将軍で「前九年の役」を平定した源頼義の七騎の一と言われた程の剛の者であった。そこで、これらの事から推察すれば、景通は、この役に参陣し、石川氏がこの役平定後に来奥し、石川に定着した時に、その分流が石川氏の家臣として帰属したのではないかと考えられる。また、源頼朝の家臣であった「加藤次景廉」は著名で、頼朝が伊豆に於いて平家討伐の旗挙げをした時に、「佐々木三郎盛綱」「堀藤次親家」と共に、先ず手始めに伊豆の国の目代「山木判官兼隆」を血祭りに挙げた（吾妻鏡　治承四年八月十七日条）。

『金内氏』（カナウチ）

金内氏は、石川氏の家臣で、その出自については不明であるが、『日本城郭大系　巻三　西白河郡・三城目城条』に「三城目城は、天文年間（一五三二―五五）に完全に二階堂家の支配下に入り、須田右京が三城目城に入城した。二階堂氏の三城目支配も天文二十一年に終わり、再び石川氏の手に帰した（角田上館文書）。そして石川氏から『金内大膳、三城目関場太郎左衛門』が出仕した（楓軒文書、石川文書）」とある。そして、『日本歴史地名大系　巻七（石川町史　巻三　資料編一　付二　陸奥国石川風土記）』に「三芦城の八幡台には、溝井郭、金内郭、千貫石、西舘の地が存在した」とあるから、金内氏は、石川氏の家臣の中でも可成り力のあった氏族と考えられる。

『金子氏』（カネコ）

金子氏は、『日本歴史地名大系　巻七　石川郡・小和清水（現　石川郡石川町曲木小和清水）条』に「和泉式部伝説にまつわる泉。『石川郡地史』に『小和清水ハ大字曲木ニアリ往昔安田兵衛国康ノ用フル所ニシテ大旱ト雖トモ水量減ヤズト云フ』とある。そして、この清水は安田兵衛の居館とされる金子館の西麓に湧出しているが、文化―文政年間（一八〇四―三〇）成立の石川三芦城（楓軒文書纂）の曲木の項に『往古金子十郎居住（中略）和泉式部堂あり、和泉式部曲木庄司娘、光国寺縁起アリ』と記されて居り云々」とある氏である。

『蕪木氏』（カブラギ）

蕪木氏は、石川氏の家臣で、『石川町史　巻三　資料編一』に「石川昭光が豊臣秀吉による領地没収取り潰しにより、石川を退転するに当たり、それに随行する者の中に『蕪木甚兵衛』の名が見られるが、この氏は、石川町双里の「蕪木館」の館主であった蕪木氏の一族と考えられる（西白河郡・蕪木氏の条参照）。

『蒲田（鎌田）氏』（カマタ）

蒲田氏は、鎌田とも称し、古殿町鎌田より起こったが、『日本城郭大系　巻三　東白川郡条』に「古殿町鎌田字渕上・田中田の『鎌田城』は、南北朝時代、石川蒲田兼光の居城」とあるが、しかし、文安六（一四四九）年に至り、白川の結城直朝により攻め滅ぼされ、文書及び所領を奪取された上、誓書を取られ城を破却されている。そして、『石川町史　巻三　資料編一　在々館主条』に「鎌田、鎌田玄蕃居、竹貫落城と一緒に落城後松川の社司と成しとなり」とある。

『上舘氏』（カミダテ）

上舘氏は、石川一族で、『石川氏一千年史　第二十代宗光条』に「次男成次、母は成田氏、泉源三郎光之と称す。義成将軍（義政将軍の故名）偏諱《へんき》を賜ひ、成次と改む。後沢井大蔵尚重の後を継ぎ、石川郡上舘に居る。上舘を姓とす」とある氏である。

『上山氏』（カミヤマ）

上山氏は、石川氏の家臣で、『石川氏一千年史　第二十代宗光条』に「城主宗光の死去に伴い、それを追慕し殉死する者の中に『上山源六邦吉』の名が見られる」が、この氏は、古殿町山上より起こった氏族ではないかと考えられる。

『川尻氏』（カワジリ）

川尻氏は、石川氏族で、石川氏第二代有光の庶長子藤田光祐の長男光家（光頼）に石川郡川辺、四釜の邑を与え、川尻氏を称した事により起こったが、この川尻氏は、応永十四（一四〇七）年、平田村小平へ移るまで、この藤田城を居城とした（石川氏一千年史　第二代有光条等）。そして、後年石川氏を離れ岩城氏に仕えた時に「川尻」より「緑川」に変姓されたという（角田市史　巻二　通史編下　石川氏の家中条）。

『川端氏』（カワバタ）

川端氏は、石川氏の家臣で、石川昭光が伊達政宗の家臣となり、松山を経て「角田の地」を与えられて間もない慶長五（一六〇〇）年、伊達政宗が「白石城」を攻めたが、この時昭光、義宗父子は、家臣曲木、吉田、迎、川端等兵三百を率い参戦しこれを支援した（石川氏一千年史　角田初代〔石川第二十五代〕昭光条）とある氏である。

『河東（川東）氏』（カワヒガシ）

河東（川東）氏は、『姓氏家系大辞典　巻一　川東条1』に「磐城の河東氏、川東村邑より起る。関物語等に河東上総介以下の名が見ゆ」とある。そして、川東邑とは現在の須賀川市小作田附近であり、この氏は、石川氏の家臣であったものと考えられる。

『川邊氏』（カワベ）

川邊氏は、石川氏族で、『姓氏家系大辞典　巻一　川邊条22』に「清和源氏石川氏流、磐城国白川郡（石川郡）川邊邑より起る。川邊八幡宮あり。神主石川氏は建武文書に『川邊八幡宮神主、川邊太郎四郎殿と』」とあるので、川邊八幡宮の神職の「板橋氏」が「川邊氏」を併称したのではないかと思われる。

『菊地氏』（キクチ）

この菊地氏は、石川氏の家臣で、『石川町史　巻三　資料編一』に石川昭光が豊臣秀吉による領地没収取り潰しにより、石川を退転するに当たり、その随行者の中に「菊地儀兵衛」の名が見られるが、この氏は、二本松畠山氏の家臣の菊地氏の分流と思われ、石川氏への帰属は婚姻による随行等が考えられる（二本松市・菊地氏の条参照）。

『木戸氏』（キド）

木戸氏は、石川氏の家臣で、その起こりは、石川町仙石字木戸脇、同町湯郷渡字木戸の内、鮫川村赤坂東野字木戸沢の何れかではないかと考えられる。それは、その当時は自領より他領へ通じる街道筋の境界には、他領からの敵や諜者の侵入や自領からの脱出者を監視するため必ず「関所（木戸）」を設けていたが、木戸はこの地に付いた地名であり「木戸氏」の起こりもこれに由来するからである。

『木村氏』（キムラ）

木村氏は、石川氏の家臣で、石川昭光が石川氏第二十四代晴光の継嗣として来石するに当たり、その仲《ちゅう》間《げん》として「木村兵之丞」が随行し、家臣となったものである（石川氏一千年史　角田初代〔石川第二十五代〕昭光条）。しかし、『石川町史　巻三　資料編一　付二　陸奥国石川風土記』に「神主ハ吉田左衛門尉源光治、石川郡一円に社職の司として神祇の奉行を預り、遠藤五郎太郎、木村右近ハ左右の祠官となり云々」とあるので、これより遥か昔の石川氏の草創期頃に既に存在していた事は確かであり、この氏は別氏と考えられる。

『窪木氏』（クボキ）

窪木氏は、『石川町史　巻三　資料編一　在々館主条』に「田口釣之館」に拠った竹貫参河守重光、中務尚忠父子の宿老として、窪木氏の名が見られるが、この氏の出自等については不明である。しかし、結城氏の家臣にも窪木氏が存在したので、この氏の分流の可能性もある。

『小綱木氏』（コツナギ）

小綱木氏は、平田村九生滝字小綱木より起こったが、『日本城郭大系　巻三　石川郡条』に「当地の『孫六館』は、小綱木因幡守の居館」とある。そして、この氏は石川氏の家臣の蓬田氏の一族ではないかと考えられる。

『小手氏』（コテ）

小手氏は、石川氏の家臣で、永禄十二（一五六九）年の「浅川城」を巡っての白川氏対石川氏の戦いに於いて、石川氏第二十五代昭光の麾下として赤坂、浅川、成田、矢吹氏等と共に「小手氏」の名が見られる（石川氏一千年史　角田初代〔石川第二十五代〕昭光条）。しかし、この氏の出自等については不明である。

『小林氏』（コバヤシ）

小林氏は、全国屈指の大族で、その起源の地も至る所にあり、この氏の出自を見出すのは非常に難しいが、この小林氏は、須賀川二階堂氏の重臣で、その後石川氏の家臣に転じた須田氏の家老で、玉川村竜崎字上古辺田の「辺田館（滝見館）」の館主であった小林丹後守である（日本城郭大系　巻三　石川郡条）。また、この他にも、須賀川市上野の「千本館」の館主小林弥八郎や石川郡小貫城主の小林但馬守等の名が見られる。そして、『日本歴史地名大系　巻七　石川郡・竜崎村（現　石川郡玉川村竜崎）条』に「東西に延びる丘陵上に臥龍城跡がある。南から望むと竜が臥した地形のためにその名がある。竜崎館とも称した。正和年間（一三一二－一七）に二階堂氏の家臣須田紀伊守が居館したが、のち辺田城（字大日向に所在）城主、小林丹後守に代わる」とある。

『小針氏』（コバリ）

小針氏と言えば、一般的には、石川郡松崎邑（現　西白河郡中島村松崎）を拠点とし長年に亘って君臨した小針氏を言うが、この小針氏は、『日本歴史地名大系　巻七　石川郡・北須釜村（現　石川郡玉川村北須釜条』に「字仁戸内には天台宗阿弥陀寺があったが、今は廃寺となっている。往古、平将門一族の小針帯刀が仁戸内館を築いて同寺を建立したと伝える。慶安四（一六五一）年の白河藩検地に際し、寺領二反八畝が免税地とされたという（須釜村史）」とある。また、『日本城郭大系　巻三　石川郡・高御城条』に「小高地区の伝説によると高御城（現　石川郡玉川村小高字御城）は、奥州に逃れた平将門一族の居城であったという」とある。

『小檜山氏』（コビヤマ）

小檜山氏は、石川氏の家臣で、『石川町史　巻三　資料編一』に石川昭光が豊臣秀吉による領地没収取り潰しにより、石川を退転するに当たり、それに随行する者の中に「小檜山佐藤右衛門」の名が見られるが、この氏は、田村市常葉町小檜山を発祥の地とする氏族と考えられ、同族と思われるものが会津の耶麻郡にも存在する。そして、『角田市史　巻二　通史編下　石川氏の家中条』に、「元和五年牟宇姫附人小檜山佐藤衛門」の名が見られるので、この氏は伊達家の旧臣である。

『小湊氏』（コミナト）

小湊氏は、大寺氏族坂路氏の家臣で、『石川町史　巻三　資料編一　在々館主条』に「坂路氏の居館は『宇多谷之館』と号す。南条、菅生、小湊等之侍有、落城の後相馬家へ随身すと也」とある氏である。

『近藤氏』（コンドウ）

近藤氏は、石川氏の家臣で、『石川氏一千年史　第二十四代晴光条』に「天正八年六月二十五日、公卒す。公を追慕し、殉死する者七人、山口藤九郎忠佐《ただすけ》、円谷隼人礼重、坂地石見清英、近藤文七曲信、金澤主水長師、山口長太郎師行、小高周防光好也」とあるが、この氏は、田村の近藤氏の分流と考えられる。また、小貫村「三城館」には、結城氏の家臣、近藤若狭守景義が拠った（白河古事考）（田村市・近藤氏の条参照）。

『近内氏』（コンナイ・キンナイ・チカウチ）

近内氏は、石川氏の家臣で、『石川氏第十一代盛義条』に「六男光行、母は家人近内氏。福田儀八郎と称す。板橋信濃守有好の嗣となり、太郎四郎仲好と改む」とあり。また、『石川町史　巻三　資料編一　在々館主条』三城目の項に「今《ママ》内大膳」の名が見られる。そして、この近内氏は、その後、これら三種に訓読を変えながら石川郡を中心に繁栄している。そして、この氏の出自は、『姓氏家系大辞典　巻二　近内条1』に「大和の近内氏、近内庄（南庄）より起る。宇智郡居伝城は近内右近の拠城と。大和志等に見ゆ」とあるが、これはつまり、宇野氏の本拠地の事であり、この氏は、石川氏と同族で近親の宇野氏との婚姻等により石川に来て、石川氏に帰属したものと考えられる（白河市・近藤氏の条参照）。

『斎藤氏』（サイトウ）

斎藤氏は、石川氏の家臣で、『石川町史　巻三　資料編一』に石川昭光が豊臣秀吉による領地没収取り潰しにより、石川を退転するに当たり、その随行者の中に「斎藤源右衛門」の名が見られるが、この氏も白河の斎藤氏と同じく、現在全国的な大族となっている斎藤氏の流れと考えられる（福島市・茂庭氏の条参照）。

『佐伯氏』（サエキ）

佐伯氏は、伊達氏の旧臣で、石川昭光が、石川氏第二十四代晴光の継嗣として来るに当たり、仲間として木村兵之丞と共に「佐伯半助」が随行し家臣となったものである（石川氏一千年史　角田初代〔石川第二十五代〕昭光条）。そして、『姓氏家系大辞典　巻二　佐伯条43』に「秀郷流、藤原姓、陸奥話記に見ゆる散位佐伯経範の後胤なり。経範、母の氏佐伯を冒して佐伯を称すと伝えらる。尊卑文脈に『秀郷―千常―

文修―左衛門尉文行（母は兵衛佐郷文の女、上東門院宣旨）―経範（右馬助、兵庫助、従五位下、母は佐伯氏。後冷泉院御宇、勲功に預る。天喜五年十一月、安部貞任の陣に入り命を殞す云々）』」とある。

『**酒井氏**』（サカイ）

酒井氏は、『石川氏一千年史　第十六代満持条』に「三男朝常、母は酒井氏。泉源四郎と称す」とある氏であるが、この氏は、岩城氏族で菊田郡酒井郷より起こった、酒井氏の分流ではないかと考えられる（いわき市・酒井氏の条参照）。

『**坂路**（坂地・坂池）**氏**』（サカジ）

坂路氏は、「坂地」「坂池」とも称し、その出自は、石川一族川尻氏の分流で、石川町坂路より起こったが、『姓氏家系大辞典　巻二　坂地条1』に「清和源氏石川氏流、磐城国石川郡坂地より起る。尊卑文脈に『頼親―頼遠（石川）―冠者有光―四郎光家―太郎光盛―同小太郎光重また号坂地』―光時（石川三郎）―大炊助光行―又三郎光広―三郎太郎兼光」と載せ、隈部系図には『光重（坂地小次郎）―光時（同小次郎、左衛門尉）―光行（同大炊助、左衛門尉）』とあり」とある。そして、坂路字川平の「羽黒館」を居館としたが、羽黒館には、永禄、天亀、天正年間（一五五八―九二）、坂路石見守が居館した。また、『日本歴史地名大系　巻七　石川郡・坂路村（現　石川郡石川町坂路）条』に「永仁六（一二九八）年には、石川坂路光行が、越後国刈羽郷（現　新潟県刈羽郡）半分を子息光広と道円に譲与している（福島県史）」とある。また、『同　西白河郡・堤村条』に「承元三（一二〇九）年に急当等九ヶ村（坂路、千石、富沢、谷俣、都賀、河部、給当、堤、廻谷）が石川一族坂路光盛から嫡子光重に譲られている」とある。

また、現在石川町及び古殿町には、「大楽（太楽、平子）」という珍名が存在するが、上杉謙信の家臣で、越後国魚沼郡の豪族で大永の頃（一五二一―二八）「薭生城（冬村城）」を居城とした「大楽兵馬之丞」及び弟で、古志郡「村松城」の城主「大楽若狭守」という者が存在したが（姓氏家系大辞典　巻二　大楽条1）、坂路氏とこの大楽氏との関係が窺われる。
そして、この平子氏の出自は、武蔵七党の一、横山党第七代時広の子広長が「平子氏」を称しているが、『吾妻鏡　建久四年五月二十九日条』には、「平子野平右馬允（有長）、平子広長の男、三浦氏の一族、相模国久良岐郡平子郷の住人」とある。

『坂本氏』（サカモト）
坂本氏は、応安年中（一三六八―七五）より「沢井城」に住した吉田氏の家臣で、『石川町史　巻三　資料編一　在々館主　沢井城条』に「応安年中より吉田重左衛門居住、天正八年滑津を合わせて五千石なり、大竹紋十郎、坂本丹後、白髭右京等随身なり」とある。また、『石川町史（角田家中記）』にも、「坂本半四郎」の名が見られるが、この氏の出自等については不明である。ただ、坂本氏は、二階堂氏流や佐竹氏流も存在したので（姓氏家系大辞典　巻二　坂本条15 20）、これらの支族かも知れない。

『佐川氏』（サガワ）
佐川氏は、『石川町史　巻三　資料編一　在々館主条』に「田口釣之館」に拠った竹貫参河守重光、中務尚忠父子の宿老として、「佐川氏」の名が見られるが、この氏は、結城氏の家臣の佐川氏の同族と考えられる（白河市・佐川氏の条参照）。

『佐久間氏』（サクマ）

この佐久間氏は、石川氏の家臣で、『石川町史　巻三　資料編一』に、石川昭光が豊臣秀吉による領地没収取り潰しにより、石川を退転するに当たり、それに随行する者の中に「佐久間惣太」の名が見られるが、佐久間氏は県内各地の豪族の家臣に見られ、その帰属の経緯を探るのは非常に難しい（出自については、二本松市・佐久間氏の条参照）。

『佐々木氏』（ササキ）

佐々木氏は、石川氏の家臣で、『石川氏一千年史　角田初代（石川第二十五代）昭光条』に「組頭、佐々木主税高素」の名が見られるが、現在全国的に繁栄している佐々木氏は殆どが近江源氏なので、この氏も近江源氏佐々木氏の分流と考えられる。

そして、その近江源氏の佐々木氏は、『姓氏家系大辞典　巻二　佐々木条2』に「宇田天皇の第八皇子敦実親王の子雅信の子扶義は『近江、河内、安木、美作等の守、中宮大夫、正三位、参議、左大弁。母は大納言光房の女、祖父親皇、子となす。仍りて佐々木系図は、扶義を以って親王の子と為す。長徳四七二六薨、四十八歳。一本に近江源氏佐々木氏流の元祖也』」とあるので、この扶義が近江に住し、当地に存する「沙沙貴神社」の「沙沙貴」を冠し、佐々木氏を称した事により起こったものと考えられている。そして、この佐々木一族は、特に鎌倉から室町期に活躍し、中でも「佐々木高綱」や「佐々木道誉」の活躍により、全国的に所領や官職を得て繁栄し、現在に於いても佐々木姓は、特に宮城県を中心とした東北地方に多い。また、この分流には、「京極、六角、尼子」等の有名な支族がおり大族となっている。そして、『吾妻鏡　治承四年八月二十日条』にも、源頼朝の御家人として「佐々木太郎定綱」の名も見られる。

『佐藤氏』（サトウ）

この佐藤氏は、『角田市史　巻二　通史編下　石川氏の家中条』に「昭光の附人として『佐藤因幡信景』の名が見られるが、これは昭光が石川氏へ養子として来た時の随臣という事である。そして、『石川町史　巻三　資料編一』に石川昭光が豊臣秀吉による領地没収取り潰しにより、石川を退転するに当たり、それに随行する者の中に「佐藤太兵衛」の名が見られる。

『澤井（沢井）氏』（サワイ）

澤井（沢井）氏は、石川一族で、石川郡澤井邑（現　石川郡石川町沢井）より起こったが、『石川町史　巻三　資料編一　附一系図』に「石川氏第三代元光は、始め沢井三郎と称したが、この七男義基は、沢井の邑を与えられ沢井源三郎と称し一族に列した」とある。また、『石川氏一千年史　第十九代持光条』に「六男光之、母は家人室井氏。福田八郎と称す。沢井大蔵尚重の家を継ぐ」とあり。また、『同　第二十代家光条』に「次男成次、母は中田氏。泉源三郎光之と称す。義成将軍（義政将軍の故名）に偏諱を賜ひ、成次と改む。後沢井大蔵尚重の後を継ぎ、石川郡上館に居る。上館を姓とす」とある。そして、この沢井氏は、近隣の滑津氏、赤羽氏、浅川氏等が、近隣豪族の外圧により次々と他族に降る中、一族中でも重きを為し、石川氏を支え頑張り貫いたが、天正十八（一五九〇）年八月、本宗の石川氏が豊臣秀吉により領地没収取り潰しとなったため、最後は石川氏と運命を共にし、伊達領角田へ転じた。

『澤尻氏』（サワジリ）

澤尻氏は、石川氏族で、『姓氏家系大辞典　巻二　澤尻条』に「磐城国石川郡澤尻邑（現　石川郡石川町

北山形澤尻）より起る。清和源氏石川氏の族にして、白河古事考、石川泉の族に『澤尻云々』等ありと云ふ」とある氏である。

『澤田氏』（サワダ）

澤田氏は、『姓氏家系大辞典　巻二　澤田条』に「清和源氏石川氏族、磐城国石川郡澤田邑より起る。尊卑文脈に『石川三郎基光の子光義（石川太郎号澤田）―義季（石川三郎）と』」とあるが、この氏は、石川氏第四代当主である。そして、石川町と合併するまで当地は沢田村であった。

『塩澤氏』（シオザワ）

塩澤氏は、石川一族大寺氏族で『姓氏家系大辞典　巻二　塩澤条4』に「清和源氏石川氏流、寛喜三（一二三一）年都々古和気縁起に『家老塩澤讃岐守光茂』見ゆ。石川有光の族にて大寺氏の家臣なりと云ふ」とあり。そして、『日本歴史地名大系　巻七　石川郡・塩沢村条』にも「戦国末期に、大寺城（現　石川郡玉川村）城主大寺清光の家臣塩沢丹後守高平が居住していたという（須釜村史）」とある。そして、この氏は、大寺氏の始祖光治の玄孫光広の二男儀光を始祖とし、石川町塩沢より起こったが、本宗の大寺氏第二十三代清光の天正十（一五八二）年、清光は、石川本宗第二十五代昭光と、その家臣曲木信光が大寺氏一族「塩澤高平」の領地、中野塩澤を侵し、油殻平に於いて合戦となったが、大寺方が敗れ中野、塩澤、山小屋三ヶ村を失った（日本城郭大系　巻三　石川郡・大寺城条）（吉村氏の条参照）。

『志賀氏』（シガ）

志賀氏は、石川氏の家臣で、『石川氏一千年史　角田初代（石川第二十五代）昭光条』に「石川の麾下志賀氏」の名が見られるが、この氏は、岩城の志賀氏の分流と考えられる。

『白石氏』（シライシ）

白石氏は、後条の白岩氏の後裔で、浅川町里白石より起こったが、『石川氏一千年史　第二十二代尚光条』に「三男朝光、泉三七郎と称す。後白石石川隆光の嗣と為り、白岩邑を食み、一族たり」とある。そして、『日本城郭大系　巻三　石川郡条』に「浅川町里白石字出しの『白石館』は、天正年間（一五七三—九二）、白石相模守晴光の居館」とある。しかし、この氏は、同十八年八月、本宗石川氏の没落により、伊達領角田へ移り石川氏に準じた（次条参照）。

『白岩氏』（シライワ）

白岩氏は、石川一族で、『石川氏一千年史　石川氏第二十代宗光条』に「三男隆光。母は寛光院。泉仙五郎と称す。石川中務少輔と称す。又高氏と改め、白岩村を与えられ、一族に列す」とある。そして、前条の白石氏はその後裔で、元々は白石も白岩と言っていたものと考えられ、読みも全て「しらいわ」だったのではないかと思われる。それは、往古は「石」を「いわ」とも言っていたためで、例えば「平将門」の営所のあった所は「石井営所」を「いわいのえいしょ」と言っていたように、である。

『白髭氏』（シラヒゲ）

白髭氏は、石川氏族で、『石川氏一千年史　第十代元盛条』に「次男光好、母は兄盛義と同じ。源三郎と称す。白髭家を継ぎ、白髭主水正と改む」とあり、また、『同　十八代義光条』に「五男光徳、母堂羽黒氏。福田三郎五郎と称す。白髭家の嗣子と為り、弾正と称す。一族に列す」と。そして更に、『第二十二代尚光条』に「明応三年八月、小高光登、白髭光璋を従え上洛す。将軍義澄卿に謁す。且つ入朝す。従四位大膳大夫《だいぜんだいぶ》に任ぜらる。小高光登左衛門佐、白髭光璋弾正忠に任ぜらる」とある。また、『石川町史　巻三　資料編一　在々館主澤井城条』に「応安年中より吉田重左衛門居住、天正八年滑津を合わせ五千石なり、大竹紋十郎、坂本丹後、白髭右京等随身なり」とある。また、『同　板橋の三沢城条』に「始太郎四郎高光居住、後下野種好元亀弐（一五七一）年川辺へ移る、須藤、高原、白髭等の家なり」とあり。しかし、この氏の本拠（居城）が何処であったか判然としない。ただ、領内に白髭神社の存在が認められ、これとの関わりも考えられるが、別に二本松市安達町には白髭の地があり、この地は、石川氏第十八代義光の三男盛光が分領された安達郡百目木の側近であるところから、此処の可能性もある。

『須釜（次釜、四釜、炭釜）氏』（スガマ）

須釜（次釜、四釜、炭釜）氏は、『姓氏家系大辞典　巻二　須釜条』に「磐城国白河郡（石川郡）須釜邑には、奥州一宮と称する須釜八幡宮鎮座す。この氏は此の地より起りしにて、清和源氏石川氏の族なり。大寺氏と云ふに同じ」とある。しかし、元亨三（一三二三）年の北条高時の父貞時の十三回忌の仏事に際して金澤貞顕以下百八十二人の御家人が砂金、銭、太刀、馬等を献上したが、その中に石河惣領を始め石河川尻、石河大寺、石河次釜とあり「石河須釜彦太郎」が馬一疋栗毛を献上している（吾妻鏡　元亨三年三月十日条）（日本歴史地名大系　巻七　石川郡・南須釜村〔現　石川郡玉川村南須釜〕条）。これを見れば、須釜氏は大寺氏の分流と考えられる。

『菅生氏』（スゴウ）

菅生氏は、白川結城氏の重臣としては有名であるが、この氏は、大寺氏族坂路氏の家臣で『石川町史　巻三　資料編一　在々館主条』に「坂路氏の居城は『宇多谷之館』と号す、南条、菅生、小湊等の侍有、落城の後相馬家へ随身すと也」とある氏である。そして、『姓氏家系大辞典　巻二　菅生条7』に「秀郷流藤原姓、磐城国白河郡菅生邑より起り、菅生館に拠ると云ふ。秀郷流藤原姓白川結城氏の一門に菅生伝右衛門あり」とある（白河市・菅生氏の条参照）。

『鈴木氏』（スズキ）

鈴木氏は、石川氏の家臣で、『石川氏一千年史　第十一代盛義条』に「四男光教、母は家女鈴木氏。泉六郎と称す。兄家光の後を継ぐ」「次女、母は鈴木氏。蘆名家宿老平田主税盛常の室となる」「七男、母は鈴木氏。泉新九郎と称す」とあり。また、『同　第二十代宗光条』に「文明七年十月五日公卒す（中略）家臣公を追慕し、殉死する者五人、和田主馬正林、上山源六邦吉、羽黒三七郎元隆、鈴木主税忠棟、森左工門隆孝」とある（鈴木氏の出自については、白河市・鈴木氏の条参照）。

『須藤氏』（スドウ）

この須藤氏は、板橋氏の家臣で、『石川町史　巻三　資料編一　在々館主条』に「板橋の三澤城、始太郎四郎高光居住、後下野種好元亀弐年川辺へ移る、須藤、高原、白髭等の家なり」とある氏である（出自については、田村市・須藤氏の条参照）。

『**関根氏**』（セキネ）

関根氏は、石川氏の家臣で、『石川氏一千年史　第十代元盛条』に「三男義助、母は関根俊正の女、泉亀之助と称す」とある氏であるが、そもそも関根という地名の起源は「関所の根本」を意味し、関所のある所には、関根、関場、関本等といった地名が付く事が多い。また、当時は諸豪族の本宗は勿論の事、その各支族も「外敵」に備え、夫々自領の境界に「関所」を設けており、従って、石川領内にも、関根という所は、石川町、古殿町、玉川村、平田村等に見られ、この氏の発祥の地を見出すのは難しいが、石川領内で起こった事は疑いのないところである。そして、『白河風土記　松崎村の沿革の条』に「南須釜村神職関根市正」の名が見られ、この大寺領内には二ヶ所の関所があった（角川日本地名大辞典）。

『**関場氏**』（セキバ）

関場氏は、石川氏の家臣で、関根氏と同じく関所のあった所から起こったものと考えられるが、石川領内には、石川町北山字関場、平田村上蓬田字関場の二ヶ所があり、この何れかが発祥の地と考えられる。そして、『日本城郭大系　巻三　西白河郡・三城目城条』に「矢吹町三城目城が、天文年間（一五三二―一五五）に須賀川二階堂氏の支配下に入り、同二十一年に再び石川氏の下に復したが、その時石川氏から『金内大膳、三城目関場太郎左衛門』が出仕した（楓軒文書、石川文書）」とある。

『関山氏』（セキヤマ）

関山氏は、石川氏の家臣で、『石川氏一千年史　角田初代（石川氏第二十五代）昭光条』に「永禄十二年の『浅川城』に於ける白川氏対石川氏の戦いの中に、石川氏の麾下として「関山氏」の名が見られる」が、そもそも関山という姓は、関所を設けた場所の山を言い、その所から起こった氏族と考えられ、西白河郡泉崎村の関山には「高屋館」があり、白河市関辺には有名な「関山《せきさん》」があるが、場所的に、この地の発祥という事は考え難く、むしろ石川領内の何処かに関山という所があり、その地の起源ではないかと考えられる。

『銭神氏』（ゼニガミ）

銭神氏は、石川町湯郷渡字銭神より起こったが、『日本城郭大系　巻三　石川郡条』に「石川町湯郷渡字銭神の『銭神館』は銭神伊勢守の居館」とあり、これは塩田伊勢守の後名で、石川氏の家臣ではないかと考えられる。それは、塩田氏の発祥の地でもある須賀川市塩田の隣地の小倉にも「銭神」という小字があるところから、当地を領した塩田伊勢守が湯郷渡に転じた時に祖地の「銭神」を称したのではないかと考えられる。

『瀬谷氏』（セヤ）

瀬谷氏は、石川氏の重臣で、藤原北家秀郷流那珂氏族の太田氏を祖とし、『日本城郭大系　巻三　石川郡条』に「石川町中田字浮内の『瀬谷館』は、瀬谷氏の居館」とあり、この氏は、代々に亘って石川氏を支え活躍した氏族であるが、その起こりは、常陸国久慈郡世谷郷（現　茨城県常陸太田市真弓町）である（姓

氏家系大辞典　巻二　瀬谷条1）。そして、石川氏が、小田原不参の科で豊臣秀吉より領地没収取り潰しとなり、五百有余年にも亘って育まれ、住み慣れた「石川城」を後に、此処といって行く当てもなく、ただ、浪々と北を目指して落ち延びて行く時、石川氏の菩提寺である「長泉寺」の住職泰然和尚（瀬谷氏）の働きを『石川氏一千年史　角田初代（石川第二十五代）昭光条』及び『角田市史　第二十五代昭光条』に、次のように記されている。

「昭光公は、僅か三十余名の供を従え、此処と言って行く当てもなく、ただ北を目指して落ち延びる中、大笹生（現　福島市大笹生）に至り、糧食乏しく、三十余名の供の内、半数以上を去らしめ、わずか十余名を従えて更に北を目指し、刈田郡森合（現　宮城県白石市大平森合）に至り遂に糧食尽き、退くも地獄、進むも地獄の体となるが、その時、辺りを托鉢して廻り、糊口《ここう》を凌《しの》いだのが随行していた石川氏の菩提寺である『長泉寺』の住職泰然和尚（瀬谷丹波守の弟）であったと。そして、昭光は、その後伊達政宗の家臣となり、伊達領松山へ、そして角田へと移り、当地に定着し、菩提寺である長泉寺を石川より角田に移すに当たり、その時の事が感に入り『泰然を当寺の開基と為す』と。そしてまた、この瀬谷氏の本宗の主『瀬谷丹波守』も角田へ下向し石川氏を支えた」と。

『仙石（千石）氏』（センゴク）

仙石（千石）氏は、石川一族で、古殿町仙石より起こったが、『姓氏家系大辞典　巻二　仙石条1』に「磐城国白川郡仙石邑より起る。石川氏の族にして、石川時光、この地に拠て、仙石大和守と称し勤王す。川辺八幡宮観応三年卯月十三日、右京大夫貞家判書に『石川板橋掃部助高光（中略）舎兄、千石大和権守時光』」とある。そして、『日本城郭大系　巻三　東白川郡条』に「古殿町仙石字松ヶ平の『仙石館』は石川一族仙石氏の居館」とある。また、『石川町史　巻三　資料編一　在々館主条』に「仙石雀か城、仙石光俊居、永禄年中落城」とある。

『草里氏』（ソウリ）

草里氏は、石川氏族で、石川町双里より起こったが、『姓氏家系大辞典　巻二　草里《くささと》条』に「磐城国白河郡（石川郡）草里邑より起る。清和源氏石川氏の族にして、建武四（一三三七）年正月十六日の岩城文書に『石川草里四郎次郎』見ゆ」とあり。また『日本歴史地名大系　巻七　石川郡・草里村条』に「建武四年正月十六日の『伊賀盛光代麻続盛清軍忠状（飯野八幡宮文書）』によると、この前日石川一族を主力とする北朝方が菊田庄滝尻城（現　いわき市遠野町滝）に拠る小山駿河権守を攻めているが、この合戦の日、大将として石川草里四郎次郎の名が見られる」とある。

『添田氏』（ソエダ）

添田氏は、石川氏の家臣で、『石川町史（石川家譜）』に「北山形『添田新四郎』」の名が見られるが、この氏は板橋氏に関係する氏族ではないかと考えられる。

『卒片平氏』（ソツカタヒラ）

卒片平氏は、石川氏の家臣で、『石川氏一千年史　第二十三代稙光条』に「享禄三年六月十日公卒す（中略）。公を追慕し殉死するもの八人」とあり、その中に「卒片平某」の名が見られるが、その他詳細は不明である。また、読みも「ソツカタヒラ」で良いか否かも不明である。ただ、この字から推察すれば、この氏は、郡山の片平氏に関係する者かもしれない。それは石川氏第十七代満朝の六男光準は「伊東家の嗣子」となったという記述があるからである。

「竹貫氏」（タカヌキ）

竹貫氏は、石川一族で、『石川氏一千年史　第三代元光条』に「三男秀康、福田源助と称す。後川尻二郎三郎と改む。竹貫村を与え一族に列す。後、従五位下三河守に任ぜらる」とあり。また、『日本歴史地名大系　巻七　東白川郡・竹貫村（現　石川郡古殿町竹貫）（この書では、古殿町は東白川郡となっている）条』に「中世には石川庄に属し、高貫（鷹貫、竹貫）郷と称した。石川一族竹貫氏が拠った駒ヶ城（新館）跡がある」とある。ただ、元々この地は、石川領と結城領との領界に当たるため、南北朝の争乱も合一されて半世紀が過ぎ、結城氏が勢力を付けていた文安六（一四四九）年には、赤坂、大寺、小高の各氏も結城氏の圧力により、結城氏に帰属したが、この時、竹貫氏も共に降ったものと考えられる。しかし、天文十（一五四一）年の佐竹、白川両氏の「東館」を巡る抗争の調停を岩城重隆が行った時は、今度は、岩城氏の重臣となり、この折衝に当たる老臣として竹貫広光、隆光を当てているので、この頃は既に岩城氏に帰属していたものと考えられる。そして、『石川町史　巻三　資料編一　在々館主条』には、「田口釣之館」に竹貫参河守重光、中務尚忠父子とあるが、天正十八年竹貫重光は、楢葉郡富岡邑本岡（現　双葉郡富岡町本岡）の「日向館」の富岡氏と入れ替わって領地替えとなり、龍台寺を伴って当地へ移った（日本歴史地名大系巻七　双葉郡・小浜村〔現　双葉郡富岡町小浜〕、日向館跡〔現　同町本岡、日向〕条）。そして、最終的には、石川一族が石川昭光に準じ伊達政宗の家臣として角田へ赴いたのに対し、竹貫氏は、最後まで岩城氏と行動を共にし没落した（水野氏の条及び双葉郡富岡氏の条参照）。

『高林氏』（タカバヤシ）

高林氏は、石川氏の家臣で、『石川町史　巻三　資料編一』に「石川昭光が豊臣秀吉による領地没収取り潰しにより、石川を退転するに当たり、それに随行する者の中に『高林甚五左衛門』の名が見られるが、この氏の出自は、『姓氏家系大辞典　巻二　高林条5』に「常陸佐竹氏の族にして、佐竹系図に『義憲の子義森（高林、今の中小野）』と見ゆ」とあるので、この分流が、佐竹氏と石川氏による婚姻時に、その随行者として来て石川氏に帰属したのではないかと考えられる。しかし、『日本歴史地名大系　巻七　石川郡・大寺城跡条』に「承保元（一〇七四）年、石川氏第二代有光の庶長子『藤田光祐』の所領に安積郡広戸（現岩瀬郡天栄村）が含まれており、当地には高林の地名があるのでこの地の発祥の可能性もある。そして、『同岩瀬郡・高林村（現　岩瀬郡天栄村高林）条』に「館屋敷は高林五郎左衛門跡と云う」とある。

『高原氏』（タカハラ）

高原氏は、板橋氏の家臣で、『石川町史　巻三　資料編一　在々館主条』に「板橋の『三澤城』、始太郎四郎高光居住、後下野種好元亀弐年川辺へ移る、須藤、高原、白髭等の家なり」とある氏である。そして、『姓氏家系大辞典　巻二　高原条4』に「秀郷流藤原姓下河辺氏族、常陸国の豪族にして、佐野松田系図に『下河辺行義の子四郎左衛門政義（常陸国、高原云々等の祖也、紋釘抜）』と見え。結城系図に『政義―小河二郎政平―景政（高原四郎）』とあり」とあるので、この氏族か。しかし、『同　巻三　曲木条』に「曲木氏は、石川郡曲木に住す。曲木、飛龍（今蒜生と書す、本家也）、谷地、小高、高原、石川城附屋舗鬼淵横百二十間を領す」とあるので、この高原の地の発祥と考えられる。

『高森氏』（タカモリ）

高森氏は、石川氏の家臣で、『石川町史　巻三　資料編一』に「石川昭光が豊臣秀吉による領地没収取り潰しにより、伊達政宗の家臣となり、伊達領角田の地を与えられた時の名簿に「尋来輩」として「高森又七」の名が見られるが、『姓氏家系大辞典　巻二　高森条1』に「藤原姓白澤氏族、陸前国宮城郡高森館（岩切城）より起る。餘目留守氏の事にて、餘目旧記に『宮城殿つぎ目、其の外、所帯の時は、まづ高森殿と申す』と」とあるのでこの氏の族と考えられる。

『田川氏』（タガワ）

田川氏は、結城氏の一族で、『石川氏一千年史　第二十代宗光条』に「三女。母は中田氏。結城一門田川領主小峯民部大輔藤原顕広の室となる。幾もなく顕広、石川に帰し、大田和邑を与えられ、一族に準ず」とある。そして、この田川氏は、その後「大田和氏」に変姓した。しかし、『角田市史　巻二　通史編下石川氏の家中条』には、「田川氏は中畑日向を祖とし」とある（白河市・田川氏の条参照）。

『田口氏』（タグチ）

田口氏は、石川氏族で、古殿町田口より起こったが、この氏は地域的に見て竹貫氏の一族ではないかと考えられる。そして、『日本歴史地名大系　巻七　東白川郡条』に「応永六（一三九九）年、関東公方足利満兼が奥州支配の為遣わした弟満貞（稲村公方）、満直（笹川公方）の働きかけにより、同十一年に結ばれた国人一揆には石川庄域の松川朝光、蒲田光重、田口光顕の石川族三氏が参加している」とある。また、当地には、「田口城」があり、『同　東白川郡・田口村条』に「中世の田口氏が拠った田口城は、北条時村

（或いは時頼）が居住したとも伝え、北条館とも称す」とある。しかし、この北条時村とは、鎌倉の第七代執権正村の子の事ではないかと考えられ、もしそうであるとするならば、その孫は、第十二代執権煕時であり、又時頼は第五代執権であり、大変高貴な人物が居城していた事になるが、それには、この地と磐城の伊賀氏との関わりはどうであったかも関係する。それは、伊賀氏初代朝光の孫が第七代執権正村であるからである。そして、『同　東白川郡・鎌田村条』には「弘長元（一二六一）年三月二十二日の北条重時下知状に『石川庄川尻郷内蒲田村』と見える。当時北条得宗領であった石川庄内蒲田村の領有を石川一族の光行と叔父坂路光信が争った云々」とある。

『竹藤氏』（タケフジ）

竹藤氏は、石川氏の家臣で、『石川町史　巻三　資料編一』に石川昭光が豊臣秀吉による領地没収取り潰しにより、石川を退転するに当たり、それに随行する者の中に「竹藤七右衛門」の名が見られるが、この氏の出自等についいては不明である。ただ、竹藤氏は丹後や美作に存在する。

『田中氏』（タナカ）

田中氏は、石川氏の家臣で、『石川氏一千年史　第六代基光条』に「二女。母は妾田中氏、伊達二郎藤原為重の室となる。名は随子。また、三男季光。母は田中氏。石川三郎と称す」とある。そして、『姓氏家系大辞典　巻二　田中条57』に「石川郡東館は熊野宮にあり、康平の頃（一〇五八―六五）、田中兵庫なるもの、此に住し、本村を拓きたり（上野玉三郎氏）と云ふ」とある。そして、この氏の起こりは、須賀川市田中字東館と考えられる。

『寺澤氏』（テラサワ）

寺澤氏は、石川氏の家臣で、『石川氏一千年史　第二十三代稙光条』に「享禄三年六月十日公卒す（中略）、公を追慕し殉死するもの八人、溝井長門貞之、矢内主殿時篤、村岡右衛門忠由、武藤新左衛門祐舜、牧七之介幸安、卒片平某、寺澤某、遊佐某也」とあるが、この氏の出自等については不明である。

『土肥氏』（ドイ）

土肥氏は、石川氏の家臣で、『石川氏一千年史　第十四代代貞光条』に「義光の七男師宣、母は大久保氏。泉新五郎と称す。土肥家を継ぎ、美作守茂伴と改む」とあるが、元々土肥家の出自は、『姓氏家系大辞典　巻二　土肥条1』に「相模国足柄郡土肥郷（現　神奈川県足柄下郡湯河原町土肥）より起る（中略）。土肥氏はこの地の土豪にして、応永の頃（一三九四―一四二八）まで、小田原辺を領す。平姓と称し、出自に関しては尊卑文脈に『村岡五郎良之―宗平（中村庄司）―実平（土肥次郎）―遠平』と見ゆれど云々とあり。この実平は、源頼朝が平家打倒の旗挙げをし、「石橋山の合戦」に於いて、平家軍に敗れ命辛々安房へ逃げるに当たり、それを手引きし、舟を用意し逃避行に尽力したと言われている（吾妻鏡　八月二十日・二十七日条）。以後この実平は、頼朝の側近として鎌倉幕府を支えたが、石川氏も鎌倉幕府（源姓、平姓）の御家人であり、その関係で土肥氏の分流が石川氏に帰属したものと考えられる。

『戸賀氏』（トガ）

戸賀氏は、石川一族大寺氏の分流の谷澤氏族と考えられ、谷澤氏が居館とした石川町谷沢字戸賀の「太鼓館（戸賀館）より起ったが、『石川町史　巻三　資料編一　在々館主条』に戸賀の館には戸賀三太夫居住なり」とある。

『富岡氏』（トミオカ）

富岡氏は、岩城氏族で、楢葉郡富岡邑（現　双葉郡富岡町本岡）の「日向館」に住していた富岡隆宗は、竹貫氏と入れ替わり領地替えとなり、天正十八（一五九〇）年、菩提寺の東禅寺を伴って竹貫邑（現　石川郡古殿町竹貫）の「竹貫城」へ移住した氏族である（日本歴史地名大系　巻七　双葉郡・小浜村及び日向館跡条）（竹貫氏及び双葉郡・富岡氏の条参照）。

『長窪氏』（ナガクボ）

長窪氏は、石川氏の家臣で、『角田市史　章一　項三　石川退転条』に「長窪勘解由正叙」の名が見られるが、この氏は石川町長久保より起こったものと考えられ、長久保の地は、石川氏の本城「三芦城」の直近でもあるところから、この氏は、石川氏の身内で直臣だったのではないかと考えられる。

『中倉氏』（ナカクラ）

中倉氏は、石川氏の重臣で、『石川町史（石川家譜）』に、石川氏第二十五代昭光の老中として、「中倉但馬守」の名が見られるが、この氏は、石川一族面川氏の一族ではないかと考えられる。そして、その起こりは平田村中倉である。

『中田氏』（ナカタ）

中田氏は、石川氏の家臣で、石川郡中田邑より起こったが、『石川氏一千年史　第二十代宗光条』に「次男成次、母は中田氏。泉源三郎光之と称す。義成将軍（義政将軍の故名）偏諱を賜ひ、成次と改む。後沢井大蔵尚重の後を継ぎ、石川郡上館に拠る。上館を姓とす」とあり。また、「三女、母は中田氏。結城一門田川領主小峯民部大輔藤原顕広の室となる。幾《いくばく》もなく顕広、石川氏に帰し、大田和村を与えられ、一族に準ず」とある。そして、「この中田には、堀江氏の『堀江丹波館』、石川氏に帰し、字浮内に瀬谷氏の『瀬谷館』、字上三森に三森氏の『三森館』、字矢造に『矢造館』等の中世の居館が有ったので、これらの内の一族と考えられる。そして、天正十八年二月二十六日石川昭光知行充行状に『任侘言、沢井に中田小四郎、瀬谷五郎左衛門両人抱之所、遣之候』と見え、むかい（迎）藤六郎に所領が宛がわれているが、その名からして中田、瀬谷両氏は当地を在所とし、石川昭光の家臣となっていたものと思われる（日本歴史地名大系　巻七　石川郡・中田村〔現　石川郡石川町中田〕条）」とある。

『中館氏』（ナカダテ）

中館氏は、石川氏の家臣で、玉川村中より起こったが、『姓氏家系大辞典　巻三　中館条2』に「磐城の中館氏、天正中、石川郡に中館左衛門あり。中村館に拠る」とある。また、『同　条62』に「泉村大字中に、中村館あり、天正中、中村弾正、中館左衛門、矢吹薩摩守光頼（石川昭光家老）等住すとぞ」とある。従って、この氏は、石川氏族と考えられる。また、矢吹光頼の子高久は田村郡にて庄屋となった。

『中谷氏』（ナカタニ）

中谷氏は、石川氏族で、旧石川郡中谷村より起こったが、『姓氏家系大辞典　巻三　中谷条1』に「清和源氏石川氏族、磐城の豪族にして、石川有光の後裔也と云ふ」とあるので、この氏は石川一族である。

『永沼氏』(ナガヌマ)

永沼氏は、石川氏の家臣で、永沼は長沼の転化と考えられるところから、「岩瀬長沼氏」の分流が石川氏に帰属し、その時に長沼を永沼に変姓したのではないかと考えられる。そして、『姓氏家系大辞典　巻三　永沼条3』に「雑載、奉行に永沼宇右衛門あり。又近世、湯郷渡邑の剣客に永沼幸四郎光許あり、俳諧と剣術に長ず」とある。

『中村氏』(ナカムラ)

中村氏は、石川氏の家臣で、玉川村中より起こったが、『姓氏家系大辞典　巻三　中村条62』に「泉村大字中に、中村館あり、天正中、中村弾正、中館左衛門、矢吹薩摩守光頼(石川昭光家老)等住すとぞ」とあり、この氏は石川氏族と考えられる(中館氏の条参照)。

『長山(永山)氏』(ナガヤマ)

長山(永山)氏は、石川氏の家臣で、『石川氏一千年史　角田初代(石川第二十五代)昭光条』に「組頭、長山伊賀利成」の名が見られるが、この氏は岩城氏族と考えられ、『仁科岩城系図』に「常朝(隆弘)―清胤(隆衡)―隆友(長山五郎)」とあるから、この分流が石川氏に帰属したものと考えられる。

『生田目氏』(ナマタメ)

生田目氏は、石川氏の家臣で、『石川氏一千年史　角田初代（石川第二十五代）昭光条』に「生田目三内信致」の名が見られるが、この氏は、茨城県北部から福島県南部にかけて繁栄し、『生天目』と書くものや訓読も『なばため』と読むものもあるが、その起こりは、栃木県芳賀郡益子町生田目と考えられ、その祖は、清原氏を遠祖とする芳賀氏と考えられる。そして、『日本歴史地名大系　巻九　芳賀郡・生田目村（現益子町生田目）条』に「永禄七（一五六四）年八月十三日の芳賀高定宛行状（秋田藩家蔵文書）の宛名に『生田目□□殿』とあり、真岡《もおか》の芳賀城に属し、坂戸郷（現　茨城県西茨城郡岩瀬町）内の一千疋を与えられた生田目某がいたことが知られ、当地を名乗る武士と思われる」とある。

『成川氏』（ナリガワ）

成川氏は、『石川氏一千年史　第二十二代尚光条』に「六男由省、泉六郎と称す。里見家に仕え但馬守となる」とあるが、この氏は、桓武平氏の流れを汲む房総の名族と言われ、安房国成川《なりがわ》（現　千葉県鴨川市成川）より起こった成川氏を継いだものと考えられ、『姓氏家系大辞典　巻三　成川条』に「房総の名族にして、桓武平氏と云ふ。里見家家臣なりと」とある。そして、上野国より来国し、この南総の地を支配した清和源氏新田氏族で、群馬県群馬郡榛名町里見を起源とする里見氏に帰属したものと思われる。

『南条氏』（ナンジョウ）

南条氏は、大寺氏族販路氏の家臣で、『石川町史　巻三　資料編一　在々館主条』に「販路氏の居館は『歌や之館』と号す、南条、菅生、小湊等之侍有、落城の後相馬家へ随身すと也」とある。また、坂路氏が領した「越後国」にも「南条氏」が存在するが、『日本歴史地名大系　巻十五　柏崎市・南条村（現　新潟県柏崎市南条）条』に「北は北条村で、佐橋庄南条の遺称地で、毛利広元の孫寂伝が、佐橋庄南条の地頭職を時親に伝領している。時親の曽孫元春の弟匡時、直広らは南条城に拠っている。その後、元春流は安芸国に移り（毛利元就の祖）、（中略）正中元（一三二四）年南条城主毛利経光が頚城郡の菅原社を遷座《せんざ》。文明四（一四七二）年には長尾景信の修築と神領寄進があった。その後南条広信も崇敬したという」とあるので、この氏族と考えられる。しかし、『姓氏家系大辞典　巻三　南條条3・4』に「伊豆国田川郡南条邑を起源とする工藤氏族南条氏」があり、この氏は著名であるので、この氏の流れの可能性もある。それは「石川一族」は、当時、鎌倉幕府の上層部に於いて身内人として可成りの力を持ち、横の繋がりも多かったと考えられるからである。

『**西牧氏**』（ニシマキ）
西牧氏は、石川氏の家臣で、『石川町史　巻三　資料編一』に「石川昭光が豊臣秀吉による領地没収取り潰しにより、石川を退転するに当たり、それに随行する者の中に『西牧重三郎』」の名が見られるが、この氏は、石川一族の牧氏族ではないかと考えられる。しかし、田村郡に「西牧氏」、結城氏の家臣に「西間木氏」がおり、この氏の流れの可能性もある。

『**額田氏**』（ヌカタ）
額田氏は、石川氏の家臣で、『石川氏一千年史　角田初代（石川第二十五代）昭光条』に永禄十二年の浅川城を巡っての白河氏対石川氏による戦いの中に、石川昭光の麾下として「額田氏」の名が見られるが、この氏は、佐竹氏の一族で茨城県那珂市額田より起こった額田氏の分流と考えられる。そして、石川氏への帰属については、婚姻による随行等が考えられる。

『沼崎氏』（ヌマザキ）

沼崎氏は、石川氏の家臣で、『石川町史（角田家中記）』に「沼崎幸左衛門」の名が見られるが、その出自等については不明である。

『根本氏』（ネモト）

根本氏は、石川氏の家臣で、『石川町史（角田家中記）』に「根本兵内」の名が見られるが、その起こりは、古殿町山上字根本内、平田村上蓬田字上根本等が考えられる。しかし、これとは別に、岩城氏族の根本氏や常陸国信太郡（現　茨城県稲敷郡）根本邑を起源とする小野崎氏族の根本氏がおり（姓氏家系大辞典　巻三根本条1）、この分流が石川氏へ帰属したという事も考えられなくもない。

『野口氏』（ノグチ）

野口氏は、『石川町史　巻三　資料編一　在々館主条』に「北須釜関之館、野口但馬居、源頼光の末葉、岩城の境なり」とあるが、頼光は、源満仲の長子で石川氏の祖「源頼親」の長兄の源頼光と考えられる。そして、野口氏は、会津及び常陸の佐竹氏の家臣にも存在する。

『埜崎氏』（ノザキ）

埜崎氏は、石川氏の家臣で、『角田市史　巻二　通史編下　石川退転条』に「御勝手方、埜崎弥治郎匡英」

の名が見られるが、この氏の出自等については不明である。

『芳賀氏』（ハガ）

この芳賀氏は、石川氏の家臣で、『石川町史　巻三　資料編二』に石川昭光が豊臣秀吉による領地没収取り潰しにより、石川を退転するに当たり、それに随行する者の中に「芳賀内膳」の名が見られるが、この氏は、下野国芳賀郡より起こった氏族で、下野から南奥にかけて多くの豪族の家臣に存在するが、その本宗は、豊臣秀吉により宇都宮氏と共に改易となり没落した（白河市・芳賀氏の条参照）。

『羽黒氏』（ハグロ）

羽黒氏は、石川氏の家臣で、『石川氏一千年史　第十八代義光条』に「五男光徳、母堂羽黒氏。福田三郎五郎と称す。白髭家の嗣子と為り、弾正と称す。一族に列す」とあり。また、『同　二十代宗光条』に「文明七年十月五日公卒す。家臣公を追慕し殉死するもの五人。和田主馬正林、上山源六邦吉、羽黒三七郎元隆、鈴木主税忠棟、森左エ門隆孝」とある。そして、石川町坂路字川平の「羽黒館」は、大寺氏一族坂路氏の居館であったので、この羽黒氏は、坂路氏が併称したか、或いは、その分流ではないかと考えられる。

『原田氏』（ハラダ）

原田氏は、石川氏の家臣で、『石川氏一千年史　角田初代（石川第二十五代）昭光条』に昭光が石川氏第二十四代晴光の養子となる時に「原田九郎兵衛昌寛」が随身して来たもので、伊達氏の旧臣である。そして、その伊達原田氏の後裔には、世に言う「伊達騒動」を惹起した「原田甲斐」がいる。

『平田氏』（ヒラタ）

平田氏は、石川氏の家臣で、『石川氏一千年史　角田初代（石川第二十五代）昭光条』に「徒目附《かちめつけ》、平田十助善保」の名が見られるが、この氏は、浅川町大草字平田より起こったものと考えられ、祖は石川一族浅川氏と考えられる。

『蒜生氏』（ヒリュウ）

蒜生氏は、『日本歴史地名大系　巻七　石川郡条』に「文明一六（一四八四）年頃には、石川一族の赤坂、大寺、小高の三氏は白川氏に姓を改め家紋も変更した（八槻文書）。さらに、赤坂方熊野参詣先達職が、石川一族竹貫別当から白川方八槻別当に移されており（同文書）、明応五（一四九六）年惣領石川成光は一族被官とともに、石川庄の先達職再興を本山の京都聖護院に願出た。この時署名した一族、被官の中に、蒜生政広の名がある」とある。そして、この氏は、石川郡蒜生村（現　石川郡玉川村蒜生）より起こった氏族で、板橋氏、小高氏、大寺氏の何れかの分流ではないかと考えられる。また、『同　石川郡・蒜生村条』にも「明応五（一四九六）年と推定される八月四日の石川一家同心状案（八槻文書）に蒜生政広の名が見える」とある。

『福田氏』（フクダ）

福田氏は、『石川氏一千年史　第一代頼遠条』に「母堂盛光院、寛弘四丁未《ひのとひつじ》年三月二十八日、大和国宇多郡に於て生る。小字千勝丸・弥三郎と称す。後、福田二郎と改む」とあり。また、その子有光も『石川町史　巻三　資料編一　付二陸奥国石川風土記』に「河内上泉の城主福田安芸守源有光之石川之庄六十余郷を賜ハリて帰京し給ふ云々」とある。また、頼遠の側室は福田右馬之允光重の女であったため、その子を始め石川氏中からは、代々福田を称する者が多く出た。また、石川町山形には福田という小字があるが、此処は福田氏の発祥の地ではなく、福田氏が領した事により付いた地名ではないかと考えられる。そして、『白河郷土叢書　巻下　白河関物譚　巻之下条』の「政宗須賀川を攻むる事」の項には、「一騎当千の麾下なりける竹貫の城主福田刑部少輔に加勢に可参とて、其家臣鈴木豊後、横川近江守、水野勘解由左衛門を召て其勢百騎云々」とある。

『福原氏』（フクハラ）
福原氏は、石川氏の家臣で、『石川氏一千年史　第七代広季条』に「次男、母は家人福原左衛門為休の女。泉又三郎と称す。浅利家を継ぎ八郎と称す」とある。そして、この氏の起こりは、石川氏初代頼遠は「河内国石川郡及び摂津国福原、小柳津邑を領し、石川庄に住んだ」とあるので、この関係で石川氏の誰かが「福原氏」を称したか、或いは、安積伊東氏族で安積郡福原邑を起源とし、後田村氏の家臣に転じた福原氏の一族か、それとも鮫川村富田字福原を発祥とする氏族の何れかではないかと考えられる。

『藤田氏』（フジタ）
藤田氏は、石川有光が「前九年の役」の功により、奥州仙道の地を与えられ来奥し、始めて城を築いたのが藤田（現　石川郡石川町中野）の「藤田城」であるが、この地は水の便が悪く、間もなく石川町八幡山に城を移し、この城を庶長子の光祐に与えた（石川氏一千年史　第二代有光条）。それにより光祐は此処を居城とし、藤田氏を称し始祖となった。そして、『姓氏家系大辞典　巻三　藤田条9』に「清和源氏石川氏族、磐城国白河郡（石川郡）藤田郷より起り、藤田城に拠る」とある。

『北条氏』（ホウジョウ）

北条氏は、『石川町史　巻三　資料編一　在々館主条』に「田口天王舘、北条半兵衛居」とあるが、『日本歴史地名大系　巻七　東白川郡・田口村（現　石川郡古殿町田口）条』に「中世に田口氏が拠った田口城は北条時村（或いは時頼）が居住したとも伝え、北条舘（天王舘）とも称する」とある（田口氏の条参照）。

『堀江氏』（ホリエ）

堀江氏は、石川氏の家臣で、石川町中田の「堀江丹波館」を居館としたが、この堀江氏の発祥の地は、高田の江堀田ではないかと言われている。しかし、『日本城郭大系　巻三　石川郡条』では、堀江丹波館は詳細不明となっている。

『前田氏』（マエダ）

前田氏は、『日本城郭大系　巻三　石川郡条』に「石川町和久字新屋敷の『あさこうじ館』は前田氏の居館」とあるが、この氏は、石川氏族で重臣の牧氏の分流ではないかと考えられる。

『曲木氏』（マガキ）

曲木氏は、石川一族で、『姓氏家系大辞典　巻三　曲木条』に「磐城国白河郡（今石川郡）曲木邑より起る。清和源氏石川基光十八代信光二男晴義の後也。石川駿河守成光の男、尚光（久光）の弟『石川右衛門大夫舎光（初めて曲木氏を称す云々）』」とある。そして、舎光は、当地に「曲木城」を築き住し、以後祐光—安光—信光—晴義と続いたが、晴義は石川昭光に準じ角田へ転じ、現在に於いてもその後裔が存する（石

川氏一千年史　第二十一代成光条参照）。

『曲山氏』（マガリヤマ）

曲山氏は、石川氏の重臣で、その起こりについては、平田村上蓬田、田村市船引町新館、同町上移の三ヶ所に「曲山」の地名があり、この何れかより起こったものと考えられるが、『石川町史　巻三　資料編一在々館主大寺城条』に「有光の一男藤田太郎光祐の分地として『曲山但馬』」の名が見られる。

『牧氏』（マキ）

牧氏は、石川一族で、『日本城郭大系　巻三　石川郡条』に「石川町南山形字羽入田の『御矢藪館』は、天正年間（一五七三―九二）、石川氏の家臣牧備中守の居館」とあるが、この氏の起こりは、石川氏の本拠地である「三芦城」の北西隣に位置する内槙邑及び外槙邑で、この地は中世の頃は「牧」と称していた所であるが、当地には「牧城」が存在した。

そして、その内牧邑には、渡里沢、大五郎内、秋台、白石、長久保、石田、彌吾、轡取《くつわとり》、草倉田、大橋、塩ノ平、前ノ内、大内、石塚、飛ケ作等の小字があるが、「牧」とは、当時、戦や農耕用の牛馬を生産する「牧場」の事であり、この辺り一帯は当時は牧場だったものと考えられる。また、この氏は「眞木」とも称したらしく、天正中、眞木備中守との記述もある（次条）。そして、元亨三年の北条貞時十三年忌には石川惣領家以下、川尻、大寺、次鎌、高貫、沢井、大島氏等と共に「石川牧木工助又太郎」は、馬一疋鹿毛を献上している。

『眞木氏』（マキ）

眞木氏は、石川一族で、前条氏の事と考えられ、『姓氏家系大辞典　巻三　眞木条4』に「奥州の眞木氏、磐城石川郡山橋村御藪館は、天正中、石川氏の家臣、眞木備中守が拠りし地也と」とあり、また、『日本歴史地名大系　巻七　石川郡・南山形村（現　石川郡石川町南山形）条』にも、「字羽入田に御藪館という中世城館跡があり、御藪館は、天正年間、石川氏の家臣眞木備中守の居館と伝える（石川郡地史）」とある。

『松浦氏』（マツウラ）

松浦氏は、石川氏の家臣で、『石川町史　巻三　資料編一』に石川昭光が豊臣秀吉による領地没収取り潰しにより、伊達政宗の家臣となり、伊達領角田の地を与えられた時の名簿に「尋来輩」として「松浦弥治兵衛」の名が見られるが、この氏は相馬松浦の出か。常陸国鹿島郡松浦郷の起こりか。それとも九州の松浦氏の流れか。

『松川氏』（マツカワ）

松川氏は、石川氏族で、その起こりは、古殿町松川で、『姓氏家系大辞典　巻二　松川条3』に「清和源氏石川氏族、磐城国白河郡松川邑より起る。飯野文書建武四（一三三七）年正月の伊賀盛光代麻続盛清軍忠状に、『石川松河四郎太郎の手に属して、小山駿河権守館に押寄す』と」とある。

『松田氏』（マツダ）

松田氏は、石川氏族で、『石川氏一千年史　第六代基光条』に「長男重勝、母は清霄院、小字亀麿。多病にして家跡を継ぐ能《あた》はず。弟広季に譲る。後年松田左衛門尉政基の嗣となり、松田五郎政泰と称す」とある氏である。

『松森氏』（マツモリ）

松森氏は、石川氏の家臣で、『姓氏家系大辞典　巻三　松森条』に「磐城国石川郡松森館は、石川氏の臣右京介の居館なりと」とある。そして、『日本城郭大系　巻三　石川郡条』に「石川町山形字松森の『松森館』は、向井氏の居館」とあるので、この氏は、向井氏またはその分流と考えられる。

『三浦氏』（ミウラ）

三浦氏は、石川氏の家臣で、『日本城郭大系　巻三　石川郡条』に「平田村永田字上永田の『永田本館』は、三浦修理頭の居館」とあるが、この氏は、現在、全国的に拡散繁栄する桓武平氏三浦氏族と考えられる（喜多方市・三浦氏の条参照）。

『三坂氏』（ミサカ）

三坂氏は、石川氏の家臣で、『石川氏一千年史　第十四代貞光条』に「建武二年十二月二十四日、南朝方広橋経泰対石川貞光による『馬場原の戦い』に於いて矢内、矢吹、大沢、村岡、牧氏等と共に『三坂善七郎』が負傷した」とあるが、この氏は、岩城氏の家臣の三坂氏族と考えられ、その起こりは、いわき市三和町三坂である。そして、『石川町史　巻三　資料編一　在々館主条』に「三坂、始小川氏居、後三坂越前居、岩前《いわがさき》の境なり」とあるが、当地は石川氏や田村氏との境界に位置し、常に領地争いが絶えなかった。この氏の本宗は、最後は、田村氏からの圧力と領主岩城氏の無理難題に耐え切れず、遂に自領を棄て会津の蘆名氏へ走った。

『水野氏』（ミズノ）

水野氏は、石川一族竹貫氏族で『姓氏家系大辞典　巻三　水野条17』に「磐城岩代の水野氏、竹貫参州重光の子を水野中務《なかつかさ》大輔尚忠と云ふ。蓋《けだ》し水野勘解由光忠といへる家人の名跡を継ぎし歟《か》。古文書に『水野大学、同但馬』と云ふも見え、水野子孫は今も大久田村にのこる。勘解由は世に勝れたる強引にて、父子共に仙道表の合戦に武名を顕はす（磐城志）と。竹貫條参照。又田村家臣に見え、岩瀬の名族に存し、又新編会津風土記に水野氏あり、常陸よりの文書四通を蔵すと。」とある。

『溝井氏』（ミゾイ）

溝井氏は、石川氏、結城氏の双方に家臣として名が見られるが、石川氏の方は重臣で、石川氏が豊臣秀吉により領地没収、取り潰しとなった時に、城に火を掛け、城を枕に自刃して果てたのが「溝井六郎右衛門義信」である（石川氏一千年史　角田初代（石川第二十五代）条）。そして、『日本歴史地名大系　巻七　石川郡・三芦城跡条』に「この三芦城の八幡台には、溝井郭、金内郭、千貫石、西館の地があった」とある。また、この氏の出自は、『石川町史　巻三　資料編一　石川三芦城主略記図条』に「溝井六郎衛門は当家の旧臣、敏達天皇之後胤として臼井之定光が末葉代々の忠臣なり云々」とある。また、『白河郷土叢書　巻下　白河関物譚巻之下』に「石川大和守家臣溝井丹波守重隆」の名が見られる。

『緑川氏』（ミドリカワ）

緑川氏は、石川氏第二代有光の庶長子光祐の長男光家が、川尻氏を称し、藤田及び小平に於いて代を重ねるが、その後、この後裔は、石川氏を離れ、岩城氏の麾下となる時に「川尻」から「緑川」に変姓したと言われている（角田市史　巻二　通史編下　石川氏の家中条）。

そして、鮫川村赤坂西野字仁田の「西野館」は、天文年間（一五三二―五五）、緑川筑前守好包《よしかね》の居館であった（日本城郭大系　巻三　東白川郡条）。また、その後裔の緑川左近元勝は、石川氏第二十二代稙光の長女を正室として迎えている（石川氏一千年史　第二十二代稙光条）。

そして、この緑川という姓の起こりであるが、これは、この地に、殿山を水源とする殿川という川があるが、この川は昔は「緑川」と言い、また、殿山も昔は「緑川山」と言っていたのではないかと考えられる。それは、川尻氏は、岩城氏に降った時に、世間体もあり、往年の川尻氏を名乗る事が出来ず、この地を流れる緑川の名を冠し「緑川氏」を称したのではないかと考えられるからである。それにより、当地の領民は、領主が「緑川」を称してからは、この川を「緑川」と呼び捨てにする事が出来ず、「殿の川」と呼ぶようになり、いつしか「殿川」となり、緑川山も同様に「殿山」と呼ぶようになったのではないかと考えられるのである。

また、別流として、結城氏本宗の下総結城氏が領した、栃木県小山市寒川の端にある巴波川《うずま》を挟んだ向かいの地が「緑川」という地名であるので、当地に起こった緑川氏が白川結城氏に流れ、その関係で、白川結城領内や石川領内に繁栄した氏族もいたように考えられる。そして、『日本歴史地名大系　巻九　下都賀郡・藤岡町緑川村（現　栃木県栃木市藤岡町緑川）条』に「弘治三（一五五七）年五月二十三日の古河公方足利義氏安堵状（小山文書）に『緑川郷』と見え、小山秀綱の領有が認められている」とある。

『三森氏』（ミモリ）

三森氏は、石川氏の家臣で、石川町中田字三森より起こったが、『日本城郭大系　巻三　石川郡条』に「石川町中田字三森の『三森館』は三森氏の居館」とあるが、『姓氏家系大辞典　巻三　三森条2』に「磐城の三森氏、白河郡の豪族にして、天正の頃（一五七三―九二）、三森大膳亮あり。三森城を守り、佐竹氏に属す」とあり。そして、『石川家譜』の石川氏第二十五代昭光の家臣に、三森入道重郎左衛門の名が見られる。

『宮内氏』（ミヤウチ・クナイ）

宮内氏は、石川氏の一族と考えられ、『姓氏家系大辞典　巻三　宮内《くない》条』に「宮内省官人たりし者の子孫、父祖の官名を称号せし也。但しミヤウチと訓むは地名なり」とある。しかし、この氏の祖は、官名から起こったものか、地名から起こったものかは不明である。ただ、常陸佐竹領内に宮内邑（現　茨城県水戸市宮内）があり、当所を発祥の地とする氏族の分流の可能性もある。そして、『日本歴史地名大系　巻七　石川郡条』に「文明六（一四八四）年頃には、石川一族の赤坂、大寺、小高の三氏は白川氏に姓を改め、家紋も変更した（八槻文書）。さらに、赤坂方熊野先達職が石川一族竹貫別当から白川方八槻別当に移されており（同文書）、明応五（一四九六）年惣領石川成光は、一族被官と共に石川庄先達職再興を本山の京都聖護院に願い出た。この時署名した一族被官は曲木舎光、蓬田宗種、面河宗信、竹貫政広、小平光久、大寺修光、牧成頼、小高朝行、板橋光長、中畠宗俊、白髭光忠、坂路隆光、宮内親光、赤坂政光、蒜生政広であった」とある。

『迎（向井）氏』（ムカイ）

迎（向井）氏は、石川氏の家臣で、『石川氏一千年史　第十七代満朝条』に「六男光準、母は迎氏。福田仁八郎。伊東家を継ぎ、左近将監祐任と称す」とあり。また、『同　第十九代持光条』には、「長男宗良、母は家人迎大内蔵徳長女。福田源介と称す。後面川兵部と改む」とあり、また、石川一族白石相模守時光の家臣にも、向井主殿の名が見られ、『日本城郭大系　巻三　石川郡条』に「石川町山形字松森の『松森館』は向井氏の居館」とある。また、白河市双石に向井という小字があるが、これは特に関係ないものと考えられる。

『武藤氏』（ムトウ）

武藤氏は、石川氏の家臣で、『石川氏一千年史　第二十代宗光条』に「六男宗弘、母は武藤氏。泉十郎と称す」とあり。また、『石川町史　巻三　資料編一　在々館主　川邊城条』には「有光四男川尻四郎光頼が小平へ移りし跡、板橋氏居住、ふどふが地ハ武藤新左衛門奉行として掘し故此名ありとぞ」とあり、従って、この地は、この地の奉行武藤氏が拓いた事により「ふどふ」という地名になったものである。

しかし、この氏を始め現在全国的に拡散繁栄している「武藤氏」のそもその出自には二流がある。その一は、『姓氏家系大辞典　巻三　武藤条1』に「藤原北家成田氏族。こは武蔵国の藤原氏の意にして、成田系図に『謙徳公（藤原伊尹《これまさ》の諡号《しごう》）の孫武蔵守基忠―宣直（騎西郡司）―家忠（武藤大夫、蔵人大夫）』と載せたり」とあるが、これはつまり、藤原伊尹の孫の基忠が武蔵守となり、武蔵国幡羅郡成田邑に住し、その子で騎西郡司宣直の嫡子家忠が、武蔵国の「武」と藤原の「藤」を合して「武藤」とし、武藤大夫を称したのに始まるというものである。その二は、『同　条3』に「藤原北家秀郷流近藤氏族で、その流れは、尊卑文脈に『秀郷五世の孫、近藤太脩行《のぶゆき》―左衛門尉行景―島田権守景親―武者所景頼（島田二郎、近藤武者）―頼平（号武藤、大蔵丞、武者所、猶子、武者所たるに依り、武藤と号す云々、頼兼子也）』」とあるが、この頼平が、武者所の「武」と藤原の「藤」を合して「武藤」としたものである。しかし、このような流れを持つ武藤氏が石川氏の家臣として帰属した経緯については定かではない。

『村岡氏』（ムラオカ）

村岡氏は、石川氏の家臣で、『石川氏一千年史　第十四代貞光条』に「『石川文書（石川源太郎光時軍忠の事）』に、『村岡源一郎』」の名が見られ、また、『同　二十三代稙光条』に「享禄三年六月十日公卒す（中略）。公を追慕し殉死する者八人」とあり、その中に「村岡右衛門忠由」の名が見られるが、この氏は、相模の村岡氏の流れと考えられ、『姓氏家系大辞典　巻三　村岡条』に「桓武平氏、相模国高座郡村岡郷より起る」とあり。そして、その出自は、桓武平氏平高望の四男良文が、相模国村岡（現　神奈川県藤沢市村岡〔武蔵国村岡〈現　埼玉県熊谷市村岡〉の説もある〕）に住し、村岡氏を称したのに始まり、その二男忠通（三浦為通の父）も村岡氏を称した。そして、『姓氏家系大辞典　巻三　村岡条1』に「桓武平氏系図に『良文（鎮守府将軍、号村岡五郎）―忠通（同将軍、駿河守）、弟忠頼（陸奥守、号村岡五郎、千葉祖）、将常（武蔵権守、秩父畠山祖）』」とある。そして、この氏が石川氏に帰属したのは「前九年の役」か「後三年の役」に参陣した関係によるものと考えられる。

『室井氏』（ムロイ）

この室井氏は、『石川氏一千年史　第十九代持光条』に「六男光之、母は家人室井氏。福田八郎と称す。

沢井大蔵尚重の家を継ぐ」とあるが、『姓氏家系大辞典　巻三　室井条1』に「岩磐の室井氏、新編会津風土記、会津郡条に、『田島、田出宇賀神社神職、室井出雲、祖権大夫某、当社の神職となる。其より九世の孫を祝守国長と云ひ、寛文中、神職たり。今の出雲国貞が七世の祖なり。昔室井と称せる者長沼氏に仕へ、田島四天の一人なりと云ふ。久しく此の村に住し、室井氏を称すれば、其の子孫なるも知るべからず』と」とあるが、この流れの可能性もある。

『目黒氏』（メグロ）
目黒氏は、石川氏の家臣で、『石川町史（角田中記）』に「目黒市右衛門」の名が見られるが、この氏は、「武蔵七党の一の児玉党」を出自とする氏族で、『姓氏家系大辞典　巻三　目黒条1』に「児玉党、武蔵国荏原郡目黒邑（現　東京都目黒区）より起り、家資を祖とす。氏人は承久記　巻三に、目黒の太郎、東鑑《あずまかがみ》巻二十に目黒弥五郎、又承久戦宇治橋手負に目黒小太郎見ゆ」とある氏の分流と考えられ、会津の目黒氏とは別氏と考えられる（大沼郡・目黒氏の条参照）。

『本宮氏』（モトミヤ）
本宮氏は、石川氏の家臣で、『石川町史（角田家中記）』に「本宮惣右衛門」の名が見られるが、この氏の発祥の地は、石川町双里字本宮と考えられる。しかし、その出自等については不明である。

『物津氏』（モノツ）
物津氏は、『姓氏家系大辞典　巻三　物津条』に「福原三郎頼遠の男物津源太有光、初め攝津物津に住し、康平元年、奥州石川郡泉庄に移ると伝ふ、分脈には柳津源太に作る（石川、福原等の条参照）」とある。

『森氏』（モリ）

森氏は、石川氏の家臣で、『石川氏一千年史　第二十代宗光条』に「文明七年十月五日公卒す（中略）。家臣公を追慕し殉死する者五人」とあり、その中に「森左エ門隆孝」の名が見られるが、この氏は、三森、松森、大森氏の何れかの分流ではないかと考えられる。

『守山氏』（モリヤマ）

守山氏は、石川氏の家臣で、『石川氏一千年史　角田初代（石川第二十五代）昭光条』に「永禄十二（一五六九）年の浅川城を巡っての白川氏との戦いに於いて石川氏の麾下『守山氏』」の名が見られるが、この氏は、田村郡守山邑（現　郡山市田村町守山）より起こった守山氏の分流と考えられる。

『谷沢（矢沢）氏』（ヤザワ）

谷沢（矢沢）氏は、石川一族大寺氏の分流で、『日本歴史地名大系　巻七　石川郡谷沢村（現　石川郡石川町谷沢）条』に「谷沢字戸賀に中世の太鼓館跡があり、館主は石川一族の谷沢氏と推定される。尊卑文脈では『石川氏祖とされる有光の曽孫石川七郎光村が谷沢氏を号している』」とあるが、『日本城郭大系巻三　石川郡条』に「谷沢字戸賀の『太鼓館（戸賀館）』は、大寺氏分家谷沢氏の居館」とあり、また、『石川氏一千年史　第二十三代稙光条』に「四男角伝、母は矢沢氏。福田五良二郎と称す。後竹貫別当となる」とある。

『矢嶋氏』（ヤジマ）

矢嶋氏は、石川氏の家臣で、『石川町史（角田家中記）』に「八嶋十太夫」の名が見られるが、その出自等については不明である。しかし、清和源氏新田氏族に矢島氏が存在する。

『安井氏』（ヤスイ）

安井氏は、石川氏の家臣で、『石川氏一千年史　第二十二代尚光条』に「七男宗光、母は家人安井氏。福田左仲と称す。後実兄隆能の養子となり、右衛門と称す」とある氏である。

『安田氏』（ヤスダ）

安田氏は、『姓氏家系大辞典　巻三　安田条6』に「奥州石川郡曲木邑（現　石川郡石川町曲木）の『金子館』は安田兵衛尉国康の居所と伝へ」とあり、また、『日本歴史地名大系　巻七　石川郡・小和清水（現石川郡石川町曲木小和清水）条』に「この地は、往古は金子十郎の居住の地と言われ、その後、光国―安田掃部国光―国康と続くが、この国康の娘として誕生したのが、平安時代の情熱の歌人として知られる『和泉式部』であると言われている」とあり、そして、この地には、それに纏わる名勝地として「小和清水」や「光国寺」がある。しかし、この氏の出自等については不明である（金子氏の条参照）。

『谷地氏』（ヤチ）

谷地氏は、石川氏の家臣で、石川町谷地より起こったが、『日本歴史地名大系　巻七　石川郡・谷地村（現石川郡石川町谷地）条』に「字新屋敷に古館あり石川氏の臣谷地兵庫守居住せし所なり『石川郡地史』と記されるが、現在地内に館跡は確認されていない」とある。また、『石川町史　巻三　資料編一　在々館主条』に「谷地、是ハ坂路分家、谷池《ママ》兵庫居住す」とある。

『矢突氏』（ヤッキ）

矢突氏は、石川氏の家臣で、『石川氏一千年史　第十四代貞光条』に「『石川文書　石川源太郎光時軍忠之事』に、若党『矢突兵衛太郎』が右の耳を射られた」とあるが、この氏は、矢吹氏の誤りのようにも思われる。しかし、近津神社の神主「八槻氏」の分流の変姓によるものかもしれない。

『矢内氏』（ヤナイ）

矢内氏は、石川氏の家臣の中で最も古い氏族で、『石川氏一千年史　第三代元光条』に「三男秀康、母は妾矢内時弘の女。福田源助と称す。後川尻二郎三郎と改む。竹貫邑を与え一族に列す。後、従五位下三河守に任ぜらる。また、七男義基、母ハ秀康に同じ。小字徳丸、後沢井源三郎と称す。沢井邑を与えられ、一族に列す。従五位下左衛門佐に任ぜらる」とある。そして、この矢内氏の祖は、石川氏族または河内国石川荘より石川氏に随行して来た家臣の何れかではないかと考えられる。また、この矢内という姓の起りは、石川氏が来奥後初めて築いた「藤田城」域には、「堀ノ内」「矢ノ内」「滑津」「高ノ内」の四つの小字があったので、矢内氏は、この矢ノ内に住し、この地名を冠し、「矢内氏」を称したのではないかと考えられる。そして、その後は、石川領内を始め福島県内地方を中心に拡散繁栄し、『日本城郭大系　巻三　いわき市条』に「いわき市小川町塩田字手之倉の『吹揚館』は矢内五郎政常の居館。同市川前町上桶売字岩ノ作の『岩の作館』は矢内蔵人の居館」とある。

『山木氏』（ヤマキ）

山木氏は、石川氏の家臣で、『石川氏一千年史　角田初代（石川第二十五代）昭光条』に「組頭、山木正左衛門時佐」の名が見られるが、その出自等については不明である。しかし、源頼朝が、流刑の地である伊豆国蛭ヶ小島（現　静岡県伊豆の国市韮山町）に於いて、平家討伐の旗挙げをした時に、先ず手始めに起こしたのが、伊豆国の国主、伊豆守平時兼の目代「山木判官兼高（隆）」討伐である。そして、この時、佐々木三郎盛綱、堀藤次親家と共に、この兼高（隆）を討ったのが「加藤次景廉」である（吾妻鏡　治承四年八月十七日条）。

『山口氏』（ヤマグチ）

山口氏は、石川氏の家臣で、『石川氏一千年史　第二十四代晴光条』に「天正八年六月二十五日、公卒す（中略）。公を追慕し殉死するもの七人」とあり、その中に「山口藤九郎忠佐」の名が見られるが、この氏の起こりは、石川郡古殿町山上字山口ではないかと考えられ、従ってこの氏は、竹貫氏の分流ではないかと考えられる。

『山田氏』（ヤマダ）

山田氏は、石川氏の家臣で、『石川町史（角田家中記）』に「山田文太右衛門」の名が見られるが、その起こりは、石川町中田字山田と考えられ、その祖は、瀬谷氏ではないかと考えられる。それは、直近の中田字浮内に館を構えていた瀬谷氏が、石川氏が没落の後石川氏と共に石川の地を追われ、伊達政宗の家臣となり、伊達領角田の地へ転じて後、一時、「瀬谷氏」から「山田氏」に変姓し、その後再び瀬谷氏に復していからである（石川氏一千年史　角田初代〔石川第二十五代〕昭光条）。

『山中氏』（ヤマナカ）

山中氏は、石川氏の家臣で、『石川町史　巻三　資料編一』に石川昭光が豊臣秀吉による領地没収取り潰しにより、石川を退転するに当たり、それに随行する者の中に「山中清左衛門」の名が見られるが、この氏の出自等については不明である。ただ、郡山市田村町に「山中《さんちゅう》」の地名があるが、関係あるか。

『山内氏』（ヤマノウチ）

山内氏は、石川氏の家臣で、『石川氏一千年史　第二十四代晴光条』に「天正八年六月二十五日、公卒す（中略）。公を追慕し殉死する者七人」とあり、その中に「山内長太郎師行」の名が見られるが、この氏は、会津の山内氏の分流ではないかと考えられる。

『由井氏』（ユイ）

由井氏は、石川氏の家臣で、『石川氏一千年史　角田初代（石川第二十五代）昭光条』に「組頭、由井傳十郎氏邦」の名が見られるが、その出自等については不明である。しかし、鎌倉の由比ヶ浜を起源とする氏族が石川氏へ帰属したという事も考えられる。

また、これとは関係ないが、江戸初期に丸橋忠弥と共謀し江戸幕府の倒幕を謀った兵学者「由井正雪」は著名である。

『遊佐氏』（ユサ）

遊佐氏は、石川氏の家臣で、『石川氏一千年史　第二十三代稙光条』に「享禄三年六月十日公卒す（中略）公を追慕し殉死するもの八人」とあり、その中に「遊佐某」の名が見られるが、遊佐氏は、『姓氏家系大辞典　巻三　遊佐条1』に「秀郷流藤原姓、羽前国飽海郡遊佐郷より起る」とあるが、その後、この氏は、二本松畠山氏の執事となり、主家畠山氏の隆盛と共に、全国に拡散繁栄するが、この分流が石川氏へ帰属したものと考えられる。それは、石川氏と畠山氏との婚姻による随行等が考えられる（二本松市・遊佐氏の条参照）。

『湯澤氏』（ユザワ）

湯澤氏は、石川氏の分流で、『姓氏家系大辞典　巻三　湯澤条1』に「清和源氏石川氏族、石川有光の後也」とあるが、その起こりは、田村郡小野町湯沢ではないかと考えられる。しかし、この氏は、領内の母畑、猫啼、禿山等の温泉場の起こりかも知れない。

『横川氏』（ヨコカワ）

横川氏は、『日本歴史地名大系　巻七　東白川郡・上松川村（現　石川郡古殿町松川）条』に「松川氏の一族と見られる横川助二郎は、大永七（一五二七）年に『松川之村新市』を預け置かれており（同年十二月六日　某書状〈白河古事考〉）、この頃当地に市場が形成されていたものと見られる（中略）。横川は御斎所海道の街村で問屋一軒があった（古殿町史）」とある。また『姓氏家系大辞典　巻三　横川条5』に「奥州白河郡横川邑より起るものあり、横川豊前守、息左馬丞四郎、横川左馬允等、文書に見ゆ」とある。

『横山氏』（ヨコヤマ）

横山氏は、石川氏の家臣で、『石川町史　巻三　資料編一』に石川昭光が豊臣秀吉による領地没収取り潰しにより、石川を退転するに当たり、その随行者の中に「横山丹右衛門」の名が見られるが、この氏の出自等については不明である。ただ、南会津に横山氏あり、この分流が石川氏に帰属したという事も考えられる。

『吉田氏』（ヨシダ）

吉田氏は、全国に五十万もある大族で、至る所に見られるが、この吉田氏は石川一族で、源頼義が「前九年の役」を平定するに当たり、白河の関を越え「行方の原（現　西白河郡中島村二子塚から滑津原を経て矢吹に至る地域）」等に於いて激戦を交わしながら川辺に至り、当地に於いて源氏の氏神である「八幡神」を祀り戦勝を祈願したが、平定後、この役に参陣した従兄弟の源頼遠、有光父子に対し、頼遠が戦半ばにして戦没したため、その子有光に奥州仙道の地を与え「蝦夷の監視」を請うたが、それにより有光は、藤田（現　石川郡石川町中野）に城を築き住し、神祇職吉田兼親をその八幡神の神職とし、その女を自らの後室とした。そして、更にその後、八男有祐を兼親の義子とし、有祐は、その神職を継いだ（石川氏一千年史　第一代頼遠、第二代有光条等）。しかし、『石川町史　巻三　資料編一』には、「石川氏第二代有光の二男泉二郎光平之子泉八郎光治と中方を京え上せ、神祇官領吉田兼俊公の猶子になして、神道奥秘を伝へ、夫より岩清水へ至り、御神体を勧請して帰り給い、高田山の槻の古木に御神鏡をお掛け奉る」とある。その後、この吉田氏は、石川領内の石川、矢吹、滑津、赤坂、須釜へと、その八幡宮を勧請し、吉田氏が分封された（白河市史　通史編　巻一　中世　章四）。また、『石川町史　巻三　資料編一　在々館主　沢井条』

に「応安年中より吉田重左衛門居住、天正八年滑津を合わせ五千石なり、大竹紋十郎、坂本丹後、白髭右京等随身なり」とある。

『吉野氏』(ヨシノ)

吉野氏は、石川氏の家臣で、『石川町史(角田家中記)』に「吉野喜内」の名が見られるが、この氏は、『日本城郭大系　巻三　石川郡条』に「浅川町浅川に『吉野館』があり、詳細不明」となっているが、当地の発祥ではないかと考えられる。しかし、田村郡小野町に吉野辺という所があり、此処の可能性もある。

『吉見氏』(ヨシミ)

吉見氏は、石川氏の家臣で、『石川氏一千年史　角田初代(石川第二十五代)昭光条』に「見届、吉見若狭重素」の名が見られるが、この氏の出自等については不明である。しかし、元々吉見氏の出自は、『姓氏家系大辞典　巻三　吉見条』に「吉見郡、横見郡の事也。郡内に吉見庄ありて岩殿山の縁起に見ゆ」とあり。そして、『同　条1』に「清和源氏、尊卑文脈に『範頼(三河守)―範圓(吉見、順大寺阿闍梨、吉見中納言公、母藤九郎盛長女)―為頼(外家の所領相伝依りて、吉見と号す。号吉見三郎、或は為範改名歟)』」とあるが、この分流が石川氏に帰属した可能性もある。

『吉村氏』(ヨシムラ)

吉村氏は、石川一族大寺氏族で、玉川村吉より起こったが、『日本城郭大系　巻三　石川郡条』に「玉川村吉字馬場の『吉村館』は戦国時代、吉村民部之介の居館」とある。そして、『姓氏家系大辞典　巻三吉村条9』に「奥州。寛喜三年都々古和気縁起に『奉行大寺佐渡守光房、家老塩沢讃岐守光茂、家老吉村大膳亮光則』等見ゆ。何れも石川有光の親類にて大寺氏の家臣なり」とある。

『蓬田氏』（ヨモギダ）

蓬田氏は、石川氏の重臣で、『石川町史（石川家譜）』に「蓬田下野守秀光」の名が見られるが、この氏は平田村蓬田より起こった。そして、当地の「蓬田館」には、石川氏の重臣蓬田秀光、法光、利光と居館した。また、『日本城郭大系巻三　巻三　石川郡条』に「石川郡平田村永田字酒凧の『境館』は、蓬田氏の居館」とある。しかし、『角田市史　巻二　通史編下　石川氏の家中条』に「蓬田氏は、石川義光男義広（光弘）が、建武二（一三三五）年正月に、蓬田外二か村五〇〇〇石を賜り一族に列した事に始まるとしている」とある。そして、『日本歴史地名大系　巻七　石川郡条』に「永禄一三（一五七〇）年、蓬田（奥山）隠岐守は田村清顕から本領である奥山（現　石川郡平田村）の領有を認められている」とある。また、『同同郡・上蓬田村（現　石川郡平田村上蓬田）条』に「天正九（一五八一）年四月二十一日の佐竹義久起請文および同日の岩城常隆起請文（共に角田蓬田文書）によると、佐竹氏と岩城氏は奥山（蓬田）隠岐守に対して奥山五ヶ村を安堵しており、蓬田一帯は奥山と称されていた」とある。そして、その後、石川昭光が伊達政宗の家臣として臣従する天正十七年十一月四日に先立つ十月二十八日、蓬田閑翁斉は政宗に降り、それから十ヶ月後の、豊臣秀吉による領地没収取り潰しにより、石川昭光に従い伊達領角田へ転じた（田村市・奥山氏の条参照）。

『和田氏』（ワダ）

この和田氏は、石川氏の家臣で、『石川氏一千年史　第二十代宗光条』に「文明七年十月五日、公卒す（中略）。家臣公を追慕し殉死するもの五人」とあり、その中に「和田主馬正林」の名が見られるが、この氏の起こりは、須賀川市和田と考えられる。そして、この氏は、佐々木源氏で須賀川二階堂氏の家臣須田氏の分流ではないかと考えられる（郡山市、須賀川市・須田氏の条参照）。

『渡辺氏』（ワタナベ）

この渡辺氏は、石川氏の家臣で、『石川町史　巻三　資料編一』に石川昭光が豊臣秀吉による領地没収取り潰しにより、石川を退転するに当たり、それに随行する者の中に「渡辺源右衛門」の名が見られるが、この氏は、白川結城氏の家臣の渡辺氏の分流か或いは岩城氏または会津の渡辺氏の分流ではないかと考えられる（渡辺氏の出自については白河市・渡辺氏の条参照）。

『いわき市』

『岩城氏（イワキ）』

福島県浜通りの南部に位置するいわき市を中心とする地域の繁栄は、岩城氏一族及び飯野八幡宮領の預所職《あずかりしょしき》を務めた「大須賀氏」「伊賀氏」等の隆盛によるものである。

このうち、最も繁栄した「岩城氏」は、時代、地域、文献等により、「磐城」「石城」とも称し、その出自についても、凡河内氏流、多珂国造流、石城国造流、石城評造流、多臣氏流、於保磐城臣流、阿部磐城臣流、石城村主流、桓武平氏維茂流等諸説あるが、一般的には桓武平氏維茂流であると言われている。しかし、その桓武平氏維茂流にしても、「磐城系図」「一本岩城系図」「岩城國魂系図」「仁科岩城系図」等により、その後の流れが異なっている（姓氏家系大辞典　巻一　石城条1～9）。

そして、『同　条10』に「桓武平氏維茂流、磐城国磐城郡より起る。磐城氏とも岩城氏とも石城氏ともあり。桓武平姓常陸大掾《だいじょう》の一族なりと云へども、其の系、異説頗《すこぶ》る多く云々（中略）。桓武平氏維茂流の磐城系図に『良望王―常陸大掾国香―良文（村岡五郎）―繁盛―兼忠―維茂―安忠―則道―貞衡―繁衡―忠清―師隆《もろたか》（二男）―隆家―安隆―義清―清実（常陸府中大掾殿、次男盛重國に留る。親子此の時論有て、隆行奥州へ下り給）―（二十代）隆行《次郎》（此迄常陸府中大掾、嫡子隆行本国を捨て、奥州の清衡をタノミ、嫡女に取合、男子五人、女子二人候。後海道五郡を受て、一の人に一け郡づつあて行ひ、其後妻は後家也。五郡惣れうとして、白水建立徳尼此なり)。弟清秀《好間三郎》(隆行より十年前に下り、森屋殿を頼、好島を受給なり)—隆祐《嫡男》(標葉太郎)—隆光。隆衡《次男》(岩城次郎)—隆守《次郎》。隆久《三男》(岩崎三郎)—忠隆。隆義《四男》(椎葉四郎)—隆綱。重胤《五男》(相葉五郎)—胤勝』」とある。そして、この岩城次郎隆衡《たかひら》以後は各系図共にほぼ同じとあるが、この間岩城氏は、惣領を好間氏や白土氏に転じたりしながら勢力を拡大し、八幡宮の預所職である大須賀氏や伊賀氏に対し圧力を以って屈服させ、勢力下に置き、最盛時は所謂《いわゆる》岩城四十八館を有し、岩崎《いわさき》、標葉《しねは》、楢葉《ならは》等の一族を束ね、多くの支族を輩出した。そして、隣国の相馬、石川、佐竹領まで浸食する程の勢いであった。しかし、南北朝期に入ると標葉氏や楢葉氏の隣国相馬氏への寝返り等もあり、盛衰を繰り返すようになり、更に戦国期の末頃になると一段と衰えを見せ佐竹氏に臣従し、天正十八(一五九〇)年に至り、第十六代常隆は、豊臣秀吉による小田原攻めに佐竹氏と共に参陣したが、その帰途相模国星谷に於いて病により急死し、その後は佐竹氏の計らいにより、佐竹氏第二十代義重の三男貞隆を以って継嗣とした。これにより岩城氏は完全に佐竹氏の麾下《きか》となり併呑される形となった。そして、その後の徳川家康と石田三成による慶長五(一六〇〇)年の「関ケ原の合戦」に於いては、貞隆は長兄佐竹義宣、次兄蘆名盛重(後主計頭義勝《かずえのかみよしかつ》)と共に東軍徳川、西軍豊臣(石田)の何れにも与せず日和見《ひよりみ》をしていたため、慶長七年に至り、徳川家康により領地没収となり、主家佐竹氏もまた禄高を五十四万石が僅か二十万五千八百石という半分にも満たない封に減じられ、秋田へと左遷された。しかし、貞隆は秋田下向を嫌い、父義重の「此の際、忍び難きを忍び、堪えがたきを堪え、徳川に恭順すべき」との説得に従わず、江戸にて流浪していたが、その後主家の惣領である長兄の義宣より増田(現 秋田県横手市増田町)一万石を与えられた。しかし、貞隆は、その後に勃発した大坂の陣に於いて活躍し、元和二(一六一六)年、その功により、徳川秀忠より信州川中島一万石を与えられ、増田は、義宣に返却した。そして、その後由利へ二万石で移封《いほう》となり明治に至るのである(秋田市立佐竹

資料館蔵　佐竹家譜）。

『大須賀氏（オオスカ）』

大須賀氏は、桓武平氏良文流千葉氏族で、平良文八世の孫千葉介常胤には六人の男子があり、嫡男胤正《たねまさ》は、千葉本宗を相伝したが、二男師常《もろつね》は相馬氏の継嗣となり、三男胤盛《たねもり》は、千葉郡武石邑を与えられ武石氏を称し武石氏の始祖となった。四男胤信《たねのぶ》は、下総国香取郡大須賀邑（旧　千葉県大栄町）を与えられ、大須賀氏を称し、大須賀氏の始祖となり、五男胤通《たねみち》は、同国国分郷を与えられ国分氏を称し、国分氏の始祖となった。そして、六男胤頼《たねより》は、同国東庄《とうのしょう》を与えられ、東《とう》氏を称し、東氏の始祖となったが、これが世にいう千葉六党である。

そして、『姓氏家系大辞典　巻一　大須賀条』に「香取郡吉岡に大慈恩寺あり。応永文書に『雲富山大慈恩寺当知行領事、云々、右本願胤氏、法名信蓮御寄進、並に代々寄附等の文書紛失により、子細後証の為判形を致す者也云々』」とある。また『同　条1』に「桓武平氏千葉氏族、下総国香取郡大須賀邑より起る。千葉氏の族にして、尊卑文脈に『常兼（下総介、太郎）―常重（同）―常胤―胤信（大須賀、四郎）』と。千葉系図、之に同じ」とある。

その後、常胤は、文治五（一一八九）年の源頼朝による「奥州征伐（文治の役）」にも、この六人の子と共に参陣し、その功により、自ら六人の子と共に進軍した東海道筋に多くの所領を与えられた。それにより常胤は、長男胤正は本宗を相伝したが、二男相馬師常には、陸奥国行方郡（現　南相馬市）を与え、三男武石胤盛には、同国宇多郡、伊具郡、亘理郡（現　宮城県宇多郡、伊具郡、亘理郡）を与え、四男大須賀胤信には、同国岩城郡好間西庄の飯野八幡宮の「預所職」を与え、五男国分胤通には、同国国分郷（現宮城県仙台市東部より泉区に及ぶ地域）を与え、六男東胤頼には、黒川郡（現　宮城県黒川郡）を夫々与えた。
そして、『姓氏家系大辞典　巻一　大須賀条2』に「磐城の大須賀氏。胤信鎌倉幕府に仕へて功あり、陸奥及び甲斐に領土を賜ふ。奥州なるは、磐城飯野八幡宮古縁起に『正治二年庚申《かのえさる》、預所常胤四男大須賀四郎胤信、治八年、承元二年戊辰《つちのえたつ》、好間御庄三ヶ郷内東郷、胤信一男通信四郎太郎西一郷、同四男胤村小四郎、治三年』と。また、奥相秘鑑に『胤信、文治の軍賞に陸奥国岩崎郡を賜り、同国松岡に住す。しかし、承久二（一二二〇）年三月、八十四歳にて卒し、其の子大須賀右衛門尉朝胤より代々相続』」とある。しかし、この預所職は、その後、「三浦氏」から「伊賀氏」へと移行したため、大須賀氏はこの職を失したが、その後、細々と命脈を保ち鎌倉幕府の滅亡まで続いた。

『伊賀氏（イガ）』

伊賀氏は、藤原北家秀郷流で、始めは「所雑色《ところぞうしき》（鎌倉、室町幕府の雑役に服した下級役人）」により、その官職名を冠し、「所氏」を称していたが、その後「伊賀守」となり「伊賀氏」を称したもので、源頼朝が入京の時の随兵の中に「所六郎（藤原朝光）」の名が見られる（吾妻鏡　建久元（一一九〇）年十一月七日条）。また、源頼朝が、相模国日向山（薬師如来の霊場）に参詣した時の後陣随兵の中にも「所六郎（藤原）朝光」の名が見られる（吾妻鏡　建久五年八月八日条）。

そして、『姓氏家系大辞典　巻二　所条』に「秀郷流、藤原姓、秀郷六世公季の曽孫光郷が男朝光（使、伊賀守、或は二階堂行政の子云々）と。朝光の子には、光季、光宗、光資、朝行、光重等あり」とある。また、『同　巻一　伊賀条10』に「秀郷流藤原氏、秀郷の後裔朝光伊賀守となりしより、子孫その国名を称号とせしなり。尊卑文脈に『秀郷―千常―文脩《ふみのぶ》―文行―公光―公季―公助―文郷―光郷―朝光（伊賀守）其子光季、光宗、共に伊賀を注す』」とあり。そして更に、その後について、『同　21』に「奥州の伊賀氏、朝光の二男式部大夫光宗、陸奥国岩城郡（磐城国）好島荘の預所職を賜ふ。これよりその子孫、この地方に勢力あり、光宗の子次郎左衛門尉は、弘安三年、弟六郎左衛門尉宝治二年、光泰の子伊賀前司頼泰、その子次郎左衛門尉光貞は永仁二年、元亨元年、光貞の子式部三郎盛光は建武四年の文書に見ゆ」とある。

そして、このような出自を持つ伊賀氏は、その後、朝光の長子光季が京都守護、次子光宗は政所執事《まんどころしつじ》となり、鎌倉幕府の中枢にあって重きを為したが、光宗は妹が、「北条第二代執権義時」の後室（伊賀の方といい、第七代執権正村の母）であった関係で、征夷大将軍九条朝経を廃し、姪の婿に当たる藤原実雅を立てるべく画策し露顕、「光宗」は政所執事の職を解かれ、所領五十二ヶ所を没収の上信濃国へ配流となり（吾妻鏡　元仁元年七月二十九日条）、弟「朝行」、「光重」は、九州へ配流（同　同年十一月九日条）、「伊賀方」は、伊豆国北条郡に籠居となった（同　同年八月二十九日条）。また「藤原実雅」は京都へ送還の上越前国へ配流となった（同　同年十月二十九日条）。

しかし、光宗の子光綱の玄孫盛光は、陸奥国岩城郡好間西庄（現　いわき市好間町）の預所職（領家の代理人となって荘園を管理する職）を相伝し下向、陸奥国伊賀氏の祖となり繁栄するが、当地は岩城氏領の真只中にあり、代々に亘って岩城氏との所領争い等により徐々に衰退し、室町期以降は、代々に亘って預所職と共に相伝されていた飯野八幡宮の「神職」のみとなり、姓も「飯野」に改められ、これを以って代々相伝されていくのである。

『愛屋氏』（アイヤ）

愛屋氏は、岩城氏族と言われ、『姓氏家系大辞典　巻一　愛屋条』に「磐城国石城郡好間村大字愛屋（谷）

（現　いわき市好間町愛谷）より起こる。磐城系図は、岩城清隆の子隆忠の弟に愛屋と載せ、寛政家図は、「平四郎隆友が愛屋を称すると載せたるが故に、桓武平氏岩城氏の一族と云ひて可なるべし」とある氏である。

『赤井氏』（アカイ）

赤井氏は、武蔵七党の一の丹党族の加治氏の一族と言われ、『姓氏家系大辞典　巻一　赤井条4』に「奥州石城郡に赤井氏あり。船尾大宝寺暦応二年三月の文書に赤井加治一族と見ゆ。石城郡に赤井村（現　いわき市平赤井）あり。又葛西記に赤井播磨守等挙ぐ」とある（加治氏の条参照）。

『秋山氏』（アキヤマ）

秋山氏は、岩城氏族岩崎氏の一族で、いわき市内郷綴町秋山より起こったが、『姓氏家系大辞典　巻一　秋山条16』に「岩が埼の始祖海道太郎成衡の三男三郎隆久以来、隆綱まで九代、三千五百貫文を領したり。応永十七年、秋山云々等の一族岩城親隆と一味してまづ荒川を攻落し、岩崎に押し寄す。隆綱十八歳にて討死と見ゆ」とある。また、『日本城郭大系　巻三　いわき市条』に「いわき市内郷町秋山の『秋山館』は、秋山氏の居館」とある。

『荒川氏』（アラカワ）

荒川氏は、岩城氏族で、『姓氏家系大辞典　巻一　荒川条3』に「桓武平氏岩城氏流、磐城国磐城郡荒川郷より発す。岩城氏の一族にして、磐城系図に『二十代隆行―三男磐埼隆久―忠隆―師隆―資隆《すけたか》―忠秀―隆安―上舟尾隆時―直衡（荒川四郎）と載せ、直衡の子師隆―行隆―資隆―隆基―忠秀―恒隆―隆安、隆時弟隆頼《たかより》―成隆―隆衡―秀隆―隆綱』と載せ」とある。

『**有泉氏**』（アリイズミ）

有泉氏は、桓武平氏常陸大掾氏族で、『姓氏家系大辞典　巻一　有泉条2』に「桓武平氏大掾氏族、磐城の名族にして常陸大掾氏の族、吉田清幹の子忠幹の後なりと云ふ」とある。そして、吉田清幹は水戸市吉田町に住した常陸大掾第四代多気致幹の弟で、その子忠幹は行方忠幹を称した。

『**飯野氏**』（イイノ）

飯野氏は、伊賀氏の後姓で、『姓氏家系大辞典　巻一　飯野条2』に「秀郷流、藤原姓、伊賀氏族、磐城国磐城郡飯野郷より起る。後の好間庄の地なり。伊賀守朝光の次男式部大夫光宗（法名光西）功ありて好島庄の預所職を賜り、子孫飯野氏を称す。其の子次郎右衛門尉光泰―伊賀前司頼泰―次郎左衛門尉光貞―盛光、弟光政―光隆。光隆より専ら飯野氏を称し、飯野八幡宮の神主となる」とある（岩城氏、伊賀氏の条参照）。

『**石森氏**』（イシモリ）

石森氏は、岩城氏族で、『姓氏家系大辞典　巻一　石森条』に「磐城国石城郡石森（現　いわき市石森）より起る。石森山あり。桓武平氏岩城氏の一族にして、仁科岩城系図に『岩城二郎隆衡―平二郎隆守―左衛門二郎義衡―常陸介照衡―二郎大夫照義―石森孫三郎政教―政清―教義（石森没落）』と見ゆ。又義教あり岩城隆時の女婿なり。義教と同人なるべし」とある。

『泉田氏』（イズミダ）

泉田氏は、白川結城氏の重臣班目氏の一族で、『姓氏家系大辞典　巻一　泉田条2』に「班目氏流、磐城国岩城郡泉田村（現　いわき市渡辺町泉田）より起る。班目氏にしてその由緒に『結城家の重臣班目信濃守の二男越中泉田の庄屋となる』と」とある氏である。

『磯崎氏』（イソザキ）

磯崎氏は、『姓氏家系大辞典　巻一　磯崎条』に「常陸国那珂郡に磯崎邑あればその地より起こりしか、奥州の磯崎氏、岩城文書抄、暦応二年三月譲渡壇那事に、磯崎太郎兵衛尉殿、藤三郎入道、三箱湯本と。」とある氏である。

『一坂氏』（イチサカ）

一坂氏は、『白河郷土叢書　巻下　白河関物譚　巻之下条』の「岩城常隆小野新町を攻る事」の項に「岩城常隆の方にも一坂左馬助を始め、昼夜の別ちなく戦へける故云々」とある氏であるが、この氏の出自等については不明である。

『一作氏』（イッサク）

一作氏は、岩城氏族で、『姓氏家系大辞典　巻一　大森条11』に「桓武平氏岩城氏流、磐城郡大森より起こりしか。大森城と云ふもあり。磐城系図に『照衡―義忠（片寄五郎）―基秀―光秀―隆秀（大森小太郎）―隆信―隆清』と見え、又仁科岩城系図に『照衡（常陸介、二郎大夫）―義次（片寄五、一作美忠）―基秀（大森小太郎）―隆信（弟に隆経）―隆清』」とある氏であるが、大森とはいわき市四倉町大森である。

『稲村氏』（イナムラ）

稲村氏は、須賀川二階堂氏族で、『姓氏家系大辞典　巻一　稲村条3』に「藤姓二階堂流、岩瀬郡稲村より起ると云ふ。松藩捜古に『応永十一年連署に、稲村藤原満藤と云ふは須賀川二階堂の一門にて足利満直は此の家に倚れるならむ』と」とある。また、『日本城郭大系　巻三　いわき市条』に「いわき市常磐上湯長谷町の『鳥館』は二階堂又五郎、稲村弥次郎の居館」とある。

『岩崎（磐崎）氏』（イワガサキ）

岩崎（磐崎）氏は、岩城氏族五大支族の一で、『姓氏家系大辞典　巻一　岩箇崎（岩ガ崎）条』に「磐城国磐前郡（岩崎郡）より起る。桓武平氏岩城氏の族にして、海東太郎成衡が三男三郎隆久の後なり。東鑑《あずまかがみ》以下多く岩崎と見ゆるが故に、便宜イハサキ条にて述ぶべし」とある。また、『同　岩崎（イハサキ・イハガサキ）条2』に「桓武平氏岩城流、磐城国磐前郡（岩崎郡）より起る。岩城氏と同族にして磐城系図に『二十代隆行（次郎）―三男磐崎三郎隆久―忠隆』」とあり。そして、『日本城郭大系　巻三　いわき市条』に「いわき市小名浜字島の『鳥倉館』は、応永年間（一三九四―一四二八）、岩崎隆久の居館」とある。

『岩間氏』（イワマ）

岩間氏は、岩城氏族で、『姓氏家系大辞典　巻一　岩間条6』に「桓武平氏岩城氏流、磐城国岩城郡岩間邑（現　いわき市岩間町）より起る。岩城国魂系図に『国魂三郎隆基―太郎経隆―盛隆（岩間三郎入道西念）』

と。又仁科岩城系図に『岩城二郎隆衡―平次郎隆守―基清（岩間一郎）』と。磐城系図には岩間八郎と見ゆ」とある。また、『日本城郭大系　巻三　いわき市条』に「いわき市岩間町輪山の『岩間城』は、岩間次郎隆重の居城」とあり。また、『同　条』に「同市平下平窪の『古館』も、岩間二郎の居館」とある。そして更に、『日本歴史地名大系　巻七　いわき市・岩間村条』に「宝治二（一二四八）年閏十二月日の陸奥国司庁宣案（三坂文書）に『可令早為地頭岩間次郎隆重沙汰進済岩城余部内岩間霰松村巡見御门』とあり、地頭岩間隆重が岩間村と霰松村から御馬の代わりとして絹を進納している」とある。

『上田（植田）氏』（ウエダ）
上田（植田）氏は、岩城氏族で、『姓氏家系大辞典　巻一　上田条22』に「桓武平氏岩城氏流、磐城国岩城郡上田邑（現　いわき市植田町）より起る。磐城系図に『下総守隆忠―親隆（下総守長朝腹）―常隆（嫡子）―隆通（上田殿、右近大輔）と見ゆ』」とある。

『上平氏』（ウワダイラ）
上平氏は、常陸の佐竹氏族で、『姓氏家系大辞典　巻一　上平条1』に「清和源氏佐竹氏族、磐城国岩城郡上平邑より起る。佐竹義胤の子義綱の後裔なり」とある。そして、『日本城郭大系　巻三　いわき市条』に「いわき市小川町上平の『高見館』は、上平豊後守秀真の居館」とある氏である。

『江尻氏』（エジリ）
江尻氏は、『日本歴史地名大系　巻七　いわき市・下蔵持村（現　いわき市鹿島町下蔵持）条』に「戦国期と思われる十二月二十六日の某知行宛行判物（秋田藩家蔵文書）によれば『くらもちニよまくらのさいけ一けん』が江尻孫二郎に宛行われている」とある氏であるが、この氏の出自等については不明である。

『江名氏』（エナ）

江名氏は、いわき市江名より起こったが、『日本歴史地名大系　巻七　いわき市・江名村条』に「文和四（一三五五）年二月十一日の佐竹義篤譲状（正宗寺文書）に村名が見え、嫡子義香に譲られている。戦国時代には岩城家の執事を勤めた重臣佐藤大隅守の一族佐藤（江名）蔵人が支配したと伝え、野上（現北口）に館を構え、氏神として信州より諏訪神社を勧請したという。蔵人の子孫は給事とも称し、江戸時代には館跡下に屋敷を構え、重三郎を本家として、半吾兵衛、庄兵衛、治助等の分家が存在し、村役を独占した」とある（坂本氏条参照）。

『大江氏』（オオエ）

大江氏は、『姓氏家系大辞典　巻一　大江条17』に「磐城の大江氏、石城郡大国魂神社の神主山名氏は如来寺の伝に、大江姓と云へば、正応五年閏六月十四日に国魂氏配分状に署判せる在庁官人中務丞大江の族党ならんかと云ふ（地名辞書）」とある。しかし、一般的に大江氏と言えば、平城帝を祖とし、大江音人《おとんど》を始祖とする大江氏が著名であり（同　条1～4）、鎌倉初期に活躍した大江広元を出した氏族であるが、この氏も同族と考えられる。

『大高氏』（オオタカ）

大高氏は、『姓氏家系大辞典　巻一　大高条4』に「磐城の大高氏、飯野八幡社元久元年好島御庄の文書に『大高三郎十丁』と載せたり。磐城郡小高郷（現　いわき市勿来町大高）より起こりしかとの説あり。前項大高（常陸国多珂郡大高より起る）、と同族とも考へらる。岩城多珂は古代に於いて同族なればなり」とある。そして、『日本城郭大系　巻三　いわき市条』に「いわき市勿来町大高の『大高城』は大高氏・土方氏の居城」とある（土方氏の条参照）。

『大館氏』（オオダテ）

大館氏は、岩城氏族で、『姓氏家系大辞典　巻一　大館条12』に「桓武平氏岩城氏流、岩城家譜に『常朝の子隆成、大館を称す』と見ゆ。磐城国石城郡岩城大館を名に負へるなり。永禄天正の頃、大館参河守隆信、岩城の老職たり。子孫亀田岩城にもあり」とある。

『大縄氏』（オオナワ）

大縄氏は、常陸の大縄氏の流れと考えられるが、『姓氏家系大辞典　巻一　手綱《たづな》条1』に「清和源氏佐竹氏族、常陸国多珂郡手綱邑（現　茨城県高萩市上、下手綱）より起る。革島系図に『佐竹義胤の男（稲木）義信の子（手綱）』と見え、小田野本佐竹系譜には『義信弟某（手綱）と載せ』、密蔵院本には『義信の兄行義―（手綱）とあり、而《しこう》して新編国志』に手綱。多賀郡手綱村より起る。行義の四子義治、手綱五郎と称す。孫三郎あり、蓋《けだ》し義治の子なり。元中七年罪を以って地を収めらる。孫三郎、肯じてその地を避け、又兵を発して拒戦す。これより竟に手綱を失へり。子孫大縄氏と称すと云ふ」とある。そして、『同　巻

一　大縄条』に「清和源氏佐竹氏の族手綱氏より出づ」とある。また、『日本歴史地名大系　巻七　いわき市・窪田村（現　いわき市勿来町）条』に「天正九（一五八一）年二月三日の東義久書状（秋田藩家蔵文書）によれば、『窪田十二貫文の所』が佐竹家中の大縄讃岐守に与えられている」とある。

『大部氏』（オオノベ・オオベ）

大部氏は、『姓氏家系大辞典　巻一　大部条8』に「岩城の大部、神護景雲三年三月記に、磐城郡人外正六位上大部山際、姓を於保磐城臣と賜ふ」と見ゆ。こは、道奥磐城国造（多臣族）の一族にて、又多臣の部曲配下たりしなり。」とあり、非常に古い氏族である。

『大村氏』（オオムラ）

大村氏は、『姓氏家系大辞典　巻一　大村条23』に「磐城の大村氏、岩城氏の忠臣に大村次郎信澄あり、正通の卒後、医王丸を守ると伝へらる」とある氏である。

『大森氏』（オオモリ）

大森氏は、『姓氏家系大辞典　巻一　大森条11』に「桓武平氏岩城氏流、磐城郡大森より起こりしか。大森城と云ふもあり。磐城系図に『照衡―義忠（片寄五郎）―基秀―光秀―隆秀（大森小太郎）―隆信―隆清』と見え。また、仁科岩城系図に『照衡（常陸介、二郎大夫）―義次（片寄五、一作義忠）―基秀（大森小太郎）―隆信（弟に隆経）―隆清』とあり。元久元年九月の好島御庄注文に『片寄三郎、八町、大森三郎、十町』と。これなり」とある。また、『日本城郭大系　巻三　いわき市条』に「四倉町大森の『大森館』は、大森右馬允政教の居館」とある。また、『日本歴史地名大系　巻七　いわき市・大森村条』に「元久元（一二〇四）年九月十日の八幡宮領好間庄田地目録注進状写に『大森三郎』の名が見え、岩城氏の一族である」とある。

『岡部氏』（オカベ）

岡部氏は、『姓氏家系大辞典　巻一　岡部条19』に「磐城の岡部氏、白川郡山上村の旧家に岡部氏あり、古文書を蔵す」とあり。そして、『日本城郭大系　巻三　いわき市条』に「いわき市渡辺町泉田の『泉田館』は岡部丹後守の居館」とあるが、岡部氏は、白川結城氏や石川氏の家臣にも存在するところから、この氏は、これらの氏族の流れと考えられる（白河市・岡部氏の条参照）。

『岡本氏』（オカモト）

岡本氏は、『日本歴史地名大系　巻七　いわき市・植田村条』に「永正年間（一五〇四―二一）と推定される四月二日の竹隠軒宛の佐竹義舜書状（岡本元朝家蔵文書）に『特に植田へ御越種々御取成祝着候』とあり。佐竹一族の内紛を岩城氏家臣の岡本竹隠軒が現地まで出向いて調停している」とある。また、『日本歴史地名大系　巻七　いわき市・金成村条』に「（前略）岩崎妙法（岡本親元母）と岩崎隆泰（妙法兄弟か）との間で当村をめぐって相論があったが、和解が成立している。当村はもともと岩崎氏の所領で、妙法がその地頭職を譲られて岡本氏に嫁したのであろう。したがって、近辺には岩崎氏の所領が存在し相論などが繰り返される。なおこの後妙法は当村を子の岡本親元に譲り、以後岡本氏の所領となった。岡本氏は、下野小山氏の一族と言われ親元の代から岡本を称している（岡本系図）」とある。

『小川氏』（オガワ）

小川氏は、『姓氏家系大辞典　巻一　小川条39』に「桓武平氏岩城氏流、磐城の名族にして、磐城系図に『清胤の子玉山殿（小川殿）』、また、仁科岩城系図に『清胤（一に隆衡、元弘高時味方）―隆冬（小川三郎、母三坂中井女）』と見ゆ。家譜に『清胤の子隆冬（小川三郎）とあるは之なり』」とある。また、『日本城郭大系　巻三　いわき市条』に「いわき市内郷高坂町の『北郷館』は、永禄年間（一五五八―七〇）、小川刑部大輔の居館、また、同小川町西小川字中柴の『中柴外城』は元亨年間（一三二一―二四）、小川刑部入道義綱の居城」とある。また、『日本歴史地名大系　巻七　いわき市・長福寺（現　いわき市小川町下小川）条』に「正中元（一三二四）年二月九日の小河義綱寄進状によれば『塩田之村弁山境事』が長福律寺に寄進されている。同縁起に『義綱ハ常陸佐竹常陸介義綱ノ三男、母岩崎氏、小河の郷を領し、小河三郎ト称ス、西小川外城ニ卒スト云』と注記される」とあり、また、『同　いわき市・下小川村条』に「刑部大輔昌隆の名が見える」とある。そして更に、『同　西小川村条』に「字小野地の中柴外城は、佐竹義胤三男小川刑部入道義綱の築城と伝える」とある。

『長孫氏』（オサマゴ）

長孫氏は、いわき市常磐長孫町より起こったが、『日本城郭大系　巻三　いわき市条』に「いわき市常磐長孫町の『登館』は、長孫二郎基氏の居館」とある氏である。しかし、その他詳細は不明である。

『麻績氏』（オミ）

麻績氏は、岩城の伊賀氏の家臣で、『姓氏家系大辞典　巻一　麻績条18』に「磐城の麻績氏、岩城文書に建武四年正月十六日の伊賀式部三郎盛光代、麻績兵衛太郎盛清の軍忠状あり」とあり、また、『日本城郭大系　巻三　いわき市・滝尻城条』に「建武四（延元二、一三三七）年四月十五日の滝尻城や湯元城の戦いに、伊賀盛光は麻績盛清を代理として参加させた」とある。そして、書によってはこの氏を「麻続」と書いているものもあるが、これは単なる誤記と思われる。元々麻績氏は、麻績部の伴造及びその部人の族裔であり、「服部氏」と同じように全国各地に存在する非常に古い姓であり、中山道には長野県に「麻績宿」が存在する。

『小山氏』（オヤマ）

岩城の小山氏は、下野の小山氏の分流で、文治五年の源頼朝による「奥州征伐」に、長子小山朝政、次子宗政、三子朝光の三兄弟が挙って参陣し、阿津賀志山の戦い等に於いて活躍し、その功により、朝政は、陸奥国菊田庄の「地頭職」に任ぜられた。そして、これにより朝政は、一族を配し代官させたが、『姓氏家系大辞典　巻一　小山条11』に「磐城の小山氏、建武四年正月十六日伊賀盛光代麻績盛清の軍忠状に『小山駿河権守館に押し寄せ云々』と。関城繹史に『延元二年正月小山駿河権守、菊田庄滝尻城に拠る。其の餘の官軍は、三箇、湯本二城に拠る』と。下野小山氏の族なるべし。磐城、岩代に現存す」とある。また、『日本城郭大系　巻三　いわき市・滝尻城条』に「鎌倉時代の初め頃から下野の小山氏が管理していたが、南北朝時代の建武三（延元元、一三三六）年四月六日に菊田庄で南朝方の相馬胤平と北朝方の武士が合戦して北朝方が敗北した。この頃菊田庄司小山権守は滝尻城に拠って南朝方に応じていたようである」とある（藤井氏及び上遠野氏の条参照）。

『織内（折内）氏』（オリウチ）

織内（折内）氏は、『日本城郭大系　巻三　いわき市条』に「いわき市三和町中寺字北目の『北目館』は、天文年間（一五三二―五五）、織内尾張守の居館」とある。また、『日本歴史地名大系　巻七　いわき市・渡戸村（現　いわき市三和町渡戸）条』に「天正五年閏七月二十三日の岩城親隆充行印判状（秋田藩家蔵文書）に『一之渡戸』と見え、当村の野手役を折内満平に宛行っている」とある。また、『同　中寺村条』に「字宿の西の山には、戦国時代末期に三坂氏家臣の織内尾張守が住したという中寺北目館跡がある」とある。

『頴谷氏』（カイヤ）

頴谷氏は、岩城氏族で、『姓氏家系大辞典　巻一　頴谷条』に「磐城国磐城郡頴谷邑より起る。桓武平氏岩城氏の族にして、仁科岩城系図に『岩城二郎隆衡―平二郎隆守―左衛門二郎義衡―基秀（頴谷三郎）とあるより出づ』」とある（神谷氏、紙谷氏に同じ）。

『加治氏』（カジ）

加治氏は、『姓氏家系大辞典　巻一　加治条4』に「磐城の加治氏、船尾大宝院文書、暦応二年三月譲渡檀那状に『赤井加治一族、高久村』と見ゆ」とあり、また、『日本歴史地名大系　巻七　いわき市・南白土村（現　いわき市平南白土）条』に「貞和二（一三四六）年七月二十二日の沙弥某、左衛門尉某連署奉書（飯野八幡宮文書）によれば、『好島、白土、絹谷、大森、岩城、田富、比佐、富田等村々地頭、預所中』が放生会流鏑馬已下社役等事を勤めないので、加治丹左衛門尉に相馬出羽権守とともに働きかけるよう命じている」とあるが、この氏は、武蔵七党の一の丹党の武蔵国高麗郡加治庄（現　埼玉県飯能市下加治）発祥の加治氏族ではないかと考えられる。

『片寄氏』（カタヨセ）

片寄氏は、岩城氏族で、『姓氏家系大辞典　巻一　片寄条』に「和名抄陸奥国磐城郡片依郷（磐城国）（現いわき市平上、下片寄）より起る。桓武平氏岩城氏の族にして、磐城系図に『次郎義衡―義忠（片寄五郎）―基義、基義の弟基秀―同照衡―光秀―隆秀（大森小太郎）と』」とある。また、『日本城郭大系　巻三　いわき市条』に「いわき市平下片寄字野々目の『片寄館』は、片寄五郎義忠の居館」とあり、そしてまた、『日本歴史地名大系　巻七　いわき市・上片寄村条』に「元久元年九月十日の八幡宮領好島庄田地目録注進状写（飯野八幡宮文書）に『片寄三郎八丁』の名が見える」とある。

『上遠野氏』（カトオノ）

上遠野氏は、下野国小山氏族藤井氏の分流で、『姓氏家系大辞典　巻一　上遠野《カミトホノ》条』に「磐城国菊田郡（石城郡）上遠野邑より起る。磐城系図に『中山隆吉の女、上遠野タキノカミ（八番）也』と見ゆ。瀧も今上遠野の大字に遺れりと」とある。また、『日本城郭大系　巻三　いわき市条』に「いわき市遠野町入遠野字天王の『和歌城』は、天正年間、上遠野因幡守の居城」とあるが、『日本歴史地名大系　巻七　いわき市・上遠野城跡条』にも「上遠野氏は、始め入遠野村を本拠としていたが、のちに当地を本拠とした」とある（小山氏、藤井氏の条参照）。

『加成（金成）氏』（カナリ）

加成（金成）氏は、下野国小山氏族と言われ、『日本歴史地名大系　巻七　いわき市・金成村（現　いわき市小名浜金成）条』に「暦応三（一三四〇）年、岡本加成隆広は菊田庄大波多山の合戦に相馬親胤に属して戦っており、そこでは岡本加成を名乗っており（同年三月二十三日岡本隆広軍忠状）、以後金成等とも見える」とある氏であるが、この氏は岡本氏族で、岡本氏は下野国小山氏の族と言われている。

『神谷氏』（カベヤ）

神谷氏は、岩城氏族で、『姓氏家系大辞典　巻一　神谷《カミヤ》条1』に「桓武平氏岩城氏流、磐城国石城郡神谷邑より起りしならん。カベヤなりと。磐城義衡の子神谷三郎基秀の後にして、磐城系図に『次郎隆守―次郎義衡―基秀（神谷三郎、神谷）と』。また、仁科岩城系図に『左衛門二郎義衡―基秀（頴谷三郎）』とある、これなり。四十八館に神谷平六郎忠政見ゆ」とある。また、『日本城郭大系　巻三　いわき市条』に「いわき市平下神谷の『赤沼館』及び同市四倉町山田字小湊の『御城館』は、神谷雲龍の居館」とある。また、『日本歴史地名大系　巻七　いわき市上神谷村条』に「神谷は紙谷、頴谷などとも記され、かひやとも読まれた」とある。従って、この氏は紙谷氏及び頴谷氏の事である。

『鎌田氏』（カマタ）

鎌田氏は、岩城氏族で、『姓氏家系大辞典　巻一　鎌田条21』に「桓武平氏岩城氏流、磐城国石城郡鎌田邑より起る。岩城氏の族にして、磐城系図に『次郎隆守―次郎義衡―清忠（鎌田七郎）』」とあり。また、『日本城郭大系　巻三　いわき市条』に「いわき市平鎌田の『鎌田館』は鎌田隼人清次の居館」とある。また、『日本歴史地名大系　巻七　いわき市・鎌田村条』に「元弘三（一三三三）年十二月日の濫妨放火軍勢交名注進状（三坂文書）によれば、蒲田孫太郎入道等が『岩城郡鎌田弥次郎入道頼円宿所』へ押寄せ濫妨放火している」とある。

『上舟尾氏』（カミフナオ）

上舟尾氏は、岩城氏族岩崎氏の分流で、『姓氏家系大辞典　巻一　上舟尾条』に「磐城国磐前郡（石城郡）上舟尾邑より起る。桓武平氏磐城氏の族にして、磐城系図に『磐城師隆―忠秀―隆安―隆時（上舟尾）―隆衡』と見ゆ」とある氏である。

『紙谷氏』（カミヤ）

紙谷氏は、『姓氏家系大辞典　巻一　紙谷条』に「神谷条参照」とあり、また、『日本歴史地名大系　巻七　いわき市・上神谷村条』に「神谷氏は、紙谷、顗谷などとも記され、かひやとも読まれた」とあるのでこの三氏は同氏である。

『菊田氏』（キクタ）

菊田氏は、岩城氏族岩崎氏の分流で、『姓氏家系大辞典　巻二　菊田条4』に「桓武平氏岩城氏流、菊田庄より起る。平維茂の子安忠、此の地にありて菊田権守と云ふ。その裔、磐城系図に『安忠―則道―貞衡―繁衡―忠清―師隆―隆家―安隆―義清―清實―次郎隆行―隆久（磐崎三郎）―忠隆―師隆―政良（菊田十郎）―家威―政家（酒井三郎）』と載せ」とある。また、『日本城郭大系　巻三　いわき市条』に「いわき市植田町館跡の『植田城』は、菊田十郎政良の居城」とあり、また「同市東田町神山の『塩谷城』は、菊田太郎美直の居館、別称妙見館」とある。

『北郷氏』（キタゴウ）

北郷氏は、岩城氏族岩崎氏の分流で、『姓氏家系大辞典　巻二　北郷条4』に「桓武平氏岩城氏流、磐城の豪族にして、仁科岩城系図に『岩崎隆久―三郎太郎忠隆―北郷五郎基行―彦太郎氏基』と。又氏基の弟に隆憲、隆氏あり」とある。また、『日本歴史地名大系　巻七　いわき市・湯本村（現　いわき市常磐湯本町）条』に「戦国時代は岩城氏重臣若松氏の領知するところで、傾城《けいせい》の山は岩城氏宿老の北郷刑部大輔隆勝の館跡である（雑纂磐城史料）」とある。

『狐塚氏』（キツネヅカ）

狐塚氏は、岩城氏族で、『姓氏家系大辞典　巻二　狐塚条』に「桓武平氏磐城氏の族にして、磐城国石城郡狐塚邑より起る。磐城系図に『大森隆秀―隆信―隆清（狐塚）』と載せ、又仁科岩城系図にも『大森隆信―隆清（狐塚太郎）』とあり」とある。また、『日本城郭大系　巻三　いわき市条』に「いわき市四倉町狐塚字古川の『狐塚館』は、狐塚三郎の居館」とある。

『絹谷氏』（キヌヤ）

絹谷氏は、岩城氏族で、『姓氏家系大辞典　巻二　絹谷条』に「桓武平氏岩城氏の族にして、磐城国石城郡絹谷邑より起る。磐城系図に『次郎隆守―秀清（絹谷四郎）』と載せたり。次郎義衡の弟なり」とある。また、『日本城郭大系　巻三　いわき市条』に「いわき市平絹谷の『絹谷館』は、絹谷四郎秀清の居館」

とある。

『草野氏』（クサノ）

草野氏は、『姓氏家系大辞典　巻二　草野条13』に「菅原姓、磐城国行方郡草野邑（現　相馬郡飯舘村草野）より起る。この地は岩松文書、弘安元年道受譲状に『陸奥国千倉庄、加草野定』と載す」とある。また、『日本城郭大系　巻三　いわき市条』に「いわき市三和町三坂四座の『愛宕台』には、『草野加賀亮義春が拠った』」とあり、また、『日本歴史地名大系　巻七　いわき市・上小川村（現　いわき市小川町上小川）条』に「江田新田高九十石余とあるが、江田新田の開発者草野与左衛門はもと岩城氏の家臣で、上平村の館主であったという」とある。

『鯨岡氏』（クジラオカ）

鯨岡氏は、岩城氏族で、『姓氏家系大辞典　巻二　鯨岡条』に「桓武平氏岩城氏の族にして、磐城系図に『富田甚七郎師行の子基忠（鯨岡）』と見え、中興系図には『鯨岡、平、本国陸奥岩城郡、孫太郎行隆、称之』とあり」とある。また、『日本城郭大系　巻三　いわき市条』に「いわき市平鯨岡字田中山の『鯨岡館』は、鯨岡源五左衛門基忠の居館」とある。

『国魂氏』（クニタマ）

国魂氏は、桓武平氏岩城氏族で、『日本城郭大系　巻三　いわき市条』に「いわき市平菅波の『国魂館』は、国魂太郎の居館」とあり、また、『日本歴史地名大系　巻七　いわき市大國魂神社（現　いわき市平菅波）

条』に「鎌倉時代には、地頭岩城氏の一族国魂氏が祭祀権を掌握し云々」とある氏である（山名氏の条参照）。

『窪田（久保田）氏』（クボタ）

窪田（久保田）氏は、梶原氏族と考えられ、『姓氏家系大辞典　巻二　窪田条13』に「磐城の窪田氏、菊田郡窪田邑は一に久保田に作る。窪田城ありて梶原氏居る。結城戦場物語に、窪田の太郎見ゆ」とある。また、『日本城郭大系　巻三　いわき市条』に「いわき市勿来町窪田の『窪田城』は、文安年間（一四四四—四九）、窪田氏の居城」とあるので、この氏は梶原氏が窪田氏を称したものと考えられる。

『車氏』（クルマ）

車氏には、二階堂氏流と岩城氏流の二流があり、『姓氏家系大辞典　巻二　車条1』に「藤原南家二階堂氏流、常陸国多賀郡車邑より起り、又砥上氏と云ふ。永和中（一三七五—七九）、砥上忠員あり、その子を通忠と云ふ。後に岩城氏に亡ぼさる。そして、『同　2』に「桓武平氏岩城氏流、前条氏を襲ぎたるにて、岩城氏の族、好間隆景、砥上城主となり、子孫車氏を称す」とある。また、『日本城郭大系　巻三　いわき市条』に「いわき市平中神谷字地曽作の『座主館』は慶長年間（一五九六—一六一五）、車丹後義照の居館」とあり、また、『同　巻四　北茨城市条』には「北茨城市華川町車下宿の『車城』は、臼庭加賀守の居城、南北朝時代の築城」とある。

『小泉氏』（コイズミ）

小泉氏は、『姓氏家系大辞典　巻二　小泉条20』に「磐城の小泉氏、石城郡の小泉村より起る。三坂文書に『陸奥国岩城余部雑掌頼秀申す云々。小泉弥三。嘉暦二年十月二十五日。薩摩左衛門七郎殿』また『小泉弥三郎入道の子息五郎云々。元弘三年十二月』など見ゆ」とあり、また、『日本城郭大系　巻三　いわき市条』に「いわき市平小泉の『小泉館』は、小泉弥三郎の居館」とある。そしてまた、『日本歴史地名大系　巻七　いわき市・小泉村条』には「永正六（一五〇九）年までに小泉筑前守は岩城氏の家臣として活躍し、中山氏の所領となっていた当村内の旧領地返還を要求、常隆の催促もあって中山氏も返還に同意し、村内にあった中山氏の所領すべてが小泉彦次郎隆堅（筑前守の子か）に引き渡された」とある。

『越田和氏』（コシタワ）

越田和氏は、岩城氏族岩崎氏の分流で、『姓氏家系大辞典　巻二　越田和条』に「磐城国の豪族にして、岩前郡越田和邑より起る。桓武平氏岩崎氏の一族也」とあり。また、『同　下舟尾条』に「磐城の豪族にして、桓武平氏岩城氏の族なり。磐城系図に『磐崎師隆—資隆—忠成（下舟尾）』と見え、仁科岩城系図に『忠成（下舟尾四郎、越田和祖。赤館合戦上杉方）』とあり」とある氏である。

『駒木根氏』（コマキネ）

駒木根氏は、岩城氏族岩崎氏の分流で、『姓氏家系大辞典　巻二　駒木根条1』に「桓武平氏岩城氏流、磐城の豪族にして、磐城系図に『磐崎師隆—重實（磐崎本吉）—有重（駒木根在名）』と見え、又仁科岩城系図には『磐崎孫三郎政隆—重實（駒木根—有重（同））』と載せ」とある（玉山氏の条参照）。

『小湊氏』（コミナト）

小湊氏は、岩城氏族玉山氏の前姓で、『姓氏家系大辞典　巻二　小湊条』に「磐城国石城郡小湊邑（現いわき市四倉町小湊）より起る。享徳年中（一四五二―五五）、岩城隆守の弟孫四郎隆治、此の地に館し、玉山を築く」とあり、そして、この氏は後に「玉山氏」を称したが、『日本城郭大系　巻三　いわき市条』に「いわき市四倉町御城の『玉山館』は、貞徳《ママ》年間、玉山孫四郎隆治の居館」とある。

『古山氏』（コヤマ）

古山氏は、『日本歴史地名大系　巻七　いわき市・関場村（現　いわき市小川町関場）条』に「字高垣に神明館跡があり、関小館とも呼ばれる。比高五五メートルの丘陵を利用した典型的な丘城で、南北朝期に古山太郎左衛門重彦が築城したと伝える」とあるが、この氏は、小山氏族ではないかと考えられる。

『斉藤氏』（サイトウ）

斉藤氏は、『日本城郭大系　巻三　いわき市条』に「いわき市北好間字沢小谷の『西館』は、斉藤主馬の居館」とある氏である（斎藤氏の出自については、福島市・茂庭氏の条参照）。

『酒井氏』（サカイ）

酒井氏は、岩城氏族岩崎氏の分流菊田氏の一族で、『姓氏家系大辞典　巻二　酒井条28』に「桓武平氏岩城氏流、磐城国菊田郡酒井郷と和名抄に見ゆる地より起る。磐城系図に『菊田家威の子政家（酒井三郎）』と見え、仁科岩城系図には『境三郎政家、法名莅庵』とあり」とある氏である。

『坂本氏』（サカモト）

坂本氏は、『姓氏家系大辞典　巻二　坂本条24』に「磐城の坂本氏、亘理郡の坂本邑より起こる。邑内に簑頸館《みのくびたて》あり。村内風土記に『伝へて曰ふ、亘理家臣坂本参河なる者の居る所也』と」とある。また、『日本歴史地名大系　巻七　いわき市・水野谷村（現　いわき市常磐水野谷町）条』に「水野谷村字諏訪崎に水野谷館跡があり（中略）戦国時代に水野谷氏が居館したと伝え、のち坂本左衛門尉が居た」とあるが、『同江名村（現　いわき市江名）条』に「元禄年間（一六八八―一七〇四）の覚（山中家文書）によると、戦国の時代には船主が船子を率いて出陣したとあり、船子は農村の名子と同じだとしている。寛永元（一六二四）年の古来船持記（佐藤家文書）の船主の名前の脇に『先祖蔵人、但馬、平蔵惣治』などとあるのが、そういった船主と思われる。天正一九（一五九一）年のものと思われる坂兵隆長、佐藤貞信連署状（秋田藩家蔵岩城文書）に『唐入之義』『舟方之事』とみえ、坂兵は坂本兵衛尉で、ともに当村に多い佐藤、坂本姓の本家で、豊臣秀吉による朝鮮出兵に出陣したのであろう（中略）字走出に諏訪神社があり、養和元（一一八一）年江名館主江名蔵人頭定隆が信州より勧請したと伝える」とある。

『佐藤氏』（サトウ）

この佐藤氏は、『姓氏家系大辞典　巻二　佐藤条16』に「永禄十三年の絹谷青瀧寺上葺棟札に『大旦那平朝臣親隆、少旦那佐藤大隅守』と。長福寺文書に『佐藤大隅守眞信』と云ふも同人にて岩城家の家老なり（地名辞書）と。此の氏は今も此の地方に甚だ多し」とあり。また、『日本城郭大系　巻三　いわき市条』に「いわき市渡辺町田部字簿作の『恵重城』は、天正年間（一五七三―九二）、佐藤大隅守の居城」とあるが、この氏は、平泉の藤原氏の家臣の佐藤氏の分流か。

『佐波古氏』（サワコ）

佐波古氏は、『姓氏家系大辞典　巻二　佐波古条』に「磐城国石城郡湯本の名族なり。この地は、観蹟聞老志に『湯本駅の南西大岳、今は三箱山と云ふ。延喜式《えんぎしき》所載、磐城郡温泉神社は山下に在り焉。佐波古の御湯、是也』と見ゆ。此の氏は当社の旧社家にして、家譜に拠れば『千佐川辺連里人、同酒人』等の名見え又『チサカワベムラジ』の後裔と伝えらる。蓋し小子部連の後ならんと」とあり、非常に古い氏族である。

『澤渡氏』（サワト）

澤渡氏は、『姓氏家系大辞典　巻二　澤渡条』に「磐城に存す」とのみ記されるが、『日本歴史地名大系　巻七　いわき市・狐塚村（現　いわき市四倉町狐塚）条』に「康正三（一四五七）年七月二十日の岩城清隆去渡状（上遠野家文書）によれば、村内に沢渡丹波守子息の知行地があり上遠野氏に宛行われている」とある氏である。

『塩氏』（シオ）

塩氏は、岩城氏族で、『姓氏家系大辞典　巻二　塩条1』に「桓武平氏磐城氏族、磐城国石城郡塩邑より起る。仁科岩城系図に『義衡（左衛門二郎常陸大掾―資経塩五郎、本名若松）』と載せ」とある。また、『日本城郭大系　巻三　いわき市条』に「いわき市平南白土の『古館』は、塩五郎資綱の居館」とあり、更に『日本歴史地名大系　巻七　いわき市・塩村条』に「元弘三（一三三三）年十二月日の濫妨放火軍勢交名注進状（三坂文書）に『塩五郎三郎入道、同舎弟孫四郎、同七郎』などの名が見え『名誉悪党等也』とある」

とある氏である。

『志賀氏』（シガ）

志賀氏は、岩城氏の重臣で、第十四代重隆の女久保姫を伊達氏第十五代晴宗に娶らせるに当たっては、「志賀寒虫」が尽力している。そして、『姓氏家系大辞典　巻三　中山条30』に「上遠野たきのかみ、八番也。志賀肥前守九番」とあり、また、『福島県歴史シリーズ　いわきの歴史』に「明応八（一四九九）年岩城氏の重臣に、志賀備中守」の名が見られ、また、『日本歴史地名大系　巻七　いわき市・藤間村条』に「天正十五（一五八七）年十月七日の岩城常隆安堵状によれば、藤間之百姓成敗之事并山野が志賀備前守に安堵されている。磐前郡に属した」とある。また、『同　沼之内村（現　いわき市平沼ノ内）条』に「字北之内から平神谷作の字古屋敷、方利作の比高五〇メートル程の丘陵上に沼ノ内館があり、室町時代から志賀氏が居館したと伝え、天正年間には岩城氏のもとで水軍を指揮したと言われる」とある。また、『同　豊間村（現　いわき市平豊間）条』に「村内諏訪神社の永禄九年十二月十二日の御正体には『大旦那志賀右衛門尉』と刻される」とある。そして、この志賀氏からは、石川氏の家臣にも分流している。

『志賀塚氏』（シガツカ）

志賀塚氏は、『姓氏家系大辞典　巻二　志賀塚条』に「磐城の豪族にして、志賀塚備中守等聞ゆ」とあるが、この氏は志賀氏の分流と考えられる。

『篠小田氏』（シノコダ）

篠小田氏は、『日本城郭大系　巻三　いわき市条』に「いわき市上釜戸字西中田の『篠小田城』は、篠小田式部の居城」とあるが、篠小田氏は当城の発祥か、それとも篠小田氏が住む事によって篠小田城となったのかは不明である。

『島氏』（シマ）
島氏は、『姓氏家系大辞典　巻二　島条25』に「桓武平氏岩城氏族、磐城の豪族にして、磐城系図に『中山隆吉の子、美濃守（島在名）』と見ゆ」とあるが、この氏は相馬の岩松氏の家臣にも分流したと考えられ、岩松氏の家老として活躍していた。そして、最後は新里、中里、蒔田の家老達と共に、主君の岩松氏を弑《しい》し岩松氏を断絶に追い込んだ（南相馬市・岩松氏の条参照）。

『下舟尾氏』（シモフナオ）
下舟尾氏は、岩城氏族岩崎氏の分流で、いわき市常磐下船尾町より起こったが、『姓氏家系大辞典　巻二　下舟尾条』に「磐城の豪族にして、桓武平氏岩城氏の族なり。磐城系図に『磐前師隆━資隆━忠成（下舟尾）』と見え、仁科岩城系図に『忠成（下舟尾四郎、越田和祖。赤館合戦上杉方）』とあり」とある。

『白井氏』（シライ）
白井氏は、『姓氏家系大辞典　巻二　白井条14』に「磐城の白井氏、岩城飯野八幡宮古縁記に、白井右衛門尉忠光見ゆ。文治頃（鎌倉初期）の人也」とある氏であるが、その出自等については不明である。

『白岩氏』（シライワ）

白岩氏は、『日本城郭大系　巻三　いわき市条』に「いわき市四倉町白岩の『白岩館』は、白岩三郎左衛門尉の居館」とある。また、『日本歴史地名大系　巻七　いわき市・白岩村（現　いわき市四倉町白岩）条』に「文和二（一三五三）年六月二十五日の白岩千代犬丸代基頼請取状（飯野八幡宮文書）に『岩城郡白岩三郎左衛門尉隆頼跡事』と見え、すでに白岩を姓とする一族が居た」とある。

『白土氏』（シラト）

白土氏は、岩城氏族で、『姓氏家系大辞典　巻二　白土条2』に「桓武平氏磐城氏族、磐城国岩城郡白土邑より起る。岩城師隆の子椎葉四郎隆義の子孫、此の地にありて白土を称し、後岩城朝義の子隆興、白土隆茂の養子となれり」とある。また、『日本歴史地名大系　巻七　いわき市・東目村条』に「東目村は建武元年頃まで岩城惣領家が領有し、政所が置かれていたと言われる。暦応二（一三三九）年頃までに当地を弥次郎隆兼の系統に譲り、村名も東目から白土に改め、岩城氏最大の分家白土家が成立した」とある。しかし、白土氏には、二流があると言われ、『同　同市・中神谷村条』に「字瀬戸に神谷館跡があり、この館は座主館、妙見館とも呼ばれたが、最初の館主は千葉氏一族白土運隆で、神谷殿と称した」とあるが、この氏は千葉氏族大須賀氏族ではないかと考えられる（神谷氏の条参照）。

『菅波氏』（スギナミ）

菅波氏は、岩城氏族富田氏の分流で、『姓氏家系大辞典　巻二　菅波条1』に「桓武平氏磐城氏族、磐城国石城郡菅波邑（現　いわき市平菅波）より起る。国魂氏と同族也。磐城系図に『忠隆―基行（富田五郎）

―氏基―隆行（菅波）』と載せ」とある氏である。

『住吉氏』（スミヨシ）

住吉氏は、岩城氏族で『姓氏家系大辞典　巻二　住吉条8』に「桓武平氏岩城氏族、磐城国磐城郡（磐前郡）住吉邑（現　いわき市小名浜住吉）より起る。この地は延喜式所載住吉神社の鎮座地にして、後には住吉館あり、又玉川城とも云ふ。磐城判官政氏の墟也。此の氏の事は、磐城系図に『上舟尾（隆時）―隆頼三男、住吉殿』と載せ、また、仁科岩城家図に『隆時（一に持隆に作る、三郎太郎左馬助、元弘年中の人）―隆頼（住吉九郎、岩城の為に誅さる）』とあり」とある。

『関氏』（セキ）

関氏も岩城氏族岩崎氏の分流で、『姓氏家系大辞典　巻二　関条23』に「桓武平氏岩城氏流、磐城国石城郡の名族なり。蓋し当地方関の地より起りしならん。此の氏は、磐城系図に『磐崎師隆―資隆―忠隆―隆安（嫡子）―安教（三男、関殿）』と見え、仁科岩城系図には『周防彦二郎資隆―三郎忠秀（左馬助）―安教（関四郎二郎）』とあり」とある。そして、関の地とは、勿来の関辺りを言うか。

『関田氏』（セキタ）

関田氏は、『姓氏家系大辞典　巻二　関田条3』に「磐城の関田氏、磐城国菊田郡関田村より起こりしか。会津藩に此の氏あり」とある氏であるが、その他詳細は不明である。

『平氏』（タイラ）

平氏は、『姓氏家系大辞典　巻三　舟尾条1』の「仁科岩城系図に『資隆―忠秀―隆安―隆時（一作持隆）―忠久（平四郎）』」とある氏であるが、これは、もしかすれば「たいらしろう」ではなく「へいしろう」と読むのかもしれない。

『高久氏』（タカク）

高久氏は、岩城氏族で、『姓氏家系大辞典　巻二　高久条2』に「桓武平氏磐城氏族、磐城国石城郡高久邑より起る。岩城氏の祖に高久三郎忠衡あり、国魂系図に『その子を岩城次郎忠清、岩崎三郎忠隆、荒川四郎直衡とす』」とある。また、『日本城郭大系　巻三　いわき市条』に「平下高久の『高久の古館』は、県指定史跡。高久小次郎隆衡など岩城氏の居館」とある。また、『日本歴史地名大系　巻七　いわき市御《み》厩《まや》村（現　いわき市内郷御厩町）条』に「元弘元（一三三一）年九月二十日に笠置（現　京都府）攻めのため鎌倉を立った幕府軍の中に『岩崎郡弾正左衛門尉、高久同孫三郎、同彦三郎』がみえ、この彦三郎が岩崎隆俊であると考えられる（太平記　巻三）。高久彦三郎隆俊は暦応三（一三四〇）年三月二十日の菊田庄大畑山合戦で南朝方として、戦っている云々」とある。また、『同　上高久村（現　いわき市平上高久）条』に「暦応二年三月一日の権少僧都隆賢檀那職譲状（大宝院文書）によれば、『赤井加治一族高久村』の檀那職が弟子能登房に譲られている。同日付の同人譲状（光明寺文書）に『高久殿』の名が見え、弟子大進阿闍梨快賢に檀那職を譲られている。暦応四年二月七日の岡本隆広軍忠状（岡本元朝家蔵文書）に高久彦三郎隆俊の名が見える」とある。

『高坂氏』（タカサカ）
高坂氏は、『姓氏家系大辞典　巻二　高坂条3』に「磐城の高坂氏、石城郡の高坂邑より起る。岩城古代記に『応永十七（一四一〇）年、中山、駒木根、高坂等の一族、岩城親隆に一味す』と」とある氏である。

『高萩氏』（タカハギ）
高萩氏は、『日本城郭大系　巻三　いわき市条』に「いわき市小川町高萩の『高萩内城』は、高萩越前守の居城」とある氏であるが、その出自等については不明である。しかし、茨城県高萩市の起源かも知れない。

『滝氏』（タキ）
滝氏は、『姓氏家系大辞典　巻二　瀧条10』に「桓武平氏、磐城国菊田郡の瀧邑より起る。磐城系図に『上遠野タキノカミ』とあり」とある。また、『日本城郭大系　巻三　いわき市条』に「いわき市渡辺町昼野の『昼野館』は、滝刑部の居館」とある。また、『日本歴史地名大系　巻七　いわき市・滝村条』に「嘉吉二（一四四二）年十二月七日の岩城清隆知行宛行判物（上遠野家古文書）に『あうしうきくたのしやう、たきの郷』と見え、上遠野式部大輔に宛行われている」とある。

『田戸氏』（タト）
田戸氏は、『姓氏家系大辞典　巻二　田戸条』に「磐城好島庄八幡宮元久元年田数注文に『田戸次郎十郎』と。戸田か。田戸氏も現存す」とある。また、『日本城郭大系　巻三　いわき市条』に「いわき市四倉町田戸字白山の『白山館』は、田戸修理大夫の居館」とある。また、『日本歴史地名大系　巻七　いわき市・田戸村（現　いわき市四倉町）条』に「元久元年九月十日の八幡宮領好島庄田地目録注進状写に田戸次郎の名が見えている」とある氏である。

『田中氏』（タナカ）

田中氏は、岩城氏族岩崎氏の分流で、『姓氏家系大辞典　巻二　田中条55』に「桓武平氏磐城氏族、磐城の豪族にして、磐城系図に『磐崎忠隆の子師行（富田甚五郎、田中は在名）―義秀（幕内）、弟基忠（鯨岡）』と載せ、仁科岩城系図には『師行（田中甚四郎）―師隆―政良（菊田十郎）―家盛―政家』と。而して、義秀、忠基を師隆の弟とす。又国魂系図には『新田八郎師行、同太郎師隆』と見ゆ」とある。

『玉山氏』（タマヤマ）

玉山氏は、岩城氏族で、『姓氏家系大辞典　巻二　玉山条1』に「桓武平氏磐城氏族、磐城国磐城郡玉山邑より起る。磐城系図に『二郎清胤の子玉山殿（駒木根腹兄弟）』と載せ、又仁科岩城系図に『二郎入道清胤―隆治（玉山孫四郎、駒木根殿）』と見ゆ」とある。また、『日本城郭大系　巻三　いわき市条』に「いわき市四倉町御城の『玉山館』は、貞徳《ママ》年間、玉山孫四郎隆治の居館」とある。尚上記貞徳年間は、享徳年中（一四五二―五五）の誤りと思われる（小湊氏の条参照）。

『東郷氏』（トウゴウ）

東郷氏は、岩城氏族岩崎氏の分流で、『姓氏家系大辞典　巻二　東郷条12』に「桓武平氏磐城氏族、磐城の豪族にして、磐城系図に『磐崎師隆─資隆─忠秀─隆安─隆道（二男、東郷）』と載せ、又仁科岩城系図に『資隆（周防彦二郎）─三郎忠秀─隆造（東郷市助）』とあり」とある（南相馬市・東郷氏の条参照）。

『戸田氏』（トダ）
戸田氏は、『姓氏家系大辞典　巻二　戸田条29』に「桓武平氏磐城氏族、磐城国磐城郡戸田邑より起る。富田条を見よ。好島御庄元久元年注進に『戸田三郎、十町』とあり」とある。また、『日本城郭大系　巻三　いわき市条』に「いわき市四倉戸田の『戸田館』は戸田修理大夫の居館」とある。また、『日本歴史地名大系　巻七　いわき市・戸田村（現　いわき市四倉町戸田）条』に「元久元年九月十日の八幡宮領好島庄田地目録注進状写に戸田三郎の名がみえとあり、又建武元（一三三四）年九月七日の八幡宮造営注文案では『西庁屋五間、富田村』とみえ、『地頭三郎次郎隆経与弁預所寄合造進之』と注記される」とある。

『富田氏』（トダ）
富田氏は、戸田氏の事で、『姓氏家系大辞典　巻二　富田条29』に「桓武平氏磐城氏族、磐城国磐城郡富田邑（戸田）より起る。磐城系図に『磐崎三郎隆久─忠隆─基行（富田五郎）─氏基─隆行（菅波）、弟隆氏（長谷）』、及び基行の弟『師行（戸田甚七郎、田中は在名）─義秀（幕内）、弟基忠（鯨岡）など見え、又国魂系図に『岩崎三郎忠隆の弟荒川四郎有平（直衡）─行隆（富田三郎）─太郎基行─氏基─三郎太郎隆行─王毗沙』と」。また、「基行の弟に新田八郎師行、隆行の弟に三郎四郎隆行あり」とある。そして、『角川日本地名大辞典、いわき市条、鎌倉期の村々』の項の好嶋東荘の中に「富田」の地名が見られる。

『豊間氏』（トヨマ）

豊間氏は、常陸の佐竹氏族で、『姓氏家系大辞典　巻二　豊間条1』に「清和源氏佐竹氏族、磐城国磐城郡豊間邑より起る。佐竹系図に『佐竹義胤の子義熈に豊間』と註す。又『彦四郎』と載せ、新編国志に『豊間・義胤の四子義照、岩城郡豊間に居り、豊間彦四郎と称す」とある。そして、『日本城郭大系　巻三　いわき市・滝尻城条』に「建武四（延元二、一三三七）年正月十五日、北朝方の石川一族が豊間義熈らと滝尻城を攻撃した。この時伊賀盛光は麻績盛清を代理としてこの合戦に参加させた」とある。

『鳥居氏』（トリイ）

鳥居氏は、『姓氏家系大辞典　巻二　鳥居条21』に「奥州の鳥居氏、奥州岩城郡山部宮制札に『岩城忠次郎、鳥居左京丞』を載せ。会津天文十八年内番帳に鳥居氏見ゆ」とある氏であるが、この氏は岩城氏の一族と考えられる。

『永井氏』（ナガイ）

永井氏は、『日本城郭大系　巻三　いわき市条』に「いわき市川前町川前の『鹿又館』は、永井民部大夫時包の居館」とあり、また、「同平菅波の『肥後台館』は、永井肥後の居館」とある。また、『日本歴史地名大系　巻七　いわき市・下永井村（現　いわき市三和町下永井）条』に「文安三（一四四六）年九月十日の岩城隆忠証文写（上平文書）によれば、三坂村内の『なか井孫四郎知行分』が三坂七郎に与えられており、永井を姓とする者が存在している」とある。

『中條（中条）氏』（ナカジョウ）

中條（中条）氏は、『姓氏家系大辞典　巻三　中條条30』に「隆道（嫡子）、伊豫守（次男）、松印（三男）、中條の母（四番）、常勝院、皆々忠圓の子なり」とある。また、『日本城郭大系　巻三　いわき市条』に「いわき市平中塩の『中塩館』は、天正年間（一五七三―九二）、中条平次郎政重の居館」とあるが、当時、この地の地名である中塩は中條と言っていたのかも知れない。

『長友氏』（ナガトモ）

長友氏は、四倉字長友より起こったが、『日本城郭大系　巻三　いわき市条』に「いわき市四倉字長友の『長友館』は、長友弾正清春の居館」とある。しかし、その他詳細は不明である。

『長谷氏』（ナガヤ）

長谷氏は、岩城氏族岩崎氏の分流で、常磐湯長谷町より起こったが、『姓氏家系大辞典　巻三　長谷条11』に「桓武平氏磐城氏族、磐城系図に『岩崎忠隆―基行（富田五郎）―氏基―隆氏（長谷）』と載せ、仁科岩城系図に『岩崎忠隆（三郎太郎）―基行（北郷五郎）―隆憲（長谷助二郎）』と見ゆ」とある。また、『日本歴史地名大系　巻七　いわき市・下湯長谷村条』に「常磐上、下湯長谷町は古くは長谷村であった」とある。

『中山氏』（ナカヤマ）

中山氏は、岩城氏流岩崎氏族で、『姓氏家系大辞典　巻三　中山条30』に「桓武平氏磐城氏族、磐城国

磐城郡中山邑より起る。磐城系図に『隆安（岩崎条参照）―上舟尾隆時―隆直（次男、大眞磐は祖父、中山先祖なり）―隆祐（親隆には伯母聟、法名實山、隆忠のあね聟、法名虎山のためには、中山隆吉はいとこ）―中鑑（他腹の兄弟、京え登り智者なり）、弟隆吉云々』」とある。また、『日本城郭大系　巻三　いわき市条』に「平中山の『中山館』は、中山左衛門隆直の居館」とある。また、『日本歴史地名大系　巻七　いわき市・中山村（現　いわき市平中山）条』には「中山讃岐守」の名が見られ、また、『同　中寺村（現　いわき市三和町中寺）条』には「字寺下に薬師堂があり、天正四（一五七六）年、中寺館主中山玄蕃の建立と伝え云々」とある。

『長山氏』（ナガヤマ）

長山氏は、『姓氏家系大辞典　巻三　長山条8』に「桓武平氏磐城氏族、磐城の豪族にして、仁科岩城系図に『常朝（隆弘、常陸守）―清胤（二郎入道、下総守隆衡）―隆友（長山五郎）』と見ゆ」とある氏である。

『永山氏』（ナガヤマ）

永山氏は、前条氏の族と考えられ、『日本城郭大系　巻三　いわき市条』に「いわき市川前町下桶売字久保田の『西枝館』は、永山主膳の居館」とあるが、当地の直近は三和町永井であり、領内には「殿林」や「城木」といった地名も残るところから、昔は、この辺りに「永山」なる地名があり、その地名を冠したのではないかとも考えられ、永山氏は、むしろ長山氏の本貫ではなかったかと考えられる。

『新田氏』（ニイタ）

新田氏は、『姓氏家系大辞典　巻三　新田条20』に「桓武平氏磐城氏族、磐城国石城郡新田（仁井田）邑より起る。国魂系図に『好島太郎清隆─師隆（新田太郎）─隆義』と載せ、又『富田太郎行隆─師行（新田八郎）など見ゆ。而して、元久元年の好島御庄注文に『新田太郎、十丁』と」とある。そして、『日本城郭大系　巻三　いわき市条』には「いわき市四倉町上仁井田の『仁井田内城』は、新田氏の居城」とある。

『**新妻氏**』（ニイツマ）

新妻氏は、千葉氏流大須賀氏の分流で、『姓氏家系大辞典　巻三　新妻条1』に「磐城の新妻氏、建武四年の伊賀盛光代麻績盛清軍忠状に『小山駿河権守の若党新妻次郎左衛門尉』見ゆ。次項氏と同族か」とある。

そして、第二項に「桓武平氏千葉氏族、千葉常兼が四代孫常親の後也と云ふ。奥相秘鑑に『磐前郡四倉駅に妙見祠ありて龍子山と云ひ、今松岡と云ふ。是は千葉大須賀氏の末流、新妻弾正住居の由縁にて、建立せし』と述べ、磐城古代記に『金澤磐手舘址は、新妻式部少輔の居所にて、文明六年落城す』と云ふ。又大永四年相馬勢、岩城領へ攻め入り、既に浅見川を越えて、敵を追ひ散らし、相馬顕胤《あきたね》は山に宿陣し、翌日久之浜より四倉浜を通り、新田川に至るに、新田城主新妻氏は、五百騎計にて、この川を前にあてて、控えたりなど傳らる」とある。そして、この氏は、大須賀氏の祖地である旧千葉県大栄町の直近の成田市新妻の発祥と考えられる。

『**贄田氏**』（ニエタ）

贄田氏は、『姓氏家系大辞典　巻三　贄田条2』に「磐城の贄田氏、石城郡贄田（仁井田）邑より起る。

建武四年十月十五日の伊賀式部三郎盛光代贄田六郎盛行の軍忠状に『今月四日、行方郡小池城に押寄せ、同六日、之を打ち落して降し、標葉郡小丸 幷《ならびに》 瀧角城、同楢葉郡朝賀城、其の外、御敵の城郭等、一所も残さず、御対治に至る。大将に供奉《ぐぶ》仕《つかまつ》るの上は、御判を賜ひ、後証に備ふる為、目安、件の如し』と見ゆ。相当の豪族なりしを知るに足らん」とある。そして、石城郡贄田（仁井田）とは、いわき市四倉町上、下仁井田と考えられる。

『西郷氏』（ニシゴウ）

西郷氏は、岩城氏族で、『姓氏家系大辞典　巻三　西郷《さいごう》条14』に「桓武平氏磐城氏流、磐城国磐前郡（石城郡）西郷村より起る。磐城氏の族にして磐城系図に『磐崎隆久の子久義（西郷）』と載せ、又仁科岩城系図に『岩崎三郎隆久の子久義（西郷四郎、法名素元）』と見ゆ」とあり。また、『日本城郭大系　巻三　いわき市条』に「いわき市常磐西郷町の『西郷館』は、西郷三郎吉久の居館」とある。

『仁科氏』（ニシナ）

仁科氏は、『姓氏家系大辞典　巻三　仁科条1』に「桓武平氏、仁科岩城系図に『鎮守府将軍貞盛―維茂（餘五将軍）、弟兼忠（上総介）―高衡（信濃守）―郡隆―中方―盛遠《仁科》（仁科次郎、後鳥羽院北面、承久の乱討死）―盛勝（仁科太郎）、弟盛義（同三郎）』」とある。

『布川氏』（ヌノカワ）

布川氏は、『日本城郭大系　巻三　いわき市条』に「いわき市川前町下桶売字殿林の『万太郎館』は、布川六右衛門の居館」とある氏であるが、この氏は、伊達市月舘町布川より起こった氏族と考えられる。

『根本氏』（ネモト）

根本氏は、『日本城郭大系　巻三　いわき市条』に「いわき市川前町下桶売字高部の『高部館』は、根本権頭秀治の居館で、岩城四十八館の一つ」とある。そして、この氏は、同町上桶売字根本より起こった氏族と考えられる。

『野邊氏』（ノベ）

野邊氏は、『姓氏家系大辞典　巻三　野邊条5』に「磐城の野邊氏、大須賀次郎兵衛入道の若党に野邊九郎衛門尉ありて、建武四年伊賀式部三郎盛光代麻績兵衛太郎盛清軍忠状に見ゆ」とあるが、この氏の起こりは、千葉県鎌ケ谷市道野辺か。

『初谷氏』（ハツヤ）

初谷氏は、『日本歴史地名大系　巻七　いわき市・中神谷村（現　いわき市平中神谷）条』に「字瀬戸に神谷館跡があり、この館は座主館、妙見館とも呼ばれたが、最初の館主は、千葉氏一族白土運隆で、初谷殿と称したという」とある氏である。そして、この氏は、大須賀氏族ではないかと考えられる（神谷氏、白土氏の条参照）。

『花園氏』（ハナゾノ）
花園氏は、岩城氏族で、『姓氏家系大辞典　巻三　花園条7』に「桓武平氏磐城氏族、磐城国菊田郡花園山より起る。磐城重隆の子にハナゾノ弾正あり」とあるが、その他詳細は不明である。

『樋口氏』（ヒグチ）
樋口氏は、『日本城郭大系　巻三　いわき市条』に「いわき市平豊間の『樋口館』は、樋口次郎の居館」とあるが、この氏の出自等については不明である。

『比佐氏』（ヒサ）
比佐氏は、『姓氏家系大辞典　巻三　日座条』に「常陸の豪族にして、『新編国志』に『日座、陸奥磐城の邊に比佐浜あり、思ふに其の起る所なるべし。夢想年譜に『国師、多珂郡臼庭に止住の時、比佐居士と云ふ人帰依』の事あり。臼庭長圓寺の伝に、これ臼庭加賀守と云ひし人にて、法名は一宗長圓と云ふとあり。思ふに本名はヒサにて、この地に居たる故、臼庭と称せしなるべし」とあるが、比佐浜とは、いわき市久之浜町と考えられる。

『土方氏』（ヒジカタ）
土方氏は、『日本城郭大系　巻三　いわき市条』に「いわき市勿来町大高の『大高城』は、大高氏・土方氏の居城」とあるが、この土方氏は、石川氏の家臣の土方氏の分流と考えられ、その起こりは、石川氏初代源頼遠《よりとお》の次兄源頼房の次子宇野頼治の曽孫義治の次子季治が、大和国（現　奈良県）土方邑に住し、土方氏を称した事により起こった。そして、この石川氏の家臣の土方氏の分流が当地に来たのは南北朝期ではないかと考えられる。

『平山氏』（ヒラヤマ）
平山氏は、『日本城郭大系　巻三　いわき市条』に「いわき市三和町中寺の『向中寺館』は、天文年間（一五三二―五五）、平山玄藤の居館」とあるが、この氏は、結城氏族の平山氏の可能性もある（白河市・平山氏の条参照）。

『深澤氏』（フカザワ）
深澤氏は、『姓氏家系大辞典　巻三　深澤条4』に「岩磐の深澤氏、元久元年好島御庄注進に『深澤二郎十町』と云ふを載せ」とあるが、この氏の出自等については不明である。

『藤井氏』（フジイ）
藤井氏は、『姓氏家系大辞典　巻三　藤井条22』に「秀郷流、藤原姓、小山氏族、下野国都賀郡藤井邑より起る。尊卑文脈に『朝政―長朝―長村（下妻出羽守）―時朝（修理権大夫）―実朝（出羽守）貞宗―政秀（藤井）』と載せ」とある。そして、この氏が陸奥国岩城へ来奥した要因は、下野国小山氏の当主小山政光の嫡子朝政が、次弟宗政、三弟朝光と共に源頼朝による「源平合戦」に続く「奥州征伐」に参陣し、「阿津賀志山の戦い」等に於いて活躍した功により、朝政は陸奥国菊田庄の地頭職を補任され、宗政は同国岩瀬郡及び会津大川流域を、朝光は同国白川郡及び岩瀬郡の一部、それに名取郡等を夫々与えられた。これにより朝政は、その菊田庄を管理させるために、その代官として領内藤井邑（現　栃木県下都賀郡壬生町藤井）に住する一族の「藤井氏」を配したものと考えられる。そして、『日本城郭大系　巻三　伊達郡懸田城条』に「室町時代前期の応永七（一四〇〇）年に懸田宗顕が菊田庄の藤井貞政と一揆契状を結んでいるが、これが資料に見られる懸田氏の初見である」とある。また、『日本歴史地名大系　巻七　伊達郡掛田村条』にも「応永七年十月十一日の懸田宗顕一揆契状写（上遠野家古文書）に『懸田』と見え、懸田宗顕と藤井孫四郎は一揆を結んでいる」とある。また、『同　巻八　下都賀郡藤井城条』に「下都賀郡壬生町藤井の『藤井城』は、十三世紀後半に小山長村の次男時朝が当地に分出して築城した」とある。そして、この氏のその後について、『日本歴史地名大系　巻七　いわき市条』に「菊田庄上遠野郷に本拠を置いた小山一族の藤井氏は、北朝方の有力な一員で、のち上遠野氏を称した」とある。

『舟尾氏』（フナオ）

舟尾氏は、岩城氏流岩崎氏族で、『姓氏家系大辞典　巻三　舟尾条1』に「桓武平氏磐城氏族、磐城国磐城郡船尾邑より起る。磐城系図に『磐城師隆―資隆―忠秀、（弟忠成〔下舟尾〕）―隆安―隆時《上舟尾》、（弟隆道〔東郷〕、弟安教〔関殿〕）―隆衡（弟隆直〔中山先祖〕、弟隆頼〔住吉殿〕、弟直衡〔荒川〕）―隆綱』と載せ。而して、隆綱の譜に『隆直にはをいに三郎殿、十八歳の時没落し、此の御代、中山、駒木根、高坂、秋山、各々手替候て、荒川を押し落し、その後磐崎押し落し、数万人打死申す。常陸母御代をはたは坂より乱取に申、平へこし申し』と見ゆ。また『磐城常隆―隆輔（舟尾殿）―隆直（式部大輔）と。次に仁科岩城系図に『資隆（周防彦二郎、一に隆安）―忠秀、（弟忠成〔下舟尾、越田和祖〕、女子〔岩城照義室〕）―隆安、（弟安教〔関四郎〕、弟隆直〔東郷市助〕）―隆時（一作持隆）―隆久、（弟隆衡〔一作清隆〕―隆綱、弟隆眞〔中山次郎〕、弟隆勝〔舟尾六郎）―隆重（水谷《みずのや》孫三郎）、弟忠久（平四郎））』と」とある。

『幕之内氏』（マクノウチ）

幕之内氏は、岩城氏族で、『姓氏家系大辞典　巻三　幕内条1』に「桓武平氏磐城氏族、磐城国岩城郡幕之内邑より起る。磐城系図に『富田甚七郎師行―義秀（幕内）』と載せ、又仁科岩城系図には『田中甚四郎師行―義秀（幕内與市、新蔵人）』と見ゆ」とある。また、『日本城郭大系　巻三　いわき市条』に「いわき市平幕之内字手倉の『幕之内館』は、幕之内氏の居館」とある。

『松本氏』（マツモト）

岩城の松本氏は、『白河郷土叢書　巻下　白河関物譚　巻之下条』の「岩城常隆小野新町を攻る事」の項に「常隆家臣松本善十郎と名乗て田村勢を二十四人、大長刀にて追散し勝ちに乗じて責め玉ふ故、云々」とある氏であるが、この氏は、双葉郡葛尾村の松本氏の分流ではないかと考えられる。

『馬目氏』（マノメ）

馬目氏は、『姓氏家系大辞典　巻三　馬目《うまめ》条』に「磐城国石城郡馬目邑より起りしなるべし」とある。また、『日本城郭大系　巻三　いわき市条』に「いわき市三和町中三坂の『権現館』は、馬目四郎隆氏の居館」とある。そして、『日本歴史地名大系　巻七　いわき市・馬目村（現　いわき市平馬目）条』に「馬目村孫四郎入道の名があるが、康正三（一四五七）年七月二十日の岩城清隆去渡状（上遠野家文書）によれば、『岩城之郡之内馬目村白土下総殿知行分』が上遠野氏に宛行われている」とあるので、この氏は、白土氏族ではないかと考えられる。

『三坂氏』（ミサカ）

三坂氏は、『姓氏家系大辞典　巻三　三坂条1』に「小河氏族、磐城国石城郡三坂邑より起る。仁科岩城系図に『清胤―隆冬（小川三郎、母は三坂中井女）』と。三坂越前守は、天正年中（一五七三―九二）、岩城常隆に仕へしが、故ありて退散して、子孫会津藩に仕ふ。所蔵文書二十四通。『新編会津風土記』に載せたり。殊に元弘三年七月の辨官符等は資料として尊重さる。一に岩間氏かと云ふ」とある。また、『日本城郭大系　巻三　いわき市条』に「いわき市三和町上三坂字本町の『三倉城』は、文安年間（一四四四―四九）、三坂忠信の居城」とある。また、『日本歴史地名大系　巻七　いわき市・上三坂村条』に「三坂氏は長禄年間（一四五七―六〇）には三倉城（佐野倉山）を築いて居城とし、天文年間（一五三二―五五）には、織内尾張守を中寺の北目館に置いて、その地を治めさせたという（石城郡町史）。永禄末（一五七〇）年から天正初（一五七三）年頃と思われる三月二十七日の岩城親隆書状（秋田藩家蔵岩城文書）に『三坂之仕合、絶言語子細候』と見え、親隆は三坂の振舞に対し怒っている。天正年間と思われる三月二十四日の岩城常隆書状（三坂文書）では、三坂越前守に対し『刑部大輔方、三坂二無在城候哉』と問合わせている。同じ頃と思われる八月二十二日の岩城常隆書状（上遠野文書）によれば、上遠野宮内大輔政秀に対し『直二三坂へ、可移陣議定』を伝えている。天正年中に三坂城主三坂越前守は、田村清顕との戦いに敗れて会津へ逃れ、子孫は松平氏の会津藩に仕えたという（石城町村史）」とある。

『水野谷氏』（ミズノヤ）

水野谷氏は、岩城氏流岩崎氏族で、『姓氏家系大辞典　巻三　水野谷条』に「磐城国石城郡水野谷邑より起る」とあり。また、『同　条9』に「桓武平氏岩城氏族、磐城国石城郡水谷邑より起る。磐城系図に『中山隆眞の弟舟尾隆勝の後』とし、仁科岩城系図に『隆勝（舟尾六郎）―隆重（水谷孫三郎）―隆秀、弟義隆（水谷孫三郎）』と見ゆ」とある。また、『日本城郭大系　巻三　いわき市条』に「いわき市常磐水野谷町の『水野谷館』は、水野谷隆秀の居館」とあり。また、『日本歴史地名大系　巻七　いわき市・水野谷村条』に「字諏訪ヶ崎に水野谷館跡があり、（中略）戦国時代に水野谷氏が居館したと伝え、のち坂本左衛門尉がいた」とあり。『同　関村（現　いわき市常磐関船町）条』に「字諏訪下に金刀比羅神社があり、関の金刀比羅様と通称される。享徳三（一四五四）年、水谷隆重の子隆則が修験道に入り威宝院を開き、その孫威宝院弘栄が金刀比羅大権現を勧請したと伝える」とある。そして、この氏は、白川郡滑津城（現　西白河郡中島村滑津）を中心に、この地方にも分流し繁栄している。

『三田氏』（ミタ）

三田氏は、『姓氏家系大辞典　巻三　三田条12』に「奥州の三田氏、飯野文書、貞治二年十月に『岩城郡内中平窪村三田彦四郎入道跡、同郡矢河子《やがわせ》村等の事』を載せ、又柏山氏配下に三田氏あり『筑紫より来る』と云ふ」とある氏である（筑紫は福岡県）。

『村岡氏』（ムラオカ）

この村岡氏は、『姓氏家系大辞典　巻三　村岡条6』に「磐城の村岡氏、岩城実記に『岩城常道の子正道、父死去して後、国政を怠り、姉聟村岡重頼に国中の政事を任せ置く』と」とあるが、一般的に東国地方に住する村岡氏は、桓武平氏で、平良文を祖とする者が多いので、この氏もその流れと考えられる（石川郡・村岡氏の条参照）。しかし、伊達氏の家臣にも村岡氏あり。

『村上氏』（ムラカミ）

村上氏は、『日本城郭大系　巻三　村上条』に「いわき市川前町外門の『田代館』は、村上氏の居館」とあるが、この氏は、南相馬市小高区村上の『村上城』より起こった氏族か、或いは、田村の村上氏の分流ではないかと考えられる。

『物津氏』（モノノツ）

物津氏は、石川氏族と考えられ、『姓氏家系大辞典　巻三　物津条』に「福原三郎頼遠の男物津源太有光、初め攝津物津に住し、康平元年、奥州石川郡泉庄に移ると伝ふ、分脈には柳津源太に作る（石川、福原等の条参照）」とあるので、この石川地方を中心に繁栄した石川氏祖「石川有光」の分流と考えられる。そして、『日本城郭大系　巻三　いわき市条』に「いわき市三和町中三坂の『高日根城』は、天治年間（一一二四—一一二六）、物津紀伊守有親の居城」とあるので、当地は当時石川領であったものと考えられる。

『諸根氏』（モロネ）

諸根氏は、『姓氏家系大辞典　巻三　諸根条』に「相馬文書五郡一揆応永十七年連署に諸根氏あり」とあるが、これは相馬文書の応永十七年二月の一揆契状にあるもので、その内容は海道の十氏が一揆を結び、これを五郡一揆と称したが、この五郡とは、『岩崎、岩城、楢葉、標葉、行方』の諸郡と考えられ、また、その十氏とは『標葉、楢葉、□□、北□、松□、相馬、諸根、好間、白土、岩城』の諸氏の事であり、このように、これらの諸氏は、夫々その郡を代表する館主であると思われるが、このうち□□、北□、松□、諸根の四氏の所在が判然としない。しかし、このうち諸根氏の発祥地は、記載順序からみて、いわき市平下平窪の諸荷辺りで、好間氏や白土氏の近親ではないかと考えられる。そして、この氏は、石川中畠氏の家臣にも分流している（西白河郡・諸根氏の条参照）。

『門馬氏』（モンマ）

この門馬氏は、相馬の門馬氏の分流と考えられ、『日本城郭大系　巻三　いわき市条』に「いわき市久ノ浜町の『磐出館』は、門馬豊次郎資宗の居館」とある氏である。

『矢田氏』（ヤダ）

矢田氏は、『日本歴史地名大系　巻七　いわき市・永崎村（現　いわき市永崎）条』に「明治十二（一八七九）年の『永崎村史』によれば、『本村製塩ノ業ハ矢田景定ヨリ伝習シ其頃ヨリ連綿ト村民ノ営業トセリ。今尚塩釜ノ中ニ矢田釜ト唱フル釜アリ、是即矢田氏ヨリ製塩之方法ヲ伝習スルニ依リテ唱フル』と見え、矢田景定は岩城氏家臣で、当地の館にいた者と伝える」とある氏である。

『矢藤氏』（ヤトウ）

矢藤氏は、『姓氏家系大辞典　巻三　矢藤条』に「磐城国岩城郡八幡宮縁起に『文治二年丙午《ひのえうま》七月十日、本社より御正躰を捧ぐ。預所矢藤五武者頼広、同御使者源貞次』と。矢部氏にして藤姓を冒せしものならん」とある氏であるが、この氏は、結城氏の家臣の矢部氏の分流ではないかとも考えられる。

『彌冨氏』（ヤトミ）

この岩城の彌冨氏の出自には二つの説があると考えられるが、『姓氏家系大辞典　巻三　彌冨条1』に「下総の彌冨氏、印旛郡彌冨邑より起りしか。小金本土寺過去帳に『彌冨小次良・東方にて討死・彌冨角衛門・天正二十壬《みずのえ》辰《たつ》十一月』と載す」とあり。そして、『同　2』に「磐城、飯野八幡縁起に『常胤代、彌冨四郎忠茂』と」とあり。また、『同　3』に「豊前、仲津郡彌冨邑より起る。永正九（一五一二）年の彌冨依重譲状に『宇佐郡深見庄内鳥越、恒松、雨名地頭職』云々と」とある。

そして、このうち第一説は、第二項の磐城の飯野八幡宮の縁起に常胤の代理として彌冨四郎忠茂とあるという事であるから、これは千葉介常胤が源頼朝による「奥州征伐」に参陣し、その功として、頼朝より飯野八幡宮の預所職に任ぜられた時（四男大須賀胤信に与える以前）に、第一項の彌冨氏（千葉一族と考えられる）を代官として送ったのではないかと考えられる。また、第二説としては、第三項の彌冨氏で、これは九州大分の宇佐八幡宮に関係する宇佐郡深見庄の地頭職であった「神職」の彌冨氏が、一族と考えられる「恒松氏」等を伴って、先づ山城国石清水八幡宮へ来て、その後、当社より岩城郡物見岡に勧請された飯野八幡宮へ、これもまた神職として分流したのではないかと考えられる。そして、その一族の恒（常）松氏は、その後、岩瀬二階堂氏等へ分流したのではないかと考えられる。

『矢内氏』（ヤナイ）

この矢内氏は、『姓氏家系大辞典　巻三　矢内条』に「岩代等に此の地名存す」とのみ記されているが、この氏は元来清和源氏石川氏が、源頼義、義家による「前九年の役」に参陣し、その功により、奥州仙道の地を与えられ、藤田の地（現　石川郡石川町中野）に居城して以来の重臣であり、その石川氏の第三代元光に側室を入れ、その子三男秀康は竹貫邑を与えられ、竹貫氏の始祖となった。この矢内氏の起こりは、石川氏が来奥後初めて築城した「藤田城」内には、「堀ノ内、矢ノ内、滑津、高ノ内」の四つの小字があり、矢内氏は、恐らくこの「矢ノ内」に住し、その地名を冠し「矢内氏」を称したものと考えられる。そして、『日本城郭大系　巻三　いわき市条』に「いわき市川前町上桶売字岩ノ作の『岩ノ作館』は、矢内蔵人の居館」とあり、また、小川町塩田字手之倉の「吹揚館」も矢内五郎政常の居館とある。そして、この矢内氏が、岩城に転じた経緯は、竹貫氏が岩城氏の家臣に転じた事によるものか、或いは石川氏第八代光貞の長女行子が仁科盛朝の室となり、第二十代宗光の二女美子は岩城氏第十三代由隆の室となっているので、この婚姻時の随行等によるものと考えられる。

『山名氏』（ヤマナ）

山名氏は、『姓氏家系大辞典　巻三　山名条1』に「清和源氏新田氏族、上野国多胡郡（今多野郡）山名邑より起る。尊卑文脈に『新田義重―義範（新田太郎三郎、右馬頭、伊豆守、従五位下、号山名三郎）』」とあるが、これが元となり、後の足利尊氏による室町幕府樹立以後は、足利氏の身内人として常に幕閣に在り、その後裔には「応仁の乱」を惹起させた「山名持豊（宗全）」がいる。そして、この岩城の山名氏は、『日本歴史地名大系　巻七　いわき市・大國魂神社条』に「鎌倉時代には地頭岩城氏の一族国魂氏が祭祀権を掌握し、南北朝期には神主山名氏が、岩城郡平窪、矢野目、両村幷《ならび》に国魂村を領有し『大國魂大明神祭礼以下、神役勤仕《しんえきごんし》』している。康安元（一三六一）年十二月十五日吉良治家免許状（国魂文書）」とある。

『湯本氏』（ユモト）

湯本氏は、『日本歴史地名大系　巻七　いわき市条』に「建武四（一三三七）年正月十五日、伊賀盛光代官麻続《ママ》兵衛太郎盛清は、石川松河四郎太郎に属して南朝側の滝尻城の小山駿河権守を攻め、その日のうちに湯本館をも攻め落城させている。この時湯本館に向かう途中で行き合った湯本少輔房を生捕っている（同正月十六日　伊賀盛光代麻続盛清軍忠状　飯野八幡宮文書）」とある。また、『大日本地名辞書　巻七　磐城（福島）石城郡西郷条』に「伊賀式部三郎盛光代、麻続《ママ》兵衛太郎盛清軍忠状に『於西郷、長間子、馳合湯本少輔房、生捕之』」とある。

『吉田氏』（ヨシダ）

吉田氏は、『姓氏家系大辞典　巻三　吉田条48』に「磐城、磐城郡好間邑熊野社神主家は吉田氏にて、天文八年文書に『好間熊野大夫』と見ゆ。又飯野八幡宮天文二十年の鐘銘に『平本願十郎兵衛』と」とある。また、『日本城郭大系　巻三　いわき市条』に「岩城氏小川町柴原の『小椿館』は、吉田筑後の居館」とあるが、吉田氏は国内有数の大族で、全国各地にその発祥が見られる。中でも京都吉田神社の社主及び常陸大掾氏族を出自とする吉田氏は著名であるが、この岩城の吉田氏は、この何れかの氏族と考えられる。

『好島（好間）氏』（ヨシマ）

好島（好間）氏は、岩城氏族で、「姓氏家系大辞典　巻三　好島条」に「桓武平氏岩城氏の族にして、磐城国磐城郡好島庄より起る。磐城系図に『清實―二十代隆行（次郎）、弟清秀（好島三郎、隆行より十年前に下り、森屋殿を頼み、好島を持ち給ふなり）』と載せ、その後、『下総守親隆の二男好島殿』と見ゆ」とある。

また、『日本城郭大系　巻三　いわき市条』に「いわき市上好間字小館の『小館』は、天正年間、好間太郎右衛門の居館」とある。

『四倉氏』（ヨックラ）
四倉氏は、大須賀氏流新妻氏族で、『姓氏家系大辞典　巻三　四倉条』に「磐城国石城郡四倉村より起る。桓武平氏千葉氏の族、新妻弾正の裔也」とある。また、『日本城郭大系　巻三　いわき市条』に「いわき市四倉町西三丁目の『磯見館』は、四倉修理大夫の居館」とあり。また、「同町地引の『玄ノ館』は、四倉大膳大夫の居館」とある。

『四家氏』（ヨツヤ）
四家氏は、『姓氏家系大辞典　巻三　四家条』に「奥州田村郡に此の氏あり」とあるが、『日本歴史地名大系　巻七　いわき市・三沢館跡（いわき市常磐三沢町）条』に「遺物から三沢館の機能した時期は十五世紀代と考えられる。館主は伝承によれば、四家氏と言われる（日吉下遺跡　いわき市教育委員会　一九八三年）」とあるが、この氏は、前述の田村の四家氏かも知れない。

『若松氏』（ワカマツ）
若松氏は、岩城氏族で、『姓氏家系大辞典　巻三　若松条3』に「桓武平氏岩城氏族、仁科岩城系図に『岩城下総介隆守―常陸大掾義衡―資経（塩五郎、本名若松）』と見ゆ」とある。また、『日本歴史地名大系　巻七　いわき市・湯本村条』に「戦国時代は岩城氏重臣若松氏の領知するところで云々」とあり、また『同惣善寺条』に「当寺は、領主若松紀伊守が建立した」とある（北郷氏の条参照）。

『和田氏』（ワダ）

和田氏は、『日本城郭大系　巻三　いわき市条』に「いわき市川前町小白井字和田山の『和田山館』は、和田藤左衛門の居館」とある。しかし、一般的に和田氏と言えば、鎌倉時代に「和田の乱」を惹起した三浦氏族の和田氏が著名であり、この氏の流れは会津にあるが、この岩城の和田氏の発祥は、この和田山を冠したものか、それとも和田氏が住する事によって和田山の地名が付いたのかは不明である。

『渡邊氏』（ワタナベ）

渡邊氏は、『姓氏家系大辞典　巻三　渡邊条30』に「磐城、菊多郡（石城郡）に渡邊邑あり、関係あるか。田村大膳大夫清顕公中に渡邊雲龍齋ありて、正楽館（澤石村富澤）に拠り、又渡邊加茂右衛門は国ヶ坪館に拠るとぞ」とある。

しかし、現在全国的に繁栄する渡辺氏の出自は、摂津国西成郡渡辺（現　大阪府大阪市東区渡辺）を発祥地とする嵯峨源氏であるので、この渡邊氏もこの流れを汲むものと考えられる（白河市・渡辺氏の条参照）。

『双　葉　郡』

『猪狩氏』（イガリ）

猪狩氏は、岩城氏族で、『姓氏家系大辞典　巻一　猪狩条2』に「平姓、磐城の大族岩城氏の一族にして、文明中（一四六九―八七）、猪狩筑後守隆清、楢葉郡（双葉郡）高倉山の城主たり。その子重隆、入道して明徹と云ふ。古文書に見ゆ。その子常隆、下野守なり、慶長元（一五九六）年伊達家に随仕す。一族仙台に多し」とあり。また、『日本城郭大系　巻三　双葉郡条』に「双葉郡川内村下川内字館の下の『神山古城』は、天正年間（一五七三―九二）、猪狩下野守の居城」とある。しかし、この「猪狩」という姓の起源は不明である。ただ、これは故意に勇猛な字を選んで付けたのかも知れない。

『泉田氏』（イズミダ）

泉田氏は、岩城氏族標葉《しねは》氏の分流で、『姓氏家系大辞典　巻一　泉田条3』に「平姓標葉流、磐城国標葉郡泉田城より起る。奥相志に、泉田古城は満海にあり、往昔標葉左馬助隆安弟小五郎隆連《たかつら》之に居る。其の子孫三郎教隆建武中（一三三四―三八）、其の宗家に叛して死す。隆安の子彦三郎隆光、代りに遺跡を領す。隆光の子右兵衛尉隆家、泉田を称す」とあり。また、『日本歴史地名大系　巻七　双葉郡・両竹村（現双葉郡浪江町両竹）条』に「慶長十（一六〇五）年、相馬義胤が泉田掃部胤隆《かもんたねたか》に当村で七七〇石余を与えたという」とある。

『井出氏』（イデ）

井出氏は、『日本歴史地名大系　巻七　双葉郡・井出村（現　双葉郡楢葉町井出）条』に「地名は宝治二（一二四八）年、龍田神社を大和国から勧請した井出玄蕃頭隆吉によると伝える。近世に磐城平藩の郡奉行（寺社奉行）を務めた井出弥三郎正倫は井出氏の支族という（井出家文書）」とある。

『井戸川氏』（イドガワ）

井戸川氏は、岩城氏族標葉氏の一族で、『姓氏家系大辞典　巻一　井戸川条1』に「桓武平氏磐城流、磐城国標葉郡の豪族にして、標葉氏の一族なり。酒井堡に拠り後相馬氏に属す。奥相志『大永五年、顕胤《あきたね》公、岩城重隆を攻め、広野駅を取り井戸川大隅清則の子将監友清、七里原に戦死す』と」とある。また、『日本城郭大系　巻三　双葉郡条』に「楢葉町波倉字浜畑の『箕輪城』は、井戸川大隅守の居城」とあるが、『日本歴史地名大系　巻七　双葉郡・酒井村（現　双葉郡浪江町酒井）条』には「元禄御帳では酒井村は高四〇三石余、八津田村は高六七四石余、井戸川新田は高三〇四石余、（中略）中世の標葉十三党の一人である井戸川大隅の系譜を引く者が江戸時代もこの地に住し、その開田した地が井戸川新田と呼ばれたと思われる」とある。しかし、この氏は、近くを貫流する井出（手）川を冠したものか、或いは波倉に存する小河川を井戸川と言ったものか等は不明である。

『芋頭氏』（イモガシラ）

芋頭氏は、『姓氏家系大辞典　巻一　芋頭条』に「磐城国標葉郡の旧家にして標葉氏の家臣なりしと云ふ。桓武平氏の庶流なりとぞ」とあるので、この氏も標葉支族と考えられる。

『**上野氏**』（ウエノ）

上野氏は、標葉氏族で、『姓氏家系大辞典　巻一　上野条19』に「桓武平氏岩城氏流、磐城の豪族なり。標葉氏の族類にして標葉清隆の臣六族七人衆の一、長享元（一四八七）年、相馬盛胤に降ると云ふ。標葉記に『標葉清隆の臣上野氏は六族の一也。上野齊兵衛尉、是嫡伝也。旗紋白地赤釘抜也云々』と」とある。

『**氏家氏**』（ウジイエ）

氏家氏は、『日本歴史地名大系　巻七　双葉郡・津島村条』に「中世末から近世にかけて、今野氏、佐藤氏、高橋氏、氏家氏などの居館があったと伝え」とある氏であるが、現在全国的に散見される氏家氏の出自は、芳賀氏族で、芳賀氏第十四代高名の孫高清は、栃木県さくら市氏家に『勝山城』を築き移り住み、「氏家氏」を称した事により起こった氏族である。

『**牛渡氏**』（ウシワタ）

牛渡氏は、『日本歴史地名大系　巻七　双葉郡・牛渡村条』に「中世標葉氏の時代に標葉十三党の一人として、牛渡播磨重清がおり（東奥標葉記）、村内に古館跡がある」とある氏であるが、この氏は、標葉氏族と考えられる。

『江中子氏』（エナカゴ）

江中子氏は、『日本歴史地名大系　巻七　双葉郡・立野村条』に「中世には、金沢氏、江中子氏、宮田氏等が居館したと伝えるが、詳細は不明」とある氏である（立野氏の条参照）。

『遠藤氏』（エンドウ）

この遠藤氏は、『日本城郭大系　巻三　双葉郡条』に「川内村上川内字台窪の『台窪館』は、永享初（一四二九）年、遠藤筑前守・藤原朝臣親政の居館」とあり。また、『日本歴史地名大系　巻七　双葉郡条』に「遠藤筑前守親政が上川内村の台窪城に拠って独自の領主権を持っていたと思われるが、同じく文明六年に猪狩氏の知行地となった（川内村史）」とある氏である。

『大塚氏』（オオツカ）

大塚氏は、『日本歴史地名大系　巻七　双葉郡・折木村（現　双葉郡広野町折木）条』に「館の成徳寺墓地には高い土塁に囲まれた折木館跡がある。戦国時代末期に大塚掃部介隆通が居館したという」とあるが、この大塚氏は、佐竹氏族の大塚氏ではないかと考えられる。

『大堀氏』（オオホリ）

大堀氏は、『姓氏家系大辞典　巻一　大堀条2』に「会津の大堀氏、耶麻郡の豪族にして云々。磐城国標葉郡に大堀村あり、関係あるか」とあるが、『日本歴史地名大系　巻七　双葉郡・大堀村（現　双葉郡浪江町大堀）条』には「総士禄高調の文禄二（一五九三）年の項に『三貫三百五文大ほり右馬亮』と見える」

とある。

『大和田氏』（オオワダ）

この大和田氏は、『日本歴史地名大系　巻七　双葉郡・小野田村条』に「北部丘陵上に大和田原という地があり、天正年間（一五七三―九二）、大和田内記の居館跡という（奥相志）」とある氏である。

『落合氏』（オチアイ）

落合氏は、『日本歴史地名大系　巻七　双葉郡・落合村（現　双葉郡葛尾村落合）条』に「建武三（一三三六）年三月二十八日の相馬光胤軍忠状（相馬文書）によれば、同月二十七日の相馬氏と標葉氏の戦闘で相馬小次郎の家人が落合弥八郎を生捕っている」とある氏である。

『夫沢氏』（オットザワ）

夫沢氏は、『日本歴史地名大系　巻七　双葉郡・夫沢村（現　双葉郡大熊町夫沢）条』に「総士禄高調の文禄二（一五九三）年の項に『三貫五百七十八文、夫沢惣七郎』と見える」とある氏であるが、その他の詳細は不明である。

『小野田氏』（オノダ）

小野田氏は、『日本歴史地名大系　巻七　双葉郡・小野田村（現　双葉郡浪江町小野田）条』に「総士禄高調の文禄二（一五九三）年の項に『小野田太郎兵衛、小野田八郎、小野田織部』らの名がみえ、地名を姓とした武士であろう」とある氏である。

『小丸氏』（オマル）

小丸氏は、標葉氏族と考えられ、『日本歴史地名大系　巻七　双葉郡・小丸村（現　双葉郡浪江町小丸）条』に「高瀬川右岸の段丘上に小丸城跡があり、標葉十三党の一人小丸能登守の居館という。標葉氏が相馬氏に服従した後も小丸氏は当地に住していた。『総士禄高調の文禄二年の項に、六貫八百廿七文、小丸越中守』と見える」とある氏である。

『海道氏』（カイドウ）

海道氏は、『姓氏家系大辞典　巻一　海道条』に「中世磐城国東海岸地方を海道と云ひ、石城、楢葉、磐崎、菊多を海道四郡と称せり。此の地名を負ふ」とあり。そして、同第二項に「忠衡（太郎、常陸大掾）─成衡（海道小太郎、藤原秀衡妹聟、一本秀衡、清衡に作る、此の後室徳尼と号す）等とあり」とある。

『嘉倉氏』（カクラ）

嘉倉氏は、『日本歴史地名大系　巻七　双葉郡・加倉村（現　双葉郡浪江町加倉）条』に「古くから苅宿氏の系統の者が開いていたと思われ、嘉倉丹波守などの名が見え、その嫡孫の苅宿平内が村内西谷地に居館を置いたという」とある氏である（苅宿氏の条参照）。

『金澤氏』（カナザワ）

金澤氏は、『日本歴史地名大系　巻七　双葉郡・立野村（現　双葉郡浪江町立野）条』に「中世には金沢氏、江中子氏、宮田氏などが居館したと伝えるが詳細は不明」とある氏である（立野氏の条参照）。

『苅宿氏』（カリヤド）

苅宿氏は、『日本歴史地名大系　巻七　双葉郡・苅宿村（現　双葉郡浪江町苅宿）条』に「『相奥志』によれば、苅屋戸能登守は、標葉十三党の一人で、白幡大明神の神官を兼ねていた。総士禄高調の文禄二（一五九三）年の項では『六貫六百八十五文苅宿能登守』『六貫五百七十七文苅宿助右衛門』のほか『かりやとの』新蔵人が二貫一二七文をもっている」とある。

『熊氏』（クマ）

熊氏は、熊川氏族で、『日本城郭大系　巻三　双葉郡条』に「双葉郡大熊町熊字行津の『熊館』は、保元～明応《ママ》年間（一一五六―一五〇一）、熊左衛門充の居館」とある。また、『日本歴史地名大系　巻七　双葉郡・熊村条』に「総士禄高調の文禄二年の項に『廿弐貫三百九十文、熊右衛門尉』がみえ、熊越後守重清は検地代官でもあった。熊氏は熊川氏の分流で、中世以来この地を領有していた（相馬藩政史）」とある。

『熊川氏』（クマガワ）

熊川氏は、標葉氏族で、『日本城郭大系　巻三　双葉郡条』に「双葉郡大熊町熊川字小館の『熊川館』は、保元～明暦《ママ》年間、熊川美濃守の居館」とある。また、『日本歴史地名大系　巻七　双葉郡・熊川村条』に「総士禄高調の文禄二年の項に『八拾貫百五十文、熊川勘ヶ由助』がみえる。熊川氏はもと標葉氏一族で、楢葉郡境に近い当地に住して開拓に当たったと思われる。その後も熊川氏は相馬氏の重臣として活躍する」とある。

『黒川氏』（クロカワ）

黒川氏は、『日本城郭大系　巻三　双葉郡条』に「川内村下川内字松川原の『沼田古城』は、天正年間（一五七三―九二）、黒川五左衛門・常盤大膳の居城」とあるが、この氏は、地域的に見て、田村の常葉（盤）氏の一族で、熊谷直盛を祖とする氏族と考えられる（田村市・常葉氏の条参照）。

『鴻草氏』（コウノクサ）

鴻草氏は、『日本歴史地名大系　巻七　双葉郡・鴻草村（現　双葉郡双葉町鴻草）条』に「双葉町寺沢の仲禅寺の康永二（一三四三）年六月六日の十一面観音胎内銘に『鴻草七郎』『鴻草の女』などがみえる」とあるが、この氏の出自等については不明である。

『郡山氏』（コオリヤマ）

この郡山氏は、『日本歴史地名大系　巻七　双葉郡・郡山村（現　双葉郡双葉町郡山）条』に「双葉町寺沢の仲禅寺の康永二（一三四三）年六月六日の十一面観音胎内銘に『郡山四郎』『下郡』などの人名、地名がみえる。総士禄高調の文禄二年の項に『弐貫四百三十六文郡山左馬亮』とみえる」とある氏であるが、この氏の出自等については不明である。

『**権現堂氏**』（ゴンゲンドウ）

権現堂氏は、『日本歴史地名大系　巻七　双葉郡・西台村（現　双葉郡浪江町西台）条』に「泉田川の垂崖上に標葉氏の砦があり、出羽権現を祀ったため権現堂城と称した。標葉氏滅亡後、相馬氏の城代として岡田氏が居館し、岡田氏は、その後権現堂氏を称している云々」とある。

『**酒井氏**』（サカイ）

この酒井氏は、浪江町酒井より起こった氏族で、『日本歴史地名大系　巻七　双葉郡・酒井村（現　双葉郡浪江町酒井）条』に「総士禄高調の文禄二年の項に『拾九貫三百七十五文酒井善十郎』がみえる」とあるが、この氏の出自等については不明である。

『**酒田氏**』（サカタ）

酒田氏は、『日本歴史地名大系　巻七　双葉郡・酒田村（現　双葉郡浪江町酒田）条』に「建武三（一三三六）年三月二十八日の相馬光胤軍忠状（相馬文書）によれば、同月二十七日相馬光胤が標葉氏を請戸に攻めたとき酒田孫五郎が武石左衛門五郎胤通に討取られており、地名を姓とする標葉氏一統の武士と思われる」とある氏である。

『**椎葉氏**』（シイバ）

椎葉氏は、『姓氏家系大辞典　巻二　椎葉条』に「桓武平氏磐城氏の族にして、又標葉氏といふ。磐城国標葉郡は一に椎葉に作る。其の地名を負ひし也。磐城系図に『二十代次郎隆行の子隆義（四男椎葉四郎）

—隆綱』とあり」とある（いわき市・岩城氏の条参照）。

『標葉氏』（シネハ）

標葉氏は、岩城氏族五大支族の一で、『姓氏家系大辞典　巻二　標葉（シネハ・シメハ）条4』に「桓武平氏海道氏流、標葉郡標葉郷より起る。仁科岩城系図に『海道小太郎成衡の四男隆義（標葉四郎、左京大夫、法名昌信）—隆綱』と載せ、磐城系図に『（二十代）磐城次郎隆行の長男隆祐（標葉太郎）、四男隆義（椎葉四郎）と見ゆ』」とある。また、『日本城郭大系　巻三　双葉郡・請戸城（双葉郡浪江町請戸字館の内）条』に「東奥標葉記によれば、標葉氏は、平国香の二子繁盛の末流、海道小太郎成衡の四男隆義を始祖とする。成衡（標葉系図の隆行に当たる）には、嫡子楢葉太郎隆祐、次子磐城次郎隆衡、三男磐崎三郎隆久、四男標葉四郎隆義、五男行方五郎隆行の五人の子があり、それぞれ各郡を分領したが、このうち四男標葉隆義は、保元年間（一一五六—五九）に標葉一郡を与えられて請戸に館を築いた。これが請戸城の始まりであるという。そして、南北朝時代には標葉持隆らは南朝方の北畠顕家《あきいえ》に属し、北朝方の相馬氏らと戦い上方まで参陣したという。このため請戸城は相馬氏勢に攻められた。のち嘉吉年間（一四四一—四四）に標葉清隆は請戸城を築いて移ったが、それまで請戸城は、標葉氏の居城であった」とある。

また、『同　権現堂城条』に「『本城館』は平城のため防備に不向きとの理由から更に〇・七キロメートルほど北の室原川北岸の高地に『権現堂城』を築いた。文安年間（一四四四—四九）頃のことである。（中略）南隣の楢葉氏は文明六（一四七四）年に岩城氏のために滅ぼされ、下剋上の風潮がこの地にも及び、標葉氏の家臣の中にも、隣国相馬氏に与する者が現われてきた。相馬氏は盛んに標葉氏の家臣に内応を働きかけ、明応元（一四九二）年春、標葉氏討伐の兵を挙げた。ところが指揮を執っていた相馬高胤が渋井の陣中で急死したため、いったん兵を引いたが、再び高胤嫡子盛胤が兵を挙げ、標葉氏の内応者を先導に権現堂城を攻めて落城させた。標葉清隆、隆成父子は自刃し、権現堂城は相馬方の手に落ちた」とある。

また、『同　双葉郡条』に「双葉町郡山の『郡山館』は、延元年間（一三三六―四〇）、標葉九郎隆利の創建、同町郡山の『郡山古城』は、延元三年、標葉隆秀が創建、同町新山字東館の『新山古城』は、元弘元（一三三一）年、標葉隆連が創建」とある。そして、このように、岩城一族「五大支族」の一つとして、長期に亘り東海道筋に育まれ繁栄してきた標葉氏も、南北朝期に南朝方に与した事により、北朝方の相馬氏に討滅され、遂に没落の憂き目に遭う事となったのである。

『渋川氏』（シブカワ）

渋川氏は、『日本城郭大系　巻三　双葉郡条』に「双葉郡双葉町渋川字町田の『渋川館』は、渋川備中守の居館」とある。また、『日本歴史地名大系　巻七　双葉郡・渋川村条』に「双葉町寺沢の仲禅寺の康永二（一三四三）年六月六日の十一面観音胎内銘に『渋川妻内方』とみえる」とある氏である。

『高津戸氏』（タカツド）

高津戸氏は、『日本城郭大系　巻三　双葉郡条』に「富岡町上平岡《ママ》（上手岡の誤り?）字高津戸の『高津戸館』は、高津戸速門の館」とある。また、『日本歴史地名大系　巻七　双葉郡・上手岡村条』に「高津戸の南東に延びる丘陵上に高津戸館跡があり、（中略）南北朝初期に岩城領北辺の領界を守る前線基地として築かれ、館主は高津戸速門と伝える」とあるが、この氏の出自等については不明である。

『竹貫氏』（タカヌキ）

竹貫氏は、清和源氏石川氏族で、『石川氏一千年史　石川氏第三代元光条』に「元光の三男秀康は、福田源助と称し、後川尻二郎三郎と改め竹貫邑（現　石川郡古殿町竹貫）を与えられ一族に列す」とあるが、当地は、白川結城氏や岩城氏との領界に当たるため、その後、これらの氏族の圧力により、白川結城氏の家臣となり、更に岩城氏の家臣に転じたもので、『姓氏家系大辞典　巻二　富岡条5』に「磐城志に『天正十八年、富岡左兵衛督隆宗は、竹貫殿と村替にて彼の地へ移らる。両所の菩提寺も替わり、富岡東禅を龍臺と改め、竹貫龍臺寺を東禅と為す。その後、慶長六年、御国替にて倶《ママ》に廃す。されど富岡の龍臺寺はそのままなり（地名辞書）』など見ゆ」とあるが、この氏は、その後岩城氏と共に没落する事となる。

『立野氏』（タツノ）

立野氏は、相馬氏族岡田氏の裔孫で、『日本歴史地名大系　巻七　双葉郡・立野村（現　双葉郡浪江町立野）条』に「中世には金沢氏、江中子氏、宮田氏、などが居館したと伝えるが詳細は不明。相馬氏の支配下に入り、権現堂城代岡田氏の子孫が立野氏を襲名。近世に入り四〇〇石をえていたが、立野一郎右衛門は寛政八（一六六八）年の百姓騒動に連座して切腹を命ぜられた」とある。

『田和津田氏』（タワツダ）

田和津田氏は、『日本歴史地名大系　巻七　双葉郡・樋渡村（現　双葉郡浪江町樋渡）条』に「中世標葉十三党の内に樋渡摂津隆則が見える（東奥標葉記）。樋渡氏は標葉氏没落後相馬氏に服したが、永禄六（一五六三）年、黒木城（現　相馬市）城代青田信濃顕治の反逆に連座して断絶した（相奥志）。しかし、その後、田和津田氏が当地に住し、総士禄高調文禄二（一五九三）年の項に『七貫七百七十五文田和津田左馬助』が見える」とある氏であるが、この氏の出自等については不明である。

『富岡氏』（トミオカ）

富岡氏は、岩城氏族で、『姓氏家系大辞典　巻二　富岡条5』に「桓武平氏磐城氏族、磐城国楢葉郡富岡邑より起る。桓武平氏岩城氏の族にして、磐城系図に『常隆の子隆時（岩城大和守、富岡殿）―隆宗（同大和守）』と見え。又仁科岩城系図に『常隆―隆時（富岡九郎、大和）―隆宗―隆政』とあり。（中略）そして『磐城志』に『天正十八年、富岡左兵衛督隆宗は、竹貫殿と村替にて彼の地へ移らる。両所の菩提寺も替わり、富岡東禅を龍臺と改め、竹貫龍臺寺を東禅と為す。その後、慶長六年、御国替にて倶《ママ》に廃す。されど富岡の龍臺寺はそのままなり』（地名辞書）など見ゆ」とある。また、『日本歴史地名大系　巻七　双葉郡・小浜村（現　双葉郡富岡町小浜）条』にも「南方高台上に曹洞宗龍台寺がある。もと東禅寺といい、延徳二（一四九〇）年雪森の開山。開基は岩城常隆、富岡氏の菩提寺であったという。天正十八（一五九〇）年富岡隆宗は、東禅寺とともに東白川郡竹貫（現　石川郡古殿町）へ移り、竹貫重光が竹貫より龍台寺を伴って当地へ入ったという」とある。そして、『同　同郡・日向館跡条』に「富岡町本岡日向の当館は、永正頃（一五〇四―二一）、岩城親隆の四男富岡大和守隆時が築いたという」とある。

『長塚氏』（ナガツカ）

長塚氏は、『日本歴史地名大系　巻七　双葉郡・長塚村（現　双葉郡双葉町長塚）条』に「総士禄高調の文禄二（一五九三）年の項に七百五十三文なかつか監物丞とあるが、監物丞は末森村（現　双葉郡浪江町）

の人で、諸方に土地を持っていたと思われる」とある。

『楢葉氏』（ナラハ）

楢葉氏は、岩城氏族五大支族の一で、『姓氏家系大辞典　巻三　楢葉条1』に「桓武平氏岩城氏族、磐城国楢葉郡の豪族にして、岩城家譜に『隆行の長子隆祐、楢葉太郎』と見え、仁科岩城系図に『海道小太郎成衡—隆祐（猶太郎、常陸大掾、法名常信）—隆光（太郎左衛門、法名祐信）』と載せたり」とある。また、『日本城郭大系　巻三　双葉郡・山田岡館条』に「文治五（一一八九）年源頼朝の『奥州合戦』に論功があった岩城氏初代の海道小太郎成衡が浜通り地方南部を安堵され、嫡男が楢葉太郎隆祐と名のって楢葉一円を分領したといわれ、山田岡館を隆祐の居館とする説もあるが明らかではない」とあり、また、『同　いわき市・泉城条』には「『応永十七（一四一〇）年の五郡諸族連判一揆契状』には相馬、岩城、標葉の各氏と共に楢葉氏の名が見え、また長禄四（一四六〇）年の『足利成氏討伐の御教書』（政義）にも、標葉伊予守と共に楢葉常陸介の名がある。しかし、文明六（一四七四）年に岩城親隆は楢葉を手中にした。さらに天文三（一五三四）年になると、相馬氏が楢葉を支配したが、元亀元（一五七〇）年には岩城親隆が相馬氏から略取した。これらの事から、この城は楢葉氏の手によって十四世紀末頃に築かれたが、文明六年以降は、岩城氏の支配下となり、天文三年以降、相馬氏に支配され、おそらく元亀六年以降は廃城となったものと思われる」とある。また、『同　巻三　双葉郡条』に「楢葉町下小塙字正明寺の『小塙館』は、楢葉左衛門の居館」とある。そして、『日本歴史地名大系　巻七　双葉郡条』に「奥州合戦の戦功により、岩城一族は本領を安堵され、楢葉氏は、木戸山岡（現　双葉郡楢葉町）、標葉氏は、請戸（現　双葉郡浪江町）を本拠として勢力を伸ばしたと思われる。南北朝の動乱期には両氏共に北畠顕家に従って上洛するなど南朝方として活躍したが、興国四（一四七三）年頃北朝に転じ命脈を保った。文明六（一四七四）年楢葉氏は、岩城親隆の将猪狩筑後守隆清により攻略され滅亡した（新編会津風土記）」とある。以上のように、岩城一族「五大支族」の一つであり、相馬氏と本家岩城氏との狭間にあって、浜通りに君臨した楢葉氏も、地域柄、支配者を巡る攻防の戦いは数え挙げれば枚挙《まいきょ》に遑《いとま》がないが、最後は本家岩城氏によって併呑され終焉《しゅうえん》を迎える結果となったのである。

『羽鳥氏』（ハトリ）

羽鳥氏は、『姓氏家系大辞典　巻三　羽鳥条2』に「磐城の羽鳥氏、楢葉郡羽鳥邑より起る。相馬建武四年文書、相馬小四郎胤時軍忠状に『蔵人殿（石塔）奥州御発向の間、三箱に馳せ参じ、霊山《りょうぜん》の搦手に到り、東海道大将惣領に属す。同日、羽鳥小太郎楯合戦に、忠を致す』云々」とある。また、『日本城郭大系　巻三　双葉郡条』に「双葉町下羽鳥字台の『下羽鳥台館』は、羽鳥小太郎左衛門の居館」とある。そして、『日本歴史地名大系　巻七　双葉郡・下羽鳥村条』にも「建武四（一三三七）年四月日の相馬胤時軍忠状（相馬文書）に『羽鳥小太郎□合戦致忠』とあり、寺沢にある康永二（一三四三）年六月六日の仲禅寺木造十一面観音胎内銘に羽鳥孫太郎入道の名が見える」とある。

『樋渡氏』（ヒワタシ）

岩城の樋渡氏は、浪江町樋渡より起こったが、『日本歴史地名大系　巻七　双葉郡・樋渡村条』に「中世標葉十三党の内に樋渡摂津隆則がみえる（東奥標葉記）。樋渡氏は標葉氏没落後相馬氏に服したが、永禄六（一五六三）年、黒木城（現　相馬市）城代青田信濃顕治の反逆に連座して断絶し、その後日和津田氏が住した（奥相志）」とある氏である。また、この他『姓氏家系大辞典　巻三　樋渡条1』に「平姓、岩代国会津郡樋渡邑より起る。持高を祖とす」という氏族もいる。

『**藤橋氏**』（フジハシ）

藤橋氏は、『姓氏家系大辞典　巻三　藤橋条』に「磐城国標葉郡藤橋邑（現　双葉郡浪江町藤橋）より起る。桓武平氏、標葉紀伊守持隆の四男、平四郎隆連の後、当村権現堂城に拠り、藤橋氏と云ふ。明応三（一四九四）年、藤橋小四郎隆豊、相馬氏に降り権現堂城陥る。隆豊は相馬の門族に列せられ、出羽守胤平と改め、子孫慶長中（一五九六―一六一五）に至り転邑すとぞ」とある。また『日本城郭大系　巻三　相馬市条』に「相馬市石上字城の内の『藤橋紀伊館』には藤橋夫妻の墓が残る」とある（南相馬市・門馬氏、相馬郡・泉田氏の条参照）。

『**松本氏**』（マツモト）

松本氏は、『日本歴史地名大系　巻七　双葉郡・葛尾村条』に「松本勘解由助親照は、信濃国葛尾城（現　長野県埴科郡坂城町）に関係する武士であったが、大永元（一五二一）年、逃れて奥州に至り、相馬顕胤に仕え、相馬領境の落合村の奥地開発のため当地に住み、故郷をしのんで村名としたと伝える（松本家家譜伝）。天文十八（一五四九）年、相馬顕胤の娘が三春城（現　田村郡三春町）城主田村清顕に嫁す際、その化粧料として当地ほか三ヶ村が田村氏領とされた。以後近世を通じて田村郡に属した」とある。そして、この氏は、会津の松本氏とは、祖を一にする同族と考えられる（会津若松市・松本氏の条参照）。

『南氏』（ミナミ）

南氏は、『姓氏家系大辞典　巻三　南条21』に「桓武平氏岩城氏族、浄勝院文書の永禄中（一五五八―七〇）のものに、南隆時とあるは、楢葉郡富岡の城主大和守にして、元亀元（一五七〇）年歿す。常隆の季子にて、常隆の隠居を御南と称へしに依るかと云ふ（岩城文書抄）」とある氏である。

『室原氏』（ムロハラ）

室原氏は、岩城氏族標葉氏の裔孫で、『姓氏家系大辞典　巻三　室原条4』に「平姓、磐城国標葉郡（双葉郡）の豪族にして、南北朝の頃、室原四郎左衛門あり。宮方に属して、戦功ありしが、暦応の頃（一三三八―四二）に至り武家方に属す。その裔室原伊勢は富岡城代たり。岩城勢に城を責落さる」とある。また、『日本歴史地名大系　巻七　双葉郡・室原村（現　双葉郡浪江町室原）条』には「標葉氏の傍流室原氏が居住した。室原氏は標葉氏の勲臣七人衆の一人という」とある。

『山田氏』（ヤマダ）

山田氏は、双葉町山田より起こったが、『日本城郭大系　巻三　相馬市条』に「相馬市石上字御屋敷の『石上館』は、山田源兵衛の居館」とある。また、『日本歴史地名大系　巻七　双葉郡・山田村条』に「中世の標葉十三党（六族七人衆）の一人山田和泉守光秀がこの地に住していたと伝える（奥相志）。相馬市領となり山田氏は行方郡石上村（現　南相馬市原町区石神）に領地替となり、石上氏を称したという（東奥標葉記）」とある。

『南相馬市』

『相馬氏（ソウマ）』

福島県浜通り北部の相馬地方の繁栄の礎となったのは、鎌倉時代から明治に至るまでの長きに亘り当地方に君臨した相馬氏によるものである。

その相馬氏は桓武平氏良将流で、「天慶の乱」を勃発させた「平将門」は、従兄弟に当たる「平貞盛」及び「藤原秀郷」によって討たれ、一家が断絶したと思われていたが、その子孫の中の一人が奇跡的に生き延びる事が出来た。これが「平将国」である。

この将国の後裔は、常陸国信太郡浮島（現　茨城県稲敷市浮島）に潜伏して代を継ぐが、将国の子文国は郡名を冠し「信太氏」を称し、その孫重国が相馬郡へ移り「相馬氏」を称し相馬氏の始祖となった。しかし、孫の師国に継嗣がなかったため、千葉介常胤の二男師常《もろつね》（師経）を迎え養子とした（日本城郭大系　巻三　中村城条）。

そして、その千葉介常胤は、文治五（一一八九）年の源頼朝による「奥州征伐（文治の役）」に、長男千葉胤正《たねまさ》、二男相馬師常、三男武石胤盛《たねもり》、四男大須賀胤信《たねのぶ》、五男国分胤通《たねみち》、六男東胤頼《たねより》等一族を率いて参陣し、大功を挙げ、その功により、常胤は、その六子と共に進軍した東海道（現　茨城県から福島県を経て宮城県に至る浜通り）筋に、広大な領地を与えられた。これにより常胤は、二男師常に陸奥国行方郡（現　南相馬市等）を、三男武石胤盛に同国宇田郡、伊具郡、亘理郡を、四男大須賀胤信に同国好間西庄の預所職《あずかりしょしき》を、五男国分胤通に同国国分庄を、六男東胤頼には同国黒川郡を夫々与えた。

このうち、相馬師国の養子となった師常は、相馬御厨《みくりや》（現　茨城県取手市、守谷市、千葉県我孫子市、柏市、野田市の一部等）を相伝したが、その孫の胤綱、胤継の代となり、二家に分流した（姓氏家系大辞典　巻二　相馬条1～11）。そして胤綱は、その後、鎌倉幕府の御家人として世襲したが、その曽孫「相馬孫五郎重胤」に至り、弘安八（一二八五）年、安達泰盛による「霜月騒動」が勃発した。それにより、相馬氏からもこれに連座した者が幾人か出て所領の一部を没収された。そして、そのうちの奥州行方郡の没収された所領の一部が得宗家の身内人である長崎思元に与えられたが、この所領の引き渡し役となった「結城宗広」と「岩崎次郎」は、鎌倉幕府の裁定以上の所領を没収して思元に引き渡したため、相馬重胤は、これを不当として幕府に訴えた。それと共に裁定が下るのももどかしく、自ら行方郡を統治すべく、妙見、鷲宮、塩釜の三神を奉じ、一族郎党八十余騎（『日本城郭大系　巻三　原町市・別所館条』には八十三人とある）を率いて相馬を発し、道を仙道に取り、白河の関より奥州に入り、津島付近で阿武隈山脈を越え、太田川上流より川に沿って片倉に至り、当地にて旧臣太田兵衛に迎えられ、太田の「三浦国清」の「別所館」に入った。しかし、当館は狭隘《きょうあい》なため、在城四年にして、嘉暦元（一三二六）年、当城の南方五キロに位置する「行方氏」の居城「堀ノ内城（後の小高城）」へと移転した（同　相馬市・中村城、小高城条）。

その後、南北朝期に入ると相馬氏は一貫して北朝方として活躍したが、戦国期に入ると第十四代盛胤は南方の標葉氏を滅ぼし標葉地方を入手、更に北方の宇田郡（現　相馬郡北部）にも作戦し半ば以上を入手した。天文十一（一五四二）年の伊達稙宗、晴宗父子による「天文の乱」に於いては、顕胤《あきたね》は室が稙宗の長女であった関係もあり、稙宗に与して奮戦し、稙宗を小高城に引き取った。そして、この顕胤の治世二十九年には宇田、行方、標葉の三郡に勢力を伸ばした。その子盛胤は、永禄の始め（一五五八年頃）伊具郡へ侵入し伊達領の小佐井、金山、丸森を奪ったが、同六年小佐井は伊達氏に再び奪い返され、金山、丸森も田村、岩城、佐竹の扱いにより伊達へ返還となった。またこの間に宮岡、木戸の両城も岩城氏によって奪われた。そして、盛胤の嫡子義胤は慶長元（一五九六）年、牛越城の築城に取り掛かり同三年この牛越城へ移った。しかし、慶長七年徳川家康は、佐竹氏を秋田へ移封《いほう》し、蘆名盛重、岩城貞隆、相馬義胤の領地を没収した。これにより義胤は、牛越城を大田原晴清父子に渡し、三春領大倉へ移った。しかし、十月になり家康は、この相馬氏の本領を安堵した。しかし、義胤の子利胤は牛越城は不吉とし、再び小高城に戻ったが、同十六年中村城を修築し移り、小高城を廃城とした（同　相馬郡・小高城条）。そして、この相馬氏は、以後江戸期を経て明治に至るのである。

『相葉氏』（アイバ）
相葉氏は、岩城氏族で、岩城氏の始祖隆行が、実家（常陸府中の大掾氏）を捨て、母の兄に当たる藤原清衡を頼り奥州へ下向し、その清衡の女《むすめ》を妻とし清衡より海道五郡を与えられ、五人の男子に夫々一郡ずつ与えたが、この内五男の五郎には行方郡を与えた。そして、『姓氏家系大辞典　巻一　石城条10』に「磐城系図に『(二十代) 隆行（次郎）―重胤（五男相葉五郎）―胤勝』とあり、又仁科岩城系図に『忠衡（常陸大掾、府中庄司）―成衡（海道小太郎、永暦元二廿五卒、藤原秀衡妹聟、此後室號徳尼）―隆行（行方五郎）―胤勝（相馬五郎）』」とあるが、この氏は、後代になって、相馬重胤の下向に伴い、領地を明け渡した行方氏（後古小高氏）の始祖である。そして、この氏の本拠地は南相馬市小高区の小高城であった（岩城氏、古小高氏の条参照）。

『青田氏』（アオタ）

青田氏は、「霜月騒動」後に、相馬御厨より相馬重胤に、岡田氏や大悲山氏等と共に奥州行方郡へ随行して来た氏族で、『姓氏家系大辞典　巻一　青田条』に「桓武平氏大掾氏の族と云ふ。奥相志に拠るに『此の氏は磐城国相馬郡（行方郡）耳谷村山澤壘に拠る。青田孫左衛門祐胤、元亨中、総州より来り山澤保主となり、標葉郡境を守る。六世常久の時、我が公標葉清隆を滅し、常久を以って標葉郡新山保主となす。その裔孫歴代武功あり。或は豊田氏を称す。先世総州豊田の人なり』と」とある。また、『日本城郭大系　巻三　相馬郡条』に「相馬郡小高町耳谷字山沢の『山沢館』は、青田孫左衛門の居館、別称耳谷館」とあり。また、『同　相馬市・黒木城条』に「永禄六（一五六三）年に黒木城代の青田信濃が中村城代の中村式部と語って田中城を攻めようと兵を出したが、相馬盛胤、義胤に討たれて青田一族は三春へ逃亡したという」とある。また、『日本歴史地名大系　巻七　相馬郡・耳谷村（現　南相馬市小高区耳谷）条』に「鎮守は稲荷神社。境内に祀られている滝場明神は相馬氏の家臣青田氏の守護神という（奥相志）」とある。そして、この氏の起こりは、相馬御厨の青田（現　千葉県柏市大青田、小青田）で、遠祖の豊田氏の起こりは、茨城県常総市石下町豊田と考えられる。

『荒木氏』（アラキ）

荒木氏は、桓武平氏相馬氏族で、相馬孫五郎重胤が、総州相馬御厨より奥州行方郡へ下向した時に随行して来たものと考えられるが、その後裔は現在当地方に散見される。そして、その出自は『姓氏家系大辞典　巻二　相馬条8』に「総州相馬内荒木村住人相馬蔵人佐則胤、法名栢室道固。七十歳書焉と見ゆ」とあるが、相馬内荒木村とは、千葉県我孫子市新木と考えられる。

『猪狩氏』（イガリ）

この猪狩氏は、『日本城郭大系　巻三　原町市条』に「原町市下太田字藤沼の『藤沼館』は、天正年間（一五七三―九二）、猪狩善兵衛の居館」とあるが、この氏は、双葉郡の猪狩氏が当地へ転じたものと考えられる。

『石上氏』（イシガミ）

石上氏は、『日本歴史地名大系　巻七　双葉郡・山田村条』に「中世の標葉十三党（六族七人衆）の一人山田和泉守光秀がこの地に住していたと伝える（奥相志）。相馬氏領となり山田氏は行方郡石上村（現　南相馬市原町区石神）に領地替となり、石上氏を称したという（東奥標葉記）」とある氏であるが、この氏は、双葉郡の藤橋氏を祖とし、相馬市石上より起こった石上氏とは別氏と考えられる。

『石町氏』（イシマチ）

石町氏は、『姓氏家系大辞典　巻一　石町条』に「磐城国相馬郡の豪族なり。建武三年相馬光胤軍忠状に惣領家人石町又太郎見ゆ」とある氏であるが、この氏の出自等については不明である。

『泉氏』（イズミ）

泉氏は、『姓氏家系大辞典　巻一　泉条5』に「相馬氏流、下総東葛飾郡（相馬郡）泉（現　千葉県柏市沼南町泉？　と考えられる）より起る。相馬氏の一族にして、相馬岡田系図に『相馬胤村―胤顕―胤盛―胤康、泉五郎と称す』と。（中略）『磐城相馬郡にも泉邑あり、元亨中泉宮内胤安この地を食む』と。胤安は胤康に同じく、奥相志に『我が公族泉氏、此の地を食む云々と』」とある。また、『日本城郭大系　巻三　原町市条』に「原町市泉字館の前の『泉館』は、文禄年間（一五九二―九六）、泉五郎胤康の居館」とある。また、『日本歴史地名大系　巻七　原町市・泉村条』に「館前にある館跡は元亨年中（一三二一―二四）に相馬重胤に従って当地に来住した泉宮内大夫胤安の居館と伝える」とある。

『岩松氏』（イワマツ）

岩松氏は、『姓氏家系大辞典　巻一　岩松条2』に「清和源氏畠山氏流、上野国新田郡岩松邑（現　群馬県太田市尾島町岩松）より起る。初め新田氏の祖義重（入道上西）は弟義康（足利氏の祖）の嫡孫義純（義兼長男）を愛し、之を新田庄に置き嫡子義兼の女婿とす。義純長じて岩松遠江守と称し云々」と。そして、『同条6』に「陸奥国千倉庄（磐城国行方郡）も岩松家領なり（岩松文書）。奥相志に『横手は豊饒《ほうじょう》の邑なり、廃墟あり、御所内と曰ふ。方数十町、応永十三（一四〇六）年、岩松蔵人頭義政鎌倉より来り、千倉庄千町の地を領知す。土人崇敬して御所と称す。後屋形邑北迫に居る。廿六年卒。其の子義時（専千代）幼なり。五十餘輩の世臣之に臣奉す。正長元（一四二八）年、老臣新里、中里、島、蒔田謀逆、義時を蒲庭浦に誘引して之を弑《しい》し、岩松氏亡ぶ』と見ゆ」とある。

『牛河内氏』（ウシコウチ）

牛河内氏は、『日本歴史地名大系　巻七　相馬郡・牛河内村（現　南相馬市鹿島区牛河内）条』に「総士禄高調の文禄二（一五九三）年の項などによると牛河内内蔵助が住み、采地六貫四八〇文を有していた」とある氏であるが、この氏の出自等については不明である。

『牛越氏』（ウシコシ）

牛越氏は、『姓氏家系大辞典　巻一　牛越条』に「磐城国相馬郡牛越邑より起る。此の地に古く牛越上総介定綱なる者拠る。文安二（一四四五）年、相馬高胤の配下豊田清弘、萱浜胤久等相謀りて定綱を斬るとぞ（奥相志）」とある。また、『日本城郭大系　巻三　原町市・牛越城（現　南相馬市原町区牛越）条』に「この城は中世、牛越氏の居城で牛越上総介定綱が文安二年に謀叛を起こし、相馬高胤に攻め滅ぼされ、その後『番城』となった」とある。

『江多里氏』（エタリ）

江多里氏は、『日本歴史地名大系　巻七　相馬郡・江垂村（現　南相馬市鹿島区江垂）条』に「建武四（一三三七）年八月日の相馬朝胤軍忠状（大悲山文書）には、朝胤の家人江多里六郎太郎の名がみえる」とある氏であるが、この氏は、大悲山氏の分流ではないかと考えられる。

『江井氏』（エネイ）

江井氏は、相馬氏族と言われ、『日本城郭大系　巻三　原町市条』に「原町市字堀ノ内の『江井館』は、土豪江井氏の居館」とある。また、『日本歴史地名大系　巻七　原町市・江井村（現　南相馬市原町区江井）条』に「鎮守は綿津見神社。ほかに初発神社がある。『奥相志』によると前者はかつて入龍神祠と称し、永長元（一〇九六）年の建立、相馬氏の傍系で当地を所領とした江井氏の守護神であったという」とある氏である。

『大井氏』（オオイ）
大井氏は、『日本城郭大系　巻三　相馬郡条』に「相馬郡小高町大井字花輪の『古城』は、大井氏の居城」とあるが、この氏の出自等については不明である。

『大内氏』（オオウチ）
大内氏は、『姓氏家系大辞典　巻一　大内条14』に「桓武平氏相馬氏族、相馬平氏の族、泉氏の庶流なり。行方郡（相馬郡）大内邑より起る」とある。また、『日本歴史地名大系　巻七　相馬郡・大内村（現　南相馬市鹿島区大内）条』に「戦国期には大内館に、相馬氏の傍系大内氏がおり、采地五十七貫文を有していた（奥相志など）」とある（泉氏の条参照）。

『大越氏』（オオコシ）
この大越氏は、『日本城郭大系　巻三　原町市条』に「原町市牛越の『左衛門館』は、天正年間（一五七三―九二）、大越左衛門の居館」とある氏であるが、この氏は、田村の大越氏の分流が婚姻の随行或いはその他の要因により相馬氏の家臣に転じたものと考えられる。

『太田氏』（オオタ）
太田氏は、『日本城郭大系　巻三　相馬郡・小高城条』に「相馬重胤が一族郎党八十余騎を率いて行方へ来奥した時に、それを出迎え、太田の三浦国清の『別所館』へ招き入れたのが太田兵衛である」とある氏であるが、その他詳細は不明である。

『大原氏』（オオハラ）

大原氏は、『日本城郭大系　巻三　原町市条』に「原町市大原字東小田の『東小田館』は、大原備中の居館」とあるが、この氏の出自等については不明である。

『大甕（大亀）氏』（オオミカ）

大甕（大亀）氏は、相馬氏族で、『日本歴史地名大系　巻七　大甕村条』に「『奥相志』は、大亀村について『古は大甕に作る。後亀に作る。亀に美加の訓無し、誤れるか』と注記しているが、近世の郷帳などはほとんど大亀と見える。天保郷帳には『古者、大亀村、森合新田弐ヶ村』と注記される。永仁二（一二九四）年八月二十二日の関東下知状（相馬岡田文書）によると、相馬胤村から次男胤顕に相伝された『陸奥国院内大三賀《おおみか》、八冤（兎）弁波多谷』といった所領が胤顕の子胤盛に安堵されている」とある。また、『日本城郭大系　巻三　相馬郡条』に『相馬郡飯舘村飯樋字下向の『小屋の館』は、天正年間（一五七三―九二）、大亀与一郎の居館』とある。また、大亀は甕《カメ》の字を訓読で亀に転化させたものと思われるが、この大甕村の地名の起こりは、鹿島神社の祭神である武甕槌命《タケミカツチノミコト》から来ているのではないかと思われる。

『岡田氏』（オカダ）

岡田氏は、相馬氏族で、『姓氏家系大辞典　巻一　岡田条12』に「桓武平氏相馬氏流、下総豊田郡岡田郷（現　茨城県石下町岡田または千葉県関宿町岡田か）より起るとの説あり。即ち地理志料岡田郷条に『相馬系図に岡田氏あり、武鑑相馬国老岡田監物を載す。即ち其の後也』と。されど此の磐城国行方郡岡田邑（現　南相馬市小高区岡田）より起りしなるべし。相馬岡田系図に『胤村（五郎左衛門尉）―胤顕（彦三郎）―胤盛━胤康（相馬泉五郎、又号岡田、飯土江〔狩倉〕、元応二年三月、母堂〔胤盛後家、号尼専照〕の譲状に任せ、此の外相馬郡内手賀、藤心両村、八兎村、之を領知す）』」とあり。そして、『日本城郭大系　巻三　相馬郡条』に「相馬郡岡田町岡田字北ノ内の『岡田館』は、建武年間（一三三四―三七）、岡田小次郎胤盛の居館、土塁が残る」とある。また、『同　原町市条』に「原町市大甕字館の『明神館』は、岡田次郎胤次の居館」とあり、そして更に『同　相馬市条』に「飯舘村草野字本館の『本館』は、岡田兵庫守の居館」とある。

『岡和田氏』（オカワダ）

岡和田氏は、相馬氏の家臣で、『日本歴史地名大系　巻七　相馬郡・岡和田村条』に「字窪畑に中世の相馬氏家臣岡和田氏の館跡があったが、総士禄高調の文禄二（一五九三）年の項に『廿四貫五十五文岡和田安芸守』とある」とある氏である。

『小島田氏』（オジマダ）

小島田氏は、相馬氏の家臣で、『姓氏家系大辞典　巻一　小島田条』に「磐城国相馬郡（行方郡）小島田村（現　南相馬市鹿島区小島田）より起る。建武三（一三三六）年三月相馬光胤の軍忠状に『親胤（相馬出羽守）家人小島田五郎太郎』と云ふ人見ゆ」とあるが、この氏の出自等については不明である。

『小高氏』（オダカ）

小高氏は、相馬御厨に住していた相馬孫五郎重胤は、来奥後、始めは行方郡太田の「別所館」に拠ったが、別所館は狭隘《きょうあい》なため、その四年後、それより南方五キロ程の「堀ノ内城（後の小高城）」に移った。これにより重胤は「小高氏」とも称した。そして、『姓氏家系大辞典　巻一　小高条3』に「桓武平氏相馬氏流、磐城国行方郡（今相馬郡）小高邑より起る。奥州相馬系図に『五郎左衛門尉胤村―次郎左衛門尉師胤―孫五郎重胤（或は号小高孫五郎）』」とある（相馬氏の条参照）。

『萱濱氏』（カイバマ）

萱濱氏は、相馬氏族で、『姓氏家系大辞典　巻一　萱濱条』に「磐城の豪族にして文安の頃（一四四四―四九）、萱濱五郎左衛門胤久あり、高平条を見よ。相馬氏の族なるべし」とある氏であるが、萱濱は、南相馬市原町区萱浜である（高平氏の条参照）。

『形間氏』（カタマ）

形間氏は、相馬氏族で、『姓氏家系大辞典　巻一　形間条』に「磐城国行方郡（相馬郡）屋形邑（現　南相馬市鹿島区南、北屋形）岩松院享禄二（一五二九）年九月十日の鐘銘に『形間旦那隆家』『形間旦那郡左馬助久家』等を載せたり。平姓相馬族の人也」とある氏である。

『金澤氏』（カナザワ）

この金澤氏は、『日本城郭大系　巻三　原町市条』に「原町市下北高平字古館の『下北高平館』は、金澤監物の居館」とある氏であるが、この氏の出自等については不明である。

『金場氏』（カナバ）

金場氏は、相馬氏族文間氏の分流で、『姓氏家系大辞典　巻一　金場条』に「磐城国相馬郡（行方郡）金場邑より起る。桓武平氏相馬氏の族、文間氏より分る。文間五郎胤門の子胤直、元亨中（一三二一—二四）、此の地に居る。子孫、よりて氏とす（奥相志）。応仁二（一四六八）年文書に、金場加賀守経康あり（秘鑑）」とある。

『古小高氏』（コオダカ）

古小高氏は、岩城氏族五大支族の一行方氏の後姓で、『姓氏家系大辞典　巻二　古小高条』に「磐城国行方郡の豪族にして桓武平氏行方氏を云ふ。郡内堀内はその居城なりし伝ふ。奥相秘鑑に『行方氏は重胤公入部の後、その麾下と成りて、小高の岩迫に住し、古小高氏を号す。古小高宮内少輔政胤は、高胤公に仕へなり』」とある。また、『日本歴史地名大系　巻七　相馬市・小泉村条』に「天文二十二（一五五三）年の晴宗公采地下賜録によれば、『うたの庄こ泉大まかり』および同地における棟役、段銭が小々高大炊助に安堵されている」とある。

『桑折氏』（コオリ）

桑折氏は、伊達氏族で、『姓氏家系大辞典　巻二　桑折条1』に「伊達氏流、岩代国伊達郡桑折邑より起る。伊達家の一族にして且つ重臣也。その出自に関しては、伊達世臣家譜に『桑折氏、祖孫五郎政長は当家第三世本明公（伊達義広）の子、桑折邑に住む。因りて之を氏とす焉』」とあり。そして、『同　条2』に「眞野氏流（或は北畠族、或は伊達族）、磐城国行方郡の古族なれど、前項桑折氏と同族と伝えられ、『延元年中（一三三六—四〇）、国司顕家の族、桑折五郎元家、伊達郡桑折より来りて江垂畳を守り、後に田中に城いて居る。乃ち眞野五郎元家と号し、一に四郎忠家に作る。曽《か》つて桑折に居る。よりて之《これ》を氏とし、眞野に居るに及びて、眞野氏を冒す。後孫桑折氏に復し、我（相馬氏）に属す』」とある。そして、『日本城郭大系　巻三　相馬郡・中館条』に「『奥相志』に『中館、また江垂館といふ。中館にあり。里人伝へていふ。往昔国司源顕家の時、桑折五郎元家伊達郡より来り江垂館に住し眞野五郎と号す』」とあるが、これは、古くは当地を眞野郷と言ったためである。

『**郡氏**』（コオリ）

この郡氏は、『姓氏家系大辞典　巻二　郡条9』に「眞野氏流、磐城国行方郡郡家邑（現　南相馬市鹿島区江垂）より起る。屋形邑岩松院享禄二年九月十日の鐘銘に『形間旦那隆家云々、形間旦那郡左馬助久家』を載せ、また、永正の頃、相馬次郎顕胤家臣に郡左馬助あり。地名辞書に『桑折氏は屋形岩松院鐘銘に郡に作る。行方郡の古族姓なるが、之を伊達郡より来たれる家とするは疑ふべし蓋《けだ》し行方の郡家は眞野郷に在りて、眞野氏をば郡氏とも呼べるのみ。伊達の一族と云ふは、後人の附会に似たり。観応文書に、新田左馬助と云ふも郡左馬助に同じ』と見ゆ」とある。

『**木幡氏**』（コハタ）

木幡氏は、歴史が古く、遠祖が平将門に仕えた名族で、『姓氏家系大辞典　巻一　浮島条1』に「信太連姓、常陸国信太郡浮島邑より起る。『新編国志』に『浮島、信太郡浮島より出づ。物部信太連なりと云。事故城篇に見えたり』。享保中相馬家士百石以上由緒書に云『木幡十右衛門の遠祖本将門公に仕ふ。信太殿の御世には浮島と号す世々相馬の重臣なり。世々の分流繁きと相見る。木幡名字数多有之と云とも、年久しき故、其分流様子昔より知人なし』と云へり」と載せ、また『奥相秘鑑』に「木幡周防守は、藤原姓、常州信太郡浮島大夫の後胤とぞと見ゆ」とあり。そして、『同　巻二　木幡条1』に「此の氏の出自は、浮島条第一項（前条）を見よ」とあり。『同　条2』に「藤原姓、前項と同一氏なれど、後世藤姓と云ふ。即ち『奥相志』に『我が世臣木幡氏は藤原姓、周防守義清あり。其の五世の孫範清、重胤公に随ひ、総州より来たりて米々澤邑に居る。範清の孫を隆清と曰ひ、米々澤氏を称し、世々相馬家の執権たり』と」とあり。そして、『同　条3』に「現今は此の氏磐城、岩代（安達郡木幡邑）、田村郡等に多し」とある。また、『日本城郭大系　巻三　中村城条』に「この城を築城する際に普請を担当したのは木幡勘解由長清」とある。

『小浜氏』（コハマ）

小浜氏は、『日本城郭大系　巻三　原町市条』に「原町市小浜字西内の『西内館』は、天正年間、小浜備後の居館」とある氏であるが、この氏の出自等については不明である。

『今野氏』（コンノ）

今野氏は、『日本城郭大系　巻三　原町市条』に「原町市小木迫の『今野館』は、今野半兵衛の居館」とあるが、この氏の出自等については不明である。しかし、奥羽州に見られる昆・今・紺、近、金等の字の付く姓の多くは、元々は、岩手県久慈地方に蟠踞した「帰化人の金氏」より始まるという説もあるので、この氏もその流れかも知れない。

『佐藤氏』（サトウ）

この佐藤氏は、『日本城郭大系　巻三　原町市条』に「原町市鶴（鶴谷の誤りか）の『萱山城』は、天文年間（一五三二―一五五）、佐藤伊勢守好信の居館」とある氏である。

『下浦氏』（シモウラ）

下浦氏は、岩城氏流標葉氏族で、『日本城郭大系　巻三　相馬郡条』に「相馬郡小高町下浦の『下浦館』は、明応年間（一四九二―一五〇二）、標葉七人衆の一人下浦氏の居館」とある。また、『日本歴史地名大系　巻七　相馬郡・下浦村条』に「鎮守は中世に於いて標葉氏の庶流下浦氏の鎮守でもあったという新山神社がある」とある。

『須江氏』（スエ）

須江氏は、相馬氏の家臣で、『姓氏家系大辞典　巻二　須江条5』に「磐城の須江氏、行方郡の豪族にして、後相馬氏に属す。建武三年二月文書に、須江九郎左衛門尉、又同三月文書に『良胤家人須江十郎、青田新左衛門』など見え、奥相志に『相馬四天王の一、須江山城胤遠、天正中、堤谷村に居る』とあり」とある。また、『日本城郭大系　巻三　原町市条』に「原町市堤谷字境田の『優婆ヶ館』は、須江備中守清胤の居館」とある。

『杉氏』（スギ）

杉氏は、『日本城郭大系　巻三　相馬郡・真野古城条』に「当城は通称は、新城、桜平古城、杉の館、田村堀切等と呼ばれており、これらを総称して『みちのくのまの』にちなんで『真野古城』と名づけられた。中でも古くから壮大な空堀を持つ新城と田村堀切は有名である。また、その新城地内の東端に、中世、杉大隅の居館であった『杉の館』がある」とある氏である。

『大悲山氏』（ダイヒサ・ダイヒサン）
大悲山氏は、相馬孫五郎重胤が総州相馬郡より陸奥国行方郡へ下向した時に、岡田氏等と共に随行して来た氏族と言われ、『日本歴史地名大系　巻七　相馬郡・小高町大悲山村条』に「だいひさん、だいひさとも称し、のち大久村となり、元禄十（一六九七）年泉沢村と改称されたところから（奥相志など）、現在の泉沢一帯に比定される。当村は相馬氏一族大悲山氏の本貫地で、居館もあったと言われる（同書）。文永九（一二七二）年十月二十九日の関東下知状（大悲山文書）によると、相馬胤村は『陸奥国行方郡大悲山村』などの所領について、被相続人を未決のまま死去したが、同日子息鶴夜叉丸に領知が認められている。相馬系図（歓喜寺蔵）では、胤村の十男通胤（相馬余一又道）が大悲山氏の祖とされ、当村及び小島田村（現南相馬市鹿島町）などを所領としているため鶴夜叉丸は通胤の事であろう」とある氏である。

『高野氏』（タカノ）
高野氏は、岩城氏族行方氏の分流で、『日本城郭大系　巻三　原町市条』に「原町市高字大久保の『高野館』は、行方氏の分流高野大学の居館」とあるが、この氏は、この館名を冠したものと考えられる。

『高平氏』（タカヒラ）
高平氏は、相馬氏族で、『姓氏家系大辞典　巻二　高平条1』に「桓武平氏相馬氏族、磐城国行方郡（相馬郡）高平邑より起る。相馬胤村の四男有胤、高平を領す。其の子胤平なり。その後胤村三男胤重の曽孫胤直、また高平邑を賜ふ。子孫高平、西の二氏を称す。奥相志等に見えたり」とある。

『田中氏』（タナカ）
田中氏は、相馬氏族で、「姓氏家系大辞典　巻二　田中条56」に「桓武平氏相馬氏族、これも磐城の豪族にして、行方郡（今相馬郡）田中邑より起る。相馬盛胤の三男郷胤は田中次郎と号し、田中城主たりき」とある。また、『日本城郭大系　巻三　相馬郡条』に「相馬郡鹿島町台田中字館の『田中城』は、建武年間（一三三四―三七）、桑折久家、田中次郎郷胤の居城」とある。

『千倉氏』（チクラ）
千倉氏は、『姓氏家系大辞典　巻二　千倉条』に「磐城国行方郡千倉庄より起り、千蔵にも作る。好島八幡宮元久元年注進に『千倉三郎、五町』とあり、千蔵庄は初め相馬氏領、後岩松氏に属す」とあるが、この氏の出自等については不明である。

『寺内氏』（テラウチ）
寺内氏は、『姓氏家系大辞典　巻二　寺内条2』に「磐城の寺内氏、磐城国行方郡寺内邑（現　南相馬市鹿島区寺内）より起こりしか。会津天文十八年の内番帳に寺内氏見え、又岩瀬郡にも存す」とあるが、この氏の出自等については不明である。

『東郷氏』（トウゴウ）

この東郷氏は、『日本城郭大系　巻三　相馬郡・中館条』に「『奥相志』に『天文十一（一五四二）年に相馬領内の叛乱、東郷治部、黒木弾正兄弟の乱に際し、領主相馬顕胤が江垂館に本陣を構えて戦い、乱を平定した』とある」とあるが、これは岩城の東郷氏の分流と考えられる。

『栃久保氏』（トチクボ）

栃久保氏は、『姓氏家系大辞典　巻二　栃久保条』に「磐城国行方郡栃窪邑より起こりしか。田村郡等に此の氏存す」とある氏であるが、『日本歴史地名大系　巻七　相馬郡・栃窪邑（現　南相馬市鹿島区栃窪）条』には「栃窪字赤柴に赤柴館跡があり、文禄年間（一五九二―九六）に栃久保蔵人胤光が采地二十二貫四九五文を領して、この館に居住したという（奥相志、相馬藩政史）」とある。

『戸張氏』（トバリ）

戸張氏は、相馬氏族で、『姓氏家系大辞典　巻二　戸張条1』に「桓武平氏千葉氏族、下総国東葛飾郡戸張庄（野田文書）（現　千葉県柏市戸張）より起る。相馬系図及び千葉支流系図に『相馬小二郎師常の子行常（戸張八郎）』と見ゆ」とある氏であるが、この氏は、関東北部より福島県沿岸にかけて散見されるところから、この氏も重胤に随行して来た氏族ではないかと考えられる。

『豊田氏』（トヨタ）

豊田氏は、『姓氏家系大辞典　巻二　豊田条14』に「磐城の豊田氏、室町の初期、豊田三郎左衛門清弘あり、文安二（一四四五）年、萱澤胤人と謀りて、牛越定綱を誅《ちゅう》し、功を以って行方郡高平邑内八十八貫文を賜ふ（奥相志）。この豊田氏は青田氏の事にして、その祖祐胤、前述下総の豊田より来りと云ふ。されど前項（13に、桓武平氏常陸大掾氏族、下総国豊田郡豊田邑より起る。多氣氏の族、とある）とは別流なるが如し、千葉氏の族か」とある氏である（青田氏の条参照）。

『中金氏』（ナカガネ）

中金氏は、『姓氏家系大辞典　巻三　中金条』に「磐城の豪族、中賀野氏は一に中金氏に作る」とあるので、次条氏の事である。

『中賀野氏』（ナカガノ）

中賀野氏は、『姓氏家系大辞典　巻三　中賀野条』に「磐城国行方郡（相馬郡）長野邑より起こりしかと云ふ。延元二（一三三七）年に中賀野義長あり。太平記には中金と記せり。武家方の勇将にして、建武四年三月、小高城に拠る（国魂文書）。その十月標葉郡小丸、瀧角、楢葉郡朝賀等の諸城を攻めて盡《つ》く之を陥るとぞ」とある。また、『日本歴史地名大系　巻七　伊達郡霊山城跡条』に「行方郡小高城に陣を取った足利方の大将中賀野八郎義長らを霊山城の広橋経泰が攻撃し、合戦は九日間続いた云々」とある。

『中里氏』（ナカザト）

中里氏は、『姓氏家系大辞典　巻三　中里条3』に「磐城の中里氏、行方郡横手（現　南相馬市鹿島区横手）の岩松氏の老臣なりしが、正長元年叛す」とある。また、『日本歴史地名大系　巻七　相馬市・蒲庭村条』に「字孫目（馬込とも記す）の海浜に鞍掛岩が突出しているが、『奥相志』によると、この場所は、正長元（一四二八）年六月十五日に岩松蔵人頭義政の遺児専千代丸が、相馬氏に属して後栄を図ろうとした岩松股肱《ここう》の臣である新里、中里、島、蒔田の四天王の謀叛によって潮干の遊覧にことよせて謀殺された地と伝える」とある（岩松氏の条参照）。

『長野氏』（ナガノ）

長野氏は、『姓氏家系大辞典　巻三　長野条21』に『磐城の長野氏、行方郡（相馬郡）の豪族にして、天正の頃、長野一露、牛越城を守る（奥相志）』とある氏であるが、この氏は、前条の中金（中賀野）氏族と考えられる。

『行方氏』（ナメカタ）

行方氏は、岩城氏族五大支族の一で、『姓氏家系大辞典　巻三　行方条4』に「桓武平氏岩城氏族、磐城国行方郡より起る。岩城隆行の子隆行、行方五郎とある後にして、仁科岩城系図に『忠衡―成衡（海道小太郎）―隆行（行方五郎、千葉重胤婿）―胤勝（五郎、民部少輔、子孫絶ゆ。元亨の比、相馬孫五郎重胤、行方拝領、以って相馬と号す）』と。古小高氏に同じ」とある。また、『同　巻一　岩城条10』に「仁科岩城系図に『繁衡（常陸大掾）―忠衡―成衡―隆祐（猶太郎、常陸大掾）、隆衡（岩城二郎、岩崎左衛門尉）隆久（岩崎三郎）、隆義（標葉四郎）、隆行（行方五郎）―胤勝（相葉五郎）』」とあるもので、岩城氏初代成衡（隆行）は、常陸府中の常陸大掾である実家の父と相論し、実家を出て奥州平泉の藤原清衡を頼り、その女を妻とした。それにより清衡より岩城地方の海道五郡を与えられ、五人の男子に夫々一郡ずつ与えた。そして、その中の五男隆行（重胤）は行方郡（相葉郡）を与えられ、堀ノ内城（後小高城）を築き住し、代々に亘って行方氏を称していた。しかし弘安八年に鎌倉に於いて勃発した「霜月騒動」に絡む紛争により来奥した相馬御厨の当主相馬孫五郎重胤は、初め三浦国清の拠る「別所館」に入ったが、その四年後の嘉暦元年、重胤は、その堀ノ内城の行方氏を排除し、当城へ入り、後小高城と改名した。そして、この行方氏は、その後、已《や》む無く小高地内の岩迫に移り「古小高氏」を称した（岩城氏、古小高氏の条参照）。

『新里氏』（ニイザト）

新里氏は、岩松氏の老臣で、中里、島、蒔田氏と共に岩松氏の四天王として忠勤に励んでいたが、主君岩松蔵人頭義政が没し、その遺児専千代丸に反逆し弑し、岩松氏を滅亡に追い込んだ氏族の一人で、『姓氏家系大辞典　巻三　新里条3』に「磐城の新里氏、当地方岩松家の老臣なり。岩松条を見よ」とのみあるが、詳細は岩松氏、中里氏の条参照。

『新館氏』（ニイダテ）

新館氏は、『日本歴史地名大系　巻七　原町市・南新田村（現　南相馬市原町区本町外）条』に「本町の三島神社は天正年中（一五七三―九二）、当地を支配した相馬氏家臣新館氏の鎮守であったが、寛永十八（一六四一）年の同氏断絶によって現在地に移されたという（奥相志）」とある氏である。

『西氏』（ニシ）
西氏は、『姓氏家系大辞典　巻三　西条16』に「桓武平氏相馬氏族、磐城国相馬郡の豪族にして、（高平）九郎左衛門尉胤直の後也」とある氏である（高平氏の条参照）。

『榛谷氏』（ハンガヤ）
榛谷氏は、『姓氏家系大辞典　巻三　榛谷条1』に「桓武平氏秩父氏族、武蔵国榛谷庄より起る」とあり。そして、『同　条2』に「磐城国標葉郡大堀邑の人榛谷氏は、元禄年中（一六八八―一七〇四）、相馬焼を始む」とある氏である。

『飯崎氏』（ハンザキ）
飯崎氏は、平将門に仕えた木幡氏の分流で、『姓氏家系大辞典　巻三　飯崎条』に「磐城国行方（相馬）郡飯崎邑より起る。建武二年十一月廿日、平重胤の譲状に『磐崎の後家尼御前の御りやうはんのさき云々』と。飯崎氏は相馬世臣木幡氏傍系の氏なり（奥相志）」とある。また、『日本城郭大系　巻三　相馬郡条』に「相馬郡小高町飯崎の『飯崎館』は、飯崎氏の居館」とある。

『深野氏』（フカノ）
深野氏は、『日本城郭大系　巻三　原町市条』に「原町市深野字館の『深野館』は、深野大学の居館、土塁、空堀が残る」とあるが、この氏の出自等については不明である。

『堀内氏』（ホリウチ）

堀内氏は、相馬氏族で、『姓氏家系大辞典　巻三　堀内条16』に「桓武平氏相馬氏族、磐城国相馬郡（行方郡）堀内邑より起る。『地理志料』に『千葉系図を按ずるに、相馬重胤の次子光胤、行方郡小高に壘して堀内氏を移す。延元中（一三三六―四〇）、北畠顕家《あきいえ》の陥る所となる。遺阯尚ほ存す』と。子孫相馬藩三家老の一也」とある。また、『日本城郭大系　巻三　相馬市・黒木城条』に「天正七（一五七九）年に黒木城代となった相馬三郎入道胤乗（顕胤の弟）の養子黒木中務が弟堀内四郎と謀り、伊達輝宗に与して謀叛を起こしたが、相馬盛胤、義胤父子に討たれ、伊達氏の下に逃亡したと言われる」とある。また、『日本歴史地名大系　巻七　相馬市・八幡神社（現　相馬市坪田）条』に「藩主相馬昌胤の代の元禄七（一六九四）年八月に、執事堀内玄蕃辰胤を奉行として大修理を開始し、同八年五月にほとんど新営ともゆうべき姿で完成をみた（奥相志）」とある。

『蒔田氏』（マキタ）

蒔田氏は、『姓氏家系大辞典　巻一　岩松条6』に「正長元年、老臣新里、中里、島、蒔田謀逆、義時を蒲庭浦に誘引して之を弑し、岩松氏亡ぶ」とあるもので、『同　蒔田条3』にも「岩松家老臣に蒔田氏見え」とある（岩松氏、中里氏の条参照）。

『増尾氏』（マスオ）

増尾氏は、相馬氏族で、『姓氏家系大辞典　巻三　増尾条2』に「常総の増尾氏、建武二年三月の相馬光胤軍忠状に増尾與三良見ゆ」とあり。また、『日本歴史地名大系　巻七　原町市米々沢村条』に「建武二年一一月二〇日相馬重胤は行方郡内の『め、さわ』など六ヶ村と下総国相馬郡増尾村（現　千葉県柏市増尾）を子息次郎（孫次郎親胤）に譲渡している（相馬重胤譲状　同文書）」とある氏である。

『眞野氏』（マノ）
眞野氏は、桑折氏の後裔で、『姓氏家系大辞典　巻三　眞野条17』に「磐城の眞野氏、行方郡の眞野郷（現南相馬市鹿島区江垂（中世は千倉庄））より起り、一に桑折氏に作る。蓋し、眞野郷は当郡の郡家なれば、郡司の裔、眞野氏とも、郡（桑折）氏とも云ひしならん。されど伝説に拠れば、延元中、伊達郡桑折より来ると云ふ。そして眞野五郎道直、眞野五郎元家等あり」とある。また、『日本城郭大系　巻三　相馬郡・中館条』に「往昔国司顕家の時（南北朝期）桑折五郎元家伊達郡桑折より来り、江垂館に住し、眞野五郎と称す」とある（桑折氏、郡氏の条参照）。

『丸山氏』（マルヤマ）
丸山氏は、南相馬市原町区小浜字丸山より起こったが、『日本城郭大系　巻三　原町市条』に「原町市小浜字丸山の『丸山館』は、丸山右近の居館」とある。しかし、この氏の出自等については不明である。

『三浦氏』（ミウラ）
三浦氏は、桓武平氏良文流で、平良文の孫為通は「前九年の役」に参陣し、その功により、相模国三浦郡を与えられ、三浦氏を称した事により起こった。そして現在全国的に拡散する三浦氏は、これが元で、従って相馬孫五郎重胤が来奥後初めて入った「別所館」の館主であった三浦国清も当然この氏族である。また、

『日本城郭大系　巻三　原町市・別所館条』に「重胤が入る以前には鎌倉幕府の御家人三浦義純の末裔三浦左近国清であったが、重胤の来奥と共に館を明け渡した」とある。

『水谷氏』（ミズガイ）
水谷氏は、相馬氏族岡田氏の分流で、『日本城郭大系　巻三　相馬郡条』に「相馬郡小高町水谷の『水谷館』は、岡田氏の分流水谷氏の居館」とある。また、『日本歴史地名大系　巻七　相馬郡・水谷村条』に「当村には相馬一族の岡田氏の傍系水谷氏の居館があったという」とある。

『皆野原氏』（ミナノハラ）
皆野原氏は、『日本歴史地名大系　巻七　相馬郡・栃窪村（現　南相馬市鹿島区栃窪）条』に「総士禄高調の文禄二（一五九三）年の項に『弐貫五百四十五文皆野原隼人佐《はやとのすけ》』とあるが、『奥相志』は、字皆ノ原（現在は皆原）にかつて皆原氏が居住していたとする」とある氏である。しかし、この氏の出自等については不明である。

『目々澤氏』（メメサワ）
目々澤氏は、米々沢とも称し、平将門に仕えた木幡氏の後裔で、『姓氏家系大辞典　巻三　目々澤条』に「磐城国相馬郡目目澤邑より起る。常陸信太郡浮島大夫の後胤と云ひ、周防守義清五世孫範清。総州より移りて、此の地に来る。その孫隆清に至り目目澤を称すとぞ。相馬家の執権にして、藤原氏と云ふ。建武四年二月の相馬孫次郎親胤の軍忠状に目目澤七郎蔵人盛清を載せたり」とある。また、『日本歴史地名

大系　巻七　原町市・米々沢村条』に「当地は目々沢とも記す」とある（木幡氏の条参照）。

『文間氏』（モンマ）

文間氏は、相馬氏族で、『姓氏家系大辞典　巻三　文間条』に「下総の豪族にして、桓武平氏相馬氏の族也。相馬系図に『相馬胤村―胤家（文間五郎）』と見ゆ。又奥相志に『片草村金場は相馬氏の居なり。其の先、相馬次郎胤村が五男胤門、総州文間庄（現　茨城県取手市小文間附近）に居り、以って氏とす焉。其の子胤直、元亨中、本郡片草邑の金場に居り。子孫或は金場氏と称す。門族甚多し矣』と載せたり。而《しこう》して相馬妙見社大般若経に、文間浄可を載せ、又文安中、萱浜の人文間五郎左衛門胤久、牛越定綱を討ちて大功あり、本宗相馬氏より永世不断の証印を賜はる。文間、即ち後の門馬氏にして、中村藩の名族たりと」とある氏である。

『門馬氏』（モンマ）

門馬氏は、前条文間氏の後裔で、総州より陸奥国行方郡へ下向してから変姓したもので、『姓氏家系大辞典　巻三　門馬条』に「相馬藩の名族にして、文安中、文間五郎左衛門胤久、大功あり、又天正中、門馬上総貞経、相馬郡黒木城代たりしが、伊達氏と戦ひて戦死す。奥相志に見えたり。又門馬大和守等多し。相馬郡にはこの氏甚だ多し」とある。また、『日本城郭大系　巻三　相馬市・黒木城条』に「天正七（一五七九）年、黒木城代となった相馬三郎入道胤乗（顕胤の弟）の養子黒木中務が弟堀内四郎と謀り、伊達輝宗に与して、謀叛を起こしたが、相馬盛胤、義胤父子に討たれ、伊達氏のもとに逃亡した後に、門馬上総介貞経が城代となり、同十八年に駒ケ峰の戦いで戦死するまで黒木城を守った』とある。また、『同　相馬郡蓑首城条』に「相馬盛胤、義胤父子は元亀元（一五七〇）年に伊具郡内の丸森城を支配下に置き、門馬大和（のち堀内播磨）を城代にした」とある。

『矢河原氏』（ヤガワラ）

矢河原氏は、『姓氏家系大辞典　巻三　矢河原条』に「磐城国行方郡矢河原邑（現　南相馬市原町区矢川原）より起る。建武三年相馬光胤譲状に『行方郡小高内矢河原源十郎後家尼給分、云々』」とあるが、この氏の出自等については不明である。

『相　馬　市』

『小豆畠氏』（アズハタ）

小豆畠氏は、『姓氏家系大辞典　巻一　小豆畠条』に「常陸国多賀郡小豆畠（現　茨城県北茨城市華川町小豆畑）より起る。天正の頃（一五七三―九二）、小豆畠文七郎相馬家の臣たりき。磐城にあり」とある。また、『日本歴史地名大系　巻七　相馬市・塚部村条』に「総士禄高調の文禄二（一五九三）年の項などによると『小豆畠文七郎が采地二〇貫三四二文を有し、塚田市郎、同与市郎、同藤兵衛、同和泉守、同源兵衛、同太郎右衛門、同掃部丞の七人が合計六貫八二六文の采地を有している』」とある氏であるが、この氏は佐竹氏族か、その家臣の分流かもしれない。

『天野氏』（アマノ）

天野氏は、相馬氏の家臣であるが、その出自は、『姓氏家系大辞典　巻一　天野条』に「和名抄伊豆国田方郡に天野郷を載せたり。中世以後天野庄と云ふ」とあり。そして、『同　条3』に「藤原南家流、遠江伊豆の大族にして、藤原南家工藤氏の族也と云ふ。天野系図に『工藤大夫時理―駿河守維永―右馬允維清―山城守清定―入江権守景澄―天野藤内景光（伊豆国人、頼朝に仕ふ）』」とある。

『飯淵氏』（イイブチ）

飯淵氏は、『姓氏家系大辞典　巻一　飯淵条』に「羽前国最上郡飯淵邑より起る。藤原氏にして、中山宗義の次男宗継より出づ。天文の頃（一五三二―五五）、飯淵八郎左衛門あり、伊達氏記録等に見ゆ」とあり。また、『日本歴史地名大系　巻七　相馬市・北飯淵村条』に「宇河原崎にあった古館跡は幽怪第という。往古の飯淵氏の居館といわれるが、天正中（一五七三―九二）、相馬氏に仕えて武功の有った飯淵九郎左衛門の居館であるかは不明で、弘化二（一八四五）年に水田となった（以上奥相志）」とあるが、この氏は、前述の羽前（山形）の飯淵氏ではなく、相馬市北飯淵より起こった氏族と考えられる。

『石上氏』（イシガミ）

石上氏は、『日本歴史地名大系　巻七　相馬市・石上村条』に「総士禄高調の文禄二年の項には『三拾七貫六百五十文、石上分』とある。（中略）字城ノ内にある古館跡は、藤橋紀伊胤泰の居館という。藤橋氏は標葉郡藤橋村（現　双葉郡浪江町）を本貫とし、明応元（一四九二）年に相馬氏に従って標葉氏を滅ぼして以来、相馬氏との関係を強めてきた。天文十一年に藤橋胤泰は相馬顕胤《あきたね》より当村と新沼村を与えられて移住、永禄八（一五六五）年伊具郡小斎村（現　宮城県伊具郡丸森町）の堡主となった際に当村には次子胤長が置かれ、石上玄蕃と称した（奥相志）」とある。従って、この氏は南相馬市の石上氏とは別氏である。

『石田氏』（イシダ）

石田氏は、『日本歴史地名大系　巻七　相馬市・本笑村条』に「天文二十二（一五五三）年の晴宗公采地下賜録によると、『わらいほとけ』における中野六郎分の年貢収取権が石田十郎衛門に与えられている」

とあるが、この氏の起こりについては不明である。

『**磯部氏**』（イソベ）

磯部氏は、『姓氏家系大辞典　巻一　磯部条39』に「磐城、岩代の磯部氏、磐城国相馬郡に磯部村あり」とのみあるが、『日本歴史地名大系　巻七　相馬市・磯部村条』に「総士禄高調の文禄二年の項などによると、磯辺四郎が住み、采地二一七貫三九五文を有していた。（中略）又字古磯部の古館跡は、天文年中（一五三二―五五）の頃、ここに磯部堡があり磯部氏がいたという伝えもある（以上奥相志）」とある。

『**岩子氏**』（イワノコ）

岩子氏は、『日本歴史地名大系　巻七　相馬市・岩子村条』に「天文二十二年の晴宗公采地下賜録によると『するゑ松』の在家一宇が大和田信濃に与えられている。総士禄高調の文禄二年の項などによると、岩子太郎右衛門が四貫一七〇文、かつま（数馬か）与次郎が四貫七七〇文、岩子掃部丞一貫八三五文、岩子平次左衛門三貫三〇文、岩子帯刀が四貫二五文の采地を持っていたが、これらの采地すべてが村内にあったかは不明」とある。

『**大坪氏**』（オオツボ）

大坪氏は、『姓氏家系大辞典　巻一　大坪条5』に「清原氏流、清家系図に『岩城三郎武衡―八郎兵衛尉武通―右馬允武俊―修理進守俊―八郎兵衛尉守繁―右馬允守行―大蔵尉守家―大夫房（号大坪）』と見えたり」とある。また、『日本歴史地名大系　巻七　相馬市・大坪村条』に「総士禄高調の文禄二年の項などによると、大坪勘解由左衛門が住み、采地三一貫四一七文を有している。字御所宮（かつては前畑と御所宮に分かれる）の古館跡は桑畑になっているが、明応頃（一四九二―一五〇一）の大坪七郎の居館という。大坪氏は享保年中（一七一六―三六）に断絶したと伝え、字千載畑に墓がある」とある。

『大曲氏』（オオマガリ）

大曲氏は、岩城氏流富岡氏族で、『姓氏家系大辞典　巻一　大曲条1』に「桓武平氏岩城氏流、磐城国相馬郡大曲村を領してその地名を負ひしなり。富岡玄蕃の子右京進（壱岐守）、永享の頃（一四二九―四一）、始めて大曲を氏とす（上野玉三郎）と云ふ」とある。また、『日本歴史地名大系　巻七　相馬市・大曲村条』に「総士禄高調の文禄二年の項に、拾四貫六百四十五文大曲源兵衛」「拾五貫八百七拾五文大曲大炊亮分」とある。字天神前にある古邸跡は大曲氏のものという。大曲氏は大永中（一五二一―二八）に岩城重胤の支配を逃れ相馬顕胤に仕えた富岡右京進隆宣が当村に采地を受け、大曲壱岐と称してこの村に住んだ裔とされる（奥相志）とある。

『大和田氏』（オオワダ）

この大和田氏は、『日本歴史地名大系　巻七　岩子村条』に「天文二二年の晴宗公采地下賜録によると『すゑ松』の在家一宇が大和田信濃に与えられている云々」とある氏であるが、この氏、白川結城氏の家臣の大和田氏の分流で伊達郡の大和田氏の近臣ではないかと考えられる。

『小野氏』（オノ）

小野氏は、『日本歴史地名大系　巻七　相馬市・小野村条』に「総士禄高調の文禄二年の項などによると、小野備前守が住み、采地四八貫四六八文を有している。字元屋敷（本屋敷とも記す）にある古館跡は、南北朝期に北畠顕家《あきいえ》に従った小野日向の屋敷と伝え云々」とあるが、この氏は白河の小野氏の族と考えられる。

『萱澤氏』（カヤサワ）

萱澤氏は、『姓氏家系大辞典　巻二　豊田条14』に「磐城の豊田氏、室町の初期、豊田三郎左衛門清弘あり、文安二（一四四五）年、萱澤胤人と謀りて牛越定綱を誅し、功を以って行方郡高平邑内八十八貫文を賜ふ（奥相志）。云々」とある氏であるが、この氏は、豊田氏族ではないかと考えられる。

『黒木氏』（クロキ）

黒木氏は、『姓氏家系大辞典　巻二　黒木条15』に「秀郷流、藤原姓、結城氏流、磐城国相馬郡（もと宇多郡）黒木邑にありし氏にして、建武中、北畠顕家の配下の将に黒木大膳亮正光あり、春日中将顕信泯滅後、相馬氏に属す。其の後、弾正正房あり、中村氏を亡ぼして、中村城を奪ひ、相馬氏に命を乞ひ、正房の弟大膳義房をして、中村に居らしむ。天文中（一五三二―一五五五）、黒木兄弟謀叛、顕胤、之を討ちて二人を勝善原に誅《ちゅう》し、黒木氏を滅す（奥相志）。この黒木氏は顕家に従ひ来る臣と云ひ、或は結城氏家人ならんと云ふ」とある。また、『日本城郭大系　巻三　相馬市・黒木城条』に「相馬氏黒木字中樋（黒木字御城）の『黒木城』は、建武年間、黒木大膳亮正光が築城し、南朝に属し、宇多庄の『熊野堂城』の結城宗広の家臣中村六郎広重の配下として、浜通り地方の南朝方の拠点であった」とある。また、『同　相馬郡条』

に「新地町福田字諏訪の『福田古館』も建武年間、黒木大膳亮正光の居館で、土塁、空堀、古井戸が残る」とある。

『四栗氏』（シグリ・ヨツグリ）

四栗氏は、『日本歴史地名大系　巻七　相馬市・新沼村条』に「総士禄高調の文禄二年の項にみえる『七貫四百六拾五文、四栗藤左衛門』は、のちの和田村から本笑村及び当村にかけて采地を有していた在郷給人四栗氏の祖の可能性があり『三百六十文渡辺右馬助』は当村の在郷給人渡辺氏の祖とみられる」とあるが、この氏の祖は、岩城の渡辺氏族の分流ではないかと考えられる。また、訓読も「しぐり」か「よつぐり」かは不明である。

『鈴木氏』（スズキ）

この鈴木氏は、『姓氏家系大辞典　巻二　鈴木条52』に「磐城の鈴木氏、宇多郡（相馬郡）中野に熊野社あり、建武、延元より以前に鎮座し、神官鈴木氏、数邑を領して一方に雄視す。奥相志に『鈴木氏宇多郡の内数邑《すうゆう》を領せしが、争奪の世に至り、独立する能《あた》はず。故に白川道忠（結城宗広）に属し、以ってその采邑を保つと』」とあり。この氏は後中村氏を称す。また、『日本歴史地名大系　巻七　相馬市・熊野堂城跡条』に「『奥相志』によると、文治年中（一一八五—九〇）、紀伊藤白（現　和歌山県海南市）の住人鈴木四郎穂積重原が熊野神祠を建てたといわれ、山頭にあった社殿は熊野堂と称された」とあるが、紀伊藤白には、全国鈴木氏の宗本家があり、穂積氏は、鈴木氏の前姓である（白河市・鈴木氏の条参照）。

『立谷氏』（タチヤ）

立谷氏は、『姓氏家系大辞典　巻二　立谷条』に「磐城国相馬郡立谷邑より起る。南北朝の頃、立谷十郎保朝あり、王事に尽す。『奥相志』に『立谷村に城址あり、建武中北畠国司有家、霊山に城く時、麾下中野氏なる者、伊達郡より立谷村に至りて、立谷右京亮と号す。後相馬に属し、天文中、立谷越後あり、標葉郡邑に居りて封境を守り、夜討に遭ひて死す』と」とある。また、『日本歴史地名大系　巻七　相馬市・立谷村条』に「総士禄高調の文禄二年の項などによると、立谷越前守が住み、采地五一貫一五文を有している。字稲荷前から字中屋敷にかけて古館跡があるが、建武年中（一三三四―三八）、北畠顕家の麾下にあった中野氏がこの地に居住して立谷右京亮と称し、一説にその子孫の立谷越後が天文年中居館としたという。他方、永禄年中（一五五八―七〇）に同早右衛門胤久が住み、立谷越前と名を改めたとも伝える」とある（中野氏の条参照）。

『館岡氏』（タテオカ）

館岡氏は、岩城氏族大曲氏の後裔で、『姓氏家系大辞典　巻二　館岡条2』に「桓武平氏岩城氏族、磐城国相馬郡大曲村の名族にして、大曲氏の後、大曲村館岡より起る」とある氏である。

『塚部氏』（ツカノベ）

塚部氏は、小豆畠氏族と考えられ、『日本歴史地名大系　巻七　相馬市・塚部村条』に「総士禄高調の文禄二年の項によると『小豆畠文七郎が采地二〇貫三四二文を有し、塚部市郎。同与市郎、同藤兵衛、同和泉守、同源兵衛、同太郎右衛門、同掃部丞の七人が合計六貫八二六文の采地を有している』」とある氏であるが、この氏は、小豆畠氏族と思われる。

『坪田氏』（ツボタ）

坪田氏は、『日本歴史地名大系　巻七　相馬市・坪田村条』に「総士禄高調の文禄二年の項などによると、坪田七郎が住み、采地二六五貫五六五文を有している」とある氏であるが、その他詳細は不明である。

『百槻氏』（ドウヅキ）

百槻氏は、相馬氏族文間氏の後裔で、『日本歴史地名大系　巻七　相馬市・百槻村条』に「総士禄高調の文禄二年の項などによると、百槻右兵衛が住み、采地八貫三五五文を有していた。百槻右兵衛胤正《たねまさ》は、文間四郎胤朝裔であるが、永禄六（一五六三）年秋、中村城代と黒木城代が伊達氏に誘われて相馬氏に背いた時、これに与して当村を離れた。しかし、のち許され、天正年中（一五七三―九二）に戦功をあげ、当村に改めて采地を受けた。その居館は不明であるが、子孫は門馬氏を称している（以上奥相志など）」とある。

『中野氏』（ナカノ）

中野氏は、『姓氏家系大辞典　巻三　中野条14』に「磐城の中野氏、相馬郡中野邑より起るものあり、此の地は中村六郎広重の在りし地也。又相馬家臣に中野氏あり、『奥相志』に『立谷村に城址あり、北畠国司、霊山に城く時、麾下中野氏は伊達郡より此の地に来り。立谷右京亮と称し、後に相馬に属す』と。後元亀、天正の頃（一五七〇―九二）中野常陸介宗時あり、伊達氏に反して相馬氏に走る」とある。また、『日

本歴史地名大系　巻七　相馬市・中野村条』に「『奥相志』によると、元亀年中（一五七〇―七三）に伊達晴宗の老臣中野常陸が伊達家を逃れて相馬盛胤に仕え当村に采地二〇貫文を与えられるが、天正十八年の項などによれば、中野六郎が住み、采地三十七貫一三五文を有している」とある（立谷氏の条参照）。

『中丸氏』（ナカマル）

中丸氏は、『日本歴史地名大系　巻七　相馬市・馬場野村条』に「字中谷地に中丸館と御宿館という館跡があり、前者は中丸弾正の居館と伝えるが不詳」とある氏である。

『中村氏』（ナカムラ）

この中村氏は、『姓氏家系大辞典　巻三　中村条61』に「秀郷流、藤原姓、結城氏族、磐城国宇多郡（相馬郡）仲村郷より起る。初め熊野社司鈴木氏、宇多郡内数邑を領せしが、争奪の世、独立する能《あた》わざれば、白川道忠（結城宗広）に属し、厚禮を以って、其の氏族中村六郎広重を迎へて中野邑に置き、中村殿と称す。広重、乃ち成田邑に館を築きて宇多郡を治む。これ此の流中村氏の祖也と。一に云ふ、此の中村氏は下総の中村に興り、その後、奥州白川に移り、更に此の地に来りしにて、今の中村町と関係なしとの説あれど非なるべし。今の中村町は和名抄仲村郷の遺跡なれば也。その後、大永中、六郎の裔、天神林城に移りしが、黒木弾正正房の為に敗れて死す」とあり。また、『日本城郭大系　巻三　相馬郡条』に「相馬郡小高町上浦字葦が迫の『中村館』は、中村氏の居館」とある。また、『同　相馬市・黒木城条』に「熊野堂城は、結城宗広の家臣、中村六郎広重の築城で宇多庄を支配した」とある。そしてまた、『日本歴史地名大系　巻七　相馬市・中村条』に「建武二（一三三五）年七月三日に結城宗広は勲功の賞として陸奥国宇多庄を与えられるが（後醍醐天皇綸旨《りんじ》　結城神社文書）、宗広は、その支配のために熊野堂城に一族の中村六郎広重を入れたといわれる。『奥相志』によると、広重はかつて結城中村（現　茨城県結城市）を本貫地としていたとされるが、当地の住人あるいはその一族とみる説もある」とある。また『同　中村城跡条』には、「宗広は、後醍醐天皇より宇多庄を恩賞として与えられ、一族中村広重を熊野堂城に配して宇多庄を統治させたというが、南北朝期には、熊野堂城の付城として利用された可能性がある。大永年中（一五二一―二八）中村広重の末裔と称する者が樵夫《しょうふ》（きこり）の勧めにしたがって築城工事を始めたが、黒木城の城主、黒木弾正信房がこれを奪い、弟を配して中村大膳義房と称させたという。（中略）天文十二（一五四三）年、相馬顕胤が黒木、中村の兄弟を相善原（現　相馬郡新地町）に誅して宇多郡を支配下に置き、中村城に城代として草野式部直清を入れ、中村氏を称させている」とある。また、『同　相馬市・熊野堂城跡条』に「相馬氏は南朝側の中村広重を滅ぼしたのち、海東朝高を当城の城代として配し、海東氏は中村氏を称したと言われる」とある等、この氏の出自については数流が見られる。

『成田氏』（ナリタ）
成田氏は、『日本歴史地名大系　巻七　相馬市・成田村条』に「総士禄高調の文禄二年の項などによると、成田大炊頭が住み、采地二六五貫五六五文を有している」とある氏であるが、この氏の出自等については不明である。

『日下石氏』（ニッケシ）
日下石氏は、岩城氏流富岡氏族で、『日本歴史地名大系　巻七　相馬市・日下石村条』に「総士禄高調

の文禄二年の項などによると、日下石新左衛門が住み、采地二一貫四九九文を有している。大永年中（一五二一―二八）、岩城重胤の支配を逃れて相馬顕胤に仕えた富岡玄蕃隆忠は、当村に采地を受けて名を日下石美濃と改めており、日下石氏はその裔とされる（奥相志）など」とある氏である。

『藤田氏』（フジタ）
藤田氏は、『姓氏家系大辞典　巻三　藤田条10』に「岩代の藤田氏、伊達郡藤田邑より起る。西の山に城址あり。古くより藤田氏累代の居城にて伊達家譜第の一家の臣なりしに、延宝六（一六七八）年、右兵衛宗景に至りて罪ありて家亡ぶ。略記に『藤田、家系伝わらず、当家累世一家の臣也。懸田俊宗の二男七郎晴親、嘗って藤田家の後と為れば、俊宗滅亡の日、晴親、相馬に奔る。十六世輝宗君に至り、晴親の二男四郎宗知を徴して、藤田家の後と為し、一家に列す云々』と」とある。また、『日本歴史地名大系　巻七　相馬市・尾浜村条』に「総士禄高調の文禄二年の項にみえる藤田蔵人は、当村と馬場野村において六貫九〇五文の采地を有していた」とある。

『二股氏』（フタマタ）
二股氏は、木幡氏の後裔で、『日本歴史地名大系　巻七　相馬市・程田《ほどた》村条』に「相馬市程田字大師前の二股氏の居館跡と思われる辺りは、中世には二俣村（下新田村、江戸期の新田村）の一部をなしていたと伝える」とあり。また『同　新田村条』に「天文年中に木幡藤十郎光清が二俣村に住み、文禄年中の二股金七郎義勝はその四世の裔で云々、又字梅川にある稲荷神社は木幡氏（二俣氏）の鎮守と伝える」とある。

『幕内氏』（マクノウチ）

幕内氏は、『日本歴史地名大系　巻七　相馬市・柏崎村条』に「総士禄高調の文禄二年の項に『三十五貫五百七拾文、柏崎』とあり、当地に住んだ幕内小一郎は七貫三六八文の采地を有していた」とあるが、この氏は、磐城の幕之内氏の分流と考えられる。

『柚木氏』（ユノキ）

柚木氏は、木幡氏の後姓で、『日本歴史地名大系　巻七　相馬市・柚木村条』に「総士禄高調の文禄二年の項に『ゆの木ニ木幡太郎衛門』とみえ、采地六貫四四〇文を有している。当村に住んだ木幡氏は相馬氏に仕えて柚木左馬国義と号し、その子新十郎近重が天正年中（一五七三―九二）に戦功をあげたという云々」とある。

『渡辺氏』（ワタナベ）

この渡辺氏は、『日本歴史地名大系　巻七　相馬市・新沼村（現　相馬市新沼）条』に「総士禄高調の文禄二（一五九三）年の項にみえる『七貫四百六拾五文、四栗藤左衛門』はのちの和田村から本笑村及び当村にかけて采地を有していた在郷給人四栗氏の祖の可能性があり、『三百六十文渡辺右馬助』は当村の在郷給人渡辺氏の祖とみられる」とある氏であるが、この渡辺氏は、岩城の渡辺氏の分流ではないかと考えられる。

『相　馬　郡』

『朝日奈氏』（アサヒナ）

朝日奈氏は、『日本城郭大系　巻三　相馬郡条』に「相馬郡飯舘村飯樋字下向の『古館』は、南北朝時代、朝日奈弥五郎の居館」とあるが、現在全国的に散見される朝日奈氏は、歴史も古く、鎌倉時代に活躍した氏族で、『吾妻鏡』等にも度々その名が見られる。そして、その出自は、桓武平氏三浦氏族と考えられ、『姓氏家系大辞典　巻一　朝比奈条5』に「安房の朝比奈氏、和田義盛の子朝夷名三郎より始まると云ふ。されど疑あり、朝夷名条を見よ」とあり。そして、『同　朝夷名条』に「桓武平氏三浦氏の族にして、和田義盛の子義秀が、朝夷名三郎と称せしより起る。和田系図には『義盛―義秀（朝印南三郎）天下無双の大力、父滅亡の時、舟に乗り房州に渡り遂に高麗国に赴く、云々、時三十五歳』と見ゆ。安房国朝夷郡朝夷の地は其の知行せし地と伝ふれば此の名を負ひしか。されど鎌倉にも朝日奈（現　神奈川県横浜市金沢区朝日奈）の地名あり云々」とある。従って、この氏も当然この分流と考えられる。

『飯土江氏』（イイトエ）

飯土江氏は、『日本歴史地名大系　巻七　相馬郡・飯樋村条』に「建武二年四月一六日、相馬胤泰およびその従者飯土江彦十郎義泰が、相模国片瀬（現　神奈川県藤沢市）で討死しているが（同年五月三日　左衛

門尉為盛軍忠状案　相馬岡田文書）、義泰は当地を本貫とする武士と思われる」とある。

『泉田氏』（イズミダ）

この泉田氏は、『日本城郭大系　巻三　相馬郡・蓑首城条』に「永禄九（一五六六）年に相馬盛胤、義胤父子によって築かれた新地町谷地小屋字館前の『谷地小屋城』は、始め藤橋紀伊が城代であったが、その後門馬雅樂助が城代となり、更に泉田甲斐が城代として置かれた」とある。そして、『日本歴史地名大系　巻七　相馬郡・谷地小屋城跡条』にも、「永禄七（一五六四）年相馬盛胤は、新地に居館を構え、藤橋紀伊胤泰を配して谷地小屋とよんだ（東奥中村記）。この年の夏、亘理元宗に加勢した北の目（現　宮城県名取市）の合戦の際、盛胤は軍勢を率いて当城に一泊している。同九年五月上旬に盛胤、義胤は伊具郡小斎城（現　宮城県伊具郡丸森町）を落して藤橋紀伊を城代とし、当城を廃した。これに伴い蓑首城を築いて門馬雅樂介を城代としたが、のち門馬氏が病死したため、中村城（現　相馬市）城代の泉田甲斐を配したという（以上奥相茶話記など）」とある氏である。

『木崎氏』（キザキ）

木崎氏は、『日本城郭大系　巻三　相馬郡・蓑首城条』に「新地城（後蓑首城）が天正十七（一五八九）年五月二十一日伊達政宗によって攻陥され、城代の泉田甲斐は降伏し、西館を死守していた杉目三河の主従二人、歩卒三人、木崎右近の六人が伊達勢の中に突入して云々」とある氏であるが、この氏は新地町木崎の起こりである。しかし、その出自等については不明である。

『草野氏』（クサノ）

草野氏は、菅原氏の分流と言われ、『姓氏家系大辞典　巻二　草野条13』に「菅原姓、磐城国行方郡の草野邑（現　相馬郡飯舘村草野）より起る。此の地は岩松文書、弘安元年道受譲状に『陸奥国千倉庄、加草野定』と載す。而《しこう》して相馬文書、正平七年執達状に『草野通率一族、田村庄宇津峰を攻めらるべし』云々と見ゆ。此の氏は古代記に『菅家の餘流にして、当国に下向す。草野主殿と称せる人は、大森城に居る、云々』とあり」とある氏である。

『玄蕃氏』（ゲンバ）

玄蕃氏は、『日本城郭大系　巻三　伊達郡・河股城条』に「慶長五（一六〇〇）年に伊達氏の旧領を領有していた上杉氏と徳川氏との間で風雲急を告げた。旧領地奪還を狙う伊達政宗は、同年七月二十四日、宮城県の白石城を攻略した。同じ頃桜田資親から桜田氏の家督を継いだ宇多郡駒ケ嶺（現　相馬郡新地町駒ケ嶺）の城主玄蕃基親は伊達郡に侵入し、河股城を奪い兵を分けて飯野、秋山、大波、小島、小手内などを焼き払い、大館（福島市立子山）に陣を張った」とある。このように、この氏は櫻田氏族であるが、この「玄蕃」とは「姓」か「官職名」か判然としない。しかし、この書式や、現在も「玄葉」の姓が存在するところを見れば、これは「姓」であると解釈し掲載する事とする。

『杉ノ目氏』（スギノメ）

杉ノ目氏は、『姓氏家系大辞典　巻二　杉目条』に「奥州の豪族にして、藤原姓と云ふ。岩代国信夫郡杉目邑より起る。杉目太郎行信は、一に杉妻太郎行信に作る。義経の頃の人にて、福島城に居りしと云ふ。

津軽の『可足記』に『秀元の御代、九郎判官身代には、一家の内、杉目太郎行信いたし候て、判官は津軽に来る』と」とある。しかし、『日本歴史地名大系　巻七　相馬郡・杉目村条』に「新地町杉目字中丁の丘陵には、相馬義胤の家臣の杉目八郎左衛門のものとされる館跡がある」とある。また、『日本城郭大系　巻三　相馬郡条』に「相馬郡新地町中丁の『杉ノ目館』は、元亀―天正年間（一五七〇―九二）、杉ノ目掃部の居館、又同所の『杉ノ目西ノ館』は、元亀―天正年間、杉ノ目三河守の居館」とあるので、この氏は、福島城の杉目氏族ではなく、新地町杉目発祥の氏族ではないかと考えられる。

『関澤氏』（セキザワ）

関澤氏は、『姓氏家系大辞典　巻二　関澤条』に「駿河、磐城、羽前等に此の氏あり。此の氏、桓武平氏なりとの説あるも出所を知らず」とあり。そして、『同　条1』に「磐城の関澤氏、磐城国相馬郡関澤邑（現　相馬郡飯舘村関沢）より起こりしか。新編会津風土記、耶麻郡の旧家関澤丹三郎を挙ぐ」とある。

『松川氏』（マツカワ）

松川氏は、『日本城郭大系　巻三　相馬郡条』に「相馬郡新地町古屋敷の『谷地小屋要害』に松川七郎左衛門が拠った。伊達氏の支城の一つ」とあるが、この氏は伊達氏の家臣で、福島市松川を発祥とする氏族と考えられる（福島市・松川氏の条参照）。

『会津若松市』

『蘆名氏（アシナ）』

会津盆地を中心とした会津地方の繁栄は、蘆名氏を母体とし、この一族がそれを取り囲むような形で定着し、同族間の確執や相克を繰り返しながら切磋琢磨《せっさたくま》し、開拓に尽力し開発されていった事によるものである。

その蘆名氏は、文献により諸説あるが、大筋では、桓武平氏良文流三浦氏族で、三浦氏の始祖三浦為通の曽孫為清が、相模国蘆名（現　神奈川県横須賀市芦名）を与えられ住し、蘆名氏を称した事により起こった。

そして、その甥（長兄義明の七男）「佐原十郎義連《さはらのじゅうろうよしつら》」は、若干十八歳で「源平合戦」に参陣し（吾妻鏡元暦元年二月五日条等）、続く文治五（一一八九）年の源頼朝による「奥州征伐（文治の役）」にも参陣し（同文治五年七月十九日条）、その功により、陸奥国会津の地を与えられたが、『日本歴史地名大系　巻七　大沼郡・中世条』には「文治五年、源頼朝は奥州平定後、戦功のあった関東武士に、平泉藤原泰衡やこれに加担した者の所領を没収して与えた。慧日寺および城四郎長茂の支配した会津四郡は、蘆名、長沼、山内、河原田氏に与えられ云々」とある。これにより、その義連の子盛連は、為清の「蘆名の名跡」と父義連の「会津領」を相伝した。

そして、その盛連には、六人の男子があったが、この六人の子息達を夫々会津領内各地へ分封し、一族繁栄の基盤を築く。それは、長男経連《つねつら》を耶麻郡猪苗代へ配し、二男広盛《ひろもり》を河沼郡北田へ配し、三男盛義《もりよし》を同郡藤倉へ配し、そして、四男光盛《みつもり》には蘆名氏の本宗を相伝し、更に五男盛時《もりとき》を耶麻郡下三宮へ配し、六男時連《ときつら》を同郡新宮へと配したが、これにより、その子息達は、これらの地に於いて定着し始祖となり、夫々子孫を繁栄させていく事となるのである。そして、これら各氏は、その後、夫々独立性を持ちながら、同族間の確執や抗争により盛衰を繰り返すが、この中で最も隆盛を極めたのは、本宗の蘆名氏第十六代盛氏の時代で、会津黒川城を本拠とし、会津全域の他、越後国蒲原郡小川庄（現　新潟県東蒲原郡阿賀町）を始め、二本松の畠山、須賀川の二階堂、白川の結城をも傘下とする程の勢力となり威を振るった。

そして、永禄期（一五五八―七〇）に入り、盛氏は嫡子盛興に家督を譲り、自らは「黒川城」の遥か南方に聳える向羽黒山（現　白鳳山公園）に「向羽黒山城」を築き隠居し、「止々斉」と号した。しかし、天正三（一五七五）年六月、盛興が急死してしまったため、再び黒川城に戻り政務を執る事となった。そして、その後、この盛氏によって政務が執られ一応落ち着いたかに見えたが、間もなくこの盛氏も没してしまった。そこで窮策として、須賀川の二階堂氏より「臣従証人」として預かっていた二階堂盛義の子盛隆を以って継嗣とした。ところが、この盛隆も家臣の大場三左衛門によって弑《しい》され、残されたその遺児亀若丸も僅か三歳で病死した。

そこで今度は、近年一段と勢力を増し今や北関東から南奥に於いて並ぶものなき勢力を持ち、飛ぶ鳥を落とす勢いの「佐竹氏」より継嗣を入れる事とし、既に白川結城氏の継嗣として「白川義広」を名乗っていた常陸の佐竹義重の二男義広を盛隆の息女の婿として迎える事としたが、交渉の結果、義広は蘆名氏の継嗣となり「蘆名盛重」を名乗る事となった。

しかし、これに至るまでには、盛興の未亡人の甥に当たる伊達政宗の弟小次郎を迎えるべく画策する派と、この義広を迎えるべきとする派に二分され、城内は不安定さを露呈していた。そして、この問題が尾を引き、盛重が城主となった後も城内は一族分裂の危機にあった。

そこに、丁度二本松の畠山義継による伊達輝宗謀殺事件が勃発したが、これが失敗し、畠山氏は輝宗の嫡男「伊達政宗」によって討滅され、その義継の子国王丸（後義綱）が、この黒川城へ走ったため、政宗は、今度は会津討伐を決め、先の継嗣問題で伊達の小次郎を推していた「猪苗代城」の城主「猪苗代盛国」と、主家蘆名氏を推す嫡子「盛胤」の確執を巧みに利用し、盛国を味方に付けた。そして、伊達、田村等二万余騎の大軍を以って会津討伐に進軍、佐竹氏を長とする白川、二階堂、石川等反伊達連合軍をバックとする会津軍一万六千騎と、磐梯山麓「磨上原《すりあげはら》」に於いて激戦を展開した。

しかし、会津軍は大敗し、続いて「黒川城」も陥落され、盛重は、父義重、兄義宣等の佐竹軍と共に、須賀川城から三城目城、滑津城、赤館へと後退し、最後は祖地常陸へと走り、盛光が会津へ下向して以来、この盛重まで十八代約三百年に亘って続いた桓武平氏の名門蘆名氏も遂に、終焉を迎えるに至ったのである。

しかし、ただ唯一、第十四代盛滋《もりしげ》の子盛幸を祖とする「針生氏」が蘆名氏没落の後、常陸竜ケ崎一万八千石を与えられ、その後、伊達氏の家臣となり辛うじて蘆名氏の命脈は保たれた（針生氏の条参照）。

その後、常陸へ逃れた盛重は、豊臣秀吉より常陸国江戸崎四万五千石を与えられ、名を「主計頭義勝《かずえのかみよしかつ》」と改め、佐竹氏本宗を支えたが、これも慶長七（一六〇二）年に至り、本宗の佐竹氏が徳川家康によって秋田へと左遷されたため、佐竹氏と運命を共にし、秋田へ下向し、翌慶長八年、角館一万六千石を与えられ当地に於いて没した。

そして、この角館（現　秋田県仙北市角館町）は、現在、「東北の小京都」と言われ、多くの武家屋敷を残し、東北の一大観光地となっている。

『相沢氏』（アイザワ）

相沢氏は、旧相澤邑より起こった氏族で、『日本歴史地名大系　巻七　北会津郡・荒田村（現　会津若松市北会津町和合）条』に「当村は、嘗《かつ》ては相澤村と言い、栗村三郎朝長が築いた柵に、のちに相沢七右衛門盛宗が住したという（会津古塁記）。字名を館内という（新編会津風土記）」とあるが、この氏は、蘆名氏族北田氏の分流栗村氏の一族と考えられる。

『会津氏』（アイヅ）

会津氏は、桓武平氏村岡氏流で、会津黒川より起こったと言われるが、『姓氏家系大辞典　巻二　黒川条10』に「平姓村岡氏流、これも近江の黒川氏なり。会津氏の裔と云へば、岩代会津の黒川邑より起こりしか。新編風土記、埼玉郡条に『黒川氏（牛重村）、祖先村岡小五郎の後裔、会津新左衛門政義の嫡子にして、三郎左衛門忠重が、始めて黒川を称し云々』」とある氏である。そして、黒川の地は、言うまでもなく現在の会津盆地の中心地（鶴ヶ城附近）である。

『赤城氏』（アカギ）

赤城氏は、藤原北家秀郷流波多野氏族で、波多野民部大輔経秀の後裔が、永正（一五〇四―一二）の頃、上野国勢多郡赤城に移り住み、赤城氏を称した事により起こったが、その後流浪して天正年間（一五七三―九二）、会津に至り蘆名氏の家臣になったと言われ、『姓氏家系大辞典　巻一　赤城条1』に「波多野氏流、秀郷流藤原姓波多野氏の族と云ふ。即ち新編会津風土記に『其先藤原氏にて波多野民部大輔経秀が後なりと云、永正の頃、赤城勘解由忠頼と云ふもの始めて上野国赤城に住し、後流落《るらく》して、此の国に来り、蘆名氏に寄食す』と。又耶麻郡熊倉村赤城氏条に『先祖を赤城和泉則之と云、上野国勢多郡の産にて天正中会津に来り、蘆名盛隆に仕ふ』と。又河沼郡夏井村に館跡あり、『天正中赤城玄蕃某と云者あり、関東より来り葦名盛氏に仕へ本村及び附近五ヶ村を有す』と。又同郡片門村館は『天正中赤城平七忠安住す、忠安は玄蕃の弟なり』と。又耶麻郡桧原村条に『赤城内匠利弘と云ふもの天正中討死す』」とある。そして、この赤城氏の祖である波多野氏の起こりは、相模国波多野庄（現　神奈川県秦野市）で、祖は佐伯氏と言われ、佐伯経範は「前九年の役」で天喜四（一〇五六）年十一月、敵に包囲された源頼義と共に敵中に取って返し戦死している（陸奥話記）。また保延三（一一三七）年正月十日波多野本庄北方が波多野遠義から二男遠道に譲られたという（吾妻鏡　文治四年八月二十三日条、日本歴史地名大系　巻十四　秦野市条）。

『阿久津氏』（アクツ）

会津の阿久津氏は、『姓氏家系大辞典　巻一　阿久津条2』に「田村氏流磐城の安久津より起る。仙道表鑑に『田村月斉顯氏が六郎は、安久津右京亮顯義なり』と見ゆ。即ち坂上氏の後裔なり。磐城田村郡今も阿久津氏あり。猶ほ一流あり、安久津条を見よ。又新編会津風土記に井桁村鹿島神社の神職阿久津和泉を載す」とあるので、この氏の分流と考えられる。

『天川氏』（アマカワ）

天川氏は、『姓氏家系大辞典　巻一　天川条』に「上野国勢多郡に天川村あり。其の地より起れるか。新編会津風土記伝、会津一堰《いちのせき》村羽黒神社神職、天川信濃の条に『府下東黒川養蠶宮村に住す。天正四年養蠶国神社神職、佐瀬大隅が譲を受け神職となりき』」とある氏である。

『荒井氏』（アライ）

荒井氏は、蘆名氏の家臣で、『日本城郭大系　巻三　河沼郡条』に「河沼郡河東町代田字代田の『荒木館』は、天正年間（一五七三―九二）、新井経政の居館」とあり。また『日本歴史地名大系　巻七　耶麻郡・野沢原町村（現　耶麻郡西会津町野沢）条』に「横町北の荒井館跡は、横町館ともいい、正安（一二九九―一三〇三）頃に、当地の地頭荒井信濃守頼任が住したという。『異本塔寺長帳』で天正九年蘆名盛隆の名代として織田信長に謁したとされる野沢地頭荒井万五郎は頼任の末裔とされる」とある。また、『姓氏家系大辞典　巻一　荒井条2』に「会津の荒井氏、又会津風土記河沼郡強清水新田村荒井鉄蔵条に『其家系に拠るに、先祖は荒井右馬丞とて仙道荒井に居住し、蘆名盛氏に仕ふと云ふ。其子七郎浪人して此地に来り蒲生氏に仕ふ。当家封を受けて後、萬治三年其子の新四郎、自ら奮て家資を損て堰を鑿ち、新田を開き一村を構ふ。代々此処に住す』と。これも同族か」とある。

『石塚氏』（イシヅカ）

石塚氏は、陸奥《むつ》大掾《だいじょう》石川浄足《きよたり》の後裔と言われ、『日本歴史地名大系　巻七　会津若松市・滝沢村（現　会津若松市一箕町八幡）条』に「会津古塁記は、滝沢村館について『昔此村ヲ堂家村ト云、天応元（七八一）年辛酉《かのととり》、藤原朝臣清足卿堂家ニ流サレ築之、子孫ニ至リ堂家ヲ家名トス、村ヲ滝沢ト改メ、又石部ノ某ト名乗ル、又石塚ヲ家苗トス』」とある。このように石塚氏は、陸奥大掾であった藤原清足が流罪となり、宮城県多賀城より会津の地へ流され定着し、蘆名氏が会津へ下向するまで、堂家、石部、石塚等と改姓しながら当地方に君臨した豪族であった（堂家氏、石部氏の条参照）。

『石堂氏』（イシドウ）

石堂氏は、『姓氏家系大辞典　巻一　石堂条2』に「岩代の石堂氏、北会津郡石堂村（現　会津若松市石堂町）より起ると云ふ。磐城にも現存す」とあるが、その他詳細は不明である。しかし、元々石堂氏は、足利氏の分流で、『同　条1』に「尊卑文脈に『足利泰氏―頼茂（石堂四郎）―義房―義基―直房―頼忠』と見ゆ。清和源氏系図には石堂とす」とあるが、この氏とは別流と考えられる。

『石原氏』（イシハラ）

石原氏は、『姓氏家系大辞典　巻一　石原条10』に「会津の石原氏。石原村あり、其の地より起れるか。『新編風土記　石原村条』に『館迹、肝煎の居宅となり。享徳（一四五二―五五）の頃、石原刑部信清居住せしと云』」とある氏であるが、この氏の出自等については不明である。

『石部氏』（イシベ）

石部氏は、陸奥大掾藤原浄足（清足）の後裔と言われる堂家氏族で、『日本歴史地名大系　巻七　会津若松市・滝沢村条』に「館迹の北一〇間ばかりに石部の桜があり、石部治部大輔の庭であったという」とある（堂家氏、石塚氏の条参照）。

『海上氏』（ウナガミ）

海上氏は、一般的には「桓武平氏千葉氏族」が知られているが、会津の海上氏は、『姓氏家系大辞典　巻一　海上条8』に「三浦氏流、三浦系図に『会津光盛―泰盛―盛宗（海上次郎）』見ゆ」とあるもので、光盛は蘆名氏第三代、泰盛は第四代、盛宗は第五代である。そして、海上氏の発祥の地は、海上郡で、海上郡は往古、上総国及び下総国の双方に跨《また》がって存在した。しかし、この盛宗が海上氏を名乗った経緯については判然としない。ただ、これにより考えられる事は、三浦氏は、宝治元（一二四七）年に勃発した「宝治合戦」によって一族が討ち死にしており、三浦氏の名跡を光盛の弟の盛時が継いでいるので、この宝治合戦の時に、光盛の孫の盛宗が、佐原義連以来領有していたと考えられる海上に逃れ、一時「海上氏」を称したのではないかと考えられる。そして、この旧海上郡には香取市と合併する前の旧佐原市（現　千葉県香取市）があるが、これは、佐原義連が領した事により付いた地名ではないかとも考えられる。佐原氏の元々の発祥地は、神奈川県横須賀市佐原であるからである。

『鵜浦氏』（ウノウラ）

鵜浦氏は、『日本城郭大系　巻三　会津若松市条』に「会津若松市湊町中田鵜浦（現　会津若松市湊町共和字鵜ノ浦）の『鵜浦館』は、鵜浦甲斐守の居館とあり、また、大沼郡本郷町藤川（現　大沼郡会津美里町藤家舘字沖ノ舘）の『沖館』は、蘆名氏の臣鵜浦氏の居館で、瑞祥院懸崖運栽居士名の鵜浦甲斐守の墓がある」とある。また、『日本歴史地名大系　巻七　会津若松市・中田村（現　会津若松市湊町静潟）条』に「字館山に鵜浦館跡があり、『会津古塁記』には『応仁年中（一四六七―六九）、鵜浦甲斐盛長築イテ住ス』とある」とある。

『大友氏』（オオトモ）

大友氏は、『日本歴史地名大系　巻七　会津若松市・木流村（現　会津若松市高野町木流）条』に「平塚

氏は、蘆名氏の家臣で、大友氏、二国氏と名を改め、平澤村、中地村、平塚木流に館を構えた」とある氏で、『同　中地村（現　会津若松市町北町中沢）条』に「中世蘆名氏の時代に中沢村に館を構えていた二国若狭実国は、もと当村にいて大友実国ともいった。天正十七（一五八九）年、磨上原の戦いで蘆名氏は伊達氏に敗れ、実国の子実恒は当村に戻って土着したという（新編会津風土記）」とある。

『大縄氏』（オオナワ）

会津の大縄氏は、常陸佐竹氏の旧臣で、蘆名氏に継嗣が途絶え、白川義親の継嗣となっていた佐竹義重の二男「白川義広」を、更に蘆名盛隆の息女の婿とし継嗣として迎えるに当たり、その付家老として来た。「大縄讃岐」は、その後に起きた伊達政宗対蘆名盛重の戦いに於いては、同じ付家老として来た羽石駿河、平井薩摩達と共に伊達方に属して戦っている（石川氏一千年史　角田初代〔石川第二十五代〕昭光条）。つまり旧主家の佐竹氏と敵対して戦ったわけである（羽石氏の条参照）。

『大庭氏』（オオバ）

大庭氏は、蘆名氏の家臣で、大場、大羽、大葉にも通ずるが、『姓氏家系大辞典　巻一　大庭条8』に「芦名の大庭三左衛門は、二本松大庭の後なり。」『新編会津風土記』に『飯寺村墳墓、大庭三左衛門の墓なりと云ふ。三左衛門、元は二本松義継が郎党也。心剛なる小童なれば、葦名盛隆深く所望ありて、会津に来り仕へ云々』とある。そして、大庭氏の起こりは、『姓氏家系大辞典　巻一　大庭条6』に「桓武平氏良茂（良文とも）流鎌倉氏族で、鎌倉権五郎景政の孫景忠が、相模国高座郡大庭郷（現　神奈川県藤沢市大庭）を領し大庭氏を称した事により起る」とあり。そして、その子景親は、源頼朝による平家討伐の挙兵の時は、在京中だったため、朝廷より源氏討伐の命により帰国し、「石橋山の合戦」に於いては、畠山重忠等と共に平家方として活躍し、頼朝を敗走させた。しかし、その後は源氏方に転じ畠山氏と共に活躍し、源政樹立に貢献した。

『**大葉氏**』(オオバ)
この大葉氏は、『姓氏家系大辞典　巻一　大葉条1』に「平姓、新編会津風土記所載文書に『大葉氏、小高木領主帯刀右衛門平景兼』と。又貞治三年十月七日、大葉帯刀左衛門景兼の陸奥国會津河沼郡藤倉邑内了仙在家一宇、田一町の沽却状あり。『右は景兼重代相伝の地』と見ゆ。会津には大場氏、大庭氏もあり」とある。

『**大宅氏**』(オオヤケ)
大宅氏は、『日本歴史地名大系　巻七　河沼郡・熊野堂村(現　会津若松市河東町熊野堂)条』に「村北の字高館に中世の館跡があり(中略)『会津古塁記』には『康平五(一〇六二)年、源義家公長臣大宅光房築ク、後二斎藤大蔵少輔俊長住ス、天正の頃佐瀬平右衛門盛光住ス』と述べる」とある氏であるが、この事は、大宅氏は源義家(八幡太郎)の家臣という事であるから、これは恐らく「後三年の役」の時の事と考えられる。

『**大和田氏**』(オオワダ)
この大和田氏は、岩代国河沼郡大和田邑(現　会津若松市河東町大田原字村北)より起こったが、『日本城郭大系　巻三　河沼郡条』に「河沼郡河東町大田原字村北の『大和田館』は、大和田氏の居館」とある。

しかし、その他の詳細は不明である。

『小河氏』(オガワ)

小河氏は、岩城氏の旧臣で、『姓氏家系大辞典　巻一　小河条37』に「岩代の小川氏、葦名家臣に小河氏あり、小河越前守、同左馬助等聞ゆ。後三坂氏と云ふ。文書二十四通を蔵す。又耶麻郡白河村八幡宮の記録に小川鎮眞、又会津郡赤井村肝煎小川安右衛門、文禄中の水帳を蔵す」とあるが、この氏は、元々は岩城氏族の小川氏の分流である。それは、天正年間(一五七三―九二)、三坂越前守は、訳あって主君岩城常隆の下を退散し、会津へ逃れ、子孫は会津藩に仕えたと言われているからである。そして、このような事情から、始めは先祖の姓の小川を小河として称し、後に旧姓三坂に復したものと考えられる(いわき市・小川氏、三坂氏の条参照)。

『於木氏』(オギ)

於木氏は、『姓氏家系大辞典　巻一　於木条』に「会津にあり。天文十八年の内番帳に見ゆ」とあるが、この氏は田村の荻氏の流れではないかと思われる。

『小澤氏』(オザワ)

小澤氏は、『姓氏家系大辞典　巻一　小澤条13』に「岩代の小澤氏、新編会津風土記、耶麻郡野邊澤村条に『端村右衛門小屋、天正中、本村の地頭横澤丹波と云者の臣小澤右衛門と云者、開きし故名付くと云ふ』と載せたり」とある氏であるが、この氏は、田村の小澤氏の流れではないかと考えられる。

『小田垣（小高木）氏』（オダガキ）

小田垣（小高木）氏は、『姓氏家系大辞典　巻一　小田垣条』に「岩代会津郡に小田垣邑（現　会津若松市城東町）あり」とのみ記されているが、この氏は、大葉（大庭）氏の分流ではないかと考えられる。そして、『日本歴史地名大系　巻七　会津若松市・若松城下条』に「会津旧事雑考、文和三（一三五四）年条に『或記曰小高木館立始云今小田垣之字也』とあるが、小田垣（小高木）は現在の鶴ヶ城の東側の地名で、貞治三（一三六四）年十月七日実相寺に『河沼郡藤倉村内了仙在家一宇田一町』を寄進した小高木惣領帯刀左衛門尉景兼（大庭景兼在家売券案、新編会津風土記）という地方豪族の館であったと考えられる。蘆名氏との関係は不明である」とある。

『笠原氏』（カサハラ）

笠原氏は、『姓氏家系大辞典　巻一　笠原条8』に「会津平姓、会津若松諏訪社の社家にして、信濃国伊奈郡笠原郷の人、笠原次郎平頼長当地に来り、祝部《はふりべ》となるに発すと云ふ」とあるので、これは信濃国諏訪神社の大祝《おおはふり》諏訪氏の一族と考えられるが、諏訪氏の起源は諸説あり、『姓氏家系大辞典　巻二　諏訪条5』に「諏訪上宮の神主家の御衣祝有員は大同年中の人と伝へ、或は敏達天皇の裔と伝ひ、或は桓武帝の孫と伝へ云々」とあるので、この族である事は確かである。

『風間氏』（カザマ）

風間氏は、蘆名氏の家臣で『姓氏家系大辞典　巻一　風間条5』に「会津の風間氏、葦名家臣にして、その祖を久兵衛信氏と云ふ。又会津郡高久村郷頭に風間久次あり（新編風土記）」とあるが、その出自等は不明である。ただ、佐竹氏の家臣に風間氏が見られるので、この氏の分流という事も考えられる。

『金屋氏』（カナヤ）

金屋氏は、『日本歴史地名大系　巻七　会津若松市・界沢村（現　会津若松市高野町界沢）条』に「村内には二つの館があったといい、村中ほどの館跡には金屋尾張、西館には金屋某が居したという（新編会津風土記）」とある氏であるが、この氏は、境澤氏の前姓氏と考えられる（境澤氏の条参照）。

『鹿子田氏』（カノコダ）

鹿子田氏は、二本松畠山氏の分流で、『姓氏家系大辞典　巻一　鹿子田条』に「岩代国安積、安達地方の豪族にして、清和源氏足利氏の族、二本松畠山家の一門なり。畠山系図に『河内守時国（鹿子田云々等祖）』とある。後にして、その後裔、畠山左京大夫満泰の庶兄満詮、安達郡本宮邑大黒山鹿子館に築きて居り、本宮館と云ふ。是れ此の氏の始祖にして、爾来《じらい》、右衛門佐、武蔵守政盛、武蔵守村元、左衛門佐家満、和泉守国胤等、代々此処に居る。国胤武略に秀でしが天正十三年十月、二本松右京亮義継と共に、伊達政宗の軍と戦って討死し、其の子右衛門継胤は、武勇謀略父に劣らず、梅王義泰（義継の子、又国王）、会津没落ののちは、会津方に属し、屢々伊達氏と戦へり（相生集）」とある（本宮市・鹿子田氏の条参照）。

『河田氏』（カワダ）

河田氏は、蘆名氏の家臣で『石川氏一千年史　角田初代（石川第二十五代）昭光条』に「伊達政宗が蘆名盛重と戦った時『河田治部』は伊達方に属した」とあるが、この氏は、安積伊東氏族の川田氏の分流ではないかと考えられる。

『黒川氏』（クロカワ）

黒川氏は、『姓氏家系大辞典　巻二　黒川条10』に「平姓村岡氏流、これも近江の黒川氏なり。会津氏の裔と云へば、岩代会津の黒川邑より起こりしか。新編風土記、埼玉郡条に『黒川氏（牛重村）、祖先村岡小五郎の後裔、会津新左衛門政義の嫡子にして、三郎左衛門忠重が、始めて黒川を称し云々』」とある。そして、黒川の地は、言うまでもなく現在の会津盆地の中心地（鶴ヶ城附近）である。

『河内氏』（コウズ・カワウチ）

河内氏は、蘆名氏の家臣で、『姓氏家系大辞典　巻二　河内条29』に「藤原南家伊東氏族、東鑑《あずまかがみ》巻四十二に河内守祐村、四十二、四十四河内三郎祐氏見ゆ」とあるが、この氏は、伊東氏族で郡山市河内《こうず》より起こったと考えられ、訓読も「カワウチ」ではなく「コウズ」であろうと考えられる。ただ、白川結城領であった東白川郡矢祭町に「河内」と書いて「ゴウト」と読む所もある。

『小松氏』（コマツ）

小松氏は、『日本城郭大系　巻三　北会津郡条』に「北会津村小松の『小松館』は、小松弾正包家《かねいえ》の居館」とある。また『日本歴史地名大系巻七　北会津郡・下小松村（現　会津若松市北会津町古館）条』に「村内に館跡が三つあり、一つには本丸、二の丸、三の丸の跡があり、延文の頃（一三五六―六一）小松弾正包家が築いたと伝える。村内に小松弾正の墓と伝える五輪塔がある（新編会津風土記）」とある。

『小山氏』（コヤマ）

小山氏は、蘆名一族新宮氏族で、『日本城郭大系　巻三　喜多方市・新宮城条』に「永享五（一四三三）年の蘆名氏と新宮氏による『津川城』での戦いに於いて、新宮時康を主将とした新宮一族が打ち寄せる中、城主金上兵庫介盛勝は、蘆名方として奮戦し、新宮時康の弟広高、その子盛任、新宮時兼、嫡子兼光、弟時宗、その子時頼、従弟小荒井盛常等、新宮一族を悉《ことごと》く討ち死にさせ、更に、主将の新宮時康を自害に追い込んだ。しかし、唯一時頼の子『時久』が生き延び、会津門田庄小山《もんでんのしょうこやま》に隠棲し、名を『小山七郎左衛門』と改めた」とある。

『齋藤氏』（サイトウ）

この齋藤氏は、『日本歴史地名大系　巻七　会津若松市・崎川村（現　会津若松市湊町静潟）条』に「会津鑑に、崎川村柵は、弘治の頃（一五五五―五八）、齋藤次郎盛義住す」とあり。また、『同　河沼郡・熊野堂村（現　会津若松市河東町熊野堂）条』に「村北の字高館に中世の館跡あり（中略）、『会津古塁記』には、『康平五年源義家公長臣大宅光房築ク後斎藤大蔵少輔俊長住ス、天正ノ頃佐瀬右衛門盛光住ス』と述べる」とある。

『境沢氏』（サカイザワ）

境沢氏は、『日本歴史地名大系　巻七　会津若松市・界沢村（現　会津若松市高野町界沢）条』に「永正十五（一五一八）年五月十八日の蘆名盛滋諸役免許判物（境沢家文書）によれば、境沢常陸介に対し『門田庄之内境沢の村』と蜷川庄大村（現　河沼郡会津坂下町）の諸公事を免除している。享禄元（一五二八）年十二月二十八日の蘆名盛舜《もりきよ》諸役免許判物（同文書）、天文十三（一五四四）年十二月二十七日の蘆名盛氏諸役免許判物（同文書）にも同様のことが記されている。村内には二つの館跡があったといい、村中ほどの館跡には金屋尾張、西館には金屋某が居したという（新編会津風土記）」とある。

『佐々木氏』（ササキ）

佐々木氏は、『姓氏家系大辞典　巻二　佐々木条22』に「岩代の佐々木氏、会津下小松の鴨之助館は、佐々木鴨之助某住せしと伝ふ。河沼郡大和田村八幡宮の神職に佐々木右京あり。『新編風土記』に『宝永の頃、佐々木出羽某云ふ者、当社の神職となる。右京義次まで五世なり』と」とある（佐々木氏の出自については石川郡・佐々木氏の条参照）。

『三瓶（三平）氏』（サンペイ）

三瓶（三平）氏は、『姓氏家系大辞典　巻二　三平《サンペイ》条』に、「岩代の豪族にして、白岩村金連明神棟札に『天文十一年壬寅《みずのえとら》林鐘廿九日、木幡山學頭法亮《のりすけ》、幷《ならび》に願主三平因幡守氏次、同隼人佐《はやとのすけ》』と載せ、裏に『永禄三年卯月十日、大旦那大内備前守、願主三瓶讃岐守再興』と見ゆ。三平氏は何人なるを知らず、いづれ大内氏の配下とみえたり（相生集）と」とある。それに続いて『同　三瓶《サンペイ》条』に「前條、及びミカメ條を見よ」とある。そして『同　巻三　三瓶《ミカメ》条1』に「奥州の三瓶氏、磐城、岩代地方に多く、田村家臣に見え、又安達郡白岩村金連明神永禄三年の棟札に『大旦那大内備前守、願主三瓶讃岐守再興』と。又須田氏家臣に在り。須田左近大夫が天正十七年十月、伊達政宗の為に亡さるるや、家臣三瓶太郎左エ門尉は主と共に、挑澤討死す。又新編會津風土記。耶麻郡大塩村条に『柏木城跡。天正十二年蘆名義広、此を築き、三瓶太蔵を城番として米澤の押へとす』と」とある。

『塩田氏』（シオタ）

この塩田氏は、蘆名氏の家臣で、『日本歴史地名大系　巻七　耶麻郡・猪苗代城跡条』に「永正八（一五一一）年、蘆名盛滋が没し、弟の盛舜が継ぐと、同年六月十六日猪苗代勢は、黒川城を攻め、松本新蔵人、塩田刑部ら蘆名の家臣達が呼応した。しかし、猪苗代勢は敗れ、八葉寺に逃れ、新蔵人、刑部らは同所で討たれ猪苗代勢にも多くの戦死者があったという（以上塔寺長帳、会津旧事雑考など）」とあるが、この氏は、西会津町塩田の発祥か。この他、塩田氏は、石川氏族や結城氏、二階堂氏の家臣にも存在する。

『下荒井氏』（シモアライ）

下荒井氏は、『姓氏家系大辞典　巻二　下荒井条2』に「桓武平氏、岩代会津郡下荒井村より起こりしか。『新編会津風土記　耶麻郡金川村条』に『狐堰。昔時、金川始め近村七ヶ村、水に乏しく、耕すべき便なきを患へ、堰を築かんことを、金川村の地頭石井丹波守に講ふ。石井又下荒井大和守盛継に謀り、命じて此の堰を築かしむ。応永二（一三九五）年六月その功なれり』と見ゆ」とある氏である。

『竹岩氏』（タケイワ）

竹岩氏は、三浦氏族蘆名氏の分流で、『姓氏家系大辞典　巻二　竹岩条2』に「桓武平氏三浦氏族、会津の豪族葦名盛高の孫盛氏の後裔にして、中興系図に『竹岩。平姓、蘆名盛氏末』見ゆ」とあるが、この氏の発祥地等は不明である。

『武田氏』（タケダ）

武田氏は、蘆名氏の家臣で、『日本歴史地名大系　巻七　会津若松市・観音寺条』に「会津若松市鳥居町に明徳三（一三九二）年、馬宝山と号する本尊大日如来を開基した武田大和守がいる」とあるが、この氏は、「甲斐源氏」で知られる武田氏の分流と考えられる。

『多々良氏』（タタラ）

多々良氏は、『姓氏家系大辞典　巻二　多々良条13』に「会津の多々良氏、新編風土記に、『御館山城跡は、昔義家朝臣東征の時、館に是を築かれしと。旧事雑考に、館主は多々良伊賀なるべしとあり』と。」とある。また、『日本城郭大系　巻三　会津若松市条』に「会津若松市門田町御山の『御山館（三峰城）』は、多々良伊賀守の居館」とある。そして、現在東日本地方に散見される多々良氏の出自は、三浦氏第四代義明の四男義春（佐原義連の四兄）が、相州多々良（現　神奈川県横須賀市鴨居多々羅浜）に住し、多々良氏を称し始祖となったもので、この氏は、この多々良氏の分流と考えられるが、年代的に少しギャップがある。

また、これとは別に、『石川氏一千年史　第十二代家光条』に、家光の正室は「大内備前守多々良義業朝臣の女、珉子《たま》。正慶二年十月八日卒す」という記述がある。大内氏は、元々は足利氏族大崎氏の家臣であったが、その後石橋氏の家臣に転じたもので、安達郡を地盤としているので、この「多々良氏」は、「安達太良山」を冠したものではないかと考えられ、前述の多々良氏とは別氏と考えられる。

『田村山氏』（タムラヤマ）

田村山氏は、『日本歴史地名大系　巻七　北会津郡・館村条』に「館村（現　会津若松市北会津町三伏）館

ノ内の『田村山ノ館』は、田村山刑部頼久の子同少輔義純の築城」とある氏であるが、その他の詳細は不明である。

『土戸氏』（ツチト）

土戸氏は、甲州発祥の氏族と言われ、『姓氏家系大辞典　巻二　土戸条』に「会津に此の氏あり。甲州発祥にて新編風土記に『浦野新八郎、また、土戸新八郎とも云ふ』と見ゆ。ウラノ氏条参照」とあり。そして、『同　巻一　浦野条9』に「会津藩にあり。信濃より移る。会津浦野氏は、四十一通の文書を蔵す。信玄花押のもの多し」とあるので、この氏は武田氏の旧臣である。

『堂家氏』（ドウケ）

堂家氏は、『姓氏家系大辞典　巻二　堂家条』に「岩代の豪族にして、伝へ云ふ『天応元（七八一）年、陸奥大掾石川浄足、伊治公呰麻呂が乱を避けて、本州宮城郡多賀城より来奔し、堂家と云ふ処に潜み居りしが、終に彼こにして身まかりぬ。後其の子孫、分れて三家となり、一は堂家と称し、一は石部と称し、一は石塚と称して、三浦氏の時まで、猶ほ当時の勢家たり』とあり。また、『新編会津風土記』に『会津郡瀧澤邑館跡、葦名の比《ころ》、堂家某居住すと云ふ』」とある。従って、この氏族は、蘆名氏が会津へ下向するまで、この地に君臨した豪族であった。また、『日本歴史地名大系　巻七　会津若松市・滝沢村（現会津若松市一箕町八幡）条』に「会津古塁記は、滝沢村館について『昔此村ヲ堂家村ト云、天応元年辛酉《かのととり》藤原朝臣清足卿堂家ニ流サレ築之。子孫ニ至リ堂家ヲ家名トス。村ヲ滝沢ト改メ、又石部ノ某ト名乗ル、又石塚ヲ家苗トス』」とある。

『富田氏』（トミタ）

富田氏は、蘆名氏の宿老で、『姓氏家系大辞典　巻二　富田条32』に「会津の富田氏、葦名家宿老にして、葦名氏、在鎌倉の間は、その代官として会津を治めるが如し。『新編風土記』に『会津郡下荒井城迹は、葦名の時、其の臣富田氏をして守しむ』と云ひ、又耶麻郡『塚原村館迹。相伝へて、富田将監居りしと云ふ。将監は葦名四天王一、富田美作が嫡子なり。天正己丑《つちのとうし》の磨上原の軍に、葦名の先陣を承り、大に励み、血戦力尽す。斯《か》くして味方に返忠の者ありて、葦名方総敗軍となり義広退いて黒川の城に入りしかば将監も力なく退き、遂に義広に従って、常陸の佐竹に遁《かく》れし』と云ふ」とある。また、『日本城郭大系巻三　会津若松市条』に「北会津郡北会津村下荒井（現　会津若松市北会津町下荒井）の『下荒井館』は、元徳年間（一三二九―一三三二）、富田将監の居館」とある。また、『日本歴史地名大系　巻七　大沼郡・岩淵村（現　大沼郡会津美里町高田字旭三寄条）』に「堀込の西に赤館山があり、長和年中（一〇一二―一一七）、富田右近正保が築き、天正頃（一五七三―九二）、蘆名の重臣の富田平十郎政村が住したという（会津古塁記）」とある。そして、この氏は、郡山市富田を発祥地とする富田氏の分流ではないかと考えられる。

『伴野氏』（トモノ）

伴野氏は、『姓氏家系大辞典　巻二　伴野条2』に「清和源氏小笠原氏族、東鑑、文治二年十月条に『信濃国伴野庄云々地頭加賀美二郎長清』また四年九月条に『伴野庄地頭小笠原二郎と見ゆる。伴野庄より起り長清の子時長を祖とす』」とあるが、『同　条8』に「会津の伴野氏、第二項の族にして、新編風土記、河沼郡田代組島村条に『旧家伴野野次郎衛門、此の村の農民なり。家系に拠るに、先祖は伴野出羽守長房と云ふ。その子孫、伯耆守《ほうきのかみ》重清と云ふ者、康暦（一三七九―八一）の頃、葦名に従ひ、会津に来り、本村及び耶麻郡宇津野（現　耶麻郡西会津町奥川大綱木字宇津野）、石堂（現　会津若松市町北町石堂）三村を領し、此の村に住せり云々』」とある。そして、『日本城郭大系　巻三　河沼郡条』には「河東町福島字戸波の『内島館』は、伴野伯耆守重清の居館」とある。

『中條氏』（ナカジョウ）

中條氏は、『姓氏家系大辞典　巻三　中條条7』に「岩代の中條氏、耶麻郡辻村の肝煎に仲條務右衛門見え、又若松に中條氏、又刀鍛冶中條氏は、三善藤四郎政長の弟也と。」とあり。また『同　三善条10』に「会津の三善氏、其の先、芸州広島の産にて藤四郎長国と云ふ。又中條氏は、刀鍛冶、若松三善藤四郎政長弟など見ゆ」とある。

『新国氏』（ニイクニ・ニックニ）

新国氏は、蘆名氏の重臣で、『日本城郭大系　巻三　岩瀬郡・長沼城条』に「会津若松市町北町中地の『中地館』を新国上総守貞通が居館としていたが、蘆名氏第十六代盛氏が永禄九（一五六六）年、二階堂盛義より『長沼城』を奪い、その新国貞通を城代として中地から移した。そして、天正十七（一五八九）年、蘆名氏滅亡後新国氏は、伊達政宗に服属し、本領を安堵されたと言われている」とある。また、『日本歴史地名大系　巻七　大沼郡・東尾岐村条』には「新国上総介頼基は、応仁二（一四六八）年、岩瀬郡長沼城より東尾岐村（現　大沼郡会津美里町高田字東尾岐）に移され、子孫は後上杉景勝に仕えたと言われる」とある。そして、この氏は元々は平塚氏で、平塚を大友、二国と改め、更に、新国に改姓したのではないかと考えられる（二国氏の条参照）。

『新谷氏』（ニイタニ）

新谷氏は、二平氏の後姓で、『姓氏家系大辞典　巻三　新谷条』に「会津の新谷氏、新編風土記、越後国蒲原郡津川町条に『旧家弥一兵衛。先祖は二平長門宗隆とて、建久四年、佐原遠江守盛連に従ひて、会津に来り。二平地と云ふ所に居住せり。宗隆七世の孫を熊蔵宗光と云ふ。下條組新谷村に住し、氏を新谷と改む。金上氏の旗下なりしとぞ。宗光より六世の後、勘解由左衛門政長と云ふ者、此所に住せしより、弥一兵衛までは七世なりと云ふ』と見ゆ」とある氏である（二平氏の条参照）。

『二国氏』（ニクニ）

二国氏は、『日本歴史地名大系　巻七　会津若松市・木流村（現　会津若松市高野町木流）条』に「平塚氏は蘆名氏の家臣で、大友氏、二国氏と名を改め平澤村、中地村、平塚木流に館を構えた」とある氏で『同会津若松市・平沢村条』に「元亀—天正（一五七〇—九二）の頃、二国若狭実国が住んだという館跡があったが今はない」とある。そして、平塚、中地は現在の会津若松市町北町中沢の小字である（平塚氏の条参照）。

『仁科氏』（ニシナ）

仁科氏は、桓武平氏蘆名氏の分流で、『姓氏家系大辞典　巻三　仁科条10』に「会津の仁科氏、新編風土記に『会津郡飯寺《にいでら》（現　会津若松市門田町飯寺）館跡、葦名直盛住せし処なり。又仁科太郎光盛も居りしと。高久組幕内村真浄寺縁起には、佐原義連、此の地に居りし由見え、又光盛は義連の家臣とあり』」と。また「幕内村真浄寺、義連の家臣仁科太郎光盛をして、此の地に居らしめしが、光盛、其の儘、私に居する事を憚《はばか》り、良智と云ふ僧をして建立せしむ」とある。そして、このように、この頃既に「佐原義連」は会津に転じ住していたようであるが、それが事実か否かは不明である。ただ、現在喜多方市熱塩加納町宮川には「伝佐原十郎義連の墓」なるものがあり、当所には、古く威厳を込めた「五輪の塔」が立ち並び、宛《さなが》ら実墓を思わせる感がある。

『二平（仁平、仁瓶、二瓶）氏』（ニヘイ）

二平は、仁平、仁瓶、二瓶にも通ずるが、中でも「二瓶」と書く氏は非常に多い。しかし、「にへい氏」は「二平氏」が始祖と考えられ、『姓氏家系大辞典　巻三　新谷条4』に「新編会津風土記、越後国蒲原郡津川町条に『旧家彌一兵衛。先祖は二平長門宗隆とて、建久四年、佐原遠江守盛連に従ひて、会津に来り、二平地という所に居住せり。宗隆が七世の孫を熊蔵宗光と云ふ。下條組新谷村に住し、氏を新谷と改む。金上氏の族下なりしとぞ。宗光より六世の後、勘解由左衛門政長と云ふ者、此処に住せしより、彌一兵衛までは七世なりと云ふ』と見ゆ」とあり。また、この地の起源について『日本歴史地名大系　巻七　会津若松市・二幣地村条』に「二幣地村（現　会津若松市東山町湯川字二幣地）は湯川の最上流域にあり、会津布引山の麓に位置し（中略）、村名は、昔修験者が回峰修行中に、当村に二本の幣を立てたためという。古くは仁幣地と記したが、寛文年中（一六六一―七三）現在の文字としたという（新編会津風土記）」とあり、「（中略）貞享元（一六八四）年の奥州会津領分では『二平次村』と記される（若松市史）」とある。そして、『同　大沼郡桑原村（現　大沼郡三島町桑原）条』に「戦国期の桑原村は横田（現　大沼郡金山町）の山内氏直領で、曽利間（楚利間）の館に二瓶安左衛門が住み（会津四家合考）、室町期には宮下大膳の家臣菅家雅樂助が住んだと言われ（桑原二瓶氏系図　川越家文書）、菅家氏は、近世初頭肝煎を勤めた」とある。そして、『同　宮下村条』には「宮下曽利間の館に入った二瓶左京亮義清は宮下大膳の重臣」とある。

『波多野氏』（ハタノ）

会津の波多野氏は、東十二村の領主で、『日本歴史地名大系　巻七　会津若松市・十二村郷条』に「門田庄には、東十二村と西十二村があるので、十二村郷と称し、西十二村は荒井、小松、田村山、和泉、下荒井など、東十二村は八角、滝沢、米代、小高木などであるという（中略）、延徳二（一四九〇）年十月十五日波多野盛泰は『会津東十二村南滝沢』のうちの『石塚屋敷幷《ならびに》田地六百七十刈所、合直銭十四貫文』の地を妙法寺住持日戒に売っている（波多野盛泰売券　会津旧事雑考）」とあるが、波多野氏と言えば、現在全国的に繁栄する波多野氏の殆どが相模の波多野氏であるので、この氏も勿論同族と考えられる。そして、この会津の波多野氏は、赤城氏の分流の誰かが元姓である波多野を称したのではないかと考えられる（赤城氏の条参照）。

『羽石氏』（ハネイシ）

羽石氏は、蘆名氏に継嗣が途絶え、佐竹義重の二男で白川義親の継嗣となり、既に「白川義広」を名乗っていたものを、今度は蘆名氏が盛隆の息女の婿とし継嗣として迎えるに当たり、その付家老として来たものので、元は佐竹の旧臣である。それにより義広は、蘆名氏第二十代「蘆名盛重」を名乗った。そして、『姓氏家系大辞典　巻三　羽石条』に「常陸の豪族にして、新編国志に『發石。或は羽石、又反石に作る』。戸村本佐竹譜に『發石は越後牢人にて、上杉氏に仕ふ。応永中、佐竹義仁の名誉をあらわしけると云ふ。天正中、發石駿河守と云ふ者、義重に仕ふ』と見ゆ」とある。そして、その後の「伊達政宗軍」対「蘆名盛重軍」との戦いに於いては、この羽（州《ママ》）石駿河、大縄讃岐、平井薩摩等佐竹随身は、金上遠江守等会津の宿老達と意見が対立し、遂に猪苗代盛国、横田刑部、河田治部等は蘆名氏を離れ伊達氏の下へ走った

（石川氏一千年史　角田初代　石川第二十五代昭光条）。そして、この羽石氏は、白川の刎石氏の分流と考えられる（白河市・刎石氏の条参照）。

『平井氏』（ヒライ）

平井氏は、常陸佐竹氏の旧臣で、蘆名氏に継嗣が途絶え、白川義親の継嗣となっていた佐竹義重の二男白川義広を、更に蘆名盛隆の息女の婿とし継嗣に迎えるに当たり、前条羽石氏と同じくその付家老として随行して来たもので、平井薩摩は、その後に起きた伊達政宗対蘆名盛重による戦いに於いては、同じ付家老の羽石駿河、大縄讃岐達と共に伊達方として戦っている（石川氏一千年史　角田初代　石川二十五代昭光条）。また、『日本歴史地名大系　巻七　河沼郡・蜷川庄条』に「貞治四（一三六五）年十一月十三日の平井明秀寄進状（新編会津風土記）では、平井次郎三郎明秀は、蜷川庄内萱津村一分の地頭で、実相寺に『在家一宇、田一町、畠二面』を寄進している」とあるが、この氏は、年代も古く別氏と考えられる（羽石氏の条参照）。

『平塚氏』（ヒラツカ）

平塚氏は、高野町木流字平塚より起こったが、『日本城郭大系　巻三　会津若松市条』に「町北町中地の『中地館』は、平塚実恒の居館」とあり、また、『同　耶麻郡条』に「耶麻郡屋沢字深沢の『深沢手塚館』は、平塚亮貫の居館」とある。また、『日本歴史地名大系　巻七　会津若松市・木流村（現　会津若松市高野町木流）条』に「平塚氏は、蘆名氏の家臣で、大友氏、二国氏と名を改め、平澤村、中地村、平塚木流に館を構えた」とある。

『深沢氏』（フカザワ）

深沢氏は、『日本歴史地名大系　巻七　会津若松市・十二村郷条』に「永正十四年六月一日深沢盛春が『会津十二村の内下荒田之村』のうち『宮下在家年貢三貫文の所』を瓜生勘解由左衛門に三〇貫文で売った」とある氏であるが、この氏は、岩城の深澤氏の分流か。

『藤倉氏』（フジクラ）

藤倉氏は、『姓氏家系大辞典　巻三　藤倉条1』に「桓武平氏三浦氏族、磐城国会津郡藤倉邑より起る。三浦系図に『佐原太郎兵衛尉景連、弟悪遠江守盛連―盛義（藤倉三郎）―盛重（三郎太郎）と載せ。藤倉系図には『盛連―盛義（藤倉三郎）云々』」とあるが、これはつまり、蘆名氏第二代佐原盛連の三男盛義が、耶麻郡藤倉邑（現　会津若松市河東町倉橋字藤倉）を与えられ、「藤倉館」を築き住し、地名を冠し藤倉三郎左衛門尉盛義を称した事により起こったもので、この氏は、会津蘆名氏草創期に盛連の六子が入植した中の第三子である。

『松本氏』（マツモト）

松本氏は、『日本城郭大系　巻三　大沼郡・船岡館条』に「此館は松本氏代々の居所なり。其先は信州の松本氏にて葦名家の臣たりしより礼遇他に異に四天宿老の第一と称せり（下略）」とあり、「船岡館は蘆名氏の重臣で、蘆名四天の宿老の筆頭たる松本氏の居館であったと伝えられている」とある。また、『同喜多方市・綱取城条』に「明応九（一五〇〇）年一月十二日に黒川（現　会津若松市）城主蘆名盛高が松本対馬を黒川西効の中野館に攻め、これを落としたので、対馬は弟松本勘解由の居城である耶麻郡漆村の綱取城に逃れて立て籠もったが、盛高により落城され、誅殺された。しかし、弟の勘解由は降参したので許されたという。また、その五年後の永正二年の蘆名氏宿老達の確執に起因する争乱に於いては、蘆名盛高と嫡子盛滋も巻き込まれ、父子が双方に分かれて戦ったが、盛高が佐瀬、富田を擁護したのに対し、盛滋は松本源三、同勘解由に与し、『綱取城』や塩川村界の日橋川に於いて戦ったが、盛滋側が敗れ、盛滋は伊達氏を頼り出羽長井（現　山形県米沢市）へ落ち延び、綱取城は、この時廃城になったものと思われる」とある。また、『同　会津若松市条』には「門田町字館の『弁殿館』は、松本右馬允の居館」とあり、また、『同　北会津郡条』に「会津坂下町本名の『本名館』は、松本掃部助の居館」とあり、また、『同　喜多方市条』に「関柴町入柴の『入柴館』は、大永年間（一五二一―二八）、松本長門の居館、別称関柴館」とあり、そして更に、『同　耶麻郡条』に「北塩原村金山の『政宗城』は、天文―天正年間（一五三二―九二）、伊達政宗家臣松本宮内の砦」とある。そして、この氏は、双葉郡葛尾村の松本氏とは祖を一にする同族と考えられる（双葉郡・松本氏の条参照）。

『三坂氏』（ミサカ）

三坂氏は、小河氏の後姓で、『姓氏家系大辞典　巻三　三坂条1』に「小河氏族、磐城国岩城郡三坂より起る。仁科岩城家図に『清胤―隆冬（小川三郎、母は三坂中井女）』と。三坂越前守は、天正年中、岩城常隆に仕へしが、故ありて退散して、子孫会津藩に仕ふ。所蔵文書二十四通、新編会津風土記に載せたり。殊に元弘三年七月の弁官符等は史料として尊重さる。一に岩間氏裔」とある。そして、岩城退散の理由は、当地は田村氏や石川氏との領界にあって常に侵食の争いが絶えず、殊に田村氏との争いは激しく、その田村氏との戦いに敗れたため、会津へ走ったと言われている。また、『日本歴史地名大系　巻七　喜多方市・

上三宮村（現　喜多方市上三宮町上三宮）条』に「文政元（一八一八）年代官三坂市郎右衛門が、肥前の瀬戸師七五三之助《しめのすけ?》に新窯を造らせたのが嚆矢《こうし》（物事の始まり）で、当村民かく三人の内弟子もつけられた。三之助の出奔により、一時中断したが云々」とある。

『三善氏』（ミヨシ）

三善氏は、『姓氏家系大辞典　巻三　三善条10』に「会津の三善氏、其の先、芸州広島の産にて、藤四郎長国と云ふ。又中條氏は、刀鍛冶若松三善藤四郎政長が弟など見ゆ」とある。また『日本歴史地名大系　巻七　会津若松市・八角分（現　会津若松市一箕町八角外）条』に「貞治二（一三六三）年十月二十五日の三善康秀田地売券案（会津旧事雑考）によれば『大会津郡東十二村之内、八角之邑一分之地地頭神山善六之知行之田地之事、合段六百苅者坪付中島二百卅刈、細田三百七十刈』を実相寺に売り渡している。翌日の三善康秀寄進状案（新編会津風土記）では『八角之田地』を実相寺に寄進している」とある。また、『同　耶麻郡・土津《はにつ》神社（現　耶麻郡猪苗代町見祢山）条』に「当社所蔵の什宝に、陸奥大掾三善長道銘の太刀等がある」とある。

『門司氏』（モジ）

門司氏は、『日本歴史地名大系　巻七　北会津郡・荒田村（現　会津若松市北会津町和合）条』に「元弘三（一三三三）年八月日の門司親胤申状案（門司氏文書）によれば『会津内上荒田村田畠在家』は下総次郎三郎を名乗り、北条氏の被官であった。親胤は上荒田村の田畠在家を自分の本領として安堵の綸旨《りんじ》を賜りたいと建武新政府に要求している」とある氏である。そして『姓氏家系大辞典　巻三　門司《モジ》条2』に「長野氏族鎮西要略に『建武元年云々、長野左京亮政通・門司城を修し、その族柚板吉内広貞、門司六郎種俊を会し、兵三千を以って門司城を守る』と。その他は紀、紀井、大綿、仁保、戸次、奴留湯等の条参照」とある。そして『同　仁保条1』に「桓武平氏三浦氏族周防国の豪族にして、吉敷郡仁保庄より起る云々」とあるので、この氏族が同じ三浦氏族という関係で会津へ来たのではないかと考えられる。

『弓田氏』（ユミタ）

弓田氏は、『姓氏家系大辞典　巻三　弓田条』に「新編会津風土記に弓田氏は稲荷神職、其の先を飯山城守直家と云ふ。刀槍の術に長ぜり。後伊賀守長威斉と改む。神道流の始祖也と。」とある氏である。

『留守氏』（ルス）

留守氏は、『日本歴史地名大系　巻七　会津若松市・高久村（現　会津若松市神指町高久）条』に「建武二（一三三五）年十月一日の陸奥国宣（留守文書）に、北畠顕家《あきいえ》が『河沼郡高久村（現　会津若松市神指町高久）の内伊賀彌太郎跡』を勲功の賞として留守家任に与えている。そして、『姓氏家系大辞典　巻三　留守条2』に「家明の子参河権守家任は、建武二年、北畠中納言賜ふ所の感状、文和元年尊氏が賜ふ所の書、永和三年儀山公（当家第九世祖）が賜ふ所の盟誓書あり。是時、奥州宮城郡、柴田郡、黒川郡内南迫七邑、栗原郡、会津河沼郡、相模国甘縄谷地を領す云々」とあり。そして、この留守氏は、元々は甲斐源氏武田氏族伊澤氏の分流で、陸奥国の「留守所職」により起こった宮城県の留守氏で、『吾妻鏡　文治六年五月十五日条四月十一日建久に改元』に、左近将監家景（井澤）を陸奥国留守職に定めるとある。また、伊賀氏は、岩城国好間西庄「預所職《あずかりしょしき》」の伊賀氏と考えられる。

『喜多方市』

『安部氏』（アベ）

安部氏には、安倍、阿部、阿倍等の字に当てるものもあり、国内屈指の古姓であるが、この会津の安部氏は、郡山市熱海町から三穂田町にかけて繁栄した阿部氏と同族ではないかと考えられる。そして、『日本城郭大系　巻三　耶麻郡条』に「高郷村大田賀字大原の『福富館』は、安部次郎茂興の居館」とある。また、『日本歴史地名大系　巻七　会津若松市・北柳原村（現　会津若松市一箕町亀賀）条』に「新編会津風土記には、館跡として『村より辰巳の方一町にあり、四十間四方いつの頃にか安部外記某と云者住せりと云』とある」とある氏である。

『飯島氏』（イイジマ）

飯島氏は、『姓氏家系大辞典　巻一　飯島条4』に「会津の飯島氏、新編会津風土記、耶麻郡下岩崎邑条に『館迹、天福の頃（一二三三―三四）、飯島筑後信之築くと見ゆ』」とあり。また、『日本城郭大系　巻三　喜多方市条』にも「喜多方市岩月町下岩崎の『下岩崎館』は、飯島筑後守の居館」とある。

『伊澤氏』（イザワ）

伊澤氏は、『姓氏家系大辞典　巻一　伊澤条』に「岩代の伊澤氏、新編会津風土記、耶麻郡高畠邑条に『館迹、伊澤権頭俊行と云ふ者築き、後神保小次郎長保居りしと云伝ふ』と見ゆ」とある。そして、『日本歴史地名大系　巻七　高畠村（現　喜多方市松山町鳥見山）条』にも「古くは伊沢村と称していたとい、（会津鑑）、村の北には伊澤権頭俊行が築き、後神保小次郎某が住したと伝える館址がある（新編会津風土記）」とある。

『石井氏』（イシイ）

石井氏は、『日本歴史地名大系　巻七　耶麻郡・金川村（現　喜多方市塩川町金橋）条』に「館ノ内（館中）は石井丹波守平盛秀の館跡という（新編会津風土記）」とあるが、この氏も「平」を称しているところを見れば三浦氏族と考えられる。

『一國氏』（イチクニ）

一國氏は、蘆名氏の宿老平田大隅守の家臣で、『姓氏家系大辞典　巻一　一國条』に「会津の豪族、平田大隅の家臣に一國氏あり」とのみあるが、この氏の出自等については不明である。ただ、会津には「一国氏」も存在した（平塚氏の条参照）。

『宇津木氏』（ウツギ）

宇津木氏は、桓武平氏梶原氏族で、『姓氏家系大辞典　巻一　宇津木条』に「岩代耶麻郡新宮村（現　喜多方市慶徳町新宮）熊野宮棟札に、宇津木小太郎、家伝史料きやくいの次第に、宇津木源左衛門尉等見ゆ」

とある。そして、この氏は「桓武平氏梶原氏族宇津木に同じかるべし」とあるが、現在全国的に散見される梶原氏の出自は、『同　巻一　梶原条1』に「桓武平氏鎌倉氏族、相模国鎌倉郡梶原より起る。（中略）尊卑分脈に『鎌倉権五郎景正―権八郎景経―景長―景時（梶原平三）―景季（源太）、其の弟景高（平次）等と見え、又三浦系図には『鎌倉権太夫景通―（梶原）太郎景久―太郎景長―同五郎景清―平三景時』と載せ』」とある。

『宇都美（内海）氏』（ウツミ）

宇都美（内海）氏は、『姓氏家系大辞典　巻一　宇都美条』に「内海氏に同じかるべし。会津耶麻郡の豪族に宇都美丹波あり、同郡上窪村館に住す（新編風土記）」とある。そして、『日本城郭大系　巻三　耶麻郡条』にも「塩川町窪字丹波館の『上窪丹波館』は、宇都美丹波守の居館」とある。

『瓜生氏』（ウリュウ）

瓜生氏は、蘆名氏の家臣であるが、『日本城郭大系　巻三　喜多方市条』に「松山町鳥見山字吉志田の『吉志田館』は、瓜生筑後守重次の居館」とあるが、『日本歴史地名大系　巻七　耶麻郡赤崎村条』に「瓜生氏が起った赤崎邑（現　喜多方市熱塩加納町山田字赤崎）には、赤崎長者瓜生出雲の伝承が残る」とある。また、『同　針生村（現　喜多方市熱塩加納町米岡）条』には「瓜生式部少輔の名が見られる」。そして、この末裔と考えられるものに、東京浅草の浅草寺境内に銅像があり、婦人社会事業家で、孤児、戦死者遺族の窮民救護等に貢献し、済生病院を創始した「瓜生岩子」がいる。

『**大野氏**』（オオノ）
この大野氏は、越前国に起こった氏族と言われ、『日本歴史地名大系　巻七　耶麻郡・川井村（現　喜多方市高郷町川井）条』に「地内八幡神社は嘉応年間（一一六九―七一）、越前国（現　福井県）の住人大野弾正盛忠が当地に移住、勧請したものと伝える」とある。

『**荻野氏**』（オギノ）
荻野氏は、『姓氏家系大辞典　巻一　荻野条』に「相模国愛甲郡に荻野郷（覺圓文書）。又伊勢国安濃郡に荻野庄（東鑑《あずまかがみ》）。猶ほ岩代国耶麻郡に荻野村あり、此等より起る」とあるが、このうち会津の荻野氏は、『日本歴史地名大系　巻七　耶麻郡・荻野村（現　喜多方市高郷町上郷）条』に「現会津若松市栄町諏訪神社の天文九（一五四〇）年三月二七日銘の棟札（会津旧事雑考）には、蘆名氏家臣団の一人として『荻野右馬允与綱』の名が見え、武藤氏や当地との関わりがあるとする説もある」とある氏である。

『**葛西氏**』（カサイ）
葛西氏は、法林寺氏の後裔で、『姓氏家系大辞典　巻一　葛西条10』に「法林寺氏流、新編会津風土記、耶麻郡遠田邑（現　喜多方市塩川町遠田）館跡条に、『法林寺秀綱の後裔、葛西三郎義貞住す』と。又上窪村条に『館迹。宇都美丹波住せりと。又法林寺秀綱十一代苗裔葛西右馬介此村に住せし由、云ひ伝ふ』と載せたり」とある。しかし、葛西氏と言えば元々は、桓武平氏良文流秩父氏族で、東京都葛飾区を発祥の地とするが、その初代葛西清重は、源頼朝による「奥州征伐（文治の役）」に参陣し活躍したが、頼朝がその奥州征伐を平らげ、引き上げるに当たり、清重を「奥州総奉行」に任命した（吾妻鏡　文治五年九月二十二日条）。そして、これにより清重は、宮城県石巻市に定着しているので、この氏が会津に流れた経緯は、この辺りの理由によるものかもしれない。ただ、葛西氏は明徳年間（一三九〇―九四）頃、陸奥、出羽両国の探題に補任されたとか陸奥守であったという記録もあるので、この時期に会津に来たか、それとも、時代は降って、葛西氏が豊臣秀吉の小田原攻めに際し、再三の催促にも拘らず参向せず、その後の「奥州仕置」により領地没収取り潰しとなり、それに反逆し一族郎党老若男女が自刃して果て没落しているので、その時に、その遺児が会津に逃れ、法林寺氏の猶子になったという事も考えられなくはない。

『加納氏』（カノウ）

加納氏は、三浦氏族で、『姓氏家系大辞典　巻一　加納条10』に「桓武平氏三浦氏流、岩代国耶麻郡加納庄より起る。桓武平氏三浦盛時の後裔佐原氏。加納庄を領し、青山城に拠る。よりて佐原氏とも、加納氏とも称す」とあり、このように、会津加納庄を本拠に繁栄した氏族であるが、その沿革については書によって区々《まちまち》である。しかし、此処では、その大筋を示せば次のようである。

三浦一族は、宝治元（一二四七）年六月、「宝治合戦」によって執権北条時頼に討たれ滅亡したが、佐原義連《よしつら》の子蘆名盛連には六子があり、このうち四男光盛《みつもり》、五男盛時《もりとき》、六男時連《ときつら》の三兄弟は時頼に与し、命脈を保つ事が出来た。その後、この三兄弟は、祖父義連より与えられ父盛連に相伝されていた会津領のうち、光盛が門田庄《もんでんのしょう》黒川を領し会津蘆名氏を起こし、盛時が加納庄を領し加納氏を起こし、時連が新宮庄を領し新宮氏を起こした。そして、この加納（佐原）左衛門尉盛時は、その後上三宮の「青山城」を居城とし、後地名を冠し三宮氏も称した。そして、その後この盛時は、本宗である「三浦氏」を称し世襲し、三浦氏の本貫を称した（日本城郭大系　巻三　耶麻郡・亀ヶ城、喜多方市・青山城、同　新宮城条等）。

『川原田氏』（カワラダ）

川原田氏は、『日本歴史地名大系　巻七　耶麻郡・川隅村（現　喜多方市山都町木幡）条』に「当村は、川角、河隅、河澄とも記した。住民は川原田姓がほとんどで、中世、南会津地方に勢力のあった川原田氏の一族と言われる」とある氏である。

『慶徳氏』（ケイトク）

慶徳氏は、蘆名氏の重臣平田氏の分流で『日本城郭大系　巻三　喜多方市・慶徳館条』に「『新編会津風土記』によると、天正年間（一五七三―九二）に慶徳善五郎がこの館に居たとされている。善五郎は蘆名氏の宿老平田是亦斉の子である。是亦斉には継嗣がなかったので弟左京亮を養子としたが、後に善五郎が誕生した。そして、天正八年黒川城主蘆名盛氏が没し、須賀川二階堂氏から入嗣した盛隆が当主となった頃から在地領主達の中で叛乱が頻発したが、善五郎は一貫して蘆名氏を支え、反蘆名方に付いた勝《すぐれ》次郎を討取る等の活躍をしている」とある。そして、この氏の出自について『姓氏家系大辞典　巻二　慶徳条1』に「平田氏流、岩代国耶麻郡慶徳邑より起る。『中興系図』に『慶徳、本国陸奥。最上家臣、平田是宗の男五郎詮盛、耶麻郡紫雲山慶徳寺を建立す。是により氏と為す』」とある。

『小荒井氏』（コアライ）

小荒井氏は、三浦氏族加納氏の分流で『姓氏家系大辞典　巻二　小荒井条』に「岩代国耶麻郡小荒井邑（現　喜多方市中心部）より起る。桓武平氏三浦氏の族にして、佐原盛連の五男『盛時―頼清―頼時』の後なり。葦名の臣に小荒井阿波あり」とある。また、『日本城郭大系　巻三　喜多方市条』に「喜多方市諏訪の『坂井館』は、天喜―天正年間（一五七〇―九六）、小荒井阿波守の居館」とある。

『小泉氏』（コイズミ）

小泉氏は、『日本歴史地名大系　巻七　耶麻郡・深沢村（現　喜多方市塩川町中屋沢）条』に「大永五（一五二五）年十二月六日の蘆名盛舜《もりきよ》、松本宗勝加判塚原光久売券（新編会津風土記）に、『山都たけ屋九ヶ村之内南ふかさ八十貫文の所』とみえ、塚原光久は同所を山とともに七十五貫文で小泉伊賀守に売り渡し、光久の指南富田実持が証状（同書）を添えている」とある氏である。

『小瀧氏』（コタキ）

小瀧氏は、藤原南家二階堂氏族で、『姓氏家系大辞典　巻二　小瀧条』に「藤原南家二階堂氏流、岩代国耶麻郡の豪族にして、奥州二階堂族の一なり。新編会津風土記、耶麻郡田中村条に『此村の地頭、小瀧右衛門は応永年中の人なり』と。又会津郡闇川村条に『小瀧豊後守と云ふ者、此の村に住せり』とあるも一族なり」とある。また、『日本城郭大系　巻三　耶麻郡条』に「耶麻郡塩川町中屋沢字小滝の『小滝館』は、応永年間（一三九四―一四二八）、小滝右衛門の居館」とある。

『小土山氏』（コッチヤマ）

小土山氏は、『日本歴史地名大系　巻七　耶麻郡・小土山村条』に「小土山村（現　喜多方市高郷町磐見字立岩）に、応永年中（一三九四―一四二八）、小土山十郎が居館を築き小土山氏を称した事により起こったと言われるが、弘治年中（一五五五―五八）には、平維盛（平貞盛の曽孫か、平清盛の孫か）の末裔橋谷田右衛門督長光が立岩に入ったと伝える」とある。

『小布施原氏』（コブセハラ）

小布施原氏は、耶麻郡小布施原邑（現　喜多方市山都町小舟寺字小布施原）より起こったが、『日本歴史地名大系　巻七　耶麻郡・舘原村（現　喜多方市山都町舘原外）条』に「異本塔寺長帳応永二十六（一四一九）年条には『七月二十八日館ノ原住人小布施原右京近年新宮時康属故討亡』とみえ、同二十二年頃から始った蘆名氏と一族新宮氏との抗争で新宮氏にくみした当地の小布施原右京が蘆名氏によって討たれている」とある（中崎氏の条参照）。

『西海枝（西勝）氏』（サイカチ）

西海枝（西勝）氏は、蘆名氏族で、『姓氏家系大辞典　巻二　西海枝条』に「岩代国耶麻郡西海枝邑（現　喜多方市高郷町大田賀字西海枝）より起る」とあり。そして、『同　条Ⅰ』に、「平姓、葦名家臣にして、耶麻郡新宮邑（現　喜多方市慶徳町新宮）熊野社棟札に『当寺守護西海枝駿河守と載せ、此の地にその館跡あり云々』」とある。また『日本歴史地名大系　巻七　耶麻郡・西海枝村条』に「当地に西海枝宮内少輔盛秀が住していたという館跡があったが、文化年中（一八〇四―一八）にはすでに農民の宅地になっていた。西海枝氏は蘆名氏の家臣で、新宮村などにも居館を構え云々」とある。

『坂井氏』（サカイ）

坂井氏は、『日本歴史地名大系　巻七　喜多方市・高柳村（現　喜多方市熊倉町都字高柳）条』に「村の南

東には、昔坂井雅樂某が住んでいたという館跡が、村の東には、野部清吾某が住んだという館跡がある（新編会津風土記）」とある氏であるが、これらの氏族の出自等については不明である。

『佐野氏』（サノ）

会津の佐野氏は大族で、『姓氏家系大辞典　巻二　佐野条13』に「桓武平氏三浦氏族、三浦系図に『（会津）左衛門尉光盛の子盛賀（号佐野阿闍梨）―宗光（六郎）、弟光義（八郎）、弟光明（二郎）、光義の子盛明（八郎五郎）』と見ゆ。東鑑三十二に三浦佐野太郎・見ゆ」とあり。そして、『同　条28』に「耶麻郡新宮村熊野神社棟札に『佐野治部少輔』。また、伊佐須美神社の宝物横笛は、文明十三年黒川大町佐野七郎忠重と云ふ者の寄進なりと。永正中、蘆名盛滋《もりしげ》の配下に佐野氏あり。また、河沼郡塔寺村観音堂別当金秀院は、新編風土記に『本山派の修験なり。先祖は佐野又八郎俊重を祖として、天正中、葦名氏没落の後、牢人し修験となり、覺伝と云ふ。その後別当となり、相続いて今に至りし』と云ひ、また、河沼郡野沢本町諏訪神社の神職は『伊藤対馬』。宝暦十三年、佐野伊賀由光と云ふ者、当社の神職となる。更に山城潟村八幡宮の神職は『佐野壱岐』」等、実に多く見られる。そして、その起こりは、『日本歴史地名大系　巻七　河沼郡佐野村（現　河沼郡湯川村佐野目）条』に「村内にある長福寺に佐野盛智の碑文があり、盛智は、蘆名盛連の四男で、新宮時連の養子となり、のち当村に河原崎城を築いた」とある。また、「寺の境内に佐野盛智の墓がある（中略）。佐野村畳について『会津古塁記』は『河原崎城ト号ス。明徳年中、佐野四郎左衛門三浦盛智築イテ住ス』とある」とある。しかし、現在全国に亘って繁栄している多くの佐野氏の出自は、藤原北家秀郷流足利氏族で、その起こりは、下野国佐野庄（現　栃木県佐野市）である。

『佐原氏』（サワラ）

佐原氏は、桓武平氏三浦氏族で、『姓氏家系大辞典　巻二　佐原条1』に「桓武平氏三浦氏流、相模国三浦郡佐原邑より起る。三浦族中の大族にして、大介義明の子義連の後也。尊卑分脈に『義明─義連（佐原十郎）─盛連（悪遠江守）─時連（六郎判官）─頼連（対馬守）』」とあるが、これは、三浦氏第四代三浦介義明の七男義連が、相模国三浦郡佐原邑（現　神奈川県横須賀市佐原）に住し、佐原氏を称した事により起こったものである。そして、その後裔達は、会津下向後も「三浦」や「佐原」を併称したため、会津地方にはこれらの姓が多い（三浦氏の条参照）。

『三宮氏』（サンノミヤ）

三宮氏も三浦氏族で、『姓氏家系大辞典　巻二　三宮条1』に「桓武平氏三浦氏流、佐原氏の族にして、岩代国耶麻郡三宮邑より起る」とあるが、これは、蘆名氏第二代盛連の五男盛時が会津加納庄を領し、佐原または加納氏を称した。そして、「この佐原左衛門尉盛時は、その後、上三宮の『青山城』を居城とし（日本城郭大系　巻三　喜多方市・青山城条）、地名を冠し『三宮氏』も併称したと言われている。そして、この城跡の周辺には昔、八日町、三日町、棚木、三島前、願成寺などという小集落があって、これらを総称して『加納村』と称したが、のち『三宮村』と改めたと言い（新編会津風土記）、これらは現在も字名として残っている」とある。また、この盛時は、「宝治の乱」によって断絶した本宗の三浦氏を再興し、「三浦氏」も称した。しかし、『姓氏家系大辞典　巻二　三宮条』には「桓武平氏三浦氏流、佐原氏の一族にして、岩代国耶麻郡三宮邑より起る。一に加納新三郎高重の子高明、当村に住す」とある。

『七宮氏』（シチノミヤ）

七宮氏は、『姓氏家系大辞典　巻二　七宮条1』に「岩代の七宮氏耶麻郡の豪族にして、塩川村に拠る。新編風土記に『塩川村館迹、長禄の頃、七宮勘解由左衛門盛種住せりと云ひ、天正の頃、葦名の臣七宮下総憲膳、其の子栗村弾正左衛門尉憲俊住せり（後右近と改む）』と見ゆ」とある。

『十二村氏』（ジュウニムラ）

十二村氏は、『日本歴史地名大系　巻七　下高額《たかひたい》村（現　喜多方市豊川町高堂太）条』に「地内には至徳頃（一三八四―八七）、渡辺左京進長勝が耶麻郡十二ヶ村を領して築いたと伝える館跡があり（新編会津風土記）、戦国期には十二村と呼ばれたと思われる。天正十七（一五八九）年六月五日磨上原《すりあげはら》の合戦で蘆名義広を破った伊達政宗は、同年七月二十四日蘆名氏旧臣十二村助左衛門に本領である『会津北方十二村ト云フ所』を安堵している（貞山公治家記録　同日条）」とある氏である。

『新宮氏』（シングウ）

新宮氏は、『姓氏家系大辞典　巻二　新宮条13』に「桓武平氏三浦氏族、岩代国耶麻郡新宮庄より起る。三浦系図に『佐原義連―盛連―光盛（会津）、弟時連（使、従五位下、六郎左衛門尉）』」とある。また、『日本歴史地名大系　巻七　耶麻郡西会津町・奥川条』に「奥川は西会津町西部阿賀川以北、同川支流奥川の流域一帯を表す地名で、（中略）応永二十七（一四二〇）年、新宮庄領主新宮盛俊は黒川（現　会津若松市）蘆名氏の軍勢によって居城高館城（現　喜多方市）を落とされた（新宮雑葉記）。同年七月二日条によると、盛俊は、高館の城落去奥川城に籠ったが、奥川の城落去したため、越後五十公野《いじみの》（現　新潟県新発田市）

に逃れている」とある。

『神保氏』（ジンボ）

神保氏は、『姓氏家系大辞典　巻二　神保条18』に「岩代の神保氏、会津にあり。顕定花押文書に『自長井次郎方切紙云々、神保総太郎殿』と。又天正十八年景勝在判感状に『神保左門殿』と。又新編風土記、会津郡天寧村条に『愛宕神社、神保隠岐利長、出羽国村山郡村木沢村に勧請して、鎮護神とせしが、寛永二十年、肥後守正之に従ひ、会津に来る』と。」とある。そして、『日本歴史地名大系　巻七　喜多方市・高畠村（現　喜多方市松山町鳥見山）条』に「古くは伊澤村と称していたと言い（会津鑑）、村の北に伊澤権守俊行が築き、後神保小太郎某が住したと伝える館迹がある（新編会津風土記）」とある氏である。

『菅沼氏』（スガヌマ）

菅沼氏は、『姓氏家系大辞典　巻二　菅沼条12』に「会津の菅沼氏、新編風土記に『耶麻郡西中明村館跡。菅沼伊賀某居住せり』と云ふ」とあり。また、『日本城郭大系　巻三　喜多方市条』に「喜多方市西中明（現喜多方市西勝字西中明）の『西中明館』は、菅沼伊賀守の居館」とある。しかし、この氏の出自等については不明である。

『勝氏』（スグレ）

勝氏は、『姓氏家系大辞典　巻二　勝条18』に「会津の勝氏、耶麻郡の豪族にして、新編風土記、朝立村条に『最勝寺。勝次郎と云ふ者、この寺を草創す。天正十一年、次郎、松本太郎に與力しければ、近村の地頭共、押し寄せて、村中に火を放ちければ、寺も此の災いに罹りき。その後、里民勝が旧恩を慕ひ、再興して冥福を祈る』と云ひ、又『館迹。天正中、勝次郎某住せり』と載せたり」とある。また、『日本城郭大系　巻三　喜多方市・慶徳館条』に「天正八（一五八〇）年六月、黒川（会津若松市）城主蘆名盛氏が没し、須賀川の二階堂氏から入嗣した盛隆が蘆名氏の当主となった頃から、蘆名氏麾下の在地領主の叛乱が相次いで起こったが、慶徳善五郎は一貫して蘆名方の武将として活躍している。同十二年六月、大沼郡船岡館主松本太郎行輔が蘆名盛隆に背いた時、耶麻郡松野村（現　喜多方市）の領主勝次郎が松本氏に与したので、善五郎はこれを討ち取った（異本塔寺長帳）云々」とある。

『須藤氏』（スドウ）

この須藤氏は、『姓氏家系大辞典　巻二　首藤条18』に「岩代の須藤氏。大沼郡の大族なり。新編風土記に、河沼郡白坂村条に、『倉神社、神職須藤備前。享保三年備前忠次と云ふ者、此の社の神職となりき。今備前忠安が父なり』と。又耶麻郡平田大隅の家臣に須藤氏あり」とある氏である（田村市・須藤氏の条に出自あり）。

『関柴氏』（セキシバ）

関柴氏は、蘆名氏の家臣松本氏の後裔で、『姓氏家系大辞典　巻二　関柴条』に「岩代国耶麻郡関柴邑より起る。葦名氏の臣、松本長門入道幽閑の後にして、其の子備中は関柴備中ともあり。天正十三年伊達家に通ず」とある。そして、『日本城郭大系　巻三　喜多方市条』に「喜多方市関柴町入柴の『入柴館』は、大永年間（一五二一―二八）、松本長門の居館。別称関柴館」とある。

『平氏』（タイラ）

平氏は、『日本歴史地名大系　巻七　耶麻郡・新宮庄条』に「新宮庄の新宮熊野社の貞和五（一三四九）年七月二十一日の鐘銘に、平時明、明継とあるが、これらは当庄地頭新宮氏（平姓三浦氏一族）と考えられる。同氏は熊野神社北東に位置する新宮城を居城として、一族は当社一帯に勢力を振った」とある氏である。

『高村氏』（タカムラ）

この高村氏は、『姓氏家系大辞典　巻二　高村条4』に「会津の高村氏、耶麻郡上三宮村（現　喜多方市上三宮町）の名族にして、新編風土記に、『三島神社神職、高村能登。先祖は大和国の者なりと云ふ。慶長の頃（一五九六—一六一五）権太夫義景と云ふ者あり。今の能登直養が六代の祖なり。義景が時、吉田家より与へし、免許状あり』」とある（西白河郡・高村氏の条参照）。

『田代氏』（タシロ）

会津の田代氏は、『日本歴史地名大系　巻七　耶麻郡・吹屋村条』に「吹屋村（現　喜多方市高郷町上郷字一竿）の『花ノ館』に、天文年中（一五三二—五五）頃、田代丹波が居館したと伝えられる」とある。また、『同　河沼郡・田代村（現　河沼郡柳津町久保田）条』に「永禄年中（一五五八—七〇）は蘆名氏領と思われ、蘆名家故臣録（会津若松市立会津図書館蔵）に、鈴木勘右衛門を住まわせたとある」とある。しかし、『日本城郭大系　巻三　耶麻郡条』には「高郷村上郷字一竿の『花ノ館』は星野三郎の居館」とある。また、南会津郡下郷町高陦《たかしま》字田代もあり、田代氏はこの何れかの発祥ではないかと考えられる。この他田代氏は、佐竹氏の家臣や東白川郡にも存在する。

『田邊氏』（タナベ）

会津の田邊氏は、藤原北家流で、熊野水軍の首領として知られる熊野別当湛増《たんぞう》の支族で、その起こりは、紀伊国牟婁郡《むろぐん》田邊邑《たなべむら》（現　和歌山県田辺市）で、「源平屋島の合戦」に於いて、源義経に従って功あり（吾妻鏡　文治元年三月九日条等）、会津耶麻郡の一部を与えられたと言われるが、『姓氏家系大辞典　巻二　田邊条18、26』に「『新編会津風土記、耶麻郡新井田村条』に『館迹。建仁三年、田邊右衛門義秀築けりと云ひ、旧家田辺新左衛門。此の村の肝煎なり。先祖を右衛門義秀と云ふ。熊野別当湛増が支族にて、寿永年中、源平の軍に源義経の麾下に従ふ。義秀、八島の合戦に功あり。建仁元（一二〇一）年、此の国に来り、耶麻郡猪苗代に住し、同三年此に来り住す』と」とある。そして、新井田邑とは、現在の喜多方市塩川町新江木字新井田である。また、田辺市には、「会津川」という川が存在するが、この関係によるものか否かは不明である。

『太郎丸氏』（タロウマル）

太郎丸氏は、蘆名氏族で、『姓氏家系大辞典　巻二　太郎丸条』に「桓武平氏葦名氏の一族に此の氏あり。岩代国耶麻郡太郎丸邑より起る。新編風土記に、『館迹。三浦の一族、太郎丸河内守盛次築きしと云ふ（中略）そして、その後裔の太郎丸掃部は浪人して、伊達家に降り、天正己丑《つちのとうし》、磨上原の合戦に於いて富田将監に討たれたという』」とある。また、『日本城郭大系　巻三　喜多方市条』に「豊川町米室字太郎丸の『太郎丸館』は、天正年間、太郎丸氏の居館」とある。

『手代木氏』（テシロギ）

手代木氏は、『日本歴史地名大系　巻七　喜多方市・布流村（現　喜多方市関柴町豊芦）条』に「地内には昔手代木某が住んだという館跡もある（新編会津風土記）」とあるが、この氏は、田村氏の家臣の遠藤氏の一族で、『姓氏家系大辞典　巻二　手代木条1』に「藤原姓、岩城国田村郡手代木邑（現　郡山市田村町手代木）より起る。世々当地の館を居館としていたが、天正期の遠藤遠江守に至り、田村氏の没落により、伊達政宗に属した。しかし、天正十七年の伊達対蘆名氏の戦いに於いては、葦名氏に属し敗れ、日橋川十六橋辺りに於いて一族郎党皆自刃して果てたが、一部辛うじて残った者達は喜多方辺りに住し、故郷を忘れぬために『手代木氏』を称したと言われている」とある。

『戸石氏』（トイシ）

戸石氏は、『日本歴史地名大系　巻七　喜多方市・高柳村（現　喜多方市熊倉町都字高柳）条』に「天正十三（一五八五）年五月、関柴村松本備中の内応により、伊達政宗の兵が会津に侵入した時、当地の地頭戸石四郎兵衛は備中に味方し、蘆名家武将中目式部に討たれたという（葦名家記）」とある氏である。

『遠田氏』（トオダ）

遠田氏は、法林寺氏の後裔で、『姓氏家系大辞典　巻二　遠田条7』に「岩代の遠田氏、耶麻郡の遠田村より起ったが、遠田五郎長綱は邑内館に拠る（新編風土記）」とある氏である（葛西氏、法林寺氏の条参照）。

『常世氏』（トコヨ）

常世氏は、蘆名氏族加納氏の分流で、『姓氏家系大辞典　巻二　常世条8』に「桓武平氏三浦氏族、岩代国耶麻郡常世邑より起る。加納氏の族にて、盛時が二男を常世頼盛と云ふ。永禄十二年、三橋盛吉花押文書に『常世殿』と載せ、又新編風土記、常世村条に、『館迹。永禄の頃、常世大炊助、居住せりと云ふ。常世は此の村の領主にて、常安寺を開基す』と見ゆ」とある。そして、『日本城郭大系　巻三　耶麻郡条』にも「塩川町常世字西町の『常世館』は、永禄年間（一五五八―七〇）、常世大炊助の居館」とある。

『中崎氏』（ナカザキ）

中崎氏は、『姓氏家系大辞典　巻三　中崎条』に「岩代国の名族にして、耶麻郡小布施原村館迹は、中崎善六郎某居りし地と云ふ（新編風土記）」とあるが、『日本城郭大系　巻三　耶麻郡条』にも「山都町小舟寺字小布施原の『中崎城』は、中崎善六郎の居城」とある氏である。

『中目氏』（ナカノメ）

中目氏は、蘆名氏族で、『姓氏家系大辞典　巻三　中目条3』に「会津の中目氏、耶麻郡の中目邑より起る。此の地に館迹あり、天正の頃（一五七三―九二）、中目式部大輔某住せりと（新編風土記）」とある。そして、この氏は、後年になり「中野目」とも称するようになったが、『日本城郭大系　巻三　耶麻郡条』には「塩川町三吉字中ノ目の『中ノ目城』は、天正年間、中目式部大輔の居城」とある。そしてまた、『日本歴史地名大系　巻七　耶麻郡・中目村条』に「当村は中野目とも記したが、集落の南東に南館という館跡あり、天正頃中目式部大輔が住んでいたという。『塔寺長帳』応永三十二（一四二五）年条裏書によると同三十一年八月十六日『中目殿』らは塔寺八幡宮（現　河沼郡会津坂下町心清水八幡神社）参詣人を殺害、このため蘆名氏に追われている。この中目氏は当地の領主と思われ『蘆名家記』では天正期に活躍する蘆名氏重臣として中目式部大輔の名が散見する」とある。そして、この氏は、その後白川へ走ったものと思われるが、白川や会津は天正十八（一五九〇）年八月、豊臣秀吉の「奥州仕置」により領地没収取り潰しとなったため、最終的には、西白河郡泉崎村に落ち着き、その後裔は、江戸期には当村の庄屋等を務め、此処が中ノ目氏にとって終焉の地となり、現在烏峠山稲荷神社の神職となっている。また、これとは別に『同　河沼郡中目村（現　河沼郡湯川村熊ノ目）条』に「会津鑑は、中目村館について『文保の頃（一三一七―一九）、三浦太郎盛良築ク、後中ノ目左馬頭、其ノ子因幡入道性覺住ス』」とある氏もいるが、この氏の流れは別氏か。

『中村氏』（ナカムラ）

中村氏は、『日本城郭大系　巻三　耶麻郡条』に「高郷村塩坪（現　喜多方市高郷町塩坪）の『塩坪館』は、中村実継の居館」とあるが、この氏の起こりは、隣地の高郷町揚津《あがつ》字中村と考えられる。

『新井田氏』（ニイダ）

新井田氏は、前述の田邊氏の分流で、田邊氏の本宗の地（現　喜多方市塩川町新江木字新井田）を冠したもので、『日本城郭大系　巻三　河沼郡条』に「柳津町飯谷の『飯谷館』は、新井田左京義光の居館」とある。

『新田氏』（ニッタ）

新田氏は、『姓氏家系大辞典　巻三　新田条22』に「会津の新田氏、耶麻郡新宮村（現　喜多方市慶徳町

新宮）熊野宮棟札に新田筑後守見ゆ」とあるが、『日本歴史地名大系　巻七　耶麻郡・下利根川村（現　喜多方市塩川町小府根）条』には「天正十一（一五八三）年三月十七日蘆名盛隆は、示現寺に対して『利根川年貢』を未進、滞納した新田伊賀守を罰している（蘆名盛隆証状　同文書）」とあるが、これは前条の新井田氏族ではないかと考えられ、訓読も「にいだ」かも知れない。ただ、上野国新田庄を発祥とする清和源氏義家流で、「新田義貞」を出した新田氏は有名であり、この氏の分流の可能性もある。

『橋谷田氏』（ハシヤダ）
橋谷田氏は、『姓氏家系大辞典　巻三　橋谷田条』に「『新編会津風土記』に『河沼郡手尾村館跡。その一は橋谷田七郎太夫某、或は勝光と云ふ者住せりと云ふ』と見ゆ」とある。また、『日本歴史地名大系　巻七　耶麻郡・小土山村条』に「小土山十郎が小土山村（現　喜多方市高郷町磐見字立岩）に、応永年中（一三九四—一四二八）、館を築き住したが、弘治年中（一五五五—五八）には、その後の立岩に、平維盛（平貞盛の曽孫か、平清盛の孫か）の末裔橋谷田右衛門督長光が入ったと言われる」とあり。また、『同　針生村条』に「針生村（現　喜多方市熱塩加納町米岡字針生）の『針生館』は、建長六（一二五四）年、山川七郎重隆が築き、重隆の末裔山川重盛その子針生民部少輔清重の居館となり、清重が蘆名盛氏の家老となり黒川へ移ったため、その後には橋谷田宗頼が入った」とある。

『蓮沼氏』（ハスヌマ）
蓮沼氏は、『姓氏家系大辞典　巻三　蓮沼条2』に「会津の蓮沼氏。新編会津風土記、耶麻郡条に『太田村、館迹、天正中、蓮沼備中某居住せりと云ひ』、又同郡『大沢村、館迹、蓮沼信濃某居りし』と見ゆ」

とある。そして、『日本城郭大系　巻三　喜多方市条』にも「豊川町太田（現　喜多方市豊川町高堂太字太田）の『太田館』は、天正年間、蓮沼備中守の居館」とあり、また、「大沢（現　喜多方市塩川町会知字大沢）の『大沢館』は、蓮沼信濃守の居館。別称富士見館」とある。

『羽曽部氏』（ハソベ）

羽曽部氏は、『日本歴史地名大系　巻七　喜多方市・熊倉村（現　喜多方市熊倉町熊倉）条』に「集落北方には天文年間（一五三二―五五）、山口弥太郎実村が築いた山口屋敷とよばれる館跡があり、山口氏はのち『羽曽部氏』を名乗ったと伝える」とある氏である。

『畠中氏』（ハタナカ）

畠中氏は、『日本歴史地名大系　巻七　耶麻郡・根岸村（現　喜多方市熱塩加納町加納）条』に「十間館に館跡がある。『会津古塁記』『会津鑑』などによると弘安年中（一二七八―八八）、畠中刑部頼国の築城と云ひ云々」とある氏であるが、この氏の出自等については不明である。

『花見氏』（ハナミ）

花見氏は、『姓氏家系大辞典　巻三　花見条』に「この氏は岩代会津地方に多く、耶麻郡入田付村（現　喜多方市岩月町入田付）光徳寺鐘楼に『宝永六年丑艮月、施主耶麻郡楢村花見彌兵衛』と彫り付けあり。又現在史家に花見朔巳君あり。又会津の人也」とある。そして、この氏の発祥の地は、下総または下野の花見邑ではないかと考えられる。

『原氏』（ハラ）

原氏は、三浦氏族北田氏の分流で、『姓氏家系大辞典　巻三　原条42』に「岩代国耶麻郡西原邑より起る。北田次郎広盛の後胤也」とある。また、『日本歴史地名大系　巻七　耶麻郡半在家村（熱塩加納町宮川）条』に「当村肝煎を務めた原家は、佐原義連の孫北田次郎広盛の後裔と伝える。太郎左衛門盛国の代に当地に住して原氏を名乗り、蘆名氏滅亡の折、いったん羽州に逃れたが、蒲生氏の会津入部に際し帰村したという（新編会津風土記）」とある。

『針生氏』（ハリュウ）

針生氏は、蘆名氏族で、『姓氏家系大辞典　巻三　針生条1』に「桓武平氏三浦氏族、岩代国会津郡針生邑より起る」とあるが、蘆名氏第十四代盛滋には継嗣がなかったため、止むを得ず弟盛舜を養子とした。しかし、その後、盛滋に実子盛幸が生まれたため、盛幸は、針生庄（現　喜多方市熱塩加納町米岡字針生）を与えられ、針生民部盛幸を称した。そして、その後は、盛秋、盛信と続くが、蘆名氏没落後は、盛重と共に常陸へ逃れ、豊臣秀吉より龍ヶ崎（現　茨城県龍ケ崎市）一万八千石を与えられた。しかし、秀吉が没し「関ケ原の合戦」を経て徳川の世となるや、家康は佐竹本宗を始め江戸崎の盛重（後主計頭《かずえのかみ》義勝《よしかつ》）やこの針生氏を改易とした。そこで針生氏は、伊達政宗の家臣に転じ、辛うじて蘆名氏の血脈を保つ事が出来た（姓氏家系大辞典　巻一　蘆名条3）。また、盛幸が入る前の針生庄の地頭であった山川盛重の子清重も針生民部少輔清重を称していたが、盛幸は、この清重の継嗣となって針生氏を称したものと考えられる。

『平田氏』（ヒラタ）

平田氏は、蘆名氏の重臣で、『姓氏家系大辞典　巻三　平田条23』に「会津の平田氏、当地方の豪族にして、耶麻郡源太屋敷村迹は、至徳中（一三八四―八七）、葦名直盛の臣、平田大隅が築きし所なりと云ふ」とある。また、『日本城郭大系　巻三　耶麻郡条』に「塩川町源田字源太屋敷の『鏡ヶ城』は、天正年間、平田大隅守の居城」とあり、また、『同　会津若松市条』に「湊町赤井の『小山館』は、天正年間、平田大炊の居館」とあり、また更に、『同　河沼郡条』には「会津坂下町束原の『束原館』は、平田兵部少輔の居館」とある。そして、『日本歴史地名大系　巻七　耶麻郡・源太屋敷村条』に「集落北東部に至徳年間蘆名氏家臣平田大隅が築いたと伝える鏡ヶ城跡がある。本丸、二の丸、三の丸からなる連郭式平城で、周辺には平田氏家臣の佐藤、武藤、須藤、一國の各氏が住んだという館跡があった（新編会津風土記など）」とある。

そして、蘆名氏第三代（会津蘆名氏初代）光盛の正室は、清和源氏石川氏第七代広季の長女市子であり、一族の矢吹氏第六代時運は、この蘆名光盛に仕えており、石川氏の家臣に佐藤・武藤・須藤の諸氏もおり、また、石川氏第十一代盛義の二女は、この蘆名家宿老平田主税盛常の室として嫁しているので、この会津の平田氏が源太屋敷と称しているところを見れば、この平田氏は、石川氏族ではないかと考えられる（石川氏一千年史　第七代広季・第十一代盛義条参照）。

『法林寺氏』（ホウリンジ）
法林寺氏は、遠田氏や葛西氏の祖で、『姓氏家系大辞典　巻三　法林寺条』に「岩代国耶麻郡遠田村（現喜多方市塩川町遠田）館跡は、法林寺秀綱の後裔、葛西三郎義貞住し、後遠田五郎長綱領せしと伝ふ」とある氏である（葛西氏の条参照）。

『星野氏』（ホシノ）

星野氏は、『姓氏家系大辞典　巻三　星野条18』に「奥州の星野氏。新編会津風土記に、耶麻郡入田付村の星野宮五郎兵衛は、空海作の三像を光徳寺佛として此地に安ず」とあるが、入田付村は現在の岩月町入田付で、星野の姓は、この星野宮の神職が名乗ったものと考えられる。そして、『日本城郭大系　巻三耶麻郡条』に「高郷町上郷字一竿の『花ノ館』は、星野三郎の居館」とある。また、星野姓は新潟県にも多く見られる（田代氏の条参照）。

『間鍋（真部）氏』（マナベ）

間鍋氏は、真部とも称し、『姓氏家系大辞典　巻三　間鍋条1』に「岩代の間鍋氏、耶麻郡南屋敷村（現喜多方市塩川町五合字南屋敷）の館迹は、間鍋備中住せりと云ふ（新編会津風土記）」とあるが、この氏の出自等については不明である。ただ、『同　条2』に「藤原北家、藤原山陰の曽孫秀随より出づ。その男満任、塩川氏を称し、其の十三世孫満永、尊氏に属す。その九世塩川伯耆信氏、三河に到り、松平清康に仕ふ。其の子信行、其の孤子刑部詮光、間鍋（眞鍋）主馬兵衛に養われ其の氏を冒す。後その五世清貞の時、星野を称し、西田に改め、更に其の男詮房に至り間鍋に復し、間部に改む」とある。そして、この詮房こそ、徳川幕府第六代家宣に仕えて大出世を遂げ、幕府を意の儘に振舞った人物であるが、この祖が塩川氏を名乗っているところを見れば、この氏は、会津蘆名氏の出自ではないかとも考えられる。そして、藤原山陰（蔭）は、伊達氏の祖でもある。

『三浦氏』（ミウラ）

三浦氏は、桓武平氏良文流で、坂東八平氏（千葉、上総、土肥、秩父、三浦、大庭、梶原、長尾）の一つであるが、その出自は、書によっても異なるが、一般的に考えられている良文流説を取れば、平良文の孫の平為通は「前九年の役」に参陣し、その功により、相模国三浦郡（現　神奈川県三浦郡）を与えられ、三浦氏を称した事により起こったが、その後、為継、義継、義明と続き、その三弟義清が三浦郡蘆名（現　神奈川県横須賀市芦名）に住し、蘆名氏を称した。

そして、義明の七男義連は、三浦郡佐原（現　神奈川県横須賀市佐原）に住し、佐原氏を称したが、その子盛連は、祖父の三弟為清の「蘆名」の名跡と父義連が「奥州征伐」の功によって与えられた会津の地を相伝され、六人の男子に夫々会津領内の各地を与えた。このうち五男盛時は、耶麻郡下三宮と三浦一族が宝治元年六月に勃発した「宝治合戦」により壊滅し断絶した「三浦氏惣領」を継ぎ、三浦介を称した（姓氏家系大辞典　巻三　三浦条1～4）。これにより、この盛時の子孫は、三浦、佐原、加納、三宮等を称した。

『三橋氏』（ミツハシ）

三橋氏は、三浦氏族加納氏の分流で、『姓氏家系大辞典　巻三　三橋条1』に「桓武平氏三浦氏族、加納氏の族にして、会津耶麻郡三橋邑より起り三橋城に拠る」とあり、また、『日本城郭大系　巻三　耶麻郡条』に「塩川町金橋字三橋の『三橋城』は、三橋太郎義通の居城」とある。また、『同　耶麻郡条』に「塩川町遠田字館ノ越の『遠田館』は、天正年間、三橋備前守定重の居館」とある。また、『日本歴史地名大系　巻七　喜多方市・菅井村（現　喜多方市豊川町一井）条』に「地内には康安二（一三六二）年、三橋太郎義通が築いたとされる館跡がある」とある。

『宮城氏』（ミヤギ）

宮城氏は、『日本歴史地名大系　巻七　耶麻郡堂山村（現　喜多方市山都町蓬莱）条』に「当村宮城家は、木曽村齋藤家、寺内村（現　喜多方市山都町小舟寺）真部家と共に、木曽組郷頭を勤める家柄で、村東部の山上にある館跡は宮城家先祖の宅跡と伝える（新編会津風土記）」とある氏である。

『物江氏』（モノエ）

物江氏は、新宮庄物江村（後山崎村、現　喜多方市）の発祥で、『姓氏家系大辞典　巻三　物江条』に「新編風土記、耶麻郡大谷村（現　喜多方市高郷町上郷字大木原）条に『館迹。物江弥六信連と云ふもの築き住し、小森山館と称へしとぞ』と載せ」とある。そして、『日本城郭大系　巻三　耶麻郡条』に「高郷村上郷字大木原の『小森山館』は、正平―応永年間、物江内匠頭俊政の居館」とある。また、『日本歴史地名大系　巻七　喜多方市・熊倉村条』に「物江氏は、もと鈴木氏を称し、代々蘆名家に仕え云々」とある。

『山川氏』（ヤマカワ）

山川氏は、『日本歴史地名大系　巻七　耶麻郡・針生村（現　喜多方市熱塩加納町米岡字針生）条』に「針生村に蘆名氏第十四代盛滋の子民部盛幸が入る前の地頭で、当地の『針生館』は建長六（一二五四）年、山川七郎重隆が築き、重隆の末裔山川重盛、その子針生民部少輔清重の居館となり、清重が蘆名盛氏の家老となり黒川に移ると、その後は、橋谷田宗頼の居館となった」とある。そして、この山川氏は、結城一族山川氏の分流ではないかと考えられる（針生氏の条参照）。

『湯上氏』（ユガミ）

湯上氏は、『日本歴史地名大系　巻七　耶麻郡・上遠田村（現　喜多方市塩川町遠田）条』に「集落の北西にいつの頃か、湯上豊前某、のち遠田五郎長綱が住んだと伝える館跡がある」とある氏であるが、この氏は、法林寺氏・葛西氏に関係する氏族と考えられる（法林寺氏、葛西氏の条参照）。

『横沢氏』（ヨコザワ）

横沢氏は、『日本歴史地名大系　巻七　耶麻郡・野辺沢村（現　喜多方市熱塩加納町相田）条』に「北方の野辺沢川上流左岸には赤沢、赤沢の北西で同川右岸には右衛門小屋（現　衛門小屋）の端村がある。右衛門小屋は天正年中（一五七三―九二）、本村の在地領主横沢丹波の家臣、小沢右衛門によって開かれた地と言い云々」とある氏であるが、この氏の出自等については不明である。

『渡部（渡辺、渡邊、渡邉）氏』（ワタナベ）

渡部氏は、「渡辺、渡邊、渡邉」とも称するが、会津の「わたなべ氏」は、「渡部」を称する者が多く、会津地方に於いて大繁栄した氏族で、現在に於いても可成りの数に上っている。しかし、この渡部氏の祖は、岩城の渡辺氏と言われている。そして、『日本城郭大系　巻三　耶麻郡条』に「山都町小舟寺字小布施原の『小布施原館』は、元亀―天正年間、渡部忠兵衛直忠の居館」とあり、また、『同　河沼郡条』に「会津坂下町古坂下の『古坂下館』は、天正年間、渡部中務の居館」とある（渡辺氏の出自については、白河市・渡辺氏の条参照）。

『耶麻郡』

『秋山氏』（アキヤマ）

秋山氏は、『姓氏家系大辞典　巻一　秋山条17』に「岩代の秋山氏、新編風土記、耶麻郡中目村条に『館迹。秋山右近居たり』と云ひ、又秋山俊元、秋山玄蕃勝直等を載す」とあり。また、『日本城郭大系　巻三　耶麻郡条』にも「猪苗代町中ノ目の『中ノ目城』は、秋山右近の居城」とあるが、この氏は、佐竹氏の家臣の秋山氏か岩城氏族の秋山氏の分流と考えられる。

『穴澤氏』（アナザワ）

穴澤氏は、蘆名氏の重臣で、『日本城郭大系　巻三　耶麻郡条』に「北塩原村檜原の『岩山城』は、永禄年間（一五五八―七〇）、穴沢加賀守信徳の居館。又同所の『戸山城』は、文明年間（一四六九―八七）、穴沢越中守俊家の居館。別称檜原館」とあるが、これらの地は、明治二十一（一八八八）年の磐梯山の噴火により、現在は大半が檜原湖の湖底に没し、当時の面影はない。また、『同　郡山市条』には「西田町三丁目字馬場の『穴沢館』は、穴沢左衛門尉成季の居館」とある。

そして、この氏の出自については諸説あり、『日本歴史地名大系　巻七　会津若松市・中田村（現　会津若松市湊町静潟）条』に「会津鑑には、建治二（一二七六）年、常陸国穴澤城（現　茨城県東茨城郡城里町桂）

の城主山口氏の一族が、会津に来て当地の地頭となり、永正元（一五〇四）年、中田地頭の穴澤俊家が耶麻郡檜原邑（現　耶麻郡北塩原村桧原）の守となり、天文三（一五三四）年には、中田城主穴澤政頼を檜原に遣わすとある。そして、穴沢家系図に『穴澤氏は、清和源氏新羅三郎義光を祖とし、義光の後裔貞長（平賀氏）が、越後国広瀬郷穴澤邑（現　新潟県魚沼市入広瀬）を領して穴澤氏を称したという。貞長の孫家道は、青木葉（現　郡山市）に住し、俊家は家道の子とされる』。一方『檜原軍物語』は、俊家を仙道穴澤郷（現　同上）の出としている」とある。

そして、この「檜原」の地名の起こりについて、『同　耶麻郡・檜原村（現　耶麻郡北塩原村桧原）条』に「新編会津風土記によると、文明十八（一四八六）年、蘆名盛高の命を受けた穴沢越中守俊家は、大塩村境、蘭峠《あららぎ》付近の山中に跋扈《ばっこ》していた山賊二百七十余人を退治、その功によって貞宗の刀と大沼郡の境野（現　大沼郡会津美里町新鶴）、道地窪、寺入（現　大沼郡会津美里町高田）三ヶ村を賜り、富山舘を築いて檜原口（伊達口）を守ったという。このとき古く檜口谷地と称していた当地を檜原に改めたともいう」とある。

『池田氏』（イケダ）

会津の池田氏は、蘆名氏の家臣であるが、池田氏の発祥の地は、国内数ヶ所にあり、中でも著名なのは河内国（現　大阪府東部）茨田郡池田郷を起源とする池田氏と、摂津国池田（現　大阪府池田市）を起源とする池田氏で、このうち会津の池田氏は、『姓氏家系大辞典　巻一　池田条24』に「新編会津風土記、耶麻郡渋井館迹（現　喜多方市豊川町一井字渋井）条に『天文九（一五四〇）年、池田備中宗政二男勘次郎俊甫築きしと云伝ふ』と見ゆ。又会津大沼郡の池田氏は『もと河内の人なりしが、明徳三（一三九二）年、南朝亡びて後本領を失ひ、応永二（一三九五）年に会津に来り葦名盛政に仕へ、大沼郡西麻生村を領し、永禄年中（一五五八—七〇）、その子孫三十貫文の地を賜ふ』」とある。また『日本城郭大系　巻三　喜多方市・青山城条』に「本丸跡の北の空堀を隔てた北側に、佐原氏の家臣池田某がいたという『池田屋舗』が見えるが、現在はその跡は定かではない」とある。従って、この会津の池田氏は、河内の池田氏である事がわかる。

『石上氏』（イシガミ）

石上氏は、『日本歴史地名大系　巻七　耶麻郡・平明村（現　耶麻郡西会津町新郷笹川、富士）条』に「袖藪沢には沢田民部某、靫負《ゆきえ》屋敷には石上靫負、小丸山には蘆名氏家臣薄丹後がそれぞれ住したという館跡がある」という氏であるが、この石上氏は、相馬の石上氏の分流ではないかと考えられる。

『石部氏』（イシベ）

石部氏は、桓武平氏流と言い、猪苗代湖畔を本拠とした氏族で、『姓氏家系大辞典　巻一　石部条3』に「会津の石部氏、桓武平氏と称す。新編風土記、滝沢館迹条に『蘆名の頃、石部治部大輔某居住』。また、耶麻郡小平潟村条に『館迹、石部丹後某居せしと云ふ。云々』」とある。このように、この氏は、桓武平氏を唱えているが、元々石部氏は、陸奥大掾《だいじょう》石川浄足《きよたり》の後裔と言われ、天応元（七八一）年、多賀城より流れ来て、蘆名氏の会津下向まで、堂家、石塚氏と共に当地方に君臨した豪族であったと言われている（堂家氏、石塚氏の条参照）。

『猪苗代氏』（イナワシロ）

猪苗代氏は、『日本城郭大系　巻三　耶麻郡・亀ヶ城条』に「『新編会津風土記』巻四九猪苗代の項に『この城は佐原大炊助経連《つねつら》が居所なりしにや、経連は遠江守盛連の長男にて光盛《みつもり》の異母兄なり其子孫代々此所に住し、耶麻郡半郡を領し猪苗代の主なりしと見ゆ、経連三子ありて共に従ひ来り此辺に住せしと云氏族も多かりしにや猪苗代の諸村に三浦某の古館と云伝るもの多し、経連の事『東鑑《あずまかがみ》』（吾妻鏡）寛元元年同五年に見ゆ』とみえ、この城は鎌倉時代の初期、三浦氏の一族である佐原遠江守盛連の長男大炊助経連が築いたと推定される。経連の子孫は猪苗代氏を称し、代々この城に住んで耶麻郡半郡（耶麻郡東部の現在の猪苗代町・磐梯町と推定される）を領有した。その後この猪苗代氏は、同族間の内訌などもあったが、領内を中心に繁栄した。しかし、天正十七年に至り、猪苗代盛国、盛胤親子は、本宗蘆名家の継嗣問題に端を発し、その後の伊達軍対蘆名軍との戦いに於いて対立し、父盛国は、蘆名一族の内情を伊達政宗に内応し、伊達軍に属し、嫡子盛胤は、主家蘆名方として『磨上原《すりあげはら》』において激戦を交わした。しかし、最後は伊達方の勝利となり、盛国は、その功により、五百貫文の加増となったが、嫡子盛胤は敗北し没落した。しかし、その後に起きた伊達政宗に対する豊臣秀吉の小田原遅参による『奥羽仕置』により、会津の地は没収となり、盛国は、政宗より岩井郡東山（現　岩手県一関市東山）『千石』を与えられ、二男盛国以下一族は伊達氏の家臣となり、準一家に列した」とある。

『入岡氏』（イリオカ）

入岡氏は、『姓氏家系大辞典　巻一　入岡条』に「会津耶麻郡高木村の肝煎に入岡澤右衛門なる者見ゆ（會津風土記）」とある氏であるが、この氏の出自等については不明である。

『岩田氏』（イワタ）

岩田氏は、蘆名氏族新宮氏の分流で『姓氏家系大辞典　巻一　岩田条8』に「三浦氏流、桓武平氏三浦氏より分ると。新編会津風土記、耶麻郡小荒井村旧家岩田氏条に『此村の農民なり。新宮六郎左衛門尉時連の五男、五郎左衛門宗連、岩田村に住し、氏を岩田と称す。其子備後宗高より十三世の孫岩田越中信隆、永禄三（一五六〇）年、会津を去り、近江国（現　滋賀県）に住す。同五年丹羽長秀に仕ふ。元亀元（一五七〇）年故ありて、其子彌太郎義勝を具して、又会津に来る。義勝後小荒井主水と称し、蘆名家に仕ふ』」とある。

『遠藤氏』（エンドウ）

遠藤氏は、全国有数の大族で、県内では、信夫、須賀川、白河、会津等と多く存在するが、このうち会津の遠藤氏は、耶麻郡と大沼郡にあり、『姓氏家系大辞典　巻一　遠藤条24』に「新編会津風土記、上岩崎村館迹条に『大永の頃遠藤助兵衛（大隅とも云ふ）築きしと云。旧家、遠藤荘右衛門、此村の肝煎なり、世々遠藤助兵衛が館迹に住し、其裔孫なりと云』と載せり」とある。また、『日本歴史地名大系　巻七　耶麻郡宮目村（現　喜多方市塩川町三吉）条』に「曹洞宗宮目寺は、永禄六（一五六三）年、遠藤但馬某が開基と伝え、村の東にある遠藤屋敷は但馬の屋敷跡という」とある。

『大沢氏』（オオサワ）

大沢氏は、『日本歴史地名大系　巻七　耶麻郡・井岡村（現　耶麻郡西会津町奥川元島）条』に「集落の北方八森山上には、大沢兵庫が住したと伝える柵跡がある（温故拾要抄）」とある氏であるが、この氏の出自等については不明である。

『**大堀氏**』（オオホリ）

大堀氏は、猪苗代氏の重臣で、『姓氏家系大辞典　巻一　大堀条2』に「会津の大堀氏、耶麻郡の大豪族にして、天正中、大堀土佐景長は猪苗代町金田字金曲の『金曲城』を居城としたが、伊達氏対蘆名氏の戦いにおける猪苗代盛国、盛胤親子による内紛に於いて大堀土佐は、苦渋の選択として盛国に与し盛胤と戦い、秋屋氏等と共に金曲城を死守したが、遂に敗れ蘆名氏の宿老富田将監の元に寄宿し、名を休夢と改め、後大沼郡田澤村（現　大沼郡金山町田沢）に移り、更に、河沼郡坂下村（現　河沼郡会津坂下町）に住した。また、景長の子長重は、父と共に金曲城を落ちて後、上利根川村に住したと言われている」とある。

『**岡部氏**』（オカベ）

岡部氏は、『日本城郭大系　巻三　耶麻郡条』に「猪苗代町金田字金曲の『金曲城』は、永享年間（一四二九―四一）、岡部山城守又太郎の居城」とあるが、この氏は、白川氏、佐竹氏、岩城氏の家臣の岡部氏の、何れかの分流ではないかと考えられる（岡部氏の出自については白河市・岡部氏の条参照）。

『**小平氏**』（オダイラ）

会津の小平氏は、石川氏族で、『日本歴史地名大系　巻七　耶麻郡野沢町・野沢宿（現　耶麻郡西会津町野沢）条』に「野沢の地名は中世から登場し、建武三（一三三六）年七月二十八日沙弥某は蜷川庄の『野沢村半分』を石川郡石川氏の一族小平七郎光俊に預けている（沙弥某預ヶ状　合編白河石川文書）。（中略）文政八（一八二五）年には本町村肝煎石川市良右衛門が駅検断役、武士荷、商物問屋の請払いを一ヶ月を上下に分けて原町村交替で行いとの公事を起こし、肝煎御免となっている（石川家文書）」とある氏である。

『金白氏』（カネシロ）

金白氏は、『姓氏家系大辞典　巻一　金白条』に「新編会津風土記、河沼郡縄澤邑（現　耶麻郡西会津町睦合字縄沢）条に、『館迹。金城館と云ふ。天正中、金白加賀守景長と云ふ者住せり』と見ゆ。此の地より起りしならん」とあるが、この氏の出自等については不明である。

『神山氏』（カミヤマ）

神山氏は、『日本歴史地名大系　巻七　耶麻郡・綱取城跡（現　耶麻郡北塩原村北山）条』に「要害山の西方山裾、居館跡近くに『上の台館』があり、松本勘解由左衛門宗輔の重臣戸山数馬、神山一次、榊田勘十郎の居所であったと伝える（北塩原の城館柵）」とある。また『同　会津若松市・八角分（現　会津若松市一箕町八角外）条』に「八角之邑一分の地頭神山善六之知行之田地之事云々」とある。

『唐橋氏』（カラハシ）

唐橋氏は、『姓氏家系大辞典　巻一　唐橋条6』に「会津の唐橋氏、耶麻郡にあり。新編風土記に『賢谷村善行者、唐橋太郎兵衛、此の村の肝煎なり、寛正四年褒賞せらる』と。又『三方村善行者、唐橋新左衛門、此の村の肝煎なり、安永九年賞せらる』と。」とある。

『神田氏』（カンダ）

神田氏は、蘆名氏の家臣で、『姓氏家系大辞典　巻一　神田条13』に「会津の神田氏、新編風土記、耶麻郡下利根村（現　喜多方市塩川町三吉）旧家弥右衛門条」に「農民なり。先祖は蘆名家譜代の臣にて、神田助六郎秀運と云ひ、天正の頃、川西組行津村（現　耶麻郡猪苗代町磐根）を領す云々」とあるが、『日本歴史地名大系　巻七　耶麻郡・行津村条』に「新編会津風土記に『この村昔神田某と云者領知せし』と見え、蘆名家譜代の臣神田助六郎秀運の所領であったと伝える」とある。

『五島氏』（ゴトウ）

五島氏は、『姓氏家系大辞典　巻二　五島条3』に「会津の五島氏、戦国の頃、五島孫兵衛あり。耶麻郡桧原村に拠りしが、穴澤氏に敗らる」とあるが、この氏は「後藤氏」の変姓か。それとも桧原に五つの島状の場所があり、それによって付いた地名から来たものか等が考えられる。

『小檜山氏』（コビヤマ）

この小檜山氏は、桓武平氏三浦氏族で、『姓氏家系大辞典　巻二　小檜山条』に「会津の豪族にして、桓武平氏三浦氏の族也、新編風土記、安積郡三代村条に『館迹。此の村の地頭小檜山縫殿之助と云ふ者の居趾と云ふ』と見え、又堤崎村肝煎に小檜山孫七あり。又耶麻郡内野邑条に、『蔵円寺。縁起に、大永中（一五二一―二八）、小檜山六郎と云ふ者、此の村を領し、当寺を開くと。小檜山は『舊事雑考』に、三浦行盛が氏族なりとあり』と見ゆ」とある。また『日本歴史地名大系　巻七　耶麻郡・下館村（現　耶麻郡猪苗代町三郷）条』に「小檜山次郎右衛門居住の館跡は、一説には応永二十一（一四一四）年、伊豆下野守某が築いたともいい、また文明頃（一四六九―八七）には岡部宗九郎が住したという」とあり。そして、この氏は、田村市常葉町小檜山の発祥と考えられる。

『小山氏』（コヤマ）

小山氏は、『日本歴史地名大系　巻七　耶麻郡・下野尻村（現　耶麻郡西会津町群岡《むらおか》）条』に「村内に小山宮内少輔政能が住したという小山館跡・佐原興市が住したと伝える安井館跡がある」とあるが、この氏は会津若松市の小山氏とは別氏と考えられる。ただ、下野の小山《おやま》氏の流れの可能性もある。

『榊田氏』（サカキダ）

榊田氏は、『日本歴史地名大系　巻七　耶麻郡・綱取城跡（現　耶麻郡北塩原村北山）条』に「要害山の西方山裾、居館跡近くに上ノ台館跡があり松本勘解由左衛門宗輔の重臣戸山数馬、神山一次、榊田勘十郎らの居所であったと伝える（北塩原の城館柵）」とある氏である。

『澤田氏』（サワダ）

澤田氏は、『姓氏家系大辞典　巻二　澤田条11』に「岩代の澤田氏、耶麻郡平明村袖藪澤には澤田民部某が住せしと云ひ伝ふ。又俳人に澤田巳明あり。会津の人、澤田名垂は新編会津風土記を著はす」とある。そして、この氏の起こりは、大沼郡会津美里町和田目字沢田ではないかと考えられる。

『柴城氏』（シバシロ）

柴城氏は、『姓氏家系大辞典　巻二　柴城条』に「岩代国耶麻郡の名族にして、新編会津風土記に、『耶麻郡柴城村。館迹、応安の頃（一三六八―七五）、柴城民部重行と云ふ者居る』と云ひ伝ふ」とあるが、この氏の出自等については不明である。

『神野氏』（ジンノ）
神野氏は、『姓氏家系大辞典　巻二　神野条5』に「岩代の神野氏、新編会津風土記、耶麻郡猪苗代神野寺跡条に『昔神野顕元と云ふ者の祈願所なり。顕元は猪苗代の領主なるべけれども、何頃の人なること を詳らかにせず』と見ゆ」とある。また、『日本歴史地名大系　巻七　耶麻郡・西勝寺（現　耶麻郡猪苗代町新町）条』に「古くは猪苗代城内鶴峯の地にあって鶴峯山と号し、長徳二（九九六）年、仁海による開山という。開山当初は猪苗代地方を支配していた豪族神野顕元の祈願寺鎮護山神野寺の末寺であったが、顕元が恵日寺（磐梯町）と争って敗れたため同寺の支配下になったとされる」とある氏である。

『関氏』（セキ）
関氏は、『姓氏家系大辞典　巻二　関条25』に「岩代の関氏、新編風土記、会津郡今泉村条に『館迹。関出雲守某居住せし所也と云ふ』と。又同村『旧家総左衛門。関出雲守が末葉にて、後農となる』と載せ。又耶麻郡山潟村条に『旧家関総之助。此の村の肝煎なり。祖は加賀某とて、下野国の浪人なり。永正中、安達郡玉井村より郎等引き具し、此に来り。猪苗代の三浦氏に請ひて廃田を興す。総之助は加賀が十三代の孫なり』と云ふ。又耶麻猪苗代の安養寺は『蒲生氏の臣関十兵衛。猪苗代城代のとき草創す』と也」とある。また『日本歴史地名大系　巻七　耶麻郡・山潟村（現　耶麻郡猪苗代町山潟）条』に「伝承によると、永正―大永（一五〇四―一八）頃、常陸国鹿島浦の城主関加賀守常久（下野国住人加賀某ともいう）が諸国流浪の後会津に入って蘆名盛舜《もりきよ》に仕え、当地を与えられて廃田、山野を開き、大永四年それまでの山中村を改め、山の田の意味から山が田と名付けたのが当村の草創という（新編会津風土記など）。山方、山形などとも記す」とある。また『同　耶麻郡・麓山《はやま》神社（現　耶麻郡猪苗代町関都）条』に「大同元（八〇六）年、当地の領主関参河守藤原重光の守護神であった麓山権現を同氏居館岩館山へ土屋権太夫利胤が勧請したのが始まりという」とある。

『高橋氏』（タカハシ）

会津の高橋氏は、『日本歴史地名大系　巻七　耶麻郡・堀越村（現　耶麻郡西会津町野沢）条』に「南部の小中奈は、小侍従、小侍殿ともいい、いつの頃か高橋善阿弥が住していたという小侍従館跡があり、同所の五輪塔二基は同館主夫妻の墓と伝える（新編会津風土記など）」とある氏であるが、その他の詳細は不明である。

『土屋氏』（ツチヤ）

会津の土屋氏は、『姓氏家系大辞典　巻二　土屋条6』に「奥州の土屋氏、文治以来奥州にあり。相州土屋の族なり、と。又田村に存し、又新編会津風土記耶麻郡関脇村条に、『山麓神社土屋出羽、其の先を権太夫某と云ふ。其の九世孫権太夫貞義に至って、当社を今の地に遷《うつ》す。今の出羽利起は其の遠孫なりと云ふ』」とある。そして、此処でいう相州土屋の族とは、現在全国的に散見される土屋氏で、桓武平氏中村氏族で、中村庄司宗平の子宗遠が、相模国大住郡土屋邑（現　神奈川県平塚市土屋）に住し、土屋三郎と称したのに始まる。そして、この土屋三郎宗遠は、源頼朝による平家討伐の旗挙げや奥州征伐に於いて活躍している（吾妻鏡　治承四年八月二十日条など）ので、この「奥州征伐」の功によって、頼朝よりこの地を賜り、その分流が下向し定着したものと考えられる。

『**豊嶋氏**』（トシマ）

豊嶋氏は、『姓氏家系大辞典　巻二　豊嶋条』に「会津耶麻郡の豪族に豊嶋縫殿之助あり。天正十二年戦死す」とあるが、この氏の出自等については不明である。しかし、この氏は、桓武平氏良文流秩父氏族で、武蔵国豊島郡（現　東京都北区豊島）を発祥の地とする豊島氏族の可能性もある（大沼郡・藤原氏の条参照）。

『**戸山氏**』（トヤマ）

戸山氏は、松本氏の重臣で、『日本歴史地名大系　巻七　耶麻郡・綱取城跡（現　耶麻郡北塩原村北山）条』に「要害山の西方、居館跡近くに上ノ台館跡があり、松本勘解由宗輔の重臣、戸山数馬、神山一次、榊田勘十郎らの居所であったと伝える（北塩原の城館柵）」とあるが、この氏は、桧原村北西部に穴澤越中守俊家が築いた『戸山館』を冠したものと考えられる。

『**長尾氏**』（ナガオ）

長尾氏は、『日本歴史地名大系　巻七　耶麻郡・西館村（現　耶麻郡猪苗代町西舘）条』に「建久八（一一九七）年、長尾遠江守赤房が当地に館を築いたと伝え（温故拾要抄など）云々」とあり、また、『姓氏家系大辞典　巻三　宮澤条7』にも「磐梯神社の神職長尾周防」の名が見られる。しかし、一般的に全国各地に散見される長尾氏は、桓武平氏で、坂東八平氏の一つであるが、その起こりは、平高望（高望王）六世の孫景弘が、相模国長尾郷（現　神奈川県横浜市栄区長尾台町）に住し、長尾氏を称した事により起こったと言われており、特にこの氏は、越後国に於いて繁栄し、歴史上著名な長尾景虎（後の上杉謙信）を生み、謙信は関東管領を務め、隣国の武田信玄との川中島での度々の合戦で名を成した。しかし、会津には、喜多方市豊川町沢部字長尾という所があり、この地より起こった氏族の可能性もある。

『中嶋氏』（ナカジマ）

中嶋氏は、桓武平氏三浦氏族和田氏の分流で、『姓氏家系大辞典　巻三　中嶋条16』に「桓武平氏三浦氏族、会津の中嶋氏にて、新編風土記、耶麻郡大塩村（現　耶麻郡北塩原村大塩）条」に「館迹。天正の頃、葦名の臣中嶋美濃某居せしと云ふ。其の後裔に穴澤源吉あり。此の村の検断にて、系図によるに『美濃は、其の先、和田義盛に出づ、建保年中（一二一三―一九）、新左衛門尉常盛が子幸若、家難を避け、會津に来り成長して、中嶋靫負《ゆげい》義仲と称し、大塩村の地頭となる。美濃は、その八世の孫なり』とぞ。子孫無きにより、檜原の穴澤加賀信徳が五男左馬信清と云ふ者を養子とす云々」とある。

『沼尻氏』（ヌマジリ）

沼尻氏は、『姓氏家系大辞典　巻三　沼尻条3』に「岩磐の沼尻氏、耶麻郡沼尻邑よりお起りしか。三坂元弘三年十二月文書に、沼尻與五太郎を載せたり」とあるが、三坂とは、岩城氏の家臣の三坂氏の事で、石城郡三坂邑（現　いわき市三和町上三坂）の「三倉城」を居城とした三坂忠信の後裔の三坂越前守は、天正年間、訳あって主君岩城常隆の元を離れ会津へ逃れ、子孫は会津藩に仕えたと言われているので、この氏の事である。また沼尻邑とは、現在の沼尻温泉辺りではないかと考えられる（いわき市、会津若松市・三坂氏、小河氏の条参照）。

『野口氏』（ノグチ）

野口氏は、『日本歴史地名大系　巻七　耶麻郡・三城潟村（現　耶麻郡猪苗代町三ツ和）条』に「三城潟村の地は、三浦経連（後猪苗代経連）が領する前は、『野口伊賀』が地頭であったが、その当時は『内城村』と称していた（翁島村郷土史）」とある。そして、この氏は、当地方に存する野口一族の祖で、世界的の医学者で、現在「千円札に尊影」の載る「野口英世」の祖にも当たるものと考えられる。

『野矢氏』（ノヤ）

野矢氏は、『日本歴史地名大系　巻七　耶麻郡・金曲村条』に「元中九（一三九二）年、金曲村（現　耶麻郡猪苗代町金田字金曲）の肝煎を勤めた」とあるが、『姓氏家系大辞典　巻三　野矢条１』には「野矢氏は蒲生氏族」とあり、また『同　２』に「会津藩国学者に野矢駒之丞常方あり、涼齋と号す」とあるので、この氏は、蒲生氏郷の一族家臣として来たものと考えられる。

『堀切氏』（ホリキリ）

堀切氏は、猪苗代氏の家臣で、『姓氏家系大辞典　巻三　堀切条』に「会津の堀切氏、新編風土記に『耶麻郡堀切村館迹は、天正の頃、三浦の臣堀切内匠《たくみ》某居る』と見ゆ」とあり、また『日本城郭大系　巻三　耶麻郡条』にも「猪苗代町三郷字堀切の『堀切城』は、天正年間、堀切内匠の居城」とある。

『松山氏』（マツヤマ）

松山氏は、『姓氏家系大辞典　巻三　松山条５』に「岩代の松山氏、耶麻郡恵日寺館跡は、松山和泉某の居所と云ふ」とあり、また『日本城郭大系　巻三　耶麻郡条』に「磐梯町の『古城』は、天正年間、松山和泉守の居城」とある。そして、当所には、名僧「徳一」が開山した名刹「慧日寺」があったが、この慧日寺は、古代、奈良の「興福寺」京都の「比叡山延暦寺」と並び称される「日本三大名刹」の一つで、最も隆盛を極めた時代には、寺僧三百人、僧兵数千人、子院三千八百ヶ寺という規模であったと言われている。

『**宮澤氏**』（ミヤザワ）

宮澤氏は、『姓氏家系大辞典　巻三　宮澤条1』に「会津の宮澤氏、新編風土記、耶麻郡下館村（現耶麻郡猪苗代町下館）条に『稲荷神社神職、宮澤但馬、元は木曽組阿隅村の者にて、磐梯神社の神職長尾周防が門下となり、此の社の神職となる』」とある氏である。

『**武藤氏**』（ムトウ）

武藤氏は、蘆名氏の家臣で、『姓氏家系大辞典　巻三　武藤条27』に「会津の武藤氏、新編風土記、耶麻郡荻野村条に『館迹。武藤出雲員綱と云ふ者住し、天正の頃、其の子右馬允興綱住せり』と。又『旧家武藤平太夫、此の村の肝煎なり。武藤出雲員綱が後裔なりと。（中略）又『新宮村熊野神社棟札に武藤和泉を載せ、又八重窪村の館迹、一は、武藤摂津守が居住せし所なりと云ふ。武藤摂津守は葦名氏の臣、此の地を開いて領地せしと伝へ、二は、武藤中務丞と云ふ者住せし』と也。又平田家臣に見ゆ。又會津郡『東城戸村（現　会津若松市神指町黒川）旧家長左衛門、先祖は武藤右京佐眞正とて葦名盛氏に仕へ、天満十二村を領せり。眞正が子孫五郎正次、相続いで葦名氏に仕へ、天正十七年磨上の軍敗れて後、此の村に屏居し、祝髪して是戒と号す云々』」とある（石川郡・武藤氏の条参照）。

『矢部氏』（ヤベ）

この矢部氏は、『日本歴史地名大系　巻七　耶麻郡・芦沼村（現　耶麻郡西会津町野沢）条』に「温故拾要抄によると、地内に館跡があり、いつの頃か、矢部十郎頼輝、天正年中（一五七三―九二）には、武藤中務丞政国が住したという」とあり。また『同　大舟沢村（現　耶麻郡西会津町奥川大綱木）条』に「いつの頃にか矢部宮内なる者が当地に来て、山上にもかかわらず湧水が豊富である事に着目、田地を開いたのが村の始まりと伝える。地内には宮内が拠ったという柵跡や宮内勧請と伝える天御中主神社などがある」とある。また『同　真ヶ沢村（現　耶麻郡西会津町奥川飯里）条』には「地内には矢部勝光が住したと伝える中世の真ヶ沢館跡がある」とあり、また『同　喜多方市・高柳村（現　喜多方市熊倉町都）条』には「村の南東には、昔坂井雅樂某が住したという館跡が、村の東には野部清吾某が住んだという館跡がある（新編会津風土記）」とあるが、これは字の転化と考えられる。そして、この氏は、田村の矢部氏族ではないかと考えられる。

『山本氏』（ヤマモト）

山本氏は、会津各地の諏訪神社の神職にその名を見る事が出来るが、『姓氏家系大辞典　巻三　三山条46』に「耶麻郡高柳村瀧澤は、承応元（一六五二）年、当村の神職山本紀伊の五男茂兵衛、此の地に新田を開き、『瀧澤』と名付けし也と。新編風土記に『諏訪神社神職山本源之進寛永の頃、紀伊藤原度房、当社の神職となる。今の源之進常信が八代の祖なり』と。又小沼村諏訪神社に『神職山本大隅、高柳村に住す云々』」とある。

『河沼郡』

『青木氏』（アオキ）

会津の青木氏は、蘆名氏の家臣で、『日本歴史地名大系　巻七　河沼郡・十日町村（現　河沼郡会津坂下町五番）条』に「永正頃（一五〇四―一二）、蘆名氏家臣の青木加賀右衛門尉重直が館を築いて居住したという」とあり。また、『同　大沼郡・水沼村（現　大沼郡金山町水沼）条』に「高倉は、宮崎氏の家臣青木掃部の居館跡で、東西三十間、南北二十一間と伝える（会津鑑）」とあるが、この氏は、会津坂下町青木より起こったものと考えられる。

『青津氏』（アオツ）

青津氏は、『姓氏家系大辞典　巻三　長谷川条21』に「新編会津風土記、河沼郡黒澤邑（現　河沼郡柳津町黒沢）条に、『館迹。長谷川主殿某と云ふ者住せしと』と云ひ。又青津（生江）氏四家老の一に見ゆ。又大沼郡小谷村旧家に長谷川雄右衛門、此の村の肝煎なり。先祖は長谷川五郎国義とて、大和国長谷に住す。後河内守改め、荘園多く領せしが、九代の孫越中守某、牢人して会津に来りしより、此の村の長となれりと見ゆ」とある氏である（生江氏の条参照）。

『赤井氏』（アカイ）

赤井氏は、『日本歴史地名大系　巻七　河沼郡・富川加水堰（現　河沼郡会津坂下町）条』に「明治十二（一八七九）年刊の『河沼郡堰由来記』によれば、天文五（一五三六）年、発起頭取人として東河原村赤井六郎左衛門、添人として勝木沢村稲村利兵衛の両人は領主金上遠江守に荒地開墾を願出、人足五千一〇〇人、諸材木代三十五両を交付された」とある氏である。

『赤塚氏』（アカツカ）

赤塚氏は、蘆名氏の家臣で、『姓氏家系大辞典　巻一　赤塚条3』に「鏡氏流、伊豆国加茂郡赤塚より起ると云ふ。新編風土記、河沼郡笠目村条に『館迹。赤塚藤内定景と云ふ者住せりと云ふ。系図を按ずるに、遠祖鏡太郎定次は北条泰時に属し、伊豆加茂郡赤塚を領せり。その孫藤次親定と云ふ者会津に来り、葦名盛宗に仕ふ。その遠孫内匠介《たくみのすけ》定則始めて此の地を領す。定景はその子なりとぞ。葦名の忠臣也』云々」とあり、そして、笠目邑（現　河沼郡湯川村清水田字笹ノ目）には、荒川平馬国安が築いた「笹目柵」があるが、天正の頃、当所に赤塚藤内が住した。また、『日本歴史地名大系　巻七　河沼郡・笹目村条』に「新編会津風土記によると、名は定景、遠祖鏡六郎定友は、北条泰時に仕え、その孫藤次親定が会津へ来て蘆名盛宗に仕え、その遠孫定則の時この地を領し、その子が定景になる」とある。

『天野氏』（アマノ）

天野氏は、『日本歴史地名大系　巻七　河沼郡・牧沢村（現　河沼郡柳津町牧沢）条』に「戦国期は滝谷村（現　大沼郡三島町）の山内俊政の所領で、『牧沢館』を築き、天野近内を住まわせたという（会津四家合考）」とある。そして、この氏は、源頼朝の家臣「天野藤内遠景」の後裔と考えられる（天野氏の出自については、相馬市・天野氏条参照）。

『餘目氏』（アマルメ）

餘目氏は、甲斐源氏伊澤氏族留守氏の分流で、『姓氏家系大辞典　巻一　餘目条』に「餘部郷より起り、その地名を負ひしなり。餘目は餘部の訛《なまり》とす」とあり。そして、『同　条2』に「伊澤流、陸前の餘目氏にして留守家の庶流なり。伊達世臣家譜に『留守。本伊澤と称し。参河権守家任に至りて餘目氏と称し（中略）、文和元年、尊氏賜ふ所の書あり。是時奥州宮城郡・柴田郡・黒川郡内南迫七邑・栗原郡・会津河沼郡・相模国甘縄谷等の地を領す云々』」とある氏であり、南北朝期に、北朝方としての活躍により、足利尊氏より前述の河沼郡等多くの所領を与えられ、これらの地へ夫々支族を配したもので、この河沼郡の餘目氏も当然、甲斐源氏伊澤氏族留守氏の分流と考えられる。

『荒井氏』（アライ）

荒井氏は、『日本歴史地名大系　巻七　河沼郡・大村新田村（現　河沼郡会津坂下町勝大）条』に「当村は一説に上野国新田郡荒井村（現　群馬県太田市）の荒井弥右衛門が天正二（一五七四）年、大村に居住し、天和八（一六二二）年開拓したという（会津坂下町史）」とある氏である。

『荒川氏』（アラカワ）

荒川氏は、『日本歴史地名大系　巻七　河沼郡・笹目村（現　河沼郡湯川村清水田字笹ノ目）条』に「荒川

氏は、笹目村の領主で、当地に『笹目柵』を築いた荒川平馬国安の名が見られる」とあり。また『同　北会津郡・鷺林村（現　会津若松市北会津町鷺林）条』に「西福寺は、いつの頃にか当村地頭の荒川大炊助某が草創したという」とある氏である。

『石田氏』（イシダ）
石田氏は、蘆名氏の家臣で、『日本城郭大系　巻三　河沼郡条』に「会津坂下町上金沢の『一盃館』は、応永年間（一三九四―一四二八）、石田弾正の居館」とある。また、『日本歴史地名大系　巻七　耶麻郡新屋敷村（現　耶麻郡猪苗代町川桁）条』に「村の南には石田讃岐某の居館跡がある」とあるが、この氏の起こりは、大沼郡会津美里町立石田ではないかと考えられる。しかし、伊達氏族にも石田氏がおり、その分流の可能性もある。

『伊藤氏』（イトウ）
伊藤氏は、『姓氏家系大辞典　巻一　伊藤条21』に「会津の伊藤氏、河沼郡野澤本町館迹、大槻館と云ふ。延徳の比（一四八九―九二）、伊藤長門守盛定と云ふ者住して大槻氏を称す。又古坂下村館跡、天正十（一五八二）年、伊藤勘解由住す（新編風土記）と。又伊藤大膳、大沼郡黒澤館（往古伊藤駿河某と云ふ者住す）、耶麻郡渋谷村熊野宮神職伊藤近江（その先を日向政国と称す、享保中此の社の神職となる）等見ゆ。大槻城主伊藤長門守藤原盛定は如法寺の記録に見ゆ。安積大槻の伊藤氏に同族ならんかとの説あり。又会津郡横澤に伊藤氏あり、舟津四村の領主なりしとぞ。西田面村興泉寺、至徳中（一三八四―八七）、安積郡横澤の地頭、伊藤右金吾某、草創す。文亀元（一五〇一）年、密侶弘盛居住し、天正十九（一五九一）年、右金吾が遠孫・藤三郎某、伊達政宗に属せしより寺産を失ひしと云ふ」とある。また、『日本歴史地名大系　巻七　河沼郡・黒沢村（現　河沼郡柳津町黒沢）条』に「村東の館跡は、蘆名家故臣録（会津若松市立会津図書館蔵）では渡部某。のちに伊藤駿河某が住み、『新編会津風土記』では、東西十八間、南北二十一間で『伊藤駿河某と云者住せりと云、又黒沢和泉某と云者住せしとも云』とある。戦国期には横田村（現　大沼郡金山町）の山内氏勝領であった（会津四家合考）」とあるが、この氏は、安積伊東氏の分流と考えられる（南会津郡・日向氏の条参照）。

『稲川氏』（イナガワ）

稲川氏は、三浦氏族佐原氏の分流で、『姓氏家系大辞典　巻一　稲河条』に「岩代国河沼郡稲川庄より起る。此の氏は東鑑《あずまかがみ》巻二十七に、稲河十郎を載せ、和田系図に『佐原義連《よしつら》―太郎兵衛尉景連―蛭河又太郎左衛門尉景義―時宗（一本時景）、稲河太郎左衛門尉』と見ゆ。蛭河は蜷川の誤りにて、蜷川も亦イナガワなりと」とある。

『稲村氏』（イナムラ）

稲村氏は、『日本歴史地名大系　巻七　河沼郡・富川加水堰（現　河沼郡会津坂下町）条』に「明治十二（一八七九）年刊の『河沼郡堰由来記』によれば、天文五（一五三六）年、発起頭取人として東河原村赤井六郎左衛門、添人として勝木沢村稲村利兵衛の両人は領主金上遠江守に荒地開墾を願出、人足五千一〇〇人、諸材木代三十五両を交付された」とある氏である。

『上野氏』（ウエノ・カミノ）

上野氏は、蘆名氏族金上氏の分流で、金上氏の一字を取って「上野」としたと言われ、『姓氏家系大辞典　巻一　上野条21』に「会津の上野氏、耶麻郡に上野氏あり。新編会津風土記、赤岩村中山村館迹条に、『天正の頃、上野の蔵人盛重住せしと云ふ』と載せ、又村松新田村旧家上野荘左衛門条に『此の村の肝煎なり、彼が祖葦名の臣金上遠江守盛備が一族、勝左衛門と云者、金上の一字を取って氏を上野と称し、河沼郡坂下組金上邑に住す云々』」とあり。そして、『日本歴史地名大系　巻七　耶麻郡・中山村（現　喜多方市高郷町揚津《あげつ》）条』に「地内東部に丸山館跡があり、天正年中（一五七三―九二）、の居館と伝える」とある。また、『同　上野村条』に「耶麻郡・上野村（現　喜多方市熱塩加納町米岡字上野）の起こりは、文永十一（一二七四）年、上野長光が開いた事によるという」とある。

『宇田川氏』（ウダガワ）

宇田川氏は、清和源氏で、大和国宇陀郡を起源とし、始め「宇陀川」を称していたが、その後宇田川氏に変えたと言われている。そして、会津の宇田川氏は、『姓氏家系大辞典　巻一　宇田川条6』に「会津の宇田川氏、新編風土記、大沼郡市野村（現　大沼郡会津美里町旭市川）条に、『館跡。宇田川民部某住せりしと云』と見え、又宇多河氏と云ふもあり」とある。そして、『同　宇多河条』に「会津にあり。新編風土記、河沼郡松尾村条に、館迹。宇多河信濃道忠住せし所と云。と見ゆ。宇田川氏に同じかるべし」とある。また『日本歴史地名大系　巻七　会津若松市・下高野村（現　会津若松市高野町柳川）条』に「康暦三（一三八一）年五月二十七日の禅尼浄仙寄進状（実相寺文書）に『門田クワウヤノ内ウタガハノ九郎之跡地毎年得分拾貫文之所』とあり、『クワウヤ』の内が実相寺に寄進されている」とある。しかし、この氏が会津に来た経緯については不明である。

『大河原氏』（オオカワラ）

大河原氏は、蘆名氏の家臣で、『姓氏家系大辞典　巻一　大河原条』に「岩代の大河原氏、新編会津風土記、河沼郡勝方村（現　河沼郡会津坂下町勝大字勝方）条に『館迹。葦名の臣大河原土佐簿様丞と云ふ者住せしとぞ』と。また、『仙明院蹟、天正八年此の村の領主大河原佐渡と云者建立せり』と見ゆ」とあるが、『日本歴史地名大系　巻七　耶麻郡・山潟村（現　耶麻郡猪苗代町山潟）条』に「端村上戸は永正三（一五〇六）年、大和国から来住した大河原次郎左衛門尉秀方が荒野を開いて一村としたのが始まりという（安政山論秘訣　大河原文書）」とある。

『太田氏』（オオタ）

太田氏は、『日本歴史地名大系　巻七　河沼郡・上垂川村（現　河沼郡湯川村田川）条』に「天正十七（一五八九）年七月二十三日、伊達政宗は、蘆名の旧臣佐瀬、栗村、太田氏および勝常寺などに改めて所領を給与し、『上たる川太田宮内少輔分』とある（伊達政宗知行宛行状　笹気幸助氏所蔵文書）」とある氏であるが、その他詳細は不明である。

『大槻氏』（オオツキ）

大槻氏は、『姓氏家系大辞典　巻一　大槻条』に「藤原姓伊藤氏流、岩代国河沼郡大槻邑より起る。初め伊藤盛定此の地にありて大槻氏を称す。野沢原村（現　耶麻郡西会津町野沢）観音堂大般若経唐櫃《からびつ》書付に『延徳元年己酉《つちのととり》二月、地頭大槻長門守藤原盛定』と見ゆ」とある。そして、『日本歴史地名大系　巻七　耶麻郡・野沢本町村（現　南会津郡南会津町野沢）条』に「村内の遍照寺境内は大槻館の館跡で、永徳頃（一三八一―八四)、安積郡大槻(現　郡山市大槻町)の大槻伊藤氏が築いたと伝える」とある。

『小原氏』(オハラ)

小原氏は、『姓氏家系大辞典　巻一　小原条9』に「岩代の小原氏、小原帯刀宣高なる者、河沼郡宝川村館に拠る(新編風土記)」とある氏であるが、これが、民謡「会津磐梯山」に唄われる「小原庄助」の先祖ではないかと考えられる。しかし、この氏の出自等については不明である。

『勝木澤氏』(カツキザワ)

勝木澤氏は、三浦氏族で、蘆名氏の家臣と言われ、『姓氏家系大辞典　巻一　勝木澤条』に「会津の名族にして、新編風土記、河沼郡青木村(現　河沼郡会津坂下町青木)条に、『良法院、遠祖、三浦義房と云ふ者、元弘、建武の頃(一三三四―三八)の人にて、其の子孫元盛と云ふ者修験となり、常見院と称し、葦名直盛(蘆名氏第七代)に従ひ此の国に来り、会津郡馬渡村に住し、後此の地に移り、文盛と云ふ者の時、良法院と改めしと云ふ。現在は元盛より十八世の孫なりとぞ。館迹。天正の頃(一五七三―九二)、良法院が先祖、勝木澤常見院住せし所と云ふ』」とある。

『金上氏』(カナガミ)

金上氏は、蘆名氏の分流で、『姓氏家系大辞典　巻一　金上条1』に「桓武平氏蘆名氏流、岩代国河沼郡金上邑より起る。葦名氏の族にして、藤倉氏とも云ふ。新編風土記、金上村条に、『館迹。金上遠江守盛備居館の迹と云ふ』と載せ」とあるが、この氏は、会津坂下町金上に、蘆名氏第二代盛連の三男藤倉盛《もり》義《よし》の孫伯耆守盛弘が住したが、建長四（一二五二）年、小川庄津川（現　新潟県東蒲原郡阿賀町津川）へ転じ、「津川城」を築き居城とし、その子盛仁が本領の金上の地に因んで、金上氏を称したのに始まる。しかし、「伊達世臣家譜」では、蘆名氏第十代盛久の第二子としている。そして、『日本城郭大系　巻三　河沼郡条』に「会津坂下町片門の『片門館』は、天正年間、金上遠江守盛備の居館。また、同町金上の『金上館』も、金上遠江守盛備の居館」とある。

『金澤氏』（カナザワ）

この金澤氏は、玉井氏族で、『姓氏家系大辞典　巻一　金澤条8』に「岩代の金澤氏、河沼郡の金澤邑より起る。会津風土記に『玉井左衛門、金澤館に居り、金澤氏を称す』と云ふ」とある。そして、この玉井左衛門とは、二本松畠山氏の家臣で、安達郡玉井村より起こった太田氏族ではないかと考えられる。

『金子氏』（カネコ）

金子氏は、『姓氏家系大辞典　巻一　金子条11』に「会津の金子氏、新編風土記、河沼郡塔寺村条に、『旧家、金子新十郎。此の村の検断なり、又肝煎に金子新吉と云ふ者あり、家系詳らかなるものを伝へず。八幡宮長帳に金子弥次郎、或いは和泉など云ふ者、往々に見えしは、彼らが先祖にて天喜中（一〇五三—五八）より此処に住せしと云ふ。天正の頃、金子十郎と云ふ者浪人し、其の子和泉、新たに越後街道を開き、即ち村長となりしとぞ』見ゆ」とある。しかし、現在全国的に繁栄している金子氏の出自は、「武蔵七党の一の村山党」の始祖頼任の孫家範が、武蔵国入間郡金子郷（現　埼玉県入間市金子）に住し、金子氏を称したのに始まり、その二男「金子十郎家忠」が「源平合戦」等で活躍し、各地に所領を得、繁栄の礎となった（吾妻鏡　文治元年二月十九日条等）（次条及び戸内氏の条参照）。

『兼子氏』（カネコ）

この兼子氏は、前条の金子氏の一族と考えられるが、『姓氏家系大辞典　巻一　兼子条』に「岩代国河沼郡にあり。新編会津風土記に『谷地村羽黒神社神職兼子大和。塔寺八幡宮の神祝《かみはふり》戸内近内の二子、戸内若狭と云ふ者、当社の神職となる。今の大和豊次は若狭が玄孫にて塔寺村に住す』と見ゆ」とある。また、金子氏、兼子氏共に新潟県にも多く存在する。そして、戸内氏は、大和国田中の起源という（戸内氏の条参照）。

『蒲田氏』（カマタ）

会津の蒲田氏は、『日本歴史地名大系　巻七　河沼郡・矢目村（現　河沼郡会津坂下町五ノ併）条』に「建武三（一三三六）年四月二十五日の沙弥某預ヶ状（遠藤白川文書）に『預申所領、陸奥国岩瀬郡袋田村、幷《ならびに》会津稲河庄内矢目村事』とあり、恩賞として蒲田五郎太郎兼光に与えられている」とある氏であるが、この氏は、石川氏の分流で石川郡古殿町鎌田の領主であった。

『川沼氏』（カワヌマ）

川沼氏は、『石川氏一千年史　角田初代（石川二十五代）昭光条』に「蘆名氏の家臣」とあるが、この氏は、河沼郡の郡名を冠したものと考えられる。しかし、この氏の出自等については不明である。

『**菊地氏**』（キクチ）

会津の菊地氏は、『日本歴史地名大系　巻七　河沼郡・沢中村（現　河沼郡柳津町四ツ谷）条』に「戦国期の本村は滝谷邑（現　大沼郡三島町）の山内俊政領で（会津四家合考）、『沼平館』に菊地十右衛門を置くとある（会津古塁記）」とある氏である（菊地氏の出自については二本松市・菊地氏の条参照）。

『**北田氏**』（キタダ）

北田氏は、桓武平氏蘆名氏の分流で、『姓氏家系大辞典　巻二　北田条』に「桓武平氏三浦氏流、岩代国河沼郡北田邑（現　河沼郡湯川村三川字北田）より起る。佐原盛連の二男広盛《ひろもり》北田にありて北田次郎と称す」とあるが、『日本城郭大系　巻三　河沼郡条』には「蘆名氏第二代盛連の二男広盛は、湯川村北田字勝常の『北田館』に、宝治年間（一二四七―四九）に居館し、北田次郎広盛を称した」とある。そして、『日本歴史地名大系　巻七　河沼郡・北田城跡（現　河沼郡湯川村三川大館）条』に「北田氏は、応永九（一四〇二）年に新宮氏と内応して蘆名氏に対して挙兵したが同十六年蘆名盛政の総攻撃を受けて北田城は陥落し、北田氏一族は滅亡した」とある。そして、『同　佐野村（現　河沼郡湯川村佐野目）条』に「村内の長福寺墓地には北田次郎広盛の墓がある」とある。

『**清田氏**』（キヨタ）

清田氏は、『姓氏家系大辞典　巻二　清田条9』に「岩磐の清田氏、新編会津風土記、河沼郡・宝川村館迹条に『清田宮内少輔某と云ふ者築き、後小原帯刀宣高と云ふ者住せり』と見ゆ」とある氏である。しかし、この氏の出自等については不明である。

『**栗村氏**』（クリムラ）

栗村氏は、蘆名氏族北田氏の分流で、『姓氏家系大辞典　巻二　栗村条2』に「桓武平氏三浦氏流、岩代国河沼郡（会津郡）栗村（現　河沼郡会津坂下町柳町）より起る」とあるが、『日本城郭大系　巻三　河沼郡条』にも「会津坂下町柳町の『栗村館』は、天正年間、栗村下総守の居館」とある。また、『日本歴史地名大系　巻七　河沼郡・笈川村（現　河沼郡湯川村笈川）条』に「村北の溷川《せせなぎ》右岸に館跡があり『会津古塁記』は笈川村館とし『三浦弾正頼盛築ク、其子栗村下総天正十二年謀反企テル也』とある。『新編会津風土記』には『村北一町余にあり、永禄天正の際葦名の臣栗村下総某と云者住せし処なり。下総は新国上総が子にて、天正十二年松本太郎に与力し、葦名家を乱さんとて黒川へ攻入しに、赤塚藤内が為に討れぬ。其後此館も廃せしにや』と記している」とある。また『同　栗村堰条』には「栗村家系譜（栗村家文書）によれば、栗村の初代は栗村盛俊が領内の水利を図り、水田開発を計画し、元弘元（一三三一）年長男盛光とその子盛源に命じて着工させた。しかし、中先代の乱などの為中断し、曽孫盛清により正平年間（一三四六—七〇）完成したという」とある。

『**黒澤氏**』（クロサワ）

黒澤氏は、『姓氏家系大辞典　巻二　黒澤条5』に「会津の黒澤氏、大沼郡黒澤邑（現　河沼郡柳津町黒沢）より起こりしか。その地に館跡あり、黒澤和泉の拠りし地なりと。又新編風土記に『会津郡高久村八幡宮神職黒澤縫殿之助、享保中（一七一六—三六）、佐渡良興當社の神職なりき。今の縫殿之助寛儀は六世の孫なり』と見ゆ」とある氏である。

『小島氏』（コジマ）

小島氏は、山内氏の家臣で、『日本歴史地名大系　巻七　河沼郡・遅越渡村《おそのこえど》（現　河沼郡柳津町四ツ谷）条』に「戦国期には滝谷村の山内俊政の所領で『箱倉館』を築き、小島越中を住まわせたという（会津古塁記）」とある氏である。

『小堀氏』（コボリ）

小堀氏は、『姓氏家系大辞典　巻二　小堀条2』に「岩代の小堀氏、新編会津風土記、河沼郡小野川村条に、『館迹二あり。一は、小堀山城某と云ふ者居ると云ふ』」とあるが、この氏の出自等については不明である。

『近藤氏』（コンドウ）

会津の近藤氏は、『姓氏家系大辞典　巻二　近藤条9』に「河沼郡片門邑（現　河沼郡会津坂下町片門）館は、近藤美濃某と云ふ者住せしと云ふ」とあるが、『日本城郭大系　巻三　河沼郡条』には「会津坂下町片門の『片門館』は、天正年間、金上遠江守盛備の居館」とある。しかし、これは夫々の在館時期の違いと考えられる（近藤氏の出自については、石川郡・近藤氏の条参照）。

『佐瀬氏』（サセ）

佐瀬氏は、『姓氏家系大辞典　巻二　佐瀬条1』に「桓武平氏千葉氏流、中興武家系図に『佐瀬、千葉家庶流』と見ゆ」とあり。そして、『同　2』に「会津の佐瀬氏、当地方に此の氏多し、第一項の族か」

とある。しかし、この氏が会津へ下向した理由は判然としない。ただ、唯一考えられるのは、海上氏との関連である（会津若松市・海上氏条参照）。そして、『日本歴史地名大系　巻七　会津若松市・大和町条』に「佐瀬大和守種常は、耶麻郡小田付村（現　喜多方市東部域）に居住していた」とある。また『日本城郭大系　巻三　河沼郡条』に「会津坂下町牛沢の『牛沢館』は、天正年間、佐瀬上総守の居館」とあり。また、『同　耶麻郡・綱取城条』には「『塔寺八幡宮長帳』永正二（一五〇五）年の条によると、同年八月十七日、蘆名盛高・盛滋《もりしげ》父子が対立して戦っている。戦いの原因は佐瀬・富田・松本氏ら『蘆名氏四天王の宿老』と称する重臣間の対立にあった。盛高は佐瀬・富田両氏を支持して白川口に出兵し、一方、三郎盛滋は松本源三・同勘解由を支持して綱取城に立て籠もった。そこで白川結城氏が両者の和議を斡旋したが、白川結城氏は、その代償として南山三郷を望んだため、仲裁は失敗に終わり、盛高・盛滋の双方は十月九日、耶麻郡塩川村（現在の喜多方市塩川町）の日橋川に架かる橋を挟んで合戦を繰り広げた。しかし、同月十四日、盛滋方が敗れ、盛滋は伊達氏を頼って出羽長井荘へ落ち延び、綱取城は、この時、廃城になったものと思われる」とある。

『城氏』（ジョウ）

城氏は、桓武平氏維茂流で、平将門による「天慶の乱」を平定した平貞盛の弟繁盛の子維茂は、餘五将軍と言われ、秋田城介となり、「城」を以って氏とした。その子繁成は出羽介で、その子貞成は城太郎と称した。そして、城太郎資長は越後守となり、その後裔は、越後国に於いて繁栄した（姓氏家系大辞典　巻二　城条2～4）。また、その後裔は会津にも進出し、『日本歴史地名大系　巻七　河沼郡・大沢村（現　河沼郡会津坂下町坂本）条』に「永延二（九八八）年、越後の城重則が会津八館を築いた際当地に外島城を構えたため、外島村とも称したという（会津鑑）」とあり。そして、『同　耶麻郡・大原村（現　喜多方市高郷町大田賀）条』には「村東部にある福富館は、永延二年に城四郎重範が築いたという会津八館の一」とあり。また、『日本城郭大系　巻三　河沼郡条』に「柳津町藤字上松ヶ崎の『猿戻城』は、城四郎長茂の居城」とあり。また、「同会津坂下町南宇内の『陣ヶ峰城』。同大沢の『外島城』。同新館の『田中館』。同窪の『久山城』は、夫々城四郎の居館」とある。しかし、このように、破竹の勢いで発展した城氏も遂に破綻し『日本歴史地名大系　巻七　重門治原分《じゅうもんじはらぶん》（現　河沼郡会津坂下町片門）条』には「片門村地内で上ノ原と称し、越後より侵入した城重則が、正暦二（九九一）年、敗れて悲壮な最期を遂げた所で、重則が腹を十文字に切ったので十文字原と名付け、寛政五（一七九三）年、重門治原と改めたという（会津鑑）」とある。

『菅原氏』（スガワラ）

菅原氏は、『姓氏家系大辞典　巻二　菅原条』に「中古以来の大族にして、大和国添下郡菅原庄より起る」とあり。そして、『同　16』に「岩代の菅原氏、河沼郡の名族にして、会津拾要抄に『金剛山如法寺、云々、大般若経書続、延徳元（一四八九）年供養執行。本願主大旦那諏訪宮神主菅原刑部三郎宗貞』と」とあるが、現在全国各地に繁栄する菅原氏の起源は古く、日本の古姓の一つであり、その裔孫には、学問に長じて異例の出世をしたため顕官達に疎まれ、九州大宰府に流された「菅原道真」もいる。そして、この氏族は、のち「菅氏」または「菅家氏」とも称した。

『薄氏』（ススキ）

薄氏は、『姓氏家系大辞典　巻二　薄条1』に「丹治姓、丹党、武蔵国の豪族にして、秩父郡薄村（現埼玉県秩父市薄）より起る」とあり。また『同　2』に「岩代の薄氏、河沼郡の豪族にして、新編風土記に『館迹。大崎館と云ふ。薄石見頼包と云ふ者築けり』と云ふ」とあるが、この氏は、常陸国の真壁氏の家臣で、真壁氏は蜷川庄勝方村（現　河沼郡会津坂下町勝大《かつおお》字勝方）等の地頭職であった。そして、薄氏はその代官で、『日本歴史地名大系　巻七　河沼郡・牛沢村（現　河沼郡会津坂下町牛川）条』に「観応三（一三五二）年五月二十一日『真壁政幹《まかべまさもと》代薄景教《すすきかげのり》軍忠状（真壁文書）』に『会津郡所々城郭合戦仕了、河沼郡金河浜崎城、次蜷川庄政所楯《にながわのしょうまんどころたて》、至同牛沢城堤次郎左衛門尉討治之時とあり、勝方村の地頭真壁政幹の代官薄景教は正月五日から三浦若狭守に属して各地に転戦、牛沢城主堤次郎左衛門尉を攻め滅した』」とある。

『田崎氏』（タサキ）

田崎氏は、『姓氏家系大辞典　巻二　田崎条5』に「会津の田崎氏、河沼郡の豪族にして、新編風土記、河沼郡条に『小松山村館迹。田崎加賀光房と云ふ者住し、後目黒佐渡某と云ふ者居りしと云ふ』と。又『中野村（現　河沼郡柳津町郷戸）。館迹。明徳の頃（一三九〇―九四）、田崎筑後某居住す』と見えたり」とあるが、この氏の出自は、佐竹氏の重臣で常陸国那珂郡田崎邑（現　茨城県那珂市田崎）を発祥の地とする田崎氏の分流ではないかと考えられる。

『田尻氏』（タジリ）

田尻氏は、『姓氏家系大辞典　巻二　田尻条9』に「岩代の田尻氏、河沼郡の名族にして、新編風土記に、『杉村館迹は、田尻大和某と云ふ者住し、後に田尻和泉、長谷川孫左衛門とて兄弟住ひと云ふ』」とあり。

また、『日本城郭大系　巻三　河沼郡条』に「会津坂下町杉の『杉館』は、田尻大和守の居館」とある氏であるが、この氏は、長谷川氏族ではないかと考えられる（青津、生江、長谷川氏の条参照）。

『田中氏』（タナカ）

会津の田中氏は、幾流かの流れがあり、『姓氏家系大辞典　巻二　田中条58』に「会津源姓、新編風土記、河沼郡塔寺村八幡宮条に神職戸内信濃。先祖は田中左衛門尉源定重とて、天喜中、伊予守頼義朝臣に従ひ、此の地に来り、此の村に住し、武官を以て当社の神職となる。元久二年、定重七世の孫兵庫憲重が時、葦名光盛、命じて憲重を以って、社家社僧の総司とし、三引両の紋と、永楽銭三百貫文の地を与へ、田中を改めて、戸内と名乗らしめき云々とあり。又河沼郡田中村館迹は、何れの頃にか、田中兵部少輔頼任と云ふ者住せりと云ふ」とある。この家は伊勢の田中氏云々と。また『同59』に「耶麻郡猪苗代に信彦霊社ありて、大老田中三郎兵衛正玄を祭る。又大沼郡高田邑郷頭に田中弥三郎あり等」とある。そして、『日本歴史地名大系　巻七　耶麻郡・田中村（現　喜多方市高郷町大田賀）条』に「田中館は、天正中（一五七三―九二）、和田治部少輔頼任が住したといい、頼任はのち『田中氏』を名乗ったとされる（会津古塁記）」とある。

『玉井氏』（タマノイ）

玉井氏は『日本歴史地名大系　巻七　河沼郡・上金沢村（現　河沼郡会津坂下町五ノ併）条』に「一盃館があり、応永年間（一三九四―一四二八）、石田弾正正碩が住し、のち玉井左衛門が居住したという（新編会津風土記）」とあるが、この氏は、安達郡玉井村より起こった畠山氏の家臣で太田氏族の玉井氏の流れと考えられる（金澤氏の条参照）。

『堤氏』（ツツミ）

堤氏は、『日本歴史地名大系　巻七　河沼郡・牛沢村（現　河沼郡会津坂下町牛川）条』に「観応三（一三五二）年五月二十一日『真壁政幹代薄景教軍忠状（真壁文書）』に『会津郡所々城郭合戦仕了、河沼郡金河浜崎城、次蜷川庄政所楯、至同牛沢城堤次郎左衛門尉討治之時とあり、勝方村の地頭真壁政幹の代官薄景教は正月五日から三浦若狭守に属して各地に転戦、牛沢城主堤次郎左衛門尉を攻め滅した』」とある。しかし、堤氏は、真壁氏の祖地である茨城県筑西市地方にも散見されるので、この氏は、真壁氏族の可能性もある。

『角田氏』（ツノダ）

会津の角田氏は、『姓氏家系大辞典　巻二　角田条8』に「藤原姓、会津の名族にして、先祖は角田弾正秀義とて、延元二（建武四、一三三七）年十一月、越前黒丸城落し時、会津に来りと云ふ。十一世の裔刑部憲光と云ふ者、葦名盛氏に仕ふ也と。また、新編会津風土記、河沼郡猪鼻村条に、『旧家、角田鉄右衛門、此の村の肝煎なり。先祖は越中守国次とて、天喜の頃（一〇五三―五八）、源義家に従ひ、此の地に来り、六世の孫越前守国元、何の頃にか、始て葦名家に仕へ、代々此の村に住し、天正中、葦名家滅びて浪人し、農民となりしと云ふ』と見ゆ」とある。そして、越前は現福井県であり、越中は現富山県である。

『戸内（殿内）氏』（トノウチ）

戸内（殿内）氏は、田中氏族で、『姓氏家系大辞典　巻二　戸内条』に「会津の名族にして、河沼郡塔寺村八幡社旧神主家は此の氏也。一に殿内に作る。清和源氏と云ひ、其の系図に『大和《やまと》田中より起る』と見え、又有名なる会津塔寺八幡長帳に『戸内左衛門大夫（文和五年）』とあり。田中条に詳らか也。又戸内右近の二男若狭は、兼子氏の祖にて、又此の地方の名族たり」とある（田中氏の条参照）。

『鳥毛氏』（トリゲ）

鳥毛氏は、『姓氏家系大辞典　巻二　鳥毛条』に「岩代国河沼郡鳥毛澤より起る。此の地四家老の一に、鳥毛彦佐衛門尉忠嗣なる者あり」とあるが、その他の詳細は不明である。

『長井氏』（ナガイ）

長井氏は、桓武平氏三浦氏族蘆名氏の分流で、『姓氏家系大辞典　巻三　長井条12』に「桓武平氏三浦氏族、岩代国会津郡（大沼郡）長井（現　河沼郡会津坂下町長井）より起る。三浦系図に『会津遠江守光盛―三郎左衛門尉泰盛―政盛（長井太郎左衛門尉）―貞連―二郎時連、弟三郎資連』」とある氏である。

『中里氏』（ナカザト）

中里氏は、相馬にも存するが、会津の中里氏は、『姓氏家系大辞典　巻三　中里条3』に「会津天文十八（一五四九）年内番帳に中里氏を挙ぐ」とのみある。その他この氏の詳細は不明である。

『生江氏』（ナマエ・イクエ）

生江氏は、古代武内氏族で、越前国足羽郡の豪族、武内宿禰《たけのうちすくね》の後裔、生江臣《いくえのおみ》、石川朝臣《いしかわのあそん》の同祖で、その後、各地へ拡散したが、会津の生江氏は、『姓氏家系大辞典　巻三　生江《ナマエ》条』に「平姓と称す。或は生江臣の後なるべし。イクエ条を見よ。」とあり。

そして、『同　巻一　生江《イクエ》条12』に「会津の生江氏、会津の名族にして会津風土記伝河沼郡東青津村条に『館迹、天正の比、葦名の臣生江氏、居りし跡なりと云ふ。天正六年二月、野澤原町の住人大槻太郎左衛門某と云者、葦名盛氏に叛きし時、生江大膳、金上兵庫、松本左衛門、新国上総等と盛氏に従ひて摂津口に向ひ、大槻が婿山内右近を討敗りしと云ふ事、旧事雑考に見ゆ。天正十七年六月生江主膳、磨上の戦に打負けて青津に帰り、己が館に栖籠りしが、幾程もなく、義広常州に没落し始終永ふべきなければ遂に降人に出づ』と。『又旧家生江勇八郎、此村の肝煎なり、生江氏の遠孫なりとて、世々生江氏の館迹に住す』と。其他耶麻郡新宮村熊野社に生江平八郎あり。」とある。

従って、以上の点から推察すれば、冒頭に記してあるナマエ氏は、会津の生江氏の事と考えられ、平姓を称しているところを見れば「桓武平氏蘆名氏」の分流で、蘆名一族の誰かが従来青津に住していた生江氏を継いだのではないかと考えられる。そして、この氏は、伊達政宗によって会津黒川城が落とされ、城主の義広（佐竹義重の二男で始めは白川城主白川義広を称していたが、その後会津へ移り黒川城主となり葦名盛重を称した）が祖地である常陸へ逃れた時に、それには同行せず降人となり自領の青津に残り、その時に世を憚りイクエをナマエに訓読を変えたのではないかと考えられる。

『成田氏』（ナリタ）

成田氏は、石川氏の分流や伊達氏の家臣、それに武蔵国の豪族等に見られるが、会津の成田氏は、『姓氏家系大辞典　巻三　成田条12』に「新編風土記、河沼郡小島村条に『常勝寺。天正の頃、葦名家の臣、成田右馬佐某と云ふ者、越後国安田村宗壽寺の僧を講じて住せしめき。館迹。天正の頃、成田左京亮常定、住せしと云ふ』」とある。また『日本歴史地名大系　巻七　耶麻郡・小島村（現　耶麻郡西会津町登世島）条』に「八重窪村の領主武藤摂津守は当村の領主成田右馬丞に娘を嫁がせた云々とあり。また地内に永禄十（一五六七）年成田右馬亮氏胤の築城と伝える成田館跡があり（新編会津風土記）」とある。

そして、武蔵国の武藤氏は、藤原伊尹《ふじわらのこれまさ》の孫基忠が武蔵守となり武蔵国幡羅郡成田邑に住したが、その孫家忠が、武蔵国の「武」と藤原の「藤」を合して「武藤」とし、後邑名《ゆうめい》を冠し「成田氏」を称し当地方の豪族となったものであるが、この氏は、鎌倉、室町期には、可成りの力を持っていたので、この氏の流れが会津に来たという事も考えられる（当郡武藤氏の条及び石川郡・武藤氏の条参照）。

『蜷川氏』（ニナガワ）

蜷川氏は、桓武平氏三浦氏族佐原氏の分流で、『姓氏家系大辞典　巻三　蜷川条』に「桓武平氏三浦氏流、岩代国河沼郡蜷川庄（会津）より起る。佐原義連の孫景義（蜷川又太郎）、当庄を領せしに始まる。そして、この蜷川庄の名は、文和、康安、貞治等の文書に見え、文和三年十一月、石堂直房の判書には『会津蜷河庄半分の事云々、結城三河守殿』と載せて、結城氏も一時、其の半分を領せしが如し。古訓は、ミナカワなりしが如きも、後にはイナカワと云へリ」とある（稲川氏の条参照）。

『野澤氏』（ノザワ）

野澤氏は、藤原南家工藤氏族伊東氏の分流で、『姓氏家系大辞典　巻三　野澤条4』に「岩代の野澤氏、河沼郡野澤邑（現　耶麻郡西会津町野沢）より起る。当地の地頭で大槻城主の伊藤長門守藤原盛定の子孫は、野澤の政所であった。しかし、天正六年、太郎左衛門政道が謀反を企て、一家は断絶したと言われる」とある（大槻氏の条参照）。

『橋谷田氏』（ハシヤダ）

橋谷田氏は、平維盛の末裔と言われ、『姓氏家系大辞典　巻三　橋谷田条』に「新編会津風土記に、『河沼郡手尾村館跡。その一は、橋谷田七郎大夫某、或いは勝光と云ふもの住せりと云ふ』見ゆ」とあるが、『日本歴史地名大系　巻七　耶麻郡・針生村（現　喜多方市熱塩加納町米岡字針生）条』にも「山川盛重の子針生民部少輔清重が蘆名盛氏の家老となり黒川に移ると、その後は橋谷田宗頼の居館となった」とある（喜多方市・小土山氏、山川氏条参照）。

『長谷川氏』（ハセガワ）

長谷川氏は、大和国長谷が起源と言われ、『姓氏家系大辞典　巻三　長谷川条21』に「新編会津風土記、河沼郡黒澤村（現　河沼郡柳津町黒沢）条に『館迹。長谷川主殿某と云ふ者住せしと云ひ、又青津（生江）氏四家老の一に見ゆ。又大沼郡小谷村旧家に長谷川雄右衛門、此の村の肝煎なり。先祖は長谷川五郎国義とて、大和国長谷に住す。後河内守改め、荘園多く領せしが、九代孫越中守某、牢人して会津に来りしより、此村の長となれり』と見ゆ」とある（生江氏の条参照）。

『八田氏』（ハッタ）

八田氏は、『姓氏家系大辞典　巻三　八田条6』に「会津の八田氏、新編風土記、河沼郡八田野村条に『此の村、昔蒲生源左衛門が知行所なりしとぞ。其の時の文書を、肝煎八田吉郎兵衛が家に蔵む』と見ゆ」とある氏である。ただ、宇都宮氏族小田氏の分流の「八田氏」は著名である。

『濱崎氏』（ハマザキ）
濱崎氏は、蘆名氏の家臣で、『姓氏家系大辞典　巻三　濱崎条1』に「岩代の濱崎氏、耶麻郡の豪族にして、濱崎邑（現　河沼郡湯川村浜崎）より起る。葦名直盛の臣濱崎主馬は同郡塩川村柏木城に拠る」とあり。また、『日本城郭大系　巻三　耶麻郡条』にも「耶麻郡塩川町古町の『柏木城』は、浜崎主馬の居城」とある。

『平井氏』（ヒライ）
平井氏は、日奉《ひまつり》氏族で、『日本歴史地名大系　巻七　河沼郡・下茅津《かいつ》村（現　河沼郡会津坂下町新開津）条』に「貞治四（一三六五）年十一月十三日の『平井明秀寄進状案（新編会津風土記）』に『蜷河庄内萱津村一分の地頭平井次郎三郎日奉明秀《ひまつりあきひで》』が、『在家一宇田一町畠二面』を『実相寺一切経輪蔵』に寄進している」とあるが、この氏は、前述のように、日本の古姓の一つである「日奉氏（祖は高魂命で、武蔵七党の一つである西党も同祖）」を祖としている。

『福原氏』（フクハラ）
福原氏は、『姓氏家系大辞典　巻三　福原条4』に「新編風土記、河沼郡福原新田村（現　河沼郡会津坂下町福原）条に『元和九年福原嘉左衛門と云ふ者、新墾せし故村名とせり』と見ゆ」とある氏であるが、この氏の出自等については不明である。

『**藤村氏**』（フジムラ）

藤村氏は、近江源氏佐々木氏族で、『姓氏家系大辞典　巻三　藤村条1』に「佐々木氏族、岩代河沼郡藤村（現　河沼郡柳津町藤）より起る。佐々木盛綱の後裔也と云ふ」とある氏であるが、この氏が、当地へ来た経緯については不明である（佐々木氏の出自については、石川郡・佐々木氏の条参照）。

『**舟木氏**』（フナキ）

舟木氏は、『姓氏家系大辞典　巻三　舟木条13』に「会津の舟木氏、新編風土記に、『河沼郡野老澤村、飯谷神社、神職舟木伊勢、出倉村に住す。何時の頃にか舟木左京光政と云ふ者、初めて神職となる。今の伊勢直春に至るまで世次を知らず』と。又『有名なる僧天海も当地の人、慈眼大使の号を賜ふ。姓舟木氏、大沼郡高田の人。江戸寛永寺を創む』」とある。そして、この「天海僧正」は、徳川家康の訓誨《くんかい》の師であり、江戸幕府の草創期に幕藩体制を盤石のものとした第一の功労者であった。そして、この氏は、会津若松市湊町共和に「舟木」という小字があるが、此処が発祥の地ではないかと考えられる。

『**船窪氏**』（フナクボ）

船窪氏は、『姓氏家系大辞典　巻三　船窪条』に「岩代に此の地名あり。而して《しこう》、新編風土記、河沼郡大江村（現　河沼郡会津坂下町大沖字大江）条に、『館趾。船窪丹後某、住せりと云ふ』と見ゆ」とある。また、『日本城郭大系　巻三　河沼郡条』に「会津坂下町沖（現　河沼郡会津坂下町大沖字沖）の『沖館』は、船窪丹後守の居館」とあるが、この氏の出自については不明である。

『古川氏』（フルカワ）

古川氏は、『姓氏家系大辞典　巻三　古川条8』に「耶麻郡荒野村観音寺鐘楼に『萬治元（一六五八）年戊《いぬ》年、施主佐藤安芸、古川平右衛門、難波茂左衛門』を銘す」とあり。また、「河沼郡原村にあり。先祖、和泉守兼定は織田家に仕ふ。其の子清右衛門某、美濃より来り、葦名盛氏に仕ふと」とある。

『満田氏』（ミツタ）

満田氏は、『姓氏家系大辞典　巻三　満田《ミツダ》条1』に「山口氏族、岩代国河沼郡満田邑より起る。新編会津風土記、河沼郡下野村条に、『旧家満田和助、此の村の肝煎なり。先祖は山口大和忠春とて、葦名家に仕ふ。長禄二（一四五八）年、盛詮、伊達家を攻めし時、金上兵庫に属して功ありしかば、盛詮賞して、満田、杉山の両村を与えて、是より満田村に住し、氏を満田に改めしと云ふ』」とある。そして、山口大和守忠春は、応永年間（一三九四—一四二八）、会津坂下町天屋の「天屋館」の館主で、杉山は天屋の隣地である（天屋氏、山口氏の条参照）。

『皆川氏』（ミナガワ）

皆川氏は、『姓氏家系大辞典　巻三　皆川条8』に「藤原北家、越後国蒲原郡西村の名族に存す。新編風土記に『八幡宮神職皆川上総、其の先を権頭藤原正次と云ふ。正次は房前公の後裔にして、権大夫正憲と云ふ者の子なり。其の祖正義と云ふ者、越後国に謫《たく》せられ、其の後、下総国に移る。正次、延暦《ママ》十二（七九三）年、此の村に来て、当社を草創し、神職となる云々」とある。しかし、『日本歴史地名大系　巻七河沼郡・小巻村（現　河沼郡柳津町小椿）条』に「小椿館跡があり、皆川七郎が居住したという」とあり。また、『同　大沼郡・大蘆村（昭和村大芦）条』には「戦国期は野尻の山内実良の支配で、愛宕山に館を構築して家臣の皆川九郎を住わせ（会津四家合考）館垣山、見沢山にも館を築いたという」とある。そして、この氏は、次条の「細工名館」に、谷津氏の後に拠った氏族であるが、この氏は、稲川氏か蜷川氏の分流ではないかと考えられる。

しかし、一般的に皆川氏と言えば、下野国皆川（現　栃木県栃木市皆川）が発祥地で、藤原北家、小山氏流長沼氏族（須賀川市・長沼氏の条参照）である（稲川氏、蜷川氏の条参照）。

『谷津氏』（ヤツ）

谷津氏は、蘆名氏の家臣で、『姓氏家系大辞典　巻三　皆川条3』に「会津、新編風土記、河沼郡細工名村条に、『館迹。蘆名盛興の臣谷津土佐と云ふ者住し、其の後皆川次郎吉村住せし』と云ふ」とある。そして、この館は、会津坂下町海老細字細工名の「細工名館」である。

『山口氏』（ヤマグチ）

山口氏は、満田氏の旧姓で、蘆名氏が伊達氏と交戦した時に、蘆名盛興の家臣金上兵庫に従って戦い、その功により、盛興より満田（現　河沼郡会津坂下町東松天屋）、杉山の両村を与えられ、満田に住し、満田氏に変姓したものである。そして、『姓氏家系大辞典　巻三　山口条43』に「新編会津風土記、河沼郡天屋村条に、『昔は満田と云ふ。長禄中の合戦に、山口大和忠春と云ふ者、戦功ありければ、其の賞として、葦名氏此所を与えしより、満田を以て氏とし、其の子尾張忠勝と云ふ者の時、永承中（一〇四六—五三）、村名を天屋と改めしとぞ』」とある。また、『日本歴史地名大系　巻七　耶麻郡・徳沢村（現　耶麻郡西会津町群岡）条』に「地内には山口次郎光義が住したと伝える中世の館跡がある」とある。

『米丸氏』（ヨネマル）

米丸氏は、『日本歴史地名大系　巻七　河沼郡・米丸村（現　河沼郡湯川村清水田）条』に「会津古塁記によると昔は儀川村といい、応永年中（一三九四—一四二八）に米丸三郎良成が米丸村柵を築き、天正頃には栗村越中信連が居住していたと記される。字丸の内は柵跡と推定される」とある。

『大　沼　郡』

『葦田氏』（アシダ）

芦田氏は、『日本歴史地名大系　巻七　大沼郡・梁田村（現　大沼郡会津美里町立石田）条』に「延徳二（一四九〇）年三月吉日の法用寺（現　大沼郡会津美里町高田雀林）の仏壇厨子修理銘に『仏旦塗、旦那、梁田住仁源性珠禅尼葦田輔行治郎衛門』」とある氏であるが、その他この氏の出自等については不明である。

『飯岡氏』（イイオカ）

飯岡氏は、『日本歴史地名大系　巻七　大沼郡・大石田村（現　大沼郡三島町大石田）条』に「『会津鑑』によれば、天文二十一（一五五二）年、西方鴨城主山内信重は、家臣飯岡遠江とはかり、大石田大高寺の坊舎を夜討して攻め落したという」とある。また、『同　名入村（現　大沼郡三島町名入）条』に「建久三（一一九二）年、近江国より雲隸聖人《うんたいしょうにん》が金谷の領主山内季基に従って下向し、飯岡に住んだと言われ（会津鑑）、『会津古塁記』には、飯岡の館は、『東西二十八間、南北三十二間』とあり、飯岡越後が住んだと伝える」とある。そして、西方鴨城については、『日本城郭大系　巻三　大沼郡条』に「三島町西方の『鴨ヶ城』は、永正年間（一五〇四―二一）、山内氏信の居城」とある。

『生田氏』（イクタ）
生田氏は、『姓氏家系大辞典巻　巻一　生田条12』に「岩代大沼郡手児神社の神職に生田氏あり」とあり。また、『新編会津風土記』に「松岸村（現　大沼郡会津美里町松岸）手児神社神主生田伊勢の先祖は、高橋喜太夫」とあるが、この氏の出自等については不明である。

『井上氏』（イノウエ）
井上氏は、蘆名氏の家臣で、『日本歴史地名大系　巻七　大沼郡・岩谷城跡（現　大沼郡三島町滝谷）条』に「滝谷城は、明徳元（一三九〇）年、蘆名氏の臣井上某の築城で（会津鑑）、盛氏の代には松本図書の持城で、城代に井上河内介を置いた（新編会津風土記）」とある氏である。

『上野氏』（ウエノ）
上野氏は、『日本歴史地名大系　巻七　大沼郡・落合村（現　大沼郡会津美里町宮川・西尾）条』に「村の北部に館跡があり、長保元（九九九）年、上野氏が築城したという（会津古塁記）。現在的場の地名が残る。上野氏の祖土佐が開基したと伝える天台宗長福寺があったが云々」とある氏である。しかし、この氏は年代も早く、河沼郡の上野氏とは別族と考えられる。

『江川氏』（エガワ）
江川氏は、下野国にも存在するが、会津の江川氏は、『姓氏家系大辞典　巻一　江川条6』に「会津の江川氏、新編会津風土記、大沼郡根岸中田村条に『観音堂、文永十（一二七三）年六月、佐布川村の住、江川常俊、女子を喪ひ、菩提の為創立す』と載せ。河沼郡善行者江川半右衛門を収む」とあるが、その起こりは、南会津郡下郷町湯野上の江川と考えられる。

『**遠藤氏**』（エンドウ）
会津の遠藤氏は、大沼郡と耶麻郡にあり、大沼郡の方は、『姓氏家系大辞典　巻一　遠藤条23』に「大沼の遠藤氏、會津大沼郡小川窪村八幡宮は文明十九（一四八七）年三月遠藤四郎左衛門次義と云ふ者の修造也と。又、穂谷澤村源慶寺位牌に元和九（一六二三）年癸《みずのと》亥《い》九月堀内遠藤土佐守入道の彫付けあり。此村の肝煎遠藤善蔵と云者の先祖なりとぞ（新編風土記）」とあり。また『同　24』に「耶麻郡の遠藤氏、新編風土記、上岩崎村館迹条に『大永の頃、遠藤助兵衛（大隅とも云ふ）築きしと云。旧家、遠藤荘右衛門、此村の肝煎なり。世々遠藤助兵衛が館迹に住し、其裔孫なりと云ふ』と載せ」とある。

『**小川氏**』（オガワ）
小川氏は、『日本歴史地名大系　巻七　大沼郡・板下村（現　大沼郡金山町中川）条』に「村内に曹洞宗滝谷寺があり（中略）、『会津鑑』には、建久二（一一九二）年『山ノ内ノ近臣小川丹波、加藤宮内ト云者徳一ノ作ル地蔵ヲ安置ス』とあって、この地蔵堂が滝谷寺の前身であるという」とある氏である。

『**糟尾氏**』（カスオ）
糟尾氏は、『日本歴史地名大系　巻七　大沼郡・宗頤町（現　大沼郡会津美里町宗頤町）条』に「元亀元（一五七〇）年、蘆名盛氏が本郷村向羽黒山城を築いて町を開いた時、医師糟尾宗頤を置いたための地名という（新編会津風土記）」とある氏である。

『加藤氏』（カトウ）

加藤氏は、前々条の小川氏のように『日本歴史地名大系　巻七　大沼郡・板下村（現　大沼郡金山町中川）条』に「村内に曹洞宗滝谷寺があり（中略）、『会津鑑』には建久二年、『山ノ内ノ近臣小川丹波、加藤宮内ト云者徳一ノ作ル地蔵ヲ安置ス』とあって、この地蔵堂が滝谷寺の前身である」とある氏である（出自については、福島市・加藤氏の条参照）。

『金田氏』（カネダ）

金田氏は、『姓氏家系大辞典　巻一　金田条6』に「会津の金田氏、新編会津風土記、大沼郡仁王村条に、『仁王寺鐘、享保二（一七一七）年丁酉《ひのととり》稔八月、願主冑邑《かぶとむら》金田権右衛門等勝と彫付あり』」とあるが、この氏の起こりは、会津若松市河東町金田と考えられる。

『神尾氏』（カミオ）

神尾氏は、『姓氏家系大辞典　巻一　神尾条4』に「会津の神尾氏、新編会津風土記、大沼郡松岸村（現大沼郡会津美里町松岸）条に『館迹。文明の頃（一四六九―八七）、神尾丹波頼春と云ふ者居りしと云伝ふ』と見ゆ。相当の豪族たりしが如し。松平忠輝家臣に神尾氏あり、後に会津保科氏に仕ふ」とあるが、文明の頃とは、室町幕府第八代義政から義尚の時代であり、松平忠輝、保科正之の時代は江戸初期であるので、年代的にギャップがある。従って、この氏は、室町期に既に会津に定着していた氏族と考えられる。生田氏と関係あるか。

『川口氏』（カワグチ）

川口氏は、藤原北家道長流首藤氏族山内氏の分流で、『日本歴史地名大系　巻七　大沼郡・玉縄城跡（現大沼郡金山町川口）条』に「大沼郡川口村に、横田山内氏十四代俊清の五男俊甫が、父俊清と共に移り住み、天文十三（一五四四）年、当地に『玉縄城』を築き川口氏を称し、二百貫文を領した。そして、三代俊満の頃には、氏族中最強を誇り、宮崎右近、中井山城守等五人の重臣に屈強な居館を築かせて一族を支えた」とあり。また、『姓氏家系大辞典　巻一　川口条3』には「山内氏流、岩代国大沼郡河口村より起る。新編風土記に『館迹。玉縄城と称ふ。山内氏の支族河口右衛門佐某と云ふ者住せり。天正六（一五七八）年葦名盛氏の為に大槻太郎左衛門を討ち、同十八年伊達政宗に降り、伊達の将大波玄蕃に従って、大塩組横田の城主山内氏勝の討手に加わりしと云ふ』と。」とある。

『菅家氏』（カンケ）

菅家氏は、『日本歴史地名大系　巻七　南会津郡・落合村（現　南会津郡南会津町内川）条』に「新編会津風土記に、河原田盛次の祐筆を勤めた菅家上野介某の子孫と伝える長次右衛門家が記され、蘆名義広から盛次に宛てた書簡を持伝えているという」とあり。また『同　大沼郡・中山城跡（現　大沼郡金山町大塩要害）条』に「天正中（一五七三―九二）には、城代菅家太郎左衛門善高を住まわせた（新編会津風土記）」とあり。また『同　大沼郡桑原村（現　大沼郡三島町桑原）条』に「戦国期の桑原村は横田（現　大沼郡金山町）の山内氏直領で、曽利間（楚利間）の館に二瓶安左衛門が住み（会津四家合考）、室町期には、宮下大膳の家臣萱家雅樂助が住んだといわれ（桑原二瓶氏系図　河越家文書）、萱家氏は近世初頭肝煎を勤めた」とある。

そして、この氏の出自は、「萱原氏」ではないかと考えられる。それは、日本有数の古姓である萱原氏の後裔は、後代になり「萱家氏」や「萱氏」に変姓した者が多いと言われているからである（河沼郡・萱原氏の条参照）。

『木村氏』（キムラ）

木村氏は、『姓氏家系大辞典　巻二　木村条15』に「会津の木村氏、会津郡弥五島館は、天正の頃、木村数馬某居住せしとぞ。又大沼郡長岡館村の館跡は木村隼人住せしと云ひ、又耶麻郡に木村一類（慶長六年文書）あり」とある。そして、『日本城郭大系　巻三　大沼郡条』には「大沼郡会津高田町旭館の『長岡館』は、建仁年間（一二〇一―〇四）、長岡常春の居館」とあり、また『同　南会津郡条』には「下郷町弥五島の『和田館』は、天正年間（一五七三―九二）、木村数馬・中丸新九郎の居館」とある。そして、この木村氏の出自は、岩代国田村郡木邑（現　郡山市西田町木村）と考えられ、田村氏第二十五代田村大膳大夫清顕の家臣に「木村越中守」の名が見られる（郡山市・木村氏条参照）。

『喰丸氏』（クイマル）

喰丸氏は、『日本歴史地名大系　巻七　大沼郡喰丸村（現　大沼郡昭和村喰丸）条』に「当村は、戦国期は野尻の山内実良の所領で、館を築いて喰丸掃部を配したというが（会津四家合考）、つまびらかでない。ただし実良の家臣であったという外記、縫殿丞、雅樂丞など有力土豪の名前は、前掲検地帳にもみえる」

とある氏である。

『**栗城氏**』（クリジョウ・クリキ）

栗城氏は、山内氏族で、『日本歴史地名大系　巻七　大沼郡・玉梨村（現　大沼郡金山町玉梨）条』に「室町期の玉梨村は、城主山内俊甫の支配領で、川口十騎と称する重臣をかかえ、うち栗城出雲、同治部、同筑後の三氏は玉梨村に居住したという（金山町史）」とある氏である。

『**栗田氏**』（クリタ）

栗田氏は、『姓氏家系大辞典　巻二　栗田条9』に「新編会津風土記、大沼郡玉梨村条に、『鹿島神社神職栗田薩摩、小栗山村（現　大沼郡金山町小栗山）に住す。伊勢某と云ふ者、初めて神職となり、十二世を経て、今の薩摩重春に至る』と載せ」とある。また、『日本歴史地名大系　巻七　大沼郡・本名村（現大沼郡金山町本名）条』に「村の東に鞍掛館跡があり、栗田近江が住したという（会津鑑）」とあり、また『同田沢村（現　大沼郡金山町田沢）条』に「古くから横田山内氏の支配地であったらしく『会津鑑』に柵の記載があり、貞応二（一二二三）年、栗田将監勝頼が構築して住し、天正年中には星藤三郎の居館であったという」とある。

『**公家氏**』（コウケ）

公家氏は、『姓氏家系大辞典　巻二　公家条』に「会津にあり。新編風土記、大沼郡入谷ヶ地村（現大沼郡会津美里町高田字松坂）条に、『旧家、勇蔵。先祖は公家土佐守時房と云ふ。応永三十三（一四二六）年、農州大垣（現　岐阜県大垣市）より此の地に来り、正長元（一四二八）年、葦名の家人となれり。五世土佐守某が時、葦名家滅し農民となりしと云ふ。家に天正十八（一五九〇）年、文禄三（一五九四）年の検地帳を持ち伝ふ』」とあるが、この氏の出自は公家《くげ》か。

『斉藤氏』（サイトウ）

斉藤氏は、『姓氏家系大辞典　巻二　斉藤条7』に「会津の斉藤氏、河沼郡夏井村館は永延の頃（九八七―八九）、斉藤宗顕と云ふ者住すと云ひ、又蛙田村の斉藤山は斉藤但馬某、此の山を領せりと伝ふ。又永禄中、斉藤佐渡宗影あり、城四郎重範と戦ひて、之を破る。又青津（生江）浩春の家老に斉藤氏あり。又新編風土記、大沼郡越河村条に、『旧家、長次右衛門。山内四天王の一斉藤伊豆某が末葉なり。天正の頃、伊豆、伊藤新平と共に山内氏勝に仕へ、毎に密謀を資く。氏勝浪々の後、共に家居して終れり』と云ひ、又会津郡『泥島村館迹は、斉藤久太郎某居住せし』と載せ、又耶麻郡木曽村条に『明暦元（一六五五）年、此の村の肝煎斉藤孫右衛門云々』と」とある。また、『日本歴史地名大系　巻七　大沼郡・越川村（現大沼郡金山町越川）条』に「斉藤氏は、横田山内氏の重臣で、山内氏四天王の一斉藤伊豆守は、金山町越川の館を居館した」とある（斉藤氏の出自は、福島市・茂庭氏条参照）。

『澁川氏』（シブカワ）

澁川氏は、『姓氏家系大辞典　巻二　澁川条15』に「大沼郡高田村、旧家、喜三太。此の村の農民なり。先祖を澁川源左衛門某と云ふとあり」とあるが、『日本歴史地名大系　巻七　大沼郡・高田村条』にも「天文の頃（一五三二―五五）、会津高田（現　大沼郡会津美里町高田）の『高田城』は、澁川源左衛門の居城であった」とあるが、この氏は、二本松か双葉郡の澁川氏の分流ではないかと考えられる。

『須佐氏』（スサ）

須佐氏は、山内氏の重臣で、『姓氏家系大辞典　巻二　須佐条4』に「会津の須佐氏、新編風土記に、大沼郡山入村（現　大沼郡金山町山入）旧家、喜藤次。山内譜代旧臣、須佐下総信重が十代の孫なり云々」とある。しかし、この氏の出自等については不明である。そして、須佐氏は越後国にも存する。

『千代氏』（センダイ・チヨ）

千代氏は、『姓氏家系大辞典　巻二　千代条』に「岩代会津の豪族に此の氏あり。新編風土記、大沼郡梁田村条に『館迹。千代和泉守と云ふ者、住せし』と云ひ、又大八郷村旧家に『文右衛門。此の村の肝煎なり云々』とある。また、『日本歴史地名大系　巻七　大沼郡・梁田村（現　大沼郡会津美里町立石田字深田）条』に「村域内に館跡があり、千代和泉守が住したという。西の墓中に石塔が二つあり、天文十八（一五四九）年五月二日のものには千代和泉守包直、慶長七（一六〇二）年八月十日のものには千代和泉守包家の名があるという（新編会津風土記）」とある。しかし、この氏の出自等については不明である。

『高根澤氏』（タカネザワ）

高根澤氏は、『姓氏家系大辞典　巻二　高根澤条2』に「岩代の高根澤氏、新編会津風土記、大沼郡横田村条に『旧家善蔵、八代の祖高根澤左馬助某とて、山内氏の猶子となり、政宗横田を攻めるに及んで、氏勝、松坂峠にて敗軍し、大波、急に城を攻めしに、左馬助等力戦して敵を退く、氏勝、桜田城を去って水窪城に拠りし時は、左馬助をして、中山城を守らしめ、加勢を上杉景勝に乞うに、左馬助が子弥次郎を人質とす。氏勝本領を失いし後、左馬助、高根澤に隠居して、身を終われりと云ふ。子孫本村に移住して、改めて横田氏を称し村長となれり』」とある。そして、この氏の起こりは、下野国芳賀郡高根澤邑（現栃木県塩谷郡高根沢町）であると言われている。

『高橋氏』（タカハシ）

高橋氏は、日本屈指の大族で、県内では、田村、岩瀬、白河の他、会津にも各地にあり、『姓氏家系大辞典　巻二　高橋条55』に「岩代の高橋氏、新編風土記、大沼郡仁王村条に『稲荷神社の神職高橋相模、先祖は民祢富寿とて、承応の頃（一六五二―五五）、当社の神職となる。今の相模富直は、六世の孫也』と。又松岸村（現　大沼郡会津美里町松岸）手児神社神主生田伊勢は先祖を高橋喜太夫と云ふ。延宝中（一六七三―八一）、当社の神職となる。相続きて四世、今の伊勢宗将に至り、高橋を改めて生田とせり」とある。また、「河沼郡堀越村の館跡は、高橋善阿弥が住せし所と云ひ、川西組今和泉村山王神社の神職に高橋和泉あり、天明中（一七八一―八九）、出羽国米沢より来り、当社の神職となると云ふ」とあり。また、『日本歴史地名大系　巻七　大沼郡・相川村（現　大沼郡会津美里町氷玉）及び大石村（同　大石）条』には「大石村柳窪に住した蘆名氏の侍医の裔高橋徳元は窕堰《うつろせき》を開いた」とある。

『田子氏』（タゴ）

田子氏は、『姓氏家系大辞典　巻二　田子条4』に「会津の田子氏、大沼郡新屋敷村の名族にて、新編風土記に『薬師堂。此の村に田子道宥と云ふ地頭あり。此の堂を草創し、田子薬師と称す』」とあるが、この氏の出自等については不明である。

『東原氏』（ツカハラ）

東原氏は、『姓氏家系大辞典　巻二　東原条』に「新編会津風土記、大沼郡小中津村（現　大沼郡昭和村小中津川）条に『気多神社神職東原石見。延宝二（一六七四）年伊勢長吉と云ふ者、当社の神職となる。今の石見長正が六世の祖なり』と云ひ、又河沼郡条に『冬木澤村（現　会津若松市河東町広野字冬木沢）八葉寺鐘楼、宝永七庚《かのえ》寅《とら》年七月、本願主冬木澤村佐藤太兵衛、浅野村（現　会津若松市河東町浅山字浅野）東原源八右衛門と彫付あり』」とあるが、『同　塚原条2』に「奥州の塚原氏、結城戦場物語に、塚原弥太郎、また田村家臣に存し、又會津耶麻郡に塚原館あり、富田条を見よ」とあり。そして、『同　富田条32』に「会津の富田氏、葦名家宿老にして、葦名氏、在鎌倉の間は、その代官として会津を治めしが如し。新編風土記に『会津郡下荒井城迹は、葦名氏の時、其の臣富田氏をして守らしむ』と云ひ、又耶麻郡『塚原村館迹。相伝へて、富田将監居たりしと云ふ云々』」とあるから、この氏は、この富田氏の分流か或いは須賀川二階堂氏の家臣の塚原氏の分流ではないかと考えられる。また、『日本歴史地名大系　巻七　耶麻郡・深沢村（現　喜多方市塩川町中屋沢）条』に「大永五（一五二五）年十二月六日の蘆名盛舜《もりきよ》、松本宗勝加判塚原光久売券（新編会津風土記）に『山那たけ屋九ヶ村之内南ふかさ八十貫文の所』とみえ、塚原光久は同所を山とともに七十五貫文で小泉伊賀守に売渡し、光久の指南富田実持が証状（同書）を添えている」とある。そして、『同　河沼郡・塚原村（現　河沼郡会津坂下町東原）条』に「村内の満蔵寺境内の塚原観音堂の所は葦名氏家臣平田兵部少輔の館跡」とある。

『富塚氏』（トミツカ）

富塚氏は『日本歴史地名大系　巻七　大沼郡・弘安寺（現　大沼郡会津美里町米田、堂ノ後）条』に「文応元（一二六〇）年、下野国那須郡雲巌寺（現　栃木県大田原市）の曹洞僧巌知が来住し、中田庵としたのに始まる。弘安二（一二七九）年当地の豪族富塚盛勝が臨済宗に帰依し、巌知を臨済宗に改めさせ、堂宇を建立、年号を取って弘安寺とした」とある。そして、この氏は、福島市の富塚氏の分流ではないかと考えられる。

『中井氏』（ナカイ）

中井氏は、山内氏族で、『姓氏家系大辞典　巻三　中井条2』に「山内氏族、会津の名族にして、大沼郡中井村にあり。新編風土記、中井村旧家条に『平四郎。先祖は中井山城秀詮とて、山内の一族にて、此の村に住せり。子孫、改めて佐藤氏と称し、村長となり、今に至る』」とある。また、『日本歴史地名大系　巻七　大沼郡・中井村（現　大沼郡金山町玉梨字中井）条』に「村の東の山中に館跡を残す。二の丸跡まで確認できる規模の大きな居館で、『会津鑑』には、『天正ノ頃山ノ内山城住ス』とあり、『新編会津風土記』には、『天正中山内氏の支族、中井山城秀詮と云者住せり』とある。この子孫は佐藤氏と改め云々」とある。

『長岡氏』（ナガオカ）

長岡氏は、『日本城郭大系　巻三　大沼郡条』に「会津高田町旭館の『長岡館』は、建仁年間（一二〇一―〇四）、長岡常春の居館」とあるが、この氏は、木村氏族ではないかと考えられる（木村氏の条参照）。

『長峯（長嶺）氏』（ナガミネ）

長峯（長嶺）氏は、『姓氏家系大辞典　巻三　長峯条10』に「会津の長峯氏、大沼郡東尾岐村（現　大沼郡会津美里町東尾岐）の堂山館は、嘉応年中（一一六九―七一）、長嶺三郎政澄築きて住す（温故拾要抄）と云ひ、新編風土記に『明応の頃（一四九二―一五〇一）、長峯越中某（或いは佐藤何某とも云ふ）住せし』と云ふ。又同村源太谷長棚址は、何時の頃にか、長嶺信濃なる者住せし所なりと伝へ、同郡高田村伊佐須美神社鉄華表は、『旧事雑考』に『明応元年十月、長峯越中と云ふ者建つ』とあり」とある氏である。

『入善氏』（ニュウゼン・イリヨシ）

入善氏は、『姓氏家系大辞典　巻三　入善条2』に「大沼郡下中津川村（現　大沼郡昭和村下中津川）の熊野宮は、旧事雑考に『永禄七（一五六四）年八月、熊野権現社造営邑主佐瀬源兵衛及び代官入善三郎右衛門本領也』」とある。また『日本歴史地名大系　巻七　大沼郡・下中津川村条』に「室町期の中津川の支配関係は複雑で、半領を黒川（現　会津若松市）の蘆名氏が支配し、守護人に佐瀬源兵衛、代官入善三郎右衛門を常住させた（会津四家合考）云々」とある。しかし、この氏の出自等については不明であり、この訓読についても正しいか否かも不明である。

『沼澤氏』（ヌマザワ）

沼澤氏は、『姓氏家系大辞典　巻三　沼澤条1』に「山内氏族、岩代国大沼郡沼澤邑より起る。新編会津風土記に『館迹。横田の城主山内氏の支族沼澤出雲実通と云ふ者住せり。天正十三年、関柴備中、伊達政宗に内応し、葦名家に叛きし時、出雲討手に加はり、備中を討ち取る。同十七年、磨上の役散じて、蘆名義広佐竹に奔りし時、出雲、澁川助右衛門と共に、義広に従って常陸国へ赴きと云ふ。出雲が子孫、当家に仕へて今に存す』と見ゆ」とある。また『日本歴史地名大系　巻七　耶麻郡・出ヶ原村（現　耶麻郡西会津町下谷）条』に「村内にある国指定の重要文化財の円満寺は天正七（一五七九）年、沼沢出雲真道の手によって再建された（新編会津風土記など）」とある。

『野尻氏』（ノジリ）

野尻氏は、横田山内氏の一族で、『日本歴史地名大系　巻七　大沼郡・牛首城跡（現　大沼郡昭和村野尻）条』に「牛首城は、横田山内氏の一族野尻氏の居城で、『会津古塁記』や『会津鑑』には山内備中守俊祐次男信濃守俊行が文和三年に築城したとあるが、『会津旧事雑考』には文明五年築城とある」とある。また、『日本城郭大系　巻三　大沼郡条』に「昭和村野尻の『牛首城』は、文和年間（一三五二―五六）、山内俊行の居城」とある。

『坂内氏』（バンナイ）

坂内氏は、『日本歴史地名大系　巻七　大沼郡・堀内村（現　大沼郡会津美里町吉田）条』に「町の西に八幡神社がある。曹洞宗龍淵寺は大永頃（一五二一―二八）、坂内参河の創立という。坂内参河は蘆名氏の臣であったが、その子憲勝のとき主家滅亡し当地に土着したという。坂内参河夫婦の墓と伝える五輪塔二基がある（新編会津風土記）」とある。しかし、この氏の出自等については不明である。

『藤原氏』（フジワラ）

会津の藤原氏は、『日本歴史地名大系　巻七　大沼郡・沼平村（現　大沼郡会津美里町西尾）条』に「蘆名氏時代に武州豊島郡（現　東京都北区豊島）から藤原治部大夫正義が当地に移り、蘆名氏の家臣となったという（蘆名古臣録　長嶺家文書）」とある氏である（耶麻郡・豊島氏の条参照）。

『本多氏』（ホンダ）

会津の本多氏は、『姓氏家系大辞典　巻三　本多条21』に「奥州の本多氏、田村家臣に本多、本田両氏あり。又大沼郡入谷地の館迹は、応永の頃（一三九四―一四二八）、本多平蔵某住せしとぞ。又耶麻郡猪苗代麓山《はやま》神社の神職本多奥頭あり。新編風土記に『先祖は義任とて、此の社の神職となり、権太夫と称す。義任が遠孫内記義易が世まで社領許多あり。云々』」とあるが、この氏の出自等については不明である。ただ、一向一揆を扇動し、その後、徳川家康に帰属し、その右腕と言われ、江戸幕府の重鎮として威を振るった、豊後国（現　大分県）本多を起源とする「本多正信」は著名である。

『松澤氏』（マツザワ）

松澤氏は、『姓氏家系大辞典　巻三　松澤条3』に「岩代の松澤氏、会津郡（大沼郡）松澤邑より起りしか、会津に松澤氏あり、肥後守正光状等に見ゆ」とある氏であるが、その他の詳細は不明である。

『水野氏』（ミズノ）

水野氏は、「会津焼」の元祖で、その起こりは、「瀬戸物」で有名な美濃国瀬戸（現　愛知県瀬戸市）で、出自は、清和源氏浦野支族である。また、その祖は、尾張国知多郡英比郷小河の領主小河氏であるが、この氏は、その後、同国春日井郡山田庄に転じ「水野氏」に改姓し、松平氏と姻戚関係を持つようになり、有名な徳川家康の生母「於大の方」を輩出する。そして、『姓氏家系大辞典　巻三　水野条18』に「美濃の水野氏、水野民部あり。又『新編会津風土記　大沼郡大郷村条』に『当家封に就き美濃国瀬戸の産水野源左衛門、正保二（一六四五）年、此の地に来りを留めて、数品の陶器を製造せしむ。源左衛門の死後、弟の瀬戸右衛門を再び長沼より招き、源左衛門が家を相続せしむ。子孫今に在り』と。会津焼の起源也」とある氏である。

『宮川氏』（ミヤガワ）
宮川氏は、『姓氏家系大辞典　巻三　宮川条16』に「奥州の宮河氏、新編風土記、河沼郡佐野村条に『稲荷神社神職宮川和泉、其の名を常行と云ふ。安永中（一七七二―八一）より此の社の神職となる』と」とある。また、『日本城郭大系　巻三　大沼郡条』に「大沼郡会津高田町の『高田館』は、宮川氏の居館という。『会津塔寺八幡長帳』に文明十一年、高田館は落ちたとある」とある。

『宮崎氏』（ミヤザキ）
宮崎氏は、横田山内氏族で、『姓氏家系大辞典　巻三　宮崎条23』に「首藤氏族、会津の名族にして、大沼郡宮崎邑より起る。『新編風土記　大沼郡西谷村条』に『旧家善兵衛。山内氏勝が家臣宮崎善兵衛が後なり。先祖は山内の一族にて、世々宮崎村に住す。氏勝旧領を失ひし後、子孫本村に移住せし』と云ひ、又板下村条に『瀧谷寺は宮崎右近某が父の菩提の為、創建すと云ふ。右近は天正中、山内氏の氏族なり。宮崎村に住す』と」とある。また『日本歴史地名大系　巻七　大沼郡・宮崎村（現　大沼郡金山町中川）条』

に「村のなかに館跡があり、天正年中（一五七三―九二）宮崎右近の居住地という（会津鑑・新編会津風土記）」とある。

『宮下氏』（ミヤシタ）

宮下氏は、藤原北家秀郷流山内氏族で、『姓氏家系大辞典　巻三　宮下条5』に「山内氏族、岩代国大沼郡宮下村より起る。新編会津風土記に『館迹。山内氏の支族大膳俊久と云ふ者住し、氏を宮下と称す。其の子を宮下左衛門忠常と云ひ、其の子太郎右衛門俊長、天正中まで住せりと。其の子孫、当家に仕へて今に存す』」とある。

『宗像氏』（ムナカタ）

宗像氏は、『姓氏家系大辞典　巻三　宗形条25』に「岩磐の宗形氏田村郡に見ゆ。又新編会津風土記、大沼郡本郷村（現　大沼郡会津美里町本郷）『宗像神社神職宗像出雲。当社を草創せし祠官は宗像氏なれども、年代久遠にしてその名を伝へず』」とあるが、この氏は太古より名刹として知られる、筑紫（現　福岡県）の宗像神社の本宮より、会津へその分霊を勧請した時に、神官として遣わされた氏族と考えられる。

『目黒氏』（メグロ）

目黒氏は、桓武平氏畠山氏族で、畠山氏第二代重忠、重保父子は、鎌倉幕府の執権北条時政、義時親子の妬《ねた》みによる策謀に嵌《はま》り、重保は、鎌倉若宮大路に於いて義叔父の平賀朝雅に惨殺されたが、父重忠は、その知らせを聞き僅かの家臣を率いて鎌倉へ駆けつける途中、武蔵国二俣川（現　横浜市）に於いて、待ち構えていた北条義時の率いる大軍に討たれ、畠山氏は断絶した。そして、その時の様を『吾妻鏡　元久二年六月二十二日条』には「畠山六郎重保、由井浜の辺りで殺害された。重忠はそれを聞き出陣、それに従う者は二男の（畠山重忠の弟、長野三郎重清は信濃にいた。同六郎重宗は奥州にいた）小次郎重秀と本田近常、榛沢《はんざわ》六郎成清以下百三十四騎。それに対し鎌倉より出陣した者は大手の大将軍は義時。先陣は葛西兵衛尉清重、後陣は堺平次兵衛尉常秀、大須賀四郎胤信、国分五郎胤通《たねみち》、相馬五郎義胤、東平太重胤であった。其の外足利義氏、小山朝政、三浦義村、同胤義、長沼五郎宗政、結城七郎朝光、宇都宮頼綱（中略）、そして、武蔵国二俣河（現　神奈川県横浜市旭区二俣川）で重忠に遭遇した。重忠は十九日に小衾《おぶすま》郡の菅屋館を出て今ここに到着した」とある。そして、これらは全て討ち取られた。しかし、その遺児畠山時麿（後重行）は、家人宮野氏に助けられ、武蔵国荏原郡目黒邑（現　東京都目黒区）に匿われ、目黒小太郎と称した。そして、建保六（一二一八）年、岩代国大沼郡伊北の領主、山内季基に救援され、宮崎邑に住し（『日本歴史地名大系　巻七　大沼郡・牧内村（現　大沼郡会津美里町宮川）条』では「至徳年間頃（一三八四―八七）、目黒勘解由光春が蘆名直盛に従って会津に入り、当地を領したという（新編会津風土記）」とある）。後稲川庄伊豆ヶ原邑に館を築き、居館とした。そして、暫くは、当所に止まっていたが、その後、野老澤邑飯渓山麓に館を築き移り住んだと言われている。そして、『日本城郭大系　巻三　南会津郡条』に「南会津郡只見町熊倉の『熊倉館』は、目黒十郎の居館」とある。しかし、『日本歴史地名大系　巻七　南会津郡・熊倉村条』には「目黒七十郎某」とある。

『矢澤氏』（ヤザワ）

矢澤氏は、『姓氏家系大辞典　巻三　矢澤条5』に「利仁《としひと》流藤原姓、会津の豪族也。次項参照。而《しこう》して新編風土記に『旧家孫之丞。矢澤河内藤綱が七代の孫なり。藤綱は山内氏の世臣にして、天正十八年松坂峠の合戦に敵の伏兵、俄に後を絶ち横田日向、同出羽、同兵庫、同周防、同安芸などへ伝へる者立ち処に戦死す。藤綱も命を殞し、氏勝をして死地を免れしめたり』と見ゆ」とあり。そして、『同　6』に「越後、蒲原郡谷澤村より起る。但し田中良三氏云ふ。『余が親族なる矢澤氏の家伝に、大織冠《たいしょっかん》鎌足公の後胤、斉藤兵庫助勝光、山之内季基に仕へ、会津横田に下る。勝光の末裔矢澤河内良季、其の子孫七郎広綱三代助左衛門の弟、矢澤忠兵衛（慶長年間の人か）―忠兵衛―勝右衛門』」とある。

『**柳澤氏**』（ヤナギサワ）

柳澤氏は、『日本歴史地名大系　巻七　大沼郡・小中津川村（現　大沼郡昭和村小中津川）条』に「当村と隣村下中津川村は川口（現　大沼郡金山町）の山内俊甫の支配地で、野尻の山内実良と接する最前線基地で、柳ヶ沢に柳沢主計を置いたという（昭和村の歴史）」とある氏である。

『**山内氏**』（ヤマノウチ）

山内氏は、藤原北家道長流で、蘆名、長沼、河原田氏と共に「会津四家」と称される豪族であるが、その起こりは『日本歴史地名大系　巻七　大沼郡・金山町条』に「源頼朝による文治五（一一八九）年の『奥州征伐』に、相模国山内の、首藤経俊、その子通基が参陣し、その功により、会津郡、大沼郡、越後国魚沼郡等を与えられ、その十一代の裔山内俊明は、南北朝期、大沼郡横田村（現　大沼郡金山町横田）に移り住み、要害山に『中丸城』を築き、会津山内氏を称した事により始まる」とある。そして、『日本城郭大系　巻三　耶麻郡条』に「熱塩加納村米岡の『針生館』は、建長年間（一二四九―五六）、山内七郎重隆の居館」。また、『同　大沼郡条』に「昭和村野尻の『牛首城』は、文和年間（一三五二—五六）、山内俊行の居城」、「三島町西方の『鴫ヶ城』は、永正年間（一五〇四—〇七）、山内氏信の居城」、「金山町川口の『玉縄城』は、天文年間（一五三二—五五）、山内俊輔の居城」、「金山町横田の『丸山城』は、応永年間（一三九四—一四二八）、山内季基子孫の居城」。また、『同　南会津郡条』に「只見町小川の『小川館』は、天文年間（一五三二—五五）、山内摂津守俊政の居館」、「只見町黒谷の『黒谷館』は、山内兵庫介の居館」等とあるが、この氏は、このように多くの支城を有し氏族を繁栄させた。

そして、これら多くの山内氏の遠祖である相模の山内氏の出自は、藤原北家の始祖「藤原房前《ふささき》」九世の孫、藤原道長の孫通家が、上野介、下野守で、藤原秀郷五世の孫で相模守である藤原公光《きんみつ》の婿となり、上洛の時、美濃国席田郡司、大和介守部資信の所に逗留し、当家に継嗣がなかったため、通家は子資清をその養子とした。そして、資清は、当家の姓「守部」の「守」と自分の本姓「藤原」の「藤」を合して「守藤」としたが、その後上洛し、「主馬首」に任ぜられ、姓を「首藤」と改め、代々相州山内（現　神奈川県鎌倉市山ノ内）を領する首藤氏の始祖となった。また、この資清の兄資家は、讃岐国神田に住していたが、後那須権守に任ぜられ、名を貞信と改め天治二（一一二五）年、下野国那須郡へ下向し、「須藤氏」を称した（姓氏家系大辞典　巻二　首藤条1～3）。これは那須の「須」と自らの本姓である藤原の「藤」を合したものと考えられる。そして、その五世の孫資房は、更に、この那須の地名を冠し「那須氏」に変姓したが、これが現在全国的に繁栄する「須藤氏」及び「那須氏」の起こりである。

『**横田氏**』（ヨコタ）

横田氏は、前条の山内氏の分流で、大沼郡横田邑（現　大沼郡金山町横田）を発祥とする山内刑部丞義通の後裔であると言われ、『姓氏家系大辞巻三　横田条9』に「首藤氏族、岩代国大沼郡横田邑より起る。山内氏の一族にして、ヤマノウチ条に詳か也」とある。また『日本城郭大系　巻三　南会津郡条』に「只見町大倉の『大倉館』は、永正年間（一五〇四―一二）、横田某の居館。天正年間（一五七三―九二）には、新国隼人の居館」とある。

『吉原氏』（ヨシワラ）

吉原氏は、往古より代々会津商人として名を為した家柄と言われ、『姓氏家系大辞典　巻三　吉原条11』に「岩代、新編会津風土記に『大沼郡高田村（現　大沼郡会津美里町高田）旧家、吉原源之丞、世々此の地に住して、先祖より商人の司を勤めしと云ふ。此の村の長光寺も、文安の頃（一四四四―四九）、彼が先祖左京義元、建立せし』とぞ」とある。

『南会津郡』

『荒囲氏』（アライ）

荒囲氏は、『日本城郭大系　巻三　南会津郡条』に「南会津町丹藤字宮の沢の『宮の沢館』は、天正年間、荒囲氏の居館」とあるが、『同　条』に「只見町福井の『勝蔵城』は、同じ天正年間、荒井舎人の居城」とあり、この両氏は同族と思われる。そして、その出自は、会津若松市の「荒井氏」の分流または藤原北家長沼氏族で、田島町中荒井発祥の「中荒井氏」の分流の何れかではないかと考えられる。

『五十嵐氏』（イガラシ）

五十嵐氏は、『日本城郭大系　巻三　南会津郡条』に「南郷村和泉田字堂平の『河原崎城』は、天正年間（一五七三―九二）、五十嵐和泉守　道正の居城。建長年間（一二四九―五六）には、河原田氏の居城」とあり。また、『同　大沼郡条』に「三島町大谷字鳥海の『鳥海柵』は、天正年間、五十嵐光輝が拠った」とある。そして、現在に於いても、会津地方には多くの五十嵐姓が存在し、また全国的にも繁栄しているが、これらは全て、越後国蒲原郡五十嵐郷（現　新潟県三条市五十嵐）を発祥とする氏族である。

そして、この氏の出自について、『姓氏家系大辞典　巻一　五十嵐条序項及び1』に「垂仁皇裔五十日帯日子命の後と言われるが、異説多く、古志郡五十嵐氏の家伝に、坂上田村麻呂の裔孫五十嵐左衛門當利を家祖とし、其子忠宗の時、越後国の任を蒙《こうむ》り下向、當国下田《しただ》郷に居る。其子利忠、此地を開発してより代々居住と見ゆ」とある。また『同　条5』に「会津の五十嵐氏、会津地方に五十嵐氏甚だ多し。古くは越後より来ると伝ふ」とある。そして、その発祥の地の五十嵐には、現在五十嵐川が流れ、延喜式内《えんぎしきない》伊加《いか》良志《らし》神社があり、五十嵐氏は、この社の祭神五十目帯日子王の後裔ではないかと言われている。また、前述のように、現在全国的に拡散繁栄する「五十嵐氏」も全て、此処が起源と思われるが、地元に於いては、この訓読を「イガラシ」と濁らず、全て「イカラシ」と言っている。

『伊南氏』（イナ）

伊南氏は、藤原北家小山氏族川原田氏の分流で、会津郡伊南郷（現　南会津郡南会津町伊南地方）を発祥とし、『姓氏家系大辞典　巻一　伊南条2』に「秀郷流藤原姓小山流。岩代会津の伊南郷より起る。伝説に拠るに、文治五年頼朝奥州征伐の際、戦功により下野の人小山党河原田盛光に此の地を與《あと》ふ。盛光よりて此の地に拠り子孫伝へて天正中の盛次に至る。凡そ十一世なりと」とあり。また『同　条3』に「新編会津風土記、多々石村条に『館迹。天正の頃、伊南源助政信住せり。源助は河原田治部少輔盛次が随一の郎党にて軍功あり。子孫当家に仕て今に在り』」とある（河原田氏の条参照）。

『猪股（猪俣）氏』（イノマタ）

猪股（猪俣）氏は、『姓氏家系大辞典　巻一　猪俣条1～4』に武蔵七党の一の横山党の分流で、横山氏の祖は、小野氏で、小野篁《おののたかむら》七世の孫孝泰が、武蔵守に任ぜられ東下し、武蔵国横山庄（現　東京都八王子市付近）に住し、横山氏を称した事により起こったが、その孝泰の孫時範が、同じ武蔵七党の一の「児玉党」の本拠地に程近い、武蔵国児玉郡猪股邑（現　埼玉県本庄市児玉町猪俣）を領し、猪股氏を称したのに始まる。そして、この猪股氏は、武蔵国西部域から上野国、下野国にまで進出し、「源平合戦」に於いて活躍した男衾《おぶすま》氏や岡部氏等も輩出するが、『同　条5』に「会津の猪股氏、会津に猪股氏尠《すくな》からず、恐らく武蔵より移りしものと考へらる。田島郷下塩澤村鷲大明神鰐口銘《わにぐちめい》に永享四年壬午《みずのえうま》十一月廿一日、敬白、大旦那猪俣憲頼（会津旧事雑考・会津風土記）と。又河沼郡細越村（現　河沼郡柳津町細八字細越）に猪俣美濃某の墳墓あり」とある。そして、この猪股氏は、現在に於いても、この会津地方には多くの猪股（俣）氏が存在する。また、この氏は、『日本歴史地名大系　巻七　南会津郡・下塩沢村（現　南会津郡南会津町塩江）条』に「大旦那の猪俣氏は長沼氏の家臣で当地を預っていたものと思われる」とあり。また『同河沼郡・大和田村（現　会津若松市河東町大田原）条』に「大和田堰の西側には大和田柵跡があり『会津古塁記』には『東西十六間南北二十七間、猪俣七郎則継住ス。頼政の家臣ナリ』と記される」とある。

『伊北氏』（イホウ）
伊北氏は、『姓氏家系大辞典　巻一　伊北条2』に「会津の伊北氏、岩代国会津郡に伊北郷あり。此の地名を負ふ」とあるが、この氏は、藤原北家山内氏族で、南会津町伊北地方より起こった氏族である。

『江長氏』（エナガ）
江長氏は、『姓氏家系大辞典　巻一　江長条』に「『会津舊事雑考』引応永十八（一四一一）年十月四日伊北郷黒谷八所宮宝器銘に『大旦那江長五郎なる者見ゆ』」とあるが、その他詳細は不明である。

『**大嶋氏**』（オオシマ）

大嶋氏は、『姓氏家系大辞典　巻一　大嶋条27』に「会津の大嶋氏、新編会津風土記、会津郡中明村条に『旧家大嶋忠左衛門、此の村の肝煎なり。先祖は六郎常義とて、文治中（一一八五―九〇）、此地に来り、相続いて今に至る』と見ゆ」とあるが、この氏は、長沼氏、河原田氏、山内氏の何れかが源頼朝より「奥州征伐」の功として当地を賜った時に、その代官として遣わされたのではないかと考えられる。

『**大平氏**』（オオダイラ）

大平氏は、蘆名氏族で、『姓氏家系大辞典　巻一　大平《おおだいら》条2』に「桓武平氏三浦氏族、岩代国会津郡大平村より起る。新編会津風土記、会津郡瀧澤組瀧澤村条に『八幡宮宝物鰐口に、會津布引山毘盧舎那殿、鰐口五之内國士大平葦名修理大夫盛氏寄進』と」とある氏であるが、この氏は、蘆名氏直系の第十六代盛氏とは別氏である。

『**大竹氏**』（オオタケ）

大竹氏は、『日本歴史地名大系　巻七　南会津郡・高野村（現　南会津郡南会津町（旧田島町）高野）条』に「当村内の廻館は、土豪大竹氏が館を構えていた。大竹氏の出自は不明だが、高野（大竹）秀定に大永六（一五二六）年に鳴山城主長沼盛秀から元服理髪状を与えられている（元服理髪状写　大竹家文書）。『新編会津風土記』によると長沼氏譜代の臣で、天正頃（一五七三―九二）、大竹肥前は盛秀に従い戦功があったという」とある。白川結城氏及び石川氏の家臣に大竹氏あり。

『大原氏』（オオハラ）

大原氏は、『姓氏家系大辞典　巻一　大原条26』に「会津の大原氏、岩代国会津郡に大原邑（現　南会津郡南会津町大原）あり、此の地より起こりしか。『新編風土記』に『大原村館迹。大原土佐某、居住せしと云ふ』と載せたればなり。同書また、耶麻郡下勝村条にも『館迹。大原伊賀守某居たりと云ふ』」とある。また、『日本城郭大系　巻三　喜多方条』には「喜多方市下勝の『下勝館』は、大原伊賀守の居館」とある。そしてまた、『日本歴史地名大系　巻七　耶麻郡・大原村（現　喜多方市高郷町大田賀）条』には「善福寺は文明年間（一四六九―八七）、大原兵庫政行の建立と伝える」とある。

『小国氏』（オグニ）

小国氏は、『日本歴史地名大系　巻七　南会津郡・只見村（現　南会津郡只見町只見）条』に「北西の要害山の頂上に水窪（水久保）城跡がある。（中略）『会津鑑』には『建保元癸《みずのと》酉《とり》年築人不詳天正の頃、小国九郎左衛門住ス』とあるが、戦国期には金山谷横田（現　大沼郡金山町）の山内氏の支城であった」とある氏である。

『小高氏』（オダカ）

小高氏は、『姓氏家系大辞典　巻一　小高条3』に「会津の小高氏、新編風土記、会津郡慶山村条に『別当金蔵院、本山派の修験なり。家系を按ずるに、その遠祖を小高治部兵衛尉盛通と称し、修験となり、金蔵院秀栄と号す。現住敬林迄十六世なり』と」とあるが、この氏は、相馬か石川の小高氏の分流ではないかと考えられる。

『金井沢氏』（カナイザワ）

金井沢氏は、『日本歴史地名大系　巻七　南会津郡金井沢村（現　南会津郡南会津町金井沢）条』に「天正十八（一五九〇）年の田島郷検地帳写（田島町史）に名請人として『かないさハさぬき』『かない沢彦衛門』がみえる」とある氏であるが、その他詳細は不明である。

『川嶋氏』（カワシマ）

川嶋氏は、『姓氏家系大辞典　巻一　川嶋条18』に「会津の川嶋氏、会津郡に川島村（現　南会津郡南会津町川島）あり、関係あるか。新編風土記、大沼郡東尾岐村（現　大沼郡会津美里町東尾岐）館迹条に『川嶋右京某住すと云ふ』と。又『川島伊予某住せしと云ふ』と」とある氏であるが、この氏の出自等については不明である。

『河原田氏』（カワラダ）

河原田氏は、蘆名氏、長沼氏、山内氏と共に「会津四家」と称される豪族であるが、その出自には、小山政光の子とする説、その子朝政の子とする説、その弟朝光の子とする説等異説が多く判然としないが、藤原北家小山氏族である事には間違いなく、その起こりは、下野国河原田郷（現　栃木県小山市下河原田）で、『姓氏家系大辞典　巻一　河原田条3』に「秀郷流藤原姓結城氏流、下野国河原田郷より起る。結城系図等に『結城朝光―網戸《あじと》十郎朝村―朝綱（河原田次郎）―宣朝（出羽守）』と見ゆ」とあり。そして、『同　条4』に「会津の河原田氏、前項氏の後にして、文治五（一一八九）年、頼朝の奥州征伐の後、会津伊南郷を、下野の人、小山党河原田盛光に與ふ。これより盛光、此の地に城き、子孫相伝ふる事、凡そ十一世、天正中の盛次に至る。新編風土記に『古町村古町組館迹。河原田盛次住せし趾なり。盛次は河原田治部少輔盛次と称す。藤氏にて、結城七郎朝光二世の孫長広と云ふ者、下野国河原田郷に居住せしより、初めて河原田を称し、十一世にして盛次に至りしと云ふ。世々葦名氏に従ひ、伊南の地を領せし云々』とある。しかし、結城朝光が隅田河畔（現　東京都）に於いて、源頼朝が「烏帽子親《えぼしおや》」となり「元服」したのが治承四（一一八〇）年であり、前述とは符合せず矛盾がある。

しかし、それはそれとして、これにより河原田近江守盛光は、会津伊南郷二十三ヶ村外を与えられ下向し、南会津町古町に「駒寄城（久川城）」を築き住し、此処を本拠とし伊南郷一円を支配し繁栄した。また、『吾妻鏡　建仁三年九月二日条』に「比企能員《ひきのよしかず》の猶子である河原田次郎、比企氏の乱で討たれる」とあるが、この氏も同族と考えられる。そして、『日本城郭大系　巻三　南会津郡条』に「伊南村宮沢字高屋敷の『中山城』は、天正年間、河原田上総守盛宗の居城」。また、「伊南村古町字館跡の『東館』は、河原田盛光の嫡子宮内朝次の居館」。また、「伊南村青柳字小丈山の『久川城』は、中世、南会津郡伊南郷を支配した河原田氏の本城。空堀が残る」とある。

『木津氏』（キヅ）

木津氏は、『姓氏家系大辞典　巻二　木津条7』に「会津の木津氏、新編風土記、黒谷組黒谷村（現　南会津郡只見町黒谷）条に『八所神社の神職木津式部、寛文中、新太夫吉通と云ふ者、此の社の神職となる。今の式部吉広は五世の孫なり』」とあるが、この氏は、清和源氏平賀氏族で、越後国蒲原郡木津邑を発祥の地とする木津氏の分流と考えられる。

『君島氏』（キミシマ）

君島氏は、『姓氏家系大辞典　巻二　君島条2』に「岩磐の君島氏、新編会津風土記に、『会津郡大豆渡瀧口神社、神職君島大和。金井澤邑（現　南会津郡南会津町金井沢）に居住す。八世の祖忠太夫国義と云ふ。寛永中、神職を司り、相続いて今の大和充豫に至ると云ふ』」とあるが、『同　条1』に「君島氏は、桓武平氏千葉氏氏族大須賀胤信の末子継胤が、宝治の乱（和田合戦）に加わり、戦後下野国へ下向し、宇都宮氏を頼り、芳賀郡君島邑を領し、君島氏を称した」とあるので、会津へ流れたのは、これらの事蹟によるものかもしれない。

『国森氏』（クニモリ）

国森氏は、『日本歴史地名大系　巻七　南会津郡木賊《とくさ》村（現　南会津郡南会津町宮里）条』に「文安四（一四四七）年三月吉日の熊野神社鰐口銘に『国森』とある。国森氏は、田島長沼氏の家臣と思われる」とある氏である。

『小沼氏』（コヌマ）

小沼氏は、藤原氏族で、岩代国小沼邑（現　南会津郡下郷町小沼崎か）より起こったが、『姓氏家系大辞典　巻二　小沼条』に「ヲヌマ條《マ》に云《マ》へり。なほ次の如きあり。藤原姓岩代の小沼邑より起ると。また、新編会津風土記、会津郡古町条に、『石塔、文禄元（一五九二）年壬辰《みずのえたつ》天五月と彫刻ありて、小沼外記某の墓なり』と見ゆ」とある。

『小林氏』（コバヤシ）

小林氏は、藤原氏族で、その起こりは、只見町小林と考えられるが、『姓氏家系大辞典　巻二　小林条30』に「藤原姓、岩代国会津郡小林邑より起りしか。塔寺八幡長帳に『享徳二（一四五三）年八月十二日、典厩《てんきゅう》、伊南（会津郡）の河原田をたのみ、労を休め、やがて同二十八日に、伊北小林の館落つる』とあり云々」とある。また、『日本城郭大系　巻三　耶麻郡条』に「高郷村揚津《あがつ》字利田《かがた》（現　喜多方市高郷町揚津字利田）の『敦平館』は、明応年間（一四九二―一五〇一）、小林伊勢守敦平の居館」とある。

『酒井氏』（サカイ）

会津の酒井氏は、『姓氏家系大辞典　巻二　酒井条29』に「会津の酒井氏、新編風土記、会津郡大新田邑（現　南会津郡南会津町大新田）条に『石塔、酒井周防守義長、天正四（一五七六）年子三月と彫付けあり』」とある氏であるが、この氏は、岩城の酒井氏の分流ではないかと考えられる。

『佐久間氏』（サクマ）

この佐久間氏は、蘆名氏と同族の桓武平氏三浦氏族と考えられるが、『姓氏家系大辞典　巻二　佐久間条6』に「会津の佐久間氏、新編風土記、会津郡瀧澤村条に『館迹。佐久間某居住せり』と。」とあり。また『日本歴史地名大系　巻七　南会津郡・滝原村（現　南会津郡只見町坂田）条』には、「北部に館跡あり、佐久間備中某が住んでいたという（新編会津風土記）」」とある。また『同　大沼郡・早戸村（現　大沼郡三島町早戸）条』に「戦国期は西方の山内重勝の給地で、『会津古塁記』に『館、東西二十八間、南北二十七間、天正ノ頃佐久間新蔵住ス』とある」とある。また『同　大沼郡沼澤村条』に「沼神社住職佐久間美濃、先祖を若狭景次と云ふ。貞享二（一六八五）年初めて神職となる。五世を経て今の美濃元次に至る」とある（佐久間氏の出自については白河市・佐久間氏の条参照）。

『佐藤氏』（サトウ）
会津の佐藤氏は、『日本歴史地名大系　巻七　南会津郡・松川村（現　南会津郡下郷町大松川）条』に「天正十九（一五九一）年の検地に対し赤岡館主、小坂館主らが反対し赤岡騒動が起きたが、のちの原村にあった松川館主佐藤義久は検地役人側に加担、騒動後小坂館主帯刀の領地を与えられたという（佐藤家譜　田島町史）」とある。また、『同　大沼郡上中川村（現　大沼郡会津美里町富川）条』に「村の西に中世の館跡があり、佐藤佐渡介吉広が住んでいたというが化政期（文化文政時代）にはすでに河原となっていたという（新編会津風土記）」とある。

『白石氏』（シライシ）
白石氏は、会津郡白岩邑（現　南会津郡下郷町白岩）より起こったが、『姓氏家系大辞典　巻二　白石条10』に「岩代会津白岩村熊野社の古き神職に、白石因幡あり」とあるが、この氏は、『日本城郭大系　巻三　南会津郡条』に「下郷町白岩の『白岩館』は、和田左衛門為宗の居館」とあるので、この和田氏の分流と考えられる。

『杉岸氏』（スギギシ）
杉岸氏は、河原田氏の一族で、杉岸邑（現　南会津郡南会津町宮沢）より起こったが、『姓氏家系大辞典

巻二　杉岸条』に「岩代の豪族にして、新編会津風土記に、『会津郡宮澤村館迹。大永の頃（一五二一—二八）、杉岸伯耆《ほうき》某、居住せり』と云ふ」とある。また、『日本歴史地名大系　巻七　南会津郡・宮沢村（旧伊南村宮沢）条』に「『異本塔寺長帳』によれば、弘安二（一二七九）年に河原田氏の一族杉岸景信が、杉岸村に一ノ宮板鉾大明神を祀り、村名を宮澤村と改めた」とある。

『鈴木氏』（スズキ）
この鈴木氏は、『日本歴史地名大系　巻七　南会津郡・田代村（現　南会津郡下郷町高陦《たかしま》）条』に「字牧ノ平に鈴木甚左衛門が拠ったという館（杉山柵）がある」とあり。また、『同　耶麻郡・牛尾村条』には「本村には鈴木太郎左衛門某、雲在家には橋谷田七郎太夫某の居館があった」とある氏である。

『高野氏』（タカノ）
高野氏は、『日本歴史地名大系　巻七　南会津郡・高野村（現　南会津郡南会津町高野）条』にある「大竹氏」の事であるが、この氏は、長沼氏の譜代の臣であった（大竹氏の条参照）。

『塚本氏』（ツカモト）
塚本氏は、『姓氏家系大辞典　巻二　塚本条5』に「会津の塚本氏、新編風土記、会津郡田島組条に『田島村（現　南会津郡南会津町田島）西宮神社、神職塚本左近。先祖を八郎一光と云ふ。当社の神職となる。慶長の頃（一五九六—一六一五）、文十郎保光と云ふ者ありて、今の右近光保が十世の孫なり』とぞ」とある氏である。

『堂本氏』（ドウモト）
堂本氏は、『日本歴史地名大系　巻七　南会津郡・田手宇賀神社（現　南会津郡南会津町田島）条』に「慶長八年、長沼氏の遺臣堂本氏」の名が見られるが、この氏の出自等については不明である（室井氏の条参照）。

『富沢氏』（トミザワ）
富沢氏は、『日本歴史地名大系　巻七　南会津郡・和泉田村（現　南会津郡南会津町和泉田）条』に「南西の山頂に河原崎城跡がある。『新編会津風土記』によれば、伊南郷河原田盛次の郎等五十嵐和泉某が住んでいたが、天正十八（一五九〇）年、伊達、長沼勢に攻められた。河原田勢の富沢藤助、宮床兵庫、五十嵐和泉らが防いだが多勢の寄せ手に敗れ、兵庫と和泉は敵を謀って辛うじて盛次の青柳久川城（伊南村）に帰ったという」とある。

『中荒井氏』（ナカアライ）
中荒井氏は、藤原北家小山氏族結城氏の家臣で、『白河市史　巻上　天正十三年正月の白河義親家頼礼式帳』に「中荒井越後守」の名が見られるが、この氏は、会津郡中荒井邑（現　南会津郡南会津町中荒井）の発祥と言われているので、これは恐らく、田島町愛宕山の「鳴山城」を居城とした長沼氏の分流と考えられる。そして、『日本歴史地名大系　巻七　南会津郡・中荒井村条』に「長沼三郎左衛門常則が築き慶長年中（一五九六―一六一五）、渡部左京助が住したと伝える館があった（新編会津風土記）」ともある。

『長田氏』（ナガタ）

長田氏は、『日本歴史地名大系　巻七　南会津郡・永田村（現　南会津郡南会津町永田）条』に「中世には長江庄に含まれ、長田と記した。元徳三（一三三一）年九月十五日の長沼宗実譲状案（皆川文書）に『長田の村』とみえ、五郎（高宗か）と虎法師が半分ずつ知行し（中略）、永和二（一三七六）年、長沼朝直は長田三郎と同七郎に一期分として譲った当村を、その死後に惣領として知行するようにと養子朝秀に譲与している（同年五月二十六日　長沼朝直譲状〔皆川文書〕）」とある。

『中妻氏』（ナカツマ）

中妻氏は、『姓氏家系大辞典　巻三　中妻条』に「常陸、磐城、岩代等に此の地名存し、新編会津風土記、会津中妻館は、『中妻源太照元と云ふ者住し、中妻の村名是に因る』と云へり」とあり。また、『日本城郭大系　巻三　南会津郡条』にも「下郷町中妻の『中妻館』は、中妻源太照元の居館」とあるが、この氏は、常陸佐竹氏の分流ではないかと考えられる。それは、「源太」という名からして源氏の出であると思われ、常陸国（現　茨城県）には、下妻、中妻、上妻という地名が存在する事にもよる。

『長沼氏』（ナガヌマ）

会津の長沼氏は、蘆名、河原田、山内氏と共に「会津四家」と称される豪族である。その出自は、藤原北家小山氏族で、小山氏初代政光には、長男朝政、二男宗政、三男朝光の三子があった。この三子は、治承四年に勃発した「野木宮合戦」と、それに続く「源平合戦」に於いて功あり、長男朝政は、本宗を相伝したが、二男宗政は、下野国長沼庄（現　栃木県真岡市二宮町長沼）を与えられ、長沼氏を称し始祖となり、三男朝光は、下総国結城郡（現　茨城県結城市及び結城郡）を与えられ、結城氏を称し始祖となった（吾妻鏡　養和元年二月二十八日条）。そして、この三兄弟は、更に、文治五（一一八九）年の「奥州征伐（文治の役）」にも参陣し、大功を挙げ、長男朝政は、陸奥国菊田庄（現　いわき市南半）の地頭職に任ぜられ、二男宗政は、同国岩瀬郡（現　岩瀬郡）及び同国長江庄南山（現　南会津郡大川流域）を与えられ、三男朝光は、同国白川郡（現　白河市及び西白河郡）及び同国岩瀬郡の一部、それに同国名取郡（現　宮城県名取市）を夫々与えられた。

そして、このうち二男宗政は、これらの所領を嫡子時宗に相伝したが、時宗の孫秀行は、このうち南山の一部を庶長子宗実に与え、宗実はこの地に移り、南会津町田島の愛宕山に「鴫山城（田島城・南山城）」を築き本拠とし、会津長沼氏の始祖となった（姓氏家系大辞典　巻三　長沼条4〜7など）。しかし、この氏のその後の動きについては曖昧模糊で諸説がある。

『**長治氏**』（ナガハル）

長治氏は、『姓氏家系大辞典　巻三　長治条』に「新編会津風土記、会津郡条に『糸澤村（現　南会津郡南会津町糸沢）館迹。天正の頃、長治小次郎某住せし』と見ゆ」とある氏であるが、その他詳細は不明である。

『**中丸氏**』（ナカマル）

中丸氏は、『姓氏家系大辞典　巻三　中丸条2』に「山内氏族、岩代の豪族にして、会津中丸より起る。而《しこう》して会津郡弥五島館（現　南会津郡下郷町弥五島）は一に草岡館と云ひ、何時の頃にか、中丸新九郎某と云ふ者築けりと伝へ、又小林村館（現　南会津郡只見町小林）は天正中、中丸三郎左衛門と云ふ者、居住と云ふ。又新編風土記、大沼郡大石組大石村旧家条に、『中丸新右衛門。此の組の郷頭なり。九代の祖を新左衛門俊朝と云ふ。横田山内の一族、新蔵人俊重が子なり。代々横田城下中丸（現　大沼郡金山町横田）と云ふ所に住せり云々』」とある。また、『日本城郭大系　巻三　南会津郡条』に「下郷町弥五島の『和田館』は、天正年間、木村数馬・中丸新九郎の居館」とある（大沼郡・山内氏の条参照）。

『**奈良原氏**』（ナラハラ）

奈良原氏は、長沼氏の一族で、『日本歴史地名大系　巻七　南会津郡・落合村（現　南会津郡下郷町落合）条』に「延文四（一三五九）年十一月二日、長沼秀直去状（長沼文書）に、『おちあひ』とみえ、長沼秀行、朝実に一期分として譲っていた地を一族の奈良原安芸五郎に一期分として与えている」とある。そして、この氏の起こりは、南会津郡楢原村（現　南会津郡下郷町豊成）で、『同　楢原村条』に「奈良原とも書き中世の長江庄奈良原郷の遺称地」とある。

『**糠塚氏**』（ヌカツカ）

糠塚氏は、『姓氏家系大辞典　巻三　糠塚条1』に「奥川の糠塚氏、岩代国会津郡糠塚邑より起りしなるべし。義相なる者を祖とすと云ふ。（中略）南部の参考諸家系図に『糠塚主計義相、糠塚久右衛門義倚等見ゆ』」とあるが、この氏の出自等については不明である。

『**林氏**』（ハヤシ）

林氏は、『姓氏家系大辞典　巻三　林条67』に「新編会津風土記、会津郡堤澤村条に『館迹。林右馬頭住せしと云ひ伝ふ』と載せたり」とある氏であるが、この氏の出自等については不明である。

『日向氏』（ヒュウガ）

日向氏は、日向伊東氏族と考えられ、『姓氏家系大辞典　巻三　日向《ヒウガ》条15』に「新編風土記に『会津郡中妻館迹。此の郷の地頭日向五郎明光と云ふ者住せしと。今猶《な》ほ土人館越と称す』とある。また、『同巻一　伊藤条21』に「会津の伊藤氏、河沼郡野澤本町館迹、大槻館と云ふ。延徳の比《ころ》伊藤長門守盛定と云ふ者住して大槻氏を称す。又古坂下村館跡、天正十年伊藤勘解由住す（新編風土記）と。又伊藤大膳、大沼黒澤館、（往古伊藤駿河某と云ふ者住す）、耶麻郡渋谷村熊野神神職伊藤近江、（其の先を日向政国と称す、享保中〔一七一六―三六〕、此の社の神職となる）等見ゆ」とある。そして、『日本城郭大系　巻三　南会津郡条』に「下郷町中妻の『九九布館』は、日向五郎明光の居館」とある。従って、この事は、安積伊東氏の祖「伊東祐長」の兄祐時の子祐朝は、日向国（現　宮崎県）を与えられ下向し、九州伊東氏を起こし大族となっているので、この後裔がこの地へ来て始め日向氏を称し、その後伊藤氏に改姓したものと考えられる。

『平田氏』（ヒラタ）

平田氏は、『姓氏家系大辞典　巻三　平田条22』に「会津郡塩生村の館迹は平田五郎忠照、住せしとぞ。又会津郡赤井の圓福寺は、天正三年平田大炊助某、中興し、尊寿と云ひ、住僧となる。平田大炊助、此の地を領せし事など、新編風土記に見ゆ。又下小松村館には平田総右衛門ありと云ふ」とあり。また『日本歴史地名大系　巻七　南会津郡・塩生《しおのう》村（現　南会津郡下郷町塩生）条』に「塩生村の阿賀川右岸川沿いに、戦国期、平田五郎忠照が住したと伝える館跡がある」とあるが、この氏は、蘆名氏の家老の平田大隅守の一族と考えられる。

『平野氏』（ヒラノ）

平野氏は、桧枝岐村や南会津町を中心に繁栄した氏族で、会津郡大桃村（現　南会津郡南会津町大桃）の館は、平野筑後守某の居館であったが、この他『姓氏家系大辞典　巻三　平野条25』に「新編会津風土記に『河沼郡三社神社、神職平野左仲。延宝の頃にや、伊勢吉景と云ふ者、此の社の神職となる。今の左仲忠吉は四世の孫なり』とぞ。また『下野尻村（現　大沼郡昭和村野尻）諏訪神社、神職平田摂津。延宝の頃、壱岐吉重と云ふ者、此の社の神職となり、五世を経て今の摂津吉定に至りしと云ふ』」とある（星氏の条参照）。

『樋渡氏』（ヒワタリ）

樋渡氏は、『姓氏家系大辞典　巻三　樋渡条1』に「平姓、岩代国会津郡樋渡邑より起る。持高を祖とす。新編会津風土記、河沼郡日度《ママ》村条に、『東源寺。此の村の地頭樋渡弥次郎高滋、禅法に帰依しければ、高滋死後、子孫冥福を祈り天正十一年建立す』とあるは此の氏人なり」とある氏である。

『布澤氏』（フザワ）

布澤氏は、『姓氏家系大辞典　巻三　布澤《ヌノサワ》条』に「岩代国会津郡布澤邑より起る。会津風土記に、『布澤邑館迹、天正の頃、布澤上野助俊勝住せし』と載せ、また『小林邑（現　南会津郡只見町小林）館迹は、天正十八年、布澤上野助、同信濃等が為に攻め落さる』と」とある。また『日本歴史地名大系　巻七　南会津郡・布沢村（現　南会津郡只見町布沢《ふざわ》）条』に「南部の山上に館跡あり、天正期に山内一族の布沢上野助俊勝が住していたが、伊達軍に降った」とある。

『星氏』（ホシ）

星氏は、『日本城郭大系　巻三　南会津郡条』に「下郷町豊成の『楢原館』は、天正年間（一五七三―九二）、星玄蕃の居館」とあり。また、『日本歴史地名大系　巻七　大沼郡・大沢村（現　大沼郡金山町大沢）条』に「古くから横田山内氏の支配地であったらしく『会津鑑』に柵の記載があり、貞応二（一二二三）年、栗田将監勝頼が構築して住し、天正年中（一五七三―九二）には、星藤三郎の居館であったという」とある。また、『姓氏家系大辞典　巻三　星条2』に「藤原姓、会津の豪族にして、新編風土記に『会津郡上添村館跡は、相伝ふ、星刑部少輔光成と云ふ者住せし』と云ひ、又『井桁館跡は星五郎某、居住せし』と見ゆ。又『檜原館跡は、天正中、長沼氏の臣星玄蕃某住せし』と云ひ伝へ云々」とあり、（中略）又『会津郡大沢村（現　南会津郡下郷町大沢）熊野宮神職に星大和あり、先祖を伊勢某と云ひ、伊勢国度会郡より此地に来り、当地の神職となり、今の大和勝儀は七世の孫なり』と見ゆ」とある。

そして、その伊勢国度会郡は「和名抄」に、「和多良比《わたらい》に註し、伊勢神宮三神主の一、度會《わたらい》氏発祥の地で、度會氏は、伊勢国造《いせのくにのみやつこ》伊勢直《いせのあたい》の後にして、天神本紀に『天牟良雲命《あまのむらくものみこと》は、度會神主等の祖』と見ゆ」とある。

そこで、これにより、この氏の祖を推察すれば、星氏は、この度會氏または他の二神主の分流で、伊勢の「御師《おんし》」であったものと思われる。そして、伊勢国壹志郡には「星合村」という所があった。しかし、この度會氏の一族四十二氏の中に「星氏」の名は見られない。
また、会津地方を中心に、福島県内に多く繁栄する「星氏」は、神職を生業《なりわい》とする者が多く、これを見ても、星氏と御師との関わりが浮かび上がってくる。そして、その御師《おんし》とは、平安から江戸期にかけて全国的に伝播した「熊野権現」や「伊勢神宮」信仰の信者を集めるために各地へ配された、熊野や伊勢の「祈祷師」で、伊勢の御師とは、伊勢神宮所属の祈祷師で「伊勢暦」と「一万度の祓箱《はらいばこ》」を各地に配って歩き乍ら、信者を増やし、各地に「伊勢講」を結成させ、伊勢神宮参拝の信者を扇動し導き、伊勢神宮の繁栄を図ったもので、熊野の御師《おし》（熊野では御師《おし》と言う）のそれも同じであった。これにより、「熊野講」や「伊勢講」が全国各地に結成され、これらの熱狂的な信者が創出されたのである。

この他、平家の落人伝説で知られる「桧枝岐村」の姓は、殆どが、星、平野、橘で、星氏は紀州から来た藤原氏で、平野氏は、平家の落人で、橘氏は、伊勢から来た楠氏であると言われているという。しかし、『日本歴史地名大系　巻七　大沼郡・尾岐窪村（現　大沼郡会津美里町尾岐窪）条』には「村中に元久二（一二〇五）年と彫られた星越中守の墓がある。『新編会津風土記』は『後人の建しものと見ゆ』とするが、星家に残る古文書によれば、同家は新羅王の末裔という」とある。しかし、これでは、「星氏」は、朝鮮半島から渡来した「帰化人」という事になる。

『堀金氏』（ホリガネ）

堀金氏は、山内氏の家臣で、『姓氏家系大辞典　巻三　堀金条2』に「会津の堀金氏、新編風土記に『小林邑（現　南会津郡只見町小林）館迹。天正十八年長沼盛秀と布澤上野助、同信濃が為に攻落されると四家合考に見へたり。村老の説に、文亀中（一五〇一―〇四）、山内大和守俊光の郎党堀金左京某居住し、天正中（一五七三―九二）、中丸三郎左衛門某と云ふ者住せり』と云ひ、『田子倉邑若宮八幡宮神職堀金大和、石伏村（現　南会津郡只見町石伏）に住す。正徳二（一七一二）年、莊大夫元春と云ふ者、此の社の神職となりき、今の大和義次は四世の孫なり』」とある。しかし、この氏の出自等については不明である。

『三河氏』（ミカワ）

三河氏は、蘆名氏の家臣で、『姓氏家系大辞典　巻三　三河条12』に「岩代の三河氏、新編会津風土記、会津郡梁取村条に『館迹。応長の頃（一三一一―一二）、葦名盛宗の家臣、三河権守宗景と云ふ者築く。後何時の頃にか、山内上総某居住し、天正十七年、伊達氏の臣原田左馬助が為に攻落されしとぞ』と」とある。しかし、此処でいう「三河権守」とは「姓」というより「官職名」と思われるが、『姓氏家系大辞典』では、姓として扱っている。

『宮床氏』（ミヤトコ）

宮床氏は、『姓氏家系大辞典　巻三　宮床条』に「会津河原田盛次の郎等に宮床兵庫あり」とあり。また、『日本歴史地名大系　巻七　南会津郡・和泉田村（伊南村和泉田）条』にも、河原田勢に宮床兵庫の名が見られるが、この氏は、会津伊南郷を中心に蟠踞した藤原北家小山氏族河原田氏の一族と考えられる。

『室井氏』（ムロイ）

室井氏は、『日本歴史地名大系　巻七　南会津郡・田手宇賀神社（現　南会津郡南会津町田島）条』に「神職は室井氏（新編会津風土記）。社蔵の二体の御正体に、長元二（一〇二九）年九月吉日の手記と『尾張国住人佐瀬宮内少輔平正勝敬白』康永三（一三四四）年四月十一日手記と『和泉国近木庄住人禅尼妙覚』の書付がある。（中略）慶長八年長沼氏遺臣の堂本、室井、渡部三氏が、長沼氏の退転で廃絶していた祇園祭の再興を願出て許されている云々」とあるが、この氏は、石川郡の室井氏と関係あるか。

『森氏』（モリ）

森氏は、『姓氏家系大辞典　巻三　森条36』に「岩磐の森氏、会津郡青柳館（現　南会津郡南会津町青柳）は、天正の頃、森大隅某、居住すと伝ふ。又森不栖あり」とあるが、この氏の出自等については不明である。

『屋代氏』（ヤシロ）

屋代氏は、伊達氏の家臣で、会津郡和泉田の館の守将であったが、『姓氏家系大辞典　巻三　屋代条7』に「新編会津風土記、会津郡和泉田組和泉田村（現　南会津郡南会津町和泉田）条に『館迹。河原崎館と云ふ。河原田盛次が郎党、五十嵐和泉某と云ふ者住せしと云ふ。天正十八年、長沼盛秀、伊達氏の臣屋代勘解由兵衛、梅津藤兵衛と共に、此の館に攻め来る。時に盛次は郎等の宮澤藤助・宮床兵庫と云ふ者に、僅か五十騎計を居して入れ置きしが、大将勘解由兵衛、藤兵衛始め、多く討たる』」と。また、『日本城郭大系巻三　南会津郡条』には、「南会津郡南郷村字堂平の『河原崎城』は、天正年間（一五七三—九二）、五十嵐和泉守道正の居城。建長年間（一二四九—五六）には河原田氏の居城」とある。

『安田氏』（ヤスダ）

会津の安田氏は、『姓氏家系大辞典　巻三　安田条6』に「会津郡香塩村館迹は、『星越中、安田右京、穴澤越後等と云ふ者居りし』と云ひ伝ふ」とあるが、現在全国各地に散見される安田氏の出自には、甲斐源氏で甲斐国安田邑を発祥とする安田氏と、越後国沼垂郡（北蒲原郡）安田邑（現　新潟県阿賀野市安田）を発祥とする安田氏の二流がある。このうち会津の安田氏は、越後の安田氏の分流ではないかと考えられる。

『梁田氏』（ヤナダ）

梁田氏は、元々は、薩摩国（現　鹿児島県西部）伊佐郡の領主で、郡内大町に住し「大町氏」を称していたが、南北朝期に足利尊氏に与し、尊氏に従って上洛した。その後、鎌倉公方基氏に仕え、そして更に、蘆名氏に仕えたものと考えられ、『姓氏家系大辞典　巻三　梁田条8』に「会津、先祖は『梁田内匠《たくみ》俊信（始め義種）とて、其の先薩摩国伊佐郡を領し、大町に住しかば、世々大町を氏とせし』と云ふ。子孫左京盛胤、康暦元（一三七九）年、葦名直盛に従ひて鎌倉より来り、市祭を始む。又直盛の命に従ひて京師《けいし》に至り、足利将軍義満より、会津四郡、幷《ならび》に隣国までの商人の司たるべき由仰《よしおおせ》を蒙る《こうむ》（新編風土記）と。又耶麻郡新宮村熊野社棟札に『梁田仁九郎、梁田左京亮、同忠兵衛、同治良、五良等見ゆ』」とある。また『日本歴史地名大系　巻七　会津若松市・住吉神社条』に「至徳元（一三八四）年、簗田盛胤がこの地に居住し、大阪の住吉大社の分霊を勧請《かんじょう》、黒川の市神とした」とある。

『簗取氏』（ヤナドリ）

簗取氏は、只見町簗取が発祥の地で『日本歴史地名大系　巻七　南会津郡・伊北郷（現　南会津郡南会津町伊北）及び簗取村条』に「天正十七年十二月十一日伊達政宗に降った簗取右衛門は、政宗より伊北五百分の二間在家（現　南会津郡只見町）、簗取弥七郎に『中伊北弐百貫分、信濃』（現　不明）、『中伊北五百分、簗取（現　南会津郡只見町）』『下伊北一貫分、大蔵（現　同上）』を安堵した（伊達政宗安堵状案　同文書）を宛行われている。翌十八年三月一日には簗取左馬丞に、布沢（只見町）の内久沢（毘沙沢）の替え地として『上以北の内やうとめ』（現　南会津郡南会津町塩ノ岐のうち八乙女）を与えられている（伊達政宗宛行状写　伊達家文書）」とある。そして、「簗取左馬允は簗取城に住んだ山内上総の子ともいう（新編会津風土記）」とある。

『山田氏』（ヤマダ）

山田氏は、蘆名氏の家臣で、『姓氏家系大辞典　巻三　山田条70』に「新編会津風土記、会津郡香塩条に『旧家、山田孫左衛門、此の村の肝煎なり。十一代の祖を孫左衛門某とて、葦名氏に事《ママ》へ、本村及び橋爪、田中等を領し、向羽黒城三日町口を固めし』と云ひ伝ふ云々」とあるが、この氏の出自等については不明である。しかし、山田氏は、田村、石川、白川、相馬氏の家臣にも見られるところから、これら何れかの分流の可能性もある。

『横山氏』（ヨコヤマ）

横山氏は、『姓氏家系大辞典　巻三　横山条13』に「岩城岩代、会津の豪族にして、新編風土記に『会津郡楢戸村館迹は横山春信住せり』と云ひ、旧家善八、此の村の名主にして、山内氏勝が家臣横山帯刀某と云ふ者の後裔なり」とある。そして、『日本城郭大系　巻三　南会津郡条』に「只見町楢戸の『楢戸館』は、横山春信の居館」とあるが、この氏は、先述の「猪股氏」の誰かが旧姓である「横山」を復称したのではないかと考えられる。

『和田氏』（ワダ）

会津の和田氏は、『姓氏家系大辞典　巻三　和田条43』に「会津郡白岩館迹は、和田左衛門為宗が住せし地と伝へらる」とあり。また『日本城郭大系　巻三　南会津郡条』に「下郷町白岩の『白岩館』は、和田左衛門為宗の居館」とあり。また『日本歴史地名大系　巻七　耶麻郡・田中村（現　喜多方市高郷町大田賀）条』に「北部にある田中館は、天正年中（一五七三―九二）、和田治部少輔頼任が住した所といい、頼任は田中氏を名乗ったとされる（会津古塁記）」とあるが、この氏の起こりは、会津若松市和田ではないかと考えられる。

しかし、現在全国各地に繁栄する「和田氏」の出自の大半は、桓武平氏三浦氏族で、三浦氏の始祖為通の玄孫義宗は、相模国三浦郡和田邑（現　神奈川県三浦市初声《はつせ》町和田）を領し、その嫡子義盛が地名を冠し、和田左衛門尉義盛を称した事により起こった（姓氏家系大辞典　巻三　和田条33）。そして、義盛は、鎌倉幕府樹立に当たっては、源頼朝より「侍所別当職《さむらいどころべっとうしき》」に任ぜられ、権威を振るい大いに貢献した。しかし、建保元（一二一三）年二月、泉親衡、和田義直、同胤長達による謀反が露顕し、胤長は、陸奥国へ配流となった。そこで、同五月和田氏の当主である義盛等一族が、北条氏を排斥《はいせき》すべく挙兵したが、主家三浦義村の反逆により敗れ、一族の多くが滅んだ。これが世に言う「和田合戦」である。従って、この会津の和田氏は、この時会津へ逃れ来た者達の後裔であると考えられる。また、会津若松市和田の地も、この和田氏が住んだ事によって付いた地名ではないかとも考えられる。

後　述

前述でも述べたように、現在、福島県に存在する「姓（名字）」の多くは、江戸時代に盛んに行われた徳川幕府による「移封《いほう》」に伴う転出入と、明治維新後の新政府による「苗字必称令」に伴って新たに誕生したものである。

そのような事から本書に取り挙げた「一六〇〇余氏」には、これらのものは含めず、「古代より中世末の安土桃山時代」にかけて、福島県内に於いて定着した豪族より分流して誕生した支族を主体に取り挙げたものである。

従って、これらの氏族は、幾多の戦いや、疫病、天災等と闘いながら、夫々の地で、滔々《とうとう》と人脈を受け継ぎ分流しながら繁栄し、現在、福島県内に存在する「市町村の主核」となり「礎《いしずえ》」となった氏族ばかりである。

そして、これらの多くの氏族のうち、その本貫となったものは、「前述」でも述べたように、佐藤氏（信夫）以下山内氏までのおよそ「一七氏」であるが、中でも特筆すべきは、文治五（一一八九）年の源頼朝による「奥州征伐（文治の役）」に参陣し、その戦功により、陸奥国の「奥会津の地」を与えられ入植した「河原田氏」及び「山内氏」である。それにより、この両氏の一族は、この山塊峡谷織り成す人跡未踏の奥会津の「伊南川」や「只見川」に沿った山嶽《さんがく》に分け入り、原野を切り拓き、猫の額程の田畑を耕し、或いは、「焼き畑」等によって「糧《かて》」を求め、今日まで脈々と命脈を保ち、受け継いできた者達であり、その生き様は、「会津人」の誇りであり賞讃に値するものである。

また、この度の「東日本大震災」による「放射能汚染」により、人間が立ち入る事の出来なくなった「浜通り」にも「岩城氏」「標葉氏」「楢葉氏」「相馬氏」等から分流し、阿武隈山系に分け入り、長いながい年月をかけ、幾多の苦難にもめげずに耐え抜き、山野を切り開いてきた多くの氏族が存在した。そして、これらの先人達の努力により山奥の隅々まで開発され、現在の福島県の姿が形成されたのである。従って、このような形で伝承され受け継いだ我々は、この「清らかで豊かな山紫水明の郷土の姿」を、次世代へ引き継いでいかなければならないが、近年は、このような機運が希薄になり、経済情勢等も絡みながら、人口の一極集中による現象が「限界集落」という形となって現れ、次々と消滅していくのは誠に残念であり、危惧されてならない。

最後に、本書を編纂するに当たり、参考とさせて戴いた諸文献の著者及び関係諸氏に対し感謝しつつ、筆を擱く事とする。

参考文献（五十音順）

文献名	著者編集者	発行者（所）	発行日
会津若松市史	会津若松市史編纂委員会	福島県会津若松市	
秋田家譜（上）	原武男	東洋書院	
吾妻鏡（現代語訳）	五味文彦　本郷和人（編）	前田求恭（〔株〕吉川弘文館）	二〇〇八年六月二十日発行
角野市史別巻1 石川氏一千年史（修正版）	角田市史編さん委員会	宮城県角田市	
石川町史	石川町史編纂委員会	福島県石川郡石川町	
いわき市史	いわき市史編纂委員会	福島県いわき市	
角田市史	角田市史編纂委員会	宮城県角田市	
角川日本地名大辞典	角川日本地名大辞典編纂委員会	（株）角川書店	
寛政重修諸家譜	太田ぜん	（株）続群書類従完成会	
郡山市史	郡山市史編纂委員会	福島県郡山市	
佐竹家譜	原武男	東洋書院	
下野国誌	河野守弘	栃木県	
白河古事考	広瀬典（蒙斎）	福島県白河市	
白河市史	白河市史編さん委員会	福島県白河市	
白河風土記	広瀬典（蒙斎）	福島県白河市	

新編会津風土記	澤田明垂	歴史春秋出版（株）	
須賀川市史	須賀川市教育委員会	福島県須賀川市	
姓氏家系大辞典	太田亮	角川歴彦（株）角川書店	昭和三十年十一月三十日発行
尊卑文脈	藤原公定	（株）吉川弘文館	
大信村史	大信村教育委員会	福島県西白河郡大信村	
大日本地名辞書	吉田東伍	（資）富山房	
棚倉町史	棚倉町教育委員会	福島県東白川郡棚倉町	
中島村史	中島村教育委員会	福島県西白河郡中島村	
日本城郭大系	（株）創史社	（株）新人物往来社	昭和五十六年二月十五日発行
日本歴史地名大系	下中弘	（株）平凡社	一九九三年六月十五日発行
東村史	東村教育委員会	福島県西白河郡東村	
福島県史	福島県		
福島市史	福島市史編纂委員会	福島県福島市	
矢吹町史	矢吹町教育委員会	福島県西白河郡矢吹町	

主要氏族の略系図

■佐藤氏〔信夫〕略系図

- 中臣鎌足（藤原）— 不比等 — 房前（北家始祖）— 魚名 — 藤成 — 豊沢 — 村雄 — 藤原秀郷
  - 千春 ……蒲生　平泉氏へ
  - 千常 — 公脩
    - 兼光 ……足利　佐野　小山　長沼　結城　下河辺　皆川　野木氏等へ
    - 文行
      - 脩行 — 公輔 — 師清（出羽守）— 師文
        - 師信 ……佐藤氏〔信夫〕祖・信夫庄司
        - 師郷
        - 師治
          - 元治（信夫庄司）
            - 隆治 — 師隆
            - 治清 — 治時
            - 継信（源義経に扈従）
            - 忠信（源義経に扈従）
          - 恒治
          - 師泰（白河太郎）
            - 師恒 — 師広（安達庄司）
            - 実恒（三澤安藤四郎）
            - 高道（永野次郎）
        - 高重
      - 公通 — 行景
      - 公光 — 公清（佐藤）
        - 助清
        - 公郷 — 清郷（陸奥へ）— 公広 — 有清

■伊達氏略系図

藤原 中臣鎌足―不比等―房前（北家始祖）―魚名―高房―山蔭―中正―安親―為盛―定任―実宗（伊佐）―季孝―家周―光隆（中村）―

- 一 朝宗（常陸入道念西）
  - 為宗
  - 二 宗村
    - 三 義広
      - 四 政依
        - 五 宗綱―六 基宗―七 行宗―八 宗遠
          - 九 政宗―十 氏宗―十一 持宗
            - 十二 成宗
              - 十三 尚宗
                - 十四 稙宗
                  - 女……相馬顕胤室
                  - 女……蘆名盛氏室
                  - 十五 晴宗
                    - 親隆……岩城家嗣
                    - 女……二階堂盛義室
                    - 十六 輝宗
                      - 十七 政宗
                        - 秀宗……宇和島藩祖
                        - 十八 忠宗……これ以後明治まで続く
                      - 小次郎……政宗に弑さる
                    - 女……伊達実元後室
                    - 女……小梁川盛宗室
                    - 政景……留守家嗣
                    - 昭光……石川家嗣……石川氏没落後は政宗の家臣となり伊達家一門の筆頭となる
                    - 女……蘆名盛興室
                    - 盛重……国分家嗣……伊達政宗と抗争し佐竹氏へ走る
                    - 直宗……杉目氏を称す
                  - 義宣―大崎家嗣
                  - 実元
                  - 女……二階堂輝行室
                  - 女……田村清顕室
                  - 宗澄
                  - 女……懸田俊宗後室
                  - 宗貞……桑折貞長養子
                  - 宗清……梁川氏を称す
                  - 宗稙……村田近重養子
              - 宗晴
            - 盛宗（三男）……小梁川氏祖
          - 宗行……大枝氏祖
      - 親長……桑折氏祖
  - 資綱
  - 為家
  - 実綱（六男）……伊達崎（田手）氏祖

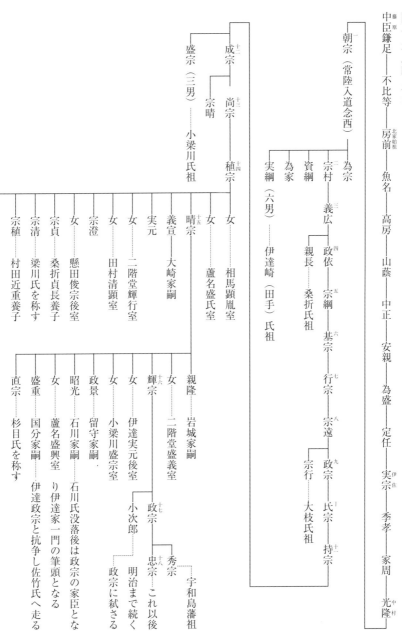

宗栄……極楽院家嗣
綱宗……亘理宗隆養子＝＝元宗
元宗
康甫……東昌寺住職
女……相馬

■畠山氏（二本松）略系図

桓武天皇—葛原親王—高見王—高望王（平）—良文—忠頼—将常（秩父）—武基—武綱—重綱—重弘—重能（一）—重忠（二）—重保（三）（断絶）

—足利義純（一 源姓畠山）—泰国（二）—時国（三）—高国（四）—国氏（五）—国詮（六）

時国—貞国……河内・能登へ

国詮—満国……川崎始祖
国詮—満詮……鹿子田・本宮氏祖
国詮—満泰（七）—持泰（八）—村国（九）—晴国（十）—家泰（十一）—義氏（十二）—義国（十三）—義継（十四）—国王丸（十五）（義綱）
国詮—氏泰……椚山・新城氏へ

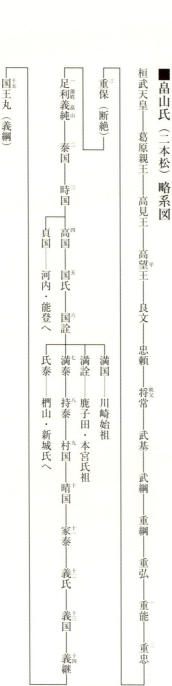

■伊東氏（安積）略系図

中臣鎌足（藤原）―不比等―武智麻呂（南家始祖）―乙麿―是公―雄友―弟河―高扶―清扶―清夏―維幾―為憲（工藤）┬時輔＝＝時理
　└時理

時理┬時信―維清（入江）
　├＝＝維景＝＝維職（伊東・これもと）―維次（狩野）┬家次
　│　　　　　　　　　　　　　　　　　　　　　└維頼
　└維遠　二階堂氏へ

家次┬祐次┬祐経（工藤）┬犬房……八戸へ下向（後祐時）
　│　│　　　　　　├祐時―祐朝（日向伊東）
　│　│　　　　　　└祐長（一　安積伊東）┬祐能（二）―祐家（三）―祐宗（四）―祐政（五）＝＝祐朝（六）―祐治
　│　│　　　　　　　　　　　　　　　　└祐光（前田沢）
　│　└祐茂（宇佐美）
　├祐家―祐近（河津）┬祐道―祐成
　│　　　　　　　　└祐忠―祐光
　├家光（工藤）
　└茂光（狩野）

祐治―祐信（八）―祐時（九　伊達の家臣となる）―氏祐（十）―宗祐（十一）―祐里（十二）―祐重（十三）―重信（十四）

■田村氏略系図

後漢孝霊皇帝―延王―石秋王―阿知使王―都加使王―志努直―駒子直―弓束直―首名直―孝子―大國―犬養―苅田麻呂―田村麻呂―浄野―内野―顕麻呂―古哲（一）―顕谷（二）―平顕（三）―友顕（四）―忠顕（五）―吉顕（六）―家顕（七）―実顕（八）―長顕（九）―朝顕（十）―行資（十一）―兼顕（十二）―政顕（十三）―則顕（十四）―光顕（十五）―綱顕（十六）―輝顕（十七）―家吉（十八）┬満顕（十九）―持顕（二十）┬直顕（二十一）┬盛顕（二十二）―
　├広顕　　　　　　　　　　　　　　　　　　　　　　　　└重顕（田母神）├重時
　└量顕　　　　　　　　　　　　　　　　　　　　　　　　　　　　　　　└広顕（橋本）

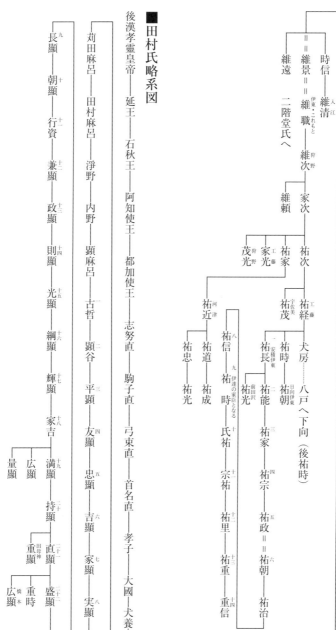

―義顕（二十三）
　├隆顕（二十四）
　│　├清顕（二十五）＝＝宗顕（二十六）＝＝宗良（伊達輝宗三男）……伊達家の家臣となる
　│　│　└女（伊達政宗室）（愛姫《めごひめ》）
　│　└氏顕―宗顕……宗顕（二十六）
　├義基
　└憲顕
―義長
―頼顕（月斉）
　├顕重
　├顕貞
　├顕輝
　├顕純
　├顕義
　└顕継

■二階堂氏（岩瀬）略系図

維遠―維光―維行―行遠―行政（一）
　├行光（二）―行盛（三）
　│　├行綱（四）―頼綱（五）―貞綱（六）―行朝（七・須賀川へ下向）―行親（八）―行光（九）―行永（十）―行宗（十一）―行続（十二）―為氏（十三）―行光（十四）―行詮（十五）―晴行（十六）―輝行（十七）―盛義（十八）―盛隆（十九）……会津黒川城にて弑さる
　│　└行泰―行実
　└行村（信夫二階堂氏・稲村二階堂氏・狩野氏祖）―行義―行有―行藤―時藤

■長沼（岩瀬）・皆川氏略系図

小山正光
　├朝政（小山相続）
　├宗政（一・長沼）
　│　├政能（国府）
　│　├時宗（二）
　│　│　├宗員（皆川へ移住）―宗常……断絶す……秀宗
　│　│　├宗泰（三）―秀行（四）
　│　│　│　├宗実（会津へ下向）
　│　│　│　└宗秀（岩瀬一）―秀直（二）―義秀（三）―満秀（四）―憲秀（五）―秀宗（皆川を再興す・一）―氏秀（二）―宗成（三）―成勝（四）―俊宗（五）―広照（六）―隆庸《たかつね》（七）―成郷《しげさと》（七）……後嗣なく改易となる
　│　│　└時村（宮森）
　│　└宗則
　└朝光（結城）

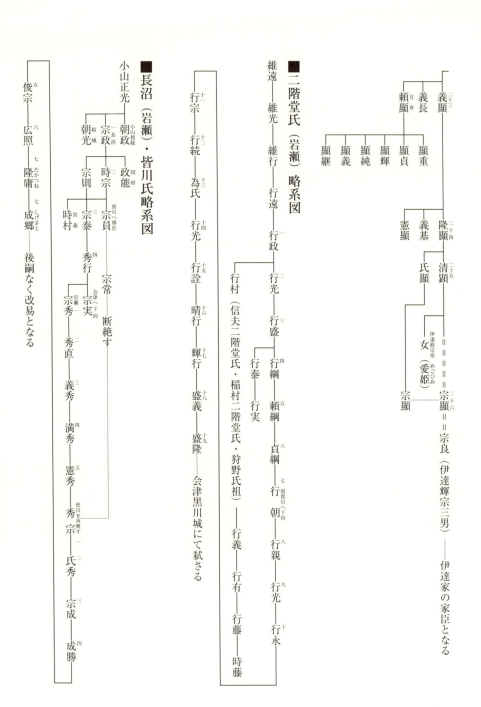

■結城氏（白川）略系図

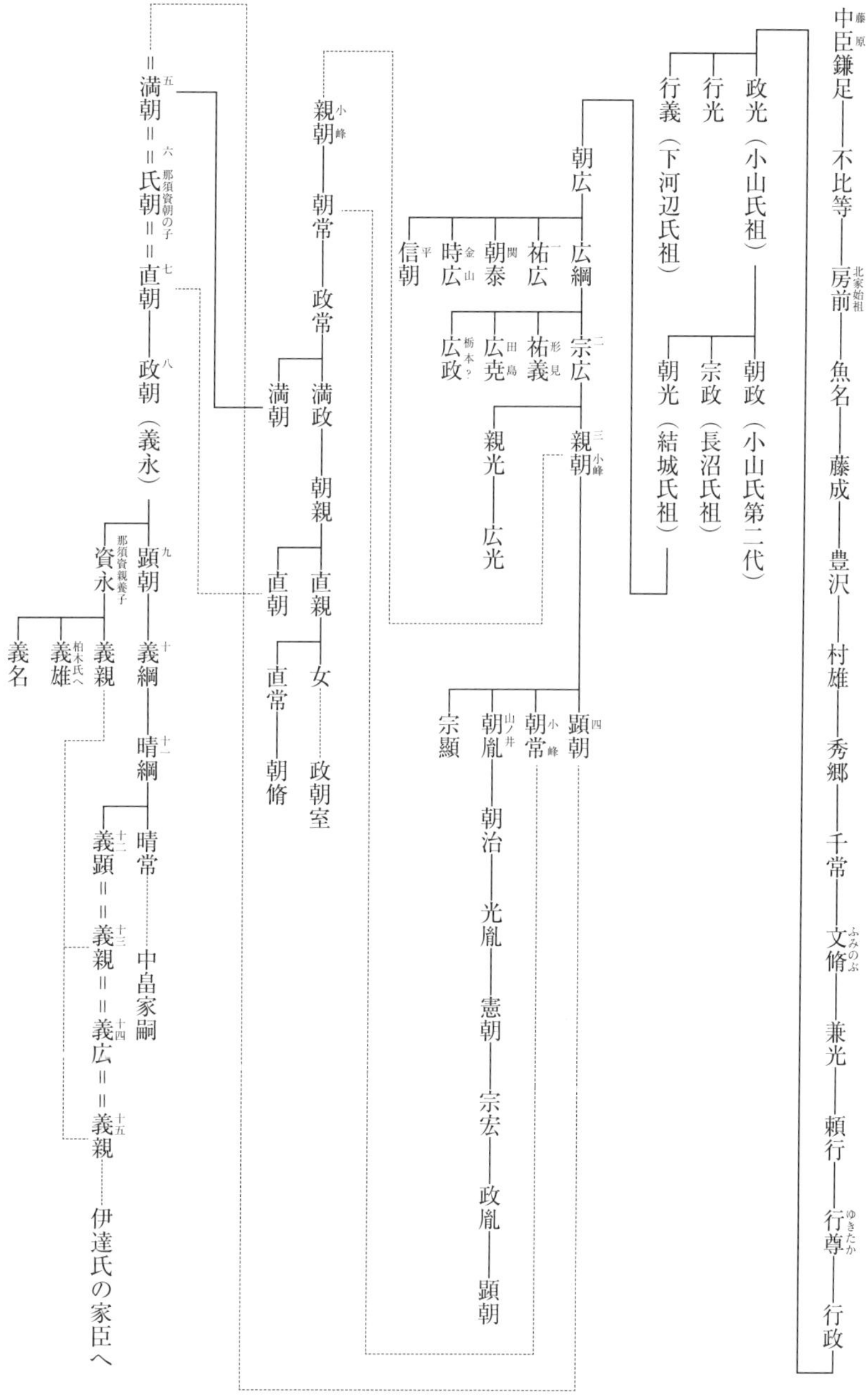

藤原
中臣鎌足
不比等
北家始祖
房前
魚名
藤成
豊沢
村雄
秀郷
千常
文脩《ふみのぶ》
兼光
頼行
行尊《ゆきたか》
行政
政光（小山氏祖）
行光
行義（下河辺氏祖）
朝政（小山氏第二代）
宗政（長沼氏祖）
朝光（結城氏祖）
朝広
一 広綱
祐広
関 朝泰
金山 時広
平 信朝
二 宗広
形見 祐義
田島 広尭
栃本？ 広政
三 小峰 親朝
親光
広光
四 顕朝
小峰 朝常
山ノ井 朝胤
宗顕
朝治
光胤
憲朝
宗宏
政胤
顕朝
小峰 親朝
朝常
政常
満政
満朝
朝親
直親
直朝
女
直常
政朝室
朝脩
五 満朝
六 那須資朝の子 氏朝
七 直朝
八 政朝
（義永）
九 顕朝
那須資親養子 資永
十 義綱
義親
柏木氏へ 義雄
義名
十一 晴綱
晴常
十二 義顕
中畠家嗣
十三 義親
十四 義広
十五 義親
伊達氏の家臣へ

■石川氏略系図

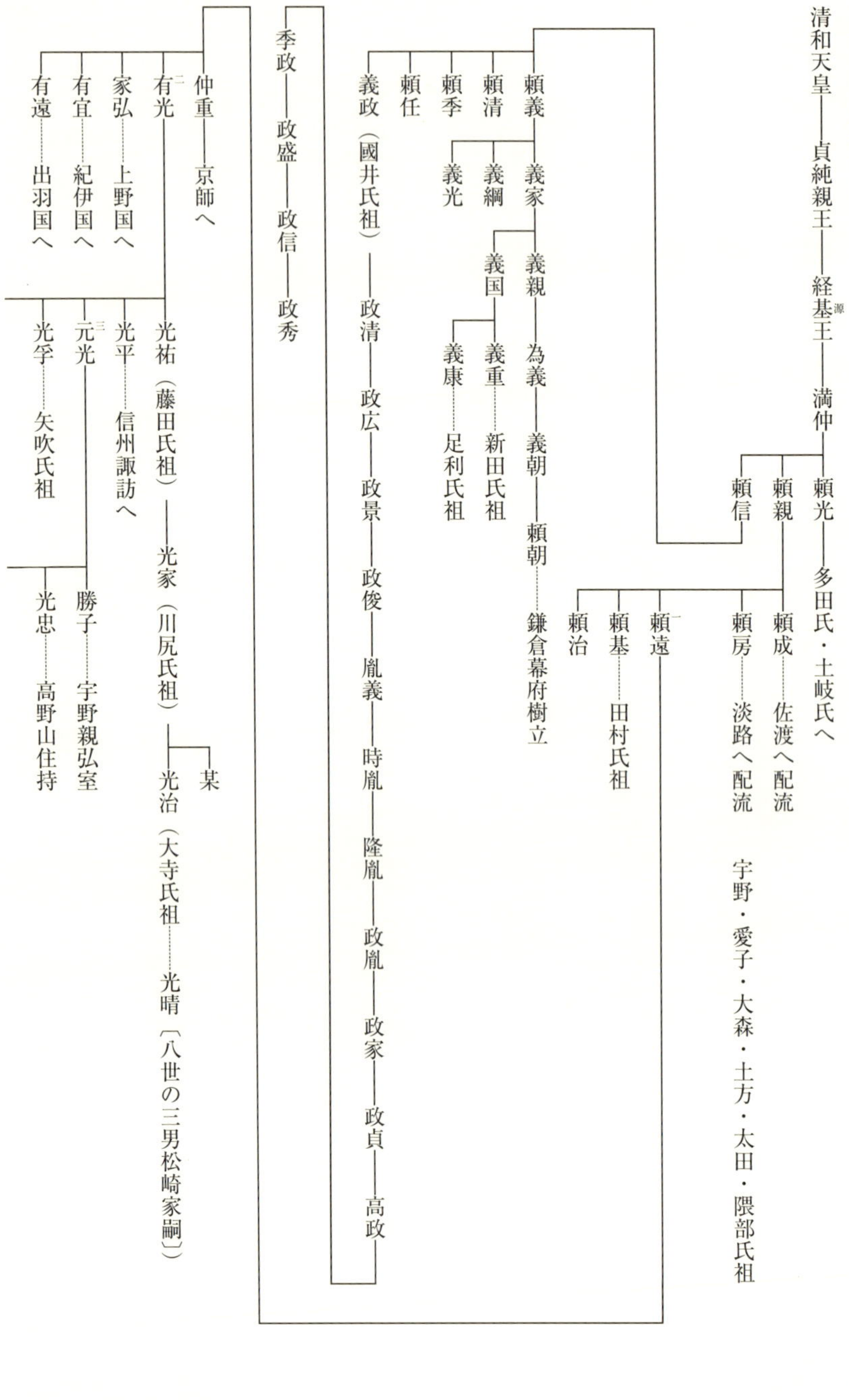

清和天皇―貞純親王―経基王《源》―満仲
頼光―多田氏・土岐氏へ
頼親
頼信
頼成……佐渡へ配流
頼房……淡路へ配流
宇野・愛子・大森・土方・太田・隈部氏祖
一 頼遠
頼基……田村氏祖
頼治
頼義
頼清
頼季
頼任
義家
義綱
義光
義親―為義―義朝―頼朝……鎌倉幕府樹立
義国
義重……新田氏祖
義康……足利氏祖
義政（國井氏祖）―政清―政広―政景―政俊―胤義―時胤―隆胤―政胤―政家―政貞―高政
季政―政盛―政信―政秀
仲重―京師へ
二 有光
家弘……上野国へ
有宜……紀伊国へ
有遠……出羽国へ
光祐（藤田氏祖）―光家（川尻氏祖）
某
光治（大寺氏祖）……光晴〔八世の三男松崎家嗣〕
光平……信州諏訪へ
三 元光
光孚……矢吹氏祖
勝子……宇野親弘室
光忠……高野山住持

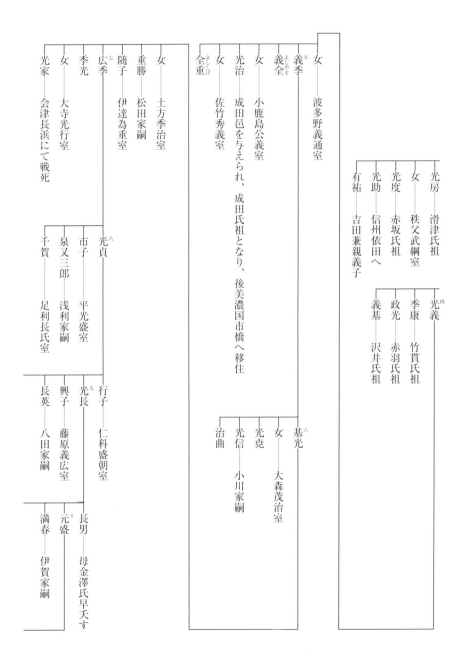

光房……滑津氏祖
女……秩父武綱室
光度……赤坂氏祖
光助……信州依田へ
有祐……吉田兼親義子

四 光義
季康……竹貫氏祖
政光……赤羽氏祖
義基……沢井氏祖

女……波多野義通室
五 義季
義全《よしやす》
女……小鹿島公義室
光治……成田邑を与えられ、成田氏祖となり、後美濃国市橋へ移住
女……佐竹秀義室
全重《よししげ》

六 基光
女……大森茂治室
光尭
光信……小川家嗣
治曲

女……土方季治室
重勝……松田家嗣
随子……伊達為重室
七 広季
季光
女……大寺光行室
光家……会津長浜にて戦死

八 光貞
市子……平光盛室
泉又三郎……浅利家嗣
千賀……足利長氏室

行子……仁科盛朝室
九 光長
興子……藤原義広室
長英……八田家嗣

長男……母金澤氏早夭す
十 元盛
満春……伊賀家嗣

貞徳……宇野家嗣
廉子……村上親清室
貞斉

光助……小高氏祖
女……新田朝義室

十一 盛義
光好……白髭家嗣
義助
義衡……宇野家嗣

十二 家光
家隆
時光
女……平田盛常室
義尊……八大院権大僧都訪印
光行……板橋家嗣
新九郎

女……伊達基宗室
貞光
十三 時光

十四 貞光
義光

十五 詮持
光春……大舘家嗣
光俊……小平氏祖
光時……面川氏祖
光定
光久……安達小牛杜を分領す
師宜……土肥家嗣
光幹……中畠邑国神を分領す

持朝……早夭す
十六 満持
光輝……佐竹の家臣となる
持綱……那須家嗣
持弘
持重……川尻氏祖

十七 満朝
祐子……伊達宗遠室
平好……板橋家嗣
朝常
光植……二階堂家嗣

十八 義光
光宗……竹貫家嗣
盛光……安達郡百目木を分領す
義基……相州三浦郡にて戦死
利子……伊達朝宗室
光昌

親家……早夭す
茂好……大森家嗣
和子……大崎教兼室
十九 持光
光胤……長泉寺住持
光徳……白髭家嗣

宗良
二十 宗光
女……石川光氏室
光則……小平家嗣

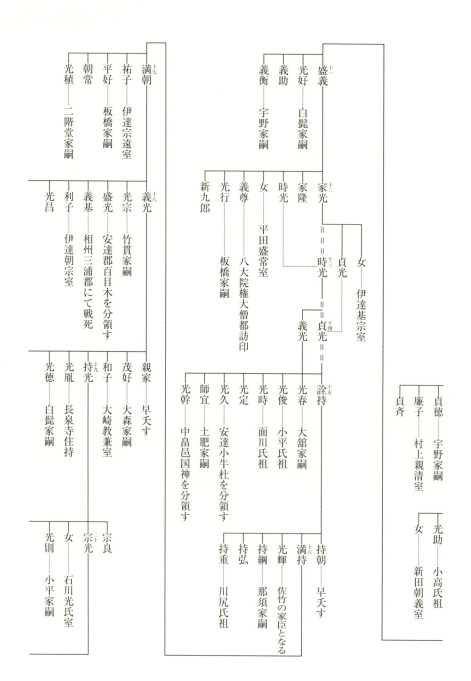

光準……伊東家嗣

恭子……笹川城主足利満隆室
光国
光具

基鎮
光保……子氏保と北条家へ仕う
光之……沢井家嗣

女……三州小川城主満貫室
二十一 成光
美子……岩城由隆室
成次……沢井家嗣、後上館を称す
隆光……白岩邑を領す
宗充……福田家嗣
女……田川領主小峰顕広室
宗弘

二十二 尚光
舎光……曲木を領す
女……坂上光利室
女……坂上篤晴室
信光
親孚
女……相馬上の坊善暁法印室
光郎

尚英……八大院を継ぐ
二十三 稙光
女……大寺高光室
朝光……白石家嗣
隆能……伊達稙宗に仕う
隆直……小川家嗣
由省……里見家に仕う
宗満……兄隆能の養子となる
女
泉源九郎

女……緑川元勝室
二十四 晴光 ＝＝ 二十五 昭光……伊達晴宗四男、佐竹義重の女照子を室として石川氏を継ぎ第二十五代となる
光暉……羽州新庄城主足利義守に仕う
　光専
　光広……近内家嗣
角伝……竹貫別当となる
光従

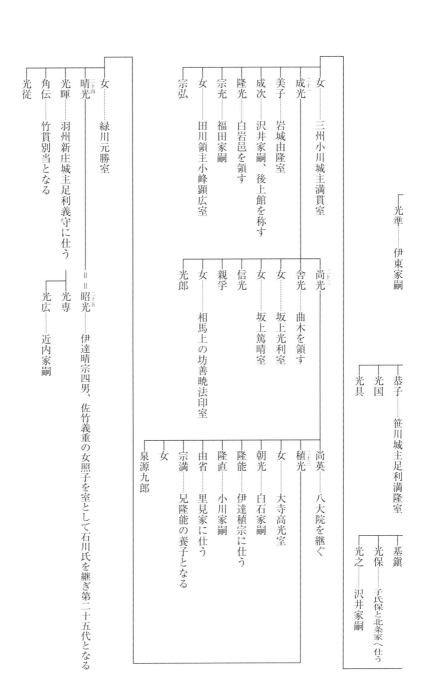

■岩城氏略系図（磐城系図）

- 桓武天皇─葛原親王
  - 高棟王（平）
    - 時忠
    - 時子……平清盛室
    - 滋子
  - 高見王─高望王（〔平〕磐城系図に良望王）─国香─良文─繁盛─兼忠─維茂─安忠─則道─忠衡─繁衡─忠清─師隆（二男）─隆家─安隆─義清─清実（常陸府中大掾殿）
    - 隆行[一]
      - 隆祐（嫡男・標葉太郎）─隆光
      - 隆衡[二]（二男・岩城次郎）─隆守[三]─義衡[四]（常陸大掾）─照衡[五]─照義[六]
      - 隆久（三男・岩崎三郎）─忠隆……（数代略）……師隆
      - 隆義（四男・椎葉四郎）─隆綱
      - 重胤（五男・相葉五郎）─胤勝
    - 盛重（常陸大掾）
    - 清秀（隆行より十年前に下向、好島三郎）

- 師隆─資隆
  - 忠秀─隆安
    - 隆時（上舟尾）
      - 隆衡─隆綱
      - 隆直（中山）
      - 隆頼（住吉）
      - 直衡（荒川）
    - 隆道（東郷）
    - 安教（関）
  - 忠成（下舟尾）

又仁科岩城系図に

- 資隆（一に隆安）
  - 忠秀
    - 隆安─隆時（一作持隆）
      - 隆久
      - 隆衡（一作清隆）
        - 女子（親隆室）
        - 隆綱（親隆のため自害）
      - 隆眞（中山次郎）
      - 隆勝（舟尾六郎）─隆重（水谷孫三郎）
      - 忠久（平四郎）
      - 隆頼（住吉）
    - 安教（関）
    - 隆道（東郷）
  - 忠成（下舟尾、越和田祖）
  - 女子

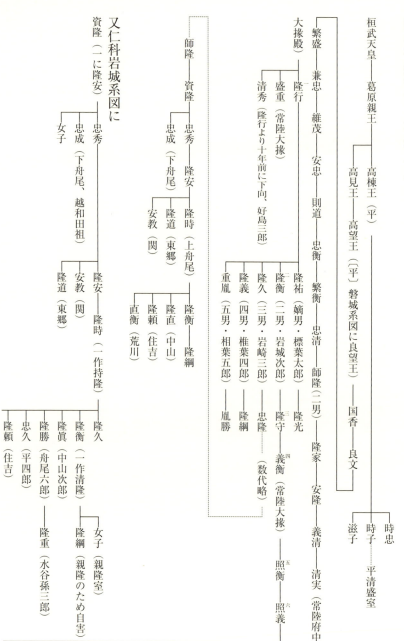

直衡（荒川）

七朝義—八常朝（一作隆弘）—九清胤（一作高衡）—十隆忠—十一親隆—十二常隆—十三由隆

常隆—隆輔

常隆—十四重隆

常隆—隆直

重隆＝＝十五親隆（伊達晴宗嫡男）—十六常隆（小田原参陣後の帰陣時、相模国星谷に於いて天正十八年病死）—十七貞隆（能化丸、佐竹義重三男武州浅草に於いて病死）—十八宣隆—十九重隆

■大須賀氏略系図

平良文—忠頼—忠常—常将（千葉氏祖）—常直—常兼—常重—常胤

常胤—胤正（千葉惣領）

常胤—師常（相馬氏祖）

常胤—胤盛（武石氏祖）

常胤—一胤信（大須賀氏祖）

常胤—胤通（国分氏祖）

常胤—胤頼（東氏祖）

胤信—二朝胤＝＝三通胤

胤信—通胤（……三通胤）

胤信—胤村

三通胤—胤継

三通胤—胤房

三通胤—四胤氏—五朝氏—胤泰—朝泰

五朝氏—六時朝—七宗朝—八宗時—九宗信—十憲宗

三通胤—師氏—頼氏—朝泰—顕朝

三通胤—時通

三通胤—信泰—宗常

三通胤—為信—為胤

三通胤—景氏

■伊賀氏略系図

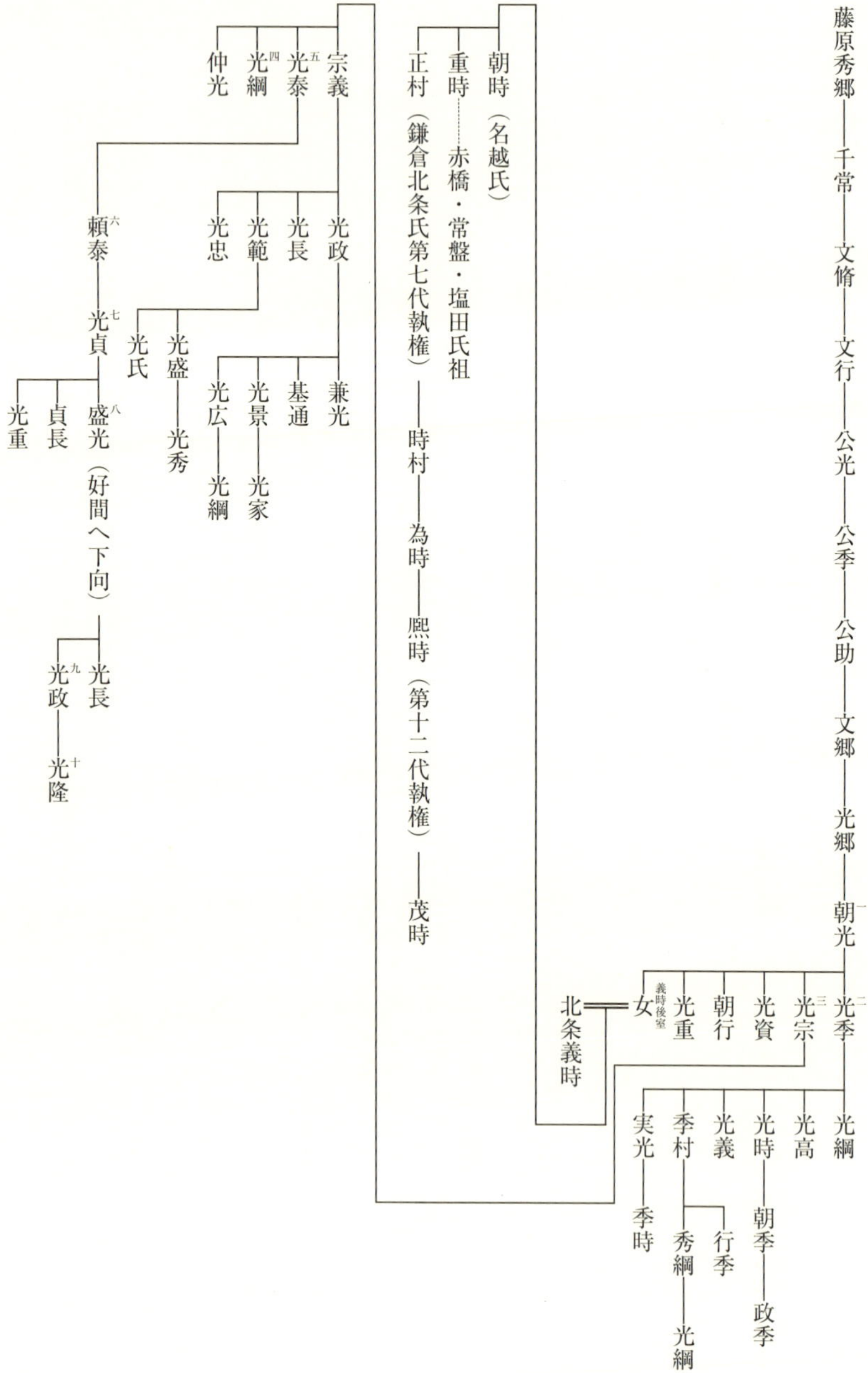
藤原秀郷
千常
文脩
文行
公光
公季
公助
文郷
光郷
一 朝光
二 光季
三 光宗
光資
朝行
光重
女 義時後室
北条義時
光綱
光高
光時
光義
季村
実光
朝季
政季
行季
秀綱
光綱
季時
朝時（名越氏）
重時
赤橋・常盤・塩田氏祖
正村（鎌倉北条氏第七代執権）
時村
為時
熙時（第十二代執権）
茂時
宗義
五 光泰
四 光綱
仲光
光政
光長
光範
光忠
兼光
基通
光景
光広
光家
光綱
光盛
光氏
光秀
六 頼泰
七 光貞
八 盛光（好間へ下向）
貞長
光重
光長
九 光政
十 光隆

■相馬氏略系図

- 桓武天皇—葛原親王
  - 高棟王（平）
  - 高見王—高望王（平）
    - 国香
    - 良兼
    - 良将—将門
      - 良兌
      - 将国—文国（信太氏祖）
        - 頼望—常望
        - 兼頼
      - 朝義—貞元
      - 景遠—景光
      - 千世丸
    - 文
    - 良茂

- 将長—長望
- 重国（一）（相馬氏祖）—胤国（二）—師国（三）—師常（四）（千葉介常胤二男）
  - 義胤（五）
    - 胤綱（六）—胤村（七）
      - 師胤（八）—重胤（九）（奥州相馬の祖）
      - 氏胤（下総相馬の祖）
    - 胤継
  - 常家
  - 行常

- 親胤（十）—胤頼（十一）—憲胤（十二）—胤弘（十三）—重胤（十四）—高胤（十五）—盛胤（十六）—顕胤（十七）—盛胤（十八）—義胤（十九）—利胤（二十）—義胤（二十一）—忠胤（二十二）（上総久留里城主土屋利直二男）
  - 貞胤（二十三）＝＝昌胤（二十四）
  - 昌胤
    - ＝＝叙胤（二十五）（佐竹少将義敦の二男）
      - ＝＝尊胤（二十六）＝＝徳胤（二十七）—恕胤（二十八）—祥胤（二十九）
      - 徳胤
    - 尊胤

- 樹胤（三十）＝＝益胤（三十一）—充胤（三十二）—誠胤（三十三）—順胤（三十四）
- 益胤

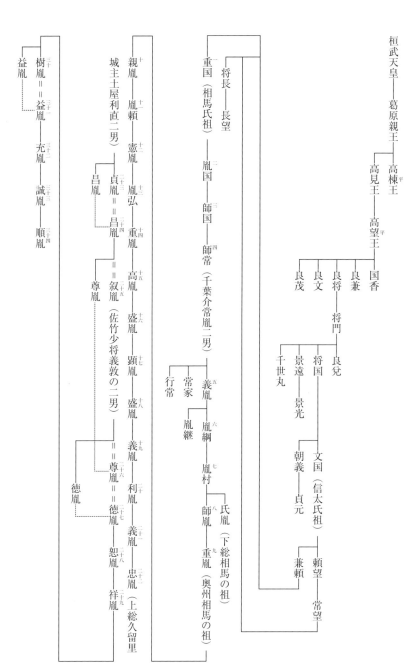

■蘆名氏略系図

桓武天皇―葛原親王―高見王―高望王《平》―良文《村岡》―忠通―為通《三浦》―為継―義継―義明《三浦》

義明の子：
義宗（杉本）―義盛（和田）―常盛―朝盛……家村の養子となる
義澄（三浦）―義村―家村（義村の三男、佐久間氏祖）＝＝＝朝盛
　義村の子：義村・有綱（山口）・友澄（三戸）
義久（大田和）
義春（多々良）
義秀（長井）
重行（杜戸）
義連（佐原）―盛連《二》・景連
女（畠山重忠母）

義行（津久井）
為清《一》（蘆名）
義実（岡崎）

盛連の子：
経連（猪苗代）―盛国―宗国……親子一族共に伊達政宗の家臣となる
　盛国の子：宗国・盛胤
広盛（北）
盛義（藤倉）
光盛《三》（蘆名）―泰盛《四》―盛宗《五》―盛員《六》―直盛《七》―詮盛《八》―盛政《九》
　泰盛の子：盛宗・盛貞・政盛（長井）
盛時（加納　三宮）……義同
時連（新宮）

盛政―盛詮―盛高―盛滋＝＝盛舜―盛氏―盛興＝＝盛隆（二階堂盛義の子）　亀若丸＝＝盛重（佐竹義重の二男）……名を主計頭義勝と改め常陸江戸崎四万五千石から、主家佐竹氏に従い秋田角館へ。
　盛高の子：盛滋・盛舜
　盛滋―盛幸（針生）―盛秋―盛信―龍ヶ崎一万八千石から伊達政宗の家臣となる

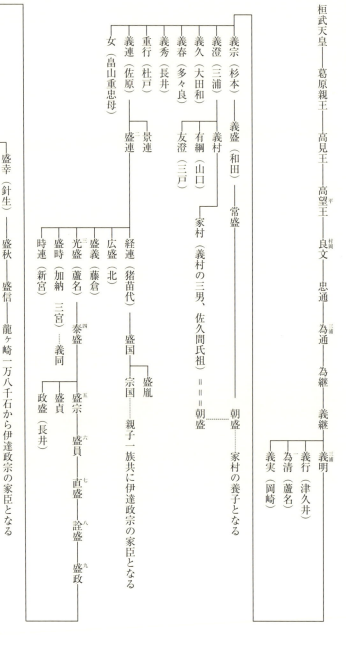

■河原田氏（会津）略系図

藤原秀郷……（六代略）……小山政光

- 朝政
- 宗政（長沼氏祖）
- 朝光（結城氏祖）
  - 朝俊（平方氏祖）
  - 朝広（結城氏第二代）
  - 時光（寒河氏祖）
  - 朝村（網戸氏祖）――朝綱（河原田次郎）――宣朝（出羽守）……

河原田盛光（近江守・会津伊南郷へ下向）――宮内朝次……以後領内各地へ支族を配し繁栄する

■長沼氏（会津）略系図

藤原秀郷……（六代略）……小山政光
- 朝政
- 宗政（長沼氏祖）
  - 政能（国府氏祖）
  - 時宗
    - 宗員（皆川へ移住）
    - 宗泰――宗秀（岩瀬へ下向）
      - 秀行――秀直（会津へ下向？）
      - 宗実（会津へ下向）
      - 朝実
    - 時村（筥森氏祖）
- 朝光（結城氏祖）

■山内氏（会津）略系図

藤原道長――長家――通家――資清（首藤氏祖）――首藤経俊――通基――季基……（十一代略）……山内俊明（会津山内氏祖）……
- 俊通（宮崎）
- 俊元（川口）
- 俊光（野尻）
- 道次（横田）
- 道直（西方）
- 道清（布沢）
- 道吉（本名）

著者プロフィール

金　澤　明　敏

1937年　福島県西白河郡滑津村八幡前生まれ
　　　　学卒後　家電メーカー・貿易会社等を経て
1964年　合成樹脂原料商社入社
　　　　第一営業部長　営業本部長　取締役　顧問
　　　　リサイクル部営業本部長を経て
2004年　退職
　　　　退職後、歴史書の執筆を始め、現在に至る

趣　味　古代　中世史の研究　史跡探訪　古代人の食生活の考察
　　　　登山　原生林散策　山野草木の植生の考察
著　書　『礎達の出自考』

現住所　埼玉県蓮田市

氏族とその起源
～中世氏族一六〇〇氏～

発　行／二〇一九年一月十一日
著　者／金　澤　明　敏
発行者／阿　部　隆　一
発行所／歴史春秋出版株式会社
〒九六五－〇八四二
福島県会津若松市門田町中野大道東八－一
☎〇二四二（二六）六五六七
印　刷／北日本印刷株式会社
製　本／有限会社羽賀製本所